3rd
Edition
2024·2025

백광훈 편저

# 백광훈 통합 핵지총
# 형법각론

메가 공무원 × 경단기

박영사

# 이 책의 머리말
## INTRO

2024~2025 대비 백광훈 통합 핵지총 OX 형법각론 전면개정판

독자들의 호응에 힘입어 1년 1개월 만에 **백광훈 통합 핵지총 OX** 형법각론 전면개정판을 출간하게 되었습니다.

이번 개정판에도 최신 기출문제들 중에서 주목할 만한 지문들을 상당량 추가하였고, 최근 변화된 법령과 판시된 판례의 내용을 반영하였음은 물론입니다. 그 결과 본 교재는 2,260여 개의 지문을 수록하게 되어 보다 풍부한 내용을 갖추게 되었습니다.

출간을 도맡아 주신 도서출판 박영사의 임직원님들에게 감사를 드리며, 자신의 목표를 향하여 정진하고 있을 수험생 여러분에게 응원의 마음을 전합니다.

2024년 4월

백광훈

학습문의 | http://cafe.daum.net/jplpexam (백광훈형사법수험연구소)

## 2023~2024 대비 백광훈 통합 핵지총 OX 형법각론 전면개정판

독자들의 호응에 힘입어 작년에 이어 올해도 **백광훈 통합 핵지총 OX** 형법각론 전면개정판을 출간하게 되었습니다.

핵지총 OX 교재의 체제는 작년 판에서 거의 완성된 것이어서 이번 개정판에서는, ① 2021~2022년 시행된 각종 국가시험의 기출문제 중 기존 내용과 중복되지 않는 지문들의 수록, ② 최신판례들 중에서 학습이 필요한 내용의 문제화, ③ 최근 개정법령 내용의 반영, ④ 오탈자 등의 수정과 같은 내용적인 추가·수정작업에 역점을 두었습니다. 이러한 개정작업의 결과, 본서에는 총 1,980여 개의 지문이 수록되어 있음을 밝혀 둡니다.

본서의 내용에 관한 질문은 필자의 다음카페(백광훈형사법수험연구소)로 해 주시길 바랍니다.

끝으로 늘 애써 주시는 우리 카페 연구원님과 도서출판 박영사의 임직원님들에게 감사의 마음을, 지금 이 시간에도 나름의 목표하는 시험을 위해 최선을 다하고 있을 전국의 제자님들에게 격려와 응원의 마음을 지면을 빌려 기록해 둡니다.

2023년 4월

백광훈

학습문의 | http://cafe.daum.net/jplpexam (백광훈형사법수험연구소)

## 2022~2023 대비 백광훈 형법각론 핵지총 OX 전면개정판

독자들의 호응에 힘입어 2022~2023년 시험 대비 형법각론 핵지총 OX 전면개정판을 출간하게 되었습니다.

이번 전면개정판의 특징은 다음과 같습니다.

① 우선 필자가 가장 역점을 둔 부분은 핵지총 OX를 단순한 OX 문제집이 아니라 '기본서 회독의 연장'으로 만드는 것이었습니다. 즉, 종래의 핵지총 OX의 한 문제 한 문제를 원점에서 재검토하여 필자의 기본서 및 이론강의의 내용 구성과 일치되도록 재배치하였습니다. 이러한 개정작업에 많은 시간이 소요되었으나, 이를 통해 앞으로 독자들은 핵지총 OX의 문제를 풀면서 자연스럽게 기본서의 회독 수를 늘리는 효과를 얻을 수 있을 것이라 기대합니다.

② 2020~2021년에 시행된 각종 국가시험의 기출문제 중 기본 내용과 중복되지 않는 지문들을 수록하였습니다.

③ 최신판례들 중에서 학습이 필요한 내용을 문제로 만들어 넣었습니다.

④ 최근 개정법령의 내용을 반영하였습니다.

⑤ 그동안 발견된 오탈자 등의 오류를 바로잡았습니다.

이러한 전면적이고 대대적인 개정작업에 의하여 새로 탄생된 본서는 필자의 이론강의의 기본교재로 사용됨과 동시에 마무리특강교재로도 사용될 것입니다.

본서의 내용에 관한 질문은 필자의 다음카페(백광훈공무원수험연구소)로 해주시길 바랍니다.

끝으로 늘 수고해주시는 우리 카페의 연구원님과 도서출판 박영사의 임직원님들에게 감사를 드리고, 목표하는 시험을 위해 최선을 다하고 있을 전국의 제자님들에게 격려와 응원의 마음을 전합니다.

2022년 5월

백광훈

## 2021 대비 백광훈 형법 핵지총 OX

독자들의 과분한 호응에 힘입어 형법 핵지총 오엑스 2021년 대비 개정판을 출간하게 되었습니다.

이번 개정판에서는 ① 최신 기출문제들에서 주목할 만한 지문들을 상당량 추가하였으며, ② 2019~2020년에 개정된 법령의 내용과 ③ 2020년도에 들어서 기존의 판례의 입장을 변경하는 다수의 대법원 전원합의체 판례의 내용을 충실히 반영하였습니다.

이에 따라 기존의 내용이 수정됨과 더불어 전체 분량이 일정량 증가되었습니다. 차제에 그동안 발견된 오탈자들도 바로 잡았습니다.

2020년 11월

백광훈

## 2020 대비 백광훈 형법 핵지총 OX 3000

[백광훈 형법 핵지총 오엑스 3000]은 출제가 예상되는 중요지문을 최대한 반영하면서도 중복되는 지문을 최소화하여 효율성을 극대화한 핵심지문총정리집입니다.

본서는 필자가 2008년부터 2018년까지 시행된 국가직(7, 9급), 경찰, 법원직의 형법 기출문제의 지문들을 면밀히 분석함으로써, 향후에도 출제 가능한 지문들을 선별·정리한 결과물입니다.

본서의 특징은 다음과 같습니다.

### 1 기출지문을 분석하여 최대한 반영하였습니다.

대부분의 시험에서 기출지문은 출제위원들이 중요하다고 생각하는 부분이므로 반복적으로 출제되는 경향이 있습니다. 최근 11년간의 법원, 검찰, 경찰직의 기출지문을 분석한 결과 출제되었던 지문이 그대로 다시 출제되거나, 다른 시험에서 출제된 지문이라도 역시 반복되어 출제되었습니다. 따라서 기출지문을 최대한 반영하여 중요한 부분을 위주로 시험에 대비할 수 있도록 하였습니다.

### 2 출제 유력한 최신판례를 지문화하였습니다.

모든 최신판례를 공부하는 것은 수험적으로 적합하지 않을 것입니다. 최신판례 중에서 최근에 실시된 시험에 등장한 판례를 최우선순위로 수록을 하였습니다. 출제되지 않았지만 출제가 예상되는 최신판례 역시 일부 포함시켰습니다.

### 3 백과사전식 지문나열을 피하고 출제유력지문을 위주로 수록하였습니다.

모든 시험의 기출지문을 모두 수록한다면 그 책에서 빠져나가는 지문은 거의 없을 수 있지만, 공부시간이 늘어나고 빠른 합격은 요원해질 것입니다. 따라서 합격에 필요한 점수를 확보하면서 빠른 시간에 중요지문들을 검토할 수 있도록 중요한 기출지문을 위주로 수록하였습니다.

### 4 해설을 최소화하여 책의 분량을 줄였습니다.

해설이 풍부하고 충분하다면 이해하는 데 도움은 될 수 있지만, 시험이 다가올수록 책의 두께는 부담감을 가중시킵니다. 따라서 2000개의 지문을 빠르게 반복할 수 있도록 판례나 조문이 그대로 출제된 경우는 판례번호나 조문번호만을 기재하여 페이지를 줄였습니다. 틀린 지문이라도 장황하게 해설을 하지 않고, 틀린 부분만 간단히 언급하여 해설을 읽는 데 드는 시간을 최소화하였습니다.

5 기출표시를 하였습니다.

기출지문이 언제 어느 시험에서 출제되었는지를 표기하여 수험생의 편의를 고려하였습니다. 다만, 여러 시험에서 출제된 지문의 경우 기출표시를 모두 하는 것은 불필요하고 책만 두꺼워질 수 있으므로 대표적인 기출표시만 하기도 하였습니다.

6 중복지문을 정리하여 효율성을 극대화하였습니다.

기출지문을 분석해보면, 판례나 조문의 문구를 조금씩 수정해서 틀린 지문으로 출제하는 경우가 많았습니다. 이런 지문들을 모두 수록하는 경우 수험생의 입장에서 시간만 소비되고 효율성은 떨어지는 측면이 있습니다. 따라서 대표적인 기출지문을 수록하면서 비슷한 지문들은 삭제하고, 변형해서 출제될 수 있는 부분은 진하게 볼드체로 처리하여 대표지문만 숙지하면 어떤 변형된 출제에도 대응할 수 있도록 대비하였습니다.

7 당부의 말씀

어떤 과목이든 100점을 목표로 설정하여 공부 범위를 확장할 경우 합격에서 멀어지거나, 합격을 한다고 해도 수험기간이 길어지는 위험성이 있습니다. 본 교재는 시험에서 출제될 만한 중요지문들을 선별해서 수록하였으므로, 반복해서 완벽히 숙지한다면 형법 객관식에서 '합격하기에 충분한 고득점'을 확보할 수 있을 것이라고 생각합니다. 단지 OX를 확인하는 것에 그치는 것보다는 '단계별로 학습방법을 달리하는 것'이 필요할 것입니다. 본 교재를 1회독 하실 때는 조문과 판례를 확인하면서 완벽히 이해하면서 읽어주시고, 시험날이 다가올수록 확실히 아는 지문은 지우고 헷갈리는 부분만 남기면서 양을 줄이는 작업을 하신다면 점점 속도가 붙을 것입니다.

본서는 고득점 합격에 필요한 여러분의 무기가 될 수 있도록 최선을 다한 결과물입니다. 본 교재는 독자 여러분께서 밑줄을 긋고 색칠을 하고 삭제하고 추가하면서 보완을 한다면 더욱 완벽한 무기가 될 것입니다. 수험생활의 끝을 향하여 하루 하루 최선을 다하는 수험생 여러분께 합격의 영광이 함께하기를 바랍니다.

2019년 1월

백광훈

# 이 책의 구성과 특징
## OVERVIEW

## 01 핵심 기출지문 총망라!

대부분의 시험은 기출지문을 반복적으로 출제하는 경향이 있으므로, 19년간의 경찰직 · 국가직 · 법원직, 기타 시험의 기출지문을 최대한 수록하였습니다.

## 02 출제유력 판례 지문화!

가능한 최신판례를 기준으로 해설하였고, 최근에 출제되었거나 출제되지 않았지만 출제가 유력한 판례 또한 지문화하여 학습효과를 극대화하였습니다.

## 03 기본서와의 동기화!

기본서의 목차순서와 동기화한 문제구성으로써 쉬운 발췌독을 유도하였고, 기본서 학습과 기출문제 풀이를 병행할 수 있도록 구성하였습니다.

## 04 해설의 강약조절!

틀린 지문의 해설 시 틀린 부분만을 간단히 언급하여 독해 시간을 최소화하였고, 상세한 해설이 요구되는 기출지문 은 그 하단에 해설+로 보강하였습니다.

## 05 상세한 기출표시!

해당 기출지문이 언제 어느 시험에서 출제되었는지를 표 기하여 효율적인 학습을 도모하였고, 여러 시험에서 출제 된 기출지문은 대표 기출표시만을 하였습니다.

## 06 최신 개정법령 및 판례 반영!

기존의 기출지문 및 그 해설에 가장 최근의 개정법령과 판 례변경의 내용을 반영함으로써 내용적 정확성을 담보하 였습니다.

# 이 책의 차례
CONTENTS

PART 02 **사회적 법익에 대한 죄**

# 이 책의 차례
## CONTENTS

**2024 - 2025**
백광훈
통합 핵지총 ○×
**형법각론**

# 01

# 개인적 법익에 대한 죄

# CHAPTER 01 | 생명과 신체에 대한 죄

## 1 살인의 죄

### 📎 대표유형

甲이 乙을 살해하기 위하여 丙, 丁을 고용하면서 丙, 丁에게 대가 지급을 약속한 후 실행에 착수하기 이전에 丙, 丁이 체포된 경우 甲은 살인미수죄가 성립한다. [국가7급 11]

(×) '미수' → '예비'
살인예비죄가 성립한다(대법원 2009.10.29, 2009도7150).

**001** 사람의 시기(始期)는 규칙적인 진통을 동반하면서 분만이 개시된 때를 말하고, 제왕절개 수술의 경우에는 '의학적으로 제왕절개 수술이 가능하였고 규범적으로 수술이 필요하였던 때'를 분만이 개시된 때로 보아야 한다.
[경찰채용 09·13·15] [변호사 18]

001 (×) '보아야 한다' → '볼 수 없다'

> **해설+** 판단하는 사람 및 상황에 따라 다를 수 있어, 분만개시 시점 즉, 사람의 시기(始期)도 불명확하게 되므로 이 시점을 분만의 시기(始期)로 볼 수는 없다(대법원 2007.6.29, 2005도3832).

**002** 조산사인 甲은 출산을 위해 자신의 조산원에 입원한 37세의 임산부 乙의 자연분만을 시도하다가 업무상의 과실로 그 태아(丙)를 사망에 이르게 하였다. 사고 당시 乙은 진통은 없었으나 분만예정일을 14일이나 넘겨 태아(丙)가 5.2kg까지 성장한 상태이어서 의학적으로 자연분만이 부적절하여 제왕절개수술이 유일한 출산방법이었다. 이 경우 甲은 무죄이다.
[국가9급 12]

002 (○)

> **해설+** 태아에 대한 낙태는 임부에 대한 상해죄를 구성하지 않으며, 아직 진통이 없었으므로 진통설에 의할 때 살인죄 내지 과실치사죄의 객체인 사람이 될 수 없다(또한 제왕절개수술을 하는 경우도 아니어서 자궁절개시설의 논의도 요하지 아니함). 결국 무죄로 볼 수밖에 없다(대법원 2007.6.29, 2005도3832).

**003** 甲이 자기 처 乙 명의로 생명보험에 가입한 후 같이 승용차를 타고 가다가 운전실수로 저수지로 돌진하여 처를 빠져 죽게 한 경우 甲은 살인죄의 정범이 된다. [국가7급 11]

003 (×) '된다' → '되지 않는다'

> **해설+** 지문에서 제시된 것만으로 甲에게 살인죄의 고의를 인정할 수 없다. 과실치사죄의 성립만 가능할 뿐이다.

**004** 살인죄에 있어 고의는 반드시 살해의 목적이나 계획적인 의도가 있어야 하며, 사망의 결과에 대한 예견 또는 인식이 불확정적이라면 살인의 범의를 인정할 수 없다. [경찰채용 18 3차]

004 (×)

> **해설+** 살인죄에서 살인의 범의는 반드시 살해의 목적이나 계획적인 살해의 의도가 있어야 인정되는 것은 아니고, 자기의 행위로 인하여 타인의 사망이라는 결과를 발생시킬 만한 가능성 또는 위험이 있음을 인식하거나 예견하면 족한 것이며 그 인식이나 예견은 확정적인 것은 물론 불확정적인 것이라도 이른바 미필적 고의로 인정되는 것이다(대법원 2006.4.14, 2006도734).

**005** 인체의 급소를 잘 알고 있는 무술교관 출신의 피고인이 무술의 방법으로 피해자의 울대를 가격하여 피해자를 사망케 한 행위에 살인의 고의가 있다. [경찰승진 16]

005 (○) 대법원 2000.8.18, 2000도2231

**006** 길이 99cm, 두께 8cm나 되는 각목으로 피해자의 머리를 세 번 가량 강타하고, 피해자가 비틀거리며 쓰러졌음에도 계속하여 더 세게 머리를 두 번 때려 피해자가 두개골 골절로 인한 뇌출혈 등으로 사망한 것이라면 피고인에게는 살인의 고의가 인정된다. [경찰채용 10]

006 (○) 대법원 1985.5.14, 85도256

**007** 총알이 장전되어 있는 엽총의 방아쇠를 잡고 있다가 총알이 발사되어 피해자가 사망한 경우 살인의 고의가 인정된다. [해경채용 22 2차]

> **해설+** 총알이 장전되어 있는 엽총의 방아쇠를 잡고 있다가 총알이 발사되어 피해자가 사망한 경우, 범행의 도구로 사용된 엽총은 통상 사냥하기 직전에 총알을 장전하는 것인데도 사냥과는 전혀 관계 없는 범행 당시 이미 총알이 장전되어 있었고, 실탄의 장전 유무는 탄창에 나타나는 표시에 의해서 쉽게 확인될 수 있어 총기에 실탄이 장전된 것인지 몰랐다고 하기 어려울 뿐 아니라, 안전장치를 하지 않은 상태에서 방아쇠를 잡고 있었던 점 등과 관계 증거에 나타난 전후 사정에 비추어, <u>피해자를 겁주려고 협박하다가 피해자의 접촉행위로 생겨난 단순한 오발사고가 아니라 살인의 고의가 있는 범죄행위였다고 보아야 한다</u>(대법원 1997.2.25, 96도3364).

**007** (○)

**008** 피고인이 7세, 3세 남짓된 어린자식들에 대하여 함께 죽자고 권유하여 물속에 따라 들어오게 하여 결국 익사하게 하였다면 비록 피해자들을 물속에 직접 밀어서 빠뜨리지는 않았다고 하더라도 자살의 의미를 이해할 능력이 없고 피고인의 말이라면 무엇이나 복종하는 어린 자식들을 권유하여 익사하게 한 이상 살인죄의 범의는 있다. [경찰채용 10] [국가9급총론 18] [법원9급 15]

**008** (○) 대법원 1987.1.20, 86도2395

**009** 자살의 의미를 모르는 4세 유아에게 '함께 죽자'고 권유하여 익사하게 하였다면 위계에 의한 살인죄가 성립한다. [경찰승진 22]

> **해설+** 자살의 의미를 이해할 능력이 없는 아이에게 함께 죽자고 물에 따라 들어오게 하여 익사하게 한 때에는 위계에 의한 살인죄가 아닌 살인죄의 간접정범이 성립한다. "피고인이 7세, 3세 남짓된 어린 자식들에 대하여 함께 죽자고 권유하여 물속에 따라 들어오게 하여 결국 익사하게 하였다면 비록 피해자들을 물속에 직접 밀어서 빠뜨리지는 않았다고 하더라도 자살의 의미를 이해할 능력이 없고 피고인의 말이라면 무엇이나 복종하는 어린 자식들을 권유하여 익사하게 한 이상 <u>살인죄의 범의는 있었음이 분명하다</u>(대법원 1987.1.20, 86도2395)."

**009** (×)

**010** 자살의 의미를 이해할 능력이 없고 자신의 말은 무엇이나 복종하는 어린 자식을 권유하여 익사하게 하였다면, 물속에 직접 밀어서 빠뜨린 것이 아니더라도 「형법」제253조의 위계에 의한 살인죄가 성립한다. [경찰채용 23 1차]

> **해설+** 피고인이 7세, 3세 남짓된 어린자식들에 대하여 함께 죽자고 권유하여 물속에 따라 들어오게 하여 결국 익사하게 하였다면 비록 피해자들을 물속에 직접 밀어서 빠뜨리지는 않았다고 하더라도 자살의 의미를 이해할 능력이 없고 피고인의 말이라면 무엇이나 복종하는 어린 자식들을 권유하여 익사하게 한 이상 <u>살인죄</u>의 범의는 있었음이 분명하다(대법원 1987.1.20, 86도2395).

**010** (×) 자살의 의미를 이해할 능력이 없고 자신의 말은 무엇이나 복종하는 어린 자식을 권유하여 익사하게 하였다면, 물속에 직접 밀어서 빠뜨린 것이 아니더라도 「형법」제250조 제1항의 보통살인죄(<u>의 간접정범</u>)가 성립한다.

**011** 甲은 남편의 전처 소생의 딸 乙(9세)을 야산으로 데려가 목을 졸라 실신시킨 후 그대로 버려둔 채 혼자서 내려왔으며, 그 이후 乙이 스스로 깨어나서 내려 온 경우 甲은 살인미수죄가 성립한다. [국가7급 11]

011 (○)

> **해설+** 적어도 그 범행 당시에는 피고인에게 살인의 범의가 있었다 할 것이니, 피고인의 행위를 살인미수죄로 처단한 원심의 조치는 옳다(대법원 1994.12.22, 94도2511).

**012** 甲이 식당주인 A를 살해할 의사로 농약 1포를 숭늉그릇에 투입하여 식당에 놓아두었는데, 식당주인의 딸 B가 이를 마시고 사망한 경우, 甲은 살인죄가 아닌 과실치사죄가 성립한다. [국가9급 16]

012 (×) '아닌 과실치사죄가' → 삭제

> **해설+** 피고인이 사람을 살해할 의사로써 행위를 하였고 그와 같은 행위에 의하여 살해라는 결과가 발생한 이상 피고인의 행위와 살해라는 결과와의 사이에는 인과관계가 있다(대법원 1968.8.23, 68도884).

**013** 군인 甲이 하사 A를 살해할 목적으로 발사한 총탄에 이를 제지하려고 甲 앞으로 뛰어들던 병장 B가 맞아 사망한 경우 甲은 A에 대한 살인미수죄와 B에 대한 과실치사죄의 상상적 경합이 된다. [국가9급 16]

013 (×) '甲은 A에 대한 살인미수죄와 B에 대한 과실치사죄의 상상적 경합이' → 'B에 대한 살인죄가'

> **해설+** 목적하지 아니한 다른 사람에게 명중되어 사망의 결과가 발생하였다 하더라도 살의를 조각하지 않는다. B에 대한 살인죄가 성립한다(대법원 1975.4.22, 75도727).

**014** 피해자가 피고인들이 살해의 의도로 행한 구타행위에 의하여 직접 사망한 것이 아니라 죄적을 인멸할 목적으로 행한 매장행위에 의하여 사망하게 되었다 하더라도 전과정을 개괄적으로 보면 피해자의 살해라는 처음에 예견된 사실이 결국은 실현된 것으로서 피고인들은 살인죄의 죄책을 면할 수 없다. [변호사 14 변형]

014 (○) 대법원 1988.6.28, 88도650

**015** 전문의 甲이 보호자의 강청에 따라 치료를 요하는 자기 환자 乙의 치료를 중단하고 퇴원을 허용하는 조치를 취함으로써 乙을 사망에 이르게 한 경우 甲은 살인죄의 정범이 된다. [국가7급 11]

015 (×) '정범' → '방조범'

> **해설+** 甲은 작위에 의한 살인죄의 방조범이 된다(대법원 2004.6.24, 2002도995).

016 선박침몰 등과 같은 급박한 상황이 발생한 경우에 선박의 운항을 지배하고 있는 선장 甲이 자신에게 요구되는 개별적·구체적인 구호의무를 이행함으로써 사망의 결과를 쉽게 방지할 수 있음에도 이를 방관하여 승객의 사망을 초래한 경우, 甲은 부작위에 의한 살인죄가 성립한다.    [국가9급 16]

016 (O) 대법원 2015.11.12, 2015도6809

017 살해의 목적으로 동일인에게 일시·장소를 달리하고 수차에 걸쳐 공격을 하였으나 미수에 그치다가 그 목적을 달성한 경우, 살해의 목적을 달성할 때까지의 행위는 모두 실행행위의 일부로서 이를 포괄적으로 보고 단순한 한 개의 살인기수죄로 처단할 것이지 살인예비 내지 미수죄와 동 기수죄의 경합죄로 처단할 수 없는 것이다.    [경찰채용 13]

017 (O) 대법원 1965.9.28, 65도695

018 직계존비속관계는 법률상의 관계를 의미하므로 혼인 외의 출생자가 인지하지 않은 생모를 살해하더라도 존속살해죄가 성립하지 않는다.    [경찰채용 18 3차]

018 (×)

해설+ 혼인 외의 출생자와 생모 간에는 생모의 인지나 출생신고를 기다리지 않고 자의 출생으로 당연히 법률상의 친족관계가 생기는 것이다(대법원 1980.9.9, 80도1731).

019 혼인 외의 자(子)가 자신의 생모인 것을 알면서 그녀를 살해한 경우에는 존속살해죄가 성립하지 않는다.    [경찰승진 22]

019 (×)

해설+ 혼인 외의 출생자와 생모 간에는 생모의 인지나 출생신고를 기다리지 않고 자의 출생으로 당연히 법률상의 친족관계가 생기는 것이다(대법원 1980.9.9, 80도1731). 즉, 혼인 외의 자(子)가 자신의 생모인 것을 알면서 그녀를 살해한 경우에는 존속살해죄가 성립한다.

보충 생부는 인지 이후에만 존속살해죄가 성립하는 관계가 된다.

020 혼인 외의 출생자와 생모 간에는 생모의 인지나 출생신고를 기다리지 않고 당연히 법률상의 친족관계가 성립하므로, 혼인 외의 자가 생모를 살해한 때에는 존속살해죄가 성립한다.    [경찰승진 23]

020 (O) 혼인 외의 출생자와 생모 간에는 생모의 인지나 출생신고를 기다리지 않고 자의 출생으로 당연히 법률상의 친족관계가 생기는 것이다(대법원 1980.9.9, 80도1731).

021 피해자(여)가 버려진 영아인 피고인을 주어다 기르고 그 부와의 친생자인 것처럼 출생신고를 하였으나 입양요건을 갖추지 아니 하였다면 피고인이 동녀를 살해하였더라도 존속살인죄로 처벌할 수 없다. [경찰채용 17 1차]

021 (○) 대법원 1981.10.13, 81도2466

022 양친자관계를 창설하려는 명백한 의사가 있고 기타 입양의 실질적 요건이 구비되었음에도 입양신고를 하지 아니한 채 친생자출생신고를 한 이후 계속하여 자신을 양육하여 온 사람을 살해한 경우 존속살해죄가 성립한다. [사시 12]

022 (○) 대법원 2007.11.29, 2007도8333,2007감도22

023 피고인이 금원 편취 목적의 사기행각의 일환으로 인터넷 사이트 내 자살 관련 카페 게시판에 청산염 등 자살용 유독물의 판매광고를 한 행위만으로는 자살방조죄에 해당하지 않는다. [법원행시 14]

023 (○) 대법원 2005.6.10, 2005도1373

024 甲과 말다툼을 하던 乙이 '죽고 싶다'고 하며 甲에게 기름을 사오라고 하였고, 그 직후 乙은 甲이 사다 준 휘발유를 뿌리고 불을 붙여 자살했다면, 甲의 행위는 자살방조죄에 해당한다. [사시 16]

024 (○) 대법원 2010.4.29, 2010도2328

025 위계 또는 위력으로써 자신의 직계존속의 승낙을 받아 그를 살해한 때에는 존속살해죄의 예에 의해 처벌한다. [경찰승진 22]

025 (○)

**해설+** 전조(형법 제252조)의 경우에 위계 또는 위력으로써 촉탁 또는 승낙하게 하거나 자살을 결의하게 한 때에는 제250조의 예에 의한다(위계 등에 의한 촉탁살인 등, 형법 제253조). 따라서 존속살해죄의 예에 의하여 처벌한다.

**026** 살인예비죄가 성립하기 위하여는 형법 제255조에서 명문으로 요구하는 살인죄를 범할 목적 외에도 살인의 준비에 관한 고의가 있어야 하며, 나아가 실행의 착수까지에는 이르지 아니하는 살인죄의 실현을 위한 준비행위가 있어야 한다. 여기서의 준비행위는 물적인 것에 한정되지 아니하며 특별한 정형이 있는 것도 아니지만, 단순히 범행의 의사 또는 계획만으로는 그것이 있다고 할 수 없고 객관적으로 보아서 살인죄의 실현에 실질적으로 기여할 수 있는 외적 행위를 필요로 한다. [변호사 18 변형]

**026** (○) 대법원 2009.10.29, 2009도7150

**027** 살인예비죄가 성립하기 위하여는 살인죄를 범할 목적이 있으면 족하고, 살인의 준비에 관한 고의까지 있어야 하는 것은 아니다. [경찰승진 22]

**027** (×)

**해설+** 형법 제255조, 제250조의 살인예비죄가 성립하기 위하여는 형법 제255조에서 명문으로 요구하는 살인죄를 범할 목적 외에도 살인의 준비에 관한 고의가 있어야 하며, 나아가 실행의 착수까지에는 이르지 아니하는 살인죄의 실현을 위한 준비행위가 있어야 한다(대법원 2009.10.29, 2009도7150).

**028** 간첩이 간첩행동을 저지하는 자를 살해할 의도로 권총을 휴대하고 남하하였다 하더라도 살해대상인물이 결정되지 않은 이상 살인예비죄로 처단할 수 없다. [경찰채용 15]

**028** (○) 대법원 1959.7.11, 4292형상154

**029** 간첩이 불특정 다수인인 경찰관으로부터의 체포 기타 방해를 배제하기 위하여 무기를 휴대하였다면 살인예비죄가 성립한다. [국가9급총론 23]

**029** (×)

**해설+** 피고인은 「간첩에 당하여 불특정 다수인인 경찰관으로부터 체포 기타 방해를 받을 경우에는 이를 배제하기 위하여 원판시 무기를 휴대한」 것임이 명백한 바 이 경우에 있어서의 무기소지는 법령 제5호 위반으로 문책함은 별론이라 할 것이나 살인대상이 특정되지 아니한 살인예비죄의 성립은 이를 인정할 수 없다고 해석함이 타당하다(대법원 1959.7.31, 4292형상308).

**030** 촉탁 · 승낙살인죄, 자살교사 · 방조죄, 위계 · 위력에 의한 촉탁 · 승낙살인
죄의 예비 · 음모는 처벌하지 않는다.

030 (×)

> **해설+** 촉탁·승낙살인죄와 자살교사·방조죄는 예비·음모를 벌하지 아니하나, 위계·위력에 의한 촉탁·승낙살인죄는 보통살인죄·존속살해죄와 마찬가지로 예비·음모를 처벌한다(형법 제255조 참조).

## 2  상해와 폭행의 죄

📎 **대표유형**

甲은 A에게 복수하기 위하여 대가지급을 약속하고 乙에게 "A의 다리를 부러뜨려 1~2개월간 입원케 하라."고 교사하고, 이를 승낙한 乙은 며칠 후 칼로 A의 우측 가슴을 찔러 3주간의 치료가 필요한 우측 흉부자상을 가한 경우, 甲은 상해죄의 교사범에 해당한다.  [사시 10]

(○) 1~2개월간 입원할 정도로 다리가 부러진 상해 또는 3주간의 치료를 요하는 우측흉부자상이 중상해에 해당하지 않는다(대법원 2005. 12.9, 2005도7527).

**031** 폭행에 수반된 상처가 극히 경미한 것으로서 굳이 치료할 필요가 없어서 자연적으로 치유되며 일상생활을 하는 데 아무런 지장이 없는 경우에는 상해죄의 상해에 해당되지 아니한다고 할 수 있을 터이나, 이는 폭행이 없어도 일상생활 중 통상 발생할 수 있는 상처와 같은 정도임을 전제로 하는 것이므로 그러한 정도를 넘는 상처가 폭행에 의하여 생긴 경우라면 상해에 해당된다.  [법원9급 21]

031 (○) 대법원 2020.8.20, 2020 도5493

**032** 상해는 신체의 완전성을 훼손하거나 생리적 기능에 장애를 초래하는 것을 의미하므로, 피고인의 협박과 폭행으로 피해자가 실신하였더라도 외부적으로 어떤 상처가 발생하지 않았다면 상해가 있다고 볼 수 없다.  [경찰채용 19 2차]

032 (×)

> **해설+** 오랜 시간 동안의 협박과 폭행을 이기지 못하고 실신하여 범인들이 불러온 구급차 안에서야 정신을 차리게 되었다면, 외부적으로 어떤 상처가 발생하지 않았다고 하더라도 생리적 기능에 훼손을 입어 신체에 대한 상해가 있었다고 봄이 상당하다(대법원 1996.12.10, 96도2529).

**033** 상해죄에서 '상해'는 피해자의 신체의 완전성을 훼손하거나 생리적 기능에 장애를 초래하였는지를 객관적·일률적으로 판단할 것이 아니라 피해자의 신체·정신상의 구체적인 상태나 신체·정신상의 변화와 내용 및 정도를 종합적으로 고려하여 판단하여야 한다. [경찰간부 23]

033 (O)

> **해설+** 상해죄의 상해는 피해자의 신체의 완전성을 훼손하거나 생리적 기능에 장애를 초래하는 것을 의미한다. 폭행에 수반된 상처가 극히 경미한 것으로서 굳이 치료할 필요가 없어서 자연적으로 치유되며 일상생활을 하는 데 아무런 지장이 없는 경우에는 상해죄의 상해에 해당하지 않는다고 볼 수 있으나, 이는 폭행이 없어도 일상생활 중 통상 발생할 수 있는 상처와 같은 정도임을 전제로 하는 것이므로 그러한 정도를 넘는 상처가 폭행에 의하여 생긴 경우라면 상해에 해당한다고 보아야 한다. 피해자의 신체의 완전성을 훼손하거나 생리적 기능에 장애를 초래하였는지는 객관적·일률적으로 판단할 것이 아니라 피해자의 연령·성별·체격 등 신체상·정신상의 구체적 상태 등을 기준으로 판단하여야 한다(대법원 2018.9.13, 2018도4958).

**034** 甲이 심야에 소주병을 깨어 찌를 듯한 태도를 보이며 손바닥으로 A의 얼굴을 여러 차례 때리자, 극도의 공포감을 이기지 못하고 기절하였던 A가 출동한 119 구급차 안에서 겨우 정신을 차리게 되었다면, A가 외부적으로 어떤 상처를 입지 않았다고 하더라도 甲에게 상해의 죄책을 물을 수 있다. [사시 11]

034 (O) 실신도 상해에 해당될 수 있다(대법원 1996.12.10, 96도2529).

**035** 피해자가 성경험을 가진 여자로서, 특이체질로 인해 새로 형성된 처녀막이 파열되었다 하더라도 강간치상죄를 구성하는 상처에 해당된다. [법원행시 11]

035 (O) 대법원 1972.6.23, 72도855

**036** 난소를 이미 제거하여 임신불능상태에 있는 피해자의 자궁을 적출했다 하더라도 그 경우 자궁을 제거한 것이 신체의 완전성을 해한 것이거나 생활기능에 아무런 장애를 주는 것이 아니고 건강상태를 불량하게 변경한 것도 아니라고 할 것이므로 상해에 해당한다고 볼 수 없다. [경찰간부 14]

036 (X)

> **해설+** 자궁을 제거한 것이 신체의 완전성을 해한 것이 아니라거나 생활기능에 아무런 장애를 주는 것이 아니라거나 건강상태를 불량하게 변경한 것이 아니라고 할 수 없고 이는 업무상 과실치상죄에 있어서의 상해에 해당한다(대법원 1993.7.27, 92도2345).

**037** 2인 이상이 합동하여 부녀를 강간하고 그로 인해 피해자가 정신과적 증상인 외상 후 스트레스 장애를 일으킨 경우에는 성폭력범죄의 처벌 및 피해자보호 등에 관한 법률상 특수강간치상죄가 성립하지 않는다. [사시 10]

**해설+** 정신과적 증상인 외상 후 스트레스 장애가 성폭력범죄의처벌및피해자보호등에관한법률 제9조 제1항 소정의 상해에 해당한다(대법원 1999.1.26, 98도3732).

037 (×) '성립하지 않는다' → '성립한다'

**038** 피고인으로부터 왼쪽 젖가슴을 꽉 움켜잡힘으로 인하여 왼쪽 젖가슴에 약 10일간의 치료를 요하는 좌상을 입고, 심한 압통과 약간의 종창이 있어 그 치료를 위하여 병원에서 주사를 맞고 3일간 투약을 한 경우, 피해자는 위와 같은 상처로 인하여 신체의 건강상태가 불량하게 변경되고 생활기능에 장애가 초래되었다 할 것이어서 이는 강제추행치상죄에 있어서의 '상해'의 개념에 해당한다 할 것이다. [경찰간부 23] [사시 11·13 변형]

**해설+** 피해자가 강제추행 과정에서 가해자로부터 <u>왼쪽 젖가슴을 꽉 움켜잡힘으로 인하여 왼쪽 젖가슴에 약 10일간의 치료를 요하는 좌상을 입고, 심한 압통과 약간의 종창이 있어 그 치료를 위하여 병원에서 주사를 맞고 3일간 투약을 한 경우</u>, 피해자는 위와 같은 상처로 인하여 신체의 건강상태가 불량하게 변경되고 생활기능에 장애가 초래되었다 할 것이어서 이는 강제추행치상죄에 있어서의 상해의 개념에 해당한다(대법원 2000.2.11, 99도4794).

038 (○)

**039** 甲이 피해자를 강제로 눕혀 옷을 벗긴 뒤 1회용 면도기로 피해자의 음모를 반 정도 깎았다면, 甲은 피해자에게 치료일수 불상의 음모절단상을 입게 하였으므로 강제추행치상의 죄책을 진다. [경찰채용 12]

**해설+** 병리적으로 보아 피해자의 신체의 건강상태가 불량하게 변경되거나 생활기능에 장애가 초래되었다고 할 수는 없을 것이므로, 그것이 폭행에 해당할 수 있음은 별론으로 하고 강제추행치상죄의 상해에 해당한다고 할 수는 없다(대법원 2000.3.23, 99도3099).

039 (×) '진다' → '지지 않는다'

**040** 산부인과 의사가 제왕절개수술 중 과실로 모체 안에서 태아를 사망에 이르게 하였더라도, 태아의 사망 자체를 임산부에 대한 상해로 볼 수 없다. [사시 10]

**해설+** 태아를 사망에 이르게 하는 낙태행위로 인하여 임부에게 사상의 결과가 발생하면 별도로 낙태치사상죄가 성립하는 것을 고려한다면, 태아를 사망에 이르게 하는 행위 그 자체를 임산부에 대한 상해로 볼 수는 없다(업무상 과실치상죄 부정, 대법원 2007.6.29, 2005도3832).

040 (○)

041 태아를 사망에 이르게 하는 행위는 태아의 사망으로 인하여 그 태아를 양육, 출산하는 임산부의 생리적 기능이 침해되어 임산부에 대한 상해가 된다.

[법원9급 14]

041 (×) '된다' → '되지 않는다'

> **해설+** 태아를 사망에 이르게 하는 행위가 임산부 신체의 일부를 훼손하는 것이라거나 태아의 사망으로 인하여 그 태아를 양육, 출산하는 임산부의 생리적 기능이 침해되어 임산부에 대한 상해가 된다고 볼 수는 없다(대법원 2007.6.29, 2005도3832).

042 소방관 戊는 화재진압 도중 건물 1층에서 정신을 잃고 쓰러져 있는 5세의 F를 발견하고 달리 다른 구조방안이 없는 상황에서 긴급구조를 위하여 F를 두터운 이불에 싼 뒤 창문 밖으로 집어던졌다. F는 생명에는 지장이 없었으나 땅에 떨어질 때의 충격으로 부상을 입었다. - 객관적 귀속의 구체적 판단기준의 하나인 위험감소원칙에 의하면 戊는 상해죄

[사시 12]

042 (×) '상해죄' → '무죄'

> **해설+** 객관적 귀속의 구체적 판단기준의 하나인 위험감소원칙에 의하면 상해의 결과는 행위자에게 귀속시킬 수 없다.

043 상해죄의 성립에는 상해의 원인인 폭행에 대한 인식이 있으면 충분하고 상해를 가할 의사의 존재까지는 필요하지 않다.

[국가7급 17]

043 (○) 대법원 2000.7.4, 99도4341

044 상해죄의 성립에는 상해의 원인인 폭행에 관한 인식이 있으면 충분하고 상해를 가할 의사의 존재는 필요하지 않으나, 폭행을 가한다는 인식마저 없이 행위함으로써 피해자에게 상해를 입힌 경우에는 상해죄가 성립하지 않는다.

[경찰채용 18 2차]

044 (○)

> **해설+** 상해죄는 결과범이므로 그 성립에는 상해의 원인인 폭행에 관한 인식이 있으면 충분하고 상해를 가할 의사의 존재는 필요하지 않으나, 폭행을 가한다는 인식이 없는 행위의 결과로 피해자가 상해를 입었던 경우에는 상해죄가 성립하지 아니한다(대법원 1983.3.22, 83도231).

**045** 甲은 A, B, C를 상대로 싸우다가 힘이 달리자 옆 포장마차로 달려가 길이 30cm의 식칼을 가지고 나와 A, B, C를 상대로 휘두르다가, 이를 말리면서 식칼을 빼앗으려던 乙의 귀를 찔러 상처를 입힌 경우, 甲에게 乙에 대한 상해의 고의를 인정할 수 없다. [사시 10]

**해설+** 구체적 사실의 착오 중 방법의 착오라 하더라도 법정적 부합설을 취하는 판례는 발생사실에 대한 고의·기수를 인정한다. 과실치상죄가 아니라 상해죄를 인정한 판례이다(대법원 1987.10.26, 87도1745).

045 (×) '없다' → '있다'

**046** 상해를 입힌 행위가 동일한 일시, 장소에서 동일한 목적으로 저질러진 것이라 하더라도 피해자를 달리하고 있으면 피해자별로 각각 별개의 상해죄가 성립한다. [사시 13 변형]

046 (○) 1개의 행위가 수개의 죄에 해당하는 경우라고 볼 수 없다 (대법원 1983.4.26, 83도524).

**047** 피고인의 협박사실행위가 피고인에게 인정된 상해사실과 같은 시간 같은 장소에서 동일한 피해자에게 가해진 경우에는 특별한 사정이 없는 한 상해의 단일범의 하에서 이루어진 하나의 폭언에 불과하여 위 상해죄에 포함되는 행위라고 봄이 상당하다. [법원9급 07]

047 (○) 대법원 1976.12.14, 76도3375

**048** 가해행위 시에 중상해의 고의가 있는 경우는 물론이고 상해의 고의만 있었더라도 그 가해행위로 인하여 중상해의 결과가 발생하는 경우에는 중상해에 대한 예견가능성이 인정되는 한 중상해죄의 죄책을 진다.

048 (○) 대전고법 1995.4.7, 94노738

**049** 1~2개월간 입원할 정도로 다리가 부러진 상해 또는 3주간의 치료를 요하는 우측흉부자상이 중상해에 해당하지 않는다. [경찰간부 13]

049 (○) 대법원 2005.12.9, 2005도527

**050** 甲이 변심한 애인 乙을 강요하여 乙로 하여금 스스로 코를 절단하게 한 경우 甲은 강요죄의 죄책을 지는 것은 문제로 하고 중상해죄의 간접정범의 죄책을 지지는 않는다. [국가9급 13]

**050 (×)**

> **해설+** 피고인이 피해자를 협박하여 그로 하여금 자상케 한 경우에 피고인에게 상해의 결과에 대한 인식이 있고 또 그 협박의 정도가 피해자의 의사결정의 자유를 상실케 함에 족한 것인 이상 피고인에게 대하여 상해죄를 구성한다(대법원 1970.9.22, 70도1638).

**051** 특수폭행치상의 경우 「형법」 제258조의2(특수상해)가 신설되었으므로 특수상해죄의 예에 의하여 처벌해야 한다. [경찰간부 22]

**051 (×)**

> **해설+** 형벌규정 해석에 관한 법리와 폭력행위 등 처벌에 관한 법률의 개정 경과 및 형법 제258조의2의 신설 경위와 내용, 그 목적, 형법 제262조의 연혁, 문언과 체계 등을 고려할 때, 특수폭행치상의 경우 형법 제258조의2의 신설에도 불구하고 종전과 같이 형법 제257조 제1항의 예에 의하여 처벌하는 것으로 해석함이 타당하다(대법원 2018.7.24, 2018도3443).

**052** 2016. 1. 6. 형법 개정으로 특수상해죄가 형법 제258조의2로 신설됨에 따라 문언상으로 형법 제262조의 "제257조 내지 제259조의 예에 의한다"는 규정에 형법 제258조의2가 포함되어 특수폭행치상의 경우 특수상해인 형법 제258조의2 제1항의 예에 의하여 처벌하여야 하는 것으로 해석함이 타당하다.

**052 (×)** '타당하다' → '타당하지 않다'(대법원 2018.7.24, 2018도3443)

**053** 「형법」 제258조의2 특수상해죄의 신설로 「형법」 제262조, 제261조의 특수폭행치상죄에 대하여 그 문언상 특수상해죄의 예에 의하여 처벌하는 것이 가능하게 되었다는 이유만으로 「형법」 제258조의2 제1항의 예에 따라 처벌할 수 있다고 하는 것은 죄형법정주의에 반한다. [경찰채용 22 1차]

**053 (○)**

> **해설+** 특수상해죄가 신설되었지만, 특수폭행으로 상해에 이르게 한 폭행치상의 경우 여전이 상해죄의 형으로 처벌하는 것이 타당하다(대법원 2018.7.24, 2018도3443).

**054** 甲이 길이 140cm, 지름 4cm의 대나무로 A의 머리를 여러 차례 때려 그 대나무가 부러지고, A의 두피에 표재성 손상을 입혀 사건 당일 병원에서 봉합술을 받은 경우, 甲이 사용한 대나무는 특수상해죄에서의 '위험한 물건'에 해당한다. [경찰채용 21 1차]

**055** 폭행죄에 있어서의 폭행이란 사람의 신체에 대한 유형력의 행사를 뜻하므로 반드시 피해자의 신체에 접촉함을 필요로 하고, 피해자에게 근접하여 욕설을 하면서 때릴 듯이 손발을 휘두르거나 물건을 던지는 행위를 한 것만으로는 폭행죄가 성립하지 아니한다. [경찰채용 18 2차]

**055** (×)

> **해설+** 폭행죄에 있어서의 폭행이라 함은 사람의 신체에 대하여 물리적 유형력을 행사함을 뜻하는 것으로서 반드시 피해자의 신체에 접촉함을 필요로 하는 것은 아니므로 피해자에게 근접하여 욕설을 하면서 때릴 듯이 손발이나 물건을 휘두르거나 던지는 행위를 한 경우에 직접 피해자의 신체에 접촉하지 않았다고 하여도 피해자에 대한 불법한 유형력의 행사로서 폭행에 해당한다(대법원 1990.2.13, 89도1406).

**056** 폭행죄에서 말하는 '폭행'이란 사람의 신체에 대하여 육체적·정신적으로 고통을 주는 유형력을 행사함을 뜻하는 것으로서 반드시 피해자의 신체에 접촉함을 필요로 하는 것은 아니다. [경찰간부 23]

**056** (○)

> **해설+** 폭행죄에서 말하는 폭행이란 사람의 신체에 대하여 육체적·정신적으로 고통을 주는 유형력을 행사함을 뜻하는 것으로서 반드시 피해자의 신체에 접촉함을 필요로 하는 것은 아니고, 그 불법성은 행위의 목적과 의도, 행위 당시의 정황, 행위의 태양과 종류, 피해자에게 주는 고통의 유무와 정도 등을 종합하여 판단하여야 한다(대법원 2016.10.27, 2016도9302).

**057** 피해자의 신체에 공간적으로 근접하여 손발이나 물건을 휘두르거나 던지는 행위는 직접 피해자의 신체에 접촉하지 아니하였다 하더라도 피해자에 대한 불법한 유형력의 행사로서 폭행죄의 폭행에 해당될 수 있다. [변호사 18]

**057** (○) 대법원 2003.1.10, 2000도5716

**054** (○) 대법원 2017.12.28, 2015도5854

**058** 형법 제260조에 규정된 폭행죄의 폭행이란 소위 사람의 신체에 대한 유형력의 행사를 가리키며, 그 유형력의 행사는 신체적 고통을 주는 물리력의 작용을 의미하므로 신체의 청각기관을 직접적으로 자극하는 음향도 경우에 따라서는 유형력에 포함될 수 있다. [국가9급 12]

058 (○) 대법원 2003.1.10, 2000도5716

**059** 자신의 차를 가로막는 피해자를 부딪친 것은 아니라고 하더라도, 피해자를 부딪칠 듯이 차를 조금씩 전진시키는 것을 반복하는 행위 역시 피해자에 대해 위법한 유형력을 행사한 것이라고 보아야 한다.

059 (○)

> **해설+** 폭행죄에서 말하는 폭행이란 반드시 피해자의 신체에 접촉함을 필요로 하는 것은 아니고, 그 불법성은 행위의 목적과 의도, 행위 당시의 정황, 행위의 태양과 종류, 피해자에게 주는 고통의 유무와 정도 등을 종합하여 판단하여야 한다(대법원 2016.10.27, 2016도9302).

**060** 상대방의 시비를 만류하면서 조용히 얘기나 하자며 그의 팔을 2, 3회 끈 행위는, 사람의 신체에 대한 불법한 공격으로 「형법」 제260조 제1항 소정의 폭행죄에 해당한다. [경찰간부 23] [군무원9급 23 변형]

060 (×)

> **해설+** 상대방의 시비를 만류하면서 조용히 얘기나 하자며 그의 팔을 2, 3회 끈 사실만 가지고는 사람의 신체에 대한 불법한 공격이라고 볼 수 없어 형법 제260조 제1항 소정의 폭행죄에 해당한다고 볼 수 없다(대법원 1986.10.14, 86도1796).

**061** 다방 종업원 숙소에 이르러 종업원들 중 1인이 자신을 만나주지 않는다는 이유로 시정된 탁구장문과 주방문을 부수고 주방으로 들어가 방문을 열어주지 않으면 모두 죽여버린다고 폭언하면서 시정된 방문을 단순히 수회 발로 찬 甲의 행위도 종업원들의 신체에 대한 유형력의 행사로 볼 수 있어 폭행죄에 해당한다. [경찰채용 22 1차]

061 (×)

> **해설+** 공소외인이 피고인을 만나주지 않는다는 이유로 시정된 탁구장문과 주방문을 부수고 주방으로 들어가 방문을 열어주지 않으면 모두 죽여버린다고 폭언하면서 시정된 방문을 수회 발로 찬 피고인의 행위는 재물손괴죄 또는 숙소안의 자에게 해악을 고지하여 외포케 하는 단순협박죄에 해당함은 별론으로 하고, 단순히 방문을 발로 몇번 찼다고 하여 그것이 피해자들의 신체에 대한 유형력의 행사로는 볼 수 없어 폭행죄에 해당한다 할 수 없다(대법원 1984.2.14, 83도3186).

**30** PART 01 개인적 법익에 대한 죄

**062** 피고인이 피해자에게 욕설을 한 것만을 가지고 당연히 폭행을 한 것이라고 할 수는 없을 것이고, 피해자 집의 대문을 발로 찬 것이 막바로 또는 당연히 피해자의 신체에 대하여 유형력을 행사한 경우에 해당한다고 할 수도 없다. [법원9급 10 변형] [해경채용 23 2차]

**해설+** 형법 제260조에서 말하는 폭행이란 사람의 신체에 대하여 유형력을 행사하는 것을 의미하는 것으로서 피고인이 피해자에게 욕설을 한 것만을 가지고 당연히 폭행을 한 것이라고 할 수는 없을 것이고, 피해자 집의 대문을 발로 찬 것이 막바로 또는 당연히 피해자의 신체에 대하여 유형력을 행사한 경우에 해당한다고 할 수도 없다(대법원 1991.1.29, 90도2153).

**063** 폭행죄는 피해자의 명시한 의사에 반하여 공소를 제기할 수 없는 반의사불벌죄로서 처벌불원의 의사표시는 의사능력이 있는 피해자가 단독으로 할 수 있는 것이고 피해자가 사망한 후 그 상속인이 피해자를 대신하여 처벌불원의 의사표시를 할 수는 없다고 보아야 한다. [경찰채용 20 1차] [변호사 14 변형]

**064** 甲은 주먹으로 A의 얼굴 부위를 1회 때려 그로 인하여 상해가 발생하였고, 당구대 위에 놓여있던 당구공으로 A의 머리를 툭툭 건드렸고 그로 인하여 상해가 발생하지는 아니하였다. -「폭력행위 등 처벌에 관한 법률」 제3조 제1항(집단·흉기등)의 '행위자가 흉기 기타 위험한 물건을 휴대'한 경우에 해당한다. [법원행시 13] [변호사 13]

**해설+** 상해행위 과정에서 사용한 당구공이 폭력의 정도와 결과 등에 비추어 폭력행위 등 처벌에 관한 법률 제3조 제1항의 '위험한 물건'에 해당하지 않는다(대법원 2008.1.17, 2007도9624).

**065** 폭력행위등처벌에관한법률위반(집단·흉기등폭행)죄의 '위험한 물건을 휴대하여'라 함은 피고인이 폭행을 가할 당시에 범행에 사용할 의도로 위험한 물건을 소지하면 족하고 피해자가 그 사실을 인식해야 하는 것은 아니다. [사시 13 변형]

062 (○)

063 (○) 대법원 2010.5.27, 2010도2680

064 (×) '해당한다' → '해당하지 않는다'

065 (○) 대법원 2007.3.30, 2007도914

**066** 甲은 A가 견인료 납부를 요구하면서 자신의 승용차 앞을 가로막고 서 있자 A의 다리 부분을 위 승용차 앞범퍼로 들이받고 약 1m 정도 진행하였고, 이로 인하여 A는 땅바닥으로 넘어졌다. -「폭력행위 등 처벌에 관한 법률」 제3조 제1항(집단·흉기등)의 '행위자가 흉기 기타 위험한 물건을 휴대'한 경우에 해당한다. [법원행시 13] [변호사 13]

> **해설+** 자동차 등이 사람의 생명·신체에 해를 가하는 데 사용되었다면 본조의 '위험한 물건'이라 할 것이며, 한편 이러한 물건을 '휴대하여'라는 말은 소지뿐만 아니라 널리 이용한다는 뜻도 포함하고 있다(대법원 1997.5.30, 97도597).

**067** 甲은 A 등과 이혼에 관한 사항을 협의하던 도중 A 등과 가벼운 실랑이를 하게 되었다. 이 과정에서 甲의 승낙 없이 A의 아버지인 B가 甲의 아들을 자신의 중형승용차에 태운 후 시동을 걸고 출발하려고 하였다. 甲은 이를 제지하기 위하여 급히 자신의 소형승용차를 출발시켜 B가 운전하던 승용차를 저속으로 가볍게 충격하였다. 이로 인하여 B는 특별한 치료를 요하지 않는 가벼운 상해를 입었으며, 甲의 차량과 B의 차량도 경미한 손상을 입게 되었다. -「폭력행위 등 처벌에 관한 법률」 제3조 제1항(집단·흉기등)의 '행위자가 흉기 기타 위험한 물건을 휴대'한 경우에 해당한다. [법원행시 13] [변호사 13]

**068** 경륜장 사무실에서 술에 취해 소란을 피우면서 '소화기'를 집어던졌지만 특정인을 겨냥하여 던진 것이 아닌 경우, 위 '소화기'는 폭력행위 등 처벌에 관한 법률 제3조 제1항의 '위험한 물건'에 해당하지 않는다. [경찰승진 11]

**069** 甲은 A가 식칼을 들고 나와 자신을 찌르려고 하자 이를 저지하기 위하여 그 칼을 뺏은 다음 A를 훈계하면서 칼의 칼자루 부분으로 A의 머리를 가볍게 쳤다. -「폭력행위 등 처벌에 관한 법률」 제3조 제1항(집단·흉기등)의 '행위자가 흉기 기타 위험한 물건을 휴대'한 경우에 해당한다. [법원행시 13] [변호사 13]

---

066 (○)

067 (×) '해당한다' → '해당하지 않는다'
자동차를 이용하여 다른 자동차를 충격한 사안에서, 충격 당시 차량의 크기, 속도, 손괴 정도 등 제반사정에 비추어 볼 때, 위 자동차는 폭력행위 등 처벌에 관한 법률 제3조 제1항에 정한 '위험한 물건'에 해당하지 않는다(대법원 2009.3.26, 2007도3520).

068 (○) 대법원 2010.4.29, 2010도930

069 (×) '해당한다' → '해당하지 않는다'
피해자가 위험성을 느꼈으리라고는 할 수 없다(대법원 1989.12.22, 89도1570).

**070** 청산염 2그램 정도를 협박편지에 동봉 우송하여 피해자에게 도달케 하였다면 이는 우체부를 통하여 간접정범의 형태로 위험한 물건을 휴대한 경우에 해당한다. [법원행시 13]

> **해설+** 위험한 물건의 "휴대"라 함은 범행현장에서 범행에 사용할 의도 아래 위험한 물건을 몸 또는 몸 가까이 소지하는 것을 말하므로 청산염 2그램 정도를 협박편지에 동봉 우송하여 피해자에게 도달케 하였다는 것만으로는 위 법조에서 말하는 위험한 물건의 휴대라고 할 수 없다(대법원 1985.10.8, 85도1851).

**071** 피고인이 폭력행위 당시 과도를 범행현장에서 호주머니 속에 지니고 있었더라도 그 사실을 피해자가 몰랐다거나 실제로 범행에 사용하지 않았다면 '위험한 물건의 휴대'에 해당하지 않는다. [경찰채용 19 2차]

> **해설+** 피고인이 이 사건 폭력행위 당시 과도를 범행현장에서 호주머니 속에 지니고 있었던 이상 이는 위험한 물건을 휴대한 경우에 해당한다(대법원 1984.4.10, 84도353). 소정의 '흉기 기타 위험한 물건을 휴대하여 그 죄를 범한 자'란 범행현장에서 '사용하려는 의도' 아래 흉기 기타 위험한 물건을 소지하거나 몸에 지니는 경우를 가리키는 것이고, 그 범행과는 전혀 무관하게 우연히 이를 소지하게 된 경우까지를 포함하는 것은 아니라 할 것이나, 범행 현장에서 범행에 사용하려는 의도 아래 흉기 등 위험한 물건을 소지하거나 몸에 지닌 이상 그 사실을 피해자가 인식하거나 실제로 범행에 사용하였을 것까지 요구되는 것은 아니라 할 것이다(대법원 2007.3.30, 2007도914).

**072** 「폭력행위 등 처벌에 관한 법률」에 규정된 죄를 범한 사람이 흉기로 사람에게 위해를 가하려 할 때 이를 예방하기 위하여 한 행위는 벌하지 아니한다. [국가9급 22]

> **해설+** 폭력행위 등 처벌에 관한 법률 제8조 【정당방위 등】 ① 이 법에 규정된 죄를 범한 사람이 흉기나 그 밖의 위험한 물건 등으로 사람에게 위해(危害)를 가하거나 가하려 할 때 이를 예방하거나 방위(防衛)하기 위하여 한 행위는 벌하지 아니한다.
> ② 제1항의 경우에 방위 행위가 그 정도를 초과한 때에는 그 형을 감경한다.
> ③ 제2항의 경우에 그 행위가 야간이나 그 밖의 불안한 상태에서 공포·경악·흥분 또는 당황으로 인한 행위인 때에는 벌하지 아니한다.

> **보충** 이와 같이 폭처법에서는 장래의 침해에 대한 예방적 정당방위도 인정되고 있다.

073 「폭력행위 등 처벌에 관한 법률」 제2조 제2항의 '2인 이상이 공동하여'라 고 함은 수인이 동일 장소에서 동일 기회에 범행을 한 경우이면 족하고, 수인 상호 간에 범죄에 대한 공동가공의사가 있어야 하는 것은 아니다.

[경찰경채 23] [변호사 16 변형]

073 (×)

**해설+** 폭력행위처벌법 제2조 제2항의 "2인 이상이 공동하여"라고 함은 그 수인 간에 소위 공범관 계가 존재하는 것을 요건으로 하는 것이며, 수인이 동일 장소에서 동일 기회에 상호 다른 자의 범행 을 인식하고 이를 이용하여 범행을 한 경우임을 요한다(형법상 공동정범보다 강화된 요건, 대법원 1986.6.10, 85도119). 따라서 수인 상호 간에 공동가공의사는 있어야 한다.

**유사** 폭력행위처벌법상 2인 이상의 공동범행이 있다는 것을 전제로 이에 대한 공모공동정범 성 립이 가능하다는 사례
폭력행위처벌법 제2조 제2항의 '2인 이상이 공동하여 제1항 각 호에 열거된 죄를 범한 때'라고 함은 그 수인 간에 소위 공범관계가 존재하는 것을 요건으로 하고, 수인이 동일 장소에서 동일 기회에 상호 다른 자의 범행을 인식하고 이를 이용하여 범행을 한 경우임을 요하는 것이며(대법원 2000. 2.25, 99도4305 등), 또한 여러 사람이 폭력행위 등 처벌에 관한 법률 제2조 제1항에 열거된 죄를 범하기로 공모한 다음 그중 2인 이상이 범행장소에서 범죄를 실행한 경우에는 범행장소에 가지 아니한 자도 같은 법 제2조 제2항에 규정된 죄의 공모공동정범으로 처벌할 수 있다(대법원 1996. 12.10, 96도2529; 2007.6.28, 2007도2590 등).

**비교** 공모만 하고 범행가담이 없거나 범행장소에 있지 않았다면 폭력행위처벌법상 2인 이상의 공동범행은 인정되지 않는다는 사례
폭력행위처벌법 제2조 제2항 제1호의 '2명 이상이 공동하여 폭행의 죄를 범한 때'라고 함은 그 수인 사이에 공범관계가 존재하고, 수인이 동일 장소에서 동일 기회에 상호 다른 자의 범행을 인식하고 이를 이용하여 폭행의 범행을 한 경우임을 요한다(대법원 1986.6.10, 85도119 등). 따라서 폭행 실행범과의 공모사실이 인정되더라도 그와 공동하여 범행에 가담하였거나 범행장소에 있었다고 인 정되지 아니하는 경우에는 공동하여 죄를 범한 때에 해당하지 않고(대법원 1990.10.30, 90도 2022 등), 여러 사람이 공동하여 범행을 공모하였다면 그중 2인 이상이 범행장소에서 실제 범죄의 실행에 이르렀어야 나머지 공모자에게도 공모공동정범이 성립할 수 있을 뿐이다(대법원 1994.4.12, 94도128; 2023.8.31, 2023도6355).

074 상해치사죄의 공동정범은 폭행 기타의 신체침해행위를 공동으로 할 의사 와 함께 결과를 공동으로 할 의사도 있어야 한다.

[국가7급 07]

074 (×)

**해설+** 상해치사나 폭행행위에 관하여는 서로 인식이 있었고 예견이 가능한 공범의 가해행위로 사망의 결과가 초래된 이상, 상해치사죄 또는 폭행치사죄의 죄책은 면할 수 없다(대법원 1991.5.14, 91도580).

075 시간적 차이가 있는 독립된 상해행위나 폭행행위가 경합하여 사망의 결 과가 일어나고 그 사망의 원인된 행위가 판명되지 않은 경우에는 공동정범 의 예에 의하여 처벌할 것이다.

[경찰간부 17]

075 (○) 대법원 2000.7.28, 2000도2466

**076** 상해죄에 있어서의 동시범은 두 사람 이상이 가해행위를 하여 상해의 결과를 가져올 경우에 그 상해가 어느 사람의 가해행위로 인한 것인지가 분명치 않다면 가해자 모두를 공동정범으로 본다는 것이므로 가해행위를 한 것 자체가 분명치 않은 사람에 대하여는 동시범으로 다스릴 수 없다.

[사시 13 변형]

076 (○) 대법원 1984.5.15, 84도488

**077** 폭행치사와 상해치사뿐만 아니라 상해행위나 폭행행위가 경합하여 사망의 결과가 발생한 때에도 동시범의 특례가 적용된다.

[국가9급 12]

077 (○) 대법원 1981.3.10, 80도3321

**078** 폭행치사죄와 상해치사죄까지 「형법」제263조(동시범)를 적용하면 피고인에게 불리한 유추적용이 되므로 동 규정의 적용은 배제되어야 한다.

[경찰채용 23 2차]

**해설+** 폭행치사죄와 상해치사죄에는 「형법」제263조(동시범)가 적용된다는 것이 판례의 입장이다(대법원 2000.7.28, 2000도2466; 1985.5.14, 84도2118).

078 (×)

**079** 甲과 乙이 의사연락 없이 우연히 A를 각각 폭행하여 상해의 결과가 발생한 경우, 상해가 甲의 폭행에 의한 것으로 밝혀졌다면 乙을 공동정범의 예에 의하여 처벌할 수는 없다.

[경찰승진 22]

**해설+** 甲과 乙이 각각 A를 폭행한 동시범의 경우로서 A의 상해의 결과가 甲의 폭행에 의한 것으로 인과관계가 판명된 경우이므로 형법 제263조가 적용되지 않아 甲은 폭행치상죄, 乙은 폭행죄가 성립한다. 이 경우 甲과 乙은 공동정범이 아니라 각각 단독정범이다.

079 (○)

**080** 형법은 제258조의2 제1항에서 위험한 물건을 휴대하여 상해죄를 범한 때에는 1년 이상 10년 이하의 징역에 처한다고 특수상해죄를 규정하고 있는데, 형법 제264조에서 상습범을 그 죄에 정한 형의 2분의1까지 가중하므로, 상습특수상해죄를 범한 때에는 1년 6개월 이상 15년 이하의 징역에 처해야 한다.

**해설+** 형법은 제264조에서 상습으로 제258조의2의 죄를 범한 때에는 그 죄에 정한 형의 2분의 1까지 가중한다고 규정하고, 제258조의2 제1항에서 위험한 물건을 휴대하여 상해죄를 범한 때에는 1년 이상 10년 이하의 징역에 처한다고 규정하고 있다. 위와 같은 형법 각 규정의 문언, 형의 장기만을 가중하는 형법 규정에서 그 죄에 정한 형의 장기를 가중한다고 명시하고 있는 점, 형법 제264조에서 상습범을 가중처벌하는 입법 취지 등을 종합하면, 형법 제264조는 상습특수상해죄를 범한 때에 형법 제258조의2 제1항에서 정한 <u>법정형의 단기와 장기를 모두</u> 가중하여 1년 6개월 이상 15년 이하의 징역에 처한다는 의미로 새겨야 한다(대법원 2017.6.29, 2016도18194).

**081** 폭행죄의 상습성은 폭행 범행을 반복하여 저지르는 습벽을 말하는 것으로서, 동종 전과의 유무와 그 사건 범행의 횟수, 기간, 동기 및 수단과 방법 등을 종합적으로 고려하여 상습성 유무를 결정하여야 하고, 단순폭행, 존속폭행의 범행이 동일한 폭행 습벽의 발현에 의한 것으로 인정되는 경우, 그중 법정형이 더 중한 상습존속폭행죄에 나머지 행위를 포괄하여 하나의 죄만이 성립한다고 봄이 타당하다. [경찰채용 20 2차 변형]

081 (○) 대법원 2018.4.24, 2017도10956

**082** 甲이 상습으로 A를 폭행하고, 자신의 어머니 B를 존속폭행하였다는 내용으로 기소된 사안에서, 甲에게 폭행 범행을 반복하여 저지르는 습벽이 있고 이러한 습벽에 의하여 단순폭행, 존속폭행 범행을 저지른 사실이 인정된다면 단순폭행, 존속폭행의 각 죄별로 상습성을 판단하여야 한다. [경찰채용 23 2차]

082 (×)

**해설+** 피고인이 상습으로 甲을 폭행하고, 어머니 乙을 존속폭행하였다는 내용으로 기소된 경우, 피고인에게 폭행 범행을 반복하여 저지르는 습벽이 있고 이러한 습벽에 의하여 단순폭행, 존속폭행 범행을 저지른 사실이 인정된다면 <u>단순폭행, 존속폭행의 각 죄별로 상습성을 판단할 것이 아니라</u> 포괄하여 그중 법정형이 가장 중한 상습존속폭행죄만 성립할 여지가 있다(대법원 2018.4.24, 2017도10956).

36 **PART 01** 개인적 법익에 대한 죄

**083** 단순폭행, 존속폭행의 범행이 동일한 폭행 습벽의 발현에 의한 것으로 인정되어 상습존속폭행죄로 처벌되는 경우 피해자의 명시한 의사에 반하여도 공소를 제기할 수 있다. [경찰채용 23 1차]

**해설+** 상습존속폭행죄로 처벌되는 경우에는 형법 제260조 제3항이 적용되지 않으므로, <u>피해자의 명시한 의사에 반하여도 공소를 제기할 수 있다</u>(대법원 2018.4.24, 2017도10956).

083 (○)

**084** 상습존속폭행죄로 처벌되는 경우에는 피해자의 명시한 의사에 반하여도 공소를 제기할 수 있다.

084 (○) 형법 제260조 제3항이 적용되지 않는다(대법원 2018.4.24, 2017도10956).

## 3 과실치사상의 죄

📎 **대표유형**

골프경기를 하던 중 골프공을 쳐서 아무도 예상하지 못한 자신의 등 뒤편으로 보내어 등 뒤에 있던 경기보조원에게 상해를 입힌 경우 위 행위는 운동경기 중의 행위이므로 과실치상 죄에 해당하지 아니한다. [법원9급 15]

(×) 주의의무를 현저히 위반하여 사회적 상당성의 범위를 벗어난 행위로써 과실치상죄가 성립한다(대법원 2008.10.23, 2008도6940).

**085** 업무상과실치상죄의 '업무'란 사람의 사회생활면에서 하나의 지위로서 계속적으로 종사하는 사무를 말한다. 여기에는 수행하는 직무 자체가 위험성을 갖기 때문에 안전배려를 의무의 내용으로 하는 경우는 물론 사람의 생명·신체의 위험을 방지하는 것을 의무의 내용으로 하는 업무도 포함된다.

085 (○) 대법원 2017.12.5, 2016도16738

**086** 4층 건물의 2층 내부 벽면에 설치된 분전반을 통해 3층과 4층으로 가설된 전선이 합선으로 단락되어 화재가 나 상해가 발생한 경우, 단지 4층 건물의 소유자로서 위 건물 2층을 임대하였다는 사정만으로는 업무상과실치상죄에 있어서의 '업무'로 보기 어렵다. [경찰채용 23 2차]

**해설+** 업무상과실치상죄에 있어서의 '업무'란 사람의 사회생활 면에서 하나의 지위로서 계속적으로 종사하는 사무를 말하고, 여기에는 수행하는 직무 자체가 위험성을 갖기 때문에 안전배려를 의무의 내용으로 하는 경우는 물론 사람의 생명·신체의 위험을 방지하는 것을 의무내용으로 하는 업무도 포함되는데, 안전배려 내지 안전관리 사무에 계속적으로 종사하여 위와 같은 지위로서의 계속성을 가지지 아니한 채 <u>단지 건물의 소유자로서 건물을 비정기적으로 수리하거나 건물의 일부분을 임대하였다는 사정만으로는 업무상과실치상죄에 있어서의 '업무'로 보기 어렵다</u>(대법원 2009.5.28, 2009도1040).

086 (○)

**087** 건물 소유자가 안전배려나 안전관리 사무에 계속적으로 종사하거나 그러한 계속적 사무를 담당하는 지위를 가지지 않은 채 단지 건물을 비정기적으로 수리하거나 건물의 일부분을 임대하였다는 사정만으로는 건물 소유자의 위와 같은 행위가 업무상과실치상죄의 '업무'에 해당한다고 보기 어렵다.

[경찰간부 14]

087 (○) 대법원 2017.12.5, 2016도16738

**088** 식당의 운영자인 甲이 식당 밖에서 당겨 열도록 표시되어 있는 출입문을 열고 음식 배달차 밖으로 나가던 중 이웃 가게 손님으로 마침 위 식당 출입문 앞쪽 길가에 서 있던 A의 오른발 뒤꿈치 부위를 위 출입문 모서리 부분으로 충격하여 상해를 입게 한 행위는 업무상과실치상죄의 성립을 인정할 수 없다.

[경찰채용 22 1차]

088 (○)

**해설+** 식당(분식점)의 운영자인 피고인이 식당 밖에서 당겨 열도록 표시되어 있는 출입문을 열고 음식 배달차 밖으로 나가던 중 이웃 가게 손님으로 마침 위 식당 출입문 앞쪽 길가에 서 있던 피해자의 오른발 뒤꿈치 부위를 위 출입문 모서리 부분으로 충격하여 상해를 입게 한 이 사건 공소사실 기재 행위는, 비록 위 식당의 운영과 관련한 업무상 행위로는 볼 수 있다 하더라도, 달리 위 사고가 위 출입문 자체의 설치 혹은 관리상의 하자에 기인하거나 영업자로서 위 사고 발생과 관련한 별도의 주의의무를 부과할 만한 사정이 존재하지 않는 이상, 피고인이 그 업무상 하여야 할 구체적이고도 직접적인 주의의무를 위반한 때에 해당한다고 보기 어렵고, 오히려 위와 같이 출입문을 여닫는 행위는 음식을 배달하기 위한 경우 이외에도 일상생활에서 얼마든지 자연적으로 행하여 질 수 있는 일이라는 점에서 단순히 일상생활상의 주의의무를 위반한 경우에 불과하다 할 것이므로 업무상과실치상죄의 성립을 인정할 수 없다(대법원 2009.10.29, 2009도5753).

**089** 화물차를 주차하고 적재함에 적재된 토마토 상자를 운반하던 중 적재된 상자 일부가 떨어지면서 지나가던 피해자에게 상해를 입힌 경우, 교통사고처리특례법에 정한 '교통사고'에 해당하지 않아 업무상 과실치상죄(형법 제268조)가 성립하지 않는다.

[경찰간부 23] [경찰승진 12]

089 (×) '성립하지 않는다' → '성립한다'

**해설+** 피고인측은 교통사고에 해당하므로 교통사고처리특례법이 적용되어 공소기각판결이 선고되어야 한다고 주장하였으나, 대법원은 이 사건 사고가 위 화물차의 교통으로 인하여 발생한 것이라고 볼 수 없다고 판단하여 이를 받아들이지 않은 사례이다(대법원 2009.7.9, 2009도2390).

**090** 지하철 공사구간 현장안전업무 담당자인 피고인이 공사현장에 인접한 기존의 횡단보도 표시선 안쪽으로 돌출된 강철빔 주위에 라바콘 3개를 설치하고 신호수 1명을 배치하였는데, 피해자가 위 횡단보도를 건너면서 강철빔에 부딪혀 상해를 입은 사안에서, 제반 사정에 비추어 피고인이 안전조치를 취하여야 할 업무상 주의의무를 위반하였다고 보기 어렵다.

[경찰간부 15] [경찰승진 18]

090 (O) 대법원 2014.4.10, 2012도11361

**091** 업무상과실치사상죄의 공소시효는 피해자들이 사상에 이른 결과가 발생함으로써 그 범죄행위가 종료한 때로부터 진행한다. [법원행시 14 변형]

091 (O)

**해설+** "범죄행위"에는 당해 범죄의 결과까지도 포함되는 취지로 해석함이 상당하므로, 업무상과실치사상죄의 공소시효는 피해자들이 사상에 이른 결과가 발생함으로써 그 범죄행위가 종료한 때로부터 진행한다(대법원 1994.3.22, 94도35).

## 4 낙태의 죄

 대표유형

낙태죄를 침해범으로 보는 견해에 의하면 태아를 살해한 때 낙태죄의 기수가 된다.
[사시 10]

(O)

**092** 낙태죄를 위험범으로 보는 견해에 의하면 태아를 모체 내에서 살해한 경우뿐만 아니라 모체 외로 배출시키는 경우에도 낙태죄가 성립한다. [사시 10]

092 (O)

**093** 산부인과 의사가 임산부로부터 낙태시술을 부탁받고 낙태시술을 하였으나 태아가 살아서 미숙아 상태로 출생하자 그 미숙아에게 염화칼륨을 주입하여 사망하게 한 경우, 업무상촉탁낙태죄와 살인죄의 실체적 경합범이 성립한다.

[변호사 18] [사시 10]

093 (O) 피고인에게는 미숙아를 살해하려는 범의가 인정된다(대법원 2005.4.15, 2003도2780).

## 5 유기의 죄

**📎 대표유형**

유기죄의 '계약상 의무'는 간호사나 보모와 같이 계약에 기한 주된 급부의무가 부조를 제공하는 것인 경우에 반드시 한정되지 아니하며, 계약의 해석상 계약관계의 목적이 달성될 수 있도록 상대방의 신체 또는 생명에 대하여 주의와 배려를 한다는 부수적 의무의 한 내용으로 상대방을 부조하여야 하는 경우를 배제하는 것은 아니라고 할 것이다.

(○) 대법원 2011.11.24, 2011도 12302

**094** 사실혼 관계에 있는 사람들 사이에서 유기죄가 성립하기 위해서는 단순한 동거 또는 간헐적인 정교관계를 맺고 있다는 사정만으로는 부족하고, 그 당사자 사이에 혼인 의사가 있고 사회관념상 혼인생활의 실체가 존재하여야 한다.

[국가9급 20]

094 (○) 대법원 2008.2.14, 2007도3952

**095** 유기죄에서 '계약상 의무'는 계약에 기한 주된 급부의무가 부조를 제공하는 것인 경우에 한정된다.

[국가9급 21]

095 (×)

> **해설+** 형법 제271조 제1항은 그 행위의 주체를 "노유, 질병 기타 사정으로 부조를 요하는 자를 보호할 법률상 또는 계약상 의무 있는 자"라고 정하고 있다. 여기서의 '계약상 의무'는 간호사나 보모와 같이 계약에 기한 주된 급부의무가 부조를 제공하는 것인 경우에 반드시 한정되지 아니하며, 계약의 해석상 계약관계의 목적이 달성될 수 있도록 상대방의 신체 또는 생명에 대하여 주의와 배려를 한다는 부수적 의무의 한 내용으로 상대방을 부조하여야 하는 경우를 배제하는 것은 아니라고 할 것이다(대법원 2011.11.24, 2011도12302).

**096** 계약상 부수의무로서의 민사적 부조의무 또는 보호의무가 인정되는 경우 형법상 유기죄의 '계약상 의무'는 당연히 긍정되므로, 자신이 운영하는 주점에서 수일 동안 계속하여 술을 마시고 만취한 피해자를 방치하여 저체온증으로 사망에 이르게 한 경우, 주점 주인에게는 계약상 부조의무가 인정되어 유기치사죄가 성립한다.

[국가9급 14]

096 (×) '당연히 긍정되므로' → '당연히 긍정된다고는 말할 수 없지만'

> **해설+** 부수의무로서의 민사적 부조의무 또는 보호의무가 인정된다고 해서 형법 제271조 소정의 '계약상 의무'가 당연히 긍정된다고는 말할 수 없고, 기타 제반 사정을 고려하여 위 '계약상의 부조의무'의 유무를 신중하게 판단하여야 한다(대법원 2011.11.24, 2011도12302)(결론적으로 유기치사죄는 성립하나, '당연히 긍정된다'는 부분이 틀린 것임).

**097** 甲은 자신이 운영하는 주점에 손님으로 와서 3일 동안 식사는 한 끼도 하지 않은 채 계속해서 술을 마시고 만취한 A를 추운 날씨에 난방이 제대로 되지 아니한 주점 내 소파에서 잠을 자는 것을 방치하여 A가 저체온증 등으로 사망한 경우, 甲에게는 계약상 부조의무가 없으므로 A의 사망에 대해 유기치사죄의 성립이 부정된다.　　　　　　　　　　　　　　　　[사시 14]

> **해설＋** 피고인은 주점의 운영자로서 피해자의 생명 또는 신체에 대한 위해가 발생하지 아니하도록 필요한 조치를 강구하여야 할 계약상의 부조의무를 부담하므로 주인에 대해 유기치사죄를 인정할 수 있다(대법원 2011.11.24, 2011도12302).

**097** (×) '없으므로' → '있으므로', '부정 → '인정

**098** 유기죄가 성립하기 위해서는 행위자가 요부조자에 대한 보호책임의 발생원인이 된 사실이 존재한다는 것을 인식하고 이에 기한 부조의무를 해태한다는 의식이 있음을 요한다.　　　　　　　　　　　　　　　　[국가9급 20]

**098** (○) 대법원 2008.2.14, 2007도3952

**099** 술에 만취된 피해자가 경찰지구대로 운반되어 의자 위에 눕혀졌을 때 숨을 가쁘게 쿨쿨 내뿜고 자신의 수족과 의사도 자제할 수 없는 상태에 있음에도 불구하고 경찰관이 3시간여 동안이나 아무런 구호조치를 취하지 아니한 경우 유기죄의 범의를 인정할 수 있다.　　　　　　　　[국가9급 21]

**099** (○) 대법원 1972.6.27, 72도863

**100** 강간치상범이 자신의 범행으로 인하여 실신상태에 있는 피해자를 그대로 방치하고 도주한 경우에는 강간치상죄와 유기죄의 실체적 경합이다.　　　　　　　　　　　　　　　　　　　　　　　[사시 13]

> **해설＋** 강간치상의 범행을 저지른 자가 그 범행으로 인하여 실신상태에 있는 피해자를 구호하지 아니하고 방치하였다고 하더라도 그 행위는 포괄적으로 단일의 강간치상죄만을 구성한다(대법원 1980.6.24, 80도726).

**100** (×)

**101** 형법 제271조 제1항의 죄를 범하여 사람의 생명에 대한 위험을 발생하게 한 때에는 중유기죄로써 가중처벌된다.　　　　　　　　　　[경찰승진 13]

**101** (○) 제271조 제3항

**102** 학대죄는 자기의 보호 또는 감독을 받는 사람에게 육체적으로 고통을 주거나 정신적으로 차별대우를 하는 행위가 있음과 동시에 범죄가 완성되는 상태범 또는 즉시범이다.

[경찰채용 21 1차]

102 (○) 대법원 1986.7.8, 84도2922

**103** 학대죄의 '학대'란 육체적으로 고통을 주거나 정신적으로 차별대우를 하는 행위를 가리키는 것으로, 단순히 상대방의 인격에 대한 반인륜적 침해만으로는 부족하지만 유기에 준할 정도에 이를 것은 요하지 않는다.

[국가9급 21] [법원행시 21]

103 (✕)

> **해설+** 형법 제273조 제1항에서 말하는 '학대'라 함은 육체적으로 고통을 주거나 정신적으로 차별대우를 하는 행위를 가리키고, 이러한 학대행위는 형법의 규정체제상 학대와 유기의 죄가 같은 장에 위치하고 있는 점 등에 비추어 단순히 상대방의 인격에 대한 반인륜적 침해만으로는 부족하고 적어도 유기에 준할 정도에 이르러야 한다(대법원 2000.4.25, 2000도223).

**104** 아동복지법 제17조(금지행위)는 "누구든지 다음 각호의 어느 하나에 해당하는 행위를 하여서는 아니 된다."라고 규정하고 있으나, 같은 법 제3조 제7호는 아동학대의 주체를 '보호자를 포함한 성인'으로 제한하고 있으므로, 아동복지법 제17조에서 금지하고 있는 행위 중 '아동학대'에 해당하는 행위의 경우 성인이 아닌 자는 금지행위규정 및 처벌규정의 적용에서 배제된다.

[법원행시 21]

104 (✕) 누구든지 제17조 제2호에서 정한 금지행위를 한 경우 제71조 제1항에 따라 처벌되는 것이고, 성인이 아니라고 하여 위 금지행위규정 및 처벌규정의 적용에서 배제된다고 할 수는 없다(대법원 2020.10.15, 2020도6422).

**105** 「아동복지법」 제71조 제1항에 따라 처벌되는 동법 제17조 제2호 금지행위(아동에게 음란한 행위를 시키거나 이를 매개하는 행위 또는 아동에게 성적 수치심을 주는 성희롱 등의 성적 학대행위)의 처벌대상은 아동의 복지를 보장하는 동법의 취지에 비추어 성인에게만 한정된다. [경찰채용 22 2차]

105 (✕)

> **해설+** 누구든지 아동복지법 제17조 제2호에서 정한 금지행위를 한 경우 동법 제71조 제1항에 따라 처벌되는 것이고, 성인이 아니라고 하여 위 금지행위규정 및 처벌규정의 적용에서 배제된다고 할 수는 없다(대법원 2020.10.15, 2020도6422).

**106** 아동복지법상 금지되는 '성적 학대행위'는 아동에게 성적 수치심을 주는 성희롱 등의 행위로서 아동의 건강·복지를 해치거나 정상적 발달을 저해할 수 있는 성적 폭력 또는 가혹행위를 의미하고, 이는 '음란한 행위를 시키는 행위'와는 별개의 행위로서, 성폭행의 정도에 이르지 아니한 성적 행위도 그것이 성적 도의관념에 어긋나고 아동의 건전한 성적 가치관의 형성 등 완전하고 조화로운 인격발달을 현저하게 저해할 우려가 있는 행위이면 이에 포함된다.

[법원행시 21]

106 (○) 대법원 2017.6.15, 2017 도3448

**107** 친아버지가 자신의 아들(만 1세)을 양육하면서 집안 내부에 먹다 남은 음식물 쓰레기, 소주병, 담배꽁초가 방치된 상태로 청소를 하지 않아 악취가 나는 비위생적인 환경에서 제대로 세탁하지 않아 음식물이 묻어있는 옷을 입히고, 목욕을 주기적으로 시키지 않아 몸에서 악취를 풍기게 하는 등의 행위를 한 경우, 생존에 필요한 최소한의 보호를 하였거나 아들에게 애정을 표현했다는 사정이 있더라도 이는 아들에 대한 방임행위에 해당한다.

[경찰채용 22 2차]

107 (○) 대법원 2020.9.3, 2020 도7625

**108** 어린이집 보육교사가 아동(만 4세)이 창틀에 매달리는 등 위험한 행동을 한다는 이유로 그를 안아 바닥에서 약 78cm 높이의 교구장(110cm×29cm×63cm) 위에 올려둔 후 교구장을 1회 흔들고, 아동의 몸을 잡고는 교구장 뒤 창 쪽으로 흔들어 보이는 등 약 40분 동안 앉혀둔 경우, 이는 비록 안전을 위한 조치라 할지라도 아동에 대한 학대행위에 해당한다.

[경찰채용 22 2차]

108 (○) 대법원 2020.3.12, 2017 도5769

**109** 비록 아동학대처벌법이 제34조 제1항("아동학대범죄의 공소시효는 형사소송법 제252조에도 불구하고 아동학대범죄의 피해아동이 성년에 달한 날부터 진행한다")의 소급적용 등에 관하여 명시적인 경과규정을 두고 있지는 아니하나, 위 규정은 완성되지 아니한 공소시효의 진행을 일정한 요건 아래에서 장래를 향하여 정지시키는 것으로서, 시행일인 2014.9.29. 당시 범죄행위가 종료되었으나 아직 공소시효가 완성되지 아니한 아동학대범죄에 대하여도 적용된다. [법원행시 20 변형]

**109 (O)**

**해설+** 아동학대처벌법은 신체적 학대행위를 비롯한 아동학대범죄로부터 피해아동을 보호하기 위한 것으로서, 같은 법 제34조 역시 아동학대범죄가 피해아동의 성년에 이르기 전에 공소시효가 완성되어 처벌대상에서 벗어나지 못하도록 진행을 정지시킴으로써 보호자로부터 피해를 입은 18세 미만 아동을 실질적으로 보호하려는 취지로서, … 위 규정은 완성되지 아니한 공소시효의 진행을 일정한 요건 아래에서 장래를 향하여 정지시키는 것으로서, 시행일인 2014.9.29. 당시 범죄행위가 종료되었으나 아직 공소시효가 완성되지 아니한 아동학대범죄에 대하여도 적용된다(부진정소급효 인정, 대법원 2016.9.28, 2016도7273).

**110** 「아동학대범죄의 처벌 등에 관한 특례법」(2014.1.28. 제정, 2014.9.29. 시행)은 제34조 제1항(공소시효의 정지와 효력)의 소급적용에 관하여 명시적인 경과규정을 두고 있지 않지만, 동법 시행일 당시 범죄행위가 종료되었으나 아직 공소시효가 완성되지 않은 아동학대범죄에 대해서도 적용된다. [경찰채용 22 2차]

**110 (O)**

**해설+** 아동학대범죄의 공소시효가 피해아동의 성년 도달일부터 진행된다는 규정의 부진정소급효를 인정하는 것이 판례이다(대법원 2021.2.25, 2020도3694).

**111** 특정 종교의 신도인 甲이 교리에 어긋난다는 이유로 최선의 치료방법인 수혈을 요하는 수술을 거부하여 자신의 딸인 乙을 사망하게 한 경우에는 유기치사죄의 죄책을 진다. [경찰간부 11]

**111 (O)** 대법원 1980.9.24, 79도1387

# CHAPTER 02 | 자유에 대한 죄

## 1 협박과 강요의 죄

📎 **대표유형**

협박죄에 있어서 주관적 구성요건으로서의 고의는 행위자가 그러한 정도의 해악을 고지한다는 것을 인식, 인용하는 것을 그 내용으로 하고 고지한 해악을 실제로 실현할 의도나 욕구는 필요로 하지 아니한다. [경찰채용 14] [국가9급 14]

(○) 대법원 1991.5.10, 90도2102

📎 **대표유형**

공무원인 행위자가 상대방에게 어떠한 이익 등의 제공을 요구하였더라도 그 과정에서 객관적으로 의사결정의 자유를 제한하거나 의사실행의 자유를 방해할 정도로 겁을 먹게 할 만한 해악의 고지가 있었다고 할 수 없다면, 직권남용이나 뇌물요구 등이 될 수는 있어도 협박을 요건으로 하는 강요죄가 성립하기는 어렵다. [국가7급 20]

(○) 대법원 2019.8.29, 2018도13792 전원합의체

001 협박죄는 사람의 의사결정의 자유를 보호법익으로 하는 범죄로서 형법규정의 체계상 개인적 법익, 특히 사람의 자유에 대한 죄 중 하나로 구성되어 있는바, 위와 같은 협박죄의 보호법익, 형법규정상 체계, 협박의 행위 개념 등에 비추어 볼 때, 협박죄는 자연인만을 그 대상으로 예정하고 있을 뿐 법인은 협박죄의 객체가 될 수 없다. [경찰채용 14] [국가9급 14]

001 (○) 대법원 2010.7.15, 2010도1017

002 A주식회사 대표이사에게 자신의 횡령행위를 문제 삼으면 A주식회사의 내부비리 등을 금융감독원 등 관계기관에 고발하겠다고 발언하는 경우 대표이사뿐만 아니라 법인에 대하여도 협박죄가 성립한다. [경찰간부 17] [법원행시 15] [변호사 14 변형]

002 (×) '뿐만 아니라 법인에 대하여도' → '에 대한'

**해설+** 협박죄의 보호법익, 형법규정상 체계, 협박의 행위 개념 등에 비추어 볼 때, 협박죄는 자연인만을 그 대상으로 예정하고 있을 뿐 법인은 협박죄의 객체가 될 수 없다(대법원 2010.7.15, 2010도1017).

**003** 乙은 甲으로부터 수회 할부금 변제 독촉을 받자 A회사의 내부 비리를 검찰에 고발하겠다는 협박편지를 A회사에게 발송한 경우 乙은 A회사에 대한 협박죄의 미수에 해당한다. [변호사 15]

003 (×) '해당한다' → '해당하지 않는다'

> **해설+** 협박죄는 자연인만을 그 대상으로 예정하고 있을 뿐 법인은 협박죄의 객체가 될 수 없다(대법원 2010.7. 15, 2010도1017).

**004** 협박죄에 있어서의 해악을 가할 것을 고지하는 행위는 통상 언어에 의하는 것이므로 한마디 말도 없이 거동에 의하여서는 어떠한 경우에도 해악의 고지가 성립할 수 없다. [국가9급 12]

004 (×) '므로' → '나', '없다' → '없는 것은 아니다'

> **해설+** 협박죄에서 해악을 고지하는 행위는 통상 언어에 의하는 것이나 경우에 따라서는 거동으로 해악을 고지할 수도 있다(대법원 2009.9.10, 2009도5146; 2011.1.27, 2010도14316).

**005** 피해자와 언쟁 중에 "입을 찢어 버릴라"라고 말한 것이 단순한 감정적인 욕설인 경우, 이러한 폭언이 「형법」상 협박에 해당하는 것은 아니다. [경찰승진 23]

005 (○)

> **해설+** 피해자와 언쟁 중 "입을 찢어 버릴라"라고 한 말은 당시의 주위사정 등에 비추어 단순한 감정적인 욕설에 불과하고 피해자에게 해악을 가할 것을 고지한 행위라고 볼 수 없어 협박에 해당하지 않는다(대법원 1986.7.22, 86도1140).

**006** 협박이라고 하기 위해서는 해악의 발생이 직접·간접적으로 행위자에 의하여 좌우될 수 있는 것이어야 한다. [법원9급 20]

006 (○)

> **해설+** 해악의 발생이 직·간접으로 행위자에 의해서 좌우될 수 있는 것으로 고지된 경우에 협박이 된다. 그렇지 않은 경우에는 단순한 경고에 불과하므로 협박에 해당하지 않는다.

**007** 해악의 고지가 제3자로 하여금 해악을 가하도록 하겠다는 방식인 경우 고지자가 제3자에게 영향을 미칠 수 있는 지위에 있는 것으로 믿게 하는 묵시적 언동을 하는 때에도 협박죄의 협박이 된다. [사시 11]

007 (○) 대법원 2006.12.8, 2006도6155

008 형법 제283조에서 정하는 협박죄의 성립에 요구되는 '협박'이라고 함은 일
반적으로 그 상대방이 된 사람으로 하여금 공포심을 일으키기에 충분한 정
도의 해악을 고지하는 것으로서, 여기서의 '해악'이란 법익을 침해하는 것
을 가리키는데, 그 해악이 반드시 피해자 본인이 아니라 그 친족 그 밖의
제3자의 법익을 침해하는 것을 내용으로 하더라도 피해자 본인과 제3자가
밀접한 관계에 있어서 그 해악의 내용이 피해자 본인에게 공포심을 일으킬
만한 것이라면 협박죄가 성립할 수 있다.          [경찰채용 14] [국가9급 14]

008 (O) 대법원 2012.8.17, 2011
도10451

009 협박죄에서 협박이란 일반적으로 보아 사람으로 하여금 공포심을 일으킬
정도의 해악을 고지하는 것을 의미하며, 그 고지되는 해악의 내용, 즉 침해
하겠다는 법익의 종류나 법익의 향유 주체 등에는 아무런 제한이 없다. 따
라서 피해자 본인이나 그 친족뿐만 아니라 그 밖의 '제3자'에 대한 법익 침
해를 내용으로 하는 해악을 고지하는 것이라고 하더라도 피해자 본인과 제
3자가 밀접한 관계에 있어 그 해악의 내용이 피해자 본인에게 공포심을 일
으킬 만한 정도의 것이라면 협박죄가 성립할 수 있다.          [경찰채용 18 1차]

009 (O) 대법원 2010.7.15, 2010
도1017

010 甲정당의 국회 예산안 강행처리에 화가 나서 경찰서에 전화를 걸어 경찰관
에게 관할 구역 내에 있는 甲정당의 당사를 폭파하겠다고 말한 행위는 경
찰관에 대한 협박죄를 구성한다.          [경찰채용 14·18] [국가9급 14] [법원행시 15]

해설+ 각 경찰관 개인에 관한 해악을 고지하였다고 할 수 없고, 일반적으로 甲정당에 대한 해악의
고지가 각 경찰관 개인에게 공포심을 일으킬 만큼 서로 밀접한 관계에 있다고 보기 어렵다(대법원
2012.8.17, 2011도10451).

010 (×) '구성한다' → '구성하지
않는다'

**011** 협박죄를 위험범으로 이해하는 입장에 따르면 해악을 고지하고 상대방이 이를 인식했음에도 불구하고 상대방이 전혀 공포심을 느끼지 않은 경우에 협박죄의 미수가 성립한다. [경찰채용 19 2차]

**011** (×)

> **해설+** 협박죄는 사람의 의사결정의 자유를 보호법익으로 하는 위험범이라 봄이 상당하고, 협박죄의 미수범 처벌조항은 해악의 고지가 현실적으로 상대방에게 도달하지 아니한 경우나, 도달은 하였으나 상대방이 이를 지각하지 못하였거나 고지된 해악의 의미를 인식하지 못한 경우 등에 적용될 뿐이다. 협박죄가 성립하려면 고지된 해악의 내용이 일반적으로 사람으로 하여금 공포심을 일으키게 하기에 충분한 것이어야 하지만, 상대방이 그에 의하여 현실적으로 공포심을 일으킬 것까지 요구하는 것은 아니며, 그와 같은 정도의 해악을 고지함으로써 상대방이 그 의미를 인식한 이상, 상대방이 현실적으로 공포심을 일으켰는지 여부와 관계없이 그로써 구성요건은 충족되어 협박죄의 기수에 이르는 것으로 해석하여야 한다(대법원 2007.9.28, 2007도606 전원합의체).

**012** 협박죄는 사람의 의사결정의 자유를 보호법익으로 하는 위험범이라 봄이 상당하고, 협박죄의 미수범 처벌조항은 해악의 고지가 현실적으로 상대방에게 도달하지 아니한 경우나, 도달은 하였으나 상대방이 이를 지각하지 못하였거나 고지된 해악의 의미를 인식하지 못한 경우 등에 적용될 뿐이다. [경찰채용 14] [국가9급 14] [법원행시 15]

**012** (○) 대법원 2007.9.28, 2007도606 전원합의체

**013** 협박죄는 사람의 의사결정의 자유를 보호법익으로 하는 위험범이라고 파악하는 것이 상당하므로, 해악의 고지가 상대방에 도달하였으나 상대방이 이를 지각하지 못하였거나 그 의미를 인식하지 못한 경우라도 협박죄의 기수를 인정할 수 있다. [경찰승진 23]

**013** (×)

> **해설+** 협박죄는 사람의 의사결정의 자유를 보호법익으로 하는 위험범이라 봄이 상당하고, 협박죄의 미수범 처벌조항은 해악의 고지가 현실적으로 상대방에게 도달하지 아니한 경우나, 도달은 하였으나 상대방이 이를 지각하지 못하였거나 고지된 해악의 의미를 인식하지 못한 경우 등에 적용될 뿐이다(대법원 2007.9.28, 2007도606 전원합의체).

**014** A주식회사는 직원 甲을 통해 乙에게 외제 승용차를 할부 판매하였고, 乙이 이를 친구인 丙명의로 등록하여 운행하던 중 乙이 약정기일에 1억 원의 할부금을 갚지 못하였다. 그로 인하여 甲이 회사에서 책임추궁을 당하자 할부금을 갚지 않으면 乙의 아들에게 상해를 가하겠다는 협박편지를 乙의 아파트 우편함에 넣어 두었으나 경비원이 이를 휴지통에 버린 경우 甲은 협박죄의 미수에 해당한다. [변호사 15]

> **해설+** 협박죄는 위험범이라 봄이 상당하고, 협박죄의 미수범 처벌 조항은 해악의 고지가 현실적으로 상대방에게 도달하지 아니한 경우나, 도달은 하였으나 상대방이 이를 지각하지 못하였거나 고지된 해악의 의미를 인식하지 못한 경우 등에 적용될 뿐이다(대법원 2007.9. 28, 2007도606 전원합의체).

**015** 협박죄가 성립하려면 고지된 해악의 내용이 행위자와 상대방의 성향, 고지 당시의 주변 상황, 행위자와 상대방 사이의 친숙의 정도 및 지위 등의 상호관계, 제3자에 의한 해악을 고지한 경우에는 그에 포함되거나 암시된 제3자와 행위자 사이의 관계 등 행위 전후의 여러 사정을 종합하여 볼 때에 일반적으로 사람으로 하여금 공포심을 일으키게 하기에 충분한 것이어야 하지만, 상대방이 그에 의하여 현실적으로 공포심을 일으킬 것까지 요구하는 것은 아니다.

**016** 정보보안과 소속 경찰관이 자신의 지위를 내세우면서 타인의 민사분쟁에 개입하여 빨리 채무를 변제하지 않으면 상부에 보고하여 문제를 삼겠다고 말한 경우, 객관적으로 상대방이 공포심을 일으키기에 충분한 정도의 해악의 고지에 해당한다면 현실적으로 피해자가 공포심을 일으키지 않았다고 하더라도 협박죄의 기수에 이르렀다고 볼 수 있다. [법원행시 15]

**017** 친권자가 야구방망이로 때릴 듯이 피해자에게 "죽여 버린다."라고 말하는 것은 친권자의 징계권 행사에 속하지 않으므로 협박죄를 구성한다. [국가9급 12]

**014** (O)

**015** (O) 대법원 2007.9.28, 2007도606 전원합의체

**016** (O) 대법원 2007.9.28, 2007도606 전원합의체

**017** (O) 대법원 2002.2.8, 2001도6468

**018** 공포심을 일으킬 만한 해악을 고지함으로써 상대방이 그 의미를 인식한 이상, 상대방이 현실적인 공포심을 일으켰는지 여부와 관계없이 기수에 이른다. [국가9급 12]

> **해설+** 해악을 고지함으로써 상대방이 그 의미를 인식한 이상, 상대방이 현실적으로 공포심을 일으켰는지 여부와 관계없이 그로써 구성요건은 충족되어 협박죄의 기수에 이르는 것으로 해석하여야 한다(대법원 2007.9.28, 2007도606 전원합의체).

**019** 협박죄의 구성요건적 고의는 행위자가 해악을 고지한다는 것을 인식, 인용하고 고지한 해악을 실제로 실현하겠다는 의사 내지 의도가 필요하다. [경찰간부 17] [국가9급 12]

019 (×) '하다' → '하지 않다'

> **해설+** 주관적 구성요건으로서의 고의는 행위자가 그러한 정도의 해악을 고지한다는 것을 인식, 인용하는 것을 그 내용으로 하고 고지한 해악을 실제로 실현할 의도나 욕구는 필요로 하지 아니한다(대법원 2006.8.25, 2006도546).

**020** 피고인이 피해자인 누나의 집에서 온몸에 연소성이 높은 고무놀을 바르고 라이타 불을 켜는 동작을 하면서 이를 말리려는 피해자 등에게 가위, 송곳을 휘두르면서 "방에 불을 지르겠다", "가족 전부를 죽여버리겠다"고 소리치고 이를 약 1시간 가량 말리던 피해자가 끝내 무섭고 두려워 신고를 하였다면, 피고인의 행위는 피해자 등에게 공포심을 일으키기에 충분할 정도의 해악을 고지한 것이고, 나아가 피고인에게 실제로 피해자 등의 신체에 위해를 가할 의사나 불을 놓을 의사가 없었다고 할지라도 위와 같은 해악을 고지한다는 점에 대한 인식, 인용은 있었다고 봄이 상당하다. [경찰간부 17]

020 (○) 대법원 1991.5.10, 90도2102

**021** 피고인이 자신의 동거남과 성관계를 가진 바 있던 피해자에게 "사람을 사서 쥐도 새도 모르게 파묻어버리겠다. 너까지 것 쉽게 죽일 수 있다."라고 말한 경우, 이는 언성을 높이면서 말다툼으로 흥분한 나머지 단순히 감정적인 욕설 내지 일시적 분노의 표시를 한 것에 불과하고 해악을 고지한다는 인식을 갖고 한 것이라고 보기 어렵다. [경찰간부 17]

021 (○) 대법원 2006.8.25, 2006도546

**022** 해악의 고지가 있다 하더라도 그것이 사회의 관습이나 윤리관념 등에 비추어 볼 때에 사회통념상 용인할 수 있을 정도의 것이라면 협박죄는 성립하지 아니한다. [경찰간부 14]

022 (○) 대법원 1998.3.10, 98도70

**023** "앞으로 수박이 없어지면 네 책임으로 한다."고 말한 것은 해악의 고지라고 보기 어렵고, 가사 다소간의 해악의 고지에 해당한다고 가정하더라도 위법성이 없다. [경찰채용 14]

023 (○) 대법원 1995.9.19, 94도2187

**024** 甲을 비롯한 직원들의 임금이 체불되고 사무실 임대료를 내지 못할 정도로 재정상태가 좋지 않은 등 회사의 경영상황이 우려되고 대표이사 겸 최대주주인 A의 경영능력이 의심받던 상황에서, 甲이 동료 직원들과 함께 A를 만나 사임제안서만을 전달한 행위는 협박죄에서의 '협박'에 해당한다. [경찰채용 23 2차]

024 (×)

**해설+** 피고인들의 '사임제안서' 전달행위를 협박죄에서의 '협박'으로 볼 수 없고, 설령 '협박'에 해당하더라도 사회통념상 용인할 수 있는 정도이거나 이 사건 회사의 경영 정상화라는 정당한 목적을 위한 상당한 수단에 해당하여 사회상규에 반하지 아니한다(대법원 2022.12.15, 2022도9187).

**025** 흉기를 휴대하여 피해자를 협박한 경우 피해자가 처벌을 원하지 않으면 처벌할 수 없다. [사시 11]

025 (×) '않으면' → '않아도', '없다' → '있다'

**해설+** 협박죄와 존속협박죄는 반의사불벌죄이나(제283조 제3항 참조) 특수협박죄나 폭처법상 협박죄는 반의사불벌죄가 아니다(대법원 2008. 7.24, 2008도4658).

**026** 피해자에게 실탄이 장전되지 않은 공기총을 들이대며 협박한 경우, 범행현장에서 공기총과 함께 실탄을 소지하고 있었고 언제든지 실탄을 장전하여 발사할 수 있었다면 위 공기총은 '위험한 물건'에 해당한다. [국가7급 22] [법원행시 13 변형] [변호사 13 변형]

026 (○)

**해설+** 피고인이 공기총에 실탄을 장전하지 아니하였다고 하더라도 범행현장에서 공기총과 함께 실탄을 소지하고 있었고 피고인으로서는 언제든지 실탄을 장전하여 발사할 수도 있으므로 위 공기총은 '위험한 물건'에 해당한다(대법원 2002.11.26, 2002도4586).

CHAPTER 02 자유에 대한 죄 **51**

**027** 강요죄라 함은 폭행 또는 협박으로 사람의 권리행사를 방해하거나 의무 없는 일을 하게 하는 것을 말하고, 여기에서의 협박은 객관적으로 사람의 의사결정의 자유를 제한하거나 의사실행의 자유를 방해할 정도로 겁을 먹게 할 만한 해악을 고지하는 것을 말한다.

027 (○) 대법원 2003.9.26, 2003 도763

**028** 피해자의 해외도피를 방지하기 위하여 피해자를 협박하고 이에 피해자가 겁을 먹고 있는 상태를 이용하여 피해자 소유의 여권을 교부하게 함으로써 피해자가 그의 여권을 강제회수 당하였다면 강요죄의 기수가 성립한다.

[변호사 12]

028 (○) 대법원 1993.7.27, 93 도901

**029** 골프시설의 운영자가 골프회원에게 불리하게 내용이 변경된 회칙에 대하여 동의한다는 내용의 등록신청서를 제출하지 않으면 회원으로 대우하지 않겠다고 통지하는 것은 강요죄의 협박에 해당한다.

[경찰간부 17] [변호사 14 변형]

029 (○)

> **해설+** 골프시설의 운영자가 골프회원에게 불리하게 변경된 내용의 회칙에 대하여 동의한다는 내용의 등록신청서를 제출하지 아니하면 회원으로 대우하지 아니하겠다고 통지한 것은 강요죄에 해당한다(대법원 2003.9.26, 2003도763).

**030** 전답의 점유를 침탈당한 자가 그 전답의 점유를 실력으로 회수하려고 하자 피고인이 그에게 폭행을 가한 경우 피고인에게 강요죄가 성립하지 않는다.

[경찰간부 11]

030 (○) 대법원 1961.11.9, 4294 형상357

**031** 직장에서 상사가 범죄행위를 저지른 부하직원에게 징계절차에 앞서 자진하여 사직할 것을 단순히 권유하였다고 하여 이를 강요죄에서의 협박에 해당한다고 볼 수는 없다.

[경찰간부 17]

031 (○) 대법원 2008.11.27, 2008 도7018

**032** 상관이 직무수행을 태만히 하거나 지시사항을 불이행하고 허위보고 등을 한 부하에게 근무태도를 교정하고 직무수행을 감독하기 위하여 직무수행의 내역을 일지 형식으로 기재하여 보고하도록 명령하는 행위는 직무권한 범위 내에서 내린 정당한 명령이므로 부하는 명령을 실행할 법률상 의무가 있고, 명령을 실행하지 아니하는 경우 군인사법 제57조 제2항에서 정한 징계처분이 내려진다거나 그에 갈음하여 얼차려의 제재가 부과된다고 하여 그와 같은 명령이 형법 제324조의 강요죄를 구성한다고 볼 수 없다.

[경찰간부 17]

032 (○) 대법원 2012.11.29, 2010도233

**033** 폭력조직 전력이 있는 피고인이 특정 연예인에게 팬미팅 공연을 하도록 강요하면서 만날 것을 요구하고, 팬미팅 공연이 이행되지 않으면 안 좋은 일을 당할 것이라고 협박한 경우, 해당 연예인에게 공연을 할 의무가 없다는 점에 대한 미필적 인식이 피고인에게 있는 것으로 보아 강요죄의 고의가 있다고 할 것이다.

[경찰간부 17]

033 (×) '해당 ~ 할 것이다' → '강요죄는 성립하지 아니한다'

**해설+** '의무 없는 일'이란 법령, 계약 등에 기하여 발생하는 법률상 의무 없는 일을 말하므로, 폭행 또는 협박으로 법률상 의무 있는 일을 하게 한 경우에는 폭행 또는 협박죄만 성립할 뿐 강요죄는 성립하지 아니한다(대법원 2008.5.15, 2008도1097).

**034** 강요죄에서의 폭행은 사람에 대한 직접적인 유형력의 행사를 의미하고 사람의 신체에 대한 것이어야 한다.

[경찰간부 23]

034 (×)

**해설+** 강요죄는 폭행 또는 협박으로 사람의 권리행사를 방해하거나 의무 없는 일을 하게 하는 범죄이다(형법 제324조 제1항). 여기에서 폭행은 사람에 대한 직접적인 유형력의 행사뿐만 아니라 간접적인 유형력의 행사도 포함하며, 반드시 사람의 신체에 대한 것에 한정되지 않는다(강요죄의 폭행은 광의의 폭행, 대법원 2021.11.25, 2018도1346).

**035** 甲은 A로 하여금 주차장을 이용하지 못하게 할 의도로 乙과 공모하여 乙의 차량을 A의 주택 앞에 주차하였으나, 주차 당시 甲과 A 사이에 물리적 접촉이 있거나 甲이 A에게 어떠한 유형력을 행사했다고 볼 만한 사정이 없고, 甲의 행위로 A 본인의 차량을 주택 내부의 주차장에 출입시키지 못하는 불편은 발생하였으나 A는 차량을 용법에 따라 정상적으로 사용할 수 있었다면 甲은 A를 폭행하여 차량운행에 관한 권리행사를 방해하였다고 평가하기는 어렵다.　　　　　　　　　　　　　　　　　　　[경찰채용 23 2차]

**035** (○)

> **해설+** 강요죄는 폭행 또는 협박으로 사람의 권리행사를 방해하거나 의무 없는 일을 하게 하는 범죄이다(형법 제324조 제1항). 여기에서 폭행은 사람에 대한 직접적인 유형력의 행사뿐만 아니라 간접적인 유형력의 행사도 포함하며, 반드시 사람의 신체에 대한 것에 한정되지 않는다. 사람에 대한 간접적인 유형력의 행사를 강요죄의 폭행으로 평가하기 위해서는 <u>피고인이 유형력을 행사한 의도와 방법, 피고인의 행위와 피해자의 근접성, 유형력이 행사된 객체와 피해자의 관계 등을 종합적으로 고려해야</u> 한다(강요죄 불성립, 대법원 2021.11.25, 2018도1346).

**036** 공무원인 행위자가 상대방에게 어떠한 이익 등의 제공을 요구한 경우 발생 가능한 것으로 생각할 수 있는 정도의 구체적인 해악의 고지로 인정될 수 없다면 직권남용이나 뇌물요구 등이 될 수는 있어도 협박을 요건으로 하는 강요죄가 성립하기는 어렵다.　　　　　　　　　　　　　　　　　　　　[법원행시 20]

**036** (○) 대법원 2019.8.29, 2018도13792 전원합의체

**037** 공무원 甲이 자신의 직무와 관련한 상대방 A에게 자신을 위하여 재산적 이익을 제공할 것을 요구하고 A는 甲의 지위에 따른 직무에 관하여 어떠한 이익을 기대하며 그에 대한 대가로서 요구에 응하였다면, 비록 甲의 요구행위를 해악의 고지로 인정될 수 없다 하더라도 강요죄의 성립에는 아무런 지장을 주지 않는다.　　　　　　　　　　　　　　　　　　　[경찰간부 23]

**037** (×)

> **해설+** 공무원이 자신의 직무와 관련한 상대방에게 공무원 자신 또는 자신이 지정한 제3자를 위하여 재산적 이익 또는 일체의 유·무형의 이익 등을 제공할 것을 요구하고 상대방은 공무원의 지위에 따른 직무에 관하여 어떠한 이익을 기대하며 그에 대한 대가로서 요구에 응하였다면, 다른 사정이 없는 한 공무원의 위 요구행위를 객관적으로 사람의 의사결정의 자유를 제한하거나 의사실행의 자유를 방해할 정도로 겁을 먹게 할 만한 해악의 고지라고 단정하기는 어렵다. 공무원인 행위자가 상대방에게 어떠한 이익 등의 제공을 요구한 경우 위와 같은 해악의 고지로 인정될 수 없다면 직권남용이나 뇌물요구 등이 될 수는 있어도 <u>협박을 요건으로 하는 강요죄가 성립하기는 어렵다</u>(대법원 2019.8.29, 2018도13792 전원합의체).

**038** 공무원이 자신의 직무와 관련된 상대방에게 공무원 자신 또는 자신이 지정한 제3자를 위하여 재산적 이익 등의 제공을 요구하고 상대방은 어떠한 이익을 기대하며 그에 대한 대가로 요구에 응하였다면, 다른 사정이 없는 한 협박을 요건으로 하는 강요죄가 성립하지 않는다. [경찰채용 21 1차]

**해설+** 행위자가 직무상 또는 사실상 상대방에게 영향을 줄 수 있는 직업이나 지위에 있고 직업이나 지위에 기초하여 상대방에게 어떠한 요구를 하였더라도 곧바로 그 요구 행위를 위와 같은 해악의 고지라고 단정하여서는 안 된다. 특히 공무원이 자신의 직무와 관련한 상대방에게 공무원 자신 또는 자신이 지정한 제3자를 위하여 재산적 이익 또는 일체의 유·무형의 이익 등을 제공할 것을 요구하고 상대방은 공무원의 지위에 따른 직무에 관하여 어떠한 이익을 기대하며 그에 대한 대가로서 요구에 응하였다면, 다른 사정이 없는 한 공무원의 위 요구 행위를 객관적으로 사람의 의사결정의 자유를 제한하거나 의사실행의 자유를 방해할 정도로 겁을 먹게 할 만한 해악의 고지라고 단정하기는 어렵다(대법원 2019.8.29, 2018도13792 전원합의체).

**039** 甲이 A를 폭행하였으나 그의 권리행사를 방해함이 없이 법률상 의무 있는 일을 하게 한 경우에는 강요죄가 성립할 여지가 없다. [경찰간부 23]

**해설+** 강요죄는 폭행 또는 협박으로 사람의 권리행사를 방해하거나 의무 없는 일을 하게 하는 것을 말하고, 여기에서 '의무 없는 일'이란 법령, 계약 등에 기하여 발생하는 법률상 의무 없는 일을 말하므로, 법률상 의무 있는 일을 하게 한 경우에는 강요죄가 성립할 여지가 없다(대법원 2012. 11.29, 2010도1233).

**040** 투자금의 회수를 위해 피해자를 강요하여 물품대금을 횡령하였다는 자인서를 받아낸 뒤 이를 근거로 돈을 갈취한 경우, 공갈죄 외에 강요죄도 성립한다. [경찰채용 14]

**041** 인질강요죄의 강요에는 인질에 대한 강요도 포함될 수 있다. [사시 09 변형]

**해설+** 인질강요죄(제324조의2)의 강요의 대상은 인질 이외의 제3자이어야 한다. 인질에 대한 강요는 단순강요죄(제324조)를 구성할 뿐이다.

**042** 형법상 인질강요죄를 범한 자가 인질을 안전한 장소에 풀어준 때에는 그 형을 감경할 수 있다. [경찰간부 11]

038 (○)

039 (○)

040 (×) 공갈미수죄가 성립하는 경우에는 협박죄나 강요죄는 별도로 성립하지 않고 이에 흡수된다(대법원 1985.6.25, 84도2083).

041 (×) '있다' → '는 없다'

042 (○) 제324조의6

**043** 인질치사상죄에 대해서는 형법상 미수범 처벌규정이 있다. [경찰승진 14]

043 (○) 제324조의5

## 2 체포와 감금의 죄

🔖 **대표유형**

재물을 강취하기 위하여 피해자를 강제로 승용차에 태우고 가다가 주먹으로 때려 반항을 억압한 다음 현금 35만 원 등이 들어있는 가방을 빼앗은 후 약 15km를 계속하여 진행하여 가다가 교통사고를 일으켜 발각된 경우 감금죄와 강도죄는 실체적 경합 관계이다. [변호사 14 변형·18]

(○) 감금행위가 강도상해의 범행이 끝난 뒤에도 계속된 경우에는 1개의 행위가 감금죄와 강도상해죄에 해당하는 경우라고 볼 수 없고, 이 경우 감금죄와 강도상해죄는 형법 제37조의 경합범 관계에 있다(대법원 2003. 1.10, 2002도4380).

🔖 **대표유형**

감금행위가 강도죄의 수단이 된 경우에는 강도죄 외에 별도로 감금죄가 성립하고 양 죄는 실체적 경합관계에 있다. [경찰승진 22]

(×)

**해설+** 상상적 경합에 해당한다. "감금행위가 단순히 강도상해 범행의 수단이 되는 데 그치지 아니하고(이 경우는 상상적 경합이라는 의미) 강도상해의 범행이 끝난 뒤에도 계속된 경우에는 1개의 행위가 감금죄와 강도상해죄에 해당하는 경우라고 볼 수 없고, 이 경우 감금죄와 강도상해죄는 형법 제37조의 경합범 관계에 있다(대법원 2003.1.10, 2002도4380)."

**044** 정신병자도 감금죄의 객체가 될 수 있다. [변호사 17]

044 (○) 대법원 2002.10.11, 2002도4315

**045** 감금죄에 있어서의 감금행위는 사람으로 하여금 일정한 장소 밖으로 나가지 못하도록 하여 신체의 자유를 제한하는 행위를 가리키는 것이고, 그 방법은 반드시 물리적, 유형적 장애를 사용하는 경우뿐만 아니라 심리적, 무형적 장애에 의하는 경우도 포함된다.

045 (○) 대법원 1991.12.30, 91모5

**046** 피해자가 경찰서 안에서 직장동료인 피의자들과 같이 식사도 하고 사무실 안팎을 내왕하였다 하여도 피해자를 경찰서 밖으로 나가지 못하도록 그 신체의 자유를 제한하는 유형, 무형의 억압이 있었다면 이는 감금행위에 해당한다.

046 (○) 대법원 1991.12.30, 91모5

**047** 피해자가 만약 도피하는 경우에는 생명, 신체에 심한 해를 당할지도 모른다는 공포감에서 도피하기를 단념하고 있는 상태 하에서 호텔로 데리고 가서 함께 유숙한 후 함께 항공기로 국외에 나간 행위는 감금죄를 구성한다.

[경찰채용 16]

**047** (○) 대법원 1991.8.27, 91도1604

**048** 정신건강의학과 전문의인 피고인 甲, 乙이 각각 피해자의 아들 피고인 丙 등과 공동하여 피해자를 응급이송차량에 강제로 태워 병원으로 데려가 입원시킨 경우, 망상장애와 같은 정신질환의 경우 진단적 조사 또는 정확한 진단을 위해 지속적인 관찰이나 특수한 검사가 필요한 때에도 환자의 입원이 고려될 수 있고, 피고인 甲, 乙은 보호의무자인 피고인 丙의 진술뿐만 아니라 피해자를 직접 대면하여 진찰한 결과를 토대로 피해자에게 피해사고나 망상장애의 의심이 있다고 판단하여 입원이 필요하다는 진단을 한 것이므로, 진단 과정에 정신건강의학과 전문의로서 최선의 주의를 다 하지 아니하거나 신중하지 못했던 점이 일부 있었더라도 피해자를 정확히 진단하여 치료할 의사로 입원시켰다고 볼 여지 또한 충분하여 피고인 甲, 乙에게 감금죄의 고의가 있었다거나 이들의 행위가 형법상 감금행위에 해당한다고 단정하기 어렵다.

[경찰간부 18 변형]

**048** (○) 대법원 2015.10.29, 2015도8429

**049** 구 정신보건법 제23조 제2항은 정신의료기관의 장은 자의(自意)로 입원 등을 한 환자로부터 퇴원 신청이 있는 경우에는 지체 없이 퇴원을 시켜야 한다고 정하고 있다(2016. 5. 29. 법률 제14224호로 전부 개정된 정신건강증진 및 정신질환자 복지서비스 지원에 관한 법률 제41조 제2항은 정신의료기관 등의 장은 자의입원 등을 한 사람이 퇴원 등을 신청한 경우에는 지체 없이 퇴원 등을 시켜야 한다고 정하고 있다). 환자로부터 퇴원 요구가 있는데도 구 정신보건법에 정해진 절차를 밟지 않은 채 방치한 경우에는 위법한 감금행위에 해당한다.

[경찰간부 18 변형]

**049** (○) 대법원 2017.8.18, 2017도7134

**050** 구 「정신보건법」(2015.1.28. 법률 제13110호로 개정되기 전의 것) 제23조 제2항에 따르면 정신의료기관의 장이 자의로 입원한 환자의 퇴원요구에 불응하고 방치한 경우에도 감금죄가 성립하는 것은 아니다. [경찰간부 23]

**해설+** 구 정신보건법(2015.1.28. 법률 제13110호로 개정되기 전의 것, 이하 같다) 제23조 제2항은 '정신의료기관의 장은 자의(自意)로 입원 등을 한 환자로부터 퇴원신청이 있는 경우에는 지체 없이 퇴원을 시켜야 한다'고 정하고 있다(2016.5.29. 법률 제14224호로 전부 개정된 정신건강증진 및 정신질환자 복지서비스 지원에 관한 법률 제41조 제2항은 '정신의료기관 등의 장은 자의입원 등을 한 사람이 퇴원 등을 신청한 경우에는 지체 없이 퇴원 등을 시켜야 한다'고 정하고 있다). 환자로부터 퇴원요구가 있는데도 구 정신보건법에 정해진 절차를 밟지 않은 채 방치한 경우에는 위법한 감금행위가 된다(대법원 2017.8.18, 2017도7134).

**051** 형법 제276조 제1항의 체포죄에서 말하는 '체포'는 사람의 신체에 대하여 직접적이고 현실적인 구속을 가하여 신체활동의 자유를 박탈하는 행위를 의미하는 것으로서 수단과 방법을 불문한다. 체포죄는 계속범으로서 체포의 행위에 확실히 사람의 신체의 자유를 구속한다고 인정할 수 있을 정도의 시간적 계속이 있어야 하나, 체포의 고의로써 타인의 신체적 활동의 자유를 현실적으로 침해하는 행위를 개시한 때 체포죄의 실행에 착수하였다고 볼 것이다. [경찰간부 18 변형]

**052** 체포행위가 확실히 사람의 신체의 자유를 구속하는 정도로 계속되지 못하고 일시적인 것에 그쳤다고 하여도 체포죄의 미수가 아닌 기수에 이른 것으로 보아야 한다. [경찰채용 23 1차]

**해설+** 체포죄는 계속범으로서 체포의 행위에 확실히 사람의 신체의 자유를 구속한다고 인정할 수 있을 정도의 시간적 계속이 있어야 기수에 이르고, 신체의 자유에 대한 구속이 그와 같은 정도에 이르지 못하고 일시적인 것으로 그친 경우에는 체포죄의 미수범이 성립할 뿐이다(대법원 2020.3.27, 2016도18713).

**053** 체포죄는 계속범으로서 원칙적으로 체포의 행위에 확실히 사람의 신체의 자유를 구속한다고 인정할 수 있을 정도의 시간적 계속이 있어야 성립하고, 신체의 자유에 대한 구속이 그와 같은 정도에 이르지 못하고 일시적인 것으로 그친 경우라면 체포죄의 성립은 부정되어 무죄가 된다. [경찰채용 23 2차]

**해설+** 체포죄는 계속범으로서 체포의 행위에 확실히 사람의 신체의 자유를 구속한다고 인정할 수 있을 정도의 시간적 계속이 있어야 기수에 이르고, 신체의 자유에 대한 구속이 그와 같은 정도에 이르지 못하고 일시적인 것으로 그친 경우에는 체포죄의 미수범이 성립할 뿐이다(대법원 2020.3.27, 2016도18713).

**054** 체포죄는 즉시범으로서 반드시 체포의 행위에 확실히 사람의 신체의 자유를 구속한다고 인정할 수 있을 정도의 시간적 계속성이 있을 필요는 없다.

[경찰승진 23]

**054** (×)

> **해설+** 체포죄는 계속범으로서 체포의 행위에 확실히 사람의 신체의 자유를 구속한다고 인정할 수 있을 정도의 시간적 계속이 있어야 기수에 이르고, 신체의 자유에 대한 구속이 그와 같은 정도에 이르지 못하고 일시적인 것으로 그친 경우에는 체포죄의 미수범이 성립할 뿐이다(대법원 2020.3.27, 2016도18713).

**055** 체포죄에서 체포의 수단과 방법은 불문하며, 체포의 고의로 타인의 신체적 활동의 자유를 현실적으로 침해하는 행위를 개시한 때 체포죄의 기수가 된다.

[국가9급 21]

**055** (×)

> **해설+** 형법 제276조 제1항의 체포죄에서 말하는 '체포'는 사람의 신체에 대하여 직접적이고 현실적인 구속을 가하여 신체활동의 자유를 박탈하는 행위를 의미하는 것으로서 수단과 방법을 불문한다. 체포죄는 계속범으로서 체포의 행위에 확실히 사람의 신체의 자유를 구속한다고 인정할 수 있을 정도의 시간적 계속이 있어야 하나, 체포의 고의로써 타인의 신체적 활동의 자유를 현실적으로 침해하는 행위를 개시한 때 체포죄의 실행에 착수하였다고 볼 것이다(대법원 2018.2.28, 2017도21249).

**056** 사람을 체포한 자가 계속해서 감금한 때에는 포괄하여 하나의 감금죄가 성립한다.

[법원행시 09]

**056** (○) 포괄일죄의 관계에 있다.

**057** 감금을 하기 위한 수단으로서 행사된 협박행위는 비록 그것이 단순한 협박행위에 불과하다고 할지라도 감금죄와 별도로 협박죄를 구성한다.

[경찰승진 17] [법원9급 20]

**057** (×) 따로 협박죄를 구성하지 아니한다(대법원 1982.6.22, 82도705).

**058** 감금행위가 강간죄나 강도죄의 수단이 된 경우에도 감금죄는 강간죄나 강도죄에 흡수되지 아니하고 별죄를 구성한다.

**058** (○) 대법원 1997.1.21, 96도2715

**059** 甲이 A녀가 자동차에서 내릴 수 없는 상태에 있음을 이용하여 강간하려고 결의하고 자동차의 주행속도를 높여 A녀가 자동차에서 탈출하지 못하게 한 뒤 범행장소까지 A녀를 강제로 데려가 강간하려다 미수에 그친 경우 감금죄와 강간미수죄의 실체적 경합이다. [사시 13]

**해설+** 감금죄와 강간미수가 1개의 행위에 의해 실현되었으므로 형법 제40조의 상상적 경합에 해당한다(대법원 1983.4.26, 83도323).

059 (×) '실체적 경합' → '상상적 경합'

**060** 감금행위가 단순히 강도상해 범행의 수단이 되는 데 그치지 아니하고 강도상해의 범행이 끝난 뒤에도 계속된 경우에는 1개의 행위가 감금죄와 강도상해죄에 해당하는 경우라고 볼 수 없고, 이 경우 감금죄와 강도상해죄는 형법 제37조의 경합범 관계에 있다. [변호사 17 변형]

060 (○) 대법원 2003.1.10, 2002도4380

**061** 미성년자를 유인한 자가 계속하여 미성년자를 불법하게 감금하였을 때에는 미성년자유인죄 이외에 감금죄가 별도로 성립한다.

061 (○) 대법원 1998.5.26, 98도1036

**062** 수용시설에 수용중인 부랑인들의 야간도주를 방지하기 위하여 그 취침시간 중 출입문을 안에서 시정조치한 행위는 형법 제20조의 정당행위에 해당되어 위법성이 조각된다.

062 (○) 대법원 1988.11.8, 88도1580

**063** 중체포 · 중감금죄는 미수를 벌하지 아니한다.

**해설+** 법 제280조에 의하여 미수를 처벌한다. 가혹행위를 하기 위하여 체포 · 감금하려 하였으나 체포 · 감금하지 못한 경우, 체포 · 감금하였으나 가혹행위를 하지 못한 경우, 가혹행위에 착수하였으나 미수에 그친 경우 등이 중체포 · 중감금의 미수에 해당한다.

063 (×)

**064** 중감금죄가 성립하려면 사람을 감금하여 생명에 대한 위험을 발생시켜야 한다. [경찰채용 18 2차]

**064** (×)

> **해설+** 중체포·감금죄는 사람을 체포 또는 감금하여 <u>가혹한 행위</u>를 가한 때에 성립한다(제277조 제1항).

> **보충** 중체포죄 및 중감금죄는 결과적 가중범이 아니다. 다른 중~죄와 구별할 것

**065** 판례는 승용차로 피해자를 가로막아 승차하게 한 후 피해자의 하차요구를 무시한 채 시속 60~70km의 속도로 진행하는 도중 피해자가 차량을 빠져 나오려다가 길바닥에 떨어져 상해를 입고 그 결과 사망하게 된 경우, 감금 행위와 피해자의 사망 사이에 인과관계를 인정하였다. [국가7급 11]

**065** (○)

**066** 피고인이 동거녀인 피해자가 술집에 나가 일을 하겠다고 한다는 이유로 아파트 안방에 피해자를 감금한 후 옷을 벗기고 가위로 모발을 자르는 등 가혹행위를 하여 피해자가 이를 피하기 위하여 피고인이 인터폰을 받으려 잠시 한눈을 파는 사이에 안방 창문을 통하여 아파트 아래 잔디밭에 뛰어내리다가 사망한 경우 피고인은 중감금치사죄의 죄책을 진다. [법원행시 13]

**066** (○)

## 3   약취와 유인의 죄

### 🔗 대표유형

미성년자가 혼자 머무는 주거에 침입하여 그를 감금한 뒤 폭행 또는 협박에 의하여 부모의 출입을 봉쇄하고 독자적인 생활관계를 형성하기에 이르렀다면 비록 장소적 이전이 없었다 할지라도 미성년자약취죄가 성립한다. [변호사 18]

(○) 대법원 2008.1.17, 2007도 8485

**067** 미성년자 약취행위에서 폭행 또는 협박의 정도는 상대방을 실력적 지배하에 둘 수 있을 정도면 족하고 반드시 상대방의 반항을 억압할 정도의 것임을 요하지 않는다. [경찰채용 12] [법원행시 17]

**067** (○)

**068** 유인의 수단으로서 유혹이라 함은 기망의 정도에는 이르지 아니하나 감언
이설로써 상대방을 현혹시켜 판단의 적정을 그르치게 하는 것이므로 반드
시 그 유혹의 내용이 허위일 것을 요하지는 않는다.                    [경찰채용 12]

068 (○)

**069** 미성년자유인죄 범의를 인정하기 위해서는 피해자가 미성년자임을 알면서
유인한다는 인식 및 나아가 유인하는 행위가 피해자의 의사에 반한다는 인
식도 필요하다.

069 (×)

> **해설+** 피해자가 미성년자임을 알면서 유인행위에 대한 인식이 있으면 족하고 유인하는 행위가
> 피해자의 의사에 반하는 것까지 인식할 필요는 없으며 또 피해자가 하자있는 의사로 자유롭게 승낙
> 하였다 하더라도 본죄의 성립에 소장이 없다(대법원 1976.9.14, 76도2072).

**070** 미성년자가 스스로 가출하여 유인에 동의한 경우에도 보호자의 동의가 없
으면 미성년자유인죄는 성립한다.                                  [사시 11]

070 (○)

> **해설+** 미성년자약취·유인죄(제287조)의 보호법익은 미성년자의 자 유권과 보호감독자의 감호권
> 이다. 따라서 위 죄가 성립하지 않으려면 미성년자뿐만 아니라 보호감독자의 동의까지 필요하다(대
> 법원 2003.2.11, 2002도7115).

**071** 형법 제287조의 미성년자유인죄란 기망 또는 유혹을 수단으로 하여 미성
년자를 꾀어 그 하자 있는 의사에 따라 미성년자를 자유로운 생활관계 또
는 보호관계로부터 이탈하게 하여 자기 또는 제3자의 사실적 지배하에 옮
기는 행위를 말하고, 여기서 사실적 지배라고 함은 미성년자에 대한 물리
적·실력적인 지배관계를 의미한다.                              [법원9급 21]

071 (○) 대법원 1998.5.15, 98
도690

**072** 미성년자의 어머니가 교통사고로 사망하여 아버지가 미성년자의 양육을
외조부에게 맡겼으나 교통사고 배상금 등으로 분쟁이 발생하자, 학교에서
귀가하는 미성년자를 아버지가 본인의 의사에 반하여 강제로 차에 태우고
데려간 경우 미성년자약취죄가 성립한다.                         [변호사 14 변형]

072 (○)

> **해설+** 미성년자를 보호감독하는 자라 하더라도 다른 보호감독자의 감호권을 침해하거나 자신의
> 감호권을 남용하여 미성년자 본인의 이익을 침해하는 경우에는 미성년자약취·유인죄의 주체가 될
> 수 있다(대법원 2008.1.31, 2007도8011).

**073** 베트남 국적 여성인 피고인이 남편 甲과 생후 약 13개월 된 아들 乙과 함께 생활하다가 甲의 의사에 반하여 乙을 주거지에서 데리고 나와 베트남에 함께 입국한 경우 폭행, 협박 또는 불법적인 사실상의 힘을 사용하여 그 미성년자를 평온하던 종전의 보호·양육 상태로부터 이탈시켰다고 볼 수 없다면, 형법상 미성년자에 대한 약취죄의 성립을 인정할 수는 없다.

[경찰승진 17] [법원9급 14] [법원행시 15]

073 (○) 대법원 2013.6.20, 2010도14328

**074** 미성년자를 평온하던 종전의 보호·양육 상태로부터 이탈시켰다고 볼 수 없는 행위라도 다른 보호감독자의 보호·양육권을 침해하였다면 미성년자 약취죄가 성립한다.

[군무원9급 22]

074 (×)

**해설+** 미성년자를 보호·감독하는 사람이라고 하더라도 다른 보호감독자의 보호·양육권을 침해하거나 자신의 보호·양육권을 남용하여 미성년자 본인의 이익을 침해하는 때에는 미성년자에 대한 약취죄의 주체가 될 수 있는데, 그 경우에도 해당 보호감독자에 대하여 약취죄의 성립을 인정할 수 있으려면 그 행위가 위와 같은 의미의 약취에 해당하여야 한다. 그렇지 아니하고 폭행, 협박 또는 불법적인 사실상의 힘을 사용하여 그 미성년자를 평온하던 종전의 보호·양육 상태로부터 이탈시켰다고 볼 수 없는 행위에 대하여까지 다른 보호감독자의 보호·양육권을 침해하였다는 이유로 미성년자에 대한 약취죄의 성립을 긍정하는 것은 형벌법규의 문언 범위를 벗어나는 해석으로서 죄형법정주의의 원칙에 비추어 허용될 수 없다고 할 것이다(대법원 2013.6.20, 2010도14328 전원합의체).

**075** 미성년자가 혼자 머무는 주거에 침입하여 그를 감금한 뒤 폭행 또는 협박에 의하여 부모의 출입을 봉쇄하거나, 미성년자와 부모가 거주하는 주거에 침입하여 부모만을 강제로 퇴거시키고 독자적인 생활관계를 형성하기에 이르렀다면 비록 장소적 이전이 없었다 할지라도 「형법」제287조의 미성년자약취죄가 성립한다.

[경찰채용 23 1차] [경찰채용 19 2차]

075 (○)

**해설+** 미성년자와 부모가 거주하는 주거에 침입하여 부모만을 강제로 퇴거시키고 독자적인 생활관계를 형성하기에 이르렀다면 비록 장소적 이전이 없었다 할지라도 형법 제287조의 미성년자약취죄에 해당함이 명백하다(대법원 2008.1.17, 2007도8485).

**076** 부모가 별거하는 상황에서 비양육친이 면접교섭권을 행사하여 미성년 자녀를 데리고 갔다가 면접교섭기간이 종료하였음에도 불구하고 자녀를 양육친에게 돌려 주지 않은 경우에는 그러한 부작위를 폭행, 협박이나 불법적인 사실상의 힘을 행사한 것으로 볼 수는 없으므로, 미성년자약취죄가 성립할 수 없다. [군무원9급 22 변형] [법원9급 22]

076 (×)

> **해설+** 피고인과 甲은 각각 한국과 프랑스에서 따로 살며 이혼소송 중인 부부로서 자녀인 피해아동 乙(만 5세)은 프랑스에서 甲과 함께 생활하였는데, 피고인이 乙을 면접교섭하기 위하여 그를 보호·양육하던 甲으로부터 乙을 인계받아 국내로 데려온 후 면접교섭기간이 종료하였음에도 乙을 데려다주지 아니한 채 甲과 연락을 두절한 후 법원의 유아인도명령 등에도 불응한 경우, ㉠ 피고인은 乙을 향후 계속하여 보호·양육함으로써 기존의 자유로운 생활 및 보호관계로부터 이탈시켜 자신의 사실상 지배하에 두기 위한 목적으로 乙의 반환을 거부한 것으로 보이는 점, ㉡ 乙은 당시 만 5세에 불과한 유아였고 乙이 돌아가야 하는 곳은 외국인 프랑스였으므로, 피고인이 작위의무를 이행하여 乙을 데려다주지 않으면 乙 스스로는 자유로운 생활 및 보호관계로부터의 이탈이라는 위협에 대처할 수 있는 능력이 없는 상태였던 점, ㉢ 피고인은 장기간 프랑스 법원의 양육자 지정결정뿐 아니라 국내 법원의 양육자 지정 및 유아인도 심판, 그 이행명령, 면접교섭 사전처분 등 각종 결정을 지속적으로 위반한 점 등의 여러 사정을 종합하면, 피고인의 행위는 불법적인 사실상의 힘을 수단으로 乙을 그 의사와 복리에 반하여 자유로운 생활 및 보호관계로부터 이탈시켜 자기의 사실상 지배하에 옮긴 적극적 행위와 형법적으로 같은 정도의 행위로 평가할 수 있으므로 형법 제287조 미성년자약취죄의 약취행위에 해당한다(대법원 2021.9.9, 2019도16421).

> **보충** 원래 위 판례의 판결이유에도 설시되어 있듯이, "부모의 별거 또는 이혼 상황에서 일방 배우자가 면접교섭권을 행사하기 위하여 자녀를 적법하게 데리고 갔다가 면접교섭기간이 종료하였음에도 양육친에게 데려다주지 않은 경우, 그 사정만으로 항상 미성년자약취죄가 성립한다고 볼 수는 없다." 따라서 위 출제는 다소 무리가 있어 보인다. 그러나 다른 지문들이 모두 깔끔하게 옳은 지문이므로, 출제의 의도를 고려하여 이 지문을 틀린 것으로 해설하였다.

**077** 양육친 乙(여, 프랑스인)과 이혼소송 중인 비양육친 甲(남, 한국인)은 면접교섭권을 행사하기 위하여 프랑스에서 乙과 함께 살던 아동 丙(5세)을 대한민국으로 데려온 후 면접교섭 기간이 종료하였음에도 丙을 프랑스로 데려다 주지 않았다. 甲에게는 미성년자약취죄가 성립한다.

077 (○)

> **해설+** 미성년자를 보호·감독하는 사람이라고 하더라도 다른 보호감독자의 보호·양육권을 침해하거나 자신의 보호·양육권을 남용하여 미성년자 본인의 이익을 침해하는 때에는 미성년자에 대한 약취죄의 주체가 될 수 있으므로(대법원 2008.1.31, 2007도8011 등), 부모가 이혼하였거나 별거하는 상황에서 미성년의 자녀를 부모의 일방이 평온하게 보호·양육하고 있는데, 상대방 부모가 폭행, 협박 또는 불법적인 사실상의 힘을 행사하여 그 보호·양육 상태를 깨뜨리고 자녀를 자기 또는 제3자의 사실상 지배하에 옮긴 경우 그와 같은 행위는 특별한 사정이 없는 한 미성년자에 대한 약취죄를 구성한다(대법원 2017.12.13, 2015도10032). … 피고인의 행위는 불법적인 사실상의 힘을 수단으로 피해아동을 그 의사와 복리에 반하여 자유로운 생활 및 보호관계로부터 이탈시켜 자기의 사실상 지배하에 옮긴 적극적 행위와 형법적으로 같은 정도의 행위로 평가할 수 있다(대법원 2021.9.9, 2019도16421).

**078** 미성년자약취 · 유인죄는 계속범으로서 기수 이후에도 법익침해가 계속되는 한 범행은 종료되지 않는다. [군무원9급 22]

> **해설+** 미성년자 약취 · 유인죄는 계속범이라는 것이 통설이다. 따라서 미성년자약취 · 유인죄는 기수 이후에도 법익침해가 계속되는 한 범행은 종료되지 아니하고, 약취 · 유인 상태가 해제된 때 비로소 종료가 되어 이때부터 공소시효가 기산된다.

**079** 형법 제288조 제1항의 추행, 간음, 결혼 목적 유인죄의 객체는 여성에 한정되지 않는다. [법원9급 21]

> **해설+** 제288조 제1항의 추행, 간음, 결혼 목적 유인죄의 객체는 '사람'이므로 여성으로 제한되지 아니한다.

**080** 간음의 목적으로 11세에 불과한 어린 나이의 피해자를 유혹하여 위 모텔 앞길에서부터 위 모텔 301호실까지 데리고 간 이상, 간음목적유인죄의 기수에 이르른 것이다. [경찰간부 13]

**081** 17세 소녀를 간음할 목적으로 약취 · 유인하였으나 다음 날 그 소녀가 탈출하여 간음하지 못한 경우 간음목적 약취 · 유인미수죄가 성립한다. [경찰승진 11]

**082** 18세의 여자를 유흥주점에 팔 생각으로 유인하여 자기 집에 데리고 있으면서 강간한 후 유흥주점 업주에게 넘기려다 검거된 경우 영리목적 약취 · 유인죄와 강간죄의 경합범이 성립한다. [경찰승진 12]

---

**078** (○)

**079** (○)

**080** (○) 대법원 2007.5.11, 2007도2318

**081** (×) 추행 · 간음 · 결혼 · 영리 목적으로 사람을 약취 · 유인하여 자기 · 제3자의 사실적 지배하로 옮기면 기수가 된다.

**082** (○) 대법원 1998.5.26, 98도1036

**083** 아동복지법상 금지되는 '아동을 매매하는 행위'는 '보수나 대가를 받고 아동을 다른 사람에게 넘기거나 넘겨받음으로써 성립하는 범죄'로서 설령 위와 같은 행위에 대하여 아동이 명시적인 반대 의사를 표시하지 아니하거나 더 나아가 동의·승낙의 의사를 표시하였다 하더라도 이러한 사정은 아동매매죄의 성립에 아무런 영향을 미치지 아니한다.                [법원행시 21]

083 (○) 대법원 2015.8.27, 2015도6480

**084** 사람을 약취·유인한 자가 인질을 안전한 장소로 풀어준 때와 같이 예외적인 경우에는 범죄가 기수에 이른 후에도 형법 총칙상 중지미수의 규정을 준용한다.                [국가9급총론 21]

084 (×)

> **해설+** 사람을 약취·유인한 자가 인질을 안전한 장소로 풀어준 때와 같이 예외적인 경우에는 형법 제295조의2에 따라 그 형을 감경할 수 있을 뿐, 중지미수의 규정을 준용하는 것은 아니다.

**085** 형법 제287조의 미성년자유인죄를 범한 사람이 유인된 사람을 안전한 장소로 풀어준 때에는 그 형을 반드시 감경한다.                [법원9급 21]

085 (×)

> **해설+** 제287조부터 제290조까지, 제292조와 제294조의 죄를 범한 사람이 약취, 유인, 매매 또는 이송된 사람을 안전한 장소로 풀어준 때에는 그 형을 감경할 수 있다(형법 제295조의2). 즉, 임의적 감경사유에 해당한다.

**086** 미성년자유인죄를 정한 형법 제287조는 대한민국 영역 밖에서 죄를 범한 외국인에게도 적용한다.                [법원9급 21]

086 (○)

> **해설+** 제287조부터 제292조까지 및 제294조는 대한민국 영역 밖에서 죄를 범한 외국인에게도 적용한다(제296조의2).

**087** 미국인이 프랑스에서 일본인 미성년자를 약취한 경우, 우리 형법을 적용할 수는 없다.                [경찰채용 23 1차]

087 (×) 우리 형법은 미성년자 약취죄를 포함한 <u>약취·유인, 인신매매의 죄에 대하여 세계주의를 적용함으로써 외국인의 국외범도 처벌하고 있다.</u>

> **해설+** 제287조【미성년자의 약취, 유인】미성년자를 약취 또는 유인한 사람은 10년 이하의 징역에 처한다.
> 제296조의2【세계주의】제287조부터 제292조까지 및 제294조는 대한민국 영역 밖에서 죄를 범한 외국인에게도 적용한다.

## 4 강간과 추행의 죄

**대표유형**

강제추행죄가 성립하기 위한 폭행 또는 협박은 피해자의 항거를 곤란하게 할 정도에는 이르러야 한다. 따라서 유부녀에 대하여 혼인 외 성관계 사실을 폭로하겠다는 등의 내용을 고지하고 추행하였다면 강제추행죄가 성립한다. [군무원9급 23] [국가9급 12·6 변형]

**해설+** 대법원은 강제추행죄의 '폭행 또는 협박'의 의미에 관하여 이를 두 가지 유형으로 나누어, 폭행행위 자체가 곧바로 추행에 해당하는 경우(이른바 기습추행형)에는 상대방의 의사를 억압할 정도의 것임을 요하지 않고 상대방의 의사에 반하는 유형력의 행사가 있는 이상 그 힘의 대소강약을 불문한다고 판시하는 한편(대법원 1983.6.28, 83도399; 2002.4.26, 2001도2417 등), 폭행 또는 협박이 추행보다 시간적으로 앞서 그 수단으로 행해진 경우(이른바 폭행·협박 선행형)에는 상대방의 항거를 곤란하게 하는 정도의 폭행 또는 협박이 요구된다고 판시하여 왔다(대법원 2007.1.25, 2006도5979; 2012.7.26, 2011도8805 등, 이하 폭행·협박 선행형 관련 판례 법리를 '종래의 판례 법리'라 한다). … 강제추행죄의 '폭행 또는 협박'의 의미는 다시 정의될 필요가 있다. 강제추행죄의 '폭행 또는 협박'은 상대방의 항거를 곤란하게 할 정도로 강력할 것이 요구되지 아니하고, 상대방의 신체에 대하여 불법한 유형력을 행사(폭행)하거나 일반적으로 보아 상대방으로 하여금 공포심을 일으킬 수 있는 정도의 해악을 고지(협박)하는 것이라고 보아야 한다. … 이와 달리 강제추행죄의 폭행 또는 협박이 상대방의 항거를 곤란하게 할 정도일 것을 요한다고 본 대법원 2012.7.26. 선고 2011도8805 판결을 비롯하여 같은 취지의 종전 대법원판결은 이 판결의 견해에 배치되는 범위 내에서 모두 변경하기로 한다(대법원 2023.9.21, 2018도13877 전원합의체).

(×) 유부녀인 피해자에 대하여 혼인 외 성관계 사실을 폭로하겠다는 등의 내용으로 협박하여 피해자를 간음 또는 추행한 경우, 강간죄 및 강제추행죄가 성립한다(대법원 2007. 1.25, 2006도5979). 다만, 위 지문의 제1문은 최근 판례에 의하여 변경된 내용이다.

**대표유형**

강제추행죄는 폭행행위 자체가 추행행위라고 인정되는 경우도 포함되며, 이 경우의 폭행은 반드시 상대방의 의사를 억압할 정도의 것이어야 한다. [경찰채용 22 1차 변형]

**해설+** 강제추행죄는 폭행행위 자체가 추행행위라고 인정되는 경우도 포함되며, 이 경우의 폭행은 반드시 상대방의 의사를 억압할 정도의 것이어야 하는 것도 아니다(대법원 2002.4.26, 2001도2417).

(×)

**대표유형**

준강간죄가 성립하기 위해서는 피해자의 '심신상실 또는 항거불능의 상태를 현실적으로 이용'할 필요는 없고, 피해자가 사실상 심신상실 또는 항거불능 상태에 있기만 하면 족하며 피고인이 이를 알고 있을 필요도 없다. [경찰채용 19 2차]

(×) '이용할 필요는 없고' → '이용할 필요가 있고', '피고인이 이를 알고 있을 필요도 없다' → '피고인이 이를 인식하고 그 위험을 용인하는 내심의 의사가 있어야 한다'(대법원 2019.3.28, 2018도16002).

**088** 강간과 추행의 죄에서 말하는 '성적 자유'는 적극적으로 성행위를 할 수 있는 자유가 아니라 소극적으로 원치 않는 성행위를 하지 않을 자유를 말하고, '성적 자기결정권'은 성행위를 할 것인가 여부, 성행위를 할 때 그 상대방을 누구로 할 것인가 여부, 성행위의 방법 등을 스스로 결정할 수 있는 권리를 의미한다. [경찰채용 21 1차]

088 (○) 대법원 2019.6.13, 2019도3341

**089** 「형법」 제32장 강간과 추행의 죄는 개인의 성적 자유를 침해하는 것을 내용으로 하며, 여기에서 '성적 자유'는 적극적으로 성행위를 할 수 있는 자유뿐만 아니라 소극적으로 원치 않는 성행위를 하지 아니할 자유를 말한다.

[경찰간부 22]

**089** (×)

> **해설+** 형법은 제2편 제32장에서 '강간과 추행의 죄'를 규정하고 있는데, 이 장에 규정된 죄는 모두 개인의 성적 자유 또는 성적 자기결정권을 침해하는 것을 내용으로 한다. 여기에서 '성적 자유'는 적극적으로 성행위를 할 수 있는 자유가 아니라 소극적으로 원치 않는 성행위를 하지 않을 자유를 말하고, '성적 자기결정권'은 성행위를 할 것인가 여부, 성행위를 할 때 상대방을 누구로 할 것인가 여부, 성행위의 방법 등을 스스로 결정할 수 있는 권리를 의미한다(대법원 2019.6.13, 2019도3341).

**090** 개정 전 형법 제297조가 정한 강간죄의 객체인 '부녀'에는 법률상 처가 포함되고, 혼인관계가 파탄된 경우뿐만 아니라 혼인관계가 실질적으로 유지되고 있는 경우에도 남편이 반항을 불가능하게 하거나 현저히 곤란하게 할 정도의 폭행이나 협박을 가하여 아내를 간음한 경우에는 강간죄가 성립한다고 보아야 한다.

[국가9급 14 변형]

**090** (○) 대법원 2013.5.16, 2012도14788, 2012전도252

**091** 성장기부터 남성에 대한 불일치감과 여성으로의 성귀속감을 나타냈고, 성전환 수술로 인하여 여성으로서의 신체와 외관을 갖추었으며, 수술 이후 30여 년간 개인적·사회적으로 전환된 성으로 생활을 영위해 가고 있는 성전환자를 여성으로 인식하고 강간한 경우 강간죄가 성립된다.

[경찰간부 12] [법원행시 17]

**091** (○) 대법원 2009.9.10, 2009도3580

**092** 피고인이 폭행을 수반함이 없이 오직 협박만을 수단으로 피해자를 간음한 경우에도 그 협박의 정도가 피해자의 항거를 불가능하게 하거나 현저히 곤란하게 할 정도의 것이면 강간죄가 성립하고, 협박과 간음 사이에 시간적 간격이 있어도 협박에 의해 간음이 이루어졌다면 강간죄는 성립한다.

[사시 13]

**092** (○) 대법원 2007.1.25, 2006도5979

093 간음행위를 시작할 때 폭행·협박이 없었다면 간음행위와 거의 동시 또는 그 직후에 피해자를 폭행하여 간음하였더라도 이는 강간죄를 구성하지 않는다. [경찰경채 23] [경찰간부 22 변형]

> **해설+** 강간죄에서의 폭행·협박과 간음 사이에는 인과관계가 있어야 하나, 폭행·협박이 반드시 간음행위보다 선행되어야 하는 것은 아니다(대법원 2017.10.12, 2016도16948,2016전도156).

093 (×)

094 강간죄에서의 폭행·협박과 간음 사이에는 인과관계가 있어야 하나, 폭행·협박이 반드시 간음행위보다 선행되어야 하는 것은 아니다. [법원행시 18]

094 (○) 대법원 2017.10.12, 2016도16948

095 강간죄가 성립하기 위한 가해자의 폭행·협박이 있었는지 여부는 폭행·협박의 내용과 정도는 물론 유형력을 행사하게 된 경위, 피해자와의 관계, 행위 당시와 그 후의 정황 등 모든 사정을 종합하여 피해자가 당시 처하였던 구체적인 상황을 기준으로 판단하여야 하며, 사후적으로 보아 피해자가 범행 현장을 벗어날 수 있었다거나 피해자가 사력을 다하여 반항하지 않았다는 사정만으로 가해자의 폭행·협박이 피해자의 항거를 현저히 곤란하게 할 정도에 이르지 않았다고 섣불리 단정하여서는 안 된다. [국가7급 21] [법원행시 16]

095 (○) 대법원 2012.7.12, 2012도4031; 2017.10.12, 2016도16948, 2017도21249

096 甲이 A를 강간할 목적으로 자고 있는 A의 가슴과 엉덩이를 만지다가 A가 깨어 소리치자 도망간 경우에는 강간의 실행의 착수가 인정되지 않아 甲의 행위는 현행 「형법」상 범죄로 처벌할 수 없다. [경찰채용 21 2차]

> **해설+** 강간죄의 실행의 착수가 있었다고 하려면 강간의 수단으로서 폭행이나 협박을 한 사실이 있어야 할 터인데 피고인이 강간할 목적으로 피해자의 집에 침입하였다 하더라도 안방에 들어가 누워 자고 있는 피해자의 가슴과 엉덩이를 만지면서 간음을 기도하였다는 사실만으로는 강간의 수단으로 피해자에게 폭행이나 협박을 개시하였다고 하기는 어렵다(대법원 1990.5.25, 90도607)는 판례가 있으나 이는 구 형법에 따른 것이고, 2020.5.19. 신설 형법 제305조의3에 의하여 강간죄 및 준강간죄의 예비·음모로 보아 처벌할 수 있다.

096 (×)

**097** 강간죄는 사람을 간음하기 위하여 피해자를 폭행 또는 협박하여 피해자의 항거를 불능하게 하거나 현저히 곤란하게 할 정도에 이를 때에 그 실행의 착수가 있다고 보아야 할 것이고, 간음행위까지 착수해야 실행의 착수가 있다고 할 것은 아니다. [법원행시 10]

> **해설+** 강간죄는 사람을 간음하기 위하여 피해자의 항거를 불능하게 하거나 현저히 곤란하게 할 정도의 폭행 또는 협박을 개시한 때에 그 실행의 착수가 있다고 보아야 할 것이고, 실제로 그와 같은 폭행 또는 협박에 의하여 피해자의 항거가 불능하게 되거나 현저히 곤란하게 되어야만 실행의 착수가 있다고 볼 것은 아니다(대법원 2000.6.9, 2000도1253).

097 (×)

**098** 피고인이 간음할 목적으로 새벽 4시에 여자 혼자 있는 방문 앞에 가서 피해자가 방문을 열어 주지 않으면 부수고 들어갈 듯한 기세로 방문을 두드리고, 피해자가 위험을 느끼고 창문에 걸터앉아 가까이오면 뛰어 내리겠다고 하는데도 베란다를 통하여 창문으로 침입하려고 하였다면 강간의 수단으로서의 폭행에 착수하였다고 할 수 있으므로 강간의 착수가 있었다고 할 것이다. [경찰간부 17] [법원행시 13]

098 (○) 대법원 1991.4.9, 91도288

**099** 피고인이 두려움으로 항거불능의 상태에 있는 피해자의 양 손을 뒤로 하여 기저귀로 묶고 눈을 가린 후 하의를 벗기고 강간하려고 하였으나 잠자던 피해자의 어린 딸이 깨어 우는 바람에 도주하였고, 또 다른 피해자를 강간할 마음을 먹고 두려움으로 항거불능의 상태에 있는 피해자에게 옷을 벗으라고 협박하여 피해자를 강간하려고 하였으나 피해자가 시장에 간 남편이 곧 돌아온다고 하면서 임신 중이라고 말하자 도주하였다는 것인바, 그렇다면 피고인이 자의로 강간행위를 중지하였다고 볼 수는 없을 것이다. [법원행시 16]

099 (○) 대법원 1993.4.13, 93도347

**100** 폭행 또는 협박으로 사람을 강간한 범행이 유죄로 인정될 경우, 형법상 강간죄 이외에 형법상의 폭행죄나 협박죄가 별도로 성립한다. [법원9급 14]

> **해설+** 2인 이상이 공동하여 폭행으로 사람을 강간한 경우에는 형법 297조 소정의 강간죄만 해당하고 별도로 폭력행위등처벌에관한법률 2조 2항의 죄를 구성한다고는 볼 수 없고 이 두 개의 죄는 법조경합의 관계가 있을 뿐 상상적 경합관계에 있다고 볼 수 없다(대법원 1974.6.11, 73도2817).

100 (×)

**101** 야간에 흉기를 들고 사람의 주거에 침입하여 강간을 한 경우에는 폭력행위 등 처벌에 관한 법률 위반(주거침입)죄와 강간죄가 성립하고 이 경우 두 죄는 실체적 경합관계에 있다. [법원9급 07]

> **보충** 성폭법 제3조 제1항의 주거침입강간죄는 논외로 함

101 (O) 대법원 1988.12.13, 88 도1807

**102** 강간범이 범행현장에서 범행에 사용하려는 의도 아래 흉기 등 위험한 물건을 지닌 이상 그 사실을 피해자가 인식하거나 실제로 범행에 사용하지 않은 경우도 「성폭력범죄의 처벌 등에 관한 특례법」 제4조 제1항 소정의 '흉기나 그 밖의 위험한 물건을 지닌 채 강간죄를 범한 자'에 해당한다. [변호사 18]

> **해설+** 범행 현장에서 범행에 사용하려는 의도 아래 흉기 등 위험한 물건을 소지하거나 몸에 지닌 이상 그 사실을 피해자가 인식하거나 실제로 범행에 사용하였을 것까지 요구되는 것은 아니다(대법원 2004.6.11, 2004도2018).

102 (O)

**103** 구 성폭력범죄의 처벌 및 피해자보호 등에 관한 법률(1997.8.22. 법률 제5343호로 개정되기 전의 것) 제8조는, 신체장애로 항거불능인 상태에 있음을 이용하여 여자를 간음하거나 사람에 대하여 추행한 자는 형법 제297조(강간) 또는 제298조(강제추행)에 정한 형으로 처벌한다고 규정하고 있는 바, 관련 법률의 장애인에 관한 규정과 형법상의 유추해석 금지의 원칙에 비추어 볼 때, 이 규정에서 말하는 '신체장애'에 정신박약 등으로 인한 정신장애도 포함된다고 보아 그러한 정신장애로 인하여 항거불능 상태에 있는 여자를 간음한 경우에도 이 규정에 해당한다고 해석하기는 어렵다. [법원행시 20]

103 (O) 대법원 1998.4.10, 97 도3392

**104** 폭행 또는 협박으로 사람에 대하여 구강, 항문 등 신체(성기는 제외한다)의 내부에 손가락 등 신체(성기는 제외한다)의 일부 또는 도구를 넣는 행위를 한 경우에는 「형법」상 유사강간죄가 성립한다. [경찰채용 18 2차]

> **해설+** 제297조의2【유사강간】 폭행 또는 협박으로 사람에 대하여 구강, 항문 등 신체(성기는 제외한다)의 내부에 성기를 넣거나 성기, 항문에 손가락 등 신체(성기는 제외한다)의 일부 또는 도구를 넣는 행위를 한 사람은 2년 이상의 유기징역에 처한다.

104 (X) 성기를 제외한 구강, 항문 등 신체에는 성기를 넣는 행위도 유사강간에 해당한다. 두 번째 괄호의 내용이 틀린 것이다.

**105** 강제추행죄는 폭행행위 자체가 추행행위라고 인정되는 경우도 포함하며, 이 경우의 폭행은 반드시 상대방의 의사를 억압할 정도의 것임을 요하지 아니한다. [경찰간부 22]

**105** (○)

> **해설+** 강제추행죄는 상대방에 대하여 폭행 또는 협박을 가하여 추행행위를 하는 경우에는 '폭행 또는 협박'은 상대방의 항거를 곤란하게 할 정도로 강력할 것이 요구되지 아니하고(대법원 2023. 9.21, 2018도13877 전원합의체), 뿐만 아니라 폭행행위 자체가 추행행위라고 인정되는 경우도 포함되며, 이 경우의 폭행은 반드시 상대방의 의사를 억압할 정도의 것이어야 하는 것도 아니다(대법원 2002.4.26, 2001도2417).

**106** 강제추행죄는 상대방에 대하여 폭행 또는 협박을 가하여 항거를 곤란하게 한 뒤에 추행행위를 하는 경우뿐만 아니라 폭행행위 자체가 추행행위라고 인정되는 경우도 포함되는 것이며, 이 경우에 있어서의 폭행은 반드시 상대방의 의사를 억압할 정도의 것임을 요하지 않고 상대방의 의사에 반하는 유형력의 행사가 있는 이상 그 힘의 대소강약을 불문한다. [변호사 18 변형]

**106** (×) 전단이 틀렸다.

> **해설+** 강제추행죄는 상대방에 대하여 폭행 또는 협박을 가하여 추행행위를 하는 경우에는 '폭행 또는 협박'은 상대방의 항거를 곤란하게 할 정도로 강력할 것이 요구되지 아니하고(대법원 2023. 9.21, 2018도13877 전원합의체), 뿐만 아니라 폭행행위 자체가 추행행위라고 인정되는 경우도 포함되며, 이 경우의 폭행은 반드시 상대방의 의사를 억압할 정도의 것이어야 하는 것도 아니다(대법원 2002.4.26, 2001도2417).

**107** 강제추행죄는 폭행이 추행행위에 앞서 이루어진 경우뿐만 아니라 폭행행위 자체가 추행행위라고 인정되는 경우에도 성립한다. [변호사 15]

**107** (○) 대법원 2012.6.14, 2012도3893

**108** 강제추행죄의 성립 여부에 관하여 여성에 대한 추행에 있어 신체 부위에 따라 본질적인 차이가 있다고 볼 수는 없다. [경찰채용 19 1차]

**108** (○)

> **해설+** 여성에 대한 추행에 있어 신체 부위에 따라 본질적인 차이가 있다고 볼 수는 없다 할 것인데, 위에서 본 사실관계에 의하면 피고인의 어깨를 주무르는 것에 대하여 평소 수치스럽게 생각하여 오던 피해자에 대하여 그 의사에 명백히 반하여 그의 어깨를 주무르고 이로 인하여 피해자로 하여금 소름이 끼치도록 혐오감을 느끼게 하였고, 이어 나중에는 피해자를 껴안기까지 한 일련의 행위는 20대 초반의 미혼 여성인 피해자의 성적 자유를 침해할 뿐만 아니라 일반인의 입장에서도 도덕적 비난을 넘어 추행행위라고 평가할 만한 것이라 할 것이다(대법원 2004.4.16, 2004도52).

109 자신의 처가 경영하는 가게 종업원들과 노래를 부르다가 여자 종업원을 뒤에서 껴안고 블루스를 추면서 순간적으로 유방을 만진 정도라면 강제추행죄가 성립하지 않는다. [사시 10]

**해설+** 피해자와 춤을 추면서 피해자의 유방을 만진 행위가 순간적인 행위에 불과하더라도 피해자의 의사에 반하여 행하여진 유형력의 행사에 해당하고 피해자의 성적 자유를 침해할 뿐만 아니라 일반인의 입장에서도 추행행위라고 평가될 수 있는 것으로서, 폭행행위 자체가 추행행위라고 인정되어 강제추행에 해당된다(대법원 2002.4.26, 2001도2417).

109 (×) '성립하지 않는다' → '성립한다'

110 골프장 여종업원들이 거부의사를 밝혔음에도, 골프장 사장과의 친분관계를 내세워 함께 술을 마시지 않을 경우 신분상의 불이익을 가할 것처럼 협박하여 이른바 러브샷의 방법으로 술을 마시게 한 경우 강제추행죄가 성립한다. [국가9급 16]

110 (○) 대법원 2008.3.13, 2007도10050

111 판례는 피고인이 엘리베이터 안에서 피해자를 칼로 위협하는 등의 방법으로 꼼짝하지 못하도록 하여 자신의 실력적인 지배하에 둔 다음 자위행위 모습을 보여준 행위가 강제추행죄의 추행에 해당한다고 한다. [국가9급 12]

111 (○) 대법원 2010.2.25, 2009도13716

112 교사 A가 제자인 중학생 B의 얼굴에 자신의 얼굴을 들이밀면서 비비는 행위나 B의 귀를 쓸어 만지는 행위는 B의 성적 자유를 침해할 뿐만 아니라 일반인에게도 성적 수치심이나 혐오감을 일으키게 하는 추행행위에 해당한다. [법원행시 20]

112 (○) 대법원 2015.11.12, 2012도8767

113 프랜차이즈 회사를 운영하는 A가 그 가맹점에서 근무하는 B를 비롯한 직원들과 회식을 하던 중 B를 자신의 옆자리에 앉힌 후 B에게 귓속말로 '일하는 것 어렵지 않냐. 힘든 것 있으면 말하라'고 하면서 갑자기 B의 볼에 입을 맞추고, 이에 놀란 B가 '하지 마세요'라고 하였음에도, 계속하여 '괜찮다. 힘든 것 있으면 말해라. 무슨 일이든 해결해 줄 수 있다'고 하면서 오른손으로 B의 오른쪽 허벅지를 쓰다듬은 행위는 강제추행에 해당한다. [법원행시 20]

113 (○) 대법원 2020.3.26, 2019도15994

**114** 피고인이 가까이 접근하여 갑자기 뒤에서 껴안는 행위는 일반인에게 성적 수치심이나 혐오감을 일으키게 하고 선량한 성적 도덕관념에 반하는 행위로서 甲의 성적 자유를 침해하는 행위여서 그 자체로 이른바 '기습추행' 행위로 볼 수 있으므로, 피고인의 팔이 甲의 몸에 닿지 않았더라도 양팔을 높이 들어 갑자기 뒤에서 껴안으려는 행위는 甲의 의사에 반하는 유형력의 행사로서 폭행행위에 해당하며, 그때 '기습추행'에 관한 실행의 착수가 있는데, 마침 甲이 뒤돌아보면서 소리치는 바람에 몸을 껴안는 추행의 결과에 이르지 못하고 미수에 그쳤으므로, 피고인의 행위는 아동·청소년에 대한 강제추행미수죄에 해당한다. [국가9급 16·17 변형] [법원승진 16] [법원행시 16]

114 (O) 대법원 2015.9.10, 2015도6980

**115** 회사 대표인 피고인이 직원인 피해자를 포함하여 거래처 사람들과 함께 회식을 하던 중 피고인의 왼팔로 피해자의 머리를 감싸고 피고인의 가슴 쪽으로 끌어당기는 일명 '헤드락' 행위를 하고 손가락이 피해자의 두피에 닿도록 피해자의 머리카락을 잡고 흔드는 등 행위를 한 것은 강제추행죄에 해당한다.

115 (O)

**해설+** ㉠ 기습추행에서 공개된 장소라는 점이 추행 여부 판단의 중요한 고려요소가 될 수 없고, ㉡ 그 접촉부위 및 방법에 비추어 객관적으로 일반인에게 성적 수치심을 일으키게 할 수 있는 행위이며, ㉢ 피고인의 행위 전후의 언동에 비추어 성적 의도를 가지고 한 행위로 보이고, ㉣ 피해자의 피해감정은 사회통념상 인정되는 성적 수치심에 해당하며, ㉤ 동석했던 사람이 피고인의 행위를 말린 것으로 보아 제3자에게도 선량한 성적 도덕관념에 반하는 행위로 인식되었다고 보이므로, 피고인의 행위는 강제추행죄의 추행에 해당하고, 추행의 고의도 인정된다(대법원 2020.12.24, 2020도7981).

**116** 여성인 피고인이 직장에서 함께 근무하는 여성 피해자가 거부의사를 밝혔는데 피해자의 가슴을 움켜쥐거나 엉덩이를 만지는 등의 신체접촉을 한 행위는 강제추행에 해당한다.

116 (O)

**해설+** 피고인과 피해자가 모두 여성으로서 동성인 점을 고려하더라도 피고인이 이 사건 한의원에서 거부의사를 밝히는 피해자의 가슴을 움켜쥐거나 엉덩이를 만지고 피고인의 볼을 피해자의 볼에 가져다 대는 등의 행동을 한 것은 피해자로 하여금 성적 수치심을 느끼게 할 만한 행위로서 강제추행에 해당된다(대법원 2021.7.21, 2021도6112).

**74** PART 01 개인적 법익에 대한 죄

117 판례는 피고인이, 알고 지내던 여성인 피해자 甲이 자신의 머리채를 잡아 폭행을 가하자 보복의 의미에서 甲의 입술, 귀 등을 입으로 깨무는 등의 행위를 한 사안에서 피고인의 행위가 강제추행죄의 '추행'에 해당하지 않는다고 하였다. [국가9급 12] [법원행시 17]

117 (×) '하지 않는다고' → '한다고'

**해설+** 일반적이고 평균적인 사람으로 하여금 성적 수치심이나 혐오감을 일으키게 하고 선량한 성적 도덕관념에 반하는 행위로써, 갑의 성적 자유를 침해하였다고 보는 것이 타당하다는 이유로, 피고인의 행위가 강제추행죄의 '추행'에 해당한다(대법원 2013.9.26, 2013도5856).

118 피고인이 자신의 지인과 분쟁이 있던 피해자(女, 48세)를 따라가서 말을 걸었으나 피해자가 이를 무시하고 사람 및 차량의 왕래가 빈번한 도로에 주차해 둔 피해자의 차량 쪽으로 걸어가자, 피해자에게 "내가 오늘 너를 잡아 죽인다"는 내용의 욕설을 하면서 직접적인 신체 접촉 없이 바지를 벗어 자신의 성기를 보여 경우, 비록 객관적으로 일반인에게 성적 수치심이나 혐오감을 일으키게 하는 행위라고 할 수 있을지 몰라도 폭행 또는 협박으로 '추행'을 하였다고 볼 수 없다. [국가9급 12·16]

118 (○) 대법원 2012.7.26, 2011도8805

119 강제추행죄의 '추행'이란 일반인에게 성적 수치심이나 혐오감을 일으키고 선량한 성적 도덕관념에 반하는 행위인 것으로 족하고, 반드시 그 행위의 상대방인 피해자의 성적 자기결정의 자유를 침해할 필요까지는 없다. [경찰승진 22]

119 (×)

**해설+** '추행'이란 일반인에게 성적 수치심이나 혐오감을 일으키고 선량한 성적 도덕관념에 반하는 행위인 것만으로는 부족하고 그 행위의 상대방인 피해자의 성적 자기결정의 자유를 침해하는 것이어야 한다(대법원 2012.7.26, 2011도8805).

120 공연음란죄에서 정하는 '음란한 행위'를 특정한 사람을 상대로 한다고 해서 반드시 강제추행죄가 성립하는 것은 아니다. [경찰채용 22 2차]

120 (○)

**해설+** 건전한 성풍속이라는 일반적인 사회적 법익을 보호하려는 목적을 가진 형법 제245조의 공연음란죄에서 정하는 '음란한 행위'(또는 이른바 과다노출에 관한 경범죄처벌법 제1조 제41호에서 정하는 행위)가 특정한 사람을 상대로 행하여졌다고 해서 반드시 그 사람에 대하여 '추행'이 된다고 말할 수 없고, 무엇보다도 문제의 행위가 피해자의 성적 자유를 침해하는 것으로 평가될 수 있어야 한다. 그리고 이에 해당하는지 여부는 피해자의 의사·성별·연령, 행위자와 피해자의 관계, 그 행위에 이르게 된 경위, 구체적 행위태양, 주위의 객관적 상황 등을 종합적으로 고려하여 정하여진다(대법원 2012.7.26, 2011도8805).

**121** 강제추행죄가 성립하기 위한 주관적 구성요건으로는 고의만으로 충분하고, 성욕을 자극·흥분·만족시키려는 주관적 동기나 목적이 있어야 하는 것은 아니다. [법원행시 17]

121 (O) 대법원 2006.1.13, 2005도6791

**122** 甲이 아파트 놀이터의 의자에 앉아 전화통화를 하고 있던 A의 등 뒤로 몰래 다가가 성기를 드러내고 A의 머리카락 및 옷 위에 소변을 본 경우, 甲의 행위가 A의 성적 자기결정권을 침해하는 추행행위에 해당하기 위해서는 甲의 행위 당시 A가 이를 인식해야 한다. [경찰간부 23]

122 (×)

**해설+** 피고인이 아파트 놀이터의 의자에 앉아 전화통화를 하고 있던 甲(女, 18세)의 뒤로 몰래 다가가 甲의 머리카락 및 옷 위에 소변을 보아 강제추행하였다는 내용으로 기소된 경우, 피고인이 처음 보는 여성인 甲의 뒤로 몰래 접근하여 성기를 드러내고 甲을 향한 자세에서 甲의 등 쪽에 소변을 본 행위는 객관적으로 일반인에게 성적 수치심이나 혐오감을 일으키게 하고 선량한 성적 도덕관념에 반하는 행위로서 甲의 성적 자기결정권을 침해하는 추행행위에 해당한다고 볼 여지가 있고, 행위 당시 甲이 이를 인식하지 못하였더라도 마찬가지이다(대법원 2021.10.28, 2021도7538).

**123** A가 B 등을 협박하여 겁을 먹은 B 등으로 하여금 어쩔 수 없이 나체나 속옷만 입은 상태가 되게 하여 스스로를 촬영하게 하거나, 성기에 이물질을 삽입하거나 자위를 하는 등의 행위를 하게 하였다면, 이러한 행위는 B 등을 도구로 삼아 B 등의 신체를 이용하여 그 성적 자유를 침해한 행위로서, A가 직접 위와 같은 행위들을 하지 않았다거나 B 등의 신체에 대한 직접적인 접촉이 없었다고 하더라도 강제추행의 범죄를 실현한 것으로 평가할 수 있다. [법원행시 20]

123 (O)

**해설+** 강제추행죄는 사람의 성적 자유 내지 성적 자기결정의 자유를 보호하기 위한 죄로서 정범 자신이 직접 범죄를 실행하여야 성립하는 자수범이라고 볼 수 없으므로, 처벌되지 아니하는 타인을 도구로 삼아 피해자를 강제로 추행하는 간접정범의 형태로도 범할 수 있다. 여기서 강제추행에 관한 간접정범의 의사를 실현하는 도구로서의 타인에는 피해자도 포함될 수 있으므로, 피해자를 도구로 삼아 피해자의 신체를 이용하여 추행행위를 한 경우에도 강제추행죄의 간접정범에 해당할 수 있다(대법원 2018.2.8, 2016도17733).

**124** 강제추행죄는 정범 자신이 직접 범죄를 실행하여야 성립하는 자수범이지만, 피해자를 도구로 삼아 피해자의 신체를 이용하여 추행행위를 한 경우에도 강제추행죄의 간접정범에 해당할 수 있다. [국가9급 20]

124 (×) '자수범이지만' → '자수범이라고 볼 수 없으므로'(대법원 2018.2.8, 2016도17733)

125 강제추행죄는 사람의 성적 자유 내지 성적 자기결정의 자유를 보호하기 위한 죄로서 정범 자신이 직접 범죄를 실행하여야 성립하는 자수범이므로, 처벌되지 아니하는 타인을 도구로 삼아 피해자를 강제로 추행하는 간접정범의 형태로는 범할 수 없다. [해경채용 22 2차]

> **해설+** 강제추행죄는 사람의 성적 자유 내지 성적 자기결정의 자유를 보호하기 위한 죄로서 정범 자신이 직접 범죄를 실행하여야 성립하는 자수범이라고 볼 수 없으므로, 처벌되지 아니하는 타인을 도구로 삼아 피해자를 강제로 추행하는 간접정범의 형태로도 범할 수 있다(대법원 2018.2.8, 2016도17733).

126 「형법」 제299조의 준강제추행죄는 정신적·신체적 사정으로 인하여 성적인 자기방어를 할 수 없는 사람의 성적 자기결정권을 보호해 주는 것을 보호법익으로 하며, 그 성적 자기결정권은 원치 않는 성적 관계를 거부할 권리라는 소극적 측면을 말한다. [경찰채용 23 2차]

> **해설+** 형법 제299조는 '사람의 심신상실 또는 항거불능의 상태를 이용하여 추행을 한 자'를 처벌하도록 규정한다. 이러한 준강제추행죄는 정신적·신체적 사정으로 인하여 성적인 자기방어를 할 수 없는 사람의 성적 자기결정권을 보호해 주는 것을 보호법익으로 하며, 그 성적 자기결정권은 원치 않는 성적 관계를 거부할 권리라는 소극적 측면을 말한다(대법원 2021.2.4, 2018도9781).

127 피고인이 잠을 자고 있는 피해자의 옷을 벗긴 후 자신의 바지를 내린 상태에서 피해자의 음부 등을 만지고 자신의 성기를 피해자의 음부에 삽입하려고 하였으나 피해자가 몸을 뒤척이고 비트는 등 잠에서 깨어 거부하는 듯한 기색을 보이자 더 이상 간음행위에 나아가는 것을 포기한 경우, 준강간죄의 실행에 착수하였다고 볼 수 없다. [경찰간부 17]

**128** 범행 당시 피해자가 알코올이 기억형성의 실패를 야기한 알코올 블랙아웃 상태에 있었다면, 이는 준강간·준강제추행죄의 심신상실 상태에 해당한다.

128 (×)

**해설+** 형법 제299조는 '사람의 심신상실 또는 항거불능의 상태를 이용하여 추행을 한 자'를 처벌하도록 규정한다. 이러한 준강제추행죄는 정신적·신체적 사정으로 인하여 성적인 자기방어를 할 수 없는 사람의 성적 자기결정권을 보호해 주는 것을 보호법익으로 하며, 그 성적 자기결정권은 원치 않는 성적 관계를 거부할 권리라는 소극적 측면을 말한다(대법원 2020.8.27, 2015도9436 전원합의체). 준강간죄에서 '심신상실'이란 정신기능의 장애로 인하여 성적 행위에 대한 정상적인 판단능력이 없는 상태를 의미하고, '항거불능'의 상태라 함은 심신상실 이외의 원인으로 심리적 또는 물리적으로 반항이 절대적으로 불가능하거나 현저히 곤란한 경우를 의미한다(대법원 2006.2.23, 2005도9422; 2012.6.28, 2012도2631 등). 이는 준강제추행죄의 경우에도 마찬가지이다. 피해자가 깊은 잠에 빠져 있거나 술·약물 등에 의해 일시적으로 의식을 잃은 상태 또는 완전히 의식을 잃지는 않았더라도 그와 같은 사유로 정상적인 판단능력과 대응·조절능력을 행사할 수 없는 상태에 있었다면 준강간죄 또는 준강제추행죄에서의 심신상실 또는 항거불능 상태에 해당한다. 의학적 개념으로서의 '알코올 블랙아웃(black out)'은 중증도 이상의 알코올 혈중농도, 특히 단기간 폭음으로 알코올 혈중농도가 급격히 올라간 경우 그 알코올 성분이 외부 자극에 대하여 기록하고 해석하는 인코딩 과정(기억형성에 관여하는 뇌의 특정 기능)에 영향을 미침으로써 행위자가 일정한 시점에 진행되었던 사실에 대한 기억을 상실하는 것을 말한다. 알코올 블랙아웃은 인코딩 손상의 정도에 따라 단편적인 블랙아웃과 전면적인 블랙아웃이 모두 포함한다. 그러나 알코올의 심각한 독성화와 전형적으로 결부된 형태로서의 의식상실의 상태, 즉 알코올의 최면진정작용으로 인하여 수면에 빠지는 의식상실(passing out)과 구별되는 개념이다. 따라서 음주 후 준강간 또는 준강제추행을 당하였음을 호소한 피해자의 경우, 범행당시 알코올이 위의 기억형성의 실패만을 야기한 알코올 블랙아웃 상태였다면 피해자는 기억장애 외에 인지기능이나 의식 상태의 장애에 이르렀다고 인정하기 어렵다(대법원 2021.2.4, 2018도9781).

**보충** 피해사실 전후의 객관적 정황상 피해자가 심신상실 등이 의심될 정도로 비정상적인 상태에 있었음이 밝혀진 경우 혹은 피해자와 피고인의 관계 등에 비추어 피해자가 정상적인 상태하에서라면 피고인과 성적 관계를 맺거나 이에 수동적으로나마 동의하리라고 도저히 기대하기 어려운 사정이 인정되는데도, 피해자의 단편적인 모습만으로 피해자가 단순히 '알코올 블랙아웃'에 해당하여 심신상실 상태에 있지 않았다고 단정하여서는 안된다(위 판례).

**129** 음주 후 준강간 또는 준강제추행을 당하였음을 호소한 피해자의 경우 범행 당시 알코올이 기억형성의 실패만을 야기한 알코올 블랙아웃 상태였다면 피해자는 기억장애 외에 인지기능이나 의식 상태의 장애에 이르렀다고 인정하기 어렵다.

[해경채용 22 2차]

129 (○)

**해설+** 음주 후 준강간 또는 준강제추행을 당하였음을 호소한 피해자의 경우, 범행 당시 알코올이 위의 기억형성의 실패만을 야기한 알코올 블랙아웃 상태였다면 피해자는 기억장애 외에 인지기능이나 의식 상태의 장애에 이르렀다고 인정하기 어렵지만, 이에 비하여 피해자가 술에 취해 수면상태에 빠지는 등 의식을 상실한 패싱아웃 상태였다면 심신상실의 상태에 있었음을 인정할 수 있다(대법원 2021.2.4, 2018도9781).

**130** 피해자가 깊은 잠에 빠져 있거나 술·약물 등에 의해 일시적으로 의식을 잃은 상태 또는 완전히 의식을 잃지는 않았더라도 그와 같은 사유로 정상적인 판단능력과 대응·조절 능력을 행사할 수 없는 상태에 있었다면 이는 준강간죄 또는 준강제추행죄에서의 심신상실 또는 항거불능 상태에 해당한다.

[경찰채용 21 2차] [경찰간부 23] [국가9급 22]

**131** 피해자가 술에 취해 수면상태에 빠지는 등 의식을 상실한 패싱아웃 상태였다면 준강간·준강제추행죄의 심신상실 상태에 해당한다.

**해설+** 피해자가 술에 취해 수면상태에 빠지는 등 의식을 상실한 패싱아웃 상태였다면 심신상실의 상태에 있었음을 인정할 수 있다(대법원 2021.2.4, 2018도9781).

**132** 피해자가 의식상실 상태는 아니지만, 알코올의 영향으로 의사를 형성할 능력이나 성적 자기결정권 침해행위에 맞서려는 저항력이 현저하게 저하된 상태였다면 준강간·준강제추행죄의 항거불능 상태에 해당한다.

**정리** '준강간죄 또는 준강제추행죄에서의 심신상실·항거불능'의 개념에 비추어, 피해자가 의식상실 상태에 빠져 있지는 않지만 알코올의 영향으로 의사를 형성할 능력이나 성적 자기결정권 침해행위에 맞서려는 저항력이 현저하게 저하된 상태였다면 '항거불능'에 해당하여, 이러한 피해자에 대한 성적 행위 역시 준강간죄 또는 준강제추행죄를 구성할 수 있다(대법원 2021.2.4, 2018도9781). ㉠ 알코올이 기억형성의 실패만을 야기한 알코올 블랙아웃 상태: 심신상실 ×(기억장애 외에 인지기능이나 의식상태의 장애에 이르렀다고 인정하기 어려움), ㉡ 술에 취해 수면상태에 빠지는 등 의식을 상실한 패싱아웃 상태: 심신상실 ○, ㉢ 의식상실 상태에 빠져 있지는 않지만 알코올의 영향으로 의사를 형성할 능력이나 성적 자기결정권 침해행위에 맞서려는 저항력이 현저하게 저하된 상태: 항거불능 ○(이상 모두 대법원 2021.2.4, 2018도9781)

130 (○) 위 해설의 두 번째 밑줄 부분 참조(대법원 2021.2.4, 2018도9781).

131 (○)

132 (○)

**133** 피해사실 전후의 객관적 정황상 피해자가 심신상실 등이 의심될 정도로 비정상적인 상태에 있었음이 밝혀진 경우 혹은 피해자와 피고인의 관계 등에 비추어 피해자가 정상적인 상태하에서라면 피고인과 성적 관계를 맺거나 이에 수동적으로나마 동의하리라고 도저히 기대하기 어려운 사정이 인정되는 경우, 피해자의 단편적인 모습으로 피해자가 단순히 '알코올 블랙아웃'에 해당하여 심신상실 상태에 있지 않았다고 볼 수 있다.

133 (×)

> **해설+** (위 문제의 해설에 이어서) 법의학 분야에서는 알코올 블랙아웃이 '술을 마시는 동안에 일어난 중요한 사건에 대한 기억상실'로 정의되기도 하며, 일반인 입장에서는 '음주 후 발생한 광범위한 인지기능 장애 또는 의식상실까지 통칭하기도 한다. 따라서 음주로 심신상실 상태에 있는 피해자에 대하여 준강간 또는 준강제추행을 하였음을 이유로 기소된 피고인이 '피해자가 범행 당시 의식상실 상태가 아니었고 그 후 기억하지 못할 뿐이다.'라는 취지에서 알코올 블랙아웃을 주장하는 경우, 법원은 피해자의 범행 당시 음주량과 음주 속도, 경과한 시간, 피해자의 평소 주량, 피해자가 평소 음주 후 기억장애를 경험하였는지 여부 등 피해자의 신체 및 의식상태가 범행 당시 알코올 블랙아웃인지 아니면 패싱아웃 또는 행위통제능력이 현저히 저하된 상태였는지를 구분할 수 있는 사정들과 더불어 … 제반 사정을 면밀하게 살펴 범행 당시 피해자가 심신상실 또는 항거불능 상태에 있었는지 여부를 판단해야 한다. 또한 피해사실 전후의 객관적 정황상 피해자가 심신상실 등이 의심될 정도로 비정상적인 상태에 있었음이 밝혀진 경우 혹은 피해자와 피고인의 관계 등에 비추어 피해자가 정상적인 상태하에서라면 피고인과 성적 관계를 맺거나 이에 수동적으로나마 동의하리라고 도저히 기대하기 어려운 사정이 인정되는데도, 피해자의 단편적인 모습만으로 피해자가 단순히 '알코올 블랙아웃'에 해당하여 심신상실 상태에 있지 않았다고 단정하여서는 안 된다(대법원 2021.2.4, 2018도9781).

**134** 甲이 술에 취하여 안방에서 잠을 자고 있던 피해자를 발견하고 갑자기 욕정을 일으켜 피해자의 옆에 누워 피해자의 몸을 더듬다가 피해자의 바지를 벗기려는 순간 피해자가 어렴풋이 잠에서 깨어났으나 피해자는 잠결에 자신의 바지를 벗기려는 甲을 자신의 애인으로 착각하여 반항하지 않고 응함에 따라 피해자를 1회 간음한 경우 피해자의 위와 같은 의식상태를 심신상실의 상태에 이르렀다고 보기는 어렵다.

[해경채용 22 2차]

134 (○) 대법원 2000.2.25, 98도4355

**135** 피고인이 간음하기 위해 피해자의 바지를 벗기려는 순간 피해자가 어렴풋이 잠에서 깨어나 피고인을 자신의 애인으로 착각하여 불을 끄라고 말하였고, 피고인이 여관으로 가자고 제의하자 그냥 빨리하라고 하면서 성교에 응하자 피고인이 피해자를 간음한 경우 준강간죄가 성립하지 않는다.

[변호사 15]

135 (○) 간음행위 당시 피해자가 심신상실 상태에 있었다고 볼 수 없다(대법원 2000.2.25, 98도4355).

(136~141) 甲은 A가 술에 만취하여 항거불능 상태에 있는 것으로 오인하고 누워 있는 A를 간음하였으나 사실은 그러한 상태가 아니었다. 또한 간음 당시 항거를 불가능하게 하거나 현저히 곤란하게 할 정도의 폭행이나 협박도 존재하지 않았다.

**136** 준강간죄에서 행위의 대상은 '심신상실 또는 항거불능의 상태에 있는 사람'이 아니라 '사람'이고, '심신상실 또는 항거불능의 상태를 이용'하는 것은 구성요건의 특별한 행위양태에 해당한다. [국가7급 20]

136 (×)

**해설+** 형법 제299조에서 정한 준강간죄는 사람의 심신상실 또는 항거불능의 상태를 이용하여 간음함으로써 성립하는 범죄로서, 정신적·신체적 사정으로 인하여 성적인 자기방어를 할 수 없는 사람의 성적 자기결정권을 보호법익으로 한다. 심신상실 또는 항거불능의 상태는 피해자인 사람에게 존재하여야 하므로 준강간죄에서 행위의 대상은 '심신상실 또는 항거불능의 상태에 있는 사람'이다. 그리고 구성요건에 해당하는 행위는 그러한 '심신상실 또는 항거불능의 상태를 이용하여 간음'하는 것이다. 심신상실 또는 항거불능의 상태에 있는 사람에 대하여 그 사람의 그러한 상태를 이용하여 간음행위를 하면 구성요건이 충족되어 준강간죄가 기수에 이른다(대법원 2019.3.28, 2018도16002 전원합의체).

**137** 준강간의 고의는 피해자가 심신상실 또는 항거불능의 상태에 있다는 것과 그러한 상태를 이용하여 간음한다는 구성요건적 결과 발생의 가능성을 인식하고 그러한 위험을 용인하는 내심의 의사를 말한다. [국가7급 20]

137 (○) 대법원 2019.3.28, 2018도16002 전원합의체

**138** 甲의 착오는 실행의 수단 또는 대상의 착오에 해당한다. [국가7급 20]

138 (○) 대법원 2019.3.28, 2018도16002 전원합의체

**139** 甲이 의도한 준강간죄의 기수가 성립될 가능성이 처음부터 없었으므로 준강간의 결과가 발생할 위험성도 인정되지 않는다.

139 (×)

**해설+** 피고인이 피해자가 심신상실 또는 항거불능의 상태에 있다고 인식하고 그러한 상태를 이용하여 간음할 의사로 피해자를 간음하였으나 피해자가 실제로는 심신상실 또는 항거불능의 상태에 있지 않은 경우에는, 실행의 수단 또는 대상의 착오로 인하여 준강간죄에서 규정하고 있는 구성요건적 결과의 발생이 처음부터 불가능하였고 실제로 그러한 결과가 발생하였다고 할 수 없다. 피고인이 준강간의 실행에 착수하였으나 범죄가 기수에 이르지 못하였으므로 준강간죄의 미수범이 성립한다. 피고인이 행위 당시에 인식한 사정을 놓고 일반인이 객관적으로 판단하여 보았을 때 준강간의 결과가 발생할 위험성이 있었으므로 준강간죄의 불능미수가 성립한다(대법원 2019.3.28, 2018도16002 전원합의체).

**140** 甲이 실행에 착수할 당시 A가 실제로는 심신상실 또는 항거불능의 상태에 있지 않았다 하더라도, 그러한 상태에 있다고 인식하고 A를 간음하였으므로 착오와 상관없이 준강간죄의 기수가 성립한다. [국가7급 20]

**140** (×) 기수가 아니라 준강간죄의 불능미수가 성립한다(대법원 2019.3.28, 2018도16002 전원합의체).

**141** 甲이 A가 심신상실 또는 항거불능의 상태에 있다고 인식하고 그러한 상태를 이용하여 간음할 의사로 A를 간음하였으나 A가 실제로는 심신상실 또는 항거불능 상태에 있지 않았던 경우, 甲에게는 준강간죄의 장애미수가 성립한다. [경찰간부 22]

**141** (×)

**해설+** 피고인이 피해자가 심신상실 또는 항거불능의 상태에 있다고 인식하고 그러한 상태를 이용하여 간음할 의사로 피해자를 간음하였으나 피해자가 실제로는 심신상실 또는 항거불능의 상태에 있지 않은 경우에는, 실행의 수단 또는 대상의 착오로 인하여 준강간죄에서 규정하고 있는 구성요건적 결과의 발생이 처음부터 불가능하였고 실제로 그러한 결과가 발생하였다고 할 수 없다. 피고인이 준강간의 실행에 착수하였으나 범죄가 기수에 이르지 못하였으므로 준강간죄의 미수범이 성립한다. 피고인이 행위 당시에 인식한 사정을 놓고 일반인이 객관적으로 판단하여 보았을 때 준강간의 결과가 발생할 위험성이 있었으므로 준강간죄의 불능미수가 성립한다(대법원 2019.3.28, 2018도16002 전원합의체).

**142** 강간치상이나 강제추행치상의 죄에서 상해가 발생하였는지는 객관적, 일률적으로 판단할 것이 아니라 피해자의 연령, 성별, 체격 등 신체·정신상의 구체적인 상태, 약물의 종류와 용량, 투약방법, 음주여부 등 약물의 작용에 미칠 수 있는 여러 요소를 기초로 하여 약물 투약으로 인하여 피해자에게 발생한 의식장애나 기억장애 등 신체, 정신상의 변화와 내용 및 정도를 종합적으로 고려하여 판단하여야 한다. [경찰간부 18 변형]

**142** (○) 대법원 2017.6.29, 2017도3196

**143** 강간치상죄나 강제추행치상죄에 있어서의 상해는 피해자의 신체의 완전성을 훼손하거나 생리적 기능에 장애를 초래하는 것, 즉 피해자의 건강상태가 불량하게 변경되고 생활기능에 장애가 초래되는 것을 말하는 것으로, 여기서의 생리적 기능에는 육체적 기능뿐만 아니라 정신적 기능도 포함된다. [경찰간부 17]

**143** (○) 대법원 2017.6.29, 2017도3196

**144** 甲이 강간하려고 A의 반항을 억압하는 과정에서 주먹으로 A의 얼굴과 머리를 몇 차례 때려 A가 코피를 흘리고 콧등이 부은 경우라도, A가 병원치료를 받지 않아도 일상생활에 지장이 없고 또 자연적으로 치료될 수 있는 것이라면, 甲의 행위로 인해 A의 신체의 완전성이 손상되고 생활기능에 장애가 왔다거나 건강상태가 불량하게 변경되었다고 보기 어려워 강간치상죄의 '상해'에 해당하지 않는다. [경찰간부 23]

> **해설+** 피고인이 강간하려고 피해자의 반항을 억압하는 과정에서 주먹으로 피해자의 얼굴과 머리를 몇 차례 때려 피해자가 코피를 흘리고(흘린 코피가 이불에 손바닥 만큼의 넓이로 묻었음) 콧등이 부었다면 비록 병원에서 치료를 받지 않더라도 일상생활에 지장이 없고 또 자연적으로 치료될 수 있는 것이라 하더라도 강간치상죄에 있어서의 상해에 해당한다(대법원 1991.10.22, 91도1832).

**145** 수면제와 같은 약물을 투약하여 피해자를 일시적으로 수면 또는 의식불명 상태에 이르게 한 경우에도 약물로 인하여 피해자의 건강상태가 불량하게 변경되고 생활기능에 장애가 초래되었다면 자연적으로 의식을 회복하거나 외부적으로 드러난 상처가 없더라도 이는 강간치상죄나 강제추행치상죄에서 말하는 상해에 해당한다. [경찰채용 19 1차] [경찰채용 17 2차]

145 (○)

> **해설+** 수면제와 같은 약물을 투약하여 피해자를 일시적으로 수면 또는 의식불명 상태에 이르게 한 경우에도 약물로 인하여 피해자의 건강상태가 불량하게 변경되고 생활기능에 장애가 초래되었다면 자연적으로 의식을 회복하거나 외부적으로 드러난 상처가 없더라도 이는 강간치상죄나 강제추행치상죄에서 말하는 상해에 해당한다(대법원 2017.6.29, 2017도3196).

**146** 평소 건강에 별다른 이상이 없는 피해자에게 성인 권장용량의 2배에 해당하는 졸피뎀 성분의 수면제가 섞인 커피를 마시게 하여 피해자가 정신을 잃고 깊이 잠이 든 사이 피해자를 간음한 경우, 피해자가 4시간 뒤에 깨어나 잠이 든 이후의 상황에 대해서 제대로 기억하지 못하였다면 이는 강간치상죄의 상해에 해당한다. [경찰채용 17 2차] [변호사 18]

146 (○)

> **해설+** 피해자는 약물 투약으로 항거가 불가능하거나 현저히 곤란해진 데에서 더 나아가 건강상태가 나쁘게 변경되고 생활기능에 장애가 초래되는 피해를 입었다고 할 것이므로, 이는 강간치상죄나 강제추행치상죄에서 말하는 상해에 해당한다(대법원 2017.6.29, 2017도3196).

**147** 피해자가 소형승용차 안에서 강간범행을 모면하려고 저항하는 과정에서 피고인과의 물리적 충돌로 인하여 입은 우측 슬관절 부위 찰과상 등은 강간치상죄의 상해에 해당한다. [법원행시 16]

147 (O)

> **해설+** 피해자가 입은 위 상해의 정도가 일상생활에 지장이 없고 단기간 내에 자연치유가 가능한 극히 경미한 상처라고 할 수 없고, 그러한 정도의 상처로 인하여 피해자의 신체의 건강상태가 불량하게 변경되고 생활 기능에 장애가 초래된 것이 아니라고 단정하기도 어렵다(대법원 2005.5.26, 2005도1039).

**148** 상해가 사람의 반항을 억압할 만한 폭행 또는 협박이 없어도 일상생활 중 발생할 수 있는 것이거나 합의에 따른 성교행위에서도 통상 발생할 수 있는 상해와 같은 정도의 것이라고 가정한다면, 이는 강간치상죄의 상해에 해당되지 아니한다고 할 수 있다. [경찰채용 18 2차]

148 (O)

> **해설+** ㉠ 강간행위에 수반하여 생긴 상해가 극히 경미한 것으로서 굳이 치료할 필요가 없어서 자연적으로 치유되며 일상생활을 하는 데 아무런 지장이 없는 경우에는 강간치상죄의 상해에 해당되지 아니한다고 할 수 있을 터이나, 그러한 논거는 피해자의 반항을 억압할 만한 폭행 또는 협박이 없어도 일상생활 중 발생할 수 있는 것이거나 합의에 따른 성교행위에서도 통상 발생할 수 있는 상해와 같은 정도임을 전제로 하는 것이므로 ㉡ 그러한 정도를 넘는 상해가 그 폭행 또는 협박에 의하여 생긴 경우라면 상해에 해당된다고 할 것이며, 피해자의 건강상태가 나쁘게 변경되고 생활기능에 장애가 초래된 것인지는 객관적, 일률적으로 판단될 것이 아니라 피해자의 연령, 성별, 체격 등 신체, 정신상의 구체적 상태를 기준으로 판단되어야 한다(대법원 2005.5.26, 2005도1039).

**149** 甲이 성인인 A와 술값 문제로 시비가 되어 A를 폭행하여 비골 골절 등의 상해를 가한 다음 A의 가슴을 만지는 등 A를 강제로 추행한 경우 甲에게는 상해죄와 강제추행치상죄가 성립한다. [변호사 14]

149 (×)

> **해설+** 피고인의 위 폭행을 강제추행의 수단으로서의 폭행으로 볼 수 없어 위 상해와 강제추행 사이에 인과관계가 없고, 상해를 가한 부분을 고의범인 상해죄로 처벌하면서 이를 다시 결과적 가중범인 강제추행치상죄의 상해로 인정하여 이중으로 처벌할 수는 없으므로, 결국 강제추행치상죄로 볼 수 없다(대법원 2009.7.23, 2009도1934).

**150** 강간 등에 의한 치사상죄에 있어서 사상의 결과는 간음행위 그 자체로부터 발생한 경우나 강간의 수단으로 사용한 폭행으로부터 발생한 경우는 물론 강간에 수반하는 행위에서 발생한 경우도 포함한다. [법원행시 12]

150 (O) 대법원 1988.11.8, 88도1628

**151** 강간미수의 경우에도 그 행위와 치상의 결과 간에 인과관계가 인정되면 강간치상죄가 성립한다.  [경찰간부 17]

151 (○) 대법원 2003.5.30, 2003도1256

**152** 강간에 수반하는 행위에서 상해의 결과가 발생한 경우에도 강간치상죄가 성립하나, 강간치상죄가 미수범 처벌규정을 두고 있지 않으므로 강간이 미수에 그쳤다면 강간치상죄로 처벌할 수 없다.  [법원행시 14]

152 (×) '없다' → '있다'
강간이 미수에 그친 경우라도 그 수단이 된 폭행에 의하여 피해자가 상해를 입었으면 강간치상죄가 성립한다(대법원 1988.11.8, 88도1628).

**153** 피해자를 강간하려다가 미수에 그치고 그 과정에서 피해자에게 경부 및 전흉부 피하출혈, 통증으로 약 7일간의 가료를 요하는 상처가 발생한 경우, 그 상처가 굳이 치료를 받지 않더라도 일상생활을 하는 데 아무런 지장이 없고 시일이 경과함에 따라 자연적으로 치유될 수 있는 정도라고 하더라도 강간치상죄의 상해에 해당한다.  [경찰간부 17]

153 (×) 피해자를 강간하려다가 미수에 그치고 그 과정에서 피해자에게 경부 및 전흉부 피하출혈 통증으로 약 7일간의 가료를 요하는 상처가 발생한 경우 강간치상죄에 있어 상해에 해당하지 않는다(대법원 1994.11.4, 94도1311).

**154** 처가 경영하는 미장원에 고용된 부녀에게 성교요구에 불응하면 해고한다고 위협하여 간음하고, 이로 인하여 피해자의 처녀막이 파열된 경우에는 업무상 위력에 의한 간음치상죄가 성립한다.  [사시 10]

154 (×)

**해설+** 업무상 위력에 의한 간음죄는 성립하나(대법원 1976.2.10, 74도1519), 형법상 업무상 위력에 의한 간음치사상죄는 처벌규정이 없다. 제301조 및 제301조의2 참조.

**155** '미성년자 또는 심신미약자에 대하여 위계 또는 위력으로써 간음 또는 추행'한 자를 처벌하는 「형법」 제302조는, 미성년자나 심신미약자와 같이 판단능력이나 대처능력이 일반인에 비하여 낮은 사람은 낮은 정도의 유·무형력의 행사에 의해서도 저항을 제대로 하지 못하고 피해를 입을 가능성이 있기 때문에 그 범죄의 성립요건을 강간죄나 강제추행죄보다 완화된 형태로 규정한 것이다. [경찰채용 21 1차] [국가9급 22]

**155** (O) 대법원 2019.6.13, 2019도3341

> **해설+** 형법 제302조는 "미성년자 또는 심신미약자에 대하여 위계 또는 위력으로써 간음 또는 추행을 한 자는 5년 이하의 징역에 처한다."라고 규정하고 있다. 형법은 제2편 제32장에서 '강간과 추행의 죄'를 규정하고 있는데, 이 장에 규정된 죄는 모두 개인의 성적 자유 또는 성적 자기결정권을 침해하는 것을 내용으로 한다. 여기에서 '성적 자유'는 적극적으로 성행위를 할 수 있는 자유가 아니라 소극적으로 원치 않는 성행위를 하지 않을 자유를 말하고, '성적 자기결정권'은 성행위를 할 것인가 여부, 성행위를 할 때 상대방을 누구로 할 것인가 여부, 성행위의 방법 등을 스스로 결정할 수 있는 권리를 의미한다. 형법 제32장의 죄의 기본적 구성요건은 강간죄(제297조)나 강제추행죄(제298조)인데, 이 죄는 미성년자나 심신미약자와 같이 판단능력이나 대처능력이 일반인에 비하여 낮은 사람은 낮은 정도의 유·무형력의 행사에 의해서도 저항을 제대로 하지 못하고 피해를 입을 가능성이 있기 때문에 범죄의 성립요건을 보다 완화된 형태로 규정한 것이다(대법원 2019.6.13, 2019도3341).

**156** 형법 제302조의 위계에 의한 미성년자간음죄에 있어서 위계라 함은 행위자가 간음의 목적으로 상대방에게 오인, 착각, 부지를 일으키고는 상대방의 그러한 심적 상태를 이용하여 간음의 목적을 달성하는 것을 말하는 것이고, 여기에서 오인, 착각, 부지란 간음행위 자체에 대한 오인, 착각, 부지를 말하는 것이지, 간음행위와 불가분적 관련성이 인정되지 않는 다른 조건에 관한 오인, 착각, 부지를 가리키는 것은 아니다. [법원9급 21]

**156** (×)

> **해설+** 위계에 의한 간음죄에서 '위계'란 행위자의 행위목적을 달성하기 위하여 피해자에게 오인, 착각, 부지를 일으키게 하여 이를 이용하는 것을 말한다. 이러한 위계의 개념 및 성폭력범행에 특히 취약한 사람을 보호하고 행위자를 강력하게 처벌하려는 입법 태도, 피해자의 인지적·심리적·관계적 특성으로 온전한 성적 자기결정권 행사를 기대하기 어려운 사정 등을 종합하면, 행위자가 간음의 목적으로 피해자에게 오인, 착각, 부지를 일으키고 피해자의 그러한 심적 상태를 이용하여 간음의 목적을 달성하였다면 위계와 간음행위 사이의 인과관계를 인정할 수 있고, 따라서 위계에 의한 간음죄가 성립한다. 왜곡된 성적 결정에 기초하여 성행위를 하였다면 왜곡이 발생한 지점이 성행위 그 자체인지 성행위에 이르게 된 동기인지는 성적 자기결정권에 대한 침해가 발생한 것은 마찬가지라는 점에서 핵심적인 부분이라고 하기 어렵다. 피해자가 오인, 착각, 부지에 빠지게 되는 대상은 간음행위 자체일 수도 있고, 간음행위에 이르게 된 동기이거나 간음행위와 결부된 금전적·비금전적 대가와 같은 요소일 수도 있다. 다만 행위자의 위계적 언동이 존재하였다는 사정만으로 위계에 의한 간음죄가 성립하는 것은 아니므로 위계적 언동의 내용 중에 피해자가 성행위를 결심하게 된 중요한 동기를 이룰 만한 사정이 포함되어 있어 피해자의 자발적인 성적 자기결정권의 행사가 없었다고 평가할 수 있어야 한다. 이와 같은 인과관계를 판단할 때에는 피해자의 연령 및 행위자와의 관계, 범행에 이르게 된 경위, 범행 당시와 전후의 상황 등 여러 사정을 종합적으로 고려하여야 한다(대법원 2020.8.27, 2015도9436 전원합의체).

> **보충** 종래 판례는 위계에 의한 간음죄에서 행위자가 간음의 목적으로 상대방에게 일으킨 오인, 착각, 부지는 간음행위 자체에 대한 오인, 착각, 부지를 말하는 것이지 간음행위와 불가분적 관련성이 인정되지 않는 다른 조건에 관한 오인, 착각, 부지를 가리키는 것은 아니라고 보았으나 2020년 대법원 전원합의체는 위계의 의미 내지 요건에 관한 종전의 입장을 변경한 것이다(대법원 2020.8.27, 2015도9436 전원합의체).

**157** 위계에 의한 간음죄에 있어 피해자가 오인, 착각, 부지에 빠지게 되는 대상은 간음행위 자체일 수도 있고, 간음행위에 이르게 된 동기이거나 간음행위와 결부된 금전적·비금전적 대가와 같은 요소일 수도 있다.[국가7급 21]

157 (○)

> **해설+** 피해자가 오인, 착각, 부지에 빠지게 되는 대상은 간음행위 자체일 수도 있고, 간음행위에 이르게 된 동기이거나 간음행위와 결부된 금전적·비금전적 대가와 같은 요소일 수도 있다(대법원 2020.8.27, 2015도9436 전원합의체).

**158** 형법 제302조의 위계에 의한 간음죄에서의 '위계'는 간음행위 그 자체에 대한 오인, 착각, 부지를 의미하고, 간음행위에 이르게 된 동기 내지 간음행위와 결부된 금전적 대가와 같은 요소는 위계의 대상이 될 수 없다.

[경찰승진 22]

158 (×)

> **해설+** 위계에 의한 간음죄에서 '위계'란 행위자의 행위목적을 달성하기 위하여 피해자에게 오인, 착각, 부지를 일으키게 하여 이를 이용하는 것을 말한다. 이러한 위계의 개념 및 성폭력범행에 특히 취약한 사람을 보호하고 행위자를 강력하게 처벌하려는 입법 태도, 피해자의 인지적·심리적·관계적 특성으로 온전한 성적 자기결정권 행사를 기대하기 어려운 사정 등을 종합하면, 행위자가 간음의 목적으로 피해자에게 오인, 착각, 부지를 일으키고 피해자의 그러한 심적 상태를 이용하여 간음의 목적을 달성하였다면 위계와 간음행위 사이의 인과관계를 인정할 수 있고, 따라서 위계에 의한 간음죄가 성립한다. 왜곡된 성적 결정에 기초하여 성행위를 하였다면 왜곡이 발생한 지점이 성행위 그 자체인지 성행위에 이르게 된 동기인지는 성적 자기결정권에 대한 침해가 발생한 것은 마찬가지라는 점에서 핵심적인 부분이라고 하기 어렵다. 피해자가 오인, 착각, 부지에 빠지게 되는 대상은 간음행위 자체일 수도 있고, 간음행위에 이르게 된 동기이거나 간음행위와 결부된 금전적·비금전적 대가와 같은 요소일 수도 있다(대법원 2020.8.27, 2015도9436 전원합의체).

**159** 성적 자기결정권에는 자신이 하고자 하는 성행위를 결정할 권리라는 적극적 측면과 함께 원치 않는 성행위를 거부할 권리라는 소극적 측면이 함께 존재하는데, 위계에 의한 간음죄를 비롯한 강간과 추행의 죄는 소극적 성적자기결정권을 침해하는 것을 내용으로 한다.

[경찰채용 22 1차]

159 (○) 대법원 2020.8.27, 2015도9436 전원합의체

**160** 위계에 의한 간음죄에 해당하는지 여부를 판단할 때에는 구체적인 범행 상황에 놓인 피해자의 입장과 관점이 충분히 고려되어야 하고, 일반적 평균적 판단능력을 갖춘 성인 또는 충분한 보호와 교육을 받은 또래의 시각에서 인과관계를 쉽사리 부정하여서는 안 된다. [경찰채용 22 1차]

**160** (O)

> **해설+** 위계에 의한 간음죄가 보호대상으로 삼는 아동·청소년, 미성년자, 심신미약자, 피보호자·피감독자, 장애인 등의 성적 자기결정 능력은 그 나이, 성장과정, 환경, 지능 내지 정신기능 장애의 정도 등에 따라 개인별로 차이가 있으므로 간음행위와 인과관계가 있는 위계에 해당하는지 여부를 판단할 때에는 구체적인 범행 상황에 놓인 피해자의 입장과 관점이 충분히 고려되어야 하고, 일반적·평균적 판단능력을 갖춘 성인 또는 충분한 보호와 교육을 받은 또래의 시각에서 인과관계를 쉽사리 부정하여서는 안 된다(대법원 2020.8.27, 2015도9436 전원합의체).

**161** 「아동·청소년의 성보호에 관한 법률」 제7조 제5항 위반의 위계에 의한 간음죄에서 행위자가 간음의 목적으로 피해자에게 오인, 착각, 부지를 일으키고 피해자의 그러한 심적 상태를 이용하여 간음의 목적을 달성하였다면 위계와 간음행위 사이의 인과관계를 인정할 수 있다. [변호사 23]

**161** (O)

> **해설+** 행위자가 간음의 목적으로 피해자에게 오인, 착각, 부지를 일으키고 피해자의 그러한 심적 상태를 이용하여 간음의 목적을 달성하였다면 위계와 간음행위 사이의 인과관계를 인정할 수 있다(대법원 2020.8.27, 2015도9436 전원합의체).

**162** 미성년자 등에 대한 위계에 의한 간음죄에서 행위자의 위계적 언동이 존재하였다는 사정만으로 위계에 의한 간음죄가 성립하는 것은 아니고, 위계적 언동의 내용 중에 피해자가 성행위를 결심하게 된 중요한 동기를 이룰 만한 사정이 포함되어 있어 피해자의 자발적인 성적 자기결정권의 행사가 없었다고 평가할 수 있어야 한다. [경찰채용 21 1차]

**162** (O) 대법원 2020.8.27, 2015도9436 전원합의체

**163** 성인 甲은 스마트폰 채팅을 통하여 알게 된 A(14세)에게 자신을 '고등학생 乙'이라고 속여 채팅을 통해 교제하던 중 스토킹하는 여성 때문에 힘들다며 그 여성을 떼어내려면 자신의 선배와 성관계를 하여야 한다는 취지로 A에게 이야기하고, 甲과 헤어지는 것이 두려워 이를 승낙한 A를 마치 자신이 乙의 선배인 것처럼 행세하여 간음한 경우, A가 간음 행위와 불가분적 관련성이 인정되지 않는 다른 조건에 관하여 甲에게 속았던 것이기에 甲은 아동·청소년의 성보호에 관한 법률위반죄(위계등간음)로 처벌되지 아니한다. [경찰채용 21 2차]

**163** (×) 피고인은 간음의 목적으로 피해자에게 오인, 착각, 부지를 일으키고 피해자의 그러한 심적 상태를 이용하여 피해자를 간음한 것이므로 피고인의 간음행위는 위계에 의한 것이라고 평가할 수 있다(대법원 2020.8.27, 2015도9436 전원합의체).

**164** 피고인이 甲에게 정신장애가 있음을 알면서 인터넷 쪽지를 이용하여 甲을 피고인의 집으로 유인한 후 성교행위와 제모행위를 한 피고인의 행위는 위 특례법에서 정한 장애인에 대한 위계에 의한 간음죄 또는 추행죄에 해당하지 않는다. [경찰채용 15]

**164** (×)

**해설+** 과거에는 위계에 의한 간음·추행에 해당하지 않는다고 보았으나 판례가 변경되어 위계에 의한 간음·추행죄가 성립한다(대법원 2020.8.27, 2015도9436 전원합의체).

**165** 피고인이 심신미약자인 피해자에게 남자를 소개시켜 주겠다고 거짓말을 하고 피해자가 이에 속아 여관으로 와서 피고인과 간음을 하게 된 경우 형법 제302조의 심신미약자간음죄가 성립한다. [사시 13]

**165** (○)

**해설+** 과거에는 위계에 의한 간음·추행에 해당하지 않는다고 보았으나 판례가 변경되어 위계에 의한 간음·추행죄가 성립한다(대법원 2020.8.27, 2015도9436 전원합의체).

**166** 피고인이 아파트 엘리베이터 내에 A(여, 11세)와 단둘이 탄 다음 A를 향하여 성기를 꺼내어 잡고 여러 방향으로 움직이다가 이를 보고 놀란 A 쪽으로 가까이 다가간 경우, 피고인이 A의 신체에 직접적인 접촉을 하지 아니하였고, 엘리베이터가 멈춘 후 A가 위 상황에서 바로 벗어날 수 있었으므로 피고인의 행위는 「성폭력범죄의 처벌 등에 관한 특례법」 제7조 제5항에서 정한 위력에 의한 추행에 해당하지 않는다. [국가9급 22] [사시 16]

**166** (×)

**해설+** 피고인이 아파트 엘리베이터 내에 13세 미만인 甲(여, 11세)과 단둘이 탄 다음 甲을 향하여 성기를 꺼내어 잡고 여러 방향으로 움직이다가 이를 보고 놀란 甲 쪽으로 가까이 다가간 행위는 성폭력범죄의 처벌 등에 관한 특례법상 위력에 의한 추행에 해당한다(대법원 2013.1.16, 2011도7164,2011전도124).

167 「성폭력범죄의 처벌 등에 관한 특례법」 제10조 제1항에서 정한 '업무, 고용이나 그 밖의 관계로 인하여 자기의 보호, 감독을 받는 사람'에는 직장 안에서 보호 또는 감독을 받거나 사실상 보호 또는 감독을 받는 상황에 있는 사람뿐만 아니라 채용 절차에서 영향력의 범위 안에 있는 사람도 포함된다.

[경찰채용 21 2차] [국가9급 22]

해설+ 편의점 업주인 피고인이 아르바이트 구인 광고를 보고 연락한 甲을 채용을 빌미로 불러내 면접을 한 후 자신의 집으로 유인하여 甲의 성기를 만지고 甲에게 피고인의 성기를 만지게 한 행위는 피고인이 채용 권한을 가지고 있는 지위를 이용하여 甲의 자유의사를 제압하여 甲을 추행하였다고 볼 수 있어 성폭력범죄의 처벌 등에 관한 특례법 위반(업무상위력등에의한추행)죄를 구성한다(대법원 2020.7.9, 2020도5646).

168 혼인빙자등간음죄를 규정한 구 「형법」 제304조가 폐지되었는바, 제304조의 내용 중 위계간음죄 부분의 폐지는 범죄 후의 법령개폐로 범죄를 구성하지 않게 되어 형이 폐지되었을 때에 해당하므로 폐지 전에 행한 위계간음행위에 대하여 면소판결을 하여야 한다.

[변호사 15]

해설+ 구 형법 제304조에 해당하는 위계간음행위는 형사소송법 제326조 제4호에 의하여 면소판결의 대상에 해당한다(대법원 2014.4.24, 2012도14253).

169 형법 제305조 소정의 미성년자에 대한 강간죄는 13세 미만(또는 16세 미만)의 사람이라는 사실을 알고 간음을 하면 성립되는 것이고 간음을 함에 있어서 피해자에게 폭행, 협박을 가하거나 피해자의 의사에 반하여야 하는 것은 아니다.

[경찰간부 17 변형]

170 피고인이 12세인 피해자의 동의를 얻어 간음을 한 경우에도 형법 제305조 제1항의 미성년자의제강간죄가 성립한다.

[사시 13 변형]

해설+ 제305조 제1항의 미성년자의제강간죄는 13세 미만의 사람을 폭행·협박 없이 간음하거나 유사간음하거나 추행함으로써 성립하는 범죄이며, 피해자의 동의가 있어도 본죄가 성립한다.

**171** 형법 제305조 제2항(미성년자에 대한 간음 · 추행)의 피해자 연령은 16세 미만이므로 이에 따라 누구든지 16세 미만의 미성년자를 간음하게 되면 「형법」 제297조 강간죄로 처벌된다. [국가7급 21]

**171** (×)

> **해설+** 13세 이상 16세 미만의 사람에 대하여 간음 또는 추행을 한 <u>19세 이상의 자</u>는 제297조, 제297조의2, 제298조, 제301조 또는 제301조의2의 예에 의한다(제305조 제2항). 따라서 행위자가 19세 미만의 자이면 본죄에 해당하지 아니한다.

**172** 유치원 통원차량 기사인 甲이 7세 여아의 동의 하에 간음에 착수하였으나 인기척이 나므로 중지한 경우 미성년자의제강간미수로 처벌할 수 있다. [사시 14]

**172** (○) 대법원 1982.10.12, 82도2183

**173** 초등학교 4학년 남자 담임교사가 교실에서 자기반 남학생의 성기를 만진 행위는 미성년자의제강제추행죄에서 말하는 '추행'에 해당한다. [경찰승진 14]

**173** (○) 대법원 2006.1.13, 2005도6791

**174** 미성년자의제강간 · 강제추행죄를 규정한 형법 제305조는 강간죄와 강제추행죄의 미수범의 처벌에 관한 형법 제300조를 명시적으로 인용하고 있지 아니하므로 동조에서 규정한 형법 제297조와 제298조의 '예에 의한다'의 의미를 미성년자의제강간 · 강제추행죄의 처벌에 있어 그 법정형뿐만 아니라 미수범에 관하여도 강간죄와 강제추행죄의 예에 따른다는 취지로 해석하는 것은 형벌법규의 명확성의 원칙에 반한다. [경찰승진 11]

**174** (×) '반한다' → '반하지 않는다'

> **해설+** 형법 제305조에서 규정한 형법 제297조와 제298조의 '예에 의한다'는 의미는 미성년자의제강간 · 강제추행죄의 처벌에 있어 그 법정형뿐만 아니라 미수범에 관하여도 강간죄와 강제추행죄의 예에 따른다는 취지로 해석되고, 이러한 해석이 형벌법규의 명확성의 원칙에 반하는 것이거나 죄형법정주의에 의하여 금지되는 확장해석이나 유추해석에 해당하는 것으로 볼 수 없다(대법원 2007.3.15, 2006도9453).

**175** 8세인 미성년자에 대한 추행행위로 피해자의 외음부 부위에 염증이 발생한 경우 그 증상이 약간의 발적과 경도의 염증이 수반된 정도에 불과하더라도 그로 인하여 피해자 신체의 건강상태가 불량하게 되고 생활기능에 장애가 초래된 것이라면 이러한 상해는 미성년자의제강제추행치상죄의 상해의 개념에 해당한다.                                                  [변호사 15]

175 (○) 대법원 1996.11.22, 96도1395

**176** 「형법」 제297조(강간), 제297조의2(유사강간), 제298조(강제추행) 및 제305조(미성년자에 대한 간음·추행)의 죄를 범할 목적으로 예비 또는 음모한 사람은 3년 이하의 징역에 처한다.                                        [국가7급 21]

176 (×) 강제추행죄는 예비·음모를 벌하지 아니한다(제305조의3).

> **해설+** 형법 제305조의3【예비, 음모】 제297조, 제297조의2, 제299조(준강간죄에 한정한다), 제301조(강간 등 상해죄에 한정한다) 및 제305조의 죄를 범할 목적으로 예비 또는 음모한 사람은 3년 이하의 징역에 처한다. [본조신설 2020.5.19.]

**177** 2인 이상이 합동하여 강제추행을 준비하였지만 실행의 착수에 이르지 않은 경우에는 「성폭력범죄의 처벌 등에 관한 특례법」상 특수강제추행죄의 예비·음모죄가 성립하지 않는다.                                      [경찰경채 23]

177 (×) 성폭력처벌법상 특수강제추행죄는 예비·음모를 처벌한다(성폭력처벌법 제4조, 제15조의2).

> **해설+** 성폭력처벌법 제4조【특수강간 등】① 흉기나 그 밖의 위험한 물건을 지닌 채 또는 2명 이상이 합동하여 「형법」 제297조(강간)의 죄를 범한 사람은 무기징역 또는 7년 이상의 징역에 처한다.
> ② 제1항의 방법으로 「형법」 제298조(강제추행)의 죄를 범한 사람은 5년 이상의 유기징역에 처한다.
> ③ 제1항의 방법으로 「형법」 제299조(준강간, 준강제추행)의 죄를 범한 사람은 제1항 또는 제2항의 예에 따라 처벌한다.
>
> 제15조의2【예비, 음모】 제3조부터 제7조까지의 죄를 범할 목적으로 예비 또는 음모한 사람은 3년 이하의 징역에 처한다.
>
> **보충** 위와 같이 성폭력처벌법상 특수강도강간 등, 특수강간 등, 친족강간, 장애인강간·강제추행 등, 13세 미만의 미성년자에 대한 강간·강제추행 등 죄는 예비·음모를 처벌한다.

**178** 「형법」은 유사강간죄의 예비·음모행위를 처벌하는 규정을 두고 있다.                                        [변호사 23]

178 (○) 유사강간도 예비·음모를 처벌한다. 제305조의3 참조.

> **해설+** 제297조의2【유사강간】 폭행 또는 협박으로 사람에 대하여 구강, 항문 등 신체(성기는 제외한다)의 내부에 성기를 넣거나 성기, 항문에 손가락 등 신체(성기는 제외한다)의 일부 또는 도구를 넣는 행위를 한 사람은 2년 이상의 유기징역에 처한다.
>
> 제305조의3【예비, 음모】 제297조, 제297조의2, 제299조(준강간죄에 한정한다), 제301조(강간 등 상해죄에 한정한다) 및 제305조의 죄를 범할 목적으로 예비 또는 음모한 사람은 3년 이하의 징역에 처한다.

**179** 피고인이 지하철 환승 에스컬레이터 내에서 카메라폰으로 성적 수치심을 느낄 수 있는 치마 속 신체부위를 피해자 의사에 반하여 동영상 촬영 중 경찰관에게 발각되어 저장버튼을 누르지 않고 촬영을 종료하였더라도 구 성폭력범죄의 처벌 및 피해자보호 등에 관한 법률에서 정한 '카메라 등 이용촬영죄'의 기수에 해당한다. [경찰채용 13] [경찰승진 14]

179 (O) 대법원 2011.6.9, 2010도10677

**180** 甲이 용변을 보고 있는 사람을 촬영하기 위해 자신의 휴대전화의 카메라 기능을 켜고 A가 있는 화장실 칸 너머로 휴대전화를 든 손을 넘겼으나, A가 놀라 소리를 질러 실제 촬영은 하지 못한 경우, 甲의 행위는 성폭력범죄의 처벌 등에 관한 특례법위반(카메라등이용촬영)죄의 실행에 착수했다고 볼 수 없다. [경찰채용 22 2차]

**180** (×)

> **해설+** 범인이 카메라 기능이 설치된 휴대전화를 피해자의 치마 밑으로 들이밀거나, 피해자가 용변을 보고 있는 화장실 칸 밑 공간 사이로 집어넣는 등 카메라 등 이용 촬영 범행에 밀접한 행위를 개시한 경우에는 성폭력처벌법 위반(카메라등이용촬영)죄의 실행에 착수하였다고 볼 수 있다(대법원 2021.3.25, 2021도749).

**181** 범인이 피해자를 촬영하기 위하여 육안 또는 캠코더의 줌 기능을 이용하여 피해자가 있는지 여부를 탐색하다가 피해자를 발견하지 못하고 촬영을 포기하였더라도 이는 촬영을 위한 준비행위를 한 것으로 성폭력범죄의 처벌 등에 관한 특례법 위반(카메라등이용촬영)죄의 실행에 착수한 것이다. [경찰채용 23 2차]

**181** (×)

> **해설+** 범인이 피해자를 촬영하기 위하여 육안 또는 캠코더의 줌 기능을 이용하여 피해자가 있는지 여부를 탐색하다가 피해자를 발견하지 못하고 촬영을 포기한 경우에는 촬영을 위한 준비행위에 불과하여 성폭력처벌법위반(카메라등이용촬영)죄의 실행에 착수한 것으로 볼 수 없다(대법원 2021. 8.12, 2021도7035).

CHAPTER 02 자유에 대한 죄 **93**

**182** 甲은 피해자의 동의를 얻어 피해자와의 성관계 동영상, 나체 사진 등을 자신의 휴대전화로 촬영하였다. 甲은 2015. 11. 27. 밤늦게 귀가한 피해자로부터 공소외인과 함께 모텔에 있었다는 말을 듣고 화가 나 피해자와 다투었고, 다음 날 오전에 화가 난 상태에서 공소외인의 휴대전화에 이제는 피고인의 여자이니 피해자를 만나지 말라는 말과 함께 위 동영상 및 나체 사진의 일부를 전송한 행위는 성폭력처벌법 제14조 제2항에서 정한 촬영물의 '제공'에 해당할 수는 있어도 그 촬영물의 '반포'에는 해당하지 아니한다.

해설+ 甲은 피해자가 공소외인을 다시 만난 것을 알고 화가 나자 공소외인에게 피고인과 피해자의 관계를 분명히 알려 공소외인이 더 이상 피해자를 만나지 못하게 할 의도로 공소외인에게 이 사건 촬영물을 전송한 것으로 보이고, 불특정 또는 다수인에게 교부하거나 전달할 의사로 공소외인에게 이 사건 촬영물을 전송하였다고 보기는 어렵다(대법원 2016.12.27, 2016도16676).

**183** 「성폭력범죄의 처벌 등에 관한 특례법」 제13조의 통신매체이용음란죄는 성적 자기결정권에 반하여 성적 수치심을 일으키는 그림 등을 개인의 의사에 반하여 접하지 않을 권리를 보장하기 위한 것으로 개인의 성적 자유를 보호하기 위한 것이며, 사회적 법익으로서 건전한 성풍속을 보호하기 위한 구성요건이 아니다. [경찰채용 18 3차]

183 (×)

해설+ 성폭력범죄의 처벌 등에 관한 특례법 제13조에서 정한 '통신매체 이용 음란죄'는 '성적 자기결정권에 반하여 성적 수치심을 일으키는 그림 등을 개인의 의사에 반하여 접하지 않을 권리'를 보장하기 위한 것으로 성적 자기결정권과 일반적 인격권의 보호, 사회의 건전한 성풍속 확립을 보호법익으로 한다(대법원 2018.9.13, 2018도9775).

**184** (※ 성폭력범죄의 처벌 등에 관한 특례법 제13조의 통신매체이용음란죄는 "자기 또는 다른 사람의 성적 욕망을 유발하거나 만족시킬 목적으로 전화, 우편, 컴퓨터, 그 밖의 통신매체를 통하여 성적 수치심이나 혐오감을 일으키는 말, 음향, 글, 그림, 영상 또는 물건을 상대방에게 도달하게 한 사람은 2년 이하의 징역 또는 500만 원 이하의 벌금에 처한다."라고 규정하고 있다) 행위자의 의사와 그 내용, 웹페이지의 성격과 사용된 링크기술의 구체적인 방식 등 모든 사정을 종합하여 볼 때 상대방에게 성적 수치심을 일으키는 그림 등이 담겨 있는 웹페이지 등에 대한 인터넷 링크(internet link)를 보내는 행위를 통해 그와 같은 그림 등이 상대방에 의하여 인식될 수 있는 상태에 놓이고 실질에 있어서 이를 직접 전달하는 것과 다를 바 없다고 평가되고, 이에 따라 상대방이 이러한 링크를 이용하여 별다른 제한 없이 성적 수치심을 일으키는 그림 등에 바로 접할 수 있는 상태가 실제로 조성되었다면, 그러한 행위는 전체로 보아 성적 수치심을 일으키는 그림 등을 상대방에게 도달하게 한다는 구성요건을 충족한다.

184 (○) 성폭력범죄의 처벌 등에 관한 특례법 제13조에서 '성적 수치심이나 혐오감을 일으키는 말, 음향, 글, 그림, 영상 또는 물건(이하 '성적 수치심을 일으키는 그림 등'이라 한다)을 상대방에게 도달하게 한다'는 것은 '상대방이 성적 수치심을 일으키는 그림 등을 직접 접하는 경우뿐만 아니라 상대방이 실제로 이를 인식할 수 있는 상태에 두는 것을 의미한다(대법원 2017. 6.8, 2016도21389).

185 전화, 우편, 컴퓨터나 그 밖에 일반적으로 통신매체라고 인식되는 수단을 이용하지 아니한 채 직접 상대방에게 말, 글, 물건 등을 도달하게 하는 행위는 성폭력범죄의 처벌 등에 관한 특례법 제13조로 처벌할 수 없다.

185 (O)

해설+ '전화, 우편, 컴퓨터나 그 밖에 일반적으로 통신매체라고 인식되는 수단을 이용하여' 성적 수치심 등을 일으키는 말, 글, 물건 등을 상대방에게 전달하는 행위를 처벌하고자 하는 것임이 문언상 명백하므로, 위와 같은 통신매체를 이용하지 아니한 채 '직접' 상대방에게 말, 글, 물건 등을 도달하게 하는 행위까지 포함하여 위 규정으로 처벌할 수 있다고 보는 것은 법문의 가능한 의미의 범위를 벗어난 해석으로서 실정법 이상으로 처벌 범위를 확대하는 것이다(대법원 2016.3.10, 2015도17847).

186 「성폭력범죄의 처벌 등에 관한 특례법」 제14조 제2항에서 유포행위의 한 유형으로 열거하고 있는 '공공연한 전시'란 불특정 또는 다수인이 촬영물 등을 인식할 수 있는 상태에 두는 것을 의미하고, 따라서 촬영물 등의 '공공연한 전시'로 인한 범죄는 불특정 또는 다수인이 전시된 촬영물 등을 실제 인식하지 못하였다면 성립하지 않는다. [경찰채용 23 2차]

186 (×)

해설+ 구 성폭력처벌법 제14조 제2항에서 유포행위의 한 유형으로 열거하고 있는 '공공연한 전시'란 불특정 또는 다수인이 촬영물 등을 인식할 수 있는 상태에 두는 것을 의미하고, 촬영물 등의 '공공연한 전시'로 인한 범죄는 불특정 또는 다수인이 전시된 촬영물 등을 실제 인식하지 못했다고 하더라도 촬영물 등을 위와 같은 상태에 둠으로써 성립한다(대법원 2022.6.9, 2022도1683).

187 성폭력범죄의 처벌 등에 관한 특례법상의 공중밀집장소에서의 추행죄에서 규정하고 있는 공중밀집장소란 공중의 이용에 상시적으로 제공, 개방된 상태에 놓여 있는 곳 일반을 의미하므로, 공중밀집장소의 일반적 특성을 이용한 행위라고 보기 어려운 특별한 사정이 있는 경우에 해당하지 않는 한 추행행위 당시의 현실적인 밀집도 내지 혼잡도에 따라 그 규정의 적용 여부를 달리한다고 볼 수 없다. [변호사 13 변형]

187 (O) 따라서 찜질방 수면실에서 옆에 누워 있던 피해자의 가슴 등을 손으로 만진 행위는 성폭력범죄의 처벌 및 피해자보호 등에 관한 법률 제13조에서 정한 공중밀집장소에서의 추행행위에 해당한다(대법원 2009.10.29, 2009도5704).

188 「성폭력범죄의 처벌 등에 관한 특례법」 제11조는 공중이 밀집하는 장소에서의 추행을 벌충하는바, 여기서 말하는 '공중 밀집 장소'란 현실적으로 사람들이 빽빽이 들어서 있어 서로 간의 신체적 접촉이 이루어지고 있는 곳만을 의미하는 것이 아니라 공중의 이용에 상시적으로 제공·개방된 상태에 놓여 있는 곳 일반을 의미한다. [경찰채용 18 2차]

188 (O)

해설+ '공중이 밀집하는 장소'에는 현실적으로 사람들이 빽빽이 들어서 있어 서로간의 신체적 접촉이 이루어지고 있는 곳만을 의미하는 것이 아니라 이 사건 찜질방 등과 같이 공중의 이용에 상시적으로 제공·개방된 상태에 놓여 있는 곳 일반을 의미한다(대법원 2009.10.29, 2009도5704).

**189** 구「성폭력범죄의 처벌 등에 관한 특례법」제11조의 '공중밀집장소에서의 추행'이 기수에 이르기 위하여는 행위자의 행위로 인하여 대상자가 성적 수치심이나 혐오감을 반드시 실제로 느껴야 하는 것은 아니고, 객관적으로 일반인에게 성적 수치심이나 혐오감을 일으키게 할 만한 행위로서 선량한 성적 도덕관념에 반하는 행위를 실행하는 것으로 충분하다.    [경찰채용 22 1차]

189 (O) 대법원 2020.6.25, 2015도7102

**190** 성폭력범죄의 처벌 등에 관한 특례법(이하 성폭력처벌법) 제3조 제1항에서는 형법 제319조 제1항의 주거침입죄를 범한 자가 같은 법 제297조의2의 유사강간죄를 범한 경우에는 무기징역 또는 7년 이상의 징역에 처한다. 그렇다면 甲이 피해자 乙에 대하여 유사강간 등 성범죄를 하기로 의욕하고 주점의 여자화장실로 끌고 가 여자화장실의 문을 잠근 후 강제로 입맞춤을 하고 유사강간하려고 하였으나 미수에 그친 경우, 성폭력처벌법 제3조 제1항의 주거침입유사강간죄의 미수범에 해당하지 않는다.

190 (O)

> **해설+** 성폭력처벌법상 주거침입강간등죄는 사람의 주거 등을 침입한 자가 피해자를 간음하는 등 성폭력을 행사한 경우에 성립하는 것으로서, 주거침입죄를 범한 후에 사람을 강간하는 등의 행위를 하여야 하는 일종의 신분범이다. 따라서 선후가 바뀌어 강간죄 등을 범한 자가 그 피해자의 주거에 침입한 경우에는 이에 해당하지 않고 강간죄 등과 주거침입죄 등의 실체적 경합범이 된다. 따라서 성폭력처벌법상 주거침입강간등죄의 실행의 착수시기는 주거침입 행위 후 강간죄 등의 실행행위에 나아간 때이다. 한편, 강간죄는 사람을 강간하기 위하여 피해자의 항거를 불능하게 하거나 현저히 곤란하게 할 정도의 폭행 또는 협박을 개시한 때에 그 실행의 착수가 있다고 보아야 할 것이지(대법원 2000.6.9, 2000도1253 등), 실제 간음행위가 시작되어야만 그 실행의 착수가 있다고 볼 것은 아니다(대법원 2003.4.25, 2003도949; 2005.5.27, 2004도7892 등). 유사강간죄의 경우도 이와 같다. 피해자를 주점의 여자화장실로 끌고 가 여자화장실의 문을 잠근 후 강제로 입맞춤을 하고 유사강간하려고 하였으나 미수에 그친 이 사안에서 피고인은 여자화장실에 들어가기 전에 이미 유사강간죄의 실행행위에 착수하였으므로(피고인은 피해자를 화장실로 끌고 들어갈 때 이미 피해자에게 유사강간 등의 성범죄를 의욕한 것임) 주거침입유사강간죄를 범할 수 있는 지위 즉, '주거침입죄를 범한 자'에 해당되지 아니한다(대법원 2021.8.12, 2020도17796).

191 군인 甲은 자신의 독신자 숙소에서 군인 A와 서로 키스, 구강성교나 항문성교를 하는 방법으로 추행하고, 군인 乙은 자신의 독신자 숙소에서 동일한 방법으로 甲과 추행한 경우, 이는 독신자 숙소에서 휴일 또는 근무시간 이후에 성인 남성들의 자유로운 의사에 기초한 합의된 행위로 「군형법」 제92조의6에서 처벌대상으로 규정한 '항문성교나 그 밖의 추행'에 해당하지 아니한다. [경찰채용 22 2차]

**해설+** 군형법 제92조의6의 문언, 개정 연혁, 보호법익과 헌법 규정을 비롯한 전체 법질서의 변화를 종합적으로 고려하면, 위 규정은 동성인 군인 사이의 항문성교나 그 밖에 이와 유사한 행위가 사적 공간에서 자발적 의사 합치에 따라 이루어지는 등 군이라는 공동사회의 건전한 생활과 군기를 직접적, 구체적으로 침해한 것으로 보기 어려운 경우에는 적용되지 않는다고 봄이 타당하다. 군인인 피고인 甲은 자신의 독신자 숙소에서 군인 乙과 서로 키스, 구강성교나 항문성교를 하는 방법으로 추행하고, 군인인 피고인 丙은 자신의 독신자 숙소에서 동일한 방법으로 피고인 甲과 추행하였다고 하여 군형법 위반으로 기소된 경우, 피고인들과 乙은 모두 남성 군인으로 당시 피고인들의 독신자 숙소에서 휴일 또는 근무시간 이후에 자유로운 의사를 기초로 한 합의에 따라 항문성교나 그 밖의 성행위를 한 점 등에 비추어 피고인들의 행위는 군형법 제92조의6에서 처벌대상으로 규정한 '항문성교나 그 밖의 추행'에 해당하지 않는다(대법원 2022.4.21, 2019도3047 전원합의체).

# CHAPTER 03 | 명예와 신용에 대한 죄

## 1 명예에 관한 죄

 대표유형

발언자가 피해자에 관한 명예훼손적 발언을 특정된 1인에게 한 경우 이는 공연성이 부정될 유력한 사정에 속하므로 발언자의 발언이 전파될 가능성이 없다는 점에 대해서는 피고인의 자유로운 방법에 의한 증명이 요구된다.

**해설+** 피고인이 사무실에서 이 사건 발언을 할 당시 甲만 있었는데, 이는 공연성이 부정될 유력한 사정이므로, 피고인의 발언이 전파될 가능성에 대해서는 검사의 엄격한 증명이 필요하다. … 따라서 이 사건 공소사실의 유·무죄를 판단하기 위해서는 피고인이 甲에게 발언을 한 경위와 내용, 발언의 방법과 장소 등 여러 사정을 심리하여 피고인의 발언이 특정 소수 앞에서 한 것인데도 불특정 또는 다수인에게 전파될 고도의 가능성이 있었는지 여부를 신중하게 가려야 한다(대법원 2020.12.30, 2015도12933).

(✕)

대표유형

타인을 비방할 목적으로 허위사실인 기사의 재료를 신문기자에게 제공하여 기사가 신문지상에 게재되었다 하더라도 기사를 신문지상에 게재하느냐의 여부는 신문 편집인의 권한에 속한다고 할 것이므로 기사재료의 제공행위는 형법 제309조 제2항의 출판물에 의한 명예훼손죄를 구성하지 않는다.

[국가9급 11]

(✕) '구성하지 않는다' → '구성한다'(대법원 2002.3.29, 2001도2624).

대표유형

모욕죄는 피해자의 외부적 명예를 저하시킬 만한 추상적 판단이나 경멸적 감정을 공연히 표시함으로써 성립하는 것으로, 피해자의 외부적 명예가 현실적으로 침해되거나 적어도 구체적·현실적으로 침해될 위험이 발생하여야 한다.

[경찰채용 22 1차]

(✕)

**해설+** 모욕죄는 피해자의 외부적 명예를 저하시킬 만한 추상적 판단이나 경멸적 감정을 공연히 표시함으로써 성립하므로, 피해자의 외부적 명예가 현실적으로 침해되거나 구체적·현실적으로 침해될 위험이 발생하여야 하는 것이 아니다(추상적 위험범, 대법원 2016.10.13, 2016도9674).

**001** 명예훼손죄와 모욕죄의 보호법익은 사람의 가치에 대한 사회적 평가인 이른바 외부적 명예이다. [법원9급 12]

> **해설+** 다만 명예훼손은 사람의 사회적 평가를 저하시킬 만한 구체적 사실의 적시를 하여 명예를 침해함을 요하는 것으로써 구체적 사실이 아닌 단순한 추상적 판단이나 경멸적 감정의 표현으로서 사회적 평가를 저하시키는 모욕죄와 다르다(대법원 1987.5.12, 87도739).

**001** (○)

**002** 국가나 지방자치단체는 국민에 대한 관계에서 형벌의 수단을 통해 보호되는 외부적 명예의 주체가 될 수는 없으므로 명예훼손죄나 모욕죄의 피해자가 될 수 없다. [법원9급 18] [법원행시 20]

**002** (○) 대법원 2016.12.27, 2014도15290

**003** 정부 또는 국가기관은 형법상 명예훼손죄의 피해자가 될 수 없으나, 언론보도의 내용이 공직자 개인에 대한 악의적인 공격으로 현저히 상당성을 잃은 것으로 평가되는 경우에는, 그 보도로 인하여 공직자 개인에 대한 명예훼손죄가 성립할 수 있다. [변호사 14]

> **해설+** 보도의 내용이 공직자 개인에 대한 악의적이거나 심히 경솔한 공격으로써 현저히 상당성을 잃은 것으로 평가되지 않는 한, 그 보도로 인하여 곧바로 공직자 개인에 대한 명예훼손이 된다고 할 수 없다(대법원 2011.9.2, 2010도17237).

**003** (○)

**004** 정부 정책결정 또는 업무수행과 관련된 사항을 주된 내용으로 하는 공개발언이 공직자 개인에 대한 악의적이거나 심히 경솔한 공격으로서 현저히 상당성을 잃은 것으로 평가되면, 공직자 개인에 대한 명예훼손이 된다. [국가7급 23]

> **해설+** 정부 또는 국가기관의 정책결정 또는 업무수행과 관련된 사항을 주된 내용으로 하는 발언으로 정책결정이나 업무수행에 관여한 공직자에 대한 사회적 평가가 다소 저하될 수 있더라도, 발언 내용이 공직자 개인에 대한 악의적이거나 심히 경솔한 공격으로서 현저히 상당성을 잃은 것으로 평가되지 않는 한, 그 발언은 여전히 공공의 이익에 관한 것으로서 공직자 개인에 대한 명예훼손이 된다고 할 수 없다(대법원 2021.3.25, 2016도14995).

**004** (○)

**005** 명예훼손죄가 성립하려면 반드시 사람의 성명을 명시하여 허위의 사실을 적시하여야만 하는 것은 아니므로 사람의 성명을 명시하지 않은 허위사실의 적시행위도 그 표현의 내용을 주위사정과 종합 판단하여 그것이 어느 특정인을 지목하는 것인가를 알아차릴 수 있는 경우에는 그 특정인에 대한 명예훼손죄를 구성한다.

[법원행시 15]

005 (O) 대법원 2014.3.27, 2011도11226

**006** 인터넷 댓글에 의하여 모욕을 당한 피해자의 인터넷 아이디(ID)만을 알 수 있을 뿐 그 밖의 주위사정을 종합해보더라도 그와 같은 인터넷 아이디를 가진 사람이 동 피해자임을 알아차릴 수 없는 경우라면 명예훼손죄 또는 모욕죄가 성립하지 않는다.

[경찰채용 22 1차]

006 (O)

> **해설+** 인터넷 댓글로서 특정인의 실명을 거론하여 특정인의 명예를 훼손하거나, 또는 실명을 거론하지는 않더라도 그 표현의 내용을 주위사정과 종합하여 볼 때 그 표시가 특정인을 지목하는 것임을 알아차릴 수 있는 경우에는, 그와 같은 악의적 댓글을 단 행위자는 원칙적으로 특정인에 대한 명예훼손 또는 모욕의 죄책을 면하기 어렵다 할 것이다. 하지만 인터넷 댓글에 의하여 모욕을 당한 피해자의 인터넷 아이디(ID)만을 알 수 있을 뿐 그 밖의 주위사정을 종합해보더라도 그와 같은 인터넷 아이디를 가진 사람이 청구인이라고 알아차릴 수 없는 경우에 있어서는 외부적 명예를 보호법익으로 하는 명예훼손죄 또는 모욕죄의 피해자가 청구인으로 특정된 경우로 볼 수 없으므로, 특정인인 청구인에 대한 명예훼손죄 또는 모욕죄가 성립하지 않는다(헌법재판소 2008.6.26, 2007헌마461).

**007** 인터넷 아이디(ID)는 사이버 공간 밖에서 사용되는 성명과 마찬가지로 사이버 공간 안에서 그 아이디를 사용하는 사람을 특정지우는 기능을 하는 것이므로, 그와 같은 인터넷 아이디를 가진 사람이 누구인지 알아차릴 수 없는 경우에도 아이디에 대한 모욕행위는 형법상 모욕죄를 구성한다.

[국가9급 11]

007 (×) '구성한다' → '구성하는 것은 아니다'
피해자는 특정되어야 한다.

**008** 집단표시에 의한 명예훼손의 내용이 개별구성원에 이르러서는 비난의 정도가 희석되어 구성원 개개인의 사회적 평가에 영향을 미칠 정도에 이르지 아니한 때에는 구성원 개개인에 대한 명예훼손죄가 성립하지 않는다.

[변호사 21]

008 (O) 대법원 2014.3.27, 2011도15631

**009** 집합적 명사를 쓴 경우에도 그것에 의하여 그 범위에 속하는 특정인을 가리키는 것이 명백하면 명예훼손죄가 성립할 수 있다. [법원행시 11]

009 (○) 대법원 2000.10.10, 99도5407

**010** 명예훼손죄에서 '공연성'은 불특정 또는 다수인이 인식할 수 있는 상태를 의미하므로 비록 개별적으로 한 사람에 대하여 사실을 유포하더라도 이로부터 불특정 또는 다수인에게 전파될 가능성이 있다면 공연성의 요건을 충족하지만, 이와 달리 전파될 가능성이 없다면 특정한 한 사람에 대한 사실의 유포는 공연성이 없다. [법원행시 13 변형]

010 (○) 대법원 2011.9.8, 2010도7497

**011** 명예훼손죄의 구성요건에 해당하려면 전파가능성에 대한 인식이 있음은 물론 나아가 그 위험을 용인하는 내심의 의사가 있어야 하고, 행위자가 전파가능성을 용인하고 있었는지 여부는 외부에 나타난 행위의 형태 와 상황 등 구체적인 사정을 기초로 일반인이라면 그 전파가능성을 어떻게 평가할 것인가를 고려하면서 행위자의 입장에서 그 심리상태를 추인하여야 한다.

011 (○) 대법원 2020.11.19, 2020도5813 전원합의체

**012** 개별적인 소수에 대한 발언을 불특정 또는 다수인에게 전파될 가능성을 이유로 공연성을 인정하기 위해서는 전파될 가능성이 있는 것으로 충분하고, 고도의 가능성 내지 개연성까지 필요한 것은 아니다.

012 (×)

> **해설+** 명예훼손죄의 구성요건으로서 공연성은 '불특정 또는 다수인이 인식할 수 있는 상태'를 의미하고, 개별적으로 소수의 사람에게 사실을 적시하였더라도 그 상대방이 불특정 또는 다수인에게 적시된 사실을 전파할 가능성이 있는 때에도 공연성이 인정된다. 개별적인 소수에 대한 발언을 불특정 또는 다수인에게 전파될 가능성을 이유로 공연성을 인정하기 위해서는 막연히 전파될 가능성이 있다는 것만으로 부족하고, 고도의 가능성 내지 개연성이 필요하며, 이에 대한 검사의 엄격한 증명을 요한다. 특히 발언 상대방이 직무상 비밀유지의무 또는 이를 처리해야 할 공무원이나 이와 유사한 지위에 있는 경우에는 그러한 관계나 신분으로 인하여 비밀의 보장이 상당히 높은 정도로 기대되는 경우로서 공연성이 부정되고, 공연성을 인정하기 위해서는 그러한 관계나 신분에도 불구하고 불특정 또는 다수인에게 전파될 수 있다고 볼 만한 특별한 사정이 존재하여야 한다(대법원 2020. 11.19, 2020도5813 전원합의체; 2020.12.30, 2015도15619).

**013** 발언자와 상대방, 그리고 피해자와 상대방이 배우자, 친척, 친구 등 사적으로 친밀한 관계와 같은 특수한 관계에 있는 경우 또는 발언자의 상대방이 직무상 비밀유지의무 또는 이를 처리해야 할 공무원이나 이와 유사한 지위와 같은 직무상 특수한 지위나 신분을 가지고 있는 경우에 공연성을 인정하려면 그러한 관계나 신분에도 불구하고 불특정 또는 다수인에게 전파될 수 있다고 볼 만한 특별한 사정이 존재하여야 한다.

013 (○)

> **해설+** 공연성은 명예훼손죄의 구성요건으로서, 특정 소수에 대한 사실적시의 경우 공연성이 부정되는 유력한 사정이 있다고 볼 수 있으므로, 전파가능성에 관해서는 검사의 엄격한 증명이 필요하다. 발언 상대방이 발언자나 피해자의 배우자, 친척, 친구 등 사적으로 친밀한 관계에 있는 경우 또는 직무상 비밀유지의무 또는 이를 처리해야 할 공무원이나 이와 유사한 지위에 있는 경우에는 그러한 관계나 신분으로 비밀의 보장이 상당히 높은 정도로 기대되는 경우로서 공연성이 부정된다. 위와 같이 발언자와 상대방, 그리고 피해자와 상대방이 특수한 관계에 있는 경우 또는 상대방이 직무상 특수한 지위나 신분을 가지고 있는 경우에 공연성을 인정하려면 그러한 관계나 신분에도 불구하고 불특정 또는 다수인에게 전파될 수 있다고 볼 만한 특별한 사정이 존재하여야 한다(대법원 2020. 11.19, 2020도5813 전원합의체; 2020.12.30, 2015도12933).

**014** 발언 상대방이 직무상 비밀유지의무가 있는 경우에는 그러한 관계나 신분으로 인하여 비밀의 보장이 상당히 높은 정도로 기대되는 경우로서 공연성이 부정되고, 공연성을 인정하기 위해서는 그러한 관계나 신분에도 불구하고 불특정 또는 다수인에게 전파될 수 있다고 볼 만한 특별한 사정이 존재하여야 한다.

[국가7급 23]

014 (○)

> **해설+** 발언 상대방이 발언자나 피해자의 배우자, 친척, 친구 등 사적으로 친밀한 관계에 있는 경우 또는 직무상 비밀유지의무 또는 이를 처리해야 할 공무원이나 이와 유사한 지위에 있는 경우에는 그러한 관계나 신분으로 비밀의 보장이 상당히 높은 정도로 기대되는 경우로서 공연성이 부정된다. 위와 같이 발언자와 상대방 및 피해자와 상대방이 특수한 관계에 있는 경우 또는 상대방이 직무상 특수한 지위나 신분을 가지고 있는 경우에 공연성을 인정하기 위해서는 그러한 관계나 신분에도 불구하고 불특정 또는 다수인에게 전파될 수 있다고 볼 만한 특별한 사정이 존재하여야 한다(대법원 2021.4.29, 2021도1677).

**015** 친밀하고 사적인 관계뿐만 아니라 공적인 관계에 있어서도 조직 등의 업무와 관련하여 사실의 확인 또는 규명 과정에서 발언하게 된 것이거나, 상대방의 가해에 대하여 대응하는 과정에서 발언하게 된 경우 및 수사·소송 등 공적인 절차에서 그 당사자들 사이에 공방을 하던 중 발언하게 된 경우 등이라면 명예훼손죄의 고의의 내용으로서 발언자의 전파가능성에 대한 인식과 위험을 용인하는 내심의 의사가 인정되는 것이다.

**해설+** 이 경우 발언자의 전파가능성에 대한 인식과 위험을 용인하는 내심의 의사를 인정하는 것은 신중하여야 한다. 공연성의 존부는 발언자와 상대방 또는 피해자 사이의 관계나 지위, 대화를 하게 된 경위와 상황, 사실적시의 내용, 적시의 방법과 장소 등 행위 당시의 객관적 제반 사정에 관하여 심리한 다음, 그로부터 상대방이 불특정 또는 다수인에게 전파할 가능성이 있는지 여부를 검토하여 종합적으로 판단하여야 한다(대법원 2020.11.19, 2020도5813 전원합의체).

**016** 공연성의 존부는 발언자와 상대방 또는 피해자 사이의 관계나 지위, 대화를 하게 된 경위와 상황, 사실적시의 내용, 적시의 방법과 장소 등 행위 당시의 객관적 제반 사정에 관하여 심리한 다음, 그로부터 상대방이 불특정 또는 다수인에게 전파할 가능성이 있는지 여부를 검토하여 종합적으로 판단하여야 한다. 발언 이후 실제 전파되었는지 여부는 전파가능성 유무를 판단하는 고려요소가 될 수 있으나, 발언 후 실제 전파 여부라는 우연한 사정은 공연성 인정 여부를 판단함에 있어 소극적 사정으로만 고려되어야 한다. [경찰채용 23 1차] [법원9급 22]

016 (○) 대법원 2020.11.19, 2020도5813 전원합의체

**017** 진정서 사본과 고소장 사본을 특정 사람들에게만 개별적으로 우송한 경우라도 그 수가 200여 명에 이른 경우에는 명예훼손죄의 요건인 공연성이 인정된다. [변호사 14]

017 (○)

**해설+** 1진정서와 고소장을 특정 사람들에게 개별적으로 우송한 것이라고 하여도 다수인(19명, 193명)에게 배포하였고, 또 그 내용이 다른 사람들에게 전파될 가능성도 있는 것이므로 공연성의 요건은 충족된다(대법원 1991.6.25, 91도347).

**018** 명예훼손의 발언(피해자들이 전과가 많다는 내용)을 들은 사람들이 피해자들과는 일면식이 없거나 이미 피해자들의 전과사실을 알고 있었던 경우에도 명예훼손죄의 공연성이 인정된다. [경찰간부 17 변형]

018 (○) 대법원 1993.3.23, 92도455

**019** 지방의회 선거를 앞둔 시점에서 특별한 친분관계가 없는 자들에게 여러 차례에 걸쳐, 매번 한 사람에게만 의원 후보가 되고자 하는 자를 비방하는 말을 한 경우 공연성을 갖추었다고 할 수 있다. [경찰승진 16] [경찰채용 10]

019 (○) 대법원 1996.7.12, 96도1007

**020** 개인 블로그의 비공개 대화방에서 상대방으로부터 비밀을 지키겠다는 말을 듣고 1:1로 대화하면서 타인의 명예를 훼손하는 발언을 한 경우 상대방이 대화내용을 불특정 또는 다수인에게 전파할 가능성이 있다고 할 수 없다. [경찰간부 17] [변호사 16]

020 (×) '고 할 수 없다' → 삭제

**해설+** 그 사정만으로 대화 상대방이 대화내용을 불특정 또는 다수에게 전파할 가능성이 없다고 할 수 없으므로, 명예훼손죄의 요건인 공연성을 인정할 여지가 있다(대법원 2008. 2.14, 2007도8155).

**021** 甲이 집 뒷길에서 자신의 남편과 A의 친척이 듣는 가운데 다른 사람들이 들을 수 있을 정도의 큰 소리로 A에게 "저것이 징역 살다온 전과자다."고 말한 경우, 자신의 남편과 A의 친척에게 말한 것이라 할지라도 명예훼손죄의 구성요건요소인 '공연성'이 인정된다. [경찰채용 21 2차] [법원9급 23 변형]

021 (○)

**해설+** 피고인이 甲의 집 뒷길에서 피고인의 남편 乙 및 甲의 친척인 丙이 듣는 가운데 甲에게 '저것이 징역 살다온 전과자다' 등으로 큰 소리로 말함으로써 공연히 사실을 적시하여 甲의 명예를 훼손하였다는 내용으로 기소된 경우, 丙이 甲과 친척관계에 있다는 이유만으로 전파가능성이 부정된다고 볼 수 없고, 오히려 피고인은 甲과의 싸움 과정에서 단지 甲을 모욕 내지 비방하기 위하여 공개된 장소에서 큰 소리로 말하여 다른 마을 사람들이 들을 수 있을 정도였던 것으로 불특정 또는 다수인이 인식할 수 있는 상태였다고 봄이 타당하므로, 피고인의 위 발언은 공연성이 인정된다(대법원 2020.11.19, 2020도5813 전원합의체).

**022** 골프장 경기도우미들이 자율규정을 위반한 경기도우미를 징계하였으니 처리하여 달라는 취지가 기재된 요청서를 절차에 따라 골프장 운영 회사의 담당자에게 전달한 행위는 명예훼손죄의 공연성이 인정된다.

022 (×)

**해설+** 징계 처리 요청서 부분 명예훼손의 점의 요지는 피고인들이 피해자가 자율규정을 위반하여 징계하였으니 골프장 출입을 금지시켜 달라는 내용의 요청서를 작성하여 골프장 운영 회사 담당자를 통하여 위 회사에 제출하였다는 것인데, 피고인들과 피해자는 골프장의 경기도우미(캐디)인데 경기도우미들은 자율규정을 위반한 경기도우미에 대한 징계를 스스로 결정한 후 골프장 운영 회사의 접수 직원에게 전달하고, 위 회사 내부의 검토·보고를 거쳐 시행하는 점, 이 부분에서 문제된 요청서는 절차에 따라 접수 직원에게 전달되어 위 회사에 의해 피해자에 대한 출입금지조치가 있었던 점을 인정한 다음 피고인들이 피해자에 대한 출입금지처분을 요청하기 위하여 그 담당자에게 요청서를 제출한 것이어서 담당자를 통하여 불특정 또는 다수인에게 전파될 가능성이 있다고 보이지 않는다(대법원 2020.12.30, 2015도15619).

**104** PART 01 개인적 법익에 대한 죄

**023** (위 사건에서) 피고인들이 피해자에 대한 허위사실을 적시한 서명자료를 만들어 다수의 동료들에게 읽고 서명하게 하였는데, 특히 그 내용을 동료들이 알고 있다면 명예훼손죄의 공연성이 인정되지 않는다.

**023** (×)

> **해설+** 명예훼손죄는 추상적 위험범으로 불특정 또는 다수인이 적시된 사실을 실제 인식하지 못하였다고 하더라도 인식할 수 있는 상태에 놓인 것으로도 명예가 훼손된 것으로 보아야 한다(위 2020도5813 전원합의체). 발언 상대방이 이미 알고 있는 사실을 적시하였더라도 공연성 즉 전파될 가능성이 없다고 볼 수 없다(대법원 1993.3.23, 92도455 등). 서명자료 부분 명예훼손의 점의 요지는 피고인들이 허위사실을 적시한 서명자료를 만들어 동료 여러 명에게 읽고 서명하게 하였다는 것임. 원심은 피고인들의 행위는 불특정 또는 다수인이 인식할 수 있는 상태에 해당하고, 설령 그 내용이 동료들 사이에 만연한 소문이었다고 하더라도 공연성이 인정된다(대법원 2020.12.30, 2015도15619).

**024** 피해자에 대한 허위사실을 적시한 서명자료를 만들어 여러 명의 동료들에게 읽게 하고 서명을 받은 경우, 그 내용이 동료들 사이에 만연한 소문이었다면 명예훼손죄를 구성하지 않는다. [국가7급 22]

**024** (×)

> **해설+** 피고인들이 피해자에 대한 허위사실을 적시한 서명자료를 만들어 여러 명의 동료들에게 읽게 하고 서명을 받았다면 불특정 또는 다수인이 인식할 수 있는 상태에 해당하고, 설령 그 내용이 동료들 사이에 만연한 소문이었다고 하더라도 명예훼손죄를 구성한다(대법원 2020.12.30, 2015도15619).

**025** 중학교 교사에 대해 "전과범으로서 교사직을 팔아가며 이웃을 해치고 고발을 일삼는 악덕 교사"라는 취지의 진정서를 그가 근무하는 학교법인 이사장 앞으로 제출한 행위는 명예훼손죄의 공연성이 부정된다. [경찰간부 17 변형]

**025** (○) 대법원 1983.10.25, 83도2190

**026** 피고인이 다방에서 피해자와 동업관계로 친한 사이인 甲에게 피해자의 험담을 한 경우에 있어서 다방 내의 좌석이 다른 손님의 자리와 멀리 떨어져 있고, 그 당시 甲은 피고인에게 "왜 피해자에 관해서 그런 말을 하느냐"고 힐책까지 한 사실이 있는 경우 명예훼손죄의 공연성이 인정된다. [경찰간부 17]

**026** (×) 대법원 1984.2.28, 83도891

**027** 피고인이 집에서 처로부터 전날 외박한 사실에 대하여 추궁 당하자 이를 모면하기 위하여 처에게 피해자와 여관방에서 동침한 사실이 있다고 말한 것은 공연성이 없다. [경찰승진 11]

027 (○) 대법원 1984.3.27, 84도86

**028** 피해자를 명예훼손죄로 고소할 수 있도록 그 증거자료를 미리 은밀하게 수집, 확보하기 위하여 피고인의 발언을 유도하였다고 의심되는 사람들에게 피해자의 여자문제 등 사생활에 관하여 피고인이 발언을 한 경우 명예훼손죄의 공연성이 인정된다. [경찰채용 11]

028 (×) '인정된다' → '인정되지 않는다'
피고인의 발언은 이들이 수사기관 이외의 다른 사람들에게 전파할 가능성이 있다고 단정하기는 어렵다 (대법원 1996.4.12, 94도3309).

**029** 이혼소송 계속 중인 처가, 이혼소송 과정에서 남편에게 유리한 증거자료를 작성하여 주었던 남편의 친구에게 서신을 보내면서 남편의 명예를 훼손하는 문구가 기재된 별도의 서신을 동봉한 경우에는 공연성이 없다. [사시 10]

029 (○) 대법원 2000.2.11, 99도4579

**030** 기자를 통해 사실을 적시하는 경우에는 기사화되어 보도되어야만 적시된 사실이 외부에 공표된다고 보아야 할 것이므로 기자가 취재를 한 상태에서 아직 기사화하여 보도하지 아니한 경우에는 공연성이 없다.

[경찰간부 17] [사시 10 변형]

030 (○) 대법원 2000.5.16, 99도5622

**031** 통상 사람에게 사실을 적시할 경우 그 자체로서 적시된 사실이 외부에 공표되는 것이므로 그때부터 곧 전파가능성을 따져 공연성 여부를 판단하여야 할 것이고, 이는 기자를 통해 사실을 적시하는 경우라고 하여 달리 볼 것이 아니다. [법원행시 13]

031 (×) '이 아니다' → '이다'

**해설+** ⊙ 통상 기자가 아닌 보통 사람에게 사실을 적시할 경우에는 그 자체로서 적시된 사실이 외부에 공표되는 것이므로 그 때부터 곧 전파가능성을 따져 공연성 여부를 판단하여야 할 것이지만, ⓛ 그와는 달리 기자를 통해 사실을 적시하는 경우에는 기사화되어 보도되어야만 적시된 사실이 외부에 공표된다고 보아야 할 것이므로 기자가 취재를 한 상태에서 아직 기사화하여 보도하지 아니한 경우에는 전파가능성이 없다고 할 것이어서 공연성이 없다고 봄이 상당하다(대법원 2000.5.16, 99도5622).

**032** 어느 사람에게 귀엣말 등 그 사람만 들을 수 있는 방법으로 그 사람 본인의 사회적 평가를 떨어뜨릴 만한 사실을 이야기한 경우에는, 그 사람이 들은 말을 스스로 다른 사람들에게 전파하였다고 하더라도 명예훼손죄가 성립하지 않는다.
[법원행시 11]

**032** (○)

> **해설+** 불특정 또는 다수인에게 전파될 가능성이 있다고 볼 수 없어 명예훼손의 구성요건인 공연성을 충족하지 못하는 것이며, 그 사람이 들은 말을 스스로 다른 사람들에게 전파하였더라도 위와 같은 결론에는 영향이 없다(대법원 2005.12.9, 2004도2880).

**033** 자신의 아들 등으로부터 폭행을 당하여 입원한 피해자의 병실로 병문안을 간 가해자의 어머니가 피해자의 어머니와 폭행사건에 대하여 대화하던 중 피해자의 어머니의 친척 등 모두 3명이 있는 자리에서 "학교에 알아보니 피해자에게 원래 정신병이 있었다고 하더라"라고 허위사실을 말한 경우, 공연성이 인정되므로 허위사실적시에 의한 명예훼손죄가 성립한다.
[경찰간부 17] [변호사 14]

**033** (×) '성립한다' → '성립하지 않는다'

> **해설+** 불특정 또는 다수인이 인식할 수 있는 상태라고 할 수 없고, 또 그 자리에 있던 사람들의 관계 등 여러 사정에 비추어 피고인의 발언이 불특정 또는 다수인에게 전파될 가능성이 있다고 보기도 어려워 공연성이 없다(대법원 2011.9.8, 2010도7497).

**034** 피고인이 평소 乙이 자신의 일에 간섭하는 것에 기분이 나쁘다는 이유로 甲으로부터 취득한 乙의 범죄경력기록을 같은 아파트에 거주하는 丙에게 보여 주면서 "전과자이고 나쁜 년"이라고 사실을 적시한 경우 명예훼손죄의 공연성이 인정된다.
[경찰간부 17 변형]

**034** (×) '인정' → '부정'
판례가 전파성이 없다고 본 사건이다(대법원 2010.11.11, 2010도8265).

**035** 명예훼손죄가 성립하기 위하여는 사실의 적시가 있어야 하고, 적시된 사실은 이로써 특정인의 사회적 가치 내지 평가가 침해될 가능성이 있을 정도로 구체성을 띠어야 하는 것이다.
[법원9급 11] [사시 10 변형]

**035** (○) 대법원 1994.6.28, 93도696; 2003.6.24, 2003도1868

**036** 명예훼손죄에서의 사실의 적시란 가치판단이나 평가를 내용으로 하는 의견표현에 대치되는 개념으로서 시간과 공간적으로 구체적인 과거 또는 현재의 사실관계에 관한 보고 내지 진술을 의미하며, 그 표현내용이 증거에 의한 입증이 가능한 것을 말하고, 판단할 진술이 사실인가 또는 의견인가를 구별할 때에는 언어의 통상적 의미와 용법, 입증가능성, 문제된 말이 사용된 문맥, 그 표현이 행하여진 사회적 상황 등 전체적 정황을 고려하여 판단하여야 한다.  [경찰간부 20 변형]

**036** (○) 대법원 2017.5.11, 2016도19255

**037** 「형법」제307조 명예훼손죄에 있어서의 사실의 적시는 가치판단이나 평가를 내용으로 하는 의견표현에 대치되는 개념으로서 시간적으로나 공간적으로 구체적인 과거 또는 현재의 사실관계에 관한 보고나 진술을 뜻한다.  [경찰채용 22 1차]

**037** (○) 대법원 2021.3.25, 2016도14995

**038** 명예훼손죄의 '사실의 적시'는 구체적인 과거 또는 현재의 사실관계에 관한 보고 내지 진술 또는 그에 대한 가치판단이나 평가를 말한다.

> **해설+** 명예훼손죄에 있어서의 '사실의 적시'란 가치판단이나 평가를 내용으로 하는 의견표현에 대치되는 것이며, 그 표현내용이 증거에 의한 입증이 가능한 것을 말한다(대법원 2008.10.9, 2007도1220).

**038** (×) '또는 그에 대한 가치판단이나 평가' → 삭제

**039** 명예훼손죄에서 '사실의 적시'란 가치판단이나 평가를 내용으로 하는 '의견표현'에 대치되는 개념으로서 시간적으로나 공간적으로 구체적인 과거 또는 현재의 사실관계에 관한 보고나 진술을 뜻하고, 표현 내용을 증거로 증명할 수 있는 것을 말한다. 따라서 객관적으로 피해자의 사회적 평가를 저하시키는 사실에 관한 발언이 보도, 소문이나 제3자의 말을 인용하는 방법으로 단정적인 표현이 아닌 전문 또는 추측의 형태로 표현되었다면 표현 전체의 취지로 보아 사실이 존재할 수 있다는 것을 암시하는 방식으로 이루어졌더라도 사실을 적시한 것으로 볼 수 없다.  [국가7급 23 변형] [법원9급 22]

> **해설+** 객관적으로 피해자의 사회적 평가를 저하시키는 사실에 관한 발언이 보도, 소문이나 제3자의 말을 인용하는 방법으로 단정적인 표현이 아닌 전문 또는 추측의 형태로 표현되었더라도, 표현 전체의 취지로 보아 사실이 존재할 수 있다는 것을 암시하는 방식으로 이루어진 경우에는 사실을 적시한 것으로 보아야 한다(대법원 2021.3.25, 2016도14995).

**039** (×)

**040** 명예훼손죄가 성립하기 위하여는 사실의 적시가 있어야 하는데, 여기에서 적시의 대상이 되는 사실이란 현실적으로 발생하고 증명할 수 있는 과거 또는 현재의 사실을 말하며, 장래의 일을 적시하더라도 그것이 과거 또는 현재의 사실을 기초로 하거나 이에 대한 주장을 포함하는 경우에는 명예훼손죄가 성립한다. [경찰채용 18 1차] [법원9급 16·18]

040 (○) 대법원 2003.5.13, 2002도7420

**041** 사실적시명예훼손죄(「형법」 제307조 제1항)의 '사실'은 가치판단이나 평가를 내용으로 하는 '의견'에 대치되는 개념이 아니라 허위사실적시명예훼손죄(「형법」 제307조 제2항)의 '허위의 사실'과 반대되는 '진실한 사실'을 말하는 것이다. [변호사 21]

041 (×)

> **해설+** 형법 제307조 제1항, 제2항, 제310조의 체계와 문언 및 내용에 의하면, 제307조 제1항의 '사실'은 제2항의 '허위의 사실'과 반대되는 '진실한 사실'을 말하는 것이 아니라 가치판단이나 평가를 내용으로 하는 '의견'에 대치되는 개념이다(대법원 2017.4.26, 2016도18024).

**042** 「형법」 제307조 제1항의 명예훼손죄는 적시된 사실이 진실한 사실인 경우이든 허위의 사실인 경우이든 모두 성립될 수 있다. [경찰채용 18 2차]

042 (○)

> **해설+** 제307조 제1항의 명예훼손죄는 적시된 사실이 진실한 사실인 경우이든 허위의 사실인 경우이든 모두 성립될 수 있고, 특히 적시된 사실이 허위의 사실이라고 하더라도 행위자에게 허위성에 대한 인식이 없는 경우에는 제307조 제2항의 명예훼손죄가 아니라 제307조 제1항의 명예훼손죄가 성립될 수 있다(대법원 2017.4.26, 2016도18024).

**043** 적시된 사실이 허위의 사실인 경우 행위자에게 허위성에 대한 인식이 없다면 「형법」 제307조 제1항의 명예훼손죄가 성립할 수 없다. [경찰승진 23]

043 (×)

> **해설+** 형법 제307조 제1항, 제2항, 제310조의 체계와 문언 및 내용에 의하면, 제307조 제1항의 '사실'은 제2항의 '허위의 사실'과 반대되는 '진실한 사실'을 말하는 것이 아니라 가치판단이나 평가를 내용으로 하는 '의견'에 대치되는 개념이다. 따라서 제307조 제1항의 명예훼손죄는 적시된 사실이 진실한 사실인 경우이든 허위의 사실인 경우이든 모두 성립될 수 있고, 특히 적시된 사실이 허위의 사실이라고 하더라도 행위자에게 허위성에 대한 인식이 없는 경우에는 제307조 제2항의 명예훼손죄가 아니라 제307조 제1항의 명예훼손죄가 성립될 수 있다. 제307조 제1항의 법정형이 2년 이하의 징역 등으로 되어 있는 반면 제307조 제2항의 법정형은 5년 이하의 징역 등으로 되어 있는 것은 적시된 사실이 객관적으로 허위일 뿐 아니라 행위자가 그 사실의 허위성에 대한 주관적 인식을 하면서 명예훼손행위를 하였다는 점에서 가벌성이 높다고 본 것이다(대법원 2017.4.26, 2016도18024).

**044** 「형법」제307조 제1항의 '사실'은 제2항의 '허위의 사실'과 반대되는 '진실한 사실'을 말하는 것이므로 적시된 사실이 허위라는 입증이 없는 경우에는 「형법」제307조 제1항의 명예훼손죄가 성립하지만, 적시된 사실이 허위인 경우 행위자에게 허위성에 대한 인식이 없다는 이유만으로 「형법」제307조 제1항의 명예훼손죄가 성립될 수는 없다. [해경승진 23]

> **해설+** 형법 제307조 제1항, 제2항, 제310조의 체계와 문언 및 내용에 의하면, 제307조 제1항의 '사실'은 제2항의 '허위의 사실'과 반대되는 '진실한 사실'을 말하는 것이 아니라 가치판단이나 평가를 내용으로 하는 '의견'에 대치되는 개념이다. 따라서 제307조 제1항의 명예훼손죄는 적시된 사실이 진실한 사실인 경우이든 허위의 사실인 경우이든 모두 성립될 수 있고, 특히 적시된 사실이 허위의 사실이라고 하더라도 행위자에게 허위성에 대한 인식이 없는 경우에는 제307조 제2항의 명예훼손죄가 아니라 제307조 제1항의 명예훼손죄가 성립될 수 있다(대법원 2017.4.26, 2016도18024).

**045** "아무것도 아닌 똥꼬다리 같은 놈이 들어와서 잘 운영되어 가는 어촌계를 파괴하려는데 주민들은 이에 동조 현혹되지 말라."라고 말한 것은 명예훼손죄에 해당한다. [법원행시 13]

> **해설+** "아무것도 아닌 똥꼬다리 같은 놈"이라는 구절은 구체적인 사실의 적시라고 할 수 없고 "잘 운영되어 가는 어촌계를 파괴하려 한다"라는 구절도 명예훼손죄에 있어서의 사실의 적시에 해당한다고 볼 수 없다(대법원 1989.3.14, 88도1397).

**046** 甲이 경찰관 A를 상대로 진정한 직무유기 사건이 혐의가 인정되지 않아 내사종결 처리되었음에도, 甲이 도청에 찾아가 다수인이 듣고 있는 가운데 "내일부로 검찰청에서 A에 대한 구속영장이 떨어진다."라고 소리친 경우, 이는 실현가능성이 없는 장래의 일을 적시한 것에 불과하여 설령 그것이 과거 또는 현재의 사실을 기초로 하더라도 명예훼손죄는 성립되지 않는다. [변호사 16]

**047** 甲이 제3자에게 A가 乙을 선거법 위반으로 고발하였다는 말만 하고 그 고발의 동기나 경위에 관하여는 언급하지 않았다고 하더라도, 그 자체만으로 A의 사회적 가치나 평가를 침해하기에 충분한 구체적인 사실이 적시되었다고 볼 수 있어, 甲에게는 명예훼손죄가 성립한다. [경찰간부 23]

> **해설+** 甲이 제3자에게 乙이 丙을 선거법 위반으로 고발하였다는 말만 하고 그 고발의 동기나 경위에 관하여 언급하지 않았다면, 그 자체만으로는 乙의 사회적 가치나 평가를 침해하기에 충분한 구체적 사실이 적시되었다고 보기 어렵다(대법원 2009.9.24, 2009도6687).

**048** 누구든지 범죄가 있다고 생각하는 때에는 고발할 수 있는 것이므로 어떤 사람이 범죄를 고발하였다는 사실이 주위에 알려졌다고 하여 그 고발 사실 자체만으로 고발인의 사회적 가치나 평가가 침해될 가능성이 있다고 볼 수는 없다. 다만, 그 고발의 동기나 경위가 불순하다거나 온당하지 못하다는 등의 사정이 함께 알려진 경우에는 고발인의 명예가 침해될 가능성이 있다.

[법원9급 16]

048 (O) 대법원 2009.9.24, 2009도6687

**049** 방송국 프로듀서 등이 특정 프로그램 방송보도를 통하여 '미국산 쇠고기 수입을 위한 제2차 한미 전문가 기술협의 협상단 대표와 주무부처 장관이 미국산 쇠고기 실태를 제대로 파악하지 못하였다'라고 하였더라도, 이는 비판 내지 의견 제시에 해당하여 사실의 적시에 해당하지 않는다.

[법원행시 15]

049 (O) 대법원 2011.9.2, 2010도17237

**050** 종교적 목적을 위한 언론·출판의 자유를 행사하는 과정에서 타 종교의 신앙의 대상을 우스꽝스럽게 묘사하거나 다소 모욕적이고 불쾌하게 느껴지는 표현을 사용하였더라도 그것이 그 종교를 신봉하는 신도들에 대한 증오의 감정을 드러내는 것이거나 그 자체로 폭행·협박 등을 유발할 우려가 있는 정도가 아닌 이상 허용된다고 보아야 한다.

[법원행시 15]

050 (O) 대법원 2014.9.4, 2012도13718

**051** 다른 사람의 말이나 글을 비평하면서 사용한 표현이 겉으로 보기에 증거에 의해 입증 가능한 구체적인 사실관계를 서술하는 형태를 취하고 있더라도, 글의 집필의도, 논리적 흐름, 서술체계 및 전개방식, 해당 글과 비평의 대상이 된 말 또는 글의 전체적인 내용 등을 종합하여 볼 때, 평균적인 독자의 관점에서 문제된 부분이 실제로는 비평자의 주관적 의견에 해당하고, 다만 비평자가 자신의 의견을 강조하기 위한 수단으로 그와 같은 표현을 사용한 것이라고 이해된다면 명예훼손죄에서 말하는 사실의 적시에 해당한다고 볼 수 없다.

051 (O) 대법원 2017.5.11, 2016도19255. 그리고 이러한 법리는 어떠한 의견을 주장하기 위해 다른 사람의 견해나 그 근거를 비판하면서 사용한 표현의 경우에도 다를 바 없다(대법원 2017.12.5, 2017도15628).

**052** 평균적인 독자의 관점에서 문제된 부분이 실제로는 비평자의 주관적 의견에 해당하고, 다만 비평자가 자신의 의견을 강조하기 위한 수단으로 겉으로 보기에 증거에 의해 입증 가능한 구체적인 사실관계를 서술하는 형태의 표현을 사용한 것이라고 이해된다면 명예훼손죄에서 말하는 사실의 적시에 해당한다고 볼 수 있다. [경찰채용 21 1차]

> **해설+** 다른 사람의 말이나 글을 비평하면서 사용한 표현이 겉으로 보기에 증거에 의해 입증 가능한 구체적인 사실관계를 서술하는 형태를 취하고 있더라도, 글의 집필의도, 논리적 흐름, 서술체계 및 전개방식, 해당 글과 비평의 대상이 된 말 또는 글의 전체적인 내용 등을 종합하여 볼 때, 평균적인 독자의 관점에서 문제된 부분이 실제로는 비평자의 주관적 의견에 해당하고, 다만 비평자가 자신의 의견을 강조하기 위한 수단으로 그와 같은 표현을 사용한 것이라고 이해된다면 명예훼손죄에서 말하는 사실의 적시에 해당한다고 볼 수 없다(대법원 2017.5.11, 2016도19255).

**053** 가치중립적 표현을 사용하였다 하여도 사회통념상 그로 인하여 특정인의 사회적 평가가 저하되었다고 판단된다면 명예훼손죄가 성립할 수 있다. [법원9급 16]

**054** 피고인이 피해자를 괴롭히기 위하여 피해자가 동성애자가 아님에도 불구하고 인터넷사이트에 7회에 걸쳐 피해자가 동성애자라는 내용의 글을 게재하였다면, 그러한 행위는 피해자의 명예를 훼손하는 행위에 해당한다고 볼 수 있다. [경찰간부 17]

**055** 'A회사가 일본 B맥주에 지분이 50%가 넘어가 일본 기업이 됐다'라는 표현만으로는 ○○소주를 생산하는 피해자 A회사의 대주주 내지 지배주주가 일본 회사라고 적시하는 경우 일부 소비자들이 ○○소주의 구매에 소극적이 될 여지가 있다 하더라도 이를 사회통념상 A회사의 사회적 가치 내지 평가가 침해될 가능성이 있는 명예훼손적 표현이라고 보기는 힘들다. [경찰간부 17]

**056** 목사가 예배 중 특정인을 가리켜 '이단 중에 이단이다'라고 설교한 부분이 명예훼손죄에서 말하는 '사실의 적시'에 해당한다. [법원9급 16]

> **해설+** 목사가 예배 중 특정인을 가리켜 "이단 중에 이단이다"라고 설교한 부분이 명예훼손죄에서 말하는 '사실의 적시'에 해당하지 않는다(대법원 2008.10.9, 2007도1220).

056 (×) '해당한다' → '해당하지 않는다'

**057** 이미 사회의 일부에 잘 알려진 사실이라고 하더라도 이를 적시하여 사람의 사회적 평가를 저하시킬 만한 행위를 한 때에는 명예훼손죄를 구성한다. [경찰승진 11]

057 (○) 대법원 1994.4.12, 93도3535

**058** 甲이 '야당 대통령후보였던 乙은 일명 부림사건의 변호인으로서 체제전복을 위한 활동을 한 국가보안법 위반 사범들을 변호하면서 그들과 동조하여 그들과 동일하게 체제전복과 헌법적 기본질서를 부정하는 활동인 공산주의 활동 내지 공산주의 운동을 해 왔다'고 주장해도 이는 사실의 적시가 아니며 단지 의견 또는 평가의 표명에 불과하며 표현의 자유에 속한다. [군무원9급 22]

> **해설+** 피고인이 '야당 대통령후보였던 甲은 일명 부림사건의 변호인으로서 체제전복을 위한 활동을 한 국가보안법 위반 사범들을 변호하면서 그들과 동조하여 그들과 동일하게 체제전복과 헌법적 기본질서를 부정하는 활동인 공산주의 활동 내지 공산주의 운동을 해 왔다.'는 취지의 발언을 하여 허위사실 적시 명예훼손으로 기소된 경우, 제반 사정을 종합할 때 피고인의 위 '공산주의자 발언'은 자신의 경험을 통한 甲의 사상 또는 이념에 대한 피고인의 의견 내지 입장표명에 해당하여 이를 甲의 명예를 훼손할 만한 구체적인 사실의 적시라고 보기 어렵고, 나아가 표현의 자유의 한계를 일탈한 위법한 행위라고 볼 수 없다(대법원 2021.9.16, 2020도12861).

058 (○)

**059** 인터넷 포털사이트의 기사란에 마치 특정 여자연예인이 재벌의 아이를 낳았거나 그 대가를 받은 것처럼 댓글이 달린 상황에서 "지고지순의 뜻이 뭔지나 아나? 모 재벌 님하고의 관계는 끝났나?"라는 추가 댓글을 게시한 경우, 허위사실의 적시에 해당하여 「정보통신망 이용촉진 및 정보보호 등에 관한 법률」상의 명예훼손죄가 성립한다. [변호사 14]

059 (○) 피고인의 위와 같은 행위는 간접적이고 우회적인 표현을 통하여 위와 같은 허위사실의 존재를 구체적으로 암시하는 방법으로 사실을 적시한 경우에 해당한다(대법원 2008.7.10, 2008도2422).

**060** 비록 허위의 사실을 적시하였더라도 그 허위의 사실이 특정인의 사회적 가치 내지 평가를 침해할 수 있는 내용이 아니라면 형법 제307조 소정의 명예훼손죄는 성립하지 않는다.

060 (O) 대법원 2007.6.15, 2004도4573

**061** 허위의 사실을 적시하였더라도 그 허위의 사실이 특정인의 사회적 가치 내지 평가를 침해할 수 있는 내용이 아니라면 명예훼손죄는 성립하지 않고, 사회 평균인의 입장에서 허위의 사실을 적시한 발언을 들었을 경우와 비교하여 오히려 진실한 사실을 듣는 경우에 피해자의 사회적 가치 내지 평가가 더 크게 침해될 것으로 예상되거나, 양자 사이에 별다른 차이가 없을 것이라고 보는 것이 합리적인 경우라면, 허위사실 적시에 의한 명예훼손죄로 처벌할 수는 없다. [법원행시 16]

061 (O) 대법원 2014.9.4, 2012도13718

**062** 새로 목사로서 부임한 피고인이 전임목사에 관한 교회내의 불미스러운 소문의 진위를 확인하기 위하여 이를 교회집사들에게 물어보았다면, 이는 경험칙상 충분히 있을 수 있는 일로서 명예훼손의 고의 없는 단순한 확인에 지나지 아니하여 사실의 적시라고 할 수 없다. [경찰채용 17 2차]

062 (O) 피고인에게 명예훼손의 고의 또는 미필적 고의가 있을 수 없다(대법원 1985.5.28, 85도588).

**063** 작업장의 책임자인 피고인이 甲으로부터 작업장에서 발생한 성추행 사건에 대해 보고받은 사실이 있음에도, 직원 5명이 있는 회의 자리에서 상급자로부터 경과보고를 요구받으면서 과태료 처분에 관한 책임을 추궁받자 이에 대답하는 과정에서 '甲은 성추행 사건에 대해 애초에 보고한 사실이 없다. 그런데도 이를 수사기관 등에 신고하지 않았다고 과태료 처분을 받는 것은 억울하다.'는 취지로 발언한 경우 피고인에게 명예훼손의 고의를 인정하기 어렵다. [법원9급 23]

063 (O)

**해설+** 위와 같이 회의 자리에서 상급자로부터 책임을 추궁당하며 질문을 받게 되자 이에 대답하는 과정에서 타인의 명예를 훼손하는 듯한 사실을 발설하게 된 것이라면 그 발설내용과 경위·동기 및 상황 등에 비추어 명예훼손의 고의를 인정하기 어렵고, 또한 질문에 대하여 단순한 확인 취지의 답변을 소극적으로 한 것에 불과하다면 이를 명예훼손에서 말하는 사실의 적시라고 단정할 수도 없다(대법원 2022.4.14, 2021도17744).

**064** A가 입주자대표 등이 모인 아파트 자치회의에서 피고인이 자신에게 허위의 사실을 말하였는데, 피고인에게 그와 같은 말을 한 적이 있는지 그리고 그에 관한 증거가 있는지 해명을 요구하였고, 피고인이 이에 대한 대답을 하는 과정에서 A의 명예를 훼손하는 사실을 발설하게 된 경우 피고인에게 명예훼손의 고의가 있음을 인정할 수 없다. [법원행시 16]

064 (○) 대법원 2010.10.28, 2010도2877

**065** 피고인이 관련 민사소송에서 피해자의 주장에 부합하는 확인서를 작성해 준 甲을 찾아가 방문 경위를 설명하고 甲으로부터 기존 확인서와 상반되는 취지의 사실확인서를 다시금 교부받는 과정에서 이 사건 발언을 하였고, 실제 이 사건 발언을 들은 상대방은 甲이 유일하며, 이 사건 발언이 달리 전파된 바 없는 경우, 명예훼손죄의 공연성 및 고의가 인정되지 아니한다.

065 (○) 대법원 2021.10.14, 2020도1004

**066** 「형법」 제307조의 명예훼손죄는 공연히 사실 또는 허위의 사실을 적시하여 사람의 명예를 훼손함으로써 성립하는 죄로 추상적 위험범에 해당한다. [경찰간부 23]

066 (○)

> **해설+** 명예훼손죄는 추상적 위험범으로 불특정 또는 다수인이 적시된 사실을 실제 인식하지 못하였다고 하더라도 인식할 수 있는 상태에 놓인 것으로도 명예가 훼손된 것으로 보아야 한다(대법원 2020.12.30, 2015도15619).

**067** 명예훼손죄는 구체적 위험범이므로 불특정 또는 다수인이 적시된 사실을 실제 인식한 경우에 명예가 훼손된 것이다. [변호사 23]

067 (×)

> **해설+** 추상적 위험범으로서 명예훼손죄는 개인의 명예에 대한 사회적 평가를 진위에 관계없이 보호함을 목적으로 하고, 적시된 사실이 특정인의 사회적 평가를 침해할 가능성이 있을 정도로 구체성을 띠어야 하나, 위와 같이 침해할 위험이 발생한 것으로 족하고 침해의 결과를 요구하지 않으므로, 다수의 사람에게 사실을 적시한 경우뿐만 아니라 소수의 사람에게 발언하였다고 하더라도 그로 인해 불특정 또는 다수인이 인식할 수 있는 상태를 초래한 경우에도 공연히 발언한 것으로 해석할 수 있다(대법원 2020.11.19, 2020도5813 전원합의체).

**068** 명예훼손죄의 구성요건이 결과발생을 요구하는 침해범의 형태로 규정되어 있기 때문에 적시된 사실로 인하여 특정인의 사회적 평가를 침해할 위험만으로는 부족하고 침해의 결과발생이 필요하다. [경찰승진 23]

> **해설+** 추상적 위험범으로서 명예훼손죄는 개인의 명예에 대한 사회적 평가를 진위에 관계없이 보호함을 목적으로 하고, 적시된 사실이 특정인의 사회적 평가를 침해할 가능성이 있을 정도로 구체성을 띠어야 하나, 위와 같이 침해할 위험이 발생한 것으로 족하고 침해의 결과를 요구하지 않으므로, 다수의 사람에게 사실을 적시한 경우뿐만 아니라 소수의 사람에게 발언하였다고 하더라도 그로 인해 불특정 또는 다수인이 인식할 수 있는 상태를 초래한 경우에도 공연히 발언한 것으로 해석할 수 있다(대법원 2020.11.19, 2020도5813 전원합의체).

**069** 형법 제310조의 규정은 인격권과 표현의 자유라는 상충되는 두 법익의 조화를 꾀한 것으로서, 두 법익 간의 조화와 균형을 고려한다면 적시된 사실이 진실한 것이라는 증명이 없더라도 행위자가 이를 진실한 것으로 믿었다면 위법성이 없다. [국가9급 11]

> **해설+** 행위자가 이를 진실한 것으로 믿을 만한 상당한 이유가 있어야 위법성이 조각된다(대법원 1993.6.22, 92도3160; 2007.12.14, 2006도2074).

**070** 형법 제310조는 '오로지 공공의 이익에 관한 때'라고 적시되어 있으므로 행위자의 행위에 다른 사익적 목적이나 동기가 내포되어 있었다면 행위의 주요한 동기가 공공의 이익을 위한 것이라도 형법 제310조의 적용은 배제된다. [국가9급 17]

> **해설+** 적시한 사실이 공공의 이익에 관한 것인 경우에는 특별한 사정이 없는 한 비방할 목적은 부인된다고 봄이 상당하고, 공공의 이익에 관한 것에는 널리 국가·사회 기타 일반 다수인의 이익에 관한 것뿐만 아니라 특정한 사회집단이나 그 구성원 전체의 관심과 이익에 관한 것도 포함하는 것이고, 행위자의 주요한 동기 내지 목적이 공공의 이익을 위한 것이라면 부수적으로 다른 사익적 목적이나 동기가 내포되어 있더라도 비방할 목적이 있다고 보기는 어렵다(대법원 2009.5.28, 2008도8812).

**071** 형법 제310조의 '오로지 공공의 이익에 관한 때'라 함은 적시된 사실이 객관적으로 볼 때 공공의 이익에 관한 것으로서 행위자도 주관적으로 공공의 이익을 위하여 그 사실을 적시한 것이어야 한다.

**072** 피고인 본인의 이익을 추구할 목적으로 피해자를 비난하는 내용의 발언이나 글을 게시한 경우 형법 제310조의 공공의 이익이 인정된다.

072 (×)

> **해설+** 대안학교의 영어 교과를 담당하던 피고인이 교장인 피해자를 속이고 자신이 별도로 운영하는 교육 콘텐츠 제공 등 업체가 사용권이 있는 영어 교육 프로그램을 도입하면서 청구할 필요 없는 이용료를 학생들로부터 지급받은 문제 등으로 피해자와 대립하면서 학교 운영의 정상화나 학생의 학습권 보장 등의 목적이 아니라 본인의 이익을 추구할 목적으로 피해자를 비난하는 내용의 공소사실 기재 발언 게시행위를 하였다면, 형법 제310조의 공공의 이익에 관한 것이라 할 수 없고 피고인에게 비방할 목적이 없다고 볼 수 없다(대법원 2021.1.14, 2020도8780).

**073** 甲은 자신의 교회 목사 A를 출교처분한다는 취지의 교회 산하 재판위원회의 판결문을 대량 복사하여 예배에 참석한 신도들에게 배포하였다. – 목사 A의 명예가 훼손되었다 하더라도 이것이 진실한 사실로서 오로지 소속교회 신자들의 이익에 관한 때에는 형법 제310조가 적용되거나 적어도 사회상규에 위배되지 아니하는 행위에 해당하여 위법성이 조각된다. [사시 11]

073 (○) 대법원 1989.2.14, 88도899
또한 비방할 목적이 함께 숨어 있었다고 하더라도 그 주요한 동기가 공공의 이익을 위한 것이라면 형법 제310조의 적용을 배제할 수 없다.

**074** 교장 甲이 여성 기간제교사 乙에게 차 접대 요구와 부당한 대우를 하였다는 인상을 주는 내용의 글을 게재한 교사 丙의 명예훼손행위는 공공의 이익에 관한 것으로서 위법성이 조각된다. [경찰간부 17]

074 (○) 대법원 2008.7.10, 2007도9885

**075** 전교조 소속 교사들이 학교운영의 공공성, 투명성의 보장을 요구하며 학교법인 이사장 및 교장의 거주지 앞에서 그들의 주소까지 명시하여 명예를 훼손한 경우 형법 제310조에 의하여 위법성이 조각된다. [경찰채용 13]

075 (×)

> **해설+** 피해자들의 거주지 앞에서 그들의 주소까지 명시하여 명예를 훼손하였다면, 이는 공공의 이익을 위한 사실의 적시로 볼 수 없어 위법성이 조각되지 아니한다(대법원 2008.3.14, 2006도6049).

**076** 회사에서 징계 업무를 담당하는 직원인 피고인이 피해자에 대한 징계절차 회부 사실이 기재된 문서를 근무현장 방재실, 기계실, 관리사무실의 각 게시판에 게시한 경우, 위 행위는 회사 내부의 원활하고 능률적인 운영의 도모라는 공공의 이익에 관한 것으로 볼 수 없다. [군무원9급 22 변형] [법원9급 23]

해설+ 징계혐의 사실은 징계절차를 거친 다음 확정되는 것이므로 징계절차에 회부되었을 뿐인 단계에서 그 사실을 공개함으로써 피해자의 명예를 훼손하는 경우, 이를 사회적으로 상당한 행위라고 보기는 어려운 점, 피해자에 대한 징계 의결이 있기 전에 징계절차에 회부되었다는 사실이 공개되는 경우 피해자가 입게 되는 피해의 정도는 가볍지 않은 점 등을 종합하면, 피해자에 대한 징계절차 회부 사실을 공지하는 것이 회사 내부의 원활하고 능률적인 운영의 도모라는 공공의 이익에 관한 것으로 볼 수 없다(대법원 2021.8.26, 2021도6416).

**077** 형법 제307조 제2항을 적용하기 위하여 적시된 사실이 허위의 사실인지 여부를 판단하는 경우, 적시된 사실의 내용 전체의 취지를 살펴볼 때 중요한 부분이 객관적 사실과 합치되면 세부에 있어서 진실과 약간 차이가 나거나 다소 과장된 표현이 있다 하더라도 이를 허위의 사실이라고 볼 수 없다. [국가9급 17] [법원9급 12]

**078** 허위사실 적시에 의한 명예훼손죄에 해당하는 행위에 대하여는 위법성조각에 관한 형법 제310조는 적용될 여지가 없다. [법원9급 20] [법원행시 15]

**079** 허위사실을 진실한 사실로 오인하여 공공의 이익을 위해 공연히 적시한 경우, 적시된 사실이 공공의 이익에 관한 것이고 행위자가 진실한 것으로 믿었고 또 그렇게 믿을 만한 상당한 이유가 있다면 「형법」 제310조에 의하여 위법성이 조각된다. [경찰채용 19 2차]

해설+ 형법 제310조의 규정은 인격권으로서의 개인의 명예의 보호와 헌법 제21조에 의한 정당한 표현의 자유의 보장이라는 상충되는 두 법익의 조화를 꾀한 것이라고 보아야 할 것이므로, 두 법익 간의 조화와 균형을 고려한다면 적시된 사실이 진실한 것이라는 증명이 없더라도 행위자가 진실한 것으로 믿었고 또 그렇게 믿을 만한 상당한 이유가 있는 경우에는 위법성이 없다(대법원 2007. 12.14, 2006도2074; 1996.8.23, 94도3191; 1993.6.22, 92도3160).

---

076 (○)

077 (○) 대법원 2009.2.12, 2008도8310

078 (○) 대법원 2015.7.9, 2013도4786

079 (○)

---

**080** 타인에 대한 비방 목적이 인정되어 형법 제309조 제1항의 출판물에 의한 명예훼손 범행이 성립하는 경우에는 형법 제310조의 위법성 조각에 관한 규정이 적용되지 않는다. [법원행시 11]

080 (○)

> **해설+** 형법 제310조의 공공의 이익에 관한 때에는 처벌하지 아니한다는 규정은 사람을 비방할 목적이 있어야 하는 형법 제309조 제1항 소정의 행위에 대하여는 적용되지 아니하고 형법 제307조 제1항의 행위에 한하여 적용되는 것이다(대법원 1998.10.9, 97도158).

**081** 정보통신망을 통하여 타인의 명예를 훼손하는 글을 게시하였으나 적시된 사실이 진실이고 공공의 이익에 관한 것이어서 비방의 목적이 인정되지 않는 경우에는 「형법」 제310조(위법성의 조각)가 적용된다. [변호사 21 변형 · 23]

081 (○)

> **해설+** 정보통신망을 통하여 타인의 명예를 훼손하는 행위에 대하여 비방의 목적이 인정되어 명예훼손죄가 성립한 경우에는 제310조가 적용되지 아니하지만, 비방의 목적이 인정되지 아니하고 적시된 사실이 진실한 사실인 경우에는 제307조 제1항의 구성요건에 해당하게 되어 그 위법성조각사유로서 제310조가 적용된다.

**082** 사실적시의 내용이 개인에 관한 사항이더라도 공공의 이익과 관련되어 있고 사회적인 관심을 획득한 경우라면 직접적으로 국가 · 사회 일반의 이익이나 특정한 사회집단에 관한 것이 아니라는 이유만으로 「형법」 제310조의 적용을 배제할 것은 아니다. [경찰채용 23 2차]

082 (○)

> **해설+** 사실적시의 내용이 사회 일반의 일부 이익에만 관련된 사항이라도 다른 일반인과의 공동생활에 관계된 사항이라면 공익성을 지닌다고 할 것이고, 이에 나아가 <u>개인에 관한 사항이더라도 그것이 공공의 이익과 관련되어 있고 사회적인 관심을 획득한 경우라면 직접적으로 국가·사회 일반의 이익이나 특정한 사회집단에 관한 것이 아니라는 이유만으로 형법 제310조의 적용을 배제할 것은 아니다.</u> 사인이라도 그가 관계하는 사회적 활동의 성질과 사회에 미칠 영향을 헤아려 공공의 이익에 관련되는지 판단하여야 한다(대법원 2022.2.11, 2021도10827).

**083** 언론매체의 사실적시 명예훼손행위가 형법 제310조에 의해 처벌되지 않기 위해서는 적시된 사실은 반드시 진실해야 한다. [경찰간부 18]

083 (×) '한다' → '하는 것은 아니다'

> **해설+** 우선 출판물 등에 의한 명예훼손행위도 사람을 비방할 목적이 없다면 해당 범죄의 구성요건에 해당하지 아니한다. 또한 <u>제307조 제1항의 명예훼손죄는 적시된 사실이 진실한 사실인 경우이든 허위의 사실인 경우이든</u> 모두 성립될 수 있다(대법원 2017.4.26, 2016도18024). 이 경우 <u>허위사실이라는 점에 대한 고의가 없다면 제307조 제1항의 구성요건에 해당하므로 제310조의 위법성조각사유가 적용될 수 있다.</u>

084 공연히 사실을 적시하여 사람의 명예를 훼손한 행위가 형법 제310조의 규정에 따라 위법성이 조각되기 위해서는 그것이 진실한 사실로서 오로지 공공의 이익에 관한 때에 해당된다는 점을 행위자가 스스로 증명하여야 한다.

[국가9급 11] [법원행시 13]

085 공연히 사실을 적시하여 사람의 명예를 훼손한 행위가 「형법」 제310조에 따라 위법성이 조각되려면 그것이 진실한 사실로서 오로지 공공의 이익에 관한 때에 해당된다는 점을 행위자가 증명하여야 하고, 그 증명을 함에 있어서 전문증거의 증거능력을 제한하는 「형사소송법」 제310조의2가 적용된다.

[변호사 16]

**해설+** 판례는 형법 제210조의 공익성과 진실성에 대하여 피고인의 거증책임으로 보아, 그 증명의 방법에 관하여는 자유로운 증명으로 족하다고 본다. 따라서 판례에 의하면, <u>전문증거에 대한 증거능력의 제한을 규정한 형사소송법 제310조의2는 적용될 여지가 없다</u>(대법원 1996.10.25, 95도1473).

086 신문기자가 오로지 공공의 이익을 위하여 공무원의 공금 1백만 원 횡령사실을 보도하였으나 실제 횡령액수는 95만 원이었을 경우, 신문기자에게는 그 공무원에 대하여 허위사실적시에 의한 명예훼손죄가 성립한다.

[사시 10 변형]

**해설+** 중요한 부분이 객관적 사실과 합치되는 경우에는 세부에 있어서 진실과 약간 차이가 나거나 다소 과장된 표현이 있다 하더라도 이를 허위의 사실이라고 볼 수는 없다(대법원 2008.10.9, 2007도1220).

087 전국교직원노동조합 소속 교사가 작성·배포한 보도자료가 전체적으로 그 기재 내용이 진실하고 공공의 이익을 위한 것이라도 보도자료의 일부에 사실과 다른 기재가 있으면 명예훼손죄의 위법성이 조각되지 않는다.

[경찰채용 18 1차]

**해설+** 보도자료의 일부에 사실과 다른 기재가 있으나 전체적으로 그 기재 내용이 진실하고 공공의 이익을 위한 것이라고 보아 명예훼손죄의 위법성이 조각된다(대법원 2001.10.9, 2001도3594).

**088** 선거관리위원회가 주최한 합동연설회장에서 일간지의 신문기사를 읽는 방법으로 상대 후보의 전과사실을 적시한 사안에서, 상대 후보의 평가를 저하시켜 스스로 자신이 당선되려는 사적 이익도 동기가 되었지만 유권자들에게 상대후보의 자질에 대한 자료를 제공함으로써 적절한 투표권을 행사하도록 하려는 공적 동기도 있었던 경우는 위법성이 조각된다. [경찰승진 22]

**088** (O)

**해설+** 선거관리위원회가 주체한 합동연설장에서 일간지의 신문기사를 읽는 방법으로 전과사실을 적시하였다는 점과 그 사실 적시에 있어서 과장 또는 왜곡된 것이 없는 점 및 그 표현방법 등에 비추어 볼 때 피고인이 위 사실을 적시한 것은 상대 후보의 평가를 저하시켜 스스로가 당선되려는 사적 이익도 동기가 되었지만 유권자들에게 상대 후보자의 자질에 대한 자료를 제공함으로써 적절한 투표권을 행사하도록 하려는 공공의 이익도 한 동기가 되었다고 보는 것이 상당하다. 또한 전과사실이 공표됨으로써 상대 후보가 입는 명예(인격권)의 침해정도와 만일 이를 금지할 경우 생기는 피고인의 표현의 자유에 대한 제한과 유권자들의 올바른 선택권에 대한 장애의 정도를 교량한다면 후자가 전자보다 중하다고 보는 것이 상당하다. 따라서 피고인이 상대 후보의 전과사실을 적시한 것은 진실한 사실로서 공공의 이익에 관한 때에 해당하므로 공직선거및선거부정방지법 제251조 단서에 의하여 위법성이 조각된다(대법원 1996.6.28, 96도977).

**089** 전국교직원노동조합 소속 교사가 작성·배포한 보도자료의 일부에 사실과 다른 기재가 있다면 전체적으로 그 기재 내용이 진실하고 공공의 이익을 위한 것이라도, 명예훼손죄의 위법성이 조각되지 않는다. [경찰승진 22]

**089** (×) 명예훼손죄의 위법성이 조각된다(대법원 2001.10.9, 2001도3594).

**090** 대통령의 업무수행과 관련한 의견을 표명하는 과정에서 의혹을 제기한 것은 공공의 이익에 관한 것이 아니다.

**090** (×)

**해설+** 발언내용이 공직자 개인에 대한 악의적이거나 심히 경솔한 공격으로서 현저히 상당성을 잃은 것으로 평가되지 않는 한, 그 발언은 여전히 공공의 이익에 관한 것으로서 공직자 개인에 대한 명예훼손이 된다고 할 수 없다(대법원 2006.10.13, 2005도3112; 2011.9.2, 2010도17237 등; 2021.3.25, 2016도14995).

**091** 甲은 세월호 참사 국민대책회의 공동위원장이자 '4월 16일의 약속 국민연대' 상임운영위원으로서 언론사 기자와 시민 등을 상대로 기자회견을 하던 중 '세월호 참사 당일 7시간 동안 대통령 B가 마약이나 보톡스를 했다는 의혹이 사실인지 청와대를 압수·수색해서 확인했으면 좋겠다.'는 취지로 발언하였다. 甲에게는 명예훼손죄가 성립한다.

**091** (×)

**해설+** 정부 또는 국가기관의 정책결정 또는 업무수행과 관련된 사항을 주된 내용으로 하는 발언으로 정책결정이나 업무수행에 관여한 공직자에 대한 사회적 평가가 다소 저하될 수 있더라도, 발언 내용이 공직자 개인에 대한 악의적이거나 심히 경솔한 공격으로서 현저히 상당성을 잃은 것으로 평가되지 않는 한, 그 발언은 여전히 공공의 이익에 관한 것으로서 공직자 개인에 대한 명예훼손이 된다고 할 수 없다(대법원 2021.3.25, 2016도14995).

**092** 허위의 사실을 적시하였더라도 허위의 사실이 특정인의 사회적 가치 내지 평가를 침해할 수 있는 내용이 아니라면 형법 제307조의 명예훼손죄는 성립하지 않고, 사회 평균인의 입장에서 허위의 사실을 적시한 발언을 들었을 경우와 비교하여 오히려 진실한 사실을 듣는 경우에 피해자의 사회적 가치 내지 평가가 더 크게 침해될 것으로 예상되거나, 양자 사이에 별다른 차이가 없을 것이라고 보는 것이 합리적인 경우라면, 형법 제307조 제2항의 허위사실 적시에 의한 명예훼손죄로 처벌할 수는 없다.

092 (O) 대법원 2014.9.4, 2012도13718

**093** 형사재판에서 공소가 제기된 범죄의 구성요건을 이루는 사실은 그것이 주관적 요건이든 객관적 요건이든 입증책임이 검사에게 있으므로, 형법 제307조 제2항의 허위사실 적시에 의한 명예훼손죄로 기소된 사건에서 사람의 사회적 평가를 떨어뜨리는 사실이 적시되었다는 점, 적시된 사실이 객관적으로 진실에 부합하지 아니하여 허위일 뿐만 아니라 적시된 사실이 허위라는 것을 피고인이 인식하고서 이를 적시하였다는 점은 모두 검사가 입증하여야 하고, 이 경우 적시된 사실이 허위의 사실인지 여부를 판단할 때에는 적시된 사실의 내용 전체의 취지를 살펴보아야 하고, 중요한 부분이 객관적 사실과 합치되는 경우에는 세부에 있어서 진실과 약간 차이가 나거나 다소 과장된 표현이 있다고 하더라도 이를 허위의 사실이라고 볼 수 없다.

093 (O) 대법원 2014.9.4, 2012도13718

**094** 과거의 역사적 사실관계 등에 대하여 민사판결을 통하여 어떠한 사실인정이 있었다면, 특별한 사정이 없는 한 그와 반대되는 사실의 주장이나 견해의 개진 등은 형법상 명예훼손죄 등에 있어서 '허위의 사실 적시'에 해당한다고 봄이 원칙이다.
[법원행시 20]

094 (X)

**해설+** 민사재판에서 법원은 당사자 사이에 다툼이 있는 사실관계에 대하여 처분권주의와 변론주의, 그리고 자유심증주의의 원칙에 따라 신빙성이 있다고 보이는 당사자의 주장과 증거를 받아들여 사실을 인정하는 것이어서, 민사판결의 사실인정이 항상 진실한 사실에 해당한다고 단정할 수는 없다. 따라서 다른 특별한 사정이 없는 한, 그 진실이 무엇인지 확인할 수 없는 과거의 역사적 사실관계 등에 대하여 민사판결을 통하여 어떠한 사실인정이 있었다는 이유만으로, 이후 그와 반대되는 사실의 주장이나 견해의 개진 등을 형법상 명예훼손죄 등에 있어서 '허위의 사실 적시'라는 구성요건에 해당한다고 쉽게 단정하여서는 아니 된다(대법원 2017.12.5, 2017도15628).

**122** PART 01 개인적 법익에 대한 죄

**095** 민사재판에서 법원은 당사자 사이에 다툼이 있는 사실관계에 대하여 처분권주의와 변론주의, 그리고 자유심증주의의 원칙에 따라 신빙성이 있다고 보이는 당사자의 주장과 증거를 받아들여 사실을 인정하는 것이어서, 민사판결의 사실인정이 항상 진실한 사실에 해당한다고 단정할 수는 없다. 따라서 다른 특별한 사정이 없는 한, 그 진실이 무엇인지 확인할 수 없는 과거의 역사적 사실관계 등에 대하여 민사판결을 통하여 어떠한 사실인정이 있었다는 이유만으로, 이후 그와 반대되는 사실의 주장이나 견해의 개진 등을 형법상 명예훼손죄 등에 있어서 '허위의 사실 적시'라는 구성요건에 해당한다고 쉽게 단정하여서는 아니 된다.

095 (○) 판결에 대한 자유로운 견해 개진과 비판, 토론 등 헌법이 보장한 표현의 자유를 침해하는 위헌적인 법률해석이 되어 허용될 수 없기 때문이다(대법원 2017.12.5, 2017도15628).

**096** 범죄의 고의는 확정적 고의뿐만 아니라 결과 발생에 대한 인식이 있고 그를 용인하는 의사인 이른바 미필적 고의도 포함하므로 허위사실 적시에 의한 명예훼손죄 역시 미필적 고의에 의하여도 성립하고, 위와 같은 법리는 형법 제308조의 사자명예훼손죄의 판단에서도 마찬가지로 적용된다.

[경찰채용 16] [법원행시 15]

096 (○) 대법원 2014.3.13, 2013도12430

**097** 일반적으로 범죄의 고의는 확정적 고의뿐만 아니라 결과발생에 대한 인식이 있고 그를 용인하는 미필적 고의도 포함하나, 「형법」 제308조의 사자명예훼손죄의 판단에서는 미필적 고의에 의하여 죄가 성립하지 아니한다.

[경찰채용 18 2차]

097 (×)

**해설+** 범죄의 고의는 확정적 고의뿐만 아니라 결과 발생에 대한 인식이 있고 그를 용인하는 의사인 이른바 미필적 고의도 포함하므로 허위사실 적시에 의한 명예훼손죄 역시 미필적 고의에 의하여도 성립하고, 위와 같은 법리는 형법 제308조의 사자명예훼손죄의 판단에서도 마찬가지로 적용된다(대법원 2014.3.13, 2013도12430).

**098** 피고인이 사망자의 사망사실을 알면서 위 망인은 사망한 것이 아니고 빚 때문에 도망다니며 죽은 척하는 나쁜 놈이라고 한 경우는 공연히 허위의 사실을 적시하는 것에 해당하여 사자명예훼손죄가 성립한다. [국가7급 07]

098 (○) 대법원 1983.10.25, 83도1520

**099** 살아 있는 사람을 사자(死者)로 오인하고 허위사실을 적시하여 명예를 훼손한 경우에는 형법 제308조의 사자명예훼손죄로 처벌된다. [국가7급 09]

> **해설+** 생존자라는 것을 인식하지 못한 것으로서 '특별히 중한 죄가 되는 사실'을 인식하지 못한 구성요건적 착오의 문제(형법 제15조 제1항)로서 허위사실을 적시한 경우라면 제308조의 사자명예훼손죄가 적용된다.

**099** (○)

**100** 타인의 발언을 비판할 의도로 출판물에 그 타인의 발언을 그대로 소개한 후 그중 일부분을 부각, 적시하면서 이에 대한 다소 과장되거나 편파적인 내용의 비판을 덧붙인 경우라 해도 위 소개된 타인의 발언과의 전체적, 객관적 해석에도 불구하고 위 비판적 내용의 사실적시가 허위라고 읽혀지지 않는 한 위 일부 사실적시 부분만을 따로 떼어 허위사실이라고 단정하여서는 안 된다. [법원행시 08]

**100** (○) 대법원 2007.1.26, 2004도1632

**101** 타인을 비방하는 내용의 컴퓨터 워드프로세서로 작성되어 프린트된 A4용지 7쪽 분량의 인쇄물을 여러 사람에게 배부한 경우 출판물에 의한 명예훼손죄가 성립하지 않는다. [사시 10 변형]

**101** (○) 대법원 2000.2.11, 99도3048

**102** 의사가 의료기기 회사와의 분쟁을 해결하기 위해 국회의원에게 허위의 사실을 제보하였는데, 그 국회의원의 발표로 그 사실이 일간지에 게재된 경우에는 출판물에 의한 명예훼손죄가 성립한다. [국가7급 07]

> **해설+** 제보자가 기사의 취재·작성과 직접적인 연관이 없는 자에게 허위의 사실을 알렸을 뿐인 경우에는, 제보자가 피제보자에게 그 알리는 사실이 기사화 되도록 특별히 부탁하였다거나 피제보자가 이를 기사화 할 것이 고도로 예상되는 등의 특별한 사정이 없는 한, 피제보자가 언론에 공개하거나 기자들에게 취재됨으로써 그 사실이 신문에 게재되어 일반 공중에게 배포되더라도 제보자에게 출판·배포된 기사에 관하여 출판물에 의한 명예훼손죄의 책임을 물을 수는 없다(대법원 2002.6.28, 2000도3045).

**102** (×) '성립한다' → '성립하지 않는다'

**103** 출판물에 의한 명예훼손죄에 있어서 '비방할 목적'이란 가해의 의사 내지 목적을 요하는 것으로서 공공의 이익을 위한 것과는 행위자의 주관적 의도에 있어 서로 상반되는 관계에 있다고 할 것이므로, 적시한 사실이 공공의 이익에 관한 것인 경우에는 특별한 사정이 없는 한 비방할 목적은 부인된다고 봄이 상당하다. [법원행시 12]

103 (○) 대법원 2005.4.29, 2003도2137

**104** 형법 제309조 제2항 소정의 '사람을 비방할 목적'은 공공의 이익을 위한 것과는 행위자의 주관적 의도의 방향이 서로 상반되는 관계에 있다고 할 것이므로, 적시한 사실이 공공의 이익에 관한 것인 경우에는 특별한 사정이 없는 한 비방할 목적은 부인된다. [법원9급 18]

104 (○) 대법원 2005.4.29, 2003도2137

**105** '사람을 비방할 목적'은 공공의 이익을 위한 것과는 행위자의 주관적 의도의 방향에 있어 상반되는 관계에 있다고 할 것이므로, 적시한 사실이 공공의 이익에 관한 것인 경우에는 특별한 사정이 없는 한 비방할 목적은 부인된다고 봄이 타당하고, 공공의 이익에 관한 것에는 널리 국가·사회 기타 일반 다수인의 이익에 관한 것뿐만 아니라 특정한 사회집단이나 그 구성원 전체의 관심과 이익에 관한 것도 포함되며, 행위자의 주요한 동기 내지 목적이 공공의 이익을 위한 것이라면 부수적으로 다른 사익적 목적이나 동기가 내포되어 있더라도 비방할 목적이 있다고 보기는 어렵다.

105 (○) 대법원 2009.5.28, 2008도8812

**106** 언론매체가 피해자의 명예를 현저하게 훼손할 수 있는 보도내용의 주된 부분이 허위임을 충분히 인식하면서도 이를 보도하였다면, 특별한 사정이 없는 한 거기에는 사람을 비방할 목적이 있다고 볼 것이다.

106 (○)

> **해설+** 다음 판례의 ① 부분이 위 지문에 해당한다. "① 피해자의 명예를 현저하게 훼손할 수 있는 이 사건 적시사실 자체가 허위이고 위 피고인이 위 적시사실의 주요 부분이 허위임을 충분히 인식하였다면, 특별한 사정이 없는 한 거기에는 피해자를 비방할 목적이 있다고 볼 것이고, 이 경우에는 형법 제310조 및 거기에서 파생된 법리에 의하여 위법성이 조각될 여지가 없는 것이므로, 피고인의 행위는 구 정보통신망법 제61조 제2항 소정의 명예훼손죄에 해당한다고 보아야 할 것이다. ② 반면에, 이 사건 적시사실이 진실이거나 위 피고인에게 위 적시사실의 허위성에 대한 인식이 없었다면 구 정보통신망법 제61조 제2항 소정의 명예훼손죄는 물론, 원심이 유죄로 인정한 형법 제307조 제2항 소정의 명예훼손죄도 성립되지 않는 것이며, 나아가 원심이 구 정보통신망법 제61조 제2항 소정의 명예훼손죄에 대하여 이유에서 무죄로 판단하면서 든 여러 사정들을 고려할 때 구 정보통신망법 제61조 제1항의 명예훼손죄의 구성요건요소인 '비방의 목적'이나 형법 제307조 제1항 소정의 명예훼손죄의 위법성 역시 부정된다고 볼 여지가 없지 않다고 할 것이다(대법원 2008.11.27, 2007도5312)."

**107** 국립대학교 교수가 자신의 연구실 내에서 제자인 여학생을 성추행하였다는 내용의 글을 지역 여성단체가 인터넷 홈페이지 또는 소식지에 게재한 행위는 비방의 목적이 있다고 단정할 수 없다. [경찰채용 10]

107 (○) 대법원 2005.4.29, 2003도213

**108** 인터넷 포털사이트의 지식 검색 질문, 답변 게시판에 성형시술 결과가 만족스럽지 못하다는 주관적인 평가를 주된 내용으로 하는 한 줄의 댓글을 게시한 경우, 사실의 적시에는 해당하지만 비방의 목적이 없어서 정보통신망 이용촉진 및 정보보호 등에 관한 법률상의 명예훼손죄가 성립하지 않는다. [경찰채용 14]

108 (○) 대법원 2008.7.10, 2008도2422

**109** 드러낸 사실이 거짓인 경우라 하더라도 「정보통신망 이용촉진 및 정보보호 등에 관한 법률」 제70조 제2항의 '사람의 비방할 목적'이 당연히 인정되는 것은 아니다.

109 (○)

> **해설+** 정보통신망 이용촉진 및 정보보호 등에 관한 법률」(이하 '정보통신망법') 제70조 제2항은 "사람을 비방할 목적으로 정보통신망을 통하여 공공연하게 거짓의 사실을 드러내어 다른 사람의 명예를 훼손한 자는 7년 이하의 징역, 10년 이하의 자격정지 또는 5천만 원 이하의 벌금에 처한다." 라고 정하고 있다. 이 규정에 따른 범죄가 성립하려면 피고인이 공공연하게 드러낸 사실이 거짓이고 그 사실이 거짓임을 인식하여야 할 뿐만 아니라 사람을 비방할 목적이 있어야 한다. <u>비방할 목적이 있는지 여부는 피고인이 드러낸 사실이 거짓인지 여부와 별개의 구성요건으로서, 드러낸 사실이 거짓이라고 해서 비방할 목적이 당연히 인정되는 것은 아니다.</u> 그리고 이 규정에서 정한 모든 구성요건에 대한 <u>증명책임은 검사에게 있다</u>(대법원 2020.12.10, 2020도11471).

**110** 타인을 비방할 목적으로 허위사실인 기사의 재료를 신문기자에게 제공한 경우에 기사를 신문지상에 게재하느냐의 여부는 신문 편집인의 권한에 속한다고 할 것이나 이를 편집인이 신문지상에 게재한 이상 기사의 게재는 기사재료를 제공한 자의 행위에 기인한 것이므로 기사재료의 제공행위는 형법 제309조 제2항 소정의 출판물에 의한 명예훼손죄의 죄책을 면할 수 없다. [법원행시 11 변형]

110 (○) 대법원 1994.4.12, 93도3535

**111** 정보통신망을 이용하여 명예훼손성 글을 게재하는 경우에는 게재글이 삭제되지 않는 이상 피해가 지속되므로 삭제 시가 범행종료 시이고 공소시효는 그때부터 기산된다. [변호사 21]

해설+ 정보통신망을 이용한 명예훼손의 경우에도 게재행위의 종료만으로 범죄행위가 종료하는 것이 아니고 원래 게시물이 삭제되어 정보의 송수신이 불가능해지는 시점을 범죄의 종료시기로 보아서 이때부터 공소시효를 기산하여야 한다는 검사의 주장을 배척하고, 이 경우도 <u>게재행위 즉시 범죄가 성립하고 종료한다</u>고 판단한다(대법원 2007.10.25, 2006도346).

**112** 정보통신망을 이용한 명예훼손의 경우에는 게재행위의 종료만으로 범죄행위가 종료하는 것은 아니고 원래 게시물이 삭제되어 정보의 송 · 수신이 불가능해지는 시점을 범죄의 종료시기로 보아야 한다. [경찰채용 22 1차]

**해설+** 서적·신문 등 기존의 매체에 명예훼손적 내용의 글을 게시하는 경우에 <u>그 게시행위로써 명예훼손의 범행은 종료하는 것</u>이며 그 서적이나 신문을 회수하지 않는 동안 범행이 계속된다고 보지는 않는다는 점을 고려해 보면, 정보통신망을 이용한 명예훼손의 경우에, 게시행위 후에도 독자의 접근가능성이 기존의 매체에 비하여 좀 더 높다고 볼 여지가 있다 하더라도 그러한 정도의 차이만으로 정보통신망을 이용한 명예훼손의 경우에 범죄의 종료시기가 달라진다고 볼 수는 없다(계속범이 아니라 즉시범, 대법원 2007.10.25, 2006도346).

112 (×)

**113** 한국소비자보호원을 비방할 목적으로 18회에 걸쳐서 출판물에 의하여 공연히 허위의 사실을 적시 유포함으로써 한국소비자보호원의 명예를 훼손하고 업무를 방해하였다는 각 죄는 1개의 행위가 2개의 죄에 해당하는 형법 제40조 소정의 상상적 경합의 관계에 있다.

113 (○) 대법원 1993.4.13, 92도3035

**114** 타인을 비방할 목적으로 허위의 기사자료를 그 사정을 모르는 기자에게 제공하여 신문 등에 보도하게 한 경우에는 출판물에 의한 명예훼손죄의 간접정범이 성립한다. [국가7급 13]

114 (○) 대법원 1994.4.12, 93도3535

**115** 모욕죄는 특정한 사람에 대하여 사회적 평가를 저하시킬 만한 경멸적 감정을 표현함으로써 성립하므로, 인격을 보유하는 단체라고 하더라도 피해자가 될 수 없다. [법원9급 18]

**해설+** 모욕죄는 특정한 사람 또는 인격을 보유하는 단체에 대하여 사회적 평가를 저하시킬 만한 경멸적 감정을 표현함으로써 성립하므로 그 피해자는 특정되어야 한다(대법원 2014. 3.27, 2011도15631).

115 (×) '없다' → '있다'

**116** 형법 제311조의 모욕죄의 피해자는 특정되어야 하므로 이른바 집단표시에 의한 모욕은 그 비난의 정도가 희석되지 않아 구성원 개개인의 사회적 평가를 저하시킬 만한 것으로 평가될 경우라도 구성원 개개인에 대한 모욕죄를 구성하지 않는다.                                                         [경찰채용 18 2차]

116 (×) '구성하지 않는다' → '구성한다'

**해설+** 집단표시에 의한 모욕은 비난의 정도가 희석되지 않아 구성원 개개인의 사회적 평가를 저하시킬 만한 것으로 평가될 경우에는 예외적으로 구성원 개개인에 대한 모욕이 성립할 수 있다(대법원 2014.3.27, 2011도15631).

**117** 집단표시에 의한 모욕의 경우 구성원 개개인에 대한 모욕으로 여겨질 정도로 구성원 수가 적거나 당시의 정황 등으로 보아 집단 내 개별구성원을 지칭하는 것으로 여겨질 수 있다면, 집단의 개별구성원에 대한 모욕죄가 성립한다.                                                          [경찰간부 22]

117 (O)

**해설+** 이른바 집단표시에 의한 모욕은, ㉠ 모욕의 내용이 집단에 속한 특정인에 대한 것이라고는 해석되기 힘들고, 집단표시에 의한 비난이 개별구성원에 이르러서는 비난의 정도가 희석되어 구성원 개개인의 사회적 평가에 영향을 미칠 정도에 이르지 아니한 경우에는 구성원 개개인에 대한 모욕이 성립되지 않는다고 봄이 원칙이고, ㉡ 비난의 정도가 희석되지 않아 구성원 개개인의 사회적 평가를 저하시킬 만한 것으로 평가될 경우에는 예외적으로 구성원 개개인에 대한 모욕이 성립할 수 있다. 한편 구성원 개개인에 대한 것으로 여겨질 정도로 구성원 수가 적거나 당시의 주위 정황 등으로 보아 집단 내 개별구성원을 지칭하는 것으로 여겨질 수 있는 때에는 집단 내 개별구성원이 피해자로서 특정된다고 보아야 할 것인데, 구체적인 기준으로는 집단의 크기, 집단의 성격과 집단 내에서의 피해자의 지위 등을 들 수 있다(대법원 2014.3.27, 2011도15631).

**118** '여성 아나운서'와 같이 집단 표시에 의한 구성원 개개인에 대한 명예훼손죄는 성립되지 않는 것이 원칙이고 모욕죄의 경우도 마찬가지이다.
                                                          [변호사 16]

118 (O) 대법원 2014.3.27, 2011도15631

**119** 동네사람 4명과 구청직원 2명 등이 있는 자리에서 피해자가 듣는 가운데 구청직원에게 피해자를 가리키면서 '저 망할 년 저기 오네'라고 하였다면 모욕죄가 성립한다.                                                          [법원행시 15]

119 (O) 대법원 1990.9.25, 90도873

**120** 언어적 수단이 아닌 비언어적·시각적 수단만을 사용하여 표현을 한 경우라면, 그것이 사람의 사회적 평가를 저하시킬 만한 추상적 판단이나 경멸적 감정을 전달하는 것이라 하더라도 모욕죄가 성립할 수 없다. [법원9급 23]

120 (×)

**해설+** 모욕의 수단과 방법에는 제한이 없으므로 언어적 수단이 아닌 비언어적·시각적 수단만을 사용하여 표현을 하더라도 그것이 사람의 사회적 평가를 저하시킬 만한 추상적 판단이나 경멸적 감정을 전달하는 것이라면 모욕죄가 성립한다. 최근 영상 편집·합성기술이 발전함에 따라 합성사진 등을 이용한 모욕 범행의 가능성이 높아지고 있고, 시각적 수단만을 사용한 모욕이라 하더라도 그 행위로 인하여 피해자가 입는 피해나 범행의 가벌성 정도는 언어적 수단을 사용한 경우와 비교하여 차이가 없다(대법원 2023.2.2, 2022도4719).

**보충** 위 판례는 피고인이 자신의 유튜브 채널에 甲의 방송 영상을 게시하면서 甲의 얼굴에 '개' 얼굴을 합성하는 방법으로 甲을 모욕하였다는 내용으로 기소된 사안에서, 영상의 전체적인 내용을 살펴볼 때, 피고인이 甲의 얼굴을 가리는 용도로 동물 그림을 사용하면서 甲에 대한 부정적인 감정을 다소 해학적으로 표현하려 한 것에 불과하다고 볼 여지도 상당하므로, 해당 영상이 甲을 불쾌하게 할 수 있는 표현이기는 하지만 객관적으로 甲의 인격적 가치에 대한 사회적 평가를 저하시킬 만한 모욕적 표현을 한 경우에 해당한다고 단정하기 어렵다고 본 원심판단을 수긍한 사례이다.

**121** 甲은 자신의 인터넷 채널에 A의 방송 영상을 게시하면서 A의 얼굴에 '개' 얼굴을 합성하는 방법을 사용하였는바, 그 영상의 전체적인 내용을 살펴볼 때 A의 얼굴을 가리는 용도로 동물 그림을 사용하면서 A에 대한 부정적인 감정을 다소 해학적으로 표현하려 한 것에 불과한 경우라도 이러한 행위는 모욕적 표현에 해당한다. [경찰채용 23 2차]

121 (×)

**해설+** 피고인이 피해자의 얼굴을 가리는 용도로 동물 그림을 사용하면서 피해자에 대한 부정적인 감정을 다소 해학적으로 표현하려 한 것에 불과하다고 볼 여지도 상당하므로, 해당 영상이 피해자를 불쾌하게 할 수 있는 표현이기는 하지만 객관적으로 피해자의 인격적 가치에 대한 사회적 평가를 저하시킬 만한 모욕적 표현을 한 경우에 해당한다고 단정하기는 어렵다(대법원 2023.2.2, 2022도4719).

**122** 어떠한 표현이 모욕죄의 모욕에 해당하는지는 상대방 개인의 주관적 감정이나 정서상 어떠한 표현을 듣고 기분이 나쁜지 등 명예감정을 침해할 만한 표현인지를 기준으로 판단할 것이 아니라 당사자들의 관계, 해당 표현에 이르게 된 경위, 표현방법, 당시 상황 등 객관적인 제반 사정에 비추어 상대방의 외부적 명예를 침해할 만한 표현인지를 기준으로 엄격하게 판단하여야 한다. [법원9급 23]

122 (○)

**해설+** 어떠한 표현이 모욕죄의 모욕에 해당하는지는 상대방 개인의 주관적 감정이나 정서상 어떠한 표현을 듣고 기분이 나쁜지 등 명예감정을 침해할 만한 표현인지를 기준으로 판단할 것이 아니라 당사자들의 관계, 해당 표현에 이르게 된 경위, 표현방법, 당시 상황 등 객관적인 제반 사정에 비추어 상대방의 외부적 명예를 침해할 만한 표현인지를 기준으로 엄격하게 판단하여야 한다(대법원 2022.8.31, 2019도7370).

**123** 임대아파트의 분양전환과 관련하여 임차인이 아파트 관리사무소의 방송시설을 이용하여 임차인대표회의의 전임회장을 비판하며 '전 회장의 개인적인 의사에 의하여 주택공사의 일방적인 견해에 놀아나고 있기 때문에'라고 한 행위는 모욕죄가 성립한다. [법원행시 16]

**123** (×)

해설+ 사회적으로 용납할 수 있는 비판을 가한 것으로서, 직접적으로 그의 사회적 평가를 저하시킬 만한 추상적 판단이나 그에 대한 경멸적 감정을 표현한 것으로 보기 어렵다(대법원 2008.12.11, 2008도8917).

**124** 형법 제311조의 모욕죄는 사람의 가치에 대한 사회적 평가를 의미하는 외부적 명예를 보호법익으로 하는 범죄로서, 모욕죄에서 말하는 모욕이란 사실을 적시하지 아니 하고 사람의 사회적 평가를 저하시킬 만한 추상적 판단이나 경멸적 감정을 표현하는 것을 의미한다. 따라서 어떠한 표현이 상대방의 인격적 가치에 대한 사회적 평가를 저하시킬 만한 것이 아니라면 표현이 다소 무례한 방법으로 표시되었다 하더라도 모욕죄의 구성요건에 해당한다고 볼 수 없다.

**124** (○) 대법원 2015.9.10, 2015도2229

**125** 아파트 입주자대표회의 감사인 피고인이 관리소장 갑의 외부특별감사에 관한 업무처리에 항의하기 위해 관리소장실을 방문한 자리에서 갑과 언쟁을 하다가 "야, 이따위로 일할래.", "나이 처먹은 게 무슨 자랑이냐."라고 말한 사안에서, 피고인과 갑의 관계, 피고인이 발언을 하게 된 경위와 발언의 횟수, 발언의 의미와 전체적인 맥락, 발언을 한 장소와 발언 전후의 정황 등에 비추어 볼 때, 피고인의 발언은 상대방을 불쾌하게 할 수 있는 무례하고 저속한 표현이기는 하지만 객관적으로 갑의 인격적 가치에 대한 사회적 평가를 저하시킬 만한 모욕적 언사에 해당하지 않는다. [법원행시 16]

**125** (○) 대법원 2015.9.10, 2015도2229

**126** 피고인은 택시 기사와 요금 문제로 시비가 벌어져 112 신고를 한 후, 신고를 받고 출동한 서울동작경찰서 소속 경찰관인 피해자에게 늦게 도착한 데에 항의하는 과정에서 경찰관에게 "아이 씨발!"이라고 말한 것은 모욕죄가 성립하지 않는다.

**126** (○) 직접적으로 피해자를 특정하여 그의 인격적 가치에 대한 사회적 평가를 저하시킬 만한 경멸적 감정을 표현한 모욕적 언사에 해당한다고 단정하기는 어렵다(대법원 2015.12.24, 2015도6622).

**127** A주식회사 해고자 신분으로 노동조합 사무장직을 맡아 노조활동을 하는 甲이 노사 관계자 140여 명이 있는 가운데 큰 소리로 자신보다 15세 연장자인 A회사 부사장 B를 향해 "야 ○○아, ○○이 여기 있네, 니 이름이 ○○이잖아, ○○아 나오니까 좋지?" 등으로 여러 차례 B의 이름을 부른 경우에는 모욕죄가 성립한다. [경찰채용 22 2차]

> **해설+** 甲 주식회사 해고자 신분으로 노동조합 사무장직을 맡아 노조활동을 하는 피고인이 노사 관계자 140여 명이 있는 가운데 큰 소리로 피고인보다 15세 연장자로서 甲 회사 부사장인 乙을 향해 "야 ○○아, ○○이 여기 있네, 니 이름이 ○○이잖아, ○○아 나오니까 좋지?" 등으로 여러 차례 乙의 이름을 불러 乙을 모욕하였다는 내용으로 기소된 경우, 제반 사정을 종합하면, 피고인의 위 발언은 상대방을 불쾌하게 할 수 있는 무례하고 예의에 벗어난 표현이기는 하지만 객관적으로 乙의 인격적 가치에 대한 사회적 평가를 저하시킬 만한 모욕적 언사에 해당하지 않는다(대법원 2018.11.29, 2017도2661).

**127** (×)

**128** 甲이 인터넷 포털 사이트의 'A추진운동본부'에 접속하여 '자칭 타칭 B 하면 떠오르는 키워드!!!'라는 제목의 게시글에 '공황장애 ㅋ'라는 댓글을 게시한 경우에는 모욕죄가 성립한다. [경찰채용 22 2차]

> **해설+** 피고인이 댓글로 게시한 '공황장애 ㅋ'라는 표현이 상대방을 불쾌하게 할 수 있는 무례한 표현이기는 하나, 상대방의 인격적 가치에 대한 사회적 평가를 저하시킬 만한 표현에 해당한다고 보기는 어렵다(대법원 2018.5.30, 2016도20890).

**128** (×)

**129** 어떤 글이 특히 모욕적인 표현을 포함하는 판단 또는 의견의 표현을 담고 있는 경우에도 그 시대의 건전한 사회통념에 비추어 그 표현이 사회상규에 위배되지 않는 행위로 볼 수 있는 때에는 형법 제20조에 의하여 예외적으로 위법성이 조각된다. [법원행시 15]

**129** (○) 대법원 2008.7.10, 2008 도1433

**130** 골프클럽 경기보조원들의 구직편의를 위해 제작된 인터넷 사이트 내 회원 게시판에 특정 골프클럽에서 운영된 징벌적 근무제도의 불합리성 및 불공정성을 비난하는 글을 게시하면서 그 클럽 담당자에 대하여 한심하고 불쌍한 인간이라는 등 경멸적 표현을 한 경우 「형법」 제20조의 정당행위에 해당한다. [국가7급 13] [법원행시 16]

**130** (○) 이는 사회상규의 위배 되지 아니하는 행위로서 형법 제20조에 의해 위법성이 조각된다 (대법원 2008.7.10, 2008도1433).

131 제품의 안정성에 논란이 많은 가운데 인터넷 신문사 소속 기자 A가 인터넷 포탈 사이트의 '핫이슈'난에 제품을 옹호하는 기사를 게재하자 그 기사를 읽은 상당수의 독자들이 '네티즌 댓글'난에 A를 비판하는 댓글을 달고 있는 상황에서 甲이 "이런 걸 기레기라고 하죠?"라는 댓글을 게시한 경우, 이는 모욕적 표현에 해당하나 사회상규에 위배되지 않는 행위로서 형법 제20조에 의하여 위법성이 조각된다. [경찰채용 21 2차] [국가9급 22]

131 (O)

**해설+** 어떤 글이 모욕적 표현을 담고 있는 경우에도 그 글이 객관적으로 타당성이 있는 사실을 전제로 하여 그 사실관계나 이를 둘러싼 문제에 관한 자신의 판단과 피해자의 태도 등이 합당한가 하는 데 대한 자신의 의견을 밝히고, 자신의 판단과 의견이 타당함을 강조하는 과정에서 부분적으로 모욕적인 표현이 사용된 것에 불과하다면 사회상규에 위배되지 않는 행위로서 형법 제20조에 의하여 위법성이 조각될 수 있다. 그리고 특정 사안에 대한 의견을 공유하는 인터넷 게시판 등의 공간에서 작성된 단문의 글에 모욕적 표현이 포함되어 있더라도, 그 글이 동조하는 다른 의견들과 연속적·전체적인 측면에서 볼 때, 그 내용이 객관적으로 타당성이 있는 사정에 기초하여 관련 사안에 대한 자신의 판단 내지 피해자의 태도 등이 합당한가 하는 데 대한 자신의 의견을 강조하거나 압축하여 표현한 것이라고 평가할 수 있고, 그 표현도 주로 피해자의 행위에 대한 것으로서 지나치게 악의적이지 않다면, 다른 특별한 사정이 없는 한 그 글을 작성한 행위는 사회상규에 위배되지 않는 행위로서 위법성이 조각된다고 보아야 한다(대법원 2021.3.25, 2017도17643).

132 인터넷 등 공간에서 작성된 단문의 글이라고 하더라도, 그 내용이 자신의 의견을 강조하거나 압축하여 표현한 것이라고 평가할 수 있고 표현도 지나치게 모욕적이거나 악의적이지 않다면 「형법」 제20조에 의하여 위법성이 조각될 수 있다. [경찰채용 23 2차]

132 (O)

**해설+** 인터넷 등 공간에서 작성된 단문의 글이라고 하더라도, 그 내용이 자신의 의견을 강조하거나 압축하여 표현한 것이라고 평가할 수 있고 표현도 지나치게 모욕적이거나 악의적이지 않다면 마찬가지로 위법성이 조각될 가능성이 크다(대법원 2022.10.27, 2019도14421).

**133** 甲은 동기생들만 참여대상으로 하는 단체채팅방에서 상관인 乙을 지칭하여 '도라이'라는 글을 게시하였다. 甲의 행위는 군형법상 상관모욕죄를 구성한다.

> **해설+** 공연히 타인을 모욕한 경우에 이를 처벌하는 것은 사람의 인격적 가치에 대한 사회적 평가 즉 외부적 명예를 보호하기 위함이다. 반면에 모욕죄의 형사처벌은 표현의 자유를 제한하고 있으므로(헌법재판소 2013.6.17, 2012헌바37), 어떠한 글이 모욕적 표현을 포함하는 판단이나 의견을 담고 있을 경우에도 그 시대의 건전한 사회통념에 비추어 살펴보아 그 표현이 사회상규에 위배되지 않는 행위로 볼 수 있는 때에는 형법 제20조의 정당행위에 해당하여 위법성이 조각된다고 보아야 하고(대법원 2005.12.23, 2005도1453 등), 이로써 표현의 자유로 획득되는 이익 및 가치와 명예 보호에 의하여 달성되는 이익 및 가치를 적절히 조화할 수 있다(위 헌법재판소 2012헌바37; 2020. 12.23, 2017헌바456·475·487, 2018헌바114·351(병합) 등). … 피고인이 해군 부사관 동기생의 단체채팅방에서 한 이 사건 표현은 동기 교육생들끼리 고충을 토로하고 의견을 교환하는 사이버공간에서 상관인 피해자에 대하여 일부 부적절한 표현을 사용하게 된 것에 불과하고 이로 인하여 군의 조직질서와 정당한 지휘체계가 문란하게 되었다고 보이지 않으므로, 이러한 행위는 사회상규에 위배되지 않는다고 보는 것이 타당하다(모욕죄의 구성요건에는 해당하나 사회상규에 위배되지 아니하는 행위로서 위법성 조각, 대법원 2021.8.19, 2020도14576).

**134** 부사관 교육생 甲이 동기들과 함께 사용하는 단체채팅방에서 지도관 A가 목욕탕 청소 담당에게 과실 지적을 많이 한다는 이유로 "도라이 ㅋㅋㅋ 습기가 그렇게 많은데"라는 글을 게시한 경우에는 모욕죄가 성립한다.

[경찰채용 22 2차]

> **해설+** 부사관 교육생이던 피고인이 동기들과 함께 사용하는 단체채팅방에서 지도관이던 피해자가 목욕탕 청소 담당에게 과실 지적을 많이 한다는 이유로 "도라이 ㅋㅋㅋ 습기가 그렇게 많은데"라는 글을 게시하여 공연히 상관인 피해자를 모욕하였다는 내용으로 기소된 사안에서, '도라이'는 상관인 피해자를 경멸적으로 비난한 것으로 모욕적인 언사라고 볼 수 있으나, 피고인의 위 표현은 동기 교육생들끼리 고충을 토로하고 의견을 교환하는 사이버공간에서 상관인 피해자에 대하여 일부 부적절한 표현을 사용하게 된 것에 불과하고 이로 인하여 군의 조직질서와 정당한 지휘체계가 문란하게 되었다고 보이지 않으므로, 이러한 행위는 사회상규에 위배되지 않는다(대법원 2021.8.19, 2020도14576).

**135** 甲이 소속 노동조합 위원장 A를 '어용', '앞잡이' 등으로 지칭하여 표현한 현수막, 피켓 등을 장기간 반복하여 일반인의 왕래가 잦은 도로변 등에 게시한 경우에는 모욕죄가 성립한다.

[경찰채용 22 2차]

> **해설+** 피고인들이 소속 노동조합 위원장 甲을 '어용', '앞잡이' 등으로 지칭하여 표현한 현수막, 피켓 등을 장기간 반복하여 일반인의 왕래가 잦은 도로변 등에 게시한 경우, '어용'이란 자신의 이익을 위하여 권력자나 권력 기관에 영합하여 줏대 없이 행동하는 것을 낮잡아 이르는 말, '앞잡이'란 남의 사주를 받고 끄나풀 노릇을 하는 사람을 뜻하는 말로서 언제나 위 표현들이 지칭된 상대방에 대한 모욕에 해당한다거나 사회상규에 비추어 허용되지 않는 것은 아니지만, 제반 사정에 비추어 피고인들의 위 행위는 甲에 대한 모욕적 표현으로서 사회상규에 위배되지 않는 행위로 보기 어렵다(대법원 2021.9.9, 2016도88).

CHAPTER 03 명예와 신용에 대한 죄 **133**

**136** 甲이 인터넷 포털사이트 뉴스 댓글난에 연예인 A를 '국민호텔녀'로 지칭하는 댓글을 게시한 행위는 A를 성적 대상화하는 방법으로 비하하는 것으로서 A의 사회적 평가를 저하시킬 만한 모멸적인 표현으로 평가할 수 있지만, 정당한 비판의 범위를 벗어나지 않은 것으로서 정당행위에 해당한다.

[경찰경채 23]

136 (×)

**해설+** 피고인이 인터넷 포털사이트 뉴스 댓글난에 연예인인 피해자를 '국민호텔녀'로 지칭하는 댓글을 게시하여 모욕죄로 기소된 경우, '국민호텔녀'라는 표현은 피해자의 사생활을 들추어 피해자가 종전에 대중에게 호소하던 청순한 이미지와 반대의 이미지를 암시하면서 피해자를 성적 대상화하는 방법으로 비하하는 것으로서 여성 연예인인 피해자의 사회적 평가를 저하시킬 만한 모멸적인 표현으로 평가할 수 있고, 정당한 비판의 범위를 벗어난 것으로서 정당행위로 보기도 어렵다(대법원 2022.12.15, 2017도19229).

## 2 │ 신용 · 업무와 경매에 관한 죄

📎 **대표유형**

퀵서비스 운영자가 배달업무를 하면서, 손님의 불만이 예상되는 경우에 평소 경쟁관계에 있는 피해자 운영의 퀵서비스 명의로 된 영수증을 작성·교부함으로써 손님들로 하여금 불친절하고 배달을 지연시킨 사업체가 피해자 운영의 퀵서비스인 것처럼 인식하게 하였더라도 신용훼손죄가 성립하지 않는다. [사시 16]

(○) 대법원 2011.5.13, 2009도5549

📎 **대표유형**

다른 사람이 작성한 논문을 자신의 단독 혹은 공동으로 작성한 논문인 것처럼 학술지에 제출하여 발표한 논문연구실적을 부교수 승진심사 서류에 포함하여 제출하였지만, 당해 논문을 제외한 다른 논문만으로도 부교수 승진 요건을 월등히 충족하고 있었다면 위계에 의한 업무방해죄가 성립하지 아니한다. [경찰채용 21 2차] [경찰간부 23]

(×) 당해 논문을 제외한 다른 논문만으로도 부교수 승진 요건을 월등히 충족하고 있었다는 등의 사정만으로는 승진심사 업무의 적정성이나 공정성을 해할 위험성이 없었다고 단정할 수 없다(대법원 2009.9.10, 2009도4772).

📎 **대표유형**

업무방해죄의 위력은 원칙적으로 피해자에게 행사되어야 하므로, 그 위력행사의 상대방이 피해자가 아닌 제3자인 경우 그로 인하여 피해자의 자유의사가 제압될 가능성이 직접적으로 발생함으로써 이를 실질적으로 피해자에 대한 위력의 행사와 동일시할 수 있는 특별한 사정이 있는 경우가 아니라면 피해자에 대한 업무방해죄가 성립한다고 볼 수 없다.

(○)

**해설+** 인터넷카페의 운영진인 피고인들이 카페 회원들과 공모하여, 특정 신문들에 광고를 게재하는 광고주들에게 불매운동의 일환으로 지속적·집단적으로 항의전화를 하거나 항의글을 게시하는 등의 방법으로 광고중단을 압박한 경우, 피고인들의 행위가 광고주들에 대하여는 업무방해죄의 위력에 해당하지만, 신문사들에 대하여는 직접적인 위력의 행사가 있었다고 보기에 부족하다(대법원 2013.3.14, 2010도410).

**137** 형법상 신용훼손죄는 허위사실의 유포 기타 위계로써 사람의 신용을 훼손함으로써 성립하는 범죄이다. [법원9급 14]

**137** (O) 제313조

**138** 형법 제313조에 정한 신용훼손죄에서의 '신용'은 경제적 신용, 즉 사람의 지불능력 또는 지불의사에 대한 사회적 신뢰를 의미한다. [법원9급 12]

**138** (O)

**해설+** '신용'은 경제적 신용, 즉 사람의 지불능력 또는 지불의사에 대한 사회적 신뢰를 말하는 것이다(대법원 1969.1.21, 68도1660).

**139** 피고인의 단순한 의견이나 가치판단을 표시하는 것은 형법상 신용훼손죄에서의 '허위사실의 유포'에 해당하지 않는다. [법원9급 14]

**139** (O)

**해설+** 공소외 甲이 계주로서 계 불입금을 모아서 도망가더라도 책임지고 도와줄 사람이 없다는 취지의 피고인의 말은 개인적 의견이나 평가를 진술한 것에 불과하여 이를 허위사실의 유포라고 볼 수 없다(대법원 1983.2.8, 82도2486).

**140** A는 남편이 사망한 후 세 자녀를 데리고 계주를 해가며 어렵게 살아가던 중, 계의 운영이 어려워지자 甲에게 빚을 지고 가재도구까지 담보로 설정하여 놓았다. A가 계속적으로 빚을 못갚자 甲은 A의 계운영권이라도 인수받아 운영하기로 마음먹고, 계원들이 있는 자리에서 "A는 과부의 몸이고, 계금을 모아서 도망가더라도 어느 한 사람 책임지고 도와줄 사람이 없으니 계금을 A에게 주지 말고 나에게 달라."고 하였다. 甲의 죄책은 신용훼손죄에 해당한다. [경찰간부 13]

**140** (×)

**해설+** 피해자가 집도, 남편도 없는 과부라고 말한 것이 허위사실이 될 수 없고, 또 피해자가 계주로서 계불입금을 모아서 도망가더라도 책임지고 도와줄 사람이 없다는 취지의 피고인의 말은 피고인의 피해자 계주에 대한 개인적 의견이나 평가를 진술한 것에 불과하여 이를 허위사실의 유포라고 볼 수 없다(대법원 1983.2.8, 82도2486).

**141** 업무방해죄는 널리 업무의 경영을 저해하는 경우에도 성립하고, 업무로서 행해져 온 회사의 경영행위에는 그 목적 사업의 직접적인 수행뿐만 아니라 그 확장, 축소, 전환, 폐지 등의 행위도 정당한 경영권 행사의 일환으로서 이에 포함된다. [사시 12]

**141** (O) 대법원 2005.4.15, 2004도8701

**142** 경비원이 상사의 명령에 의하여 일시적으로 수행하는 유인물의 배부행위는 설사 계속적인 직무권한에 속하지 아니한 일시적인 것이라 할지라도 업무방해죄의 업무에 해당한다. [경찰채용 14]

(O) 대법원 1971.5.24, 71도399

**143** 건물의 전차인이 임대인의 승낙 없이 전차하였다면 전차인의 전차장소에서의 음식점 영업은 업무방해죄에 의하여 보호받는 업무라고 볼 수 없다. [법원행시 14]

143 (×) '없다' → '있다'

> **해설+** 전차인이 그동안 평온하게 음식점 등 영업을 하면서 점유를 계속하여 온 이상 위 전차인의 업무를 업무방해죄에 의하여 보호받지 못하는 권리라고 단정할 수 없다(대법원 1986.12.23, 86도1372).

**144** 종중 회장으로서의 사회적인 지위에서 계속적으로 행하여 온 종중 업무수행의 일환으로 행하여진 것이라도, 그것이 종중 정기총회에서 의사진행업무와 같은 1회성 업무인 경우에는 업무방해죄에 의하여 보호되는 업무에 해당하지 않는다. [법원9급 13 변형] [변호사 23]

144 (×)

> **해설+** 종중 정기총회를 주재하는 종중 회장의 의사진행업무 자체는 1회성을 갖는 것이라고 하더라도 그것이 종중 회장으로서의 사회적인 지위에서 계속적으로 행하여 온 종중 업무수행의 일환으로 행하여진 것이라면, 그와 같은 의사진행업무도 형법 제314조 소정의 업무방해죄에 의하여 보호되는 업무에 해당되고, 또 종중 회장의 위와 같은 업무는 종중원들에 대한 관계에서는 타인의 업무이다(대법원 1995.10.12, 95도1589).

**145** 한국도로공사가 고속도로 통행료 자동징수시스템을 도입하기로 결정하고 제조구매 입찰을 실시하면서 업체선정을 위한 현장성능시험을 시행하였는데, 당시 입찰에 참가한 회사의 하이패스 시스템이 시험에 관한 기본가정 내지 도로공사의 제안요청서상 요구되는 기술적 조건을 충족하지 못하였고 입찰참여조건을 위반하여 성능시험 자체가 부적합한 것으로 드러났다면, 도로공사의 위 성능시험 업무는 업무방해죄의 보호대상이 된다고 보기 어렵다.

145 (×) 위 시험의 개시나 수행과정에서의 하자 정도가 반사회성을 띠는 데까지 이르렀다고 볼 수 없다는 이유로, 도로공사의 위 성능시험 업무는 업무방해죄의 보호대상이 된다(대법원 2010.5.27, 2008도2344).

**146** 전국철도노동조합이 파업을 예고한 상황에서 파업 예정일 하루 전에 사용자인 한국철도공사측 교섭위원 甲이 산하 차량정비단 직원들을 상대로 설명회 등 특별교육을 실시하려고 하자, 노동조합 간부인 피고인들 등이 직원들의 교육장 진입을 막는 등 위력으로 甲의 업무를 방해한 행위는 업무방해죄가 성립한다. [경찰간부 15]

> **해설＋** 사용자 또한 자신의 의견을 표명할 수 있는 자유를 가지고 있으므로, 사용자가 노동조합의 활동에 대하여 단순히 비판적 견해를 표명하거나 근로자를 상대로 집단적인 설명회 등을 개최하여 회사의 경영상황 및 정책방향 등 입장을 설명하고 이해를 구하는 행위 또는 비록 파업이 예정된 상황이라 하더라도 그 파업의 정당성과 적법성 여부 및 파업이 회사나 근로자에 미치는 영향 등을 설명하는 행위는 거기에 징계 등 불이익의 위협 또는 이익제공의 약속 등이 포함되어 있거나 다른 지배·개입의 정황 등 노동조합의 자주성을 해칠 수 있는 요소가 연관되어 있지 않는 한, 사용자에게 노동조합의 조직이나 운영 및 활동을 지배하거나 이에 개입하는 의사가 있다고 가볍게 단정할 것은 아니라 할 것이다. 따라서 위 순회설명회 등 특별교육은 업무방해죄의 보호대상인 업무에 해당한다 (대법원 2013.1.10, 2011도15497; 2013.1.31, 2012도3475).

**147** 甲이 무자격자에 의해 개설된 의료기관에 고용된 의료인 A의 진료업무를 방해한 경우, A의 진료업무가 업무방해죄의 보호대상이 되는 업무에 해당하여 甲을 업무방해죄로 처벌하기 위해서는 의료기관의 개설·운영 형태, 해당 의료기관에서 이루어지는 진료의 내용과 방식, 甲의 행위로 인하여 방해되는 업무의 내용 등 사정을 종합적으로 고려하여 판단해야 한다. [경찰간부 23]

> **해설＋** 무자격자에 의해 개설된 의료기관에 고용된 의료인이 환자를 진료한다고 하여 그 진료행위 또한 당연히 반사회성을 띠는 행위라고 볼 수는 없다. 이때 의료인의 진료업무가 업무방해죄의 보호대상이 되는 업무인지는 의료기관의 개설·운영 형태, 해당 의료기관에서 이루어지는 진료의 내용과 방식, 피고인의 행위로 인하여 방해되는 업무의 내용 등 사정을 종합적으로 고려하여 판단해야 한다 (대법원 2023.3.16, 2021도16482).

**148** 법원의 직무집행정지 가처분결정에 의하여 직무집행이 정지된 자가 법원의 결정에 반하여 직무를 수행함으로써 업무를 계속 행하는 경우 그 업무는 국법질서와 재판의 존엄성을 무시하는 것으로서 사실상 평온하게 이루어지는 사회적 활동의 기반이 되는 것이라 할 수 없고, 비록 그 업무가 반사회성을 띠는 경우라고까지는 할 수 없다고 하더라도 법적 보호라는 측면에서는 그와 동등한 평가를 받을 수밖에 없으므로, 그 업무자체는 법의 보호를 받을 가치를 상실하였다고 하지 않을 수 없어 업무방해죄에서 말하는 업무에 해당하지 않는다. [국가7급 17] [법원9급 18 변형]

**149** 의료인이나 의료법인이 아닌 자가 의료기관을 개설하여 운영하는 행위는 그 위법의 정도가 중하여 사회생활상 도저히 용인될 수 없는 정도로 반사회성을 띠고 있으므로 업무방해죄의 보호대상이 되는 '업무'에 해당하지 않는다. [법원행시 10]

149 (○) 대법원 2001.11.30, 2001도2015

**150** 회사의 주주로서 주주총회에서 의결권을 행사하는 것은 주식의 보유자로서 그 자격에서 권리를 행사하는 것이므로 주주총회에서 주주의 의결권 행사를 방해하는 경우에는 업무방해죄가 성립한다.
[경찰간부 17] [국가7급 17] [법원9급 13 변형] [사시 11]

150 (×) '것이므로' → '것에 불과 할 뿐이므로', '성립한다' → '성립하지 않는다'

> **해설+** 주주로서 주주총회에서 의결권 등을 행사하는 것은 직업 기타 사회생활상의 지위에 기하여 계속적으로 종사하는 사무 또는 사업인 '업무'에 해당한다고 할 수 없다(대법원 2004.10.28, 2004도1256).

**151** 공인중개사가 아닌 사람이 영위하는 부동산중개업은 업무방해죄의 보호대상인 업무에 해당하지 않는다. [경찰간부 14]

151 (○) 대법원 2007.1.12, 2006도6599

**152** 공인중개사 甲이 공인중개사가 아닌 A와 동업하여 중개사무소를 운영하다가 동업관계가 종료된 후, 자신의 명의로 등록되어 있는 지위를 이용하여 임의로 폐업신고를 하였다면 위력에 의한 업무방해죄가 성립한다.
[경찰승진 22]

152 (×)

> **해설+** 공인중개사인 피고인이 자신의 명의로 등록되어 있으나 실제로는 공인중개사가 아닌 피해자가 주도적으로 운영하는 형식으로 동업하여 중개사무소를 운영하다가 위 동업관계가 피해자의 귀책사유로 종료되고 피고인이 동업관계의 종료로 부동산중개업을 그만두기로 한 경우, 피해자의 중개업은 법에 의하여 금지된 행위로서 형사처벌의 대상이 되는 범죄행위에 해당하는 것으로서 업무방해죄의 보호대상이 되는 업무라고 볼 수 없다(대법원 2007.1.12, 2006도6599).

**153** 폭력조직 간부가 조직원들과 공모하여 타인이 운영하는 성매매업소 앞에 속칭 '병풍'을 치거나 차량을 주차해 놓는 등 위력으로써 성매매업을 방해한 경우 업무방해죄로 처벌할 수 없다. [변호사 13]

153 (○)

> **해설+** 성매매알선 등 행위는 형사처벌의 대상이 되는 중대한 범죄행위일 뿐 아니라 반사회성을 띠는 경우에 해당하므로 업무방해죄의 보호대상이 되는 업무라고 볼 수 없다(대법원 2011.10.13, 2011도7081).

**154** 형법상 업무방해죄의 보호대상이 되는 '업무'라 함은 직업 기타 사회생활상의 지위에 기하여 계속적으로 종사하는 사무 또는 사업을 말하는 것인데, 초등학생들이 학교에 등교하여 교실에서 수업을 듣는 것은 헌법 제31조가 정하고 있는 무상으로 초등교육을 받을 권리 및 초·중등교육법 제12, 13조가 정하고 있는 국가의 의무교육 실시의 무와 부모들의 취학의무 등에 기하여 학생들 본인의 권리를 행사하는 것이거나 국가 내지 부모들의 의무를 이행하는 것에 불과할 뿐 그것이 '직업 기타 사회생활상의 지위에 기하여 계속적으로 종사하는 사무 또는 사업'에 해당한다고 할 수 없다.

[경찰간부 14 변형] [법원행시 14 변형]

154 (○) 대법원 2013.6.14, 2013도3829

**155** 업무방해죄와 공무집행방해죄는 그 보호법익과 보호대상이 상이할 뿐만 아니라 업무방해죄의 행위유형에 비하여 공무집행방해죄의 행위유형은 보다 제한되어 있는 점 등에 비추어 보면, 형법이 업무방해죄와는 별도로 공무집행방해죄를 규정하고 있는 것은 사적 업무와 공무를 구별하여 공무에 관해서는 공무원에 대한 폭행, 협박 또는 위계의 방법으로 그 집행을 방해하는 경우에 한하여 처벌하겠다는 취지라고 보아야 할 것이고, 따라서 공무원이 직무상 수행하는 공무를 방해하는 행위에 대해서는 업무방해죄로 의율할 수는 없다.

[법원9급 13 변형]

155 (○) 대법원 2010.2.25, 2008도9049

**156** X시의 시장 A와 Y회사 관계자 등이 'Y회사 공장 유치 확정'에 관한 기자회견을 하려고 하자, 甲이 다른 사람들과 공모하여 위력으로써 기자회견을 방해한 경우, X시의 시장 A의 기자회견은 공무원이 직무상 수행하는 공무에 해당하므로 甲의 행위는 A에 대하여는 업무방해죄가 성립하지 않는다.

[사시 14]

156 (○)

**해설+** 공무에 관해서는 공무원에 대한 폭행, 협박 또는 위계의 방법으로 그 집행을 방해하는 경우에 한하여 처벌하겠다는 취지라고 보아야 할 것이고, 따라서 공무원이 직무상 수행하는 공무를 방해하는 행위에 대해서는 업무방해죄로 의율할 수는 없다(대법원 2011.7.28, 2009도11104).

**157** 업무방해죄에서 행위의 객체는 타인의 업무이고, 여기서 말하는 '타인'에는 법인 이외의 자연인·법인 또는 법인격 없는 단체가 모두 포함된다.

[법원9급 23]

157 (○)

**해설+** 업무방해죄에 있어서 행위의 객체는 타인의 업무이고, 여기서 타인이라 함은 법인 이외의 자연인과 법인 및 법인격 없는 단체를 가리킨다(대법원 2007.12.27, 2005도6404).

**158** 학칙에 따라 입학에 관한 업무가 총장 甲의 권한에 속한다고 하더라도 그 중 면접업무가 면접위원 A에게 위임되었다면, 그 위임된 업무는 A의 독립된 업무에 속하므로 甲과의 관계에서도 업무방해죄의 객체인 타인의 업무에 해당한다.

[경찰간부 23]

**158** (O)

해설+ △△△대 학칙 등에 따라 △△△대의 입학에 관한 업무가 총장인 피고인 3의 권한에 속한다고 하더라도, 그중 면접업무는 면접위원들에게, 신입생 모집과 사정업무는 교무위원들에게 각 위임되었고, 그 수임자들은 각자의 명의와 책임으로 수임받은 권한을 행사하여야 한다. 따라서 위와 같이 위임된 업무는 면접위원들 및 교무위원들의 독립된 업무에 속하고, 총장인 피고인 3과의 관계에서도 타인의 업무에 해당한다(대법원 2018.5.15, 2017도19499).

**159** 업무방해죄에서 '허위사실의 유포'란 객관적으로 진실과 부합하지 않는 사실을 유포하는 것으로서 단순한 의견이나 가치판단을 표시하는 것은 이에 해당하지 않는다.

**159** (O) 대법원 2021.9.30, 2021도6634

**160** 의견표현과 사실 적시가 혼재되어 있는 경우에는 이를 전체적으로 보아 허위사실을 유포하여 업무를 방해한 것인지 등을 판단해서는 안 되고, 의견표현과 사실 적시 부분을 분리하여 별개로 범죄의 성립 여부를 판단하여야 한다.

**160** (×)

해설+ 의견표현과 사실 적시가 혼재되어 있는 경우에는 이를 전체적으로 보아 허위사실을 유포하여 업무를 방해한 것인지 등을 판단해야지, 의견표현과 사실 적시 부분을 분리하여 별개로 범죄의 성립 여부를 판단해서는 안 된다(대법원 2005.6.10, 2005도89; 2021.9.30, 2021도6634).

**161** 업무방해죄의 행위태양인 허위사실의 유포와 관련하여, 반드시 기본적 사실이 거짓이어야 하는 것은 아니고 비록 기본적 사실은 진실이더라도 이에 거짓이 덧붙여져 타인의 업무를 방해할 위험이 있는 경우도 업무방해에 해당하나, 그 내용 전체의 취지를 살펴볼 때 중요한 부분이 객관적 사실과 합치되고 단지 세부적으로 약간의 차이가 있거나 다소 과장된 표현이 있는 정도에 지나지 않아 타인의 업무를 방해할 위험이 없는 경우는 이에 해당하지 않는다.

**161** (O) 대법원 2006.9.8, 2006도1580 등; 2021.9.30, 2021도6634

**162** 위계에 의한 업무방해죄에서 '위계'란 행위자가 행위목적을 달성하기 위하여 상대방에게 오인, 착각 또는 부지를 일으키게 하여 이를 이용하는 것을 말하고, 업무방해죄의 성립에는 업무방해의 결과가 실제로 발생함을 요하지 않고 업무방해의 결과를 초래할 위험이 발생하면 족하며, 업무수행 자체가 아니라 업무의 적정성 내지 공정성이 방해된 경우에도 업무방해죄가 성립한다고 할 것이다.

[법원9급 15]

162 (○) 대법원 2010.3.25, 2009도8506; 2013.11.28, 2013도5117

**163** 위계에 의한 업무방해죄에서 '위계'란 상대방에게 오인, 착각 또는 부지를 일으키게 하여 업무수행 자체를 방해하는 것을 말하며, 그로써 업무의 적정성 내지 공정성이 방해된 정도에 그친 데 불과하다면 업무방해죄가 성립하지 않는다.

[경찰승진 22]

163 (×)

> **해설+** 위계에 의한 업무방해죄에서 '위계'란 행위자가 행위목적을 달성하기 위하여 상대방에게 오인, 착각 또는 부지를 일으키게 하여 이를 이용하는 것을 말하고, 업무방해죄의 성립에는 업무방해의 결과가 실제로 발생함을 요하지 않고 업무방해의 결과를 초래할 위험이 발생하면 족하며, 업무수행 자체가 아니라 업무의 적정성 내지 공정성이 방해된 경우에도 업무방해죄가 성립한다(대법원 2013.11.28, 2013도5117).

**164** 입시학원 강사인 甲은 A사립대학에 재직 중인 입학처장 乙에게 요청하여 A대학의 신입생전형 논술시험문제를 전자우편으로 전송받았다. 甲은 공모에 따라 A대학에 진학하고자 하는 학생들에게 시험문제와 답안을 알려 주었고, 학생들은 답안지를 그대로 작성하여 그 정을 모르는 시험감독관에게 제출하였다면 甲은 위계로써 입시감독업무를 방해하였으므로 업무방해죄가 성립한다.

[변호사 17]

164 (○) 대법원 1991.11.12, 91도2211

**165** 타인 명의로 허위의 학력과 경력을 기재한 이력서를 작성하고, 그 타인의 고등학교 생활기록부 등 관련 서류를 작성·제출하여 응시자의 지능과 경험, 교육정도 등을 감안하여 적격여부를 판단하는 A회사의 채용시험에 합격하였다면, A회사의 채용업무를 위계에 의하여 방해하였다고 보아야 한다.

[변호사 17]

165 (○) 대법원 1992.6.9, 91도2221

166 甲과 乙이 공모하여, 甲은 A고등학교의 학생 丙이 약 10개월 동안 총 84시간의 봉사활동을 한 것처럼 허위로 기재된 봉사활동확인서를 발급받아 乙에게 교부하고, 乙은 이를 丙의 담임교사를 통하여 A학교에 제출하여 丙이 학교장 명의의 봉사상을 수상하게 한 경우, 甲과 乙에게는 업무방해죄가 성립한다.　　　　　　　　　　　　　　　　　　　[경찰채용 22 2차]

166 (O) 대법원 2020.9.24, 2017도19283

167 노동조합 간부들이 회사와 협의 없이 일방적으로 휴무를 결정한 후 유인물을 배포하여 유급휴일로 오인한 근로자들이 출근하지 아니하여 공장의 가동을 불능케 한 것은 위계에 의한 업무방해죄에 해당한다.　　[법원행시 14]

167 (O)

**해설+** 피고인들이 유급휴일로 오인하여 출근하지 않도록 함으로써 위 회사 인천공장의 정상가동을 불능케 하였다면, 이는 위계에 의한 업무방해죄를 구성한다고 보아야 할 것이다(대법원 1992.3.31, 92도58).

168 사립대학교 대학원생 甲은 석사학위 취득을 목적으로 타인에게 전체 논문의 초안 작성을 의뢰하고, 그에 따라 작성된 논문의 내용에 약간의 수정만을 가하였으면서도 자신이 직접 작성한 것처럼 속이고 지도교수에게 논문을 제출하여 심사를 통과하였다. 甲의 행위는 업무방해죄가 성립한다.　　　　　　　　　　　　　　　　　　　　　　　　　　　　[국가7급 17]

168 (O)

**해설+** 단순히 통계처리와 분석, 또는 외국자료의 번역과 타자만을 타인에게 의뢰한 것이 아니라 전체 논문의 초안 작성을 의뢰하고, 그에 따라 작성된 논문의 내용에 약간의 수정만을 가하여 제출하였음이 인정되어 업무방해죄를 구성한다(대법원 1996.7.30, 94도2708).

169 주한외국영사관에 비자 발급을 신청함에 있어서 허위의 사실을 기재한 신청서와 이를 입증할 다른 허위자료까지 제출하고 공범으로 하여금 비자면접 때 그에 맞추어 허위의 답변을 하도록 연습을 시킨 경우 위계에 의한 업무방해죄가 성립된다.　　　　　　　　　　　　　　　　　　　[경찰승진 12]

169 (O) 대법원 2004.3.26, 2003도7927

170   특정 회사가 제공하는 게임사이트에서 정상적인 포커게임을 하고 있는 것처럼 가장하면서 통상적인 업무처리 과정하에서 적발해 내기 어려운 사설 프로그램을 이용하여 약관상 양도가 금지되는 포커머니를 약속된 상대방에게 이전해 준 경우 업무방해죄가 인정된다.   [사시 10]

170 (○) 대법원 2009.10.15. 2007도9334

171   수산업협동조합의 신규직원 채용에 응시한 A와 B가 필기시험에서 합격선에 못 미치는 점수를 받게 되자, 채점업무 담당자들이 조합장인 피고인의 지시에 따라 점수 조작행위를 통하여 이들을 필기시험에 합격시킴으로써 필기시험 합격자를 대상으로 하는 면접시험에 응시할 수 있도록 한 사안에서, 위 점수조작행위에 공모 또는 양해하였다고 볼 수 없는 일부 면접위원들이 조합의 신규직원 채용업무로서 수행한 면접 업무는 위 점수조작행위에 의하여 방해되었다고 보아야 한다.   [변호사 13]

171 (○) 대법원 2010.3.25. 2009도8506

172   甲 정당의 제19대 국회의원 비례대표 후보자 추천을 위한 당내 경선과정에서 피고인들이 선거권자들로부터 인증번호만을 전달받은 뒤 그들 명의로 특정 후보자에게 전자투표를 하였다면 업무방해죄가 성립한다.   [경찰간부 16]

172 (○) 당내 경선에도 직접·평등·비밀투표 등 일반적인 선거원칙이 그대로 적용되고 대리투표는 허용되지 않는다(대법원 2013.11.28. 2013도5117).

173   컴퓨터 등 정보처리장치에 정보를 입력하는 등의 행위가 그 입력된 정보 등을 바탕으로 업무를 담당하는 사람의 오인, 착각 또는 부지를 일으킬 목적으로 행해진 경우에는 그 행위가 업무를 담당하는 사람을 직접적인 대상으로 이루어진 것이 아니라고 하여 위계가 아니라고 할 수는 없다.   [법원행시 15]

173 (○) 대법원 2013.11.28. 2013도5117; 2013.11.28. 2013도5814

174   피고인이 자신이 저작자가 아님에도 공저자로 표시되어 발행된 서적을 마치 자신의 저서인 것처럼 업적보고서에 연구업적으로 기재하여 ○○대학교 교원업적평가 담당자에게 제출함으로써 교원업적평가 결과를 왜곡한 이상 위계에 의한 업무방해죄가 성립하고, 피고인이 교원재계약을 위한 기준점수를 월등히 초과하고 있었다 하더라도 달리 볼 것은 아니다.

174 (○) 대법원 2017.10.26. 2016도16031

**175** 甲이 자신이 경영하던 공장을 乙에게 양도하면서 미수외상대금 채권의 수금권을 포기하기로 약정하고도 이를 외상채무자들에게 고지하지 아니하고 외상대금을 수령하였다고 하더라도, 위계로 乙의 공장경영업무를 방해한 것이라고 할 수는 없다.

175 (○) 대법원 1984.5.9, 83도2270

**176** 기존의 비실명예금을 합의차명에 의하여 명의대여자의 실명으로 전환한 행위는 금융기관의 실명전환에 관한 업무를 방해한 경우에 해당하지 않는다.

[경찰승진 10]

176 (○) 대법원 1997.4.17, 96도3377 전원합의체

**177** 시험의 출제위원이 문제를 선정하여 시험실시자에게 제출하기 전에 이를 외부에 유출하였으나, 그 후 유출된 문제가 시험실시자에게 제출되지 아니한 경우 업무방해죄가 인정된다.

[변호사 20] [사시 10]

> **해설+** 순수한 예상문제를 선정해서 학습을 도운 데 불과하므로 시험실시업무를 방해하였다고 볼 수 없다(대법원 1999.12.10, 99도3487).

177 (×) '인정' → '부정'

**178** 신규직원 채용권한을 가지고 있는 지방공사 사장이 시험업무 담당자에게 지시하여 상호 공모 내지 양해 하에 시험성적조작 등의 부정한 행위를 한 경우 업무방해죄가 인정된다.

[사시 10]

> **해설+** 업무는 타인의 업무에 해당하지만, 상호 공모 내지 양해가 있었으므로 '위계'에는 해당되지 않는다(대법원 2007.12.27, 2005도6404).

178 (×) '인정' → '부정'

**179** 인터넷 자유게시판 등에 실제의 객관적인 사실을 게시하더라도 그로 인하여 피해자의 업무가 방해된 경우에는, 형법 제314조 제1항 소정의 위계에 의한 업무방해죄에 있어서의 '위계'에 해당한다.

[법원9급 12]

> **해설+** 설령 그로 인하여 피해자의 업무가 방해된다고 하더라도, 법조항 소정의 '위계'에 해당하지 않는다(대법원 2007.6.29, 2006도3839).

179 (×) '해당한다' → '해당하지 않는다'

**180** 甲은 사립대학교 시간강사 임용과 관련하여 허위 학력이 기재된 이력서만을 제출하였으나, 임용심사업무 담당자가 불충분한 심사로 인하여 허위 학력이 기재된 이력서를 믿어 甲이 임용된 경우 위계에 의한 업무방해죄가 성립하지 아니한다.

[사시 16]

**181** 피고인이 피해자 게임회사들이 제작한 모바일게임의 이용자들의 게임머니나 능력치를 높게 할 수 있는 변조된 게임프로그램을 해외 인터넷 사이트에서 다운로드받은 다음, 위와 같은 게임프로그램을 제공한다는 것을 나타내는 문구가 게임프로그램 실행시 화면에 나올 수 있도록 게임프로그램을 변조한 후 자신이 직접 개설한 모바일 어플리케이션 공유사이트 게시판에 위와 같이 변조한 게임프로그램들을 게시·유포한 경우, 피고인이 어떠한 방법으로 변조된 게임프로그램을 실행하여 게임서버에 접속하였는지에 관하여 전혀 특정하지 아니한 채 변조된 게임프로그램을 게시·유포하였다는 사실만으로는 위계에 의한 업무방해죄가 성립하지 않는다.

**182** A 회사의 상무이사인 甲이 A 회사의 신규 직원 채용과정에서, 면접위원인 乙이 면접이 끝난 후 인사 담당 직원에게 채점표를 작성하여 제출하고 면접장소에서 이탈하자, 남은 면접위원들과 협의하여 甲이 지정한 응시자를 최종합격자로 선정한 경우, 甲은 乙의 공정하고 객관적인 직원채용에 관한 업무를 위계로써 방해하였다고 보아야 한다.

**해설+** 甲이 최종합격자를 선정하는 데 영향력을 행사하였더라도 그러한 행위가 면접업무를 이미 마친 공소외 2에게 오인·착각 또는 부지를 일으켰다고 할 수 없다. 한편 직원 채용권한을 갖고 있는 공소외 1 회사의 대표이사 원심공동피고인 1은 이 사건 채용계획에 정해진 최종합격자 결정 방법과는 다르게 피고인이 적합하다고 판단한 응시자를 최종합격자로 채용하는 것을 양해하였던 것으로 보이므로, 피고인이 최종합격자를 선정하는 과정에서 원심공동피고인 1을 오인 또는 착각에 빠트렸다거나 원심공동피고인 1의 부지를 이용하였다고 보기 어렵다(대법원 2017.5.30, 2016도18858).

**183** 금융기관이 설치·운영하는 자동화기기(ATM)를 통한 무통장·무카드 입금을 하면서 '1인 1일 100만 원' 한도를 준수하는 것처럼 가장하기 위하여 제3자의 이름과 주민등록번호를 자동화기기에 입력한 후 100만 원 이하의 금액으로 나누어 여러 차례 현금을 입금하는 행위는 자동화기기를 설치·운영하는 금융기관 관리자로 하여금 정상적인 입금인 것과 같은 오인, 착각을 일으키게 하여 금융기관의 자동화기기를 통한 입금거래 업무를 방해한 것으로서 위계에 의한 업무방해죄가 성립한다. [법원9급 22]

**183** (×)

**해설+** 위계에 의한 업무방해죄에서 '위계'란 행위자가 행위 목적을 달성하기 위하여 상대방에게 오인, 착각 또는 부지를 일으키게 하여 이를 이용하는 것을 말한다. 컴퓨터 등 정보처리장치에 정보를 입력하는 등의 행위도 그 입력된 정보 등을 바탕으로 업무를 담당하는 사람의 오인, 착각 또는 부지를 일으킬 목적으로 행해진 경우에는 여기서 말하는 위계에 해당할 수 있으나, <u>위와 같은 행위로 말미암아 업무와 관련하여 오인, 착각 또는 부지를 일으킨 상대방이 없었던 경우에는 위계가 있었다고 볼 수 없다</u>(대법원 2022.2.11, 2021도12394).

**184** 업무방해죄의 '위력'이란 사람의 자유의사를 제압·혼란케 할 만한 일체의 세력으로서 유형적이든 무형적이든 묻지 아니하므로, 폭력·협박은 물론 사회적·경제적·정치적 지위와 권세에 의한 압박 등도 이에 포함되고, 현실적으로 피해자의 자유의사가 제압될 필요는 없으나 피해자의 자유의사를 제압하기에 충분한 세력이어야 하며, 이러한 위력에 해당하는지 여부는 범행의 일시·장소, 범행의 동기, 목적, 인원수, 세력의 태양, 업무의 종류, 피해자의 지위 등 제반 사정을 고려하여 객관적으로 판단하여야 한다.

**184** (○) 대법원 2013.1.31, 2012도3475

**185** 甲은 대표선출에 관한 규정에 위배하여 개최된 유림총회의 회의를 위력으로 진행하지 못하게 하고, 걸려 있는 현수막을 제거하였으며, 회의장에 들어가려는 대의원들을 회의에 참석하지 못하게 하였다. 이로 인해 총회의 무기연기가 선언되었다. 甲의 행위는 업무방해죄가 성립한다. [국가7급 17]

**185** (○)

**해설+** 위력으로 피해자의 유림총회 개최업무를 방해한 것이라고 보아야 할 것이고, 피해자가 유림대표 선출에 관한 규정에 위배하여 위 회의를 개최하였고, 결국 총회의 무기연기가 선언되었다고 하여도 업무방해죄의 성립에 영향이 없다(대법원 1991.2.12, 90도2501).

186 甲이 자신의 명의로 등록되어 있는 乙운영의 학원에 대하여 乙의 승낙을 받지 아니하고 폐원신고를 하였다면, 乙에게 사전 통고를 하였다고 하더라도 乙의 업무를 위력으로 방해하였다고 보아야 한다.

186 (○) 대법원 2005.3.25, 2003도5004

187 우월한 경제적 지위를 가진 대부업자가 그 지위를 이용하여 채무자를 압박하는 방법으로 채권추심행위를 하였다면 이는 위력을 이용한 행위로서 위법하고 그로 인하여 채무자의 업무가 방해될 위험이 발생하였다면 업무방해죄의 죄책을 면할 수 없다. [변호사 18 변형]

187 (○) 채권자의 권리행사는 사회통념상 허용되는 방법에 의하여야 하는 것이다(대법원 2005.5.27, 2004도8447).

188 대부업체 직원 甲은 대출금을 회수하기 위하여 소액의 지연이자를 문제 삼아 법적 조치를 거론하면서 소규모 간판업자인 채무자의 휴대전화로 수백 회에 이르는 전화 공세를 하였다. 甲의 행위는 업무방해죄가 성립한다. [국가7급 17]

> **해설+** 사회통념상 허용한도를 벗어난 채권추심행위로서 채무자의 간판업업무가 방해되는 결과를 초래할 위험이 있었다고 보아 업무방해죄를 구성한다(대법원 2005. 5.27, 2004도8447).

188 (○)

189 신고한 옥외집회에서 고성능 확성기 등을 사용하여 발생된 소음이 82.9dB 내지 100.1dB에 이르고, 사무실 내에서의 전화통화, 대화 등이 어려웠으며, 밖에서는 부근을 통행하기조차 곤란하였고, 인근 상인들도 소음으로 인한 고통을 호소하는 정도에 이르렀다면 이는 위력으로 인근 상인 및 사무실 종사자들의 업무를 방해한 업무방해죄를 구성한다. [경찰승진 11]

189 (○) 대법원 2004.10.15, 2004도4467

190 임대차계약 종료일 후 1주일 이내에 임차인이 물건을 반출하지 아니할 경우 임대인이 임차인의 물건을 임의로 철거·폐기할 수 있다는 취지로 임대차계약을 체결하였다고 하더라도, 임대인이 임차인 점포의 간판을 철거하고 출입문을 봉쇄하였다면 업무방해죄가 성립한다. [경찰간부 17] [법원9급 18]

190 (○) 대법원 2005.3.10, 2004도341

**191** A가 B로부터 임차하여 경작 중이던 농작물을 甲이 트랙터로 갈아엎은 다음 그곳에 이랑을 만들고 새로운 농작물을 심어 A의 자유로운 논밭 경작행위를 불가능하게 하거나 현저히 곤란하게 한 경우 업무방해죄가 인정된다.

[사시 10]

191 (○) 대법원 2009.9.10, 2009 도5732

**192** 반드시 업무에 종사 중인 사람에게 직접 가해지는 세력이어야만 하는 것은 아니고, 사람의 자유의사를 제압하기에 충분한 상태를 조성하여 사람으로 하여금 자유로운 행동을 불가능하게 하거나 현저히 곤란하게 하는 행위도 이에 포함될 수 있다.

192 (○) 대법원 2013.1.31, 2012 도3475

**193** 근로자는 원칙적으로 헌법상 보장된 기본권으로서 근로조건 향상을 위한 자주적인 단결권·단체교섭권 및 단체행동권을 가지므로(헌법 제33조 제1항), 쟁의행위로서 파업이 언제나 업무방해죄에 해당하는 것으로 볼 것은 아니고, 전후 사정과 경위 등에 비추어 사용자가 예측할 수 없는 시기에 전격적으로 이루어져 사용자의 사업운영에 심대한 혼란 내지 막대한 손해를 초래하는 등으로 사용자의 사업계속에 관한 자유의사가 제압·혼란될 수 있다고 평가할 수 있는 경우에 비로소 집단적 노무제공의 거부가 위력에 해당하여 업무방해죄가 성립한다고 보는 것이 타당하다.

[국가9급 14 변형] [법원9급 18 변형]

193 (○) 대법원 2011.3.17, 2007 도482

**194** 인터넷카페의 운영진인 피고인들이 카페 회원들과 공모하여, 특정 신문들에 광고를 게재하는 광고주들에게 불매운동의 일환으로 지속적·집단적으로 항의전화를 하거나 광고주들의 홈페이지에 항의글을 게시하는 등의 방법으로 광고중단을 압박함으로써 위력으로 광고주들 및 신문사들의 업무를 방해한 것이다.

[경찰간부 19 변형]

194 (×) '및 신문사들' → 삭제

**해설+** 광고주들의 자유의사를 제압할 만한 세력으로서 위력에 해당한다고 본 것은 정당하나, 신문사들의 영업활동이나 보도에 관한 자유의사가 제압될 만한 상황에 이르렀는지 등을 구체적으로 심리하여 살펴보지 아니한 잘못이 있다(대법원 2013.3.14, 2010도410).

195 소비자불매운동이 헌법 제124조에 따라 보장되는 소비자보호운동의 요건을 갖추지 못하였다는 이유만으로 이에 대하여 아무런 헌법적 보호도 주어지지 아니한다거나 소비자불매운동에 본질적으로 내재되어 있는 집단행위로서의 성격과 대상 기업에 대한 불이익 또는 피해의 가능성만을 들어 곧바로 형법 제314조 제1항의 업무방해죄에서 말하는 위력의 행사에 해당한다고 단정하여서는 아니 된다. [법원행시 15]

195 (O) 대법원 2013.3.14, 2010 도410

196 도급인의 공사계약 해제가 적법하고 수급인이 스스로 공사를 중단한 상태에서 도급인이 공사현장에 남아 있는 수급인 소유의 공사자재 등을 다른 곳에 옮겨 놓았다고 하여 도급인이 수급인의 공사업무를 방해한 것으로 볼 수는 없다. [경찰승진 14] [법원행시 10 변형]

196 (O) 대법원 1999.1.29, 98 도3240

197 임대인 甲으로부터 건물을 임차하여 학원을 운영하던 피고인이 건물을 인도한 이후에도 자신명의로 된 학원설립등록을 말소하지 않고 휴원신고를 연장함으로써 새로운 임차인 乙이 그 건물에서 학원설립등록을 하지 못하도록 한 경우 업무방해죄가 성립한다. [경찰간부 17]

197 (X) '긍정' → '부정'

**해설+** 피고인의 휴원연장신고와 을이 학원 설립등록을 하지 못한 점 사이에 인과관계가 있다고 단정하기 어렵고, 피고인의 행위가 을의 자유의사를 제압·혼란케 할 정도의 위력에 해당한다고 보기 어렵다(대법원 2010.11.25, 2010도9186).

198 제3자로 하여금 상대방에게 어떤 조치를 취하게 하는 등으로 상대방의 업무에 곤란을 야기하거나 그러한 위험이 초래되게 하였다 하더라도, 행위자가 제3자의 의사결정에 관여할 수 있는 권한을 가지고 있거나 그에 대하여 업무상 지시를 할 수 있는 지위에 있는 경우에는 특별한 사정이 없는 한 업무방해죄를 구성하지 아니한다.

198 (O)

**해설+** 어떤 행위의 결과 상대방의 업무에 지장이 초래되었다 하더라도 행위자가 가지는 정당한 권한을 행사한 것으로 볼 수 있는 경우에는, 행위의 내용이나 수단 등이 사회통념상 허용될 수 없는 등 특별한 사정이 없는 한 업무방해죄를 구성하는 위력을 행사한 것이라고 할 수 없다(대법원 2013.2.28, 2011도16718).

**199** 회계자료열람권을 가진 피고인이 회계서류 등의 열람을 요구하는 과정에서 다소 언성을 높이는 등 행위를 한 것도 업무방해죄에 해당한다.

199 (×)

> **해설+** 업무방해죄의 수단인 위력은 사람의 자유의사를 제압·혼란하게 할 만한 일체의 억압적 방법을 말하고 이는 제3자를 통하여 간접적으로 행사하는 것도 포함될 수 있다. 그러나 어떤 행위의 결과 상대방의 업무에 지장이 초래되었다 하더라도 행위자가 가지는 정당한 권한을 행사한 것으로 볼 수 있는 경우에는, 그 행위의 내용이나 수단 등이 사회통념상 허용될 수 없는 등 특별한 사정이 없는 한 업무방해죄를 구성하는 위력을 행사한 것이라고 할 수 없다. 따라서 제3자로 하여금 상대방에게 어떤 조치를 취하게 하는 등으로 상대방의 업무에 곤란을 야기하거나 그러한 위험이 초래되게 하였더라도, 행위자가 그 제3자의 의사결정에 관여할 수 있는 권한을 가지고 있거나 그에 대하여 업무상의 지시를 할 수 있는 지위에 있는 경우에는 특별한 사정이 없는 한 업무방해죄를 구성하지 아니한다(대법원 2013.2.28, 2011도16718; 2009.10.15, 2009도5623 등; 2021.7.8, 2021도3805).

**200** 특성화고 교장인 甲이 신입생 입학 사정회의 과정에서 면접위원들에게 "참 선생님들이 말을 안 듣네. 중학교는 이 정도면 교장선생님한테 권한을 줘서 끝내는데. 왜 그러는 거죠?" 등 특정 학생을 합격시키라는 취지의 발언을 하여 특정 학생의 면접점수를 상향시켜 신입생으로 선발되도록 한 것은 甲이 학교교장이자 학교입학전형위원회 위원장으로서 사정회의에 참석하여 자신의 의견을 밝힌 후 계속하여 논의가 길어지자 발언을 한 것이라도 위력으로 면접위원들의 신입생 면접 업무를 방해한 것이다.　　　[경찰경채 23]

200 (×)

> **해설+** 甲 고등학교의 교장인 피고인이 신입생 입학 사정회의 과정에서 면접위원인 피해자들에게 "참 선생님들이 말을 안 듣네. 중학교는 이 정도면 교장선생님한테 권한을 줘서 끝내는데. 왜 그러는 거죠?" 등 특정 학생을 합격시키라는 취지의 발언을 하여 특정 학생의 면접점수를 상향시켜 신입생으로 선발되도록 함으로써 위력으로 피해자들의 신입생 면접 업무를 방해하였다는 내용으로 기소된 경우, 제반 사정을 종합하면, 피고인은 학교교장이자 학교입학전형위원회 위원장으로서 위 사정회의에 참석하여 자신의 의견을 밝힌 후 계속하여 논의가 길어지자 발언을 한 것인바, 그 발언에 다소 과도한 표현이 사용되었더라도 위력을 행사하였다고 단정하기 어렵고, 그로 인하여 피해자들의 신입생 면접 업무가 방해될 위험이 발생하였다고 보기도 어렵다(대법원 2023.3.30, 2019도7446).

**201** 업무방해죄의 성립에는 업무방해의 결과가 실제로 발생함을 요하지 않고, 업무방해의 결과를 초래할 위험이 발생하는 것이면 족하다.

　　　[법원행시 14] [변호사 13]

201 (○)

> **해설+** 업무를 방해할 우려가 있는 상태가 발생한 때 기수가 되며, 방해결과의 현실적 발생은 요하지 않는다(대법원 1991.6.28, 91도944).

202 업무방해죄에서 업무방해의 범의는 반드시 업무방해의 목적이나 계획적인 업무방해의 의도가 있어야 인정되는 것은 아니고, 자기의 행위로 인하여 타인의 업무가 방해될 것이라는 결과를 발생시킬 만한 가능성 또는 위험이 있음을 인식하거나 예견하면 족한 것이며, 그 인식이나 예견은 확정적인 것은 물론 불확정적인 것이라도 이른바 미필적 고의로 인정되는 것이다.

202 (○) 대법원 2013.1.31, 2012도3475

203 업무방해죄의 성립에 필요한 고의는 반드시 업무방해의 목적이나 계획적인 업무방해의 의도가 있어야만 하는 것은 아니고, 자신의 행위로 인하여 타인의 업무가 방해될 가능성 또는 위험에 대한 인식이나 예견으로 충분하다.
[경찰채용 17 2차]

203 (○) 그 인식이나 예견은 확정적인 것은 물론 불확정적인 것이라도 이른바 미필적 고의로 인정되는 것이다(대법원 2009.1.15, 2008도9410).

204 시장번영회의 회장으로서 시장번영회에서 제정하여 시행 중인 관리규정을 위반하여 칸막이를 천장까지 설치한 일부 점포주들에 대하여 회원들의 동의를 얻어 시행되고 있는 관리규정에 따라 단전조치를 한 경우 업무방해죄로 처벌할 수 없다.
[변호사 13]

해설+ 관리규정을 위반하여 칸막이를 천장에까지 설치한 일부 점포 주들에 대하여 시장번영회 회장인 피고인이 단전조치를 취한 경우 사회 통념상 허용될 만한 정도의 상당성이 있어 정당행위에 해당하여 업무방해죄로 처벌할 수 없다(대법원 1994.4.15, 93도2899).

204 (○)

205 백화점 입주상인들이 영업을 하지 않고 매장 내에서 점거농성만을 하면서 매장 내의 기존의 전기시설에 임의로 전선을 연결하여 각종 전열기구를 사용함으로써 화재위험이 높아 백화점 경영회사의 대표이사인 피고인이 부득이 단전조치를 취하였다면, 피고인의 단전조치는 업무방해죄를 구성한다.
[경찰간부 12]

해설+ 그 단전조치 당시 보호받을 업무가 존재하지 않았을 뿐만 아니라 화재예방 등 건물의 안전한 유지관리를 위한 정당한 권한 행사의 범위 내의 행위에 해당하므로 피고인의 단전조치가 업무방해죄를 구성한다고 볼 수 없다(대법원 1995.6.30, 94도3136).

205 (×) '구성한다' → '구성하지 않는다'

**206** 시장번영회 회장이 이사회의 결의와 시장번영회의 관리규정에 따라서 관리비 체납자의 점포에 대해 실시한 단전조치는 업무방해죄를 구성한다.

[경찰간부 17]

해설+ 이사회의 결의와 시장번영회의 관리 규정에 따라서 관리비 체납자의 점포에 대하여 실시한 단전조치는 정당행위로써 업무방해죄를 구성하지 아니한다(대법원 2004.8.20, 2003도4732).

206 (×) '긍정' → '부정'

**207** 공사노동조합이 임금 등 근로조건 개선을 내세워 쟁의행위에 돌입하였으나, 구조조정 조기시행 방침이 경영상의 필요와 합리적인 이유없이 결정되었다는 등의 특별한 사정 없이 그 주된 목적이 정부의 공기업 구조조정 및 그 일환으로 추진되는 하부기구 통폐합을 반대하기 위한 대정부 투쟁에 있는 경우 업무방해죄가 인정된다.

[사시 10]

207 (O) 쟁의행위의 목적의 정당성을 인정받을 수 없어 업무방해죄가 성립한다(대법원 2003.12.11, 2001도3429).

**208** 업무방해죄와 같이 작위를 내용으로 하는 범죄를 부작위에 의하여 범하는 부진정부작위범이 성립하기 위해서는 부작위를 실행행위로서의 작위와 동일시할 수 있어야 한다.

208 (O) 대법원 2017.12.22, 2017도13211

**209** 甲이 乙과 사이에 토지 지상에 창고를 신축하는 데 필요한 형틀공사 계약을 체결한 후 그 공사를 완료하였는데, 乙이 공사대금을 주지 않자 甲이 공사대금을 받을 목적으로 위 토지에 쌓아 둔 건축자재를 치우지 않았다면, 甲에게 부작위에 의한 업무방해죄가 성립한다.

209 (×)

해설+ 피고인이 일부러 건축자재를 甲의 토지 위에 쌓아 두어 공사현장을 막은 것이 아니라 당초 자신의 공사를 위해 쌓아 두었던 건축자재를 공사 완료 후 치우지 않은 것에 불과하므로, 비록 공사대금을 받을 목적으로 건축자재를 치우지 않았더라도, 피고인이 자신의 공사를 위하여 쌓아 두었던 건축자재를 공사 완료 후에 단순히 치우지 않은 행위가 위력으로써 甲의 추가 공사 업무를 방해하는 업무방해죄의 실행행위로서 甲의 업무에 대하여 하는 적극적인 방해행위와 동등한 형법적 가치를 가진다고 볼 수 없다(대법원 2017.12.22, 2017도13211).

**210** 甲은 타인에게 폭행을 행사하여 그의 업무를 방해하였다. 甲에게는 폭행죄와 업무방해죄의 상상적 경합이 인정된다. [국가9급 21 변형]

210 (○)

> **해설+** 업무방해죄와 폭행죄는 구성요건과 보호법익을 달리하고 있고, 업무방해죄의 성립에 일반적·전형적으로 사람에 대한 폭행행위를 수반하는 것은 아니며, 폭행행위가 업무방해죄에 비하여 별도로 고려되지 않을 만큼 경미한 것이라고 할 수도 없으므로, 설령 피해자에 대한 폭행행위가 동일한 피해자에 대한 업무방해죄의 수단이 되었다고 하더라도 그러한 폭행행위가 이른바 '불가벌적 수반행위'에 해당하여 업무방해죄에 대하여 흡수관계에 있다고 볼 수는 없다(상상적 경합, 대법원 2012.10.11, 2012도1895).

> **보충** 이에 비해 업무방해와 재물손괴의 관계에 대해서는 "공동재물손괴의 범행이 업무방해의 과정에서 이루어졌다고 해도 양 죄의 피해자 및 행위의 태양이 다르므로 양 죄가 실체적 경합범의 관계에 있다고 본 사례(대법원 2007.5.11, 2006도9478)"도 있다(또한 상상적 경합으로 본 판례도 있으나 이는 참고).

> **정리** 업무방해와 폭행, 업무방해와 손괴 <u>모두 수죄</u> → 업/폭/상, 업/손/실

**211** 피고인이 피해자의 택시운행을 방해하는 과정에서 피해자에 대한 폭행행위가 있었다면, 이는 업무방해죄의 행위태양인 '위력으로써 업무를 방해하는 행위'의 일부를 구성하는 것으로서 업무방해죄에 흡수되므로 업무방해죄 1죄만이 성립할 뿐 별도로 폭행죄가 성립하지는 않는다. [법원9급 23]

211 (×)

> **해설+** 업무방해죄와 폭행죄는 그 구성요건과 보호법익을 달리하고 있고, 업무방해죄의 성립에 일반적·전형적으로 사람에 대한 폭행행위를 수반하는 것은 아니며, 폭행행위가 업무방해죄에 비하여 별도로 고려되지 않을 만큼 경미한 것이라고 할 수도 없으므로, 설령 피해자에 대한 폭행행위가 동일한 피해자에 대한 업무방해죄의 수단이 되었다고 하더라도 그러한 폭행행위가 이른바 '불가벌적 수반행위'에 해당하여 업무방해죄에 대하여 흡수관계에 있다고 볼 수는 없다(대법원 2012.10.11, 2012도1895).

**212** 형법 제314조 제2항의 컴퓨터 등 장애 업무방해죄가 성립하기 위해서는 정보처리장치가 그 사용목적에 부합하는 기능을 하지 못하거나 사용 목적과 다른 기능을 하는 등 정보처리의 장애가 현실적으로 발생하였을 것을 요한다. [법원9급 12]

212 (○) 대법원 2009.4.9, 2008도11978

**213** 대학의 컴퓨터시스템 서버를 관리하던 직원이 전보발령을 받아 더 이상 웹서버를 관리 운영할 권한이 없는상태에서, 웹서버에 접속하여 홈페이지 관리자의 아이디와 비밀번호를 무단으로 변경한 행위는 컴퓨터 등 장애업무방해죄에 해당한다. [경찰채용 13]

213 (○) 대법원 2007.3.16, 2006도6663

214 주택재건축조합 조합장이 자신에 대한 감사활동을 방해하기 위하여 조합 사무실에 있던 다른 직원의 컴퓨터에 비밀번호를 설정하고 조합 업무 담당자의 컴퓨터 하드디스크를 분리·보관하여 조합 업무를 방해한 경우, 형법 제314조 제1항의 업무방해죄에 해당한다. [변호사 22] [사시 14]

214 (×)

해설+ 형법 제314조 제1항의 업무방해가 아니라 같은 조 제2항의 컴퓨터 등 장애 업무방해죄에 해당한다(대법원 2012.5.24, 2011도7943).

215 피고인들이 불특정 다수의 인터넷 이용자들에게 배포한 '업링크솔루션'이라는 프로그램은, 甲 회사의 네이버 포털사이트 서버가 이용자의 컴퓨터에 정보를 전송하는 데에는 아무런 영향을 주지 않고, 다만 이용자의 동의에 따라 위 프로그램이 설치된 컴퓨터 화면에서만 네이버 화면이 전송받은 원래 모습과는 달리 피고인들의 광고가 대체 혹은 삽입된 형태로 나타나도록 하는 것에 불과하므로, 이것만으로는 정보처리 장치의 작동에 직접·간접으로 영향을 주어 그 사용목적에 부합하는 기능을 하지 못하게 하거나 사용목적과 다른 기능을 하게 하였다고 볼 수 없어 컴퓨터등장애업무방해죄로 의율할 수 없다. [사시 14 변형]

215 (○) 대법원 2010.9.30, 2009도12238

216 포털사이트 운영회사의 통계집계시스템 서버에 허위의 클릭정보를 전송하여 검색순위 결정 과정에서 위와 같이 전송된 허위의 클릭정보가 실제로 통계에 반영됨으로써 정보처리에 장애가 현실적으로 발생하였다면, 그로 인하여 실제로 검색순위의 변동을 초래하지는 않았다고 하더라도 컴퓨터 등 장애 업무방해죄가 성립한다. [변호사 16] [사시 14]

216 (○) 대법원 2009.4.9, 2008도11978

217 공적·사적 경제주체의 임의선택에 따른 계약체결의 과정에 공정한 경쟁을 해하는 행위가 개재되었다 하여도 입찰방해죄로 처벌할 수는 없다. [법원행시 17]

217 (○) 대법원 2008.5.29, 2007도5037

218 입찰방해죄에서 위력이란 사람의 자유의사를 제압, 혼란케 할 만한 일체의 유형적 또는 무형적 세력을 말하는 것으로서 폭행, 협박은 물론 사회적, 경제적, 정치적 지위와 권세에 의한 압력 등을 포함하는 것이다. [법원행시 17]

218 (○) 대법원 2000.7.6, 99도4079

219 입찰방해죄는 입찰참가자들 중 일부와의 사이에만 담합이 이루어진 경우에도 성립할 수 있지만, 입찰 자체가 실시되지 않은 경우에는 성립하지 않는다.

[경찰간부 17]

219 (○) 대법원 2001.2.9, 2000도4700

220 경매 · 입찰방해죄는 최소한 적법하고 유효한 입찰 절차의 존재가 전제되어야 하지만, 처음부터 입찰절차가 존재하였다 할 수 없는 경우에도 입찰방해죄는 성립할 수 있다.

[경찰채용 20 1차]

220 (✕) '성립할 수 있다' → '성립할 수 없다'(대법원 2005.9.9, 2005도3857)

221 입찰방해죄는 위태범으로서 결과의 불공정이 현실적으로 나타나는 것을 요하는 것이 아니고, 그 행위에는 가격을 결정하는 데 있어서뿐만 아니라 적법하고 공정한 경쟁방법을 해하는 행위도 포함되므로, 그 행위가 설사 동종업자 사이의 무모한 출혈 경쟁을 방지하기 위한 수단에 불과하여 입찰가격에 있어 입찰실시자의 이익을 해하거나 입찰자에게 부당한 이익을 얻게 하는 것이 아니었다 하더라도 실질적으로는 단독입찰을 하면서 경쟁입찰인 것같이 가장하였다면 경쟁입찰의 방법을 해한 것이 되어 입찰의 공정을 해한 것이 된다.

[법원행시 10]

221 (○) 대법원 2003.9.26, 2002도3924

222 동업자들이 무모한 출혈경쟁을 방지하기 위한 수단으로 실질적으로 단독입찰을 하면서 경쟁입찰인 것같이 가장한 경우에 입찰방해죄가 성립한다.

[법원행시 14]

222 (○)

**해설+** 실질적으로는 단독입찰을 하면서 경쟁입찰인 것같이 가장하였다면 그 입찰가격으로써 낙찰하게 한 점에서 경쟁입찰의 방법을 해한 것이 되어 입찰의 공정을 해한 것으로 되었다 할 것이다 (대법원 2003.9.26, 2002도3924).

223 고속도로 휴게소 운영권 입찰에서 여러 회사가 각자 입찰에 참가하되 누구라도 낙찰될 경우 동업하여 새로운 회사를 설립하고 그 회사로 하여금 휴게소를 운영하기로 합의한 후 입찰에 참가한 경우에 입찰방해죄가 성립한다.

[법원행시 14]

223 (○) 대법원 2006.12.22, 2004도2581

224 　일부 입찰참가자들이 가격을 합의하고 낙찰이 되면 특정 업체가 모든 공사를 하기로 합의하는 등 담합하여 투찰행위를 한 경우 입찰참가자들 중 일부 사이에만 담합이 이루어졌고 투찰에 참여한 업체의 수가 많아 실제로 가격 형성에 부당한 영향을 주지 않았다고 하더라도 입찰방해죄는 성립한다.

[법원행시 14]

**해설+** 입찰참가자들 중 일부와의 사이에만 담합이 이루어진 경우라고 하더라도 그것이 입찰의 공정을 해 하는 것으로 평가되는 이상 입찰방해죄는 성립한다. 또한 공정한 자유경쟁을 통한 적정한 가격형성에 부당한 영향을 주는 상태를 발생시키는 것으로서 그 행위에는 가격을 결정하는 데 있어서 뿐 아니라, 적법하고 공정한 경쟁방법을 해하는 행위도 포함된다(대법원 2006.6.9, 2005도8498).

224 (O)

225 　입찰자들 상호 간에 특정업체가 낙찰받기로 하는 담합이 이루어진 상태에서 일부 입찰자가 자신이 낙찰받기 위하여 당초의 합의에 따르지 아니한 채 낙찰받기로 한 특정업체보다 저가로 입찰하였다면, 이러한 일부 입찰자의 행위는 입찰방해죄에 해당한다.

[법원행시 14]

**해설+** 이러한 일부 입찰자의 행위는 위와 같은 담합을 이용하여 낙찰을 받은 것이라는 점에서 적법하고 공정한 경쟁방법을 해한 것이 되고, 따라서 이러한 일부 입찰자의 행위 역시 입찰방해죄에 해당한다(대법원 2010.10.14, 2010도4940).

225 (O)

226 　입찰자들의 전부 또는 일부 사이에서 담합을 시도하는 행위가 있었을 뿐 실제로 담합이 이루어지지 못하였고, 또 위계 또는 위력 기타의 방법으로 담합이 이루어진 것과 같은 결과를 얻어내거나 다른 입찰자들의 응찰 내지 투찰행위를 저지하려는 시도가 있었지만 역시 그 위계 또는 위력 등의 정도가 담합이 이루어진 것과 같은 결과를 얻어내거나 그들의 응찰 내지 투찰행위를 저지할 정도에 이르지 못하였고 또 실제로 방해된 바도 없다면, 이로써 공정한 자유경쟁을 방해할 염려가 있는 상태를 발생시켜 그 입찰의 공정을 해하였다고 볼 수 없으므로 입찰방해죄의 기수에 이르렀다고 할 수 없어 이는 입찰방해미수죄로 처벌해야 된다.

[법원행시 14]

226 (×) '처벌해야 된다' → '처벌되지 않는다'
입찰의 공정을 해하는 행위란 '공정한 자유경쟁을 방해할 염려가 있는 상태를 발생시키는 것, 즉, 공정한 자유경쟁을 통한 적정한 가격형성에 부당한 영향을 주는 상태를 발생시키는 것'을 의미하며 한편, 입찰방해미수죄는 따로 처벌규정이 없어 처벌되지 아니한다(대법원 2003.9.26, 2002도3924).

**227** 법원경매업무를 담당하는 집행관의 구체적인 직무집행을 저지하거나 현실적으로 곤란하게 하는 데까지는 이르지 않고 입찰의 공정을 해하는 정도의 범죄행위라면 위계에 의한 공무집행방해죄에만 해당될 뿐 경매·입찰방해죄에는 해당되지 않는다.

[경찰채용 12]

**해설+** 범죄행위가 법원경매업무를 담당하는 집행관의 구체적인 직무집행을 저지하거나 현실적으로 곤란하게 하는 데까지는 이르지 않고 입찰의 공정을 해하는 정도의 행위라면 형법 제315조의 경매·입찰방해죄에만 해당될 뿐, 형법 제137조의 위계에 의한 공무집행방해죄에는 해당되지 않는다(대법원 2000.3.24, 2000도102).

# CHAPTER 04 | 사생활의 평온에 대한 죄

## 1 비밀침해의 죄

**001** 「형법」 제316조 제2항 소정의 전자기록등내용탐지죄의 객체인 '전자기록 등 특수매체기록'이 되기 위해서는 특정인의 의사가 표시되어야 하는바, 인터넷 계정 등에 접속하는 과정에서 입력하는 아이디 및 비밀번호 등 자체는 특정인의 의사를 표시한 것으로 보기 어려워 '전자기록 등 특수매체기록'이라 할 수 없다.　　　　　　　　　　　　　　　　[경찰채용 23 2차]

**001** (×)

> **해설+** 전자기록등내용탐지죄의 보호법익과 그 침해행위의 태양 및 가벌성 등에 비추어 볼 때, 이 사건 아이디 등은 전자방식에 의하여 피해자의 노트북 컴퓨터에 저장된 기록으로서 형법 제316조 제2항의 '전자기록 등 특수매체기록'에 해당한다(대법원 2022.3.31, 2021도8900).

**002** 「형법」 제316조 제2항 소정의 전자기록등내용탐지죄는 봉함 기타 비밀장치한 전자기록 등 특수매체기록을 기술적 수단을 이용하여 그 내용을 알아낸 자를 처벌하는 규정인바, 전자기록 등 특수매체기록에 해당하더라도 봉함 기타 비밀장치가 되어 있지 아니한 것은 이를 기술적 수단을 동원해서 알아냈더라도 전자기록등내용탐지죄가 성립하지 않는다.　　[경찰채용 23 2차]

**002** (○)

> **해설+** 형법 제316조 제2항 소정의 전자기록등내용탐지죄는 봉함 기타 비밀장치한 전자기록 등 특수매체기록을 기술적 수단을 이용하여 그 내용을 알아낸 자를 처벌하는 규정인바, 전자기록 등 특수매체기록에 해당하더라도 봉함 기타 비밀장치가 되어 있지 아니한 것은 이를 기술적 수단을 동원해서 알아냈더라도 전자기록등내용탐지죄가 성립하지 않는다(대법원 2022.3.31, 2021도8900).

**003** '회사의 직원이 회사의 이익을 빼돌린다.'는 소문을 확인할 목적으로 비밀번호를 정함으로써 비밀장치를 한 전자기록인 피해자가 사용하던 개인용 컴퓨터의 하드디스크를 떼어내어 다른 컴퓨터에 연결한 다음 의심이 드는 단어로 파일을 검색하여 메신저 대화내용, 이메일 등을 출력한 경우 정당행위에 해당한다.　　　　　　　　　　　　　　　　　　　[경찰채용 11]

**003** (○) 대법원 2009.12.24, 2007도6243

**004** 형법상 비밀침해죄와 업무상 비밀누설죄는 고소가 있어야 공소를 제기할 수 있다.

**004** (○) 친고죄이다(형법 제318조).

## 2 주거침입의 죄

 대표유형

아파트 등 공동주택의 내부에 있는 공용 계단과 복도는 특별한 사정이 없는 한 주거침입죄의 객체인 '사람의 주거'에 해당하고, 위 장소에 거주자의 의사에 반하여 침입하는 행위는 주거침입죄를 구성한다. 　　　　　　　　　　　　　　　　　　　　　　　[국가9급 14]

(○)

**해설+** 계단과 복도는, 주거로 사용하는 각 가구 또는 세대의 전용 부분에 필수적으로 부속하는 부분으로서 그 거주자들에 의하여 일상생활에서 감시·관리가 예정되어 있고 사실상의 주거의 평온을 보호할 필요성이 있는 부분이다(대법원 2009. 8.20, 2009도3452).

대표유형

乙의 처 丙과 교제하고 있던 피고인 甲은 乙과 丙이 공동으로 거주하는 아파트에 이르러 丙이 열어 준 현관 출입문을 통해 위 아파트에 3회에 걸쳐 들어갔다. 甲에게는 주거침입죄가 성립한다.

(×)

**해설+** 피고인은 피해자의 부재중에 피해자의 처로부터 현실적인 승낙을 받아 통상적인 출입방법에 따라 주거에 들어갔으므로 주거의 사실상 평온상태를 해치는 행위태양으로 주거에 들어간 것이 아니어서 주거에 침입한 것으로 볼 수 없고, 설령 피고인의 출입이 부재중인 피해자의 추정적 의사에 반하더라도 주거침입죄의 성립에 영향을 미치지 않는다. … 이와 달리 공동거주자 중 한 사람의 승낙에 따라 주거에 출입한 것이 다른 거주자의 의사에 반한다는 사정만으로 다른 거주자의 사실상 주거의 평온을 해치는 결과가 된다는 전제에서, 공동거주자 중 주거 내에 현재하는 거주자의 현실적인 승낙을 받아 통상적인 출입방법에 따라 주거에 출입하였는데도 부재중인 다른 거주자의 추정적 의사에 반한다는 사정만으로 주거침입죄가 성립한다는 취지로 판단한 대법원 1984.6.26, 83도685 판결을 이 판결의 견해에 배치되는 범위 내에서 모두 변경한다(대법원 2021.9.9, 2020도12630 전원합의체).

대표유형

일반인의 출입이 허용된 음식점에 영업주의 추정적 의사에 반하여 들어간 것이라면 주거침입죄가 성립하지 않는다. 　　　　　　　　　　　　　　　　　　　　[경찰채용 19 1차 변형]

(○)

**해설+** 일반인의 출입이 허용된 음식점에 영업주의 승낙을 받아 통상적인 출입방법으로 들어갔다면 특별한 사정이 없는 한 주거침입죄에서 규정하는 침입행위에 해당하지 않는다. 설령 행위자가 범죄 등을 목적으로 음식점에 출입하였거나 영업주가 행위자의 실제 출입 목적을 알았더라면 출입을 승낙하지 않았을 것이라는 사정이 인정되더라도 그러한 사정만으로는 출입 당시 객관적·외형적으로 드러난 행위 태양에 비추어 사실상의 평온상태를 해치는 방법으로 음식점에 들어갔다고 평가할 수 없으므로 침입행위에 해당하지 않는다(대법원 2022.3.24, 2017도18272 전원합의체).

**005**  주거침입죄는 사실상의 주거의 평온을 보호법익으로 하는 것이므로, 그 주거자 또는 간수자가 건조물 등에 거주 또는 간수할 권리를 가지고 있는가의 여부는 범죄의 성립을 좌우하는 것이 아니다.　　　　　[법원행시 13] [변호사 22]

005 (○) 대법원 1983.3.8, 82도1363

**006**  점유자에게 건물을 점유할 권리가 없는 경우라고 하더라도 권리자가 그 권리의 실행을 위하여 자력구제의 수단으로 건물에 침입한 경우에 주거침입죄가 성립한다.　　　　　　　　　　　　　　　　　[사시 13]

006 (○)

> **해설＋**　점유할 권리 없는 자의 점유라고 하더라도 그 주거의 평온은 보호되어야 할 것이므로, 권리자가 그 권리실행으로서 자력구제의 수단으로 건조물에 침입한 경우에도 주거침입죄가 성립한다(대법원 1985.3.26, 85도122).

**007**  주거침입죄에 있어서 주거란 단순히 가옥 자체만을 말하는 것이 아니라 그 정원 등 위요지를 포함한다.　　　　　　　　　　　　　[사시 13 변형]

007 (○) 대법원 2009.9.10, 2009도4335

**008**  이미 수일 전에 2차례에 걸쳐 피해자를 강간하였던 피고인이 대문을 몰래 열고 들어와 담장과 피해자가 거주하던 방 사이의 좁은 통로에서 창문을 통하여 방안을 엿본 경우, 주거침입죄에 해당한다.　　　[법원9급 12]

008 (○) 대법원 2001.4.24, 2001도1092

**009**  주거침입죄에서 침입행위의 객체인 '건조물'은 엄격한 의미에서의 건조물 그 자체뿐만 아니라 그에 부속하는 위요지를 포함한다고 할 것이나, 여기서 위요지라고 함은 건조물에 인접한 그 주변의 토지로서 외부와의 경계에 담 등이 설치되어 그 토지가 건조물의 이용에 제공되고 또 외부인이 함부로 출입할 수 없다는 점이 객관적으로 명확하게 드러나야 한다.　　　[법원행시 16]

009 (○) 대법원 2010.4.29, 2009도14643

**010** 관리자가 일정한 토지와 외부의 경계에 인적 또는 물적 설비를 갖추고 외부인의 출입을 제한하고 있더라도 그 토지에 인접하여 건조물로서의 요건을 갖춘 구조물이 존재하지 않는다면, 그러한 토지는 건조물침입죄의 객체인 위요지에 해당하지 않는다. [경찰채용 23 1차] [경찰승진 22]

**해설+** 건조물침입죄에서 침입행위의 객체인 '건조물'은 건조물침입죄가 사실상 주거의 평온을 보호법익으로 하는 점에 비추어 엄격한 의미에서의 건조물 그 자체뿐만이 아니라 그에 부속하는 위요지를 포함한다고 할 것이나, 여기서 위요지라고 함은 건조물에 인접한 그 주변의 토지로서 외부와의 경계에 담 등이 설치되어 그 토지가 건조물의 이용에 제공되고 또 외부인이 함부로 출입할 수 없다는 점이 객관적으로 명확하게 드러나야 한다(대법원 2010.4.29, 2009도14643 등). 그러나 관리자가 일정한 토지와 외부의 경계에 인적 또는 물적 설비를 갖추고 외부인의 출입을 제한하고 있더라도 그 토지에 인접하여 건조물로서의 요건을 갖춘 구조물이 존재하지 않는다면 이러한 토지는 건조물침입죄의 객체인 위요지에 해당하지 않는다고 봄이 타당하다(대법원 2017.12.22, 2017도690).

**010** (○)

**011** 주거침입죄의 객체는 건조물 그 자체뿐만 아니라 그에 부속하는 위요지를 포함하나, 건조물의 이용에 기여하는 인접의 부속 토지가 인적 또는 물적 설비 등에 의한 구획 내지 통제가 없어 통상의 보행으로 그 경계를 쉽사리 넘을 수 있는 정도라면 특별한 사정이 없는 한 위요지에 해당하지 않는다. [경찰채용 22 1차] [변호사 22]

**011** (○) 대법원 2010.4.29, 2009도14643; 2017.12.22, 2017도690

**012** 판례는 다가구용 단독주택인 빌라의 잠기지 않은 대문을 열고 들어가 공용계단으로 빌라 3층까지 올라갔다가 1층으로 내려온 사안에서 주거침입죄를 구성한다고 한다. [법원행시 16]

**012** (○) 대법원 2009.8.20, 2009도3452

**013** 근저당권설정등기가 되어 있지 아니한 별개 독립의 건물이 근저당권의 목적으로 된 대지 등과 일괄하여 경매된 경우 위 건물에 대한 낙찰허가결정은 당연무효이므로, 이에 기한 인도명령에 의한 집행으로서 건물의 점유가 타인에게 이전되었다고 하더라도 건물의 소유자인 피고인이 위 건물에 들어간 경우 주거침입죄가 성립하지 아니한다. [법원9급 10]

**013** (×) '성립하지 아니한다' → '성립한다'(대법원 1984.4.24, 83도1429)

**014** 건물신축 공사현장에 무단으로 들어간 뒤 타워크레인에 올라가 이를 점거한 경우에는 건조물침입죄가 성립한다. [경찰간부 12]

> **해설+** 타워크레인은 건설기계의 일종으로서 작업을 위하여 토지에 고정되었을 뿐이고 운전실은 기계를 운전하기 위한 작업공간 그 자체이지 건조물침입죄의 객체인 건조물에 해당하지 아니한다 (대법원 2005.10.7, 2005도5351).

**015** 건조물침입죄의 객체인 관리하는 건조물은 주위 벽, 기둥과 지붕 또는 천장으로 구성된 구조물로서 사람이 기거하거나 출입할 수 있는 장소를 말하므로, 물탱크시설은 이에 해당하지 않는다. [법원행시 11]

**016** 차량 통행이 빈번한 도로에 바로 접하여 있고, 도로에서 주거용 건물, 축사 4동 및 비닐하우스 2동으로 이루어진 시설로 들어가는 입구 등에 그 출입을 통제하는 문이나 담 기타 인적·물적 설비가 없고 노폭 5m 정도의 통로를 통하여 누구나 축사 앞 공터에 이르기까지 자유롭게 드나들 수 있는 경우, 차를 몰고 위 통로로 진입하여 축사 앞 공터까지 들어간 행위는 주거침입에 해당하지 않는다. [법원행시 13]

**017** 판례는 피고인이 피해자가 사용중인 공중화장실의 용변칸에 노크하여 남편으로 오인한 피해자가 용변칸 문을 열자 강간할 의도로 용변칸에 들어간 것이라면 주거침입죄의 침입에 해당한다고 판시한 바 있다. [경찰간부 17] [법원행시 16]

**018** 대학교가 한국대학총학생회연합의 행사개최를 불허하고 외부인의 출입을 금지하는 한편 경찰에 시설물 보호를 위한 경비지원을 요청하였음에도 피고인이 다른 많은 학생들과 함께 위 행사에 참여하거나 주최하기 위하여 대학교에 들어간 것이라면, 들어갈 당시 경찰공무원 또는 대학교의 교직원들로부터 구체적으로 출입을 제지당하지 아니하였다고 하더라도 대학교 관리자의 의사에 반하여 다중의 위력으로써 건조물인 대학교에 침입한 것이다. [사시 16]

---

**014** (×) '성립한다' → '성립하지 않는다'

**015** (○) 대법원 2007.12.13, 2007도7247

**016** (○) 대법원 2010.4.29, 2009도14643

**017** (○) 대법원 2003.5.30, 2003도1256

**018** (○) 대법원 2003.5.13, 2003도604

**019** 권리자가 그 권리를 실행함에 있어 법에 정하여진 절차에 의하지 아니하고 그 건조물 등에 침입한 경우에는 주거침입죄가 성립한다. [법원행시 16]

019 (○) 대법원 2008.5.8, 2007 도11322

**020** 공동주택인 아파트의 '단지 안 주차장'에 대한 입주자등이 아닌 외부인의 출입에 관한 '출입을 승낙'한 일부 입주자등의 의사와 '출입을 금지'한 아파트 입주자대표회의의 의사가 상충(相衝)하는 경우, 세차업자인 피고인이 '아파트 지하주차장 출입을 금지'하는 아파트 입주자대표회의의 결정 및 법원의 출입금지가처분 결정에 반하여 세차영업을 위하여 아파트 지하주차장에 들어간 행위는 건조물침입죄를 구성하지 않는다.

020 (×)

> **해설+** 입주자대표회의가 입주자등이 아닌 자(이하 '외부인')의 단지 안 주차장에 대한 출입을 금지하는 결정을 하고 그 사실을 외부인에게 통보하였음에도 외부인이 입주자대표회의의 결정에 반하여 그 주차장에 들어갔다면, 출입 당시 관리자로부터 구체적인 제지를 받지 않았다고 하더라도 그 주차장의 관리권자인 입주자대표회의의 의사에 반하여 들어간 것이므로 건조물침입죄가 성립한다. 설령 외부인이 일부 입주자등의 승낙을 받고 단지 안의 주차장에 들어갔다고 하더라도 개별 입주자등은 그 주차장에 대한 본질적인 권리가 침해되지 않는 한 입주자대표회의 단지 안의 주차장 관리에 관한 결정에 따를 의무가 있으므로 건조물침입죄의 성립에 영향이 없다(대법원 2021.1.14, 2017도21323).

**021** 甲이 교제하다 헤어진 乙의 주거가 속해 있는 아파트 동의 출입구에 설치된 공동출입문에 乙이나 다른 입주자의 승낙 없이 비밀번호를 입력하는 방법으로 아파트의 공용 부분에 출입한 행위는 주거침입에 해당하지 않는다.

021 (×)

> **해설+** 침입에 해당한다고 인정하기 위해서는 거주자의 의사에 반한다는 사정만으로는 부족하고, 주거의 형태와 용도·성질, 외부인의 출입에 대한 통제·관리 상태, 출입의 경위와 태양 등을 종합적으로 고려하여 객관적·외형적으로 판단할 때 주거의 사실상의 평온상태를 해치는 경우에 이르러야 한다. … 다가구용 단독주택이나 다세대주택·연립주택·아파트와 같은 공동주택 내부의 엘리베이터, 공용 계단, 복도 등 공용 부분도 그 거주자들의 사실상 주거의 평온을 보호할 필요성이 있어 주거침입죄의 객체인 '사람의 주거'에 해당한다(대법원 2009.9.10, 2009도4335 등). … 따라서 아파트 등 공동주택의 공동현관에 출입하는 경우에도, 그것이 주거로 사용하는 각 세대의 전용 부분에 필수적으로 부속하는 부분으로 거주자와 관리자에게만 부여된 비밀번호를 출입문에 입력하여야만 출입할 수 있거나, 외부인의 출입을 통제·관리하기 위한 취지의 표시나 경비원이 존재하는 등 외형적으로 외부인의 무단출입을 통제·관리하고 있는 사정이 존재하고, 외부인이 이를 인식하고서도 그 출입에 관한 거주자나 관리자의 승낙이 없음은 물론, 거주자와의 관계 기타 출입의 필요 등에 비추어 보더라도 정당한 이유 없이 비밀번호를 임의로 입력하거나 조작하는 등의 방법으로 거주자나 관리자 모르게 공동현관에 출입한 경우와 같이, 그 출입 목적 및 경위, 출입의 태양과 출입한 시간 등을 종합적으로 고려할 때 공동주택 거주자의 주거의 사실상의 평온상태를 해치는 행위태양으로 볼 수 있는 경우라면 공동주택 거주자들에 대한 주거침입에 해당할 것이다(대법원 2022.1.27, 2021도15507).

**022** 甲이 교제하다 헤어진 A가 거주하는 아파트 109동 305호에 들어가려고 아파트 지하 주차장에서 위 305호가 있는 109동으로 연결된 출입구의 공동 출입문에 A나 다른 입주자의 승낙 없이 무단으로 비밀번호를 입력하여 아파트의 공용 부분에 들어가 위 305호 현관문 앞까지 출입한 경우, A와 같은 109동에 거주하는 다른 입주자들의 사실상 주거의 평온상태를 해한 것으로 볼 수 있다면 주거침입죄가 성립한다. [경찰간부 22]

**023** 피고인이 이웃에 있는 고종사촌인 A의 집에 놀러 가서 잠시 머무르고 있는 동안에 A에게 돈을 변제하고자 찾아온 B의 돈을 절취하였다면 주거침입죄가 성립한다. [사시 13]

> **해설+** 피고인이 당초부터 불법목적을 가지고 위 피해자의 집에 들어갔거나 그의 의사에 반하여 그의 집에 들어간 것이 아니어서 주거침입죄 부분의 공소사실은 범죄의 증명이 없는 때에 해당한다(대법원 1984. 2.14, 83도2897).

**024** 주택의 매수인이 계약금과 중도금을 지급하고서 그 주택을 명도받아 점유하고 있던 중 위 매매계약을 해제하고 중도금반환청구소송을 제기하여 얻은 그 승소판결에 기하여 강제집행에 착수한 이후라고 하더라도, 매도인이 매수인이 잠가 놓은 위 주택의 출입문을 열고 들어간 경우라면 주거침입죄를 구성한다. [법원행시 20]

> **해설+** 주택의 매수인이 계약금과 중도금을 지급하고서 그 주택을 명도받아 점유하고 있던 중 위 매매계약을 해제하고 중도금반환청구소송을 제기하여 얻은 그 승소판결에 기하여 강제집행에 착수한 이후에, 매도인이 매수인이 잠가 놓은 위 주택의 출입문을 열고 들어간 경우라면 매도인으로서는 매수인이 그 주택에 대한 모든 권리를 포기한 것으로 알고 그 주택에 들어간 것이라고 할 수 있을 뿐만 아니라 또한 그 주택에 대하여 보호받아야 할 피해자의 주거에 대한 평온상태는 소멸되었다고 볼 수 있으므로 매도인의 위 소위는 주거침입죄를 구성하지 아니한다(대법원 1987.5.12, 87도3).

**025** 주거침입이란 '거주자가 주거에서 누리는 사실상의 평온상태를 해치는 행위태양으로 주거에 들어가는 것'을 의미하므로, 침입에 해당하는지 여부는 단순히 주거에 들어가는 행위 자체가 거주자의 의사에 반한다는 거주자의 주관적 사정만으로 판단해야 하며, 출입 당시 객관적 · 외형적으로 드러난 행위태양을 기준으로 판단해서는 안 된다.

> **해설+** 주거침입죄의 보호법익은 사적 생활관계에 있어서 사실상 누리고 있는 주거의 평온, 즉 '사실상 주거의 평온'이다. 주거침입죄의 구성요건적 행위인 침입은 주거침입죄의 보호법익과의 관계에서 해석하여야 한다. 따라서 침입이란 '거주자가 주거에서 누리는 사실상의 평온상태를 해치는 행위태양으로 주거에 들어가는 것'을 의미한다. 침입에 해당하는지 여부는 출입 당시 객관적·외형적으로 드러난 행위태양을 기준으로 판단함이 원칙이다. 단순히 주거에 들어가는 행위 자체가 거주자의 의사에 반한다는 거주자의 주관적 사정만으로 바로 침입에 해당한다고 볼 수는 없다(대법원 2021.9.9, 2020도12630 전원합의체).

**026** 공동주거에 있어 그 주거에서 거주하는 사람 이외의 자가 주거 내에 현재하는 공동거주자의 현실적인 승낙을 받아 통상적인 출입방법에 따라 공동주거에 들어갔으나 그것이 부재중인 다른 거주자의 추정적 의사에 반하는 경우 주거침입죄가 성립한다.

**026 (×)**

> **해설+** 외부인이 공동거주자의 일부가 부재중에 주거 내에 현재하는 거주자의 현실적인 승낙을 받아 통상적인 출입방법에 따라 공동주거에 들어간 경우라면 그것이 부재중인 다른 거주자의 추정적 의사에 반하는 경우에도 주거침입죄가 성립하지 않는다고 보아야 한다(대법원 2021.9.9, 2020도12630 전원합의체).

**027** 甲이 A의 부재중에 A의 아내인 B와 혼인 외 성관계를 가질 목적으로 B가 열어준 출입문을 통해서 A와 B가 공동거주하는 아파트에 들어간 경우, 甲이 B의 승낙을 얻어 통상적인 출입방법에 의하여 들어갔다 하더라도 甲의 출입은 부재중인 A의 추정적 의사에 반하므로 주거침입죄가 성립한다.

[경찰간부 22]

**027 (×)**

> **해설+** 피고인이 甲의 부재중에 甲의 처 乙과 혼외 성관계를 가질 목적으로 乙이 열어 준 현관 출입문을 통하여 甲과 乙이 공동으로 거주하는 아파트에 들어간 경우, 피고인이 乙로부터 현실적인 승낙을 받아 통상적인 출입방법에 따라 주거에 들어갔으므로 주거의 사실상 평온상태를 해치는 행위태양으로 주거에 들어간 것이 아니어서 주거에 침입한 것으로 볼 수 없고, 피고인의 주거 출입이 부재중인 甲의 의사에 반하는 것으로 추정되더라도 주거침입죄의 성립 여부에 영향을 미치지 않는다(대법원 2021.9.9, 2020도12630 전원합의체).

CHAPTER 04 사생활의 평온에 대한 죄 **165**

**028** 공동거주자 중 주거 내에 현재하는 거주자의 현실적인 승낙을 받아 통상적인 출입방법에 따라 들어갔다면, 설령 그것이 부재 중인 다른 거주자의 의사에 반하는 것으로 추정되더라도 주거침입죄의 보호법익인 사실상 주거의 평온을 깨트렸다고 볼 수 없다. [경찰채용 22 1차]

028 (○)

**해설+** 외부인이 공동거주자의 일부가 부재중에 주거 내에 현재하는 거주자의 현실적인 승낙을 받아 통상적인 출입방법에 따라 공동주거에 들어간 경우라면 그것이 부재중인 다른 거주자의 추정적 의사에 반하는 경우에도 주거침입죄가 성립하지 않는다고 보아야 한다. 구체적인 이유는 다음과 같다. (가) 주거침입죄의 보호법익은 사적 생활관계에 있어서 사실상 누리고 있는 주거의 평온, 즉 '사실상 주거의 평온'으로서, 주거를 점유할 법적 권한이 없더라도 사실상의 권한이 있는 거주자가 주거에서 누리는 사실적 지배·관리관계가 평온하게 유지되는 상태를 말한다. 외부인이 무단으로 주거에 출입하게 되면 이러한 사실상 주거의 평온이 깨어지는 것이다. 이러한 보호법익은 주거를 점유하는 사실상태를 바탕으로 발생하는 것으로서 사실적 성질을 가진다. 한편 공동주거의 경우에는 여러 사람이 하나의 생활공간에서 거주하는 성질에 비추어 공동거주자 각자는 다른 거주자와의 관계로 인하여 주거에서 누리는 사실상 주거의 평온이라는 법익이 일정 부분 제약될 수밖에 없고, 공동거주자는 공동주거관계를 형성하면서 이러한 사정을 서로 용인하였다고 보아야 한다. 부재중인 일부 공동거주자에 대하여 주거침입죄가 성립하는지를 판단할 때에도 이러한 주거침입죄의 보호법익의 내용과 성질, 공동주거관계의 특성을 고려하여야 한다. 공동거주자 개개인은 각자 사실상 주거의 평온을 누릴 수 있으므로 어느 거주자가 부재중이라고 하더라도 사실상의 평온상태를 해치는 행위태양으로 들어가거나 그 거주자가 독자적으로 사용하는 공간에 들어간 경우에는 그 거주자의 사실상 주거의 평온을 침해하는 결과를 가져올 수 있다. 그러나 공동거주자 중 주거 내에 현재하는 거주자의 현실적인 승낙을 받아 통상적인 출입방법에 따라 들어갔다면, 설령 그것이 부재중인 다른 거주자의 의사에 반하는 것으로 추정된다고 하더라도 주거침입죄의 보호법익인 사실상 주거의 평온을 깨트렸다고 볼 수는 없다. 만일 외부인의 출입에 대하여 공동거주자 중 주거 내에 현재하는 거주자의 승낙을 받아 통상적인 출입방법에 따라 들어갔음에도 불구하고 그것이 부재중인 다른 거주자의 의사에 반하는 것으로 추정된다는 사정만으로 주거침입죄의 성립을 인정하게 되면, 주거침입죄를 의사의 자유를 침해하는 범죄의 일종으로 보는 것이 되어 주거침입죄가 보호하고자 하는 법익의 범위를 넘어서게 되고, '평온의 침해' 내용이 주관화·관념화되며, 출입 당시 현실적으로 존재하지 않는, 부재중인 거주자의 추정적 의사에 따라 주거침입죄의 성립 여부가 좌우되어 범죄 성립 여부가 명확하지 않고 가벌성의 범위가 지나치게 넓어지게 되어 부당한 결과를 가져오게 된다. (나) 주거침입죄의 구성요건적 행위인 침입은 주거침입죄의 보호법익과의 관계에서 해석하여야 한다. 따라서 침입이란 '거주자가 주거에서 누리는 사실상의 평온상태를 해치는 행위태양으로 주거에 들어가는 것'을 의미하고, 침입에 해당하는지 여부는 출입 당시 객관적·외형적으로 드러난 행위태양을 기준으로 판단함이 원칙이다. 사실상의 평온상태를 해치는 행위태양으로 주거에 들어가는 것이라면 대체로 거주자의 의사에 반하는 것이겠지만, 단순히 주거에 들어가는 행위 자체가 거주자의 의사에 반한다는 거주자의 주관적 사정만으로 바로 침입에 해당한다고 볼 수는 없다. 외부인이 공동거주자 중 주거 내에 현재하는 거주자로부터 현실적인 승낙을 받아 통상적인 출입방법에 따라 주거에 들어간 경우라면, 특별한 사정이 없는 한 사실상의 평온상태를 해치는 행위태양으로 주거에 들어간 것이라고 볼 수 없으므로 주거침입죄에서 규정하고 있는 침입행위에 해당하지 않는다(대법원 2021.9.9, 2020도12630 전원합의체).

**166** PART 01 개인적 법익에 대한 죄

**029** 공동주거의 경우 여러 사람이 하나의 생활공간에서 거주하는 성질에 비추어 공동거주자 각자는 다른 거주자와의 관계로 인하여 주거에서 누리는 사실상 주거의 평온이라는 법익이 일정부분 제약될 수밖에 없고, 공동거주자는 공동주거관계를 형성하면서 이러한 사정을 서로 용인하였다고 보아야 한다.

[경찰채용 22 1차]

029 (O) 대법원 2021.9.9, 2020도12630 전원합의체

> (030~031) 가정불화로 처 A와 일시 별거 중인 남편 甲은 그의 부모 乙·丙과 함께 주거지에 들어가려고 하는데 처로부터 집을 돌보아 달라는 부탁을 받은 처제 B가 출입을 못하게 하자, 출입문에 설치된 잠금장치를 손괴하고 주거지에 출입하였다.

**030** 공동거주자 중 한 사람이 그의 출입을 금지한 다른 공동거주자의 사실상 평온상태를 해치는 행위태양으로 공동주거에 들어간 경우 그것이 공동주거의 보편적인 이용형태에 해당한다고 평가할 수 있는 경우에도 주거침입죄가 성립한다.

030 (×)

해설+ 공동거주자 상호간에는 특별한 사정이 없는 한 다른 공동거주자가 공동생활의 장소에 자유로이 출입하고 이를 이용하는 것을 금지할 수 없다. … 공동거주자 중 한 사람이 법률적인 근거 기타 정당한 이유 없이 다른 공동거주자가 공동생활의 장소에 출입하는 것을 금지한 경우, 다른 공동거주자가 이에 대항하여 공동생활의 장소에 들어갔더라도 이는 '사전 양해된 공동주거의 취지 및 특성에 맞추어 공동생활의 장소를 이용하기 위한 방편'에 불과할 뿐, 그의 출입을 금지한 공동거주자의 사실상 주거의 평온이라는 법익을 침해하는 행위라고는 볼 수 없으므로 주거침입죄는 성립하지 않는다. 설령 그 공동거주자가 공동생활의 장소에 출입하기 위하여 다소간의 물리력을 행사하여 그 출입을 금지한 공동거주자의 사실상 평온상태를 해쳤더라도 주거침입죄는 성립하지 않는다(대법원 2021.9.9, 2020도6085 전원합의체).

**031** 위 경우 공동거주자 중 한 사람의 승낙에 따라 외부인이 출입한 행위는 주거침입죄가 성립하지 않는다.

031 (O)

해설+ 외부인이 공동거주자 중 한 사람의 승낙에 따라서 공동생활의 장소에 함께 출입한 것이 다른 공동거주자의 주거의 평온을 침해하는 행위가 된다고 볼 수 있는지 여부도 이러한 측면에서 살펴볼 필요가 있다. 공동거주자 중 한 사람의 승낙에 따른 외부인의 공동생활 장소의 출입 및 이용행위가 외부인의 출입을 승낙한 공동거주자의 통상적인 공동생활 장소의 출입 및 이용행위의 일환이자 이에 수반되는 행위로 평가할 수 있는 경우에는 이러한 외부인의 행위는 전체적으로 그 공동거주자의 행위와 동일하게 평가할 수 있다. … (따라서) 그 외부인에 대하여도 역시 주거침입죄가 성립하지 않는다(대법원 2021.9.9, 2020도6085 전원합의체).

**032** 공동거주자 중 한 사람이 법률적인 근거 기타 정당한 이유 없이 다른 공동거주자가 공동생활의 장소에 출입하는 것을 금지한 경우, 다른 공동거주자가 이에 대항하여 공동생활의 장소에 들어갔더라도 주거침입죄는 성립하지 않는다.

[경찰채용 23 1차]

**032** (○)

**해설+** 공동거주자 중 한 사람이 법률적인 근거 기타 정당한 이유 없이 다른 공동거주자가 공동생활의 장소에 출입하는 것을 금지한 경우, 다른 공동거주자가 이에 대항하여 공동생활의 장소에 들어갔더라도 이는 사전 양해된 공동주거의 취지 및 특성에 맞추어 공동생활의 장소를 이용하기 위한 방편에 불과할 뿐, 그의 출입을 금지한 공동거주자의 사실상 주거의 평온이라는 법익을 침해하는 행위라고는 볼 수 없으므로 주거침입죄는 성립하지 않는다(대법원 2021.9.9, 2020도6085 전원합의체).

**033** 甲이 아내 A와의 불화로 인해 A와 공동생활을 영위하던 아파트에서 짐 일부를 챙겨 나온 후 A의 외출 중 자신의 어머니 乙과 함께 그 아파트에 들어가려고 그 안에 있던 처제 B에게 출입문을 열어달라고 요구하였으나 A로부터 열어주지 말라는 말을 들은 B가 체인형 걸쇠를 걸어 잠그며 현관문을 열어주지 않자 甲이 乙과 함께 그 걸쇠를 부수고 아파트에 들어간 경우, 甲과 乙에게는 주거침입죄의 공동정범이 성립한다.

[경찰간부 22]

**033** (×)

**해설+** 피고인 甲은 처 乙과의 불화로 인해 乙과 공동생활을 영위하던 아파트에서 짐 일부를 챙겨 나왔는데, 그 후 자신의 부모인 피고인 丙, 丁과 함께 아파트에 찾아가 출입문을 열 것을 요구하였으나 乙은 외출한 상태로 乙의 동생인 戊가 출입문에 설치된 체인형 걸쇠를 걸어 문을 열어 주지 않자 공동하여 걸쇠를 손괴한 후 아파트에 침입하였다고 하여 폭력행위 등 처벌에 관한 법률 위반(공동주거침입)으로 기소된 경우, 아파트에 대한 공동거주자의 지위를 계속 유지하고 있던 피고인 甲에게 주거침입죄가 성립한다고 볼 수 없고, 피고인 丙, 丁에 대하여도 같은 법 위반(공동주거침입)죄가 성립하지 않는다(대법원 2021.9.9, 2020도6085 전원합의체).

**034** 甲은 연인관계인 A로부터 안방에 TV를 설치하여 달라는 요청을 받고 통상적인 출입방법에 따라 A의 안방에 들어간 후 A가 있는 자리에서 TV를 설치하는 등 달리 A의 사실상 평온상태가 침해되었다고 볼 만한 사정이 없었더라도, 甲의 출입이 실제로는 CCTV 카메라와 동영상 저장장치를 부착한 TV인 사실을 숨기고 이루어졌다면 甲에게는 주거침입죄가 성립한다.

[경찰채용 23 2차]

**034** (×)

**해설+** 행위자가 거주자의 승낙을 받아 주거에 들어갔으나 범죄 등을 목적으로 한 출입이거나 거주자가 행위자의 실제 출입 목적을 알았더라면 출입을 승낙하지 않았을 것이라는 사정이 인정되는 경우 행위자의 출입행위가 주거침입죄에서 규정하는 침입행위에 해당하려면, 출입하려는 주거 등의 형태와 용도·성질, 외부인에 대한 출입의 통제·관리 방식과 상태, 행위자의 출입 경위와 방법 등을 종합적으로 고려하여 행위자의 출입 당시 객관적·외형적으로 드러난 행위 태양에 비추어 주거의 사실상 평온상태가 침해되었다고 평가되어야 한다. 피고인이 피해자의 안방에 CCTV 카메라와 동영상 저장장치를 부착한 TV인 사실을 숨기고 피해자에게 TV를 설치해 주겠다면서 안방까지 들어가 피해자의 주거에 침입하였다는 내용으로 기소된 경우, 피해자의 사실상 평온상태가 침해되었다고 볼 만한 사정이 없으므로 피고인의 출입이 비록 범죄 등의 목적을 숨기고 한 것이라도 주거침입죄가 성립하지 않는다(대법원 2022.4.28, 2022도1717).

**035** 영업주 몰래 카메라를 설치하기 위하여 음식점에 출입한 경우 주거침입죄가 성립한다.

035 (×)

> **해설+** 침입행위에 해당하는지는 거주자의 의사에 반하는지가 아니라 사실상의 평온상태를 해치는 행위 태양인지에 따라 판단되어야 한다. 일반인의 출입이 허용된 음식점에 영업주의 승낙을 받아 통상적인 출입방법으로 들어갔다면 특별한 사정이 없는 한 주거침입죄에서 규정하는 침입행위에 해당하지 않는다. 설령 행위자가 범죄 등을 목적으로 음식점에 출입하였거나 영업주가 행위자의 실제 출입 목적을 알았더라면 출입을 승낙하지 않았을 것이라는 사정이 인정되더라도 그러한 사정만으로는 출입 당시 객관적·외형적으로 드러난 행위 태양에 비추어 사실상의 평온상태를 해치는 방법으로 음식점에 들어갔다고 평가할 수 없으므로 침입행위에 해당하지 않는다. 이와 달리 일반인의 출입이 허용된 음식점이더라도 음식점의 방실에 도청용 송신기를 설치할 목적으로 들어간 것은 영업주의 명시적 또는 추정적 의사에 반한다고 보아 주거침입죄가 성립한다고 인정한 대법원 1997.3.28, 95도2674 판결을 비롯하여 같은 취지의 대법원 판결들은 이 판결의 견해에 배치되는 범위 안에서 이를 변경하기로 한다(대법원 2022.3.24, 2017도18272 전원합의체).

**036** 甲이 일반인의 출입이 허용된 음식점에 영업주의 승낙을 받아 통상적인 출입방법으로 들어갔다면, 설령 甲이 범죄 등의 목적으로 음식점에 출입하였거나 영업주가 甲의 실제 출입 목적을 알았더라면 출입을 승낙하지 않았을 것이라는 사정이 인정되더라도 주거침입죄가 성립하지 아니한다.

[경찰간부 22]

036 (O) 대법원 2022.3.24, 2017도18272 전원합의체

**037** 관리자의 현실적인 승낙을 받아 건조물에 통상적인 출입방법으로 들어간 경우에도 관리자의 가정적·추정적 의사는 고려되어야 하며, 그 승낙의 동기에 착오가 있었던 경우 승낙의 유효성에 영향을 미쳐 건조물침입죄가 성립할 수 있다.

[국가9급 23]

037 (×)

> **해설+** 관리자에 의해 출입이 통제되는 건조물에 관리자의 승낙을 받아 건조물에 통상적인 출입방법으로 들어갔다면, 이러한 승낙의 의사표시에 기망이나 착오 등의 하자가 있더라도 특별한 사정이 없는 한 형법 제319조 제1항에서 정한 건조물침입죄가 성립하지 않는다. 이러한 경우 관리자의 현실적인 승낙이 있었으므로 가정적·추정적 의사는 고려할 필요가 없다. 단순히 승낙의 동기에 착오가 있다고 해서 승낙의 유효성에 영향을 미치지 않으므로, 관리자가 행위자의 실제 출입 목적을 알았더라면 출입을 승낙하지 않았을 사정이 있더라도 건조물침입죄가 성립한다고 볼 수 없다. 나아가 관리자의 현실적인 승낙을 받아 통상적인 출입방법에 따라 건조물에 들어간 경우에는 출입 당시 객관적·외형적으로 드러난 행위태양에 비추어 사실상의 평온상태를 해치는 모습으로 건조물에 들어간 것이라고 평가할 수도 없다(대법원 2022.3.31, 2018도15213).

**038** 사용자가 제3자와 공동으로 관리 · 사용하는 공간을 사용자에 대한 쟁의행위를 이유로 관리자의 의사에 반하여 침입 · 점거한 경우, 사용자에 대한 관계에서 정당한 쟁의행위로 평가된다 하더라도 제3자에 대하여서까지 이를 정당행위라고 하여 주거침입의 위법성이 조각된다고 볼 수는 없다.

[법원행시 16]

038 (○) 대법원 2010.3.11, 2009도5008

**039** A회사의 감사인 甲은 경영진과의 불화로 회사를 퇴사한 후 30일이 지나 회사의 승낙 없이 자신이 사용하던 A회사 소유의 컴퓨터 하드디스크를 가지고 가기 위하여 일출 직후인 06:48경 A회사에 갔으나 자신의 출입카드가 정지되어 출입구가 열리지 않아 경비원으로부터 임시출입증을 받아 감사실에 들어간 경우 甲에게는 방실침입죄가 성립한다.

[변호사 14·16]

039 (○) 피고인이 공소외 주식회사의 감사였고 경비원으로부터 출입증을 받아서 감사실에 들어간 것이라고 하더라도, 그 수단, 방법의 상당성을 결하는 것으로서 정당행위에 해당하지 않는다(대법원 2011.8.18, 2010도9570).

**040** 주거침입죄는 미수범을 처벌하지 않는다.

[경찰채용 12]

040 (✕) '처벌하지 않는다' → '처벌한다'(형법 제322조)

**041** 신체의 극히 일부만 들어갔지만 사실상 주거의 평온을 해할 수 있는 정도에 이르지 않은 경우, 신체일부침입설과 신체전부침입설 모두 주거침입죄의 미수를 인정한다.

[경찰채용 19 2차]

041 (○)

**해설+** ㉠ 판례의 입장을 보통 (신체)일부침입설이라 부르는데 엄밀히는 보호법익기준설이라 하는 것이 맞다. 이에 의하면 신체의 일부가 들어갔지만 사실상 주거의 평온을 해하면 주거침입죄의 기수가 되고, 해하지 못하면 미수가 된다. "피고인이 피해자 A의 집에서 A를 강간하기 위하여 그 집 담벽에 발을 딛고 창문을 열고 안으로 얼굴을 들이미는 등의 행위를 한 경우, 피고인이 자신의 신체의 일부가 집 안으로 들어간다는 인식 하에 하였더라도 주거침입죄의 범의는 인정되고 또한 비록 신체의 일부만이 집 안으로 들어갔다고 하더라도 사실상 주거의 평온을 해하였다면 주거침입죄는 기수에 이르렀다고 할 것이다(대법원 1995.9.15, 94도2561)." ㉡ 신체전부침입설에 의하면(다수설), 신체의 전부가 들어가면 주거침입죄의 기수가 되고 일부만 들어가면 미수가 된다.

**042** 주거침입죄의 실행의 착수는 주거자, 관리자, 점유자 등의 의사에 반하여 주거나 관리하는 건조물 등에 들어가는 행위, 즉 구성요건의 일부를 실현하는 행위까지 요구하는 것은 아니고 범죄구성요건의 실현에 이르는 현실적 위험성을 포함하는 행위를 개시하는 것으로 족하므로, 출입문이 열려 있으면 안으로 들어가겠다는 의사 아래 출입문을 당겨보는 행위는 바로 주거의 사실상의 평온을 침해할 객관적인 위험성을 포함하는 행위를 한 것으로 볼 수 있어 그것으로 주거침입의 실행에 착수한 것으로 보아야 한다.

[경찰간부 17] [사시 14 변형]

042 (○) 대법원 2006.9.14, 2006도2824

**043** 출입문이 열려 있으면 안으로 들어가겠다는 의사 아래 출입문을 당겨보는 행위는 바로 주거의 사실상의 평온을 침해할 객관적인 위험성을 포함하는 행위를 한 것으로 볼 수 있어 주거침입의 실행에 착수한 것으로 보아야 한다.

[경찰채용 12]

043 (○) 대법원 2006.9.14, 2006도2824

**044** 침입 대상인 아파트에 사람이 있는지를 확인하기 위해 그 집의 초인종을 누른 행위만으로는 침입의 현실적 위험성을 포함하는 행위를 시작하였다거나, 주거의 사실상의 평온을 침해할 객관적인 위험성을 포함하는 행위를 한 것으로 볼 수 없다.

[경찰승진 12] [국가9급 20]

044 (○) 대법원 2008.4.10, 2008도1464

**045** 다른 사람의 주택에 무단 침입한 범죄사실로 이미 유죄판결을 받은 사람이 그 판결이 확정된 후에도 퇴거하지 아니하고 계속하여 당해 주택에 거주한 경우 위 판결확정 이후의 행위는 별도로 주거침입죄를 구성한다.

[경찰간부 17] [사시 14]

045 (○) 판결 확정 이후의 행위는 별도의 주거침입죄를 구성한다 (대법원 2008.5.8, 2007도11322).

**046** 주거침입죄가 계속범이라는 견해에 의하면 불법하게 주거에 침입한 자가 퇴거요구를 받고 불응한 때에는 퇴거불응죄가 별도로 성립한다. [사시 13]

046 (×) '성립한다' → '성립하지 않는다'

**해설+** 상태범설에 의하면 별도의 퇴거불응죄가 성립할 수 있으나, 계속범설에 의하면 침입행위는 계속되고 있기 때문에 퇴거불응죄는 별도로 성립하지 아니한다.

**047** 사용자의 직장폐쇄가 정당한 쟁의행위로 인정되지 않는 때에는 적법한 쟁의행위로서 사업장을 점거 중인 근로자들이 직장폐쇄를 단행한 사용자로부터 퇴거요구를 받고 이에 불응한 채 직장점거를 계속하더라도 퇴거불응죄가 성립하지 않는다.

[사시 13]

**047** (○) 대법원 2002.9.24, 2002도2243

**048** 퇴거불응죄는 실행행위의 소극적 성격으로 인해 주거침입죄에 비해 법정형이 경하게 규정되어 있다.

[경찰채용 18 3차]

해설+ 형법 제319조【주거침입, 퇴거불응】① 사람의 주거, 관리하는 건조물, 선박이나 항공기 또는 점유하는 방실에 침입한 자는 3년 이하의 징역 또는 500만원 이하의 벌금에 처한다.
② 전항의 장소에서 퇴거요구를 받고 응하지 아니한 자도 전항의 형과 같다.

**048** (×) 퇴거불응죄는 진정부작위범이기는 하나(실행행위의 소극적 성격이라는 부분은 맞음), 그 법정형은 주거침입죄와 같다.

# CHAPTER 05 | 재산에 대한 죄

## 1 재산죄의 일반이론

 대표유형

甲은 A의 영업점 내에 있는 A 소유의 휴대전화를 허락 없이 가지고 나와 이를 이용하여 통화를 하고 문자를 주고받은 다음 약 1~2시간 후 위 영업점 정문 옆 화분에 놓아두었다. 甲에게 절도죄가 성립한다.                    [법원행시 16] [변호사 14·16] [사시 16]

(○) 피고인이 A의 휴대전화를 자신의 소유물과 같이 경제적용법에 따라 이용하다가 본래의 장소와 다른 곳에 유기한 것이므로 피고인에게 불법영득의사가 있었다(대법원 2012.7.12, 2012도1132).

대표유형

친족상도례에 관한 규정은 범인과 피해물건의 소유자 및 점유자 모두 사이에 친족관계가 있는 경우에만 적용되는 것이고 절도범인이 피해물건의 소유자나 점유자의 어느 일방과 사이에서만 친족관계가 있는 경우에는 그 적용이 없다.                    [법원9급 18]

(○) 대법원 1980.11.11, 80도131

---

001  절도죄, 강도죄, 공갈죄는 탈취죄에 속한다.                    [경찰채용 22 2차]

001 (×)

**해설+** 절도죄와 강도죄는 탈취죄(점유자의 의사에 반하는 행위)이고, 공갈죄는 편취죄(점유자의 의사 −처분행위− 에 기하는 행위)이다.

---

002  영득죄는 범죄성립에 불법영득의사를 필요로 하고, 손괴죄는 이를 필요로 하지 않는다.                    [경찰채용 22 2차]

002 (○) 손괴죄는 손괴의 고의만 있으면 충분하고 불법영득의사가 필요하지 아니하다.

---

003  강도죄, 사기죄, 공갈죄는 재물죄인 동시에 이득죄이다.     [경찰채용 22 2차]

003 (○)

**해설+** 재물을 객체로 하는 범죄가 재물죄이고 재물 이외의 재산상 이익의 획득을 목적으로 하는 범죄가 이득죄이다. 강도죄, 사기죄, 공갈죄는 재물 또는 재산상의 이익을 그 객체로 하므로 재물죄인 동시에 이익죄이다.

**004** 영득죄는 침해방법에 따라 탈취죄와 편취죄로 나눌 수 있다.

[경찰채용 22 2차]

004 (○) 영득죄를 침해방법에 따라 구분하면 탈취죄와 편취죄로 나뉜다.

**005** 절도죄의 객체는 관리가능한 동력을 포함한 '재물'에 한한다 할 것이고, 또 절도죄가 성립하기 위해서는 그 재물의 소유자 기타 점유자의 점유 내지 이용가능성을 배제하고 이를 자신의 점유하에 배타적으로 이전하는 행위가 있어야만 할 것이다.

005 (○) 대법원 2002.7.12, 2002도745

**006** 타인의 유선전화기를 무단으로 사용하여 전화통화를 한 경우 절도죄가 성립하지 않는다.

[사시 13]

006 (○)

> **해설+** 이러한 내용의 역무는 무형적인 이익에 불과하고 물리적 관리의 대상이 될 수 없어 재물이 아니라고 할 것이므로 절도죄의 객체가 되지 아니한다(대법원 1998.6.23, 98도700).

**007** 재산죄의 객체인 재물은 반드시 객관적인 금전적 교환가치를 가질 필요는 없고 소유자, 점유자가 주관적인 가치를 가지고 있음으로써 족하다.

[법원행시 14]

007 (○) 대법원 2004.10.28, 2004도5183

**008** 사원이 회사를 퇴사하면서 회사 연구실에 보관 중이던 회사의 목적 업무 중 기술분야에 관한 문서사본을 가져간 경우, 비록 그것이 국내에서 쉽게 구할 수 있는 것도 아니며 직원들의 업무수행을 위하여 필요한 경우에만 사용이 허용되는 것이라도 문서의 사본에 불과하고 또 인수인계 품목에 포함되지 않은 것이므로 절도죄가 성립하지 아니한다.

[경찰승진 11]

008 (✕) '성립하지 않는다' → '성립한다'

> **해설+** 위 서류들이 회사의 목적업무 중 기술분야에 관한 문서들로서 국내에서 쉽게 구할 수 있는 것도 아니며 연구실 직원들의 업무수행을 위하여 필요한 경우에만 사용이 허용된 것이라면 위 서류들은 위 회사에 있어서는 소유권의 대상으로 할 수 있는 주관적 가치뿐만 아니라 그 경제적 가치도 있는 것으로 재물에 해당한다 할 것이어서 이를 취거하는 행위는 절도에 해당한다.

**009** 법원으로부터 송달된 심문기일소환장은 재산적 가치가 있는 물건으로서 절도죄의 재물에 해당한다. [사시 13]

**해설+** 심문기일소환장은 재산적 가치가 있는 물건으로서 형법상 재물에 해당한다(대법원 2000. 2.25, 99도5775).

009 (○)

**010** 사실상 퇴사하면서 회사의 승낙 없이 가지고 간 부동산매매계약서 사본들은 절도죄의 객체인 재물에 해당한다. [법원행시 14]

010 (○) 대법원 2007.8.23, 2007도2595

**011** 위조된 유가증권은 절도죄의 객체가 될 수 없다. [법원행시 14]

011 (×) '될 수 없다' → '될 수 있다'(금제품 재물 적극설, 대법원 1998.11.24, 98도2967)

**012** 피고인이 피해자의 컴퓨터에 저장된 정보를 출력하여 생성한 문서를 가지고 간 행위를 들어 피해자 소유의 문서를 절취한 것으로 볼 수는 없다. [법원9급 16] [변호사 17]

012 (○) 정보 그 자체는 재물이 될 수 없다(대법원 2002.7.12, 2002도745).

**013** 금품 등을 받을 것을 전제로 성행위에 응한 부녀를 기망하여 성행위 대가의 지급을 면한 경우 사기죄가 성립한다. [경찰간부 17] [사시 10]

**해설+** 경제적 재산개념에 의할 때 재산상 이익을 취득한 것으로 인정된다(대법원 2001.10.23, 2001도2991).

013 (○)

**014** 종전 점유자의 점유가 그의 사망으로 인한 상속에 의하여 당연히 그 상속인에게 이전된다는 민법 제193조는 절도죄의 요건으로서의 '타인의 점유'와 관련하여서는 적용의 여지가 없고, 재물을 점유하는 소유자로부터 이를 상속받아 그 소유권을 취득하였다고 하더라도 상속인이 그 재물에 관하여 사실상의 지배를 가지게 되어야만 이를 점유하는 것으로서 그때부터 비로소 상속인에 대한 절도죄가 성립할 수 있다. [법원행시 16]

014 (○) 대법원 2012.4.26, 2010도6334

**015** 종전 점유자의 점유가 그의 사망으로 인한 상속에 의하여 당연히 그 상속인에게 이전된다는 「민법」 제193조는 절도죄의 '점유'에도 적용된다.

[경찰채용 19 2차]

**015** (×)

> **해설+** 종전 점유자의 점유가 그의 사망으로 인한 상속에 의하여 당연히 그 상속인에게 이전된다는 민법 제193조는 절도죄의 요건으로서의 '타인의 점유'와 관련하여서는 적용의 여지가 없다(대법원 2012.4.2, 2010도6334).

**016** A가 육지에서 멀리 떨어진 섬에서 광산을 개발하기 위하여 발전기, 경운기 엔진을 섬으로 반입하였다가 광업권 설정이 취소됨으로써 광산 개발이 불가능하게 되자 그 물건들을 창고 안에 두고 철수한 뒤 10년 동안 나타나지 않고 사망한 후, 그 섬에서 거주하는 甲이 그 물건들을 자신의 집 근처로 옮겨 놓은 경우, A의 상속인에게 그 물건에 대한 점유가 인정되지 않으므로 甲은 절도죄로 처벌되지 않는다.

[변호사 13]

**016** (○)

> **해설+** 피고인이 그 물건들을 옮겨 갈 당시 원소유자나 그 상속인이 그 물건들을 점유할 의사로 사실상 지배하고 있었다고는 볼 수 없으므로, 그 물건들을 절도죄의 객체인 타인이 점유하는 물건으로 볼 수 없다(대법원 1994.10.11, 94도1481).

**017** 甲에게 강간을 당한 피해자 A가 도피하면서 자신의 지갑을 현장에 놓아두고 간 경우, 그 지갑은 사회통념상 A의 지배하에 있는 물건이므로 甲이 그 지갑을 가져갔다면 절도죄를 구성한다.

[경찰간부 22]

**017** (○)

> **해설+** 강간을 당한 피해자가 도피하면서 현장에 놓아두고 간 손가방은 점유이탈물이 아니라 사회통념상 피해자의 지배하에 있는 물건이라고 보아야 할 것이므로 피고인이 그 손가방안에 들어 있는 피해자 소유의 돈을 꺼낸 소위는 절도죄에 해당한다(대법원 1984.2.28, 84도38).

**018** 여관이나 목욕탕, PC방 등에서는 주인의 배타적 지배가 인정되기 때문에 손님이 잃어버린 물건은 점유이탈물이 되지 않고 주인의 점유가 인정된다.

[국가9급 17]

**018** (○) 대법원 2007.3.15, 2006도9338

**019** 손님인 甲이 PC방에서 다른 손님이 두고 간 휴대전화를 업주 몰래 가지고 간 경우 타인의 관리 아래 있는 장소에서 물건을 잃은 때에는 그 물건은 일응 그 관리자의 점유에 속한다 할 것이므로 피해자가 PC방에 두고 간 핸드폰은 PC방 관리자의 점유하에 있어서 제3자가 이를 취한 행위는 절도죄를 구성한다. [국가9급 20] [변호사 14]

**019** (○) 대법원 2007.3.15, 2006도9338

**020** 피해자가 그 소유의 오토바이를 타고 심부름을 다녀오라고 하여서 甲이 그 오토바이를 타고 가다가 마음이 변하여 이를 반환하지 아니한 채 그대로 타고 가버렸다면 절도죄가 성립한다. [경찰채용 14]

**020** (×) '절도죄가 성립한다' → '횡령죄를 구성함은 별론으로 하고 적어도 절도죄는 구성하지 않는다' (대법원 1986.8.19, 86도1093)

**021** 물건의 운반을 의뢰받은 짐꾼이 그 물건을 의뢰인에게 운반해 주지 않고 용달차에 싣고 가서 처분한 경우에는 절도죄를 구성한다. [경찰승진 12]

**021** (×) '절도죄' → '횡령죄(대법원 1957.9.20, 4290형상281)

**022** 甲이 고속버스에 다른 손님이 놓고 내린 타인의 핸드백을 가져간 경우, 고속버스의 운전사는 고속버스의 관수자로서 유실물을 교부받을 권능을 가지므로 운전사가 유실물을 현실적으로 발견하지 않는 한 점유이탈물횡령의 죄책을 지지 않고 절도의 죄책을 진다. [경찰승진 13]

**022** (×)

> **해설+** 고속버스 운전사는 고속버스의 관수자로서 차내에 있는 승객의 물건을 점유하는 것이 아니고 승객이 잊고 내린 유실물을 교부받을 권능을 가질 뿐이므로 유실물을 현실적으로 발견하지 않는 한 이에 대한 점유를 개시하였다고 할 수 없고, 그 사이에 다른 승객이 유실물을 발견하고 이를 가져갔다면 절도에 해당하지 아니하고 점유이탈물횡령에 해당한다(대법원 1993.3.16, 92도3170).

**023** 고속버스 운전기사가 발견한 버스 내 유실물을 타인이 가져간 경우, 절도죄가 아니라 점유이탈물횡령죄가 성립한다. [경찰채용 19 2차]

**023** (×)

> **해설+** 고속버스 운전사는 고속버스의 관수자로서 차내에 있는 승객의 물건을 점유하는 것이 아니고 승객이 잊고 내린 유실물을 교부받을 권능을 가질 뿐이므로 유실물을 현실적으로 발견하지 않는 한 이에 대한 점유를 개시하였다고 할 수 없고, 그 사이에 다른 승객이 유실물을 발견하고 이를 가져갔다면 절도에 해당하지 아니하고 점유이탈물횡령에 해당한다(대법원 1983.3.16, 92도3170). 따라서 위 지문처럼 고속버스 운전기사가 발견한 버스 내 유실물이라면 그의 점유가 인정되므로 이를 타인이 가져간 경우에는 절도죄가 성립한다.

**024** 동업체에 제공된 물품은 동업관계가 청산되지 않는 한 동업자들의 공동점유에 속하므로, 그 물품이 원래 피고인의 소유라거나 피고인이 다른 곳에서 빌려서 제공하였다는 사유만으로는 절도죄의 객체가 됨에 지장이 없다. [법원9급 21]

024 (○) 대법원 1995.10.12, 94도2076

**025** 甲과 乙이 공동으로 생강밭을 경작하여 그 이익을 분배하기로 약정하고 생강농사를 시작하였으나, 곧바로 동업관계에 불화가 생겨 乙이 묵시적으로 동업탈퇴의 의사표시를 한 채 생강밭에 나오지 않자, 그때부터 甲이 혼자 생강밭을 경작하고 수확하여 생강을 반출한 경우, 甲의 행위는 절도죄를 구성한다. [경찰채용 23 1차]

025 (×)

> **해설+** 두 사람으로 된 동업관계, 즉 조합관계에 있어 그중 1인이 탈퇴하면 조합관계는 해산됨이 없이 종료되어 청산이 뒤따르지 아니하며 조합원의 합유에 속한 조합재산은 남은 조합원의 단독소유에 속하고, 탈퇴자와 남은 자 사이에 탈퇴로 인한 계산을 하여야 한다. 두 사람으로 된 생강농사 동업관계에 불화가 생겨 그중 1인이 나오지 않자, 남은 동업인이 혼자 생강밭을 경작하여 생강을 반출한 행위는 절도죄를 구성하지 않는다(대법원 2009.2.12, 2008도11804).

**026** 甲이 A의 방에서 A를 살해한 후 불법영득의사가 생겨 비로소 A의 물건을 가지고 나온 경우, 그 물건에 대한 A의 점유가 계속되고 있어 甲의 행위는 절도죄에 해당한다. [경찰간부 23] [변호사 13 변형]

026 (○)

> **해설+** 피고인이 피해자를 살해한 방에서 사망한 피해자 곁에 4시간 30분쯤 있다가 그곳 피해자의 자취방 벽에 걸려 있던 피해자가 소지하는 원심판시 물건들을 영득의 의사로 가지고 나온 사실이 인정되는바, 이와 같은 경우에 피해자가 생전에 가진 점유는 사망 후에도 여전히 계속되는 것으로 보아 이를 보호함이 법의 목적에 맞는 것이라고 할 것이고, 따라서 피고인의 위 행위는 피해자의 점유를 침탈한 것으로서 절도죄에 해당한다(대법원 1993.9.28, 93도2143).

**027** 甲이 2016.12.4. 02:30경 A의 자취방에서 A로부터 심한 욕설을 듣자 격분하여 부엌칼로 A를 찔러 살해한 후 같은 날 05:00경 피 묻은 자신의 옷을 A의 점퍼로 갈아입고 나오려 하다가 A의 점퍼 주머니 안에 A명의의 B은행 계좌의 예금통장과 도장이 들어 있는 것을 발견하였다. 甲이 A를 살해하고 A의 예금통장과 도장이 들어 있는 점퍼를 입고 나온 행위는 강도살인죄가 성립한다. [변호사 17]

027 (×) '강도살인죄' → '살인죄와 절도죄의 실체적 경합'(대법원 1993.9.28, 93도2143).

> **보충** 강도살인죄가 되려면 살인행위 시에 재물강취의 의사가 있어야 한다.

028  절도죄의 성립에 필요한 '불법영득의 의사'는 그것이 물건 자체를 영득할 의사인지 물건의 가치만을 영득할 의사인지를 불문한다.  [경찰채용 21 1차]

028 (O) 대법원 2014.2.21, 2013 도14139

029  반드시 영구적으로 보유할 의사가 아니더라도 재물의 소유권 또는 이에 준하는 본권을 침해하는 의사가 있으면 절도죄의 성립에 필요한 불법영득의 의사를 인정할 수 있고, 그것이 물건 자체를 영득할 의사인지 물건의 가치만을 영득할 의사인지는 불문한다.  [경찰승진 22]

029 (O) 대법원 2012.4.26, 2010 도11771

030  절도죄의 성립에 필요한 불법영득의 의사는 물건의 가치만을 영득할 의사만으로는 부족하고, 재물의 소유권 또는 이에 준하는 본권을 영구적으로 보유할 의사를 필요로 한다.  [경찰채용 23 1차]

030 (×)

해설+  절도죄의 성립에 필요한 불법영득의 의사는 영구적으로 그 물건의 경제적 이익을 보유할 의사가 필요치 아니하여도 소유권 또는 이에 준하는 본권을 침해하는 의사, 즉 목적물의 물질을 영득할 의사나 물질의 가치만을 영득할 의사이어도 영득의 의사가 있다 할 것이다(대법원 1973.2.26, 73도51).

보충  불법영득의사의 객체는 물체 또는 가치(고유한 기능가치)이다(결합설).

031  타인의 예금통장을 무단 사용하여 상당액의 예금을 인출한 후 바로 반환한 경우 그 예금통장에 대한 절도죄가 성립한다.  [국가7급 12·16]

031 (O)

해설+  경제적 가치의 소모가 무시할 수 있을 정도로 경미한 경우가 아닌 이상, 예금통장 자체가 가지는 예금액 증명기능의 경제적 가치에 대한 불법영득의 의사를 인정할 수 있으므로 절도죄가 성립한다(대법원 2010.5.27, 2009도9008).

032  타인의 신용카드를 무단 사용하여 현금자동지급기에서 현금을 인출한 후 바로 반환한 경우 그 신용카드에 대한 절도죄가 성립한다.  [국가7급 16]

032 (×) '성립한다' → '성립하지 않는다'

해설+  신용카드 자체가 가지는 경제적 가치가 인출된 예금액만큼 소모되었다고 할 수 없으므로 이를 일시 사용하고 곧 반환한 경우에는 불법영득의 의사가 없다고 보아야 한다(대법원 1999.7.9, 99도857).

033 훔친 신용카드를 용도대로 사용한 다음 바로 이를 다시 권리자에게 반환한 경우에 불법영득의사가 없다는 이유로 신용카드에 대한 절도죄는 성립하지 않는다.

[경찰채용 11]

033 (○) 대법원 1999.7.9, 99도85

034 은행이 발급한 직불카드를 사용하여 타인의 예금계좌에서 자기의 예금계좌로 돈을 이체시켰다 하더라도 직불카드 자체가 가지는 경제적 가치가 계좌이체된 금액만큼 소모되었다고 할 수는 없으므로, 이를 일시 사용하고 곧 반환한 경우에는 그 직불카드에 대한 불법영득의 의사는 없다고 보아야 한다.

[국가7급 16] [법원9급 18 변형]

034 (○) 대법원 2006.3.9, 2005도7819

035 절도죄의 성립에 필요한 불법영득의 의사라 함은 권리자를 배제하고 타인의 물건을 자기의 소유물과 같이 이용, 처분할 의사를 말하고 영구적으로 그 물건의 경제적 이익을 보유할 의사임은 요치 않으며 일시사용의 목적으로 타인의 점유를 침탈한 경우에도 이를 반환할 의사 없이 상당한 장시간 점유하고 있거나 본래의 장소와 다른 곳에 유기하는 경우에는 이를 일시사용하는 경우라고는 볼 수 없으므로 영득의 의사가 없다고 할 수 없다.

035 (○) 대법원 2002.9.6, 2002도3465

036 타인의 재물을 점유자의 승낙 없이 무단 사용하는 경우 그 사용으로 인하여 재물 자체가 가지는 경제적 가치가 상당한 정도로 소모되거나 또는 사용 후 그 재물을 본래의 장소가 아닌 다른 곳에 버리거나 곧 반환하지 아니하고 장시간 점유하고 있는 것과 같은 때에는 그 소유권 또는 본권을 침해할 의사가 있다고 보아 불법영득의 의사를 인정할 수 있으나, 그렇지 아니하고 그 사용으로 인한 가치의 소모가 무시할 수 있을 정도로 경미하고 또 사용 후 곧 반환한 것과 같은 때에는 그 소유권 또는 본권을 침해할 의사가 있다고 할 수 없어 불법영득의 의사를 인정할 수 없다.

[국가7급 12 변형]

036 (○) 대법원 2000.3.28, 2000도493

**037** 일시사용의 목적으로 소유자의 승낙 없이 오토바이를 타고 가다가 원래 있던 장소로부터 3km 정도 떨어진 장소에 버린 경우 절도죄가 성립하지 않는다. [사시 13]

037 (×) '성립하지 않는다' → '성립한다'

**해설+** 소유자의 승낙 없이 오토바이를 타고 가서 다른 장소에 버린 경우, 절도죄가 성립한다(대법원 2002.9.6, 2002도3465).

**038** A 주식회사 감사인 甲이 회사 경영진과의 불화로 한 달 가까이 결근하다가 회사 감사실에 침입하여 자신이 사용하던 컴퓨터에서 하드디스크를 떼어간 후 4개월 가까이 지난 시점에 반환한 경우 일시 보관하였다고 평가하기 어려워 甲에게 절도죄가 성립한다. [변호사 16]

038 (○) 대법원 2011.8.18, 2010도9570

**039** 소유자의 승낙 없이 오토바이를 타고 가서 다른 장소에 버린 경우 자동차등불법사용죄가 성립한다. [국가7급 12]

039 (×) '자동차등불법사용죄 → '절도죄(대법원 2002.9.6, 2002도3465).

**040** 피고인이 피해자의 전화번호를 알아두기 위하여 피해자가 떨어뜨린 전화요금 영수증을 습득한 후 돌려주지 않은 경우에 그에게 불법영득의 의사가 있다고 인정하기 어렵다. [경찰승진 11]

040 (○) 대법원 1989.11.28, 89도1679

**041** 타인의 인감도장을 몰래 가지고 가서 차용금증서의 연대보증인란에 찍고 난 후 바로 제자리에 넣어 둔 경우 그 인감도장에 대한 절도죄가 성립한다. [국가9급 16]

041 (×) '성립한다' → '성립하지 않는다'

**해설+** 무단사용으로 인한 가치의 소모가 무시할 수 있을 정도로 경미하고 또 사용후 곧 반환하였다면 그 소유권 또는 본권을 침해할 의사가 있다고 할 수 없어 불법영득의 의사를 인정할 수 없다(대법원 1987.12.8, 87도1959).

**042** 피고인이 내연관계를 회복시켜 볼 목적으로 내연녀의 물건을 가져와 보관한 후 이를 찾으러 오면 그때 그 물건을 반환하면서 잘 타일러 다시 내연관계를 지속시킬 생각으로 물건을 가져 온 경우, 절도죄의 불법영득의사가 인정된다. [법원9급 17]

042 (×) '인정된다' → '인정되지 않는다'(대법원 1992.5.12, 92도280)

**043** 甲이 상사와의 의견충돌 끝에 항의의 표시로 사표를 제출한 다음 평소 자신이 전적으로 보관·관리해 오던 비자금관련 서류 및 금품이 든 가방을 가지고 나왔으나 그 이후 계속 정상적으로 근무한 경우 불법영득의사를 인정할 수 없어 절도죄가 성립하지 않는다. [변호사 14]

**해설+** 피고인이 이 사건 서류와 금품이 든 위 가방을 들고 나간 것은 여전히 위 회사를 위한 보관자의 지위에서 한 행위로서 불법영득의 의사가 있다고 볼 수 없을 뿐만 아니라 타인이 점유하고 있는 물건에 대한 범죄인 절도죄가 성립할 여지가 없다 할 것이다(대법원 1995.9.5, 94도3033).

**044** 피해자의 승낙 없이 혼인신고서를 작성하기 위해 피해자 몰래 피해자의 도장을 꺼내어 사용 후 제자리에 갖다 놓은 경우라도 도장의 본래 용도에 따라 사용한 것이므로 도장에 대한 불법영득의 의사가 있다. [법원9급 17] [사시 14 유사]

**045** 피고인이 살해된 피해자의 주머니에서 꺼낸 지갑을 살해도구로 이용한 골프채와 옷 등 다른 증거품들과 함께 자신의 차량에 싣고 가다가 쓰레기 소각장에서 태워버린 경우, 절도죄의 불법영득의사가 인정된다. [법원9급 17]

**046** 외상매매계약을 해제한 후에 매도인이 매수인의 승낙을 받지 않고 매매물품을 가져 간 경우는 그 매도인에게 반환청구권이 있더라도 절도행위에 해당된다. [국가7급 13]

**해설+** 절도행위의 객체는 점유라 할 것이므로 그 물품에 대한 반환청구권이 매도인에게 있었다 하여도 매도인의 그 행위는 절도행위에 해당된다(대법원 1973.2.28, 72도2538).

**047** 乙이 약정기일에 할부금을 변제하지 못하면 위 승용차를 회수해도 좋다는 각서 및 매매계약서와 양도증명서를 작성하여 교부한 후 乙이 그 채무를 불이행하자 甲은 취거 당시 乙의 의사에 반하여 위 승용차를 임의로 가져 간 경우라도 영득이 적법하므로 절도죄가 성립하지 않는다. [변호사 15]

**해설+** 비록 약정에 기한 인도 등의 청구권이 인정된다고 하더라도, 취거 당시에 점유 이전에 관한 점유자의 명시적·묵시적인 동의가 있었던 것으로 인정되지 않는 한, 절도죄는 성립하는 것이고, 불법영득의 의사가 없었다고 할 수는 없다(대법원 2001.10.26, 2001도4546).

**048** 쇄석장비들에 관하여 점유개정의 방법에 의한 양도담보부 금전소비대차계약을 체결한 후 채무자가 변제기일이 지나도 채무를 변제하지 아니하자 채권자 甲이 채무자의 의사에 반하여 쇄석장비들을 임의로 분해하여 가지고 간 경우 (특수)절도죄에 해당한다. [경찰채용 12]

048 (○) 대법원 2005.6.24, 2005 도2861

**049** 친족상도례는 공갈의 죄 및 장물에 관한 죄에 적용될 수 있지만 강도의 죄 및 손괴의 죄에는 적용되지 않는다. [변호사 20]

049 (○)

> **해설+** 형법상 친족상도례는 권리행사방해죄에 규정되어 있고, 절도죄·사기죄·공갈죄·횡령죄·배임죄·장물죄에 대하여만 준용된다.

**050** 동거하지 않는 형제의 재물을 강취한 경우에 강도죄에 해당하나, 그 형이 면제된다. [경찰간부 22]

050 (×) 강도죄의 경우에는 친족상도례가 적용되지 아니한다.

> **보충** 설사 친족상도례가 적용된다 하더라도, 동거하지 않은 형제간의 재산범죄에 대해서는 상대적 친고죄로서 피해자의 고소가 있어야 공소를 제기할 수 있다(형이 면제된다는 부분도 틀림).

**051** 「형법」상 친족상도례에 관한 규정은 「형법」제323조의 권리행사방해죄에는 적용되나, 「형법」제327조의 강제집행면탈죄에는 적용되지 않는다. [사시 16]

051 (○)

> **해설+** 친족상도례규정은 강도죄·손괴죄·점유강취죄·강제집행면탈죄를 제외한 모든 형법상 재산범죄에 적용된다.

**052** 특수절도죄는 친족상도례가 적용되지 않는다. [경찰간부 17]

052 (×) '적용되지 않는다' → '적용된다'

> **해설+** 친족상도례가 적용된다(제344조, 제328조).

**053** 형법상 사기죄의 성질은 특정경제범죄가중처벌등에관한법률 제3조 제1항에 의해 가중처벌되는 경우에도 그대로 유지되고, 특별법인 위 법률에 친족상도례에 관한 형법 제354조, 제328조의 적용을 배제한다는 명시적인 규정이 없으므로 형법 제354조는 같은 특별법 제3조 제1항 위반죄에도 그대로 적용된다.

[변호사 18] [사시 16]

**053** (○) 대법원 2001.10.26, 2009 도2627

**054** 피고인이 위험한 물건을 휴대한 채 친족인 피해자를 공갈하여 재물을 교부받은 경우에도 친족상도례가 적용된다.

[국가7급 13] [국가9급 15] [법원9급 14·18 변형]

**054** (○) 제354조

**055** 직계혈족, 배우자, 동거친족, 동거가족 또는 그 배우자간의 절도죄는 그 형을 면제한다.

**055** (○) 제344조, 제328조 제1항

**056** 직계혈족, 배우자, 동거친족, 동거가족 또는 그 배우자 이외의 친족 간에 절도죄를 범한 때에는 고소가 있어야 공소를 제기할 수 있다.

**056** (○) 제344조, 제328조 제2항

**057** '아버지와 사실혼 관계에 있는 사람으로부터 돈을 갈취한 경우'는 친족상도례가 적용되지 아니한다.

[법원행시 12]

**057** (○) 대법원 2001.6.29, 2001 도2514

**058** 甲은 乙에게 乙의 삼촌인 A의 신용카드를 절취하도록 교사하고, 이에 따라 乙이 A의 신용카드를 절취하였다. 乙이 A와 동거하고 있다면, 乙의 절도죄는 형법상 친족상도례에 따라 A의 고소가 있어야 처벌할 수 있다.

[변호사 21]

**058** (×)

해설+ 직계혈족, 배우자, 동거친족, 동거가족 또는 그 배우자 간의 제323조의 죄는 그 형을 면제하며(제328조 제1항), 제328조의 규정은 제329조 내지 제332조의 죄 또는 미수범에 준용한다(제344조).

**059** 형법 제354조에 의하여 준용되는 제328조 제1항에서 "직계혈족, 배우자, 동거친족, 동거가족 또는 그 배우자 간의 제323조의 죄는 그 형을 면제한다."고 규정하고 있는 바, 여기서 '그 배우자'는 동거가족의 배우자만을 의미하는 것이 아니라, 직계혈족, 동거친족, 동거가족 모두의 배우자를 의미하는 것으로 볼 것이다. [경찰승진 14] [변호사 20 유사]

059 (○)

> **해설+** 형법 제354조에 의하여 준용되는 제328조 제1항에서 "직계혈족, 배우자, 동거친족, 동거가족 또는 그 배우자 간의 제323조의 죄는 그 형을 면제한다."고 규정하고 있는바, 여기서 '그 배우자'는 동거가족의 배우자만을 의미하는 것이 아니라, 직계혈족, 동거친족, 동거가족 모두의 배우자를 의미하는 것으로 볼 것이다. 피고인이 피해자의 직계혈족의 배우자(사위)임을 이유로 형법 제354조, 제328조 제1항에 따라 피해자에 대한 상습사기의 점에 관한 공소사실에 대하여 형을 면제한 것은 정당하다(대법원 2011.5.13, 2011도1765).

**060** 가출 후 오랫동안 연락없이 지내던 甲이 자신의 딸과 결혼한 사위 乙을 기망하여 백화점 입점비 명목으로 돈을 편취한 경우, 친족상도례가 적용되지 않는다. [경찰채용 19 2차]

060 (×)

> **해설+** 乙은 甲의 딸(직계혈족)의 배우자이므로 친족상도례가 적용된다. "형법 제354조(친족상도례)에 의하여 준용되는 제328조 제1항에서 "직계혈족, 배우자, 동거친족, 동거가족 또는 그 배우자 간의 제323조의 죄는 그 형을 면제한다."고 규정하고 있는바, 여기서 '그 배우자'는 동거가족의 배우자만을 의미하는 것이 아니라, 직계혈족, 동거친족, 동거가족 모두의 배우자를 의미하는 것으로 볼 것이다(대법원 2011.5.13, 2011도1765)." 따라서 甲에게는 사기죄가 성립하나 그 형이 면제된다(제328조 제1항, 제354조).

**061** 甲이 혼인하여 따로 살고 있는 친동생 A의 집에 놀러갔다가 A의 시계를 절취한 경우 친족상도례의 규정이 적용되어 甲에 대해서는 형이 면제된다. [사시 11]

061 (×) '형이 면제된다' → '상대적 친고죄로 처리된다'

> **해설+** 甲과 A는 제328조 제1항의 어느 것에도 해당하지 않는다. 따라서 제328조 제2항의 친족에 불과하므로 상대적 친고죄로 처리된다.

**062** 형법 제344조, 제328조 제1항 소정의 친족 간의 범행에 관한 규정이 적용되기 위한 친족관계는 원칙적으로 범행 당시에 존재하여야 하는 것이지만, 부가 혼인 외의 출생자를 인지하는 경우에 있어서는 민법 제860조에 의하여 그 자의 출생시에 소급하여 인지의 효력이 생기는 것이며, 이와 같은 인지의 소급효는 친족상도례에 관한 규정의 적용에도 미친다고 보아야 할 것이므로, 인지가 범행 후에 이루어진 경우라고 하더라도 그 소급효에 따라 형성되는 친족관계를 기초로 하여 친족상도례의 규정이 적용된다.

[국가7급 13] [법원9급 14·18 변형] [법원행시 16] [사시 11·14]

062 (○) 대법원 1997.1.24, 96도1731

**063** 부(父)가 혼인 외의 출생자를 인지하는 경우에 그 인지의 소급효는 형법상 친족상도례에 관한 규정의 적용에는 미치지 아니한다. [변호사 12]

해설+ 인지의 소급효는 친족상도례에 관한 규정의 적용에도 미친다(대법원 1997.1.24, 96도1731).

063 (×) '미치지 아니한다' → '미친다'

**064** 절도피해자인 아버지가 체포된 절도범인이 자신의 혼외자임을 알고 비로소 인지(認知)를 하더라도 친족관계는 원칙적으로 범행 당시에 존재하여야 하기 때문에 친족상도례는 적용되지 않는다. [경찰채용 19 2차]

해설+ 형법 제344조, 제328조 제1항 소정의 친족 간의 범행에 관한 규정이 적용되기 위한 ㉠ 친족관계는 원칙적으로 범행 당시에 존재하여야 하는 것이지만, ㉡ 부(父)가 혼인 외의 출생자를 인지하는 경우에 있어서는 민법 제860조에 의하여 그 자(子)의 출생시에 소급하여 인지의 효력이 생기는 것이며, 이와 같은 인지의 소급효는 친족상도례에 관한 규정의 적용에도 미친다고 보아야 할 것이므로, 인지가 범행 후에 이루어진 경우라고 하더라도 그 소급효에 따라 형성되는 친족관계를 기초로 하여 친족상도례의 규정이 적용된다(대법원 1997.1.24, 96도1731).

064 (×)

**065** 법원을 기망하여 제3자로부터 재물을 편취한 경우 피해자는 법원이 아니라 재물을 편취당한 제3자이므로 제3자와 사기죄를 범한 자가 직계혈족의 관계에 있을 때에는 그 범인에 대하여 형을 면제하여야 한다.

[국가7급 13] [국가9급 14] [법원9급 14] [변호사 18] [사시 11]

065 (○) 대법원 1976.4.13, 75도781

**066** 법원을 기망하여 제3자로부터 재물을 편취한 경우에 피해자인 제3자와 사기죄를 범한 자가 직계혈족 관계에 있을 때에는 그 범인에 대하여 형을 면제하여야 한다. [경찰채용 18 1차]

066 (○)

> **해설+** 사기죄의 보호법익은 재산권이라고 할 것이므로 사기죄에 있어서는 재산상의 권리를 가지는 자가 아니면 피해자가 될 수 없다. 그러므로 법원을 기망하여 제3자로부터 재물을 편취한 경우에 피기망자인 법원은 피해자가 될 수 없고 재물을 편취당한 제3자가 피해자라고 할 것이므로 피해자인 제3자와 사기죄를 범한 자가 직계혈족의 관계에 있을 때에는 그 범인에 대하여는 형법 제354조에 의하여 준용되는 형법 제328조 제1항에 의하여 그 형을 면제하여야 할 것이다(대법원 2014. 9.26, 2014도8076).

**067** 피해자의 딸인 피고인이 법원에 피해자를 상대로 대여금 청구의 소를 제기하며 위조한 차용증을 소장과 함께 제출하여 금원을 편취하려고 하였으나 패소한 경우 제328조 제1항의 친족상도례 규정이 적용된다. [경찰채용 18 1차] [법원행시 16]

067 (○)

> **해설+** 재물을 편취당한 제3자가 피해자라고 할 것이므로 피해자인 제3자와 사기죄를 범한 자가 직계혈족의 관계에 있을 때에는 그 범인에 대하여는 형법 제354조에 의하여 준용되는 형법 제328조 제1항에 의하여 그 형을 면제하여야 할 것이다(대법원 2014.9.26, 2014도8076).

**068** 배우자의 현금카드를 몰래 가지고 나와 현금자동인출기에서 현금을 인출한 경우 그 형을 면제하여야 한다. [법원9급 20]

068 (×)

> **해설+** 배우자의 현금카드를 몰래 가지고 나와 현금자동인출기에서 현금을 인출한 경우 피해자는 현금자동인출기 관리자이므로 친족상도례가 적용되지 않는다(대법원 2013.7.25, 2013도4390).

**069** 손자가 할아버지 소유 농업협동조합 예금통장을 절취하여 이를 현금자동지급기에 넣고 조작하는 방법으로 예금 잔고를 자신의 거래 은행 계좌로 이체한 사안에서, 위 농업협동조합이 컴퓨터 등 사용사기 범행 부분의 피해자라는 이유로 친족상도례를 적용할 수 없다. [경찰채용 18 1차] [법원9급 13] [법원행시 15] [사시 14·16]

069 (○) 대법원 2007.3.15, 2006도2704

**070** 사돈지간은 「민법」상 친족이 아니므로 백화점 내 점포에 입점시켜 주겠다고 거짓말을 하여 사돈지간인 피해자로부터 입점비 명목으로 돈을 편취하였다면 친족상도례에 관한 규정이 적용되지 않는다.

[경찰채용 18 1차] [법원행시 16] [변호사 18]

070 (○) 대법원 2011.4.28, 2011도2170

**071** 절도범인이 피해물건의 소유자나 점유자의 어느 일방과의 사이에서만 친족관계가 있는 경우에는 친족상도례에 관한 규정이 적용되지 않는다.

[국가7급 13] [법원9급 14] [변호사 18]

071 (○)

**해설+** 절도죄의 친족상도례 적용요건에 대하여 判例는 소유자·점유자 관계설이다(대법원 1980.11.11, 80도131).

**072** 甲의 아버지 A가 손님 B로부터 가공을 의뢰받아 보관하고 있던 다이아몬드를 甲이 절취한 경우, 甲과 B 사이에 친족관계가 없다면 친족상도례가 적용되지 않는다.

[경찰승진 22]

072 (○)

**해설+** 친족상도례에 관한 규정은 범인과 피해물건의 소유자 및 점유자 모두 사이에 친족관계가 있는 경우에만 적용되는 것이고 절도범인이 피해물건의 소유자나 점유자의 어느 일방과 사이에서만 친족관계가 있는 경우에는 그 적용이 없다(대법원 1980.11.11, 80도131).

**073** 甲과 그의 처 乙은 乙 명의로 등록된 봉고 화물자동차(이하 '이 사건 자동차')를 甲이 소유하기로 약정하였는데, 乙은 자동차매매업자를 통하여 丙에게 이 사건 자동차를 매도하고 丙은 위 자동차매매업자에게 매매대금을 모두 지급하고 이 사건 자동차를 인도받아 이를 부산 수영구 망미동 소재 노상에 주차해두었다. 그런데 甲은 丙이 주차해 둔 이 사건 자동차를 발견하고 임의로 운전하여 간 경우 절도죄가 성립하나 그 형이 면제된다.

073 (×) 피고인은 이 사건 자동차의 소유자인 乙과 친족관계가 있을 뿐 그 점유자인 피해자 丙과는 친족관계가 없으므로 피고인의 절도죄에는 친족 간의 범행에 관한 형법 제328조 제1항이 적용되지 아니한다(대법원 2014.9.25, 2014도8984).

**074** A와 B를 기망하여 이들의 합유로 되어 있는 부동산에 대한 매매계약을 체결하고 소유권을 이전받은 다음 잔금을 지급하지 않은 경우, A와는 형이 면제되는 친족관계가 있으나 B와는 아무런 친족관계가 없다면 친족상도례에 관한 규정이 적용되지 않는다.

[법원행시 16] [변호사 18]

074 (○) 대법원 2015.6.11, 2015도3160

**075** 당사자 사이에 혼인신고가 있었다면, 그 혼인신고가 단지 다른 목적을 달성하기 위한 방편에 불과한 것으로 그들 사이에 참다운 부부관계의 설정을 바라는 효과의사가 없다 하더라도 친족상도례를 적용할 수 있다.

[경찰채용 21 1차]

**075** (×)

**해설+** 당사자 사이에 비록 혼인의 계출 자체에 관하여 의사의 합치가 있어 일응 법률상의 부부라는 신분관계를 설정할 의사는 있었다고 인정되는 경우라도 그것이 단지 다른 목적을 달성하기 위한 방편에 불과한 것으로서 그들 간에 참다운 부부관계의 설정을 바라는 효과의사가 없을 때에는 그 혼인은 민법 제815조 제1호의 규정에 따라 그 효력이 없다고 해석하여야 한다(대법원 1996.11.22, 96도2049).

**076** 사기죄를 범하는 자가 금원을 편취하기 위한 수단으로 피해자와 혼인신고를 한 것이어서 그 혼인이 무효인 경우라면, 그러한 피해자에 대한 사기죄에서는 친족상도례를 적용할 수 없다. [법원9급 18 변형] [법원행시 16]

**076** (○) 대법원 2015.12.10, 2014도11533

**077** 甲으로 하여금 甲의 아버지의 시계를 절취하도록 교사한 乙이 甲의 아버지와 아무런 친족관계가 없다면 乙은 甲에게 적용되는 친족상도례의 적용을 받지 않는다. [법원9급 21]

**077** (○)

**해설+** 친족상도례는 친족관계가 없는 공범에게는 적용되지 아니한다(제328조 제3항). 따라서 이 경우 甲은 형벌이 면제되지만 乙은 처벌된다.

**078** 甲이 乙에게 절도를 교사하고 이에 따라 乙이 자신과 동거하지 않는 삼촌 丙의 신용카드를 절취한 경우, 丙의 고소가 없더라도 甲을 절도교사죄로 처벌할 수 있다. [변호사 20]

**078** (○) 신분관계가 없는 공범에 대하여는 친족상도례를 적용하지 아니한다(제328조 제3항).

**079** 남편 甲이 아내인 B의 물건을 훔친 후 이혼을 한 경우에는 이혼으로 인하여 친족관계가 소멸되기 때문에 친족상도례는 적용되지 않는다. [사시 14]

**079** (×) '소멸되기 때문에' → '해소되더라도', '적용되지 않는다' → '적용된다'

**해설+** 친족상도례가 적용되는 신분관계는 범죄행위 시에 존재하면 되고, 그 후에 소멸하였다고 하여 그 적용이 배제되지 않는다(헌법재판소 2013.12.26, 2012헌마504).

**080** 친족관계의 존부에 대한 착오는 친족상도례 규정의 적용에 영향이 없다.

[국가9급 14]

080 (○)

> **해설+** 인적처벌조각사유 내지 소추조건인 친족상도례의 존부에 관한 인식은 요구되지 아니하며, 이에 대한 착오도 범죄성립에 아무런 영향을 주지 아니한다.

**081** 甲이 자신의 친구 A 소유의 재물로 알고 이를 절취하였는데 사실은 따로 거주하고 있는 자신의 숙부 B 소유의 물건이었던 경우에는 B의 고소가 있어야 공소를 제기할 수 있다.

[경찰간부 22]

081 (○)

> **해설+** 친족상도례는 인적처벌조각사유로서 고의의 인식대상이 아니므로, 객관적으로 존재하면 친족상도례가 성립한다. 따라서 제328조에 따라 B의 고소가 있어야 공소를 제기할 수 있다.

**082** 타인소유의 물건을 자기 아버지의 소유물로 오인하여 절취한 경우, 친족관계에 대한 착오가 인정되고 「형법」상 절도죄의 과실범 처벌규정이 없으므로 불가벌이 된다.

[경찰채용 19 2차]

082 (×)

> **해설+** 친족관계는 범행당시에 객관적으로 존재하면 족하고 행위자의 인식은 따지지 아니한다. 즉, 친족관계는 객관적 존재 유무에 따라서 친족상도례가 적용되거나 적용되지 않는 것이다. 따라서 타인소유의 물건을 자기 아버지의 소유물로 오인하여 절취한 경우에는 친족상도례가 적용되지 아니하여 절도죄가 성립하고 그 형으로 처벌을 받는다.

**083** 장물죄에 대해서는 장물범과 피해자 사이에 친족관계가 있는 경우는 물론이고, 장물범과 본범사이에 친족관계가 있는 경우에도 친족상도례가 적용된다.

[국가9급 14]

083 (○)

> **해설+** 장물죄는 장물범과 피해자 사이에 제328조 제1항·제2항의 신분관계가 있는 경우 형 면제 또는 고소가 있어야 공소를 제기할 수 있고(제365조 제1항), 장물범과 본범 사이에 제328조 제1항의 신분관계가 있는 경우 형을 필요적으로 감면한다(제365조 제2항 본문).

**084** 장물범과 피해자 간에 동거친족의 신분관계가 있는 때에는 형을 면제하지만, 장물범과 본범 간에 동거친족의 신분관계가 있는 때에는 형을 감경 또는 면제한다. [국가9급 23]

**해설+** 제365조【친족 간의 범행】① 전3조의 죄를 범한 자와 피해자 간에 제328조 제1항, 제2항의 신분관계가 있는 때에는 동조의 규정을 준용한다.
② 전3조의 죄를 범한 자와 본범 간에 제328조 제1항의 신분관계가 있는 때에는 그 형을 감경 또는 면제한다. 단, 신분관계가 없는 공범에 대하여는 예외로 한다.

**084** (○) 제365조

## 2  절도의 죄

 대표유형

직원 甲이 회사 컴퓨터에 저장되어 있는 신제품시스템의 설계도면을 자신의 USB 저장장치에 저장하여 가지고 나온 경우 설계도면에 대한 절도죄가 성립한다. [국가9급 18] [사시 16]

(×) '성립한다' → '성립하지 않는다'

**해설+** '정보' 그 자체는 유체물이라고 볼 수도 없고, 물질성을 가진 동력도 아니므로 재물이 될 수 없다(대법원 2002.7.12, 2002도745).

대표유형

甲이 자신의 모(母) A 명의로 구입·등록하여 A에게 명의신탁한 자동차를 乙에게 담보로 제공한 후 乙 몰래 가져간 경우 甲에 대하여는 절도죄가 성립한다.
[국가7급 12] [법원행시 16] [변호사 14]

(○)

**해설+** 乙에 대한 관계에서 자동차의 소유자는 A이고, 피고인(甲)은 소유자가 아니므로 乙이 점유하고 있는 자동차를 임의로 가져간 이상 절도죄가 성립한다(대법원 2012. 4.26, 2010도11771).

대표유형

「형법」 제330조에 규정된 야간주거침입절도죄 및 「형법」 제331조 제1항에 규정된 특수절도(야간손괴침입절도)죄를 제외하고 일반적으로 주거침입은 절도죄의 구성요건이 아니므로 절도범인이 범행수단으로 주거침입을 한 경우에 주거침입행위는 절도죄에 흡수되지 아니하고 별개로 주거침입죄를 구성하여 절도죄와는 상상적 경합의 관계에 있다.
[경찰채용 22 1차]

(×)

**해설+** 형법 제330조에 규정된 야간주거침입절도죄 및 형법 제331조 제1항에 규정된 특수절도(야간손괴침입절도)죄를 제외하고 일반적으로 주거침입은 절도죄의 구성요건이 아니므로 절도범인이 범행수단으로 주거침입을 한 경우에 주거침입행위는 절도죄에 흡수되지 아니하고 별개로 주거침입죄를 구성하여 절도죄와는 실체적 경합의 관계에 서는 것이 원칙이다(대법원 2015.10.15, 2015도8169).

**085** 타인과 공유관계에 있는 물건도 절도죄의 객체가 되는 타인의 재물에 속한다. [경찰승진 10]

**085** (○) 대법원 1982.12.28, 82도2058

**086** 甲과 A의 동업자금으로 구입하여 A가 관리하고 있던 건설기계를 甲이 A의 허락 없이 乙로 하여금 운전하여 가도록 한 행위는 절도죄를 구성하지 않는다. [경찰승진 22]

**086** (×)

**해설+** 공동소유, 타인점유의 관계이므로 타인소유, 타인점유의 재물로서 절도죄의 객체에 해당한다. "피고인이 피고인과 피해자의 동업자금으로 구입하여 피해자가 관리하고 있던 다이야포크레인 1대를 그의 허락 없이 공소외인으로 하여금 운전하여 가도록 한 행위는 절도죄를 구성한다(대법원 1990.9.11, 90도1021)."

**087** 甲이 A 소유의 토지에 권원 없이 식재한 감나무에서 감을 수확한 경우 감에 대한 절도죄가 성립한다. [국가9급 18] [변호사 13]

**087** (○)

**해설+** 타인의 토지상에 권원 없이 식재한 수목의 소유권은 토지소유자에게 귀속하고 권원에 의하여 식재한 경우에는 그 소유권이 식재한 자에게 있다(대법원 1998.4.24, 97도3425).

**088** 甲은 자신의 토지를 임차하여 대나무를 식재하고 가꾸어 온 A의 대나무를 그의 의사에 반하여 벌채하여 갔다. 이 경우 절도죄가 성립한다.
[경찰채용 22 2차]

**088** (○)

**해설+** 타인의 토지상에 권원없이 식재한 수목의 소유권은 토지소유자에게 귀속하고 권원에 의하여 식재한 경우에는 그 소유권이 식재한 자에게 있다(대법원 1980.9.30, 80도1874).

**보충** 타인의 토지상에 권원 없이 식재한 수목의 소유권은 토지소유자에게 귀속하고 권원에 의하여 식재한 경우에는 그 소유권이 식재한 자에게 있다 할 것인바, 피해자 A가 공소외 B로부터 가옥을 매수하여 이사한 때에는 이 사건 대밭에 위 B가 심은 10여주의 대나무가 있었는데 그 후 위 A는 대나무 100여주를 동 대밭에 식재하고 20여간 가꾸어 온 사실을 인정할 수 있으니, 피고인이 벌채하여 간 이 건 대나무 중에는 위 A 소유의 대나무가 포함되어 있다고 할 것이므로 피고인의 이 건 범죄성립에는 소장이 없다(대법원 1980.9.30, 80도1874).

**089** 타인의 명의를 모용하여 발급받은 신용카드를 사용하여 현금자동지급기에서 현금대출을 받았다면 현금대출을 받은 부분에 대해서는 절도죄가 성립한다. [국가7급 12] [국가9급 14·18] [변호사 15] [사시 13]

**089** (○)

**해설+** 현금자동지급기의 관리자의 의사에 반하여 그의 지배를 배제한 채 그 현금을 자기의 지배하에 옮겨 놓는 행위로서 절도죄에 해당한다(대법원 2006.7.27, 2006도3126).

**090** 甲은 자동차 명의수탁자인 乙로부터 승용차를 가져가 매도할 것을 허락받고 인감증명 등을 교부받은 후, 열쇠공을 통해 명의신탁자 A가 평소 사용해 오던 위 승용차의 문을 열고 몰래 운전해 갔다. 甲에게 절도죄가 성립한다.
[사시 16]

> **해설+** 자동차나 중기(또는 건설기계)의 소유권의 득실변경은 등록을 함으로써 그 효력이 생기고 그와 같은 등록이 없는 한 대외적 관계에서는 물론 당사자의 대내적 관계에 있어서도 그 소유권을 취득할 수 없는 것이 원칙이지만, 당사자 사이에 그 소유권을 그 등록 명의자 아닌 자가 보유하기로 약정하였다는 등의 특별한 사정이 있는 경우에는 그 내부관계에 있어서는 그 등록 명의자 아닌 자가 소유권을 보유하게 된다. 따라서 자동차 명의신탁관계에서 제3자가 명의수탁자로부터 승용차를 가져가 매도할 것을 허락받고 인감증명 등을 교부받아 위 승용차를 명의신탁자 몰래 가져간 경우, 위 제3자와 명의수탁자의 공모·가공에 의한 절도죄의 공모공동정범이 성립한다(대법원 2007.1.11, 2006도4498).

**091** A가 자동차를 구입하여 장애인에 대한 면세 혜택 등의 적용을 받기 위해 戊의 명의를 빌려 등록하였다. 명의수탁자 戊와 그의 딸 己는 공모하여 戊는 己에게 자동차이전등록 서류를 교부하고, 己는 그 자동차를 명의신탁자 A 몰래 가져와 이를 다른 사람에게 처분하였다. 위 자동차에 대한 실질적인 소유권은 A에게 있으므로 戊와 己는 절도죄의 공동정범의 죄책을 진다.
[변호사 14]

> **해설+** 당사자 사이에 그 소유권을 그 등록 명의자 아닌 자가 보유하기로 약정하였다는 등의 특별한 사정이 있는 경우에는 그 내부관계에 있어서는 그 등록 명의자 아닌 자가 소유권을 보유하게 된다고 할 것이다. 피고인과 공소외 2의 공모·가공에 의한 절도죄의 공모공동정범이 성립된다고 보아야 한다(대법원 2007.1.11, 2006도4498).

**092** 甲은 자신의 명의로 등록된 자동차를 사실혼 관계에 있던 A에게 증여하여 A만이 이를 운행·관리하여 오다가 서로 별거하면서 재산분할 내지 위자료 명목으로 A가 소유하기로 하였는데, 甲이 위 자동차를 임의로 운전해 가서 장기간 사용하였다. 甲에게 절도죄가 성립한다.
[사시 16]

> **해설+** 당사자 사이에 소유권을 등록명의자 아닌 자가 보유하기로 약정하였다는 등의 특별한 사정이 있는 경우에는 그 내부관계에 있어서는 등록명의자 아닌 자가 소유권을 보유하게 된다(대법원 2013.2.28, 2012도15303).

**093** 甲이 자신의 명의로 등록된 자동차를 A에게 증여하여 A만이 이를 운행·관리하여 오다가 A가 이를 소유하기로 당사자 사이에 약정한 경우, 甲이 불법영득의사를 가지고 그 자동차를 임의로 운전해 갔다면 자동차 등록명의와 관계없이 절도죄가 성립한다. [경찰채용 21 1차]

093 (○) 대법원 2013.2.28, 2012도15303

**094** 절취한 타인의 신용카드를 사용하여 현금자동지급기에서 현금대출(현금서비스)을 받은 행위는 그 현금을 객체로 하는 절도죄가 성립한다. [변호사 15]

094 (○)

> **해설+** 신용카드업법 제25조 제1항의 부정사용죄에 해당할 뿐 아니라 별도로 절도죄를 구성하고, 위 양 죄의 관계는 그 보호법익이나 행위태양이 전혀 달라 실체적 경합관계에 있는 것으로 보아야 한다(대법원 1995.7.28, 95도997).

**095** 타인명의의 신용카드를 무단으로 이용하여 현금자동지급기에서 단기카드대출로 현금을 인출한 때에는 여신전문금융업법위반죄와 컴퓨터등사용사기죄가 성립한다. [경찰채용 18 2차]

095 (×)

> **해설+** 피해자 명의의 신용카드를 부정사용하여 현금자동인출기에서 현금을 인출하고 그 현금을 취득까지 한 행위는 신용카드업법 제25조 제1항의 부정사용죄에 해당할 뿐 아니라 그 현금을 취득함으로써 현금자동인출기 관리자의 의사에 반하여 그의 지배를 배제하고 그 현금을 자기의 지배하에 옮겨 놓는 것이 되므로 별도로 절도죄를 구성하고, 위 양 죄의 관계는 그 보호법익이나 행위태양이 전혀 달라 실체적 경합관계에 있는 것으로 보아야 한다(신용카드부정사용죄와 절도죄의 실체적 경합, 대법원 1995.7.28, 95도997).

**096** 강취한 타인의 신용카드를 사용하여 현금자동지급기에서 예금을 인출한 행위는 그 현금을 객체로 하는 절도죄가 성립한다. [국가9급 14] [변호사 15]

096 (○)

> **해설+** 현금자동지급기 관리자의 의사에 반하여 그의 지배를 배제하고 그 현금을 자기의 지배하에 옮겨 놓는 것이 되어서 강도죄와는 별도로 절도죄를 구성한다(대법원 2007.5.10, 2007도1375).

**097** 甲은 乙에게 乙의 삼촌인 A의 신용카드를 절취하도록 교사하고, 이에 따라 乙이 A의 신용카드를 절취하였다. 甲이 위 신용카드를 이용하여 현금지급기에서 계좌이체를 한다면 절도죄에 해당한다. [변호사 21]

> **해설+** ⑦ 절취한 타인의 신용카드를 이용하여 현금지급기에서 계좌이체를 한 행위는 컴퓨터등사용사기죄에서 컴퓨터 등 정보처리장치에 권한 없이 정보를 입력하여 정보처리를 하게 한 행위에 해당함은 별론으로 하고 이를 절취행위라고 볼 수는 없고(이상 위 문제의 해설), ⑥ 한편 위 계좌이체 후 현금지급기에서 현금을 인출한 행위는 자신의 신용카드나 현금카드를 이용한 것이어서 이러한 현금인출이 현금지급기 관리자의 의사에 반한다고 볼 수 없어 절취행위에 해당하지 않으므로 절도죄를 구성하지 않는다(대법원 2008.6.12, 2008도2440).

**098** 양도담보권자인 甲은 양도담보 설정자 乙이 점유하고 있는 양도담보물(동산)을 목적물반환청구권 양도 방식으로 丙에게 처분하였는데, 그 후 甲이 丙으로 하여금 乙이 점유하고 있는 위 양도담보물을 취거하게 하였다고 하더라도, 甲에게 절도죄가 성립하는 것은 아니다.

**099** 양도담보권설정자인 채무자가 점유개정의 방식으로 담보목적물인 동산을 점유하고 있는 상태에서 양도담보권자인 채권자 丙이 丁에게 담보목적물을 매각하고 목적물 반환청구권을 양도하여 丁이 임의로 이를 가져가게 하였다. 丙과 丁은 절도죄의 공동정범의 죄책을 지지 않는다. [변호사 14 변형]

> **해설+** 채권자가 양도담보 목적물을 위와 같은 방법으로 제3자에게 처분하여 그 목적물의 소유권을 취득하게 한 다음 그 제3자로 하여금 그 목적물을 취거하게 한 경우, 그 제3자로서는 자기의 소유물을 취거한 것에 불과하므로, 채권자의 이 같은 행위는 절도죄를 구성하지 않는다(대법원 2008.11.27, 2006도4263).

**100** 양식어업권자와 양식어업권행사계약을 체결하고 양식어업권을 행사하는 A의 양식장에서 甲은 자연산 조개를 무단으로 채취하였다. 甲에게 절도죄가 성립한다. [사시 16]

> **해설+** 어업권의 취득만으로 당연히 그 지역 내에서 자연 번식하는 수산동식물의 소유권이나 점유권까지 취득한다고는 볼 수 없다(대법원 2010.4.8, 2009도11827).

**101** 임차인 甲이 임대계약 종료 후 식당건물에서 퇴거하면서 종전부터 사용하던 냉장고의 전원을 켜 둔 채 그대로 두었다가 약 1개월 후 철거해 가는 바람에 그 기간 동안 전기가 소비되게 한 경우 전기에 대한 절도죄가 성립하지 않는다. [국가7급 14] [국가9급 18] [사시 13]

**102** 임차인이 임대계약 종료 후 식당건물에서 퇴거하면서 종전부터 사용하던 냉장고의 전원을 켜 둔 채 그대로 두었다가 약 1개월 후 철거해 가는 바람에 그 기간 동안 전기가 소비된 경우, 타인의 점유·관리 하에 있던 전기이므로 절도죄가 성립한다. [경찰채용 19 2차]

**해설+** 임차인이 임대계약 종료 후 식당건물에서 퇴거하면서 종전부터 사용하던 냉장고의 전원을 켜 둔 채 그대로 두었다가 약 1개월 후 철거해 가는 바람에 그 기간 동안 전기가 소비된 경우, 임차인이 퇴거 후에도 냉장고에 관한 점유·관리를 그대로 보유하고 있었다고 보아야 하므로 냉장고를 통하여 전기를 계속 사용하였다고 하더라도 이는 당초부터 자기의 점유·관리하에 있던 전기를 사용한 것일 뿐 타인의 점유관리하에 있던 전기가 아니어서 절도죄가 성립하지 않는다(대법원 2008. 7.10, 2008도3252).

**103** 甲은 강제경매 절차에서 피고인 소유이던 토지 및 그 지상 건물을 매수한 후 법원으로부터 인도명령을 받아 인도집행을 하였는데, 피고인이 인도집행 전에 건물 외벽에 설치된 전기코드에 선을 연결하여 피고인이 점유하며 창고로 사용 중인 컨테이너로 전기를 공급받아 사용한 경우, 甲에게는 절도죄가 성립하지 아니한다.

**해설+** 피고인은 인도명령의 집행이 이루어지기 전까지는 당초부터 피고인이 점유·관리하던 전기를 사용한 것에 불과할 뿐 타인이 점유·관리하던 전기를 사용한 것이라고 할 수 없고, 피고인에게 절도의 범의도 인정할 수 없다(대법원 2016.12.15, 2016도15492).

**104** 소매치기가 피해자의 양복 상의(上衣) 주머니에 있는 금품을 절취하려고 그 주머니에 손을 뻗쳐 그 겉을 더듬은 경우 절도죄의 실행의 착수가 인정된다. [국가7급 13]

**105** 피고인이 피해자 소유자동차 안에 들어있는 밍크코트를 발견하고 이를 절취할 생각으로 다른 사람이 망을 보고 있는 상태에서 차량 앞문 손잡이를 당기다가 피해자에게 발각된 경우 절도의 실행에 착수하였다고 볼 수 있다.

[법원9급 16]

105 (○) 대법원 1986.12.23, 86도2256

**106** 담을 넘어 마당에 들어가 훔칠 물건을 찾기 위하여 그 담에 붙어 걸어간 경우, 절도죄의 실행의 착수가 인정되지 않는다. [국가7급 13]

106 (×)

**해설+** 피고인들이 함께 담을 넘어 피해회사 마당에 들어가 그중 1명이 그곳에 있는 구리를 찾기 위하여 담에 붙어 걸어가다가 잡혔다면 절취 대상품에 대한 물색행위가 없었다고 할 수 없다(대법원 1989. 9.12, 89도1153).

**107** 야간에 손전등과 박스 포장용 노끈을 이용하여 도로에 주차된 차량의 문을 열고 현금 등을 훔치기로 마음먹고 차량의 문이 잠겨 있는지 확인하기 위해 양손으로 운전석 문의 손잡이를 잡고 열려고 하던 중 경찰관에게 발각된 경우, 절도죄의 실행의 착수가 인정된다.

[국가7급 16]

107 (○) 대법원 2009.9.24, 2009도5595

**108** 평소 잘 아는 피해자에게 전화채권을 사주겠다고 하면서 골목길에 유인하여 돈을 절취하려고 기회를 엿본 경우 절도죄의 실행의 착수가 인정된다.

[국가7급 13]

108 (×) '인정' → '부정'

**해설+** 절도의 예비행위는 될지언정 행위의 방법, 태양 및 주변상황 등에 비추어 볼 때, 타인의 재물에 대한 사실상 지배를 침해하는데 밀접한 행위가 개시되었다고 단정할 수 없다(대법원 1983.3.8, 82도2944).

**109** 노상에 세워놓은 자동차 안에 있는 물건을 훔칠 생각으로 자동차의 유리창을 통하여 그 내부를 손전등으로 비추어 본 경우 절도죄의 실행의 착수가 인정된다. [국가7급 13]

109 (×) '인정' → '부정'

**해설+** 절도의 예비행위로 볼 수는 있겠으나 타인의 재물에 대한 지배를 침해하는 데 밀접한 행위를 한 것이라고는 볼 수 없어 절취행위의 착수에 이른 것이었다고 볼 수 없다(대법원 1985.4.23, 85도464).

**110** 소를 흥정하고 있는 피해자의 뒤에 접근한 다음 소지하고 있던 가방으로 돈이 들어 있는 피해자의 하의(下依) 주머니를 스치면서 지나간 경우, 절도죄의 실행의 착수가 인정된다. [국가7급 13]

110 (×) '인정' → '부정'

> **해설+** 단지 피해자의 주의력을 흩뜨려 주머니 속에 들은 금원을 절취하기 위한 예비단계의 행위에 불과한 것이고 이로써 실행의 착수에 이른 것이라고는 볼 수 없다(대법원 1986.11.11, 86도1109).

**111** 절도의 의도로 대낮에 피해자의 집 현관을 통하여 그 집 마루 위에 올라서서 창고문 쪽으로 향하다가 피해자에게 발각되어 체포된 경우, 절도죄의 실행의 착수가 인정된다. [사시 16]

111 (×) '인정된다' → '인정되지 않는다'(대법원 1986.10.28, 86도1753)

**112** 甲이 내리막길에 주차된 자동차를 절취할 목적으로 조수석 문을 열고 시동을 걸려고 차 안의 기기를 만지다가 핸드브레이크를 풀게 되어 시동이 걸리지 않은 상태에서 약 10미터 전진하다가 가로수를 들이받은 경우, 자동차에 대한 절도죄의 기수범이 성립하지 않는다. [국가9급 18] [변호사 13]

112 (○) 절도의 기수에 해당한다고 볼 수 없을 뿐 아니라 도로교통법 제2조 제19호 소장의 자동차의 운전에 해당하지 아니한다(대법원 1994.9.9, 94도1522).

**113** 甲이 타인소유의 입목을 절취하기 위하여 이를 완전히 캐냈으나 이를 운반하거나 반출하지 못한 경우, 절도죄의 기수에 해당한다. [사시 16]

113 (○)

> **해설+** 입목을 절취하기 위하여 캐낸 때에 소유자의 입목에 대한 점유가 침해되어 범인의 사실적 지배하에 놓이게 되므로 범인이 그 점유를 취득하고 절도죄는 기수에 이른다(대법원 2008.10.23, 2008도6080).

**114** 입목을 절취하기 위하여 이를 캐낸 때에는 그 시점에서 아직 소유자의 입목에 대한 점유가 침해되어 범인의 사실적 지배하에 놓였다고는 볼 수 없고 이를 운반하거나 반출하는 등의 행위가 있어야 그 점유를 취득하게 되는 것이므로, 이때 절도죄는 기수에 이르렀다고 할 것이다. [경찰채용 22 1차]

114 (×)

> **해설+** 입목을 절취하기 위하여 캐낸 때에 소유자의 입목에 대한 점유가 침해되어 범인의 사실적 지배하에 놓이게 되므로 범인이 그 점유를 취득하고 절도죄는 기수에 이른다. 이를 운반하거나 반출하는 등의 행위는 필요하지 않다(대법원 2008.10.23, 2008도6080).

115 甲이 乙 경영의 식당 앞에서 乙의 소유인 고양이 1마리를, 甲 자신이 丙 으로부터 빌려 갖고 있다가 잃어버린 고양이로 잘못 알고 丙에게 되돌려 주기 위해 임의로 런닝셔츠 안에 넣어 가져간 경우, 甲에게 절도의 고의를 인정할 수 있다. [사시 10]

115 (×) '있다' → '없다'
소위 평원닭집 고양이 사건이다. 고의가 인정되지 아니한다(대법원 1983. 9.13, 83도1762,83감도315).

116 어떠한 물건을 점유자의 의사에 반하여 취거하는 행위가 결과적으로 소유자의 이익으로 된다는 사정 또는 소유자의 추정적 승낙이 있다고 볼 만한 사정이 있다고 하더라도, 다른 특별한 사정이 없는 한 그러한 사유만으로 불법영득의 의사가 없다고 할 수는 없다. [법원행시 16]

116 (○) 대법원 2014.2.21, 2013도14139

117 甲은 리스한 승용차를 사채업자 A에게 담보로 제공하였고, 사채업자 A는 甲이 차용금을 변제하지 못하자 승용차를 B에게 매도하였는데, 이후 甲은 위 승용차를 발견하고 이를 본래 소유자였던 리스 회사에 반납하기 위하여 취거한 경우 甲에게 절도죄가 성립한다. [변호사 16]

117 (○)

**해설+** 결과적으로 소유자의 이익으로 된다는 사정 또는 소유자의 추정적 승낙이 있다고 볼 만한 사정이 있다고 하더라도, 다른 특별한 사정이 없는 한 그러한 사유만으로 불법영득의 의사가 없다고 할 수는 없다(대법원 2014.2.21, 2013도14139).

118 甲이 동거 중인 A의 지갑에서 현금을 꺼내 가는 것을 A가 목격하고서도 만류하지 않은 경우에는 위법성이 조각되어 절도죄가 성립하지 않는다. [경찰승진 22]

118 (×)

**해설+** A의 만류하지 않은 행위는 구성요건해당성이 조각되는 양해에 해당한다. "피고인이 동거 중인 피해자의 지갑에서 현금을 꺼내가는 것을 피해자가 현장에서 목격하고도 만류하지 아니하였다면 피해자가 이를 허용하는 묵시적 의사가 있었다고 봄이 상당하여 이는 절도죄를 구성하지 않는다(대법원 1985.11.26, 85도1487)."

119 절도죄의 죄수는 원칙적으로 침해된 점유의 개수에 의하여 결정되므로, 동일인의 점유 또는 공동점유 아래 있는 재물을 절취한 경우 비록 그 소유자를 달리하더라도 일죄이다. [법원9급 16]

119 (○)

**해설+** 단일범의로서 절취한 시간과 장소가 접착되어 있고 같은 관리인의 관리 하에 있는 방 안에서 소유자를 달리하는 두 사람의 물건을 절취한 경우에는 1개의 절도죄가 성립한다(대법원 1970.7.21, 70도1133).

**120** 40여 일간에 걸쳐 피해자 C 소유 임야에서 고령토를 계속 절취하는 경우, 고의의 단일성을 인정할 수 있으므로 일죄이다. [법원9급 16]

120 (○) 대법원 1971.2.23, 70 도2612

**121** 자신이 절취한 장물을 자기의 소유물로 위장하여 제3자에게 담보로 제공하고 금원을 편취한 경우, 사기죄가 성립할 수 있다. [경찰간부 17]

121 (○)

> **해설+** 장물에 관하여 소비 또는 손괴하는 경우와는 달리 제3자에 대한 관계에 있어서는 새로운 법익의 침해가 있다고 할 것이므로 절도죄 외에 사기죄의 성립이 인정된다(대법원 1980.11.25, 80도2310).

**122** 주간에 사람의 주거 등에 침입하여 야간에 타인의 재물을 절취한 행위는 「형법」 제330조의 야간주거침입절도죄를 구성하지 않는다.
[국가7급 12] [국가9급 14 변형] [사시 14]

122 (○)

> **해설+** 형법 제330조의 규정형식과 그 구성요건의 문언에 비추어 보면, 형법은 야간에 이루어지는 주거침입행위의 위험성에 주목하여 그러한 행위를 수반한 절도를 야간주거침입절도죄로 중하게 처벌하고 있는 것으로 보아야 한다(대법원 2011.4.14, 2011도300).

**123** 야간주거침입절도죄는 야간에 타인의 재물을 절취함으로써 성립한다.
[해경채용 23 2차]

123 (×) 야간에 타인의 재물을 절취하는 것으로는 성립하지 아니하고, 야간에 사람의 주거 등에 침입하여 타인의 재물을 절취하여야 성립한다.

> **해설+** 형법은 제329조에서 절도죄를 규정하고 곧바로 제330조에서 야간주거침입절도죄를 규정하고 있을 뿐, 야간절도죄에 관하여는 처벌규정을 별도로 두고 있지 아니하다. 이러한 형법 제330조의 규정형식과 그 구성요건의 문언에 비추어 보면, 형법은 야간에 이루어지는 주거침입행위의 위험성에 주목하여 그러한 행위를 수반한 절도를 야간주거침입절도죄로 중하게 처벌하고 있는 것으로 보아야 하고, 따라서 주거침입이 주간에 이루어진 경우에는 야간주거침입절도죄가 성립하지 않는다고 해석하는 것이 타당하다(대법원 2011.4.14, 2011도300, 2011감도5).

**124** 야간에 타인의 재물을 절취할 목적으로 사람의 주거에 침입한 경우에는 주거에 침입한 단계에서 이미 야간주거침입절도죄라는 범죄행위의 실행에 착수한 것으로 보아야 하고 주거자, 관리자, 점유자 등의 의사에 반하여 주거나 관리하는 건조물 등에 들어가는 등 구성요건의 일부를 실현하는 행위까지 요한다. [경찰간부 11·17]

124 (×) '요한다' → '요하지 않는다'(대법원 2003.10.24, 2003도4417)

125 야간에 아파트에 침입하여 물건을 훔칠 의도로 아파트 베란다 철제난간까지 올라가 유리창문을 열려고 시도하였다면 야간주거침입절도죄의 실행에 착수한 것으로 보아야 한다. [법원9급 17]

125 (○) 대법원 2003.10.24, 2003도4417

126 甲이 야간에 카페에서 업주의 주거로 사용되는 그곳 내실에 침입하여 장식장 안에 들어 있는 정기적금통장을 꺼내 들고 카페로 나오던 중 발각되어 돌려준 경우 야간주거침입절도죄의 기수가 성립한다. [변호사 14]

126 (○)

> **해설+** 피고인은 피해자의 재물에 대한 소지(점유)를 침해하고, 일단 피고인 자신의 지배 내에 옮겼다고 볼 수 있으니 절도의 미수에 그친 것이 아니라 야간주거침입절도의 기수라고 할 것이다(대법원 1991.4.23, 91도476).

127 형법 제331조 제1항에 정한 '손괴'는 물리적으로 문호 또는 장벽 기타 건조물의 일부를 훼손하여 그 효용을 상실시키는 것을 말한다.

127 (○) 대법원 2004.10.15, 2004도4505

128 甲이 야간에 피해자들이 운영하는 식당의 창문과 방충망을 창틀에서 분리하고 침입하여 현금을 절취한 경우, 제331조 제1항의 특수절도죄는 성립하지 않는다.

128 (○)

> **해설+** 창문과 방충망을 창틀에서 분리하였을 뿐 물리적으로 훼손하여 효용을 상실하게 한 것은 아니다(대법원 2015.10.29, 2015도7559).

129 甲은 2015.11.3. 01:00경 건축자재 등을 훔칠 생각으로 乙과 함께 주택 신축공사 현장에 있는 컨테이너 박스 앞에서, 乙은 망을 보고 甲은 컨테이너 박스 앞에 놓여 있던 노루발못뽑이(일명 빠루)를 이용하여 컨테이너 박스의 출입문의 시정장치를 부순 혐의로 기소되었다. 乙의 존재가 인정되지 않는다면 甲의 행위는 형법 제331조 제1항(야간손괴침입절도)에 해당하므로 손괴행위 시에 실행의 착수가 인정되어, 甲에게는 특수절도죄의 미수범이 성립한다. [변호사 16]

129 (○)

> **해설+** 야간에 절도의 목적으로 출입문에 장치된 자물통 고리를 절단하고 출입문을 손괴한 뒤 집안으로 침입하려다가 발각된 것이라면 이는 특수절도죄(형법 제331조 제1항의 야간손괴후주거침입절도로 인한 특수절도죄)의 실행에 착수한 것이다(대법원 1986.9.9, 86도1273).

**130** 야간에 절도의 목적으로 출입문에 장치된 자물통 고리를 절단하고 출입문을 손괴한 뒤 집안으로 침입하려다가 발각된 경우 특수절도죄의 실행의 착수가 인정된다. [국가7급 20]

**130** (○)

**해설+** 야간에 절도의 목적으로 출입문에 장치된 자물통 고리를 절단하고 출입문을 손괴한 뒤 집안으로 침입하려다가 발각된 것이라면 이는 특수절도죄의 실행에 착수한 것이다(대법원 1986.9.9, 86도1273).

**131** 형법은 흉기와 위험한 물건을 분명하게 구분하여 규정하고 있는바, 형벌법규는 문언에 따라 엄격하게 해석·적용하여야 하고 피고인에게 불리한 방향으로 지나치게 확장해석하거나 유추해석해서는 아니 된다. 그리고 형법 제331조 제2항에서 '흉기를 휴대하여 타인의 재물을 절취한' 행위를 특수절도죄로 가중하여 처벌하는 것은 흉기의 휴대로 인하여 피해자 등에 대한 위해의 위험이 커진다는 점 등을 고려한 것으로 볼 수 있다. 이에 비추어 위 형법 조항에서 규정한 흉기는 본래 살상용·파괴용으로 만들어진 것이거나 이에 준할 정도의 위험성을 가진 것으로 봄이 상당하다.

**131** (○) 위험성을 가진 물건에 해당하는지 여부는 그 물건의 본래의 용도, 크기와 모양, 개조 여부, 구체적 범행 과정에서 그 물건을 사용한 방법 등 제반 사정에 비추어 사회통념에 따라 객관적으로 판단할 것이다(대법원 2012.6.14, 2012도4175).

**132** 「형법」 제331조(특수절도) 제2항에서 규정한 흉기는 본래 살상용 파괴용으로 만들어진 것이거나 이에 준할 정도의 위험성을 가진 것으로 봄이 상당하다. [경찰채용 22 1차]

**132** (○) 대법원 2012.6.14, 2012도4175

**133** 형법 제331조 제2항(흉기휴대절도)의 특수절도죄에서 행위자는 흉기를 휴대하고 있다는 사실을 인식할 필요가 없다. [변호사 17]

**133** (×) '인식할 필요가 없다' → '인식하여야 한다'(대법원 1990.4.24, 90도401)

**134** 주간에 2인이 합동하여 아파트 출입문 시정장치를 손괴하다가 발각되어 도주한 경우에 특수절도미수죄가 성립되지 않는다. [경찰간부 17] [국가7급 12]

**134** (○)

**해설+** 절취할 물건의 물색행위를 시작하기 전이라면 특수절도죄의 실행에는 착수한 것으로 볼 수 없는 것이어서 그 미수죄가 성립하지 않는다(대법원 2009.12.24, 2009도9667).

135 피고인이 아파트 신축공사 현장 안에 있는 건축자재 등을 훔칠 생각으로 공범과 함께 공사현장 안으로 들어간 후 창문을 통하여 신축 중인 아파트의 지하실 안쪽을 살핀 경우 특수절도죄의 실행의 착수가 인정된다.

[사시 16]

135 (×) 대법원 2010.4.29, 2009도14554

136 절도 습벽의 발현으로 절도, 야간주거침입절도, 특수절도, 자동차등불법사용의 범행을 함께 저지른 경우, 자동차등불법사용의 범행은 상습절도 등의 죄에 흡수되어 1죄만이 성립하고 이와 별개로 자동차등불법사용죄가 성립하는 것은 아니다. [경찰채용 23 1차 변형] [경찰간부 23]

136 (○)

해설+ 형법 제331조의2, 제332조 및 특정범죄가중처벌등에관한법률 제5조의4 제1항 등의 규정 취지나 자동차등불법사용죄의 성질에 비추어 보면, 상습으로 절도, 야간주거침입절도, 특수절도 또는 그 미수 등의 범행을 저지른 자가 마찬가지로 절도 습벽의 발현으로 자동차등불법사용의 범행도 함께 저지른 경우에 검사가 형법상의 상습절도죄로 기소하는 때는 물론이고, 자동차등불법사용의 점을 제외한 나머지 범행에 대하여 특가법상의 상습절도 등의 죄로 기소하는 때에도 자동차등불법사용의 위법성에 대한 평가는 특가법상의 상습절도 등 죄의 구성요건적 평가 내지 위법성 평가에 포함되어 있다고 보는 것이 타당하고, 따라서 상습절도 등의 범행을 한 자가 추가로 자동차등불법사용의 범행을 한 경우에 그것이 절도 습벽의 발현이라고 보이는 이상 자동차등불법사용의 범행은 상습절도 등의 죄에 흡수되어 1죄만이 성립하고 이와 별개로 자동차등불법사용죄는 성립하지 않는다 (대법원 2002.4.26, 2002도429).

137 상습으로 단순절도죄를 범한 범인이 범행의 수단으로 주간에 주거침입을 한 경우 주거침입행위는 상습절도죄(「형법」 제332조)와 별개로 주거침입죄를 구성한다. [변호사 18]

137 (○) 대법원 2015.10.15, 2015도8169

138 「형법」 제332조에 규정된 상습절도죄를 범한 범인이 범행의 수단으로 주간에 주거침입을 한 경우, 주거침입행위는 다른 상습절도죄에 흡수되어 1죄만을 구성하고 상습절도죄와 별개로 주거침입죄를 구성하지 않는다. [경찰채용 21 1차]

138 (×)

해설+ 형법 제332조에 규정된 상습절도죄를 범한 범인이 범행의 수단으로 주간에 주거침입을 한 경우 주간 주거침입행위는 상습절도죄와 별개로 주거침입죄를 구성한다. 또 형법 제332조에 규정된 상습절도죄를 범한 범인이 그 범행 외에 상습적인 절도의 목적으로 주간에 주거침입을 하였다가 절도에 이르지 아니하고 주거침입에 그친 경우에도 주간 주거침입행위는 상습절도죄와 별개로 주거침입죄를 구성한다(대법원 2015.10.15, 2015도8169).

## 3  강도의 죄

**📎 대표유형**

주점에 침입하여 양주를 바구니에 담고 있던 중 종업원이 들어오는 소리를 듣고서 양주를 그대로 둔 채 출입문을 열고 나오다가 체포를 면탈할 목적으로 종업원의 오른손을 깨무는 등 폭행한 경우 준강도미수에 해당한다.                                        [국가7급 20 변형]

(○) 준강도죄의 기수 여부는 절도행위의 기수 여부를 기준으로 하여 판단하여야 하므로, 절도의 미수 상태에서 폭행이 이루어졌으므로 준강도미수가 성립한다(대법원 2004.11.18, 2004도5074 전원합의체).

**📎 대표유형**

채무의 존재가 명백할 뿐만 아니라 채권자의 상속인이 존재하고 그 상속인에게 채권의 존재를 확인할 방법이 확보되어 있는 경우 그 채무를 면탈할 의사로 채권자를 살해하더라도 강도살인죄가 성립하지 않는다.                                        [국가9급 15]

(○)

**해설+** 일시적으로 채권자 측의 추급을 면한 것에 불과하여 재산상 이익의 지배가 채권자측으로부터 범인 앞으로 이전되었다고 보기는 어려우므로, 이러한 경우에는 강도살인죄가 성립할 수 없다(대법원 2004.6. 24, 2004도1098).

**139** 강도죄에 있어서의 재산상의 이익이란 재물 이외의 재산상의 이익을 말하는 것으로서 그 재산상의 이익은 반드시 인정할 수 있는 사실관계만 있으면 여기에 해당된다.                                        [경찰채용 14]

139 (○) 대법원 1997.2.5, 96도 3411

**140** 협박으로 금전채무 지불각서 1매를 쓰게 하고 이를 강취한 경우, 사법상 유효하지 못한 위 지불각서는 강도죄의 객체인 재산상 이익이 될 수 없다.                                        [변호사 20]

140 (×) '될 수 없다' → '될 수 있다'(대법원 1994.2.22, 93도428)

**141** 「형법」 제333조(강도)에서의 '재산상 이익'은 반드시 사법상 유효한 재산상의 이득만을 의미하는 것은 아니나, 단지 외견상 재산상의 이득을 얻을 것이라고 인정할 수 있는 사실관계만으로는 재산상의 이익을 인정할 수 없다.                                        [경찰채용 22 1차]

141 (×)

**해설+** 강도죄의 성질상 그 권리의무관계의 외형상 변동의 사법상 효력의 유무는 그 범죄의 성립에 영향이 없고, 법률상 정당하게 그 이행을 청구할 수 있는 것이 아니라도 강도죄에 있어서의 재산상의 이익에 해당하는 것이며, 따라서 이와 같은 <u>재산상의 이익은 반드시 사법상 유효한 재산상의 이득만을 의미하는 것이 아니고 외견상 재산상의 이득을 얻을 것이라고 인정할 수 있는 사실관계만 있으면 된다</u>(대법원 1994.2.22, 93도428).

**142** 강도죄에 있어서 폭행과 협박의 정도는 사회통념상 객관적으로 상대방의 반항을 억압하거나 항거불능하게 할 정도의 것이어야 한다. [경찰승진 16]

142 (O) 대법원 2001.3.23, 2001도359

**143** 타인에게 상해를 가하여 혼미상태에 빠지게 한 후에 우발적으로 그의 재물을 가져간 경우에는 강도죄가 성립한다. [국가7급 13]

**해설+** 양자 사이에 인과관계가 존재하지 아니한다 할 것이므로 강도죄가 성립하지 아니한다(대법원 2009.1.30, 2008도10308).

143 (X) '성립한다' → '성립하지 않는다'

**144** 甲은 강도의 고의로 야간에 칼을 휴대한 채 타인의 주거에 침입하여 동정을 살피다가 피해자 乙을 발견하고 갑자기 욕정을 일으켜 칼로 협박하고 강간하였다. 甲의 죄책은 특수강도강간죄이다. [경찰채용 16]

**해설+** 강도의 범의로 야간에 칼을 휴대한 채 타인의 주거에 침입하여 집안의 동정을 살피다가 피해자를 발견하고 갑자기 욕정을 일으켜 칼로 협박하여 강간한 경우, 야간에 흉기를 휴대한 채 타인의 주거에 침입하여 집안의 동정을 살피는 것만으로는 특수강도의 실행에 착수한 것이라고 할 수 없으므로 위의 특수강도에 착수하기도 전에 저질러진 위와 같은 강간행위가 구 특정범죄가중처벌등에관한법률 제5조의6 제1항 소정의 특수강도강간죄에 해당한다고 할 수 없다(대법원 1991.11.22, 91도2296).

144 (X)

**145** 형법 제335조에서 절도가 재물의 탈환을 항거하거나 체포를 면탈하거나 죄적을 인멸할 목적으로 폭행 또는 협박을 가한 때에 준강도로서 강도죄의 예에 따라 처벌하는 취지는, 강도죄와 준강도죄의 구성요건인 재물탈취와 폭행·협박 사이에 시간적 순서상 전후의 차이가 있을 뿐 실질적으로 위법성이 같다고 보기 때문이다.

145 (O) 대법원 2004.11.18, 2004도5074 전원합의체

**146** 형법 제335조는 '절도'가 재물의 탈환을 항거하거나 체포를 면탈하거나 죄적을 인멸한 목적으로 폭행 또는 협박을 가한 때에 준강도가 성립한다고 규정하고 있으므로, 준강도죄의 주체는 절도범인이고, 절도죄의 객체는 재물이다.

146 (O) 대법원 2014.5.16, 2014도2521

**147** 준강도의 주체는 절도범인으로, 절도의 실행에 착수한 이상 미수, 기수 여부를 불문한다.　　　　　　　　　　　　　　　　　　　　[변호사 15]

**147** (○) 대법원 1990.2.27, 89도2532

**148** 피고인이 술값의 지급을 면하기 위하여 술집주인인 피해자를 부근에 있는 아파트 뒤편 골목으로 유인한 후 폭행하여 반항하지 못하게 하고 그대로 도주함으로써 술값의 지급을 면한 경우 준강도죄가 성립한다.
　　　　　　　　　　　　　　　　[국가9급 15] [법원행시 16] [변호사 15] [사시 16]

**148** (×) '성립한다' → '성립하지 않는다'

> **해설+** 원심이 인정한 범죄사실에는 그 자체로 절도의 실행에 착수하였다는 내용이 포함되어 있지 않음에도 준강도죄를 적용하여 유죄로 인정한 원심판결에 준강도죄의 주체에 관한 법리오해의 잘못이 있다(대법원 2014.5.16, 2014도2521).

**149** 재산상 이익을 취득한 후 체포를 면탈할 목적으로 피해자를 폭행하더라도 준강도죄는 성립할 수 없다.　　　　　　　　　　　　　　　　[경찰승진 22]

**149** (○)

> **해설+** 형법 제335조는 '절도'가 재물의 탈환을 항거하거나 체포를 면탈하거나 죄적을 인멸한 목적으로 폭행 또는 협박을 가한 때에 준강도가 성립한다고 규정하고 있으므로 준강도죄의 주체는 절도범인이고 절도죄의 객체는 재물이다. 원심이 인정한 범죄사실은 피고인이 피해자에게 지급해야 할 술값의 지급을 면하여 재산상 이익을 취득하고 피해자를 폭행하였다는 것인데, 그 자체로 절도의 실행에 착수하였다는 내용이 포함되어 있지 않고, 기록을 살펴보아도 이를 인정할 만한 사정이 없다(대법원 2014.5.16, 2014도2521).

**150** 준강도죄의 성립에 필요한 수단으로서의 폭행이나 협박의 정도는 상대방의 반항을 억압하는 수단으로서 일반적·객관적으로 가능하다고 인정되는 정도의 것이면 되고 현실적으로 반항을 억압하였음을 필요로 하는 것은 아니다.　　　　　　　　　　　　　　　　　　　　　　　[경찰승진 14]

**150** (○) 대법원 1981.3.24, 81도409

**151** 절도범인이 피해자로부터 옷을 잡히자 체포를 면하기 위하여 충동적으로 저항을 시도하여 피해자에게 잡힌 손을 뿌리친 경우에는 준강도죄가 성립하지 않는다.　　　　　　　　　　　　　　　　　　　　　　[국가7급 13]

**151** (○)

> **해설+** 이러한 정도의 폭행은 피해자의 체포력을 억압함에 족한 정도에 이르지 않은 것으로 봄이 상당하여 이를 준강도죄로 의율할 수는 없다(대법원 1985.5.14, 85도619).

**152** 피해자에 대한 폭행·협박을 수단으로 하여 재물을 탈취하고자 하였으나 그 목적을 이루지 못한 자가 강도미수죄로 처벌되는 것과 마찬가지로, 절도미수범인이 폭행·협박을 가한 경우에도 강도미수에 준하여 처벌하는 것이 합리적이라 할 것이다. 만일 강도죄에 있어서는 재물을 강취하여야 기수가 됨에도 불구하고 준강도의 경우에는 폭행·협박을 기준으로 기수와 미수를 결정하게 되면 재물을 절취하지 못한 채 폭행·협박만 가한 경우에도 준강도죄의 기수로 처벌받게 됨으로써 강도미수죄와의 불균형이 초래된다.

1　(○) 대법원 2004.11.18, 2004도5074 전원합의체

**153** 준강도는 강도죄의 예에 따라 처벌되므로 준강도죄의 기수 여부는 절도행위의 기수 여부를 기준으로 하여 판단하여야 한다.
[경찰채용 19 1차] [국가9급 13]

**해설+** 준강도죄의 입법 취지, 강도죄와의 균형 등을 종합적으로 고려해 보면, 준강도죄의 기수 여부는 절도행위의 기수 여부를 기준으로 하여 판단하여야 한다(대법원 2004.11.18, 2004도5074 전원합의체).

153 (○)

**154** 준강도죄의 기수 여부는 구성요건적 행위인 폭행 또는 협박이 종료되었는가의 여부에 따라 결정된다.
[경찰승진 23]

**해설+** 형법 제335조에서 절도가 재물의 탈환을 항거하거나 체포를 면탈하거나 죄적을 인멸할 목적으로 폭행 또는 협박을 가한 때에 준강도로서 강도죄의 예에 따라 처벌하는 취지는, 강도죄와 준강도죄의 구성요건인 재물탈취와 폭행·협박 사이에 시간적 순서상 전후의 차이가 있을 뿐 실질적으로 위법성이 같다고 보기 때문인바, 이와 같은 준강도죄의 입법취지, 강도죄와의 균형 등을 종합적으로 고려해 보면, 준강도죄의 기수 여부는 절도행위의 기수 여부를 기준으로 하여 판단하여야 한다(대법원 2004.11.18, 2004도5074 전원합의체).

154 (×)

**155** 절도미수범이 체포를 면탈하기 위하여 폭행을 가한 경우에는 절도행위가 기수에 이르지 않았더라도 준강도죄의 기수가 성립한다.
[법원9급 18]

**해설+** 준강도죄의 기수 여부는 절도행위의 기수 여부를 기준으로 하여 판단하여야 한다(대법원 2004.11.18, 2004도5074 전원합의체).

155 (×) '않았더라도' → '않았다면', '기수' → '미수'

**156** 절도미수범인이 재물의 탈환에 항거하기 위하여 폭행·협박을 가한 경우에 준강도의 미수가 성립한다. [국가7급 13 변형] [법원행시 16]

> **해설+** 준강도죄의 입법 취지, 강도죄와의 균형 등을 종합적으로 고려해 보면, 준강도죄의 기수 여부는 절도행위의 기수 여부를 기준으로 하여 판단하여야 한다(대법원 2004.11.18, 2004도5074 전원합의체).

**156** (○)

**157** 甲은 건물 내 주점의 잠금장치를 뜯고 침입하여 진열장에 있던 양주를 바구니에 담고 있던 중, 주점 종업원 丙이 주점으로 돌아오려는 소리를 듣고서 양주를 그대로 둔 채 출입문을 열고 나오다가 丙에게 붙잡히자 체포를 면탈할 목적으로 丙에게 폭행을 가한 경우, 준강도죄의 미수가 성립한다. [국가7급 12]

**157** (○) 준강도죄의 기수 여부는 절도행위의 기수 여부를 기준으로 하여 판단하여야 한다고 봄이 상당하다(대법원 2004.11.18, 2004도5074 전원합의체).

**158** 甲이 야간에 절도의 목적으로 乙이 경영하는 자동차수리공장의 담을 넘다가 방범대원 丙에게 발각되어 추격을 받자 체포를 면탈할 목적으로 丙에게 폭행을 가하였다면 준강도미수죄가 성립한다. [법원행시 09]

**158** (○) 대법원 1968.4.23, 68도334

**159** 준강도죄의 기수 여부는 절도행위의 기수 여부를 기준으로 판단하여야 하지만 절도미수범이 체포를 면탈할 목적으로 상해를 가한 경우, 강도상해의 기수범으로 처벌된다. [변호사 15]

> **해설+** 피고인이 절취품을 물색 중 피해자가 잠에서 깨어나 "도둑이야"라고 고함치자 체포를 면탈할 목적으로 그녀에게 이불을 덮어씌우고 입과 목을 졸라 상해를 입혔다면 절도의 목적달성 여부에 관계없이 강도상해죄가 성립한다(대법원 1985.5.28, 85도682).

**159** (○)

**160** 丁이 F의 집에서 절도범행을 마친지 10분 가량 지나 F의 집에서 200m 가량 떨어진 버스정류장이 있는 곳에서 丁을 절도범이라고 의심하고 뒤쫓아온 F에게 붙잡혀 F의 집으로 돌아왔을 때 F를 폭행한 경우, 준강도죄가 성립한다. [법원행시 15] [사시 16]

> **해설+** 사회통념상 절도범행이 이미 완료된 이후라 할 것이므로 준강도죄가 성립할 수 없다(대법원 1999.2.26, 98도3321).

**160** (×) '성립한다' → '성립하지 않는다'

161 강도범인이 체포를 면탈할 목적으로 경찰관에게 폭행·협박을 가한 때에 는 강도죄와 공무집행방해죄의 실체적 경합관계가 된다. [사시 14]

161 (O) 대법원 1992.7.28, 92 도917

162 준강도가 성립하려면 절도가 절도행위의 실행 중 또는 실행 직후에 체포를 면탈할 목적으로 폭행, 협박을 한 때에 성립하고 이로써 상해를 가하였을 때에는 강도상해죄가 성립되는 것이고, 공모합동하여 절도를 한 경우 범인 중의 하나가 체포를 면탈할 목적으로 폭행을 하여 상해를 가한 때에는 나 머지 범인도 이를 예기하지 못한 것으로 볼 수 없다면 강도상해죄의 죄 책을 면할 수 없다.

162 (O) 대법원 1984.2.28, 83 도3321

163 합동하여 절도를 한 경우, 범인 중 1인이 체포를 면탈할 목적으로 폭행을 하여 상해를 가한 때에는 나머지 범인이 이를 예기할 수 있었는가를 가리 지 않고 그 나머지 범인 역시 준강도상해죄의 죄책을 면할 수 없다. [해경승진 23]

163 (X)

**해설+** 합동하여 절도를 한 경우 범인 중 1인이 체포를 면탈할 목적으로 폭행을 하여 상해를 가한 때에는 나머지 범인도 이를 예기하지 못한 것으로 볼 수 없으면 준강도상해죄의 죄책을 면할 수 없다(대법원 1982.7.13, 82도1352).

164 절도범인이 처음에는 흉기를 휴대하지 아니하였으나, 체포를 면탈할 목적 으로 폭행 또는 협박을 가할 때에 비로소 흉기를 휴대 사용하게 된 경우에 는 형법 제334조의 예에 의한 준강도(특수강도의 준강도)가 된다. [경찰채용 23 1차]

164 (O) 대법원 1973.11.13, 73 도1553 전원합의체

165 단순절도범인이 처음에는 흉기를 휴대하지 아니하였으나, 체포를 면탈할 목적으로 폭행 또는 협박을 가할 때에 비로소 흉기를 휴대 사용하게 된 경 우에는 단순강도의 준강도가 된다. [경찰채용 21 2차]

165 (X)

**해설+** 절도범인이 처음에는 흉기를 휴대하지 아니하였으나, 체포를 면탈할 목적으로 폭행 또는 협박을 가할 때에 비로소 흉기를 휴대 사용하게 된 경우에는 형법 제334조의 예에 의한 준강도(특수 강도의 준강도)가 된다(대법원 1973.11.13, 73도1553 전원합의체).

166 절도범이 체포를 면탈할 목적으로 체포하려는 여러 명의 피해자에게 같은 기회에 폭행을 가하여 그 중 1인에게만 상해를 가하였다면 이러한 행위는 포괄하여 하나의 강도상해죄만 성립한다.

[법원행시 15·16] [변호사 14·15 변형] [사시 11·16]

166 (○) 대법원 2001.8.21, 2001도3447

167 절도범이 순찰 중이던 경찰관에게 발각되어 도주하다가 체포를 면하기 위하여 경찰관의 머리와 가슴을 수회 때린 경우 준강도죄와 공무집행방해죄가 성립하고, 양 죄는 상상적 경합관계에 있다.

[사시 16]

167 (○) 대법원 1992.7.28, 92도917

168 절도범인이 일단 체포되었으나 아직 신병확보가 확실하지 않은 단계에서 체포 상태를 면하기 위해 폭행하여 상해를 가한 경우 그 행위는 절도의 기회에 체포를 면탈할 목적으로 폭행하여 상해를 가한 것으로서 강도상해죄에 해당한다.

[법원행시 16] [사시 16]

168 (○) 대법원 2001.10.23, 2001도4142

169 절도범이 체포를 면탈할 목적으로 피해자를 살해한 때에는 준강도죄와 살인죄의 경합범이 성립한다.

[사시 16]

169 (×) '준강도죄와 살인죄의 경합범이' → '강도살인죄가'

**해설+** 강도살인죄의 주체인 강도는 준강도죄의 강도범인을 포함한다고 할 것이므로 절도가 체포를 면탈할 목적으로 사람을 살해한 때에는 강도살인죄가 성립한다(대법원 1987.9.22, 87도1592).

170 강도살인죄의 주체인 '강도'에는 준강도죄의 강도범인이 포함되지 않는다.

[경찰채용 23 1차]

170 (×)

**해설+** 강도살인죄(형법 제338조)의 주체인 강도는 준강도죄(형법 제335조)의 강도범인을 포함한다고 할 것이므로 절도가 체포를 면탈할 목적으로 사람을 살해한 때에는 강도살인죄가 성립한다(대법원 1987.9.22, 87도1592).

**171** 강도치상죄와는 달리 강도상해죄는 강도가 미수에 그쳤다면 상해가 발생하였어도 강도상해죄의 미수에 해당한다. [경찰채용 22 1차]

> **해설+** 강도가 기수이든 미수이든 강도의 기회에 사람을 상해하여 그 결과를 발생시켰다면 강도상해죄의 기수에 해당한다. "형법 제337조의 강도상해, 치상죄는 재물강취의 기수와 미수를 불문하고 범인이 강도범행의 기회에 사람을 상해하거나 치상하게 되면 성립하는 것이다(대법원 1986.9.23, 86도1526)."

**171** (×)

**172** 강도상해죄는 반드시 강도범행의 수단으로 한 폭행에 의하여 상해를 입힐 것을 요하는 것은 아니고 상해행위가 강도가 기수에 이르기 전에 행하여져야만 하는 것은 아니므로, 강도범행 이후에도 피해자를 계속 끌고 다니거나 차량에 태우고 함께 이동하는 등으로 강도범행으로 인한 피해자의 심리적 저항불능상태가 해소되지 않은 상태에서 강도범인의 상해행위가 있었다면 강취행위와 상해행위 사이에 다소의 시간적·공간적 간격이 있었다는 것만으로는 강도상해죄의 성립에 영향이 없다. [법원행시 15] [변호사 16·18]

**172** (○) 대법원 2014.9.26, 2014도9567

**173** 甲이 날치기 수법으로 乙이 들고 있던 가방을 탈취하면서 가방을 놓지 않고 버티는 乙을 5m가량 끌고 감으로써 乙의 무릎 등에 상해를 입힌 경우, 甲은 강도치상죄의 죄책을 진다. [경찰승진 16]

**173** (○) 대법원 2007.12.13, 2007도7601

**174** 甲이 택시를 타고 가다가 요금지급을 면할 목적으로 소지한 과도로 운전수를 협박하자 이에 놀란 운전수가 택시를 급우회전하면서 그 충격으로 피고인이 겨누고 있던 과도에 어깨부분이 찔려 상처를 입은 경우 피해자의 부상이 스스로의 행위의 결과로 생긴 경우이므로 강도치상죄가 성립하지 않는다. [국가7급 12]

**174** (×) '피해자 ~ 않는다' → '강도치상죄가 성립한다'
피고인의 위 행위를 강도치상죄에 의율함은 정당하다(대법원 1985.1.15, 84도2397).

**175** 도주하는 강도 甲을 체포하려던 동네주민 A가 甲을 덮쳐 오른손으로 甲의 목을 잡고 왼손으로 甲의 가슴 부분을 잡는 순간 甲이 들고 있던 벽돌에 끼어 있는 철사에 찔려 부상을 입은 경우 甲은 강도상해죄의 죄책을 지지 않는다. [사시 11]

> **해설+** 위 부상은 피해자들의 적극적인 체포행위 과정에서 스스로의 행위의 결과로 입은 상처이어서 위 상해의 결과에 대하여 강도상해죄로 의율할 수 없다(대법원 1985.7.9, 85도1109).

**175** (○)

**176** 피고인이 여관에서 종업원을 칼로 찔러 상해를 가하고 객실로 끌고 들어가는 등 폭행·협박을 하고 있던 중, 마침 다른 방에서 나오던 여관의 주인도 같은 방에 밀어 넣은 후, 주인으로부터 금품을 강취하고 1층 안내실에서 종업원 소유의 현금을 꺼내 갔다면, 여관종업원과 주인에 대한 각 강도행위는 실체적 경합범의 관계에 있다. [경찰승진 13]

176 (×) '실체적 경합범' → '상 상적 경합범'

**해설+** 여관 종업원과 주인에 대한 각 강도행위가 각별로 강도죄를 구성하되 피고인이 피해자인 종업원과 주인을 폭행·협박한 행위는 법률상 1개의 행위로 평가되는 것이 상당하므로 위 2죄는 상상적 경합범관계에 있다(대법원 1991.6.25, 91도643).

**177** 강도범행 직후 신고를 받고 출동한 경찰관 B가 위 범행 현장으로부터 약 150m 지점에서, 화물차를 타고 도주하는 乙을 발견하고 순찰차로 추적하여 격투 끝에 乙을 붙잡았으나, 乙이 너무 힘이 세고 반항이 심하여 수갑도 채우지 못한 채 乙을 순찰차에 억지로 밀어 넣고서 파출소로 연행하고자 하였는데, 그 순간 乙이 체포를 면하기 위하여 소지하고 있던 과도로써 옆에 앉아 있던 경찰관을 찔러 사망하게 한 경우 강도살인죄가 성립하고, 강도죄와 살인죄의 실체적 경합범이라고 볼 수 없다. [법원행시 15]

177 (○) 대법원 1996.7.12, 96 도1108

**178** 강도죄는 재물탈취의 방법으로 폭행, 협박을 사용하는 행위를 처벌하는 것이므로 폭행, 협박으로 타인의 재물을 탈취한 이상 피해자가 우연히 재물탈취 사실을 알지 못하였다고 하더라도 강도죄는 성립하고, 폭행, 협박당한 자가 탈취당한 재물의 소유자 또는 점유자일 것을 요하지도 아니하며, 강간범인이 부녀를 강간할 목적으로 폭행, 협박에 의하여 반항을 억압한 후 반항억압 상태가 계속 중임을 이용하여 재물을 탈취하는 경우에는 재물탈취를 위한 새로운 폭행, 협박이 없더라도 강도죄가 성립한다.

178 (○) 대법원 2010.12.9, 2010 도9630

**179** 강간범인이 부녀를 강간할 목적으로 폭행, 협박에 의하여 반항을 억압한 후 반항억압상태가 계속 중임을 이용하여 재물을 탈취하는 경우에는 재물탈취를 위한 새로운 폭행, 협박이 없더라도 강도죄가 성립한다. [법원행시 16]

179 (○) 대법원 2010.12.9, 2010 도9630

**180** 야간에 甲의 주거에 침입하여 드라이버를 들이대며 협박하여 甲의 반항을 억압한 상태에서 강간행위의 실행 도중 범행현장에 있던 乙 소유의 핸드백을 가져간 피고인의 행위는 포괄하여 구 성폭력범죄의 처벌 및 피해자보호 등에 관한 법률위반(특수강도강간 등)죄에 해당한다.

180 (○) 대법원 2010.12.9, 2010 도9630

**181** 다른 특별한 사정이 없는 한 특수강간범이 강간행위 종료 전에 특수강도의 행위를 한 이후에 그 자리에서 강간행위를 계속하는 경우 성폭력범죄의처벌등에관한특례법 위반(특수강도강간등)죄가 성립한다. [사시 13]

181 (○)

**해설+** 특수강간범이 강간행위 종료 전에 특수강도의 행위를 한 이후에 그 자리에서 강간행위를 계속하는 때에도 특수강도가 부녀를 강간한 때에 해당하여 구 「성폭력범죄의 처벌 및 피해자보호 등에 관한 법률」 제5조 제2항에 정한 특수강도강간죄로 의율할 수 있다(대법원 2010.7.15, 2010도3594).

**182** 특수강간범이 강간행위 계속 중에 특수강도의 행위를 한 후 강간행위를 종료한 경우, 성폭력범죄의 처벌 등에 관한 특례법상의 특수강도강간죄가 성립한다. [변호사 13 변형]

182 (○)

**해설+** 강간행위의 실행행위의 계속 중에 강도의 행위를 할 경우에는 이때에 바로 강도의 신분을 취득하는 것이므로 이후에 그 자리에서 강간행위를 계속하는 때에는 형법 제339조에 정한 강도강간죄를 구성하고, 구 성폭력범죄의 처벌 및 피해자보호 등에 관한 법률 제5조 제2항은 이를 특수강도강간 등의 죄로 가중하여 처벌한다(대법원 2010.12.9, 2010도9630).

**183** 강간범이 강간행위 후에 강도의 범의를 일으켜 그 부녀의 재물을 강취하는 경우에는 강도강간죄가 아니라 강간죄와 강도죄의 경합범이 성립한다. [변호사 13 변형]

183 (○)

**해설+** 강간범이 강간행위 후에 강도의 범의를 일으켜 그 부녀의 재물을 강취하는 경우에는 강도강간죄가 아니라 강간죄와 강도죄의 경합범이 성립된다(대법원 2010.12.9, 2010도9630).

**184** 강간범이 강간행위 후에 강도의 범의를 일으켜 피해자의 재물을 강취한 경우에는 강도강간죄가 아니라 강간죄와 강도죄의 경합범으로 처벌될 수 있을 뿐이나, 강간행위를 종료하기 전에 강도행위를 하고 그 자리에서 강간행위를 계속한 때에는 강도강간죄로 처벌된다. [법원행시 16] [변호사 18]

**184** (O) 대법원 2010.12.9, 2010 도9630

**185** 강도예비·음모죄가 성립하기 위해서는 예비·음모 행위자에게 미필적으로라도 '강도'를 할 목적이 있어야 하고, 그에 이르지 않고 단순히 '준강도'를 할 목적이 있음에 그치는 경우 강도예비·음모죄로 처벌할 수 없다. [법원행시 12·15·16] [변호사 15]

**185** (O) 대법원 2006.9.14, 2004 도6432

**186** 戊가 절도 범행이 발각되었을 경우 체포를 면탈하는데 도움이 될 수 있을 것이라는 생각을 가지고 등산용 칼을 준비하여 휴대한 사실이 인정되나, 더 나아가 타인으로부터 물건을 강취하는 데 사용하겠다는 생각으로 준비하였다고 단정하기는 어려운 경우, 戊에게 강도예비죄가 성립하지 않는다. [법원행시 15 변형]

**186** (O)

**해설+** 강도예비·음모죄가 성립하기 위해서는 예비·음모 행위자에게 미필적으로라도 '강도'를 할 목적이 있음이 인정되어야 하고 그에 이르지 않고 단순히 '준강도'할 목적이 있음에 그치는 경우에는 강도예비·음모죄로 처벌할 수 없다(대법원 2006.9.14, 2004도6432).

**187** 준강도죄에 있어서의 '재물의 탈환을 항거할 목적'이라 함은 일단 절도가 재물을 자기의 배타적 지배하에 옮긴 뒤 탈취한 재물을 피해자 측으로부터 탈환당하지 않기 위하여 대항하는 것을 말하는 것이므로, 강제력의 행사가 피해자의 반항 억압을 목적으로 함이 없이 점유탈취의 과정에서 우연히 가해진 경우라면 이는 절도에 불과한 것으로 보아야 한다. [법원행시 12]

**187** (O) 대법원 2003.7.25, 2003 도2316

188 특정범죄가중처벌 등에 관한 법률 제5조의4 제3항에 규정된 상습강도죄를 범한 범인이 그 범행 외에 상습적인 강도의 목적으로 강도예비를 하였다가 강도에 이르지 아니하고 강도예비에 그친 경우에도 그것이 강도상습성의 발현이라고 보이는 경우에는 강도예비행위는 상습강도죄에 흡수되어 위 법조에 규정된 상습강도죄의 1죄만을 구성하고 이 상습강도죄와 별개로 강도예비죄를 구성하지 아니한다. [법원행시 14]

188 (○) 대법원 2003.3.28, 2003도665

## 4  사기의 죄

**대표유형**

피해자가 이 사건 임대차계약 당시 임차할 여관건물에 관하여 법원의 경매개시결정에 따른 경매절차가 이미 진행 중인 사실을 알았더라면 그 건물에 관한 임대차계약을 체결하지 않았을 것임이 명백한 이상, 피고인은 신의칙상 피해자에게 이를 고지할 의무가 있다 할 것이고, 피해자 스스로 그 건물에 관한 등기부를 확인 또는 열람하는 것이 가능하다고 하여 결론을 달리 할 것은 아니다. [변호사 18 변형]

(○) 대법원 1998.12.8, 98도3263

**대표유형**

피해자 법인이나 단체의 대표자 또는 실질적으로 의사결정을 하는 최종결재권자 등 기망의 상대방이 기망행위자와 동일인이거나 기망행위자와 공모하는 등 기망행위를 알고 있었던 경우에는 기망의 상대방에게 기망행위로 인한 착오가 있다고 볼 수 없고, 기망의 상대방이 재물을 교부하는 등의 처분을 했더라도 기망행위와 인과관계가 있다고 보기 어렵다. 이러한 경우에는 사안에 따라 업무상횡령죄 또는 업무상배임죄 등이 성립하는 것은 별론으로 하고 사기죄가 성립한다고 보기 어렵다. [경찰간부 20 변형]

(○) 대법원 2017.8.29, 2016도18986

**대표유형**

사망한 자를 상대로 소를 제기하는 경우 사망한 자에 대한 판결은 그 내용에 따른 효력이 생기지 아니하여 상속인에게 그 효력이 미치지 아니하므로 사기죄가 성립하지 아니한다. [법원9급 15]

(○) 대법원 1997.7.8, 97도632

**대표유형**

강취한 신용카드를 가지고 자신이 그 신용카드의 정당한 소지인인 것처럼 가게 종업원을 속이고 물품을 구입한 경우 여신전문금융업법상 신용카드부정사용죄와 별도로 사기죄는 성립하지 않는다. [법원9급 13] [사시 14]

(×) '성립하지 않는다' → '성립한다'

**해설+** 강취한 신용카드를 가지고 가맹점의 점주를 속이고 그에 속은 점주로부터 주류 등을 제공받아 이를 취득한 것이라면 신용카드부정사용죄와 별도로 사기죄가 성립한다(대법원 1997.1.21, 96도2715).

189 기망행위에 의하여 조세를 포탈하거나 조세의 환급·공제를 받은 경우에는 조세범 처벌법 제9조에서 이러한 행위를 처벌하는 규정을 별도로 두고 있을 뿐만 아니라, 조세를 강제적으로 징수하는 국가 또는 지방자치단체의 직접적인 권력작용을 사기죄의 보호법익인 재산권과 동일하게 평가할 수 없는 것이므로 조세범처벌법 위반죄가 성립함은 별론으로 하고, 형법상 사기죄는 성립하지 않는다. [경찰간부 17] [법원9급 16 변형]

189 (○) 대법원 2008.11.27, 2008도7303

190 주유소 운영자가 농·어민 등에게 조세특례제한법에 정한 면세유를 공급한 것처럼 위조한 유류공급확인서로 정유회사를 기망하여 면세유를 공급받은 경우, 국가 또는 지방자치단체에 대한 사기죄를 구성하지 않는다.
[변호사 17]

190 (○) 대법원 2008.11.27, 2008도7303

191 장난감 권총을 생산·판매하는 甲은 경영난에 봉착하자 경리사원 乙과 함께 이중장부를 만들어 세무공무원을 기망하여 조세를 면탈한 경우 甲에게 사기죄는 성립하지 않는다. [국가7급 14]

191 (○)

해설+ 기망행위에 의하여 조세를 포탈하거나 조세의 환급·공제를 받은 경우에는 조세범처벌법위반죄가 성립함은 별론으로 하고, 형법상 사기죄는 성립할 수 없다(대법원 2008.11.27, 2008도7303).

192 침해행정 영역에서 일반 국민이 담당 공무원을 기망하여 권력작용에 의한 재산권 제한을 면하는 경우에는 부과권자의 직접적인 권력작용을 사기죄의 보호법익인 재산권과 동일하게 평가할 수 없는 것이므로 사기죄는 성립할 수 없다. [경찰채용 22 1차]

192 (○)

해설+ 기망행위에 의하여 국가적 또는 공공적 법익을 침해하는 경우라도 그와 동시에 형법상 사기죄의 보호법익인 재산권을 침해하는 것과 동일하게 평가할 수 있는 때에는 행정법규에서 사기죄의 특별관계에 해당하는 처벌규정을 별도로 두고 있지 않는 한 사기죄가 성립할 수 있다. 그런데 중앙행정기관의 장, 지방자치단체의 장 등 법률에 따라 금전적 부담의 부과권한을 부여받은 자(이하 '부과권자')가 재화 또는 용역의 제공과 관계없이 특정 공익사업과 관련하여 권력작용으로 부담금을 부과하는 것은 일반 국민의 재산권을 제한하는 침해행정에 속한다. 이러한 침해행정 영역에서 일반 국민이 담당 공무원을 기망하여 권력작용에 의한 재산권 제한을 면하는 경우에는 부과권자의 직접적인 권력작용을 사기죄의 보호법익인 재산권과 동일하게 평가할 수 없는 것이므로, 행정법규에서 그러한 행위에 대한 처벌규정을 두어 처벌함은 별론으로 하고, 사기죄는 성립할 수 없다(대법원 2019.12.24, 2019도2003).

**193** 담당 공무원을 기망하여 납부의무가 있는 농지보전부담금을 면제받아 재산상 이익을 취득하였다면, 부과권자의 직접적인 권력작용을 사기죄의 보호법익인 재산권과 동일하게 평가할 수 있어 사기죄가 성립한다.

[경찰채용 21 1차]

**193** (×)

> **해설+** 일반 국민이 담당 공무원을 기망하여 권력작용에 의한 재산권 제한을 면하는 경우에는 사기죄가 성립할 수 없다(대법원 2019.12.24, 2019도2003).

**194** 공사도급계약 당시 관련 영업 또는 업무를 규제하는 행정법규나 입찰참가자격, 계약절차 등에 관한 규정을 위반한 사정이 있는 때에는 그러한 사정만으로 공사도급계약을 체결한 행위가 기망행위에 해당한다고 단정해서는 안 되고, 그 위반으로 말미암아 계약내용대로 이행되더라도 공사의 완성이 불가능하였다고 평가할 수 있을 만큼 그 위법이 공사의 내용에 본질적인 것인지 여부를 심리·판단하여야 한다.

[법원9급 21]

**194** (○) 대법원 2019.12.27, 2015도10570

**195** 구「시설물의 안전관리에 관한 특별법」상 하도급 제한 규정을 위반하였다면 사기죄의 기망행위가 인정된다.

**195** (×)

> **해설+** 구 시설물안전법상 하도급 제한 규정은 시설물의 안전점검과 적정한 유지관리를 통하여 재해와 재난을 예방하고 시설물의 효용을 증진시킨다는 국가적 또는 공공적 법익을 보호하기 위한 것이므로, 이를 위반한 경우 구 시설물안전법에 따른 제재를 받는 것은 별론으로 하고 곧바로 사기죄의 보호법익인 재산권을 침해하였다고 단정할 수 없다. 사기죄가 성립된다고 하려면 이러한 사정에 더하여 이 사건 각 안전진단 용역계약의 내용과 체결 경위, 계약의 이행과정이나 결과 등까지 종합하여 살펴볼 때 과연 피고인들이 안전진단 용역을 완성할 의사와 능력이 없음에도 불구하고 용역을 완성할 것처럼 거짓말을 하여 용역대금을 편취하려 하였는지 여부를 기준으로 판단하여야 한다(대법원 2021.10.14, 2016도16343).

**196** 재물편취를 내용으로 하는 사기죄에 있어서는 기망으로 인한 재물교부가 있으면 그 자체로써 피해자의 재산침해가 되어 이로써 곧 사기죄가 성립하는 것이고, 상당한 대가가 지급되었다거나 피해자의 전체 재산상에 손해가 없다 하여도 사기죄의 성립에는 그 영향이 없으므로 사기죄에 있어서 그 대가가 일부 지급된 경우에도 그 편취액은 피해자로부터 교부된 재물의 가치로부터 그 대가를 공제한 차액이 아니라 교부받은 재물 전부이다.

[경찰간부 14]

**196** (○) 대법원 1995.3.24, 95도203

197 상대방을 기망하여 재물을 교부받으면서 시가 상당의 대금을 지급하였다면, 피해자의 전체 재산상 손해가 발생한 바 없으므로 사기죄가 성립하지 않는다. [경찰채용 19 2차]

197 (×)

> **해설+** 판례는 사기죄의 성립에 있어서 재산상 손해의 발생이 필요 없다는 입장이다. "기망으로 인한 재물의 교부가 있으면 비록 상당한 대가가 지급되었다거나 피해자의 전체 재산상에 손해가 없다 하여도 사기죄가 성립한다(대법원 1999.7.9, 99도1040)."

198 사기죄의 객체는 타인이 점유하는 '타인의' 재물 또는 재산상의 이익이므로, 피해자와의 관계에서 살펴보아 그것이 피해자 소유의 재물인지 아니면 피해자가 보유하는 재산상의 이익인지에 따라 '재물'이 객체인지 아니면 '재산상의 이익'이 객체인지 구별하여야 하는 것으로서, 피해자가 본범의 기망행위에 속아 현금을 피고인 명의의 은행 예금계좌로 송금하였다면, 이는 재물에 해당하는 현금을 교부하는 방법이 예금계좌로 송금하는 형식으로 이루어진 것에 불과하여, 피해자의 은행에 대한 예금채권은 당초 발생하지 않는다.

198 (○) 대법원 2010.12.9, 2010도6256

199 인감증명서는 인감과 함께 소지함으로써 인감 자체의 동일성을 증명함과 동시에 거래행위자의 동일성과 거래행위가 행위자의 의사에 의한 것임을 확인하는 자료로서 개인의 권리의무에 관계되는 일에 사용되는 등 일반인의 거래상 극히 중요한 기능을 가진다. 따라서 그 문서는 다른 특별한 사정이 없는한 재산적 가치를 가지는 것이어서 형법상의 '재물'에 해당한다고 할 것이다.

199 (○)

> **해설+** 이는 그 내용 중에 재물이나 재산상 이익의 처분에 관한 사항이 포함되어 있지 아니하다고 하여 달리 볼 것이 아니다. 따라서 위 용도로 발급되어 그 소지인에게 재산적 가치가 있는 것으로 인정되는 인감증명서를 그 소지인을 기망하여 편취하는 것은 그 소지인에 대한 관계에서 사기죄가 성립한다고 할 것이다(대법원 2011.11.10, 2011도9919).

200 사기죄의 '재산상의 이익'은 영속적·일시적 이익, 적극적·소극적 이익을 불문하며, 자기의 채권자에 대한 채무이행으로 존재하지 않는 채권을 양도한 경우에도 재산상의 이익을 취득한 것으로 볼 수 있다. [경찰승진 22]

200 (×)

> **해설+** 사기죄는 사람을 기망하여 자기 또는 제3자로 하여금 재물 또는 재산상의 이익을 얻거나 얻게 하는 경우에 성립하는 것인바, 자기의 채권자에 대한 채무이행으로 채권을 양도하였다 하더라도 위 채권이 존재하지 않는다면 이를 양도하였다 하여 권리이전의 효력을 발생할 수 없는 것이고 따라서 채권자에 대한 기존의 채무도 소멸하는 것이 아니므로 채무면탈의 효과도 발생할 수 없어 위 채권의 양도로써 재산상의 이득을 취하였다고는 볼 수 없으므로 사기죄는 성립하지 않는다(대법원 1985.3.12, 85도74).

**201** 비트코인은 경제적인 가치를 디지털로 표상하여 전자적으로 이전, 저장과 거래가 가능하도록 한 가상자산의 일종으로 사기죄의 객체인 재산상 이익에 해당한다. [경찰채용 22 1차] [경찰경채 23]

> **보충** (다른 논점) 원인불명으로 재산상 이익인 가상자산을 이체받은 자가 가상자산을 사용·처분한 경우 이를 형사처벌하는 명문의 규정이 없는 현재의 상황에서 착오송금 시 횡령죄 성립을 긍정한 판례를 유추하여 신의칙을 근거로 피고인을 배임죄로 처벌하는 것은 죄형법정주의에 반한다(대법원 2021.12.16, 2020도9789).

**201** (○) '비트코인'은 사기죄의 객체인 재산상 이익에 해당한다(대법원 2021.11.11, 2021도9855).

**202** 보험모집인인 甲이 자동차 보험가입자인 乙의 형사책임을 면하게 하기 위하여 乙의 미납 보험료가 정상적으로 납부된 것처럼 전산조작하는 방법으로 보험회사를 기망하여 보험가입사실증명원을 발급받은 경우, 사기죄가 성립한다. [사시 10]

> **해설+** 보험가입사실증명원에는 재물이나 재산상 이익의 처분에 관한 사항이 포함되어 있지 않으므로, 이는 사기죄의 객체가 되지 않는다(대법원 1997.3.28, 96도2625).

**202** (×) '성립한다' → '성립하지 않는다'

**203** 甲의 보이스피싱에 속은 V가 자신의 현금 1,000만 원을 甲이 양도받아 가지고 있던 乙명의의 통장으로 송금하였고 乙이 현금 140만 원을 인출하였는데, 이 통장은 乙이 누군가의 보이스피싱에 사용될 것임을 알면서 자기 명의로 발급받아 현금카드 및 비밀번호와 함께 돈을 받고 판 것이었고, 통장 발급 금융기관에서 SMS 문자서비스로 계좌에 1,000만 원이 입금되었음을 알려주자 乙이 직불카드를 이용하여 甲보다 먼저 인출하였다. 이때 ① 甲에게는 사기죄가 성립한다. ② 乙에게는 사기죄의 방조범이 성립한다. ③ 이 사례에서 사기범행으로 취득된 것은 乙의 통장에 입금된 1,000만 원이라는 재산상 이익이다. ④ 乙에게는 장물취득죄가 성립하지 않는다. 여기에서 틀린 설명은 ③이다. [국가9급 17]

> **해설+** 이 사건과 같이 피해자가 본범의 기망행위에 속아 현금을 피고인 명의의 은행 예금계좌로 송금하였다면, 이는 재물에 해당하는 현금을 교부하는 방법이 예금계좌로 송금하는 형식으로 이루어진 것에 불과하여, 피해자의 은행에 대한 예금채권은 당초 발생하지 않는다(대법원 2010.12.9, 2010도6256). 사안에서 사기범행으로 취득된 것은 재산상 이익이 아니라 현금인 재물이다.

**203** ① (○) ② (○) ④ (○) 대법원 2010.12.9, 2010도6256 ③ (×) '재산상 이익' → '재물'

**204** 甲은 은행의 송금 절차의 착오로 자신의 계좌에 입금된 500만 원을 은행에 대하여 예금반환청구를 하여 이를 지급받았다. 甲의 행위는 사기죄가 성립한다. [국가7급 16] [국가9급 17] [법원9급 16] [사시 11]

204 (×) '성립한다' → '성립하지 않는다'

**해설+** 송금의뢰인이 수취인의 예금계좌에 계좌이체 등을 한 이후, 수취인이 은행에 대하여 예금반환을 청구함에 따라 은행이 수취인에게 그 예금을 지급하는 행위는 계좌이체금액 상당의 예금계약의 성립 및 그 예금채권 취득에 따른 것으로서 은행이 착오에 빠져 처분행위를 한 것이라고 볼 수 없으므로, 결국 이러한 행위는 은행을 피해자로 한 형법 제347조의 사기죄에 해당하지 않는다고 봄이 상당하다(대법원 2010.5.27, 2010도3498).

**참고** 예금주는 송금인과의 사이에 신의칙상 보관하는 관계에 있으므로 예금주가 이를 인출하였다면 송금인에 대해서 횡령죄를 구성한다는 것이 판례이다(대법원 2010.12.9, 2010도891).

**205** 송금의뢰인이 수취인의 예금계좌에 계좌이체 등을 한 이후, 수취인이 은행에 대하여 예금반환을 청구함에 따라 은행이 수취인에게 그 예금을 지급하는 행위는 계좌이체 금액 상당의 예금계약의 성립 및 그 예금채권 취득에 따른 것으로서 은행이 착오에 빠져 처분행위를 한 것이라고 볼 수 없으므로, 결국 이러한 행위는 은행을 피해자로 한 형법 제347조의 사기죄에 해당하지 않는다. [법원9급 18 변형]

205 (○) 대법원 2010.5.27, 2010도3498

**206** 피고인이 피해자에게서 매수한 재개발아파트 수분양권을 이미 매도하였는데도 마치 자신이 피해자의 입주권을 정당하게 보유하고 있는 것처럼 피해자의 딸과 사위에게 거짓말하여 피해자 명의의 인감증명서 3장을 교부받은 경우, 피고인의 행위에 대하여는 재물의 편취에 의한 사기죄가 성립한다. [경찰채용 12 2차]

206 (○)

**해설+** 피고인은 피해자의 재개발아파트 수분양권을 이중으로 매도할 목적으로 그에 중요한 의미를 가지는 피해자 명의의 인감증명서를 기망에 의하여 취득하였다는 것이므로 위 인감증명서에 대한 편취의 고의도 인정되어 사기죄가 성립한다(대법원, 2011.11.10, 2011도9919).

**207** 임차권등기의 기초가 되는 임대차계약이 통정허위표시로서 무효라 하더라도, 장차 피신청인의 이의신청 또는 취소신청에 의한 법원의 재판을 거쳐 그 임차권등기가 말소될 때까지는 신청인은 외형상으로 우선변제권 있는 임차인으로서 부동산 담보권에 유사한 권리를 취득하게 된다 할 것이니, 이러한 이익은 재산적 가치가 있는 구체적 이익으로서 사기죄의 객체인 재산상 이익에 해당한다.

207 (○) 대법원 2012.5.24, 2010도12732

208 피고인이 자신이 개발한 주식운용프로그램을 이용하면 상당한 수익을 낼 수 있고 만일 손해가 발생하더라도 원금과 은행 정기예금 이자 상당의 반환은 보장하겠다는 취지로 피해자 A를 기망하여 A의 자금이 예치된 A 명의 주식계좌에 대한 사용권한을 부여받고, 주식운용에 따른 수익금이 발생할 경우 피고인이 그 중 1/2에 해당하는 금원을 매월 지급받기로 약정하였다 하더라도 주식운용 자체에 대한 보수 약정이 없는 경우에는 자금운용의 권한과 지위를 획득한 것 자체로 사기죄의 객체인 재산상 이익을 취득한 것으로 볼 수 없다. [경찰채용 15] [법원행시 15]

**해설+** 피고인은 장래의 수익 발생을 조건으로 한 수익분배청구권을 취득하였을 뿐 아니라 그러한 경제적 이익을 기대할 수 있는 자금운용의 권한과 지위를 획득하였고, 이는 주식거래의 특성 등에 비추어 충분히 경제적 가치가 있다고 평가할 수 있으므로 피해자를 기망하여 그러한 권한과 지위를 획득한 것 자체를 사기죄의 객체인 재산상 이익을 취득한 것으로 볼 수 있다(대법원, 2012.9.27, 2011도282).

209 사기죄의 요건으로서의 기망은 널리 재산상의 거래에 관계에 있어 서로 지켜야 할 신의와 성실의 의무를 저버리는 모든 적극적 또는 소극적 행위를 말하는 것이고, 이러한 소극적 행위는 법률상 고지의무 있는 자가 일정한 사실에 관하여 상대방이 착오에 빠져 있음을 알면서도 이를 고지하지 아니하는 것을 말한다. [국가7급 11]

210 피고인이 휴대전화 문자메시지를 발송하더라도 이용대금을 납부할 의사와 능력이 없는데도, 단독으로 또는 공범들과 함께 이용대금 미납 등의 사유로 사용이 정지되거나 유심칩(USIM Chip) 분실로 사용할 수 없게 된 휴대전화를 구입한 후 이른바 '대포폰'으로 유통시켜 사용하도록 하거나 유심칩 읽기를 통하여 해당 휴대전화의 문자발송제한(1일 500개)을 해제하고 광고성 문자를 대량 발송한 경우 사기죄가 성립한다. [경찰간부 16 변형]

**해설+** 전산상으로 사용정지된 휴대전화를 사용할 수 있도록 하거나 유심칩 읽기를 통해 문자메시지 발송한도를 해제한 것은 전산상 자동으로 처리된 것일 뿐 사기죄 구성요건인 '사람을 기망하여 재산상 이득을 취득한 경우'에 해당한다고 볼 수 없다(대법원 2011.7.28, 2011도5299).

208 (×) '없다' → '있다'

209 (○) 부작위에 의한 기망행위는 사기죄의 기망행위의 유형으로 인정된다는 것이 통설·판례이다.

210 (×) '성립한다' → '성립하지 않는다'

**211** 국가연구개발사업에서 연구책임자 甲은 학생연구원들의 연구비를 처음부터 자신이 관리하는 공동관리계좌에 귀속시킬 의도로 산학협력단으로부터 학생연구비를 지급받아 개인적인 용도 등으로 사용하였다. 甲에게는 사기죄가 성립하지 않는다.

> **보충** 다만, 연구책임자가 원래 용도에 부합하게 학생연구들의 사실상 처분권 귀속하에 학생연구원들의 공동비용 충당 등을 위하여 학생연구원들의 자발적인 의사에 근거하여 공동관리계좌를 조성하고 실제로 그와 같이 운용한 경우라면, 비록 공동관리계좌의 조성 및 운영이 관련 법령이나 규정 등에 위반되더라도 그러한 사정만으로 불법영득의사가 추단되어 사기죄가 성립한다고 단정할 수 없다.

211 (×) 국가연구개발사업에서 연구책임자인 교수가 처음부터 소속 학생연구원들에 대한 개별지급 의사 없이 공동관리계좌를 관리하면서 이를 숨기고 산학협력단에 연구비를 신청하여 이를 지급받은 경우 산학협력단에 대한 관계에서 부작위에 의한 기망행위에 해당한다 (대법원 2021.9.9, 2021도8468).

**212** 국가연구개발사업의 연구책임자 甲이 처음부터 소속 학생 연구원들에게 학생연구비를 개별 지급할 의사 없이 공동관리계좌를 관리하면서 사실상 그 처분권을 가질 의도 하에 이를 숨기고 산학협력단에 연구비를 신청하여 지급받은 경우, 甲의 행위는 산학협력단에 대한 관계에 있어서 기망에 의한 편취행위에 해당한다. [경찰채용 22 2차]

> **해설+** 국가연구개발사업의 연구책임자가 처음부터 소속 학생연구원들에 대한 개별 지급의사 없이 공동관리계좌를 관리하면서 사실상 그 처분권을 가질 의도하에 이를 숨기고 산학협력단에 연구비를 신청하여 이를 지급받았다면 이는 산학협력단에 대한 관계에 있어 기망에 의한 편취행위에 해당한다(대법원 2021.9.9, 2021도8468).

212 (O)

**213** 분식회계에 의한 재무제표 등으로 금융기관을 기망하여 대출을 받은 경우, 사기죄가 성립한다. [사시 10]

> **해설+** 변제의사와 변제능력의 유무 그리고 충분한 담보가 제공되었다거나 피해자의 전체 재산상에 손해가 없고, 사후에 대출금이 상환되었다고 하더라도 사기죄의 성립에는 영향이 없다(대법원 2005.4.29, 2002도7262).

213 (O)

**214** 사기죄가 성립하기 위해서는 적극적 기망행위가 있어야 하므로 부작위에 의한 기망은 있을 수 없다. [경찰채용 23 1차]

> **해설+** 사기죄의 요건으로서의 기망은 널리 재산상의 거래관계에서 서로 지켜야 할 신의와 성실의 의무를 저버리는 적극적 또는 소극적 행위를 말하는 것으로서 상대방을 착오에 빠지게 하여 행위자가 희망하는 재산적 처분행위를 하도록 하기 위한 판단의 기초사실에 관한 것이어야 하고, 그중 소극적 행위로서의 부작위에 의한 기망은 일반거래의 경험칙상 상대방이 그 사실을 알았더라면 당해 법률행위를 하지 아니하였을 것이 명백한 경우에는 신의칙에 비추어 그 사실을 고지할 법률상 의무가 인정된다고 할 것이다(대법원 2021.9.9, 2021도8468).

214 (×)

215 사기죄의 성립에 관하여, 일반 거래의 경험칙상 상대방이 그 사실을 알 았다면 당해 법률행위를 하지 않았을 것이 명백한 경우에는 신의칙에 비추 어 그 사실을 고지할 법률상 의무가 인정된다.                              [국가9급 12]

215 (O) 대법원 2004.5.27, 2003 도4531

216 부동산을 매매함에 있어서 매도인이 매수인에게 매매와 관련된 어떤 구체 적인 사정을 고지하지 아니함으로써, 장차 매매의 효력이나 매매에 따르는 채무의 이행에 장애를 가져와 매수인이 매매목적물에 대한 권리를 확보하 지 못할 위험이 생길 수 있음을 알면서도, 매수인에게 그와 같은 사정을 고지하지 아니한 채 매매계약을 체결하고 매매대금을 교부받는 한편, 매수 인이 그와 같은 사정을 고지받았더라면 매매계약을 체결하지 아니하거나 매매대금을 지급하지 아니하였을 것임이 경험칙상 명백한 경우에는, 신의 성실의 원칙상 매수인에게 미리 그와 같은 사정을 고지할 의무가 매도인에 게 있다고 할 것이므로, 매도인이 매수인에게 그와 같은 사정을 고지하지 아니한 것은 사기죄의 구성요건인 기망에 해당한다고 할 것이다.

216 (O) 대법원 2012.1.26, 2011 도15179

217 토지를 매도함에 있어서 채무담보를 위한 가등기와 근저당권설정등기가 경료되어 있는 사실을 숨기고 이를 고지하지 아니하여 매수인이 이를 알지 못한 탓에 그 토지를 매수하였다면 사기죄가 성립한다.                    [법원행시 16]

217 (O) 대법원 1981.8.20, 81 도1638

218 부동산매매에 있어서 매매목적물에 관하여 유언으로 재단법인에 출연되었 는지의 여부가 문제되고 다른 부동산에 관하여는 이미 위 유언이 유효하다 는 판결까지 있었다면 이러한 사정들은 특별한 사정이 없는 한 매수인으로 서는 매매계약의 체결 여부를 결정짓는 매우 중요한 요소이므로 매도인은 거래의 신의성실의 원칙상 매수인에게 이를 고지할 법률상의 의무가 있고 매도인이 매수인에게 위와 같은 사실을 숨기고 매도하여 대금을 교부받았 다면 이는 사기죄를 구성한다.                                        [법원행시 16]

218 (O) 대법원 1992.8.14, 91 도2202

219    토지 소유자인 甲이 그 소유 토지에 대하여 여객정류장시설을 설치하는 도시계획이 입안되어 있어 장차 위 토지가 수용될 것이라는 점을 알고 있었음에도, 이러한 사정을 모르는 매수인 乙에게 이러한 사실을 고지하지 않고 토지를 매도하고 매매대금을 수령하였다면, 甲에게는 사기죄가 성립한다.

[국가9급 16] [법원행시 16] [변호사 18]

219 (O) 토지에 대하여 도시계획이 입안되어 있어 장차 협의매수 되거나 수용될 것이라는 사정을 매수인에게 고지하지 아니한 행위가 부작위에 의한 사기죄를 구성한다 (대법원 1993.7.13, 93도14).

220    토지소유자로 등기된 자가 자신이 진정한 소유자가 아님을 알고 있었다고 할지라도 당해 토지의 수용보상금을 출금·수령한 것에 불과하다면 기망행위가 없어 사기죄는 성립하지 아니한다.

[경찰간부 12]

220 (×) '성립하지 아니한다' → '성립한다'(대법원 1994.10.14, 94도1911)

221    임대인이 임대차계약을 체결하면서 임차인에게 임대목적물이 경매진행 중인 사실을 알리지 않은 경우 임차인이 등기부를 확인 또는 열람하는 것이 가능하였다면 임대인에게 사기죄가 성립하지 않는다. [변호사 21] [사시 14 변형]

**해설+** 임대인이 임대차계약을 체결하면서 임차인에게 임대목적물이 경매진행중인 사실을 알리지 아니한 경우, 임차인이 등기부를 확인 또는 열람하는 것이 가능하더라도 <u>부작위에 의한 기망에 해당</u>되어 사기죄가 성립한다(대법원 1998.12.8, 98도3263).

221 (×)

222    토지거래허가를 받지 아니하여 유동적 무효의 상태인 부동산매매계약이라 하더라도 매수인이 제3자로부터 금전을 융자받을 목적으로 매도인을 기망하여 매도인 소유의 부동산에 제3자 앞으로 근저당권을 설정하게 함으로써 재산상 이익을 취득한 경우 사기죄가 성립한다.

[사시 10]

222 (O) 대법원 2008.2.14, 2007도10658

223    수입소고기를 사용하는 식당영업주가 한우만을 취급한다는 취지의 상호를 사용하고 식단표 등에도 한우만을 사용한다고 기재한 경우는 사기죄의 기망행위에 해당한다.

[국가7급 13]

**해설+** 사술의 정도가 사회적으로 용인될 수 있는 상술의 정도를 넘는 것이므로, 따라서 피고인의 행위는 사기죄의 기망행위에 해당된다(대법원 1997.9.9, 97도1561).

223 (O)

224  의사 甲이 특정시술을 받으면 아들을 낳을 수 있을 것이라는 착오에 빠져 있는 피해자들에게 그 시술의 효과와 원리에 관하여 사실대로 고지하지 아니한 채 아들을 낳을 수 있는 시술인 것처럼 가장하여 일련의 시술과 처방을 행한 경우, 부작위에 의한 사기죄가 성립한다.  [경찰채용 12 1차]

224 (O) 대법원 2000.1.28, 99도2884

225  농업협동조합의 조합원이나 검품위원이 아닌 자가 TV홈쇼핑업체에 납품한 삼이 제3자가 산삼의 종자인지 여부가 불분명한 삼의 종자를 뿌려 이식하면서 인공적으로 재배한 삼이라는 사실을 알면서도 광고방송에 출연하여 위 삼이 조합의 조합원들이 자연산삼의 종자를 심산유곡에 심고 자연방임 상태에서 성장시킨 산양산삼이며 자신이 조합의 검품위원으로서 위 삼 중 우수한 것만을 선정하여 감정인의 감정을 받은 것처럼 허위 내용의 광고를 한 경우, 사기죄가 성립한다.  [경찰승진 14]

225 (O) 대법원 2002.2.5, 2001도5789

226  '녹동달오리골드'(누에, 동충하초, 녹용 등을 혼합ㆍ제조)라는 제품이 성인병에 특효약이라고 허위광고하여 고가에 판매한 경우, 사기죄가 인정된다.  [경찰승진 16]

226 (O) 대법원 2004.1.15, 2001도1429

227  매수인이 매도인에게 매매잔금을 지급함에 있어 착오에 빠져 지급해야 할 금액을 초과하는 돈을 교부하는 경우, 매도인이 사실대로 고지하였다면 매수인이 그와 같이 초과하여 교부하지 아니하였을 것임은 경험칙상 명백하므로, 매도인이 매매잔금을 교부받기 전 또는 교부받던 중에 그 사실을 알게 되었을 경우에는 특별한 사정이 없는 한 매도인으로서는 매수인에게 사실대로 고지하여 매수인의 그 착오를 제거하여야 할 신의칙상 의무를 지므로 그 의무를 이행하지 아니하고 매수인이 건네주는 돈을 그대로 수령한 경우에는 사기죄에 해당된다.  [경찰채용 16 1차 변형] [국가7급 11ㆍ16 변형]

227 (O) 대법원 2004.5.27, 2003도4531

228  부동산 매도인이 매매잔금을 교부받던 중 매수인의 착오로 1,000만 원권 자기앞수표 1장이 초과지급된 사실을 알면서도 그대로 수령한 경우, 부작위에 의한 사기죄가 성립한다.  [사시 15]

228 (O) 대법원 2004.5.27, 2003도4531

**229** 사채업자 甲은 대출희망자인 乙로부터 대출을 의뢰받은 다음 乙이 자동차의 실제 구입자가 아니어서 자동차할부금융의 대상이 되지 아니함에도 乙이 실제로 자동차를 할부로 구입하는 것처럼 乙명의의 대출신청서 등 관련서류를 작성한 후 이를 A할부 금융회사에 제출하여 자동차할부금융으로 대출금을 받았다. 甲의 행위는 사기죄가 성립하지 않는다.　　　　　[국가7급 14]

　**해설+** 사채업자로서는 자동차할부금융대출의 방법으로 자금을 융통하려는 사정을 고지할 의무가 있다 할 것이고, 대출의뢰인들 명의로 자동차할부금융을 신청하여 그 대출금을 지급하도록 한 행위는 고지할 사실을 묵비함으로써 거래상대방인 할부금융회사를 기망한 것이 되어 사기죄를 구성한다(대법원 2004.4.9, 2003도7828).

**230** 주식매도인이 거래대상 목적물이 증자 전의 주식이 아니라 증자 후의 주식이라는 점을 고지하지 않았다면 부작위에 의한 사기죄가 성립한다.
　　　　　[경찰간부 18] [법원행시 11]

　**해설+** 주식거래의 목적물이 증자 전의 주식이 아니라 증자 후의 주식이라는 점은 주식매도인인 위 피고인은 주식매수인인 피해자들에게 이를 고지할 의무가 있는데 위 피고인이 피해자들에게 이를 제대로 알리지 않은 것은 피해자들을 기망한 것이다(대법원 2006.10.27, 2004도6503).

**231** 용도를 속이고 돈을 빌린 경우 만일 진정한 용도를 고지하였더라면 상대방이 돈을 빌려 주지 않았을 것이라는 관계에 있는 때에는 사기죄가 성립한다.
　　　　　[법원9급 11]

**232** 교부자가 착오로 더 많은 거스름돈을 교부하는 것을 그 순간 수령자가 알면서도 수령하여 영득하였다면, 수령자에게 고지의무가 인정되므로 점유이탈물횡령죄가 성립한다.　　　　　[경찰간부 22]

　**해설+** (출제의 의도를 고려하여 거스름돈 초과 취득행위에 대한 사기죄 성립 긍정설에 의하여 해설함) 일반거래의 경험칙상 상대방이 그 사실을 알았더라면 당해 법률행위를 하지 않았을 것이 명백한 경우에는 신의칙에 비추어 그 사실을 고지할 법률상 의무가 인정된다 할 것인바, 매수인이 매도인에게 매매잔금을 지급함에 있어 착오에 빠져 지급해야 할 금액을 초과하는 돈을 교부하는 경우, 매도인이 사실대로 고지하였다면 매수인이 그와 같이 초과하여 교부하지 아니하였을 것임은 경험칙상 명백하므로, 매도인이 매매잔금을 교부받기 전 또는 교부받던 중에 그 사실을 알게 되었을 경우에는 특별한 사정이 없는 한 매도인으로서는 매수인에게 사실대로 고지하여 매수인의 그 착오를 제거하여야 할 신의칙상 의무를 지므로 그 의무를 이행하지 아니하고 매수인이 건네주는 돈을 그대로 수령한 경우에는 사기죄에 해당될 것이다(대법원 2004.5.27, 2003도4531).

233 타인으로부터 금전을 차용함에 있어 그 차용한 금전의 용도나 변제할 자금의 마련방법에 관하여 사실대로 고지하였다면 상대방이 응하지 않았을 경우에 그 용도나 변제 자금의 마련방법에 관하여 진실에 반하는 사실을 고지하여 금전을 교부받은 경우에는 사기죄가 성립하는 것이 원칙이나, 다만 차용금채무에 대한 충분한 담보를 제공함으로써 상대방이 대여한 자금의 회수에 실질적으로 지장이 없었다면 교부된 금전의 가액에서 담보가치를 차감한 범위 내에서만 사기죄가 성립한다고 보아야 한다. [변호사 20]

**해설+** 타인으로부터 금전을 차용함에 있어서 그 차용한 금전의 용도나 변제할 자금의 마련방법에 관하여 사실대로 고지하였더라면 상대방이 응하지 않았을 경우에 그 용도나 변제자금의 마련방법에 관하여 진실에 반하는 사실을 고지하여 금전을 교부받은 경우에는 사기죄가 성립하고, 이 경우 차용금채무에 대한 담보를 제공하였다는 사정만으로는 결론을 달리 할 것은 아니다(대법원 2005.9.15, 2003도5382). 따라서 교부된 금전의 가액에서 담보가치를 차감한 범위 내에서만 사기죄가 성립하지 않고 교부된 금전의 가액 전액에 대해 사기죄가 성립한다.

234 타인으로부터 금전을 차용하면서 그 용도를 속였고, 만일 사실대로 용도를 고지하였더라면 상대방이 그에 응하지 않았을 경우에 차용금채무에 대한 상당한 담보를 제공하였다는 사정이 있으면 사기죄가 성립하지 아니한다. [경찰채용 18 2차]

234 (×)

**해설+** 타인으로부터 금전을 차용함에 있어서 그 차용한 금전의 용도나 변제할 자금의 마련방법에 관하여 사실대로 고지하였더라면 상대방이 응하지 않았을 경우에 그 용도나 변제자금의 마련방법에 관하여 진실에 반하는 사실을 고지하여 금전을 교부받은 경우에는 사기죄가 성립하고, 이 경우 차용금채무에 대한 담보를 제공하였다는 사정만으로는 결론을 달리 할 것은 아니다(대법원 2005.9.15, 2003도5382).

235 甲은 A에게 국회의원 입법로비 자금으로 사용할 테니 1,000만 원을 달라고 말하여 그 명목으로 받은 돈을 자신의 채무변제에 사용하였다. 甲은 처음부터 로비자금으로 사용할 의도가 아니라 자신의 기존 채무를 변제하는 데 사용할 생각이었다. 甲의 행위는 사기죄가 성립한다. [사시 11]

235 (○)

**해설+** 만일 진정한 용도를 고지하였더라면 상대방이 돈을 빌려 주지 않았을 것이라는 관계에 있는 때에는 사기죄의 실행행위인 기망은 있는 것으로 인정된다(대법원 1995.9.15, 95도707). 또한 변호사법 위반죄의 상상적 경합까지 성립할 수 있다(대법원 2006.1.27, 2005도8704).

236 토지의 매수를 권유하면서 언급한 내용이 객관적 사실에 부합하거나 비록 확정된 것은 아닐지라도 연구용역 보고서와 신문스크랩 등에 기초한 것이라면 사기죄의 기망행위에 해당하지 않는다. [법원9급 16]

236 (○) 대법원 2007.1.25, 2004도45

CHAPTER 05 재산에 대한 죄 **227**

237 의사가 전화를 이용하여 진찰한 것임에도 내원 진찰인 것처럼 가장하여 건강보험관리공단에 요양급여비용을 청구하여 진찰료를 수령한 경우 사기죄가 성립하지 않는다. [경찰승진 14]

237 (×) '성립하지 않는다' → '성립한다'(대법원 2013.4.26, 2011도10797)

238 신장결핵을 앓고 있는 甲이 乙보험회사가 정한 약관에 신장결핵을 포함한 질병에 대한 고지의무를 규정하고 있음을 알면서도 이를 고지하지 아니한 채 그 사실을 모르는 乙보험회사와 그 질병을 담보하는 보험계약을 체결한 후 신장결핵의 발병을 사유로 하여 보험금을 청구하여 수령한 경우, 甲에게는 사기죄가 성립한다. [변호사 18] [사시 14]

238 (○)

해설+ 사기죄에 있어서의 기망행위 내지 편취의 범의를 인정할 수 있고, 보험회사가 그 사실을 알지 못한 데에 과실이 있다거나 고지의무위반을 이유로 보험계약을 해제할 수 있다고 하여 사기죄의 성립에 영향이 생기는 것은 아니다(대법원 2007.4.12, 2007도967).

239 보험계약자가 보험계약 체결 시 보험금액이 목적물의 가액을 현저하게 초과하는 초과보험상태를 의도적으로 유발한 후 보험사고가 발생하자 초과보험 사실을 알지 못하는 보험자에게 목적물의 가액을 묵비한 채 보험금을 청구하여 보험금을 교부받은 것은 사기죄의 기망행위에 해당한다. [법원9급 16]

239 (○) 대법원 2015.7.23, 2015도6905

240 상해보험계약 체결 당시에 이미 발생한 교통사고로 생긴 질환으로 입·통원치료를 받고 있었을 뿐 아니라 기왕증으로 인해 향후 추가 입원치료를 받게 될 개연성이 농후함을 인식하고 있었음에도 자신의 과거 병력과 치료이력을 묵비하고 그 보험계약을 체결하였다면, 부작위에 의한 기망행위가 인정된다. [경찰경채 23]

240 (○)

해설+ 상해·질병보험계약을 체결하는 보험계약자가 보험사고 발생의 개연성이 농후함을 인식하였는지는 보험계약 체결 전 기왕에 입은 상해의 부위 및 정도, 기존 질병의 종류와 증상 및 정도, 상해나 질병으로 치료받은 전력 및 시기와 횟수, 보험계약 체결 후 보험사고 발생 시까지의 기간과 더불어 이미 가입되어 있는 보험의 유무 및 종류와 내역, 보험계약 체결의 동기 내지 경과 등을 두루 살펴 판단하여야 한다. … 피고인은 이 사건 보험계약 체결 당시 이미 발생한 교통사고 등으로 생긴 '요추, 경추, 사지' 부분의 질환과 관련하여 입·통원치료를 받고 있었을 뿐 아니라 그러한 기왕증으로 인해 향후 추가 입원치료를 받거나 유사한 상해나 질병으로 보통의 경우보다 입원치료를 더 받게 될 개연성이 농후하다는 사정을 인식하고 있었음에도 자신의 과거 병력과 치료이력을 모두 묵비한 채 이 사건 보험계약을 체결함으로써 피해회사로부터 보험금을 편취하였다고 판단된다(대법원 2017.4.26, 2017도1405).

**241** 의료인의 자격이 없는 일반인(비의료인)이 개설한 의료기관이 마치 의료법에 의하여 적법하게 개설된 요양기관인 것처럼 국민건강보험공단에 요양급여비용의 지급을 청구하는 것은 국민건강보험공단으로 하여금 요양급여비용 지급에 관한 의사결정에 착오를 일으키게 하는 것이 되어 사기죄의 기망행위에 해당하고, 이러한 기망행위에 의하여 국민건강보험공단으로부터 요양급여비용을 지급받을 경우에는 사기죄가 성립한다.

[법원9급 16] [변호사 16]

241 (○) 대법원 2014.7.10, 2014도1843; 2018.4.10, 2017도17699

**242** 비의료인이 개설한 의료기관이 「의료법」에 의하여 적법하게 개설된 요양기관인 것처럼 국민건강보험공단에 요양급여비용의 지급을 청구하였더라도 명의를 빌려준 의료인으로 하여금 환자들에게 요양급여를 제공하도록 했다면 사기죄가 성립하지 않는다.

[경찰승진 23]

242 (×)

**해설+** 비의료인이 개설한 의료기관이 마치 의료법에 의하여 적법하게 개설된 요양기관인 것처럼 국민건강보험공단에 요양급여비용의 지급을 청구하는 것은 국민건강보험공단으로 하여금 요양급여비용 지급에 관한 의사결정에 착오를 일으키게 하는 것으로서 사기죄의 기망행위에 해당하고, 이러한 기망행위에 의하여 국민건강보험공단에서 요양급여비용을 지급받을 경우에는 사기죄가 성립한다. 이 경우 의료기관의 개설인인 비의료인이 개설 명의를 빌려준 의료인으로 하여금 환자들에게 요양급여를 제공하게 하였다 하여도 마찬가지이다(대법원 2015.7.9, 2014도11843).

**243** 의료인으로서 자격과 면허를 보유한 사람이 의료법에 따라 의료기관을 개설하여 건강보험의 가입자 또는 피부양자에게 국민건강보험법에서 정한 요양급여를 실시하고 국민건강보험공단으로부터 요양급여비용을 지급받았다고 하더라도, 그 의료기관이 다른 의료인의 명의로 개설·운영되어 의료법 제4조 제2항을 위반하였다면, 국민건강보험공단을 피해자로 하는 사기죄를 구성한다.

[경찰채용 21 1차] [법원9급 21]

243 (×)

**해설+** 의료인으로서 자격과 면허를 보유한 사람이 의료법에 따라 의료기관을 개설하여 건강보험의 가입자 또는 피부양자에게 국민건강보험법에서 정한 요양급여를 실시하고 국민건강보험공단으로부터 요양급여비용을 지급받았다면, 설령 그 의료기관이 다른 의료인의 명의로 개설·운영되어 의료법 제4조 제2항을 위반하였더라도 그 자체만으로는 국민건강보험법상 요양급여비용을 청구할 수 있는 요양기관에서 제외되지 아니하므로, 달리 요양급여비용을 적법하게 지급받을 수 있는 자격 내지 요건이 흠결되지 않는 한 국민건강보험공단을 피해자로 하는 사기죄를 구성한다고 할 수 없다(대법원 2019.5.30, 2019도1839).

244 甲은 할부금융회사로부터 금융을 얻어 자동차를 매수한 후 乙에게 그 자동차를 매도하였는데, 계약체결 당시 자동차에 대하여 저당권이 설정되거나 가압류된 사실이 없고 甲과 乙 사이의 계약조건에 할부금채무의 승계에 대한 내용도 없다면, 甲이 할부금채무의 존재를 乙에게 고지하지 않았더라도 사기죄가 성립하지 않는다. [국가7급 13] [법원행시 16] [변호사 18] [사시 11]

**해설+** 고지를 받았더라면 그 각 자동차를 매수하지 아니하였을 것임이 경험칙상 명백하다고 할 수 없고, 고지의무가 있다고 볼 수도 없으며 피고인들의 그와 같은 부작위가 기망행위에 해당한다고 볼 수도 없다(대법원 1998.4.14, 98도231).

244 (O)

245 타인의 일반전화를 무단사용한 행위는 한국전기통신 공사가 일반전화가입자인 타인에게 통신을 매개하여 주는 역무를 부당하게 이용한 것에 불과하여 기망행위에 해당한다고 볼 수 없고 이에 따라 제공되는 역무도 일반전화가입자와 한국통신공사 사이에 체결된 서비스이용계획에 따라 제공되는 것으로서 한국전기통신공사가 착오에 빠져 처분행위를 한 것이라고 볼 수 없다. 따라서 사기죄도 성립하지 않는다. [국가9급 15]

245 (O) 대법원 1998.6.23, 98도700

246 어음의 발행인들이 각자 자력이 부족한 상태에서 자금을 편법으로 확보하기 위하여 서로 동액의 융통어음을 발행하여 교환한 경우 사기죄가 성립한다. [경찰승진 10]

246 (×)

**해설+** 쌍방은 그 상대방의 부실한 자력상태를 용인함과 동시에, 상대방이 발행한 어음이 지급기일에 결제되지 아니할 때에는 자기가 발행한 어음도 결제하지 않겠다는 약정 하에 서로 어음을 교환하는 것이므로, 자기가 발행한 어음이 그 지급기일에 결제되지 않으리라는 점을 예견하였거나 지급기일에 지급될 수 있다는 확신 없이 상대방으로부터 어음을 교부받았다고 하더라도 사기죄가 성립하는 것은 아니다(대법원 2002.4.23, 2001도6570).

247  보험계약자가 상법상 고지의무를 위반하여 보험자와 생명보험계약을 체결한다고 하더라도 그 보험금은 보험계약의 체결만으로 지급되는 것이 아니라 우연한 사고가 발생하여야만 지급되는 것이므로, 상법상 고지의무를 위반하여 보험계약을 체결하였다는 사정만으로 보험계약자에게 미필적으로나마 보험금 편취를 위한 고의의 기망행위가 있었다고 단정하여서는 아니되고, 더 나아가 보험사고가 이미 발생하였음에도 이를 묵비한 채 보험계약을 체결하거나 보험사고 발생의 개연성이 농후함을 인식하면서도 보험계약을 체결하는 경우 또는 보험사고를 임의로 조작하려는 의도를 갖고 보험계약을 체결하는 경우와 같이 그 행위가 '보험사고의 우연성'과 같은 보험의 본질을 해할 정도에 이르러야 비로소 보험금 편취를 위한 고의의 기망행위를 인정할 수 있다고 할 것이다.  [법원행시 20 변형]

247 (○) 생명보험계약은 사람의 생명에 관한 '우연한 사고'에 대하여 보험금을 지급하기로 하는 약정을 말하고, 여기서 '우연한 사고'라 함은 사고가 피보험자가 예측할 수 없는 원인에 의하여 발생하는 것으로서 고의에 의한 것이 아니고 예견하지 않았는데 우연히 발생하고 통상적인 과정으로는 기대할 수 없는 결과를 가져오는 사고를 의미한다(대법원 2012.11.15, 2010도6910).

248  피고인이 부동산에 대해 甲과 신탁금지약정을 체결한 사실을 乙 은행에 알리지 아니한 채 위 부동산을 담보신탁하고 乙 은행에서 대출을 받은 경우, 신탁금지약정 사실을 고지하지 아니하였다고 하여 乙 은행을 기망하였다고 평가할 수 없다.

248 (○)

**해설+**  신탁계약의 효력과 그 신탁계약에 따르는 채무의 이행에 장애를 가져오거나 수탁자와 우선수익자의 권리실현에 장애가 된다고 볼 수 없고, 따라서 피고인이 피해자에게 이 사건 신탁금지약정을 체결한 사실을 고지하지 아니하였다고 하여 피해자를 기망한 것이라고 평가할 수는 없다(대법원 2012.4.13, 2011도2989).

249  피해자에게 자동차를 매도하겠다고 거짓말하고 매매대금을 받고 자동차를 양도하면서 자동차에 미리 부착해 놓은 지피에스(GPS)로 위치를 추적하여 자동차를 몰래 가져왔으나, 피해자에게 자동차를 인도하고 소유권이전등록에 필요한 일체의 서류를 교부함으로써 피해자가 언제든지 자동차의 소유권이전등록을 마칠 수 있게 되었다면 절도죄만 성립할 뿐 그와는 별도로 사기죄가 성립하지는 않는다.  [변호사 18]

249 (○)

**해설+**  피고인이 자동차를 양도한 후 다시 절취할 의사를 가지고 있었더라도 자동차의 소유권을 이전하여 줄 의사가 없었다고 볼 수 없고, 피고인이 자동차를 매도할 당시 곧바로 다시 절취할 의사를 가지고 있으면서도 이를 숨긴 것을 기망이라고 할 수 없다(대법원 2016.3.24, 2015도17452).

**250** 특별한 사정이 없는 한 피보험자를 진료한 의료기관이 의료법 제33조 제2항에 위반되어 개설된 것이라는 사정은 해당 피보험자에 대한 보험회사의 실손의료비 지급의무에 영향을 미칠 수 있는 사유가 아니라고 보아야 하고, 설령 해당 의료기관이 보험회사 등에 이를 고지하지 아니한 채 보험수익자에게 진료사실증명 등을 발급해 주었다 하더라도, 그러한 사실만으로는 사기죄에서 말하는 기망이 있다고 볼 수는 없다.

**250** (O)

**해설+** 실손의료보험에는 상해보험에서와 마찬가지로 실손의료보험에서도 보험사고가 발생하면 보험수익자만이 보험회사에 대해 실손의료비 청구권을 행사할 수 있다고 보아야 한다. 반면 경우에 따라 보험수익자의 청구에 응하여 진료사실증명 등을 발급해 줌으로써 단순히 그 보험금 청구절차를 도울 수 있을 뿐이다(대법원 2018.4.10, 2017도17699).

**251** 부동산의 명의수탁자가 부동산을 제3자에게 매도하고 매매를 원인으로 한 소유권이전등기까지 마쳐 주었으나 명의신탁 사실을 알리지 아니한 경우, 그 제3자에 대한 사기죄가 성립한다. [법원행시 16] [변호사 15]

**251** (X) '성립한다' → '성립하지 않는다'

**해설+** 명의신탁 사실과 관련하여 신의칙상 고지의무가 있다거나 기망행위가 있었다고 볼 수도 없어서 그 제3자에 대한 사기죄가 성립될 여지가 없고, 나아가 그 처분 시 매도인(명의수탁자)의 소유라는 말을 하였다고 하더라도 역시 사기죄가 성립하지 않는다(대법원 2007.1.11, 2006도4498). 이는 명의신탁된 자동차의 경우에도 마찬가지이다.

**252** 부동산의 명의수탁자가 명의신탁 사실을 숨기고 부동산을 자신의 소유라고 주장하면서 제3자에게 매도하고 매매를 원인으로 한 소유권이전등기까지 마친 경우, 제3자에 대한 사기죄가 성립한다. [국가7급 22]

**252** (X)

**해설+** 부동산의 명의수탁자가 부동산을 제3자에게 매도하고 매매를 원인으로 한 소유권이전등기까지 마쳐 준 경우, 명의신탁의 법리상 대외적으로 수탁자에게 그 부동산의 처분권한이 있는 것임이 분명하고, 제3자로서도 자기 명의의 소유권이전등기가 마쳐진 이상 무슨 실질적인 재산상의 손해가 있을 리 없으므로 그 명의신탁 사실과 관련하여 신의칙상 고지의무가 있다거나 기망행위가 있었다고 볼 수도 없어서 그 제3자에 대한 사기죄가 성립될 여지가 없고, 나아가 그 처분 시 매도인(명의수탁자)의 소유라는 말을 하였다고 하더라도 역시 사기죄가 성립하지 않으며, 이는 자동차의 명의수탁자가 처분한 경우에도 마찬가지이다(대법원 2007.1.11, 2006도4498).

253 매매로 인한 법률관계에 아무런 영향도 미칠 수 없는 것이어서 매수인의 권리실현에 장애가 되지 아니하는 사유까지 매도인이 매수인에게 고지할 의무가 있다고는 볼 수 없는 것인바, 부동산의 이중매매에 있어서 매도인이 제1의 매매계약을 일방적으로 해제할 수 없는 처지에 있었다는 사정만으로는, 바로 제2의 매매계약의 효력이나 그 매매계약에 따르는 채무의 이행에 장애를 가져오는 것이라고 할 수 없음은 물론, 제2의 매수인의 매매목적물에 대한 권리의 실현에 장애가 된다고 볼 수도 없는 것이므로 매도인이 제2의 매수인에게 그와 같은 사정을 고지하지 아니하였다고 하여 제2의 매수인을 기망한 것이라고 평가할 수는 없을 것이다. [사시 15]

253 (○) 부동산의 이중양도담보에 있어서도 마찬가지라고 할 것이다 (대법원 2012.1.26, 2011도15179).

254 아파트 입주권의 매매계약을 체결하면서 매수인이 입주권 가격에 대해 아무런 문의도 하지 않았다 하더라도 매도인인 부동산중개업자가 그 입주권을 2억 5,000만 원에 확보하여 2억 9,500만 원에 전매한다는 사실을 매수인에게 고지하지 않았다면, 이는 고지의무의 불이행으로서 부작위에 의한 사기죄가 성립한다. [경찰채용 19 2차]

254 (×)

**해설+** ㉠ 부동산을 매매함에 있어서 매도인이 매수인에게 매매와 관련된 어떤 구체적인 사정을 고지하지 아니함으로써 장차 매매의 효력이나 매매에 따르는 채무의 이행에 장애를 가져와 매수인이 매매목적물에 대한 권리를 확보하지 못할 위험이 생길 수 있음을 알면서도 매수인에게 그와 같은 사정을 고지하지 아니한 채 매매계약을 체결하고 매매대금을 교부받는 한편, 매수인은 <u>그와 같은 사정을 고지받았더라면 매매계약을 체결하지 아니하거나 매매대금을 지급하지 아니하였을 것임이 경험칙상 명백한 경우</u>에는, 신의성실의 원칙상 매수인에게 미리 그와 같은 사정을 고지할 의무가 매도인에게 있다고 할 것이므로, 매도인이 매수인에게 그와 같은 사정을 고지하지 아니한 것이 사기죄의 구성요건인 기망에 해당한다고 할 것이지만, ㉡ <u>매매로 인한 법률관계에 아무런 영향도 미칠 수 없는 것이어서 매수인의 권리의 실현에 장애가 되지 아니하는 사유까지 매도인이 매수인에게 고지할 의무가 있다고는 볼 수 없다</u>(대법원 1991.12.24, 91도2698; 2001.9.25, 2001도3349; 2012.1.27, 2010도5124).

**보충** 피해자로서는 장지지구 33평형 아파트 입주권을 <u>2억 9,500만 원에 매입하면 시세차익을 볼 수 있다고 판단하여 공소외 1의 입주권이나 공소외 2의 입주권 가격에 대하여 아무런 문의도 하지 않고</u> 이 사건 매매계약을 체결한 이상, 피고인이 공소외 1의 입주권 대신 공소외 2의 입주권으로 변경하여 매매하면서 공소외 2의 장지지구 33평형 아파트 입주권을 2억 5,000만 원에 확보하여 이를 피해자에게 전매한다는 사실을 고지하지 않았다고 하여 피고인이 피해자를 기망하여 피해자로부터 지급받은 입주권 매매대금인 2억 9,500만 원과의 차액 4,500만 원을 편취한 것으로 보기 어렵다(대법원 2012.1.27, 2010도5124).

255 사기죄는 타인을 기망하여 착오에 빠뜨려 재물을 교부받거나 재산상의 이익을 얻음으로써 성립하므로 기망행위의 상대방 또는 피기망자는 재물 또는 재산상 이익을 처분할 권한이 있어야 한다. 사기죄의 피해자가 법인이나 단체인 경우에 기망행위가 있었는지는 법인이나 단체의 대표 등 최종의사결정권자 또는 내부적인 권한 위임 등에 따라 실질적으로 법인의 의사를 결정하고 처분을 할 권한을 가지고 있는 사람을 기준으로 판단하여야 한다.

[법원행시 19 변형]

255 (O) 대법원 2017.8.29, 2016도18986

256 피해자 법인이나 단체의 업무를 처리하는 실무자인 일반 직원이나 구성원 등이 기망행위임을 알고 있었더라도, 피해자 법인이나 단체의 대표자 또는 실질적으로 의사결정을 하는 최종결재권자 등이 기망행위임을 알지 못한 채 착오에 빠져 처분행위에 이른 경우라면, 피해자 법인에 대한 사기죄의 성립에 영향이 없다.

[법원행시 19 변형]

256 (O) 대법원 2017.9.26, 2017도8449

257 피해자 법인의 대표가 기망행위자와 동일인이거나 기망행위자와 공모하는 등 기망행위임을 알고 있었던 경우에는 기망행위로 인한 착오가 있다고 볼 수 없고, 재물교부 등의 처분행위가 있었더라도 기망행위와 인과관계가 있다고 보기 어렵다.

[변호사 23]

257 (O)

**해설+** 피해자 법인이나 단체의 대표자 또는 실질적으로 의사결정을 하는 최종결재권자 등이 기망행위자와 동일인이거나 기망행위자와 공모하는 등 기망행위임을 알고 있었던 경우에는 기망행위로 인한 착오가 있다고 볼 수 없고, 재물교부 등의 처분행위가 있었더라도 기망행위와 인과관계가 있다고 보기 어렵다. 이러한 경우에는 사안에 따라 업무상횡령죄 또는 업무상배임죄 등이 성립하는 것은 별론으로 하고 사기죄가 성립한다고 볼 수 없다(대법원 2017.9.26, 2017도8449).

258 피기망자와 피해자가 일치하지 않아도 사기죄가 성립할 수 있다.

[변호사 12]

258 (O) 대법원 1991.1.11, 90도2180

**259** 편의점 주인 A는 다른 사람이 떨어뜨리고 간 지갑을 매장에서 우산을 구매한 甲의 것으로 착각하여 甲에게 "이 지갑이 선생님 지갑이 맞느냐?"라는 질문을 하였고, 이에 甲이 "내 것이 맞다."라고 대답하고 甲이 이를 교부받아 가지고 간 것은 절도죄가 성립한다. [경찰채용 23 2차 변형] [경찰경채 23]

**해설+** 피해자 甲은 드라이버를 구매하기 위해 특정 매장에 방문하였다가 지갑을 떨어뜨렸는데, 10분쯤 후 피고인이 같은 매장에서 우산을 구매하고 계산을 마친 뒤, 지갑을 발견하여 습득한 매장 주인 乙로부터 "이 지갑이 선생님 지갑이 맞느냐?"라는 질문을 받자 "내 것이 맞다."라고 대답한 후 이를 교부받아 가지고 간 경우, 乙은 지갑을 습득하여 진정한 소유자에게 돌려주어야 하는 지위에 있으므로 甲을 위하여 이를 처분할 수 있는 권능을 갖거나 그 지위에 있었으며, 이러한 처분 권능과 지위에 기초하여 지갑의 소유자라고 주장하는 피고인에게 지갑을 교부하였고 이를 통해 피고인이 지갑을 취득하여 자유로운 처분이 가능한 상태가 되었으므로, 乙의 행위는 사기죄에서 말하는 처분행위에 해당하고 피고인의 행위를 절취행위로 평가할 수 없다는 이유로, 피고인에 대한 주위적 공소사실인 절도 부분을 이유에서 무죄로 판단하면서 예비적 공소사실인 사기 부분을 유죄로 인정한 원심의 판단은 정당하다(대법원 2022.12.29, 2022도12494).

**259** (×) 절도죄가 성립하지 아니하고 사기죄가 성립한다.

**260** 적극적 소송당사자인 원고뿐만 아니라 방어적인 위치에 있는 피고라 하더라도 허위 내용의 서류를 작성하여 이를 증거로 제출하거나 위증을 시키는 등의 적극적인 방법으로 법원을 기망하여 착오에 빠지게 한 결과 승소확정판결을 받음으로써 자기의 재산상의 의무이행을 면하게 된 경우에는 그 재산가액 상당에 대하여 사기죄가 성립한다. [경찰간부 17] [법원9급 12·15 변형]

**260** (○) 대법원 1987.9.22, 87도1090; 1982.2.23, 97도2876; 2004.3.12, 2003도333

**261** 자기에게 유리한 판결을 얻기 위하여 소송상의 주장이 사실과 다름이 객관적으로 명백하거나 증거가 조작되어 있는 점을 인식하지 못하는 제3자를 이용하여 그로 하여금 소송의 당사자가 되게 하고 법원을 기망하여 소송 상대방의 재물 또는 재산상 이익을 취득하려고 하였다면 간접정범의 형태에 의한 소송사기죄가 성립한다. [법원9급 15]

**261** (○) 대법원 2007.9.6, 2006도3591

**262** 甲이 乙 명의 차용증을 가지고 있기는 하나 그 채권의 존재에 관하여 乙과 다툼이 있는 상황에서 당초에 없던 월 2푼의 약정이자에 관한 내용 등을 부가한 乙 명의 차용증을 새로 위조하여, 이를 바탕으로 자신의 처에 대한 채권자인 丙에게 차용원금 및 위조된 차용증에 기한 약정이자 2,500만 원을 양도하고, 이러한 사정을 모르는 丙으로 하여금 乙을 상대로 양수금 청구소송을 제기하도록 한 경우 사기죄를 구성한다.

**262** (○) 적어도 위약정이자 2,500만 원 중 법정지연손해금 상당의 돈을 제외한 나머지 돈에 관한 甲의 행위는 丙을 도구로 이용한 간접정범 형태의 소송사기죄를 구성한다(대법원 2007.9.6, 2006도3591).

263 소송사기가 성립하기 위하여는 제소 당시에 그 주장과 같은 채권이 존재하지 아니하다는 것만으로는 부족하고 그 주장의 채권이 존재하지 아니한 사실을 잘 알고 있으면서도 허위의 주장과 입증으로써 법원을 기망한다는 인식을 하고 있어야만 하고, 단순히 사실을 잘못 인식하거나 법률적인 평가를 그르침으로 인하여 존재하지 않는 채권을 존재한다고 믿고 제소하는 행위는 사기죄를 구성하지 않는다. [법원9급 14]

263 (○) 대법원 1982.9.28, 81도2526; 2004.6.24, 2002도4151; 2011.9.8, 2011도7262

264 소송사기에서 말하는 증거의 조작이란 처분문서 등을 거짓으로 만들어 내거나 증인의 허위 증언을 유도하는 등으로 객관적·제3자적 증거를 조작하는 행위를 말한다. [법원9급 14]

**참고** 다만 소송사기가 성립하기 위해서 반드시 증거의 조작이 필수적 요건은 아니므로, 허위의 주장에 의해서도 소송사기가 성립할 수 있다.

264 (○) 대법원 2004.3.25, 2003도7700

265 소송절차에서 상대방에게 유리한 증거를 가지고 있더라도 상대방을 위하여 이를 현출하여야 할 의무가 있다고 할 수 없으므로 이러한 증거를 제출하지 아니한 행위만으로 소송사기의 기망행위가 있었다고 할 수 없다. [법원9급 22]

**해설+** 당사자주의 소송구조하에서는 자기에게 유리한 주장이나 증거는 각자가 자신의 책임하에 변론에 현출하여야 하는 것이고, 비록 자기가 상대방에게 유리한 증거를 가지고 있다거나 상대방에게 유리한 사실을 알고 있다고 하더라도 상대방을 위하여 이를 현출하여야 할 의무가 있다고 보기는 어려울 것이므로 상대방에게 유리한 증거를 제출하지 않거나 상대방에게 유리한 사실을 진술하지 않는 행위만으로는 소송사기에 있어 기망이 된다고 할 수 없다(대법원 2002.6.28, 2001도1610).

265 (○)

266 허위의 내용으로 소를 제기하여 법원을 기망한다는 고의가 있는 경우, 반드시 허위의 증거를 이용하지 않더라도 당사자의 주장이 법원을 기망하기에 충분한 것이면 사기죄가 성립한다. [법원9급 15]

266 (○) 대법원 2004.6.24, 2002도4151; 2011.9.8, 2011도7262

267 허위의 증거를 이용하지 않더라도 허위의 내용으로 지급명령을 신청하여 지급명령이 확정된 경우에는 사기죄가 성립한다. [국가7급 13]

**해설+** 허위의 내용으로 신청한 지급명령이 그대로 확정된 경우에는 소송사기의 방법으로 승소판결을 받아 확정된 경우와 마찬가지로 사기죄는 이미 기수에 이르렀다고 보아야 한다(대법원 2004.6.24, 2002도4151).

267 (○)

**268** 피고인이 허위의 증거를 조작하는 등의 적극적인 사술을 사용하지 아니한 채 기한 미도래의 채권에 대해 단지 즉시 지급을 구하는 취지의 지급명령 신청을 한 경우, 이는 법원에 대한 기망행위에 해당하지 아니한다.

[국가9급 23]

**268** (O)

**해설+** 기한 미도래의 채권을 소송에 의하여 청구함에 있어서 기한의 이익이 상실되었다는 허위의 증거를 조작하는 등의 적극적인 사술을 사용하지 아니한 채 단지 즉시 지급을 구하는 취지의 지급명령신청은 법원을 기망하여 부당한 이득을 편취하려는 기망행위에 해당하지 아니한다(대법원 1982. 7.27, 82도1160).

**269** 자신의 소송상 주장이 허위임을 잘 알면서도 이를 기초로 하여 상대방에게 금전 지급을 구하는 소를 제기한 경우라면 판결을 실제로 집행할 의사가 없었더라도 사기죄의 실행의 착수가 인정된다.

[사시 16]

**269** (O)

**해설+** 소송에서 주장하는 권리가 존재하지 않는 사실을 알고 있으면서도 법원을 기망한다는 인식을 가지고 소를 제기하면 이로써 실행의 착수가 있다(대법원 2006.11.10, 2006도5811).

**270** 피고가 적극적인 방법으로 법원을 기망할 의사를 가지고 허위내용의 서류를 증거로 제출하거나 그에 따른 주장을 담은 답변서나 준비서면을 제출하는 경우에는 사기의 실행에 착수한 것이다.

[법원행시 10]

**270** (O) 대법원 1987.9.22, 87도1090

**271** 토지를 20년 이상 점유하여 점유취득시효가 완성된 경우에는 등기명의인을 상대로 점유취득시효 완성을 원인으로 한 소유권이전등기청구소송을 제기하면서 점유의 권원에 관한 증거를 위조하고 그 진정성립 등에 관한 위증을 교사하였다고 하더라도 소송사기죄는 성립하지 아니한다.

[법원행시 10]

**271** (X) '성립하지 아니한다' → '성립한다'

**해설+** 비록 점유자가 자주점유로 추정받는다고 하더라도 위와 같은 기망행위에 의하여 적극적으로 법원을 기망하여 착오에 빠지게 함으로써 승소판결을 받고, 등기까지 했던 것이라면 그 행위는 정당한 권리행사라 할 수 없어 사기죄를 구성한다(대법원 1997.10.14, 96도1405).

272 부동산등기부상 소유자로 등기된 적이 있는 자가 자기 이후에 소유권이전 등기를 경료한 등기명의인들을 상대로 허위의 사실을 주장하면서 그들 명의의 소유권이전등기의 말소를 구하는 소송을 제기한 경우 그 소송에서 승소한다면 등기명의인들의 등기가 말소됨으로써 그 소송을 제기한 자의 등기명의가 회복되는 것이므로 이는 법원을 기망하여 재물이나 재산상 이익을 편취한 것이라고 할 것이고 따라서 등기명의인들 전부 또는 일부를 상대로 하는 그와 같은 말소등기청구 소송의 제기는 사기의 실행에 착수한 것이라고 보아야 한다.

[법원행시 10] [변호사 15]

272 (○) 대법원 2003.7.22, 2003 도1951

273 자기앞수표를 교부한 자가 이를 분실하였다고 허위로 공시최고 신청을 하여 제권판결을 선고받아 확정된 경우 이로써 사기죄에 있어서의 재산상 이익을 취득한 것으로 볼 수 있다.

[국가7급 12]

273 (○)

해설+ 제권판결의 적극적 효력에 의해 그 자는 그 수표상의 채무자인 은행에 대하여 수표를 소지하지 않고도 수표상의 권리를 행사할 수 있는 지위를 취득하였다고 할 것이므로, 이로써 사기죄에 있어서의 재산상 이익을 취득한 것이다(대법원 2003.12.26, 2003도4914).

274 주권을 교부한 자가 그것을 분실하였다고 허위로 공시최고신청을 하여 제권판결을 받아 확정된 경우에는 사기죄가 성립한다.

[국가7급 13]

274 (○)

해설+ 주권을 소지하지 않고도 주권을 소지한 자로서의 권리를 행사할 수 있는 지위를 취득하였다고 할 것이므로, 이로써 사기죄에 있어서의 재산상 이익을 취득한 것으로 보기에 충분하다(대법원 2007.5.31, 2006도8488).

275 A가 타인 소유의 부동산에 관하여 아무런 권한이 없는 사람을 상대로 소유권확인 등의 청구소송을 제기함으로써 법원을 기망하여 승소판결을 받고 그 확정판결을 이용하여 동 부동산에 대한 소유권보존등기를 경료했다 하여도, A의 행위는 소송사기죄에 해당되지 않는다.

[법원행시 12]

275 (○) 대법원 1985.10.8, 84 도2642

276 피고인이 타인과 공모하여 그 공모자를 상대로 제소하여 의제자백의 판결을 받아 이에 기하여 부동산의 소유권이전등기를 한 경우, 그 부동산의 진정한 소유자가 따로 있는 이상 소송사기가 성립한다. [법원9급 12·14]

276 (×) '그 부동산의 ~ 성립한다' → '소송사기가 성립하지 않는다'

해설+ 피고인이 공모에 의한 의제자백판결에 기하여 그 진정한 소유자로부터 소유권을 이전받은 것이 아니므로 소유자로부터 위 부동산을 편취한 것이라고 볼 여지가 없다(대법원 1983.10.25, 83도1566).

277 타인과 공모하여 그 공모자를 상대로 제소하여 의제자백의 판결을 받아 이에 기하여 부동산의 소유권이전등기를 한 경우에는 사기죄와 공정증서원본부실기재죄가 성립하고 양죄는 실체적 경합법 관계에 있다. [법원9급 22]

277 (×)

해설+ 소송사기에 있어 피기망자인 법원의 재판은 피해자의 처분행위에 갈음하는 내용과 효력이 있는 것이어야 하므로, 피고인이 타인과 공모하여 그 공모자를 상대로 제소하여 의제자백의 판결을 받아 이에 기하여 부동산의 소유권이전등기를 하였다고 하더라도 이는 소송 상대방의 의사에 부합하는 것으로서 착오에 의한 재산적 처분행위가 있다고 할 수 없어 동인으로부터 부동산을 편취한 것이라고 볼 수 없고, 또 그 부동산의 진정한 소유자가 따로 있다고 하더라도 피고인이 의제자백판결에 기하여 그 진정한 소유자로부터 소유권을 이전받은 것이 아니므로 그 소유자로부터 부동산을 편취한 것이라고 볼 여지도 없다(대법원 1997.12.23, 97도2430).

278 근저당권자의 대리인인 피고인이 채무자 겸 소유자인 피해자를 대리하여 경매개시 결정정본을 받을 권한이 없음에도, 경매개시결정정본 등 서류의 수령을 피고인에게 위임한다는 내용의 피해자 명의의 위임장을 위조하여 법원에 제출하는 방법으로 경매개시결정정본을 교부받음으로써 경매절차가 진행되도록 하는 행위는 사기죄에 있어서의 기망행위에 해당한다. [법원행시 10]

278 (○) 대법원 2009.7.9, 2009도295

279 진정한 임차권자가 아니면서 허위의 임대차계약서를 법원에 제출하여 임차권등기명령을 신청하면 그로써 소송사기의 실행행위에 착수한 것으로 보아야 하고, 나아가 그 임차보증금 반환채권에 관하여 현실적으로 청구의 의사표시를 하여야만 사기죄의 실행의 착수가 있다고 볼 것은 아니다. [변호사 15 변형] [사시 14 변형]

279 (○) 대법원 2012.5.24, 2010도12732

280 유치권에 의한 경매를 신청한 유치권자는 일반채권자와 마찬가지로 피담보채권액에 기초하여 배당을 받게 되는 결과 피담보채권인 공사대금 채권을 실제와 달리 허위로 크게 부풀려 유치권에 의한 경매를 신청할 경우 정당한 채권액에 의하여 경매를 신청한 경우보다 더 많은 배당금을 받을 수도 있으므로, 이는 법원을 기망하여 배당이라는 법원의 처분행위에 의하여 재산상 이익을 취득하려는 행위로서 불능범에 해당한다고 볼 수 없고, 소송사기죄의 실행의 착수에 해당한다.  [법원9급 14] [변호사 15] [사시 14·16 변형]

280 (○) 대법원 2012.11.15, 2012 도9603

281 근저당권자가 집행법원을 기망하여 원인무효이거나 피담보채권이 존재하지 않는 근저당권에 기해 채무자 또는 물상보증인 소유의 부동산에 대하여 임의경매신청을 함으로써 경매절차가 진행된 결과 그 부동산이 매각되어 허위의 근저당권자가 매각대금에 대한 배당절차에서 배당금을 지급받았다면 이는 사기죄를 구성한다.

281 (○)

해설+ 근저당권자가 집행법원을 기망하여 원인무효이거나 피담보채권이 존재하지 않는 근저당권에 기해 채무자 또는 물상보증인 소유의 부동산에 대하여 임의경매신청을 함으로써 경매절차가 진행된 결과 부동산이 매각되었더라도 그 경매절차는 무효로서 채무자나 물상보증인은 부동산의 소유권을 잃지 않고, 매수인은 부동산의 소유권을 취득할 수 없다. 이러한 경우에 허위의 근저당권자가 매각대금에 대한 배당절차에서 배당금을 지급받기에 이르렀다면 집행법원의 배당표 작성과 이에 따른 배당금 교부행위는 매수인에 대한 관계에서 그의 재산을 처분하여 직접 재산상 손해를 야기하는 행위로서 매수인의 처분행위에 갈음하는 내용과 효력을 가진다(대법원 2017.6.19, 2013도564).

282 피고인이 甲에 대한 대여금 채권이 없음에도 甲 명의의 차용증을 허위로 작성하고 甲 소유의 부동산에 관하여 피고인 앞으로 근저당권설정등기를 마친 다음, 그에 기하여 부동산임의경매를 신청하여 배당금을 교부받은 경우, 부동산매수인에 대한 사기죄가 성립한다.

282 (○) 공소사실에 따른 실제 피해자는 부동산매수인이므로 그에 대한 관계에서 사기죄가 성립한다(대법원 2017.6.19, 2013도564).

보충 기소된 공소사실의 재산상 피해자와 공소장에 기재된 피해자가 다른 것이 판명된 경우에는 공소사실의 동일성을 해하지 않고 피고인의 방어권 행사에 실질적 불이익을 주지 않는 한 공소장변경 절차 없이 직권으로 공소장 기재의 피해자와 다른 실제의 피해자를 적시하여 이를 유죄로 인정하여야 한다(대법원 1987.12.22, 87도2168; 2002.8.23, 2001도6876 등). … 공소사실에 따른 실제 피해자는 부동산 매수인 乙이므로 을에 대한 관계에서 사기죄가 성립함에도, 이와 달리 진정한 피해자가 누구인지를 가려내지 않은 채 공소사실을 무죄로 판단한 원심판결에는 사기죄의 처분행위, 공소사실의 동일성과 심판 범위에 관한 법리오해의 잘못이 있다(대법원 2017.6.19, 2013도564).

283 타인 명의의 등기서류를 위조하여 등기공무원에게 제출함으로써 피고인 명의로 소유권이전등기를 마쳤다고 하여도 등기공무원에게는 위 부동산의 처분권한이 있다고 볼 수 없어 사기죄가 성립하지 않는다. [법원9급 16]

283 (O) 대법원 1981.7.28, 81도529

284 甲이 사망자 乙 명의의 문서를 위조하여 소장에 첨부한 후, 乙을 상대로 법원에 제소한 경우 사문서위조 및 위조사문서행사죄는 성립하지만 사기죄는 성립하지 않는다. [변호사 15]

284 (O)

해설+ 문서위조죄는 그 명의인이 실재하지 않는 허무인이거나 또는 문서의 작성일자 전에 이미 사망하였다고 하더라도 성립한다(대법원 2005.2.24, 2002도18 전원합의체). 사망한 자에 대한 판결은 그 내용에 따른 효력이 생기지 아니하여 상속인에게 그 효력이 미치지 아니하고 따라서 사기죄를 구성한다고 할 수 없다(대법원 2002.1.11, 2000도1881).

285 가압류는 강제집행의 보전방법에 불과한 것이어서 허위의 채권을 피보전권리로 삼아 가압류를 하였다고 하더라도 그 채권에 관하여 현실적으로 청구의 의사표시를 한 것이라고는 볼 수 없으므로, 본안소송을 제기하지 아니한 채 가압류를 한 것만으로는 사기죄의 실행에 착수하였다고 할 수 없다. [변호사 14]

285 (O) 대법원 1988.9.13, 88도55

286 허위의 채권을 피보전권리로 삼아 가압류를 한 것은 사기죄의 실행에 착수한 것이다. [법원9급 12]

286 (×) '것이다' → '것이라고 할 수 없다'

해설+ 가압류는 강제집행의 보전방법에 불과하고 소의 제기 없이 가압류신청을 한 것만으로는 사기죄의 실행에 착수한 것이라고 할 수 없다(대법원 1982.10.26, 82도1529).

287 강제집행절차를 통한 소송사기는 집행절차의 개시신청을 한 때 또는 진행 중인 집행절차에 배당신청을 한 때에 실행에 착수하였다고 볼 것이다.

[경찰채용 22 1차]

**287** (○)

해설+ 강제집행절차를 통한 소송사기는 <u>집행절차의 개시신청을 한 때 또는 진행 중인 집행절차에 배당신청을 한 때에 실행에 착수하였다고 볼 것이다.</u> 민사집행법 제244조에서 규정하는 부동산에 관한 권리이전청구권에 대한 강제집행은 그 자체를 처분하여 대금으로 채권에 만족을 기하는 것이 아니고, 부동산에 관한 권리이전청구권을 압류하여 청구권의 내용을 실현시키고 부동산을 채무자의 책임재산으로 귀속시킨 다음 다시 부동산에 대한 경매를 실시하여 매각대금으로 채권에 만족을 기하는 것이다. 이러한 경우 소유권이전등기청구권에 대한 압류는 당해 부동산에 대한 경매의 실시를 위한 사전 단계로서의 의미를 가지나, 전체로서의 강제집행절차를 위한 일련의 시작행위라고 할 수 있으므로, 허위 채권에 기한 공정증서를 집행권원으로 하여 채무자의 소유권이전등기청구권에 대하여 압류신청을 한 시점에 소송사기의 실행에 착수하였다고 볼 것이다(대법원 2015.2.12, 2014도10086).

288 甲이 소송비용을 편취할 의사로 소송비용의 지급을 구하는 손해배상청구의 소를 제기한 경우 사기죄의 불가벌적 불능범에 해당한다.

[변호사 15] [사시 16]

**288** (○) 대법원 2005.12.8, 2005도8105

289 피고인이 경매절차가 진행 중인 부동산에 관하여 허위의 주장을 하면서 소유권보존등기말소청구 소송을 제기하였더라도 예고등기가 경료되도록 하여 경매가격하락을 의도한 것일 뿐이라면 사기죄가 성립하지 않는다.

[사시 16]

**289** (○) 대법원 2009.4.9, 2009도128

290 소송사기의 경우에는 당해 소송의 승소판결이 확정된 때에 범행이 기수에 이르는 것이다.

[법원9급 12]

**290** (○) 대법원 1983.4.26, 83도188

291 타인의 토지소유권을 편취할 목적으로 하는 사기소송의 제1심판결이 형식적으로 확정되었다면 사기죄는 이미 기수에 이르렀고, 비록 그 후에 제기된 피해자의 추완항소에 따라 위 사기소송의 항소심에서 파기되어 피고인의 청구가 기각되었다고 하더라도 이미 기수에 이른 소송사기죄의 성립에는 어떠한 영향이 없다.

[법원행시 21]

**291** (○) 대법원 1980.4.22, 80도533

**292** 사기죄의 '처분행위'라 함은 재산적 처분행위로서 피해자가 자유의사로 직접 재산상 손해를 초래하는 작위에 나아가는 것을 말하므로, 피해자가 기망에 의하여 착오에 빠진 결과 채권의 존재를 알지 못하여 채권을 행사하지 아니한 것에 불과하다면 그와 같은 부작위는 재산의 처분행위에 해당하지 않는다. [경찰채용 23 1차]

**292** (×)

> **해설+** 사기죄는 타인을 기망하여 착오를 일으키게 하고 그로 인한 처분행위를 유발하여 재물·재산상의 이득을 얻음으로써 성립하고, 여기서 처분행위라 함은 재산적 처분행위로서 피해자가 자유의사로 직접 재산상 손해를 초래하는 작위에 나아가거나 또는 부작위에 이른 것을 말하므로, 피해자가 착오에 빠진 결과 채권의 존재를 알지 못하여 채권을 행사하지 아니하였다면 그와 같은 부작위도 재산의 처분행위에 해당한다(대법원 2007.7.12, 2005도9221).

**293** 사기죄에서 처분행위는 착오에 빠진 피해자의 행위를 이용하여 재산을 취득하는 것을 본질적 특성으로 하는 사기죄와 피해자의 행위에 의하지 아니하고 행위자가 탈취의 방법으로 재물을 취득하는 절도죄를 구분하는 역할을 한다. [법원9급 23]

**293** (○)

> **해설+** 사기죄에서 처분행위는 행위자의 기망행위에 의한 피기망자의 착오와 행위자 등의 재물 또는 재산상 이익의 취득이라는 최종적 결과를 중간에서 매개·연결하는 한편, 착오에 빠진 피해자의 행위를 이용하여 재산을 취득하는 것을 본질적 특성으로 하는 사기죄와 피해자의 행위에 의하지 아니하고 행위자가 탈취의 방법으로 재물을 취득하는 절도죄를 구분하는 역할을 한다. 처분행위가 갖는 이러한 역할과 기능을 고려하면, 피기망자의 의사에 기초한 어떤 행위를 통해 행위자 등이 재물 또는 재산상의 이익을 취득하였다고 평가할 수 있는 경우라면 사기죄에서 말하는 처분행위가 인정된다(대법원 2017.2.16, 2016도13362 전원합의체).

**294** 사기죄에서 말하는 처분행위가 인정되려면 피기망자에게 처분결과에 대한 인식이 있어야 하므로, 토지거래허가에 필요한 서류라고 믿고 근저당권설정등기신청서에 날인한 경우 사기죄에서의 처분행위라고 할 수 없다. [법원9급 18]

**294** (×) '하므로' → '하는 것은 아니므로', '없다' → '있다'

> **해설+** 비록 피기망자가 처분행위의 의미나 내용을 인식하지 못하였더라도, 피기망자의 작위 또는 부작위가 직접 재산상 손해를 초래하는 재산적 처분행위로 평가되고, 이러한 작위 또는 부작위를 피기망자가 인식하고 한 것이라면 처분행위에 상응하는 처분의사는 인정된다. 다시 말하면 피기망자가 자신의 작위 또는 부작위에 따른 결과까지 인식하여야 처분의사를 인정할 수 있는 것은 아니다(대법원 2017.2.16, 2016도13362 전원합의체).

**295** A는 토지의 소유자이자 매도인인 甲 등에게 토지거래허가 등에 필요한 서류라고 속여 근저당권설정계약서 등에 서명·날인하게 하고 인감증명서를 교부받은 다음, 이를 이용하여 甲 등의 소유 토지에 A를 채무자로 한 근저당권을 乙 등에게 설정하여 주고 돈을 차용하였다. A의 행위는 사기죄를 구성하지 않는다.

295 (×)

> **해설+** 사기죄에 있어서 처분의사는 착오에 빠진 피기망자가 어떤 행위를 한다는 인식이 있으면 충분하고, 그 행위가 가져오는 결과에 대한 인식까지 필요하다고 볼 것은 아니다(대법원 2017.2.16, 2016도13362 전원합의체).

**296** 배당이의 소송의 제1심에서 패소판결을 받고 항소한 자가 그 항소를 취하하는 것만으로는 사기죄에서 말하는 재산적 처분행위가 있다고 할 수 없다.

[경찰간부 17]

296 (×) '없다' → '있다'

> **해설+** 그 즉시 제1심판결이 확정되고 상대방이 배당금을 수령할 수 있는 이익을 얻게 되는 것이므로 위 항소를 취하하는 것 역시 사기죄에서 말하는 재산적 처분행위에 해당한다(대법원 2002.11.22, 2000도4419).

**297** 부동산가압류결정을 받아 부동산에 관한 가압류집행까지 마친 사람이 그 가압류를 해제하면 소유자는 가압류의 부담이 없는 부동산을 소유하는 이익을 얻게 되므로, 가압류를 해제하는 것 역시 사기죄에서 말하는 재산적 처분행위에 해당한다.

[사시 10·14]

297 (○)

> **해설+** 소유자는 가압류의 부담이 없는 부동산을 소유하는 이익을 얻게 되므로, 가압류를 해제하는 것 역시 사기죄에서 말하는 재산적 처분행위에 해당하고, 그 이후 가압류의 피보전채권이 존재하지 않는 것으로 밝혀졌다고 하더라도 가압류의 해제로 인한 재산상의 이익이 없었다고 할 수 없다(대법원 2007.9.20, 2007도5507).

**298** 피해자를 기망하여 착오를 일으키게 하고 피해자가 착오에 빠진 결과 채권의 존재를 알지 못하여 채권을 행사하지 않은 경우, 그와 같은 부작위는 사기죄에 있어서의 재산의 처분행위에 해당한다.

[경찰승진 22]

298 (○) 대법원 2007.7.12, 2005도9221

299 출판사 경영자가 출고현황표를 조작하는 방법으로 실제출판부수를 속여 작가에게 인세의 일부만을 지급한 사안에서, 작가가 나머지 인세에 대한 청구권의 존재 자체를 알지 못하는 착오에 빠져 이를 행사하지 아니한 것은 사기죄에 있어 부작위에 의한 처분행위에 해당한다. [경찰채용 16 1차]

299 (○) 대법원 2007.7.12, 2005도9221

300 甲이 점포에 대한 권리금을 지급한 것처럼 허위의 사용내역서를 작성·교부하여 동업자들을 기망하고 출자금 지급을 면제 받으려 하였으나 미수에 그친 경우 동업자들이 甲에 대한 출자의무를 명시적으로 면제하지 않았더라도 착오에 빠져 이를 면제해 주는 결과에 이를 수 있기 때문에 이는 부작위에 의한 처분행위에 해당한다. [경찰간부 17] [국가7급 16]

300 (○) 대법원 2009.3.26, 2008도6641

301 사기죄에서 '재산상의 이익'이란 채권을 취득하거나 담보를 제공받는 등의 적극적 이익뿐만 아니라 채무를 면제받는 등의 소극적 이익까지 포함하며, 채무자의 기망행위로 인하여 채권자가 채무를 확정적으로 소멸 내지 면제시키는 특약 등 처분행위를 한 경우에는 채무의 면제라고 하는 재산상 이익에 관한 사기죄가 성립하고, 후에 재산적 처분행위가 사기를 이유로 민법에 따라 취소될 수 있다고 하여 달리 볼 것은 아니다. [법원행시 18]

301 (○) 대법원 2012.4.13, 2012도1101

302 甲이 마치 귀금속을 구입할 것처럼 가장하여 금은방 주인으로부터 순금목걸이를 건네받은 다음 화장실에 갔다 오겠다는 핑계를 대고 도주하는 경우, 그 목걸이는 도주하기 전부터 이미 甲의 점유하에 있다. [경찰간부 22] [변호사 13]

302 (×)

**해설+** 피고인이 피해자 경영의 금방에서 마치 귀금속을 구입할 것처럼 가장하여 피해자로부터 순금목걸이 등을 건네받은 다음 화장실에 갔다 오겠다는 핑계를 대고 도주한 것이라면 위 순금목걸이 등은 도주하기 전까지는 아직 피해자의 점유 하에 있었다고 할 것이므로 이를 절도죄로 의율 처단한 것은 정당하다(대법원 1994.8.12, 94도1487).

303 결혼식장에서 축의금 접수인인 것처럼 가장하여 하객으로부터 결혼식 축의금을 받아 가로챈 경우, 절도죄가 성립한다. [사시 13]

**보충** 삼각사기의 요건인 피기망자(하객)의 사실상 처분할 수 있는 지위가 인정되지 아니하므로, 사기죄는 성립하지 않는다.

303 (○) 피고인이 그 돈을 가져간 것은 신부 측 접수처의 점유를 침탈하여 범한 절취행위라고 보는 것이 정당하다(대법원 1996.10.15, 96도2227).

**304** 甲이 건축허가를 받는 데 필요하다고 乙을 속여 교부받은 인감증명서 등으로 등기소요 서류를 작성한 후 乙 소유의 부동산에 대해 甲 명의로 소유권 이전등기를 마친 경우, 사기죄가 성립한다. [법원9급 16] [사시 10]

> **해설+** 피해자의 위 부동산에 관한 처분행위가 있었다고 할 수 없다(대법원 2001.7.13, 2001도1289).

304 (×) '성립한다' → '성립하지 않는다'

**305** 피고인이 피해자들을 기망하여 투자금 명목의 돈을 편취하는 과정에서 이자 지급 약정하에 대여금을 교부받았으나 이자를 지급하지 않은 경우, 이자 부분에 대하여도 사기죄가 성립한다.

> **해설+** 위 이자 부분에 대해서도 사기죄가 성립하기 위하여는 피고인의 기망행위로 인해 이자 부분에 관한 별도의 처분행위가 있어야 한다(대법원 2011.4.14, 2011도769).

305 (×) '도 사기죄가 성립한다' → '는 사기죄가 성립하지 않는다'

**306** 피고인이 甲에게 사업자등록 명의를 빌려주면 세금이나 채무는 모두 자신이 변제하겠다고 속여 그로부터 명의를 대여받아 호텔을 운영하면서 甲으로 하여금 호텔에 관한 각종 세금 및 채무 등을 부담하게 한 경우, 사기죄가 성립하지 않는다.

> **해설+** 피해자가 피고인에게 사업자등록 명의를 대여하였다는 것만으로 피해자의 재산적 처분행위가 있었다고 보기는 어렵다고 할 것이다(대법원 2012.6.28, 2012도4773).

306 (○)

**307** 피해자를 속여 재물을 교부받으면서 일부 대가를 지급한 경우, 편취액은 대가를 공제한 차액이 아니라 교부받은 재물 전부이다. [변호사 20]

307 (○) 대법원 1995.3.24, 95도203

**308** 실제 일부 입원치료가 필요하더라도 그 범위를 넘는 장기간의 입원을 유도하여 과도한 요양급여비를 청구한 행위는 사회통념상 권리행사의 수단으로 용인할 수 없는 것이어서 요양급여비에서 실제 필요한 입원치료비를 공제한 차액에 대하여 사기죄가 성립한다. [사시 13]

> **해설+** 비록 그 중 일부 기간에 대하여 실제 입원치료가 필요하였다고 하더라도 그 부분을 포함한 당해 입원기간의 요양급여비 전체에 대하여 사기죄가 성립한다(대법원 2009.5.28, 2008도4665).

308 (×) '요양급여비에서 실제 필요한 입원치료비를 공제한 차액' → '당해 입원기간의 요양급여비 전체'

309 甲은 보험사고에 해당할 수 있는 사고로 경미한 상해를 입었으나 이를 기화로 보험금을 편취하기 위해 상해를 과장하여 병원에 장기간 입원하고, 이를 이유로 실제 피해에 비하여 과다한 보험금을 지급받은 경우 보험금 전체에 대한 사기죄가 성립한다. [국가7급 16] [사시 16]

309 (○) 대법원 2005.9.9, 2005도3518: 2007.5.11, 2007도2134

310 장기간 과다하게 통원치료를 받은 후 실제 지급받을 수 있는 보험금보다 많은 보험금을 청구한 경우에 통원치료의 경우에도 보험회사에 대한 수령한 보험금 전액에 대한 편취가 인정된다.

310 (○) 대법원 2021.8.12, 2020도13704

311 어음·수표의 할인에 의한 사기죄에서 피고인이 피해자로부터 수령한 현금액이 피고인이 피해자에게 교부한 어음 등의 액면금보다 적을 경우, 피고인이 취득한 재산상의 이익액은, 당사자가 선이자와 비용을 공제한 현금액만을 실제로 수수하면서도 선이자와 비용을 합한 금액을 대여원금으로 하기로 하고 대여이율을 정하는 등의 소비대차특약을 한 경우 등의 특별한 사정이 없는 한, 위 어음 등의 액면금이 아니라 피고인이 수령한 현금액이다. [사시 14]

311 (○) 대법원 2009.7.23, 2009도2384

312 채권자에 대하여 소정기일까지 지급할 의사나 능력이 없음에도 종전 채무의 변제기를 늦출 목적에서 어음을 발행, 교부한 것만으로는 사기죄가 성립하지 아니한다. [법원9급 20] [해경승진 23]

312 (×) '성립하지 아니한다' → '성립한다'(대법원 1983.11.8, 83도1723).

313 피고인이 피해자들을 기망하여 부동산을 매도하면서 매매대금 중 일부를 피해자들의 피고인에 대한 기존 채권과 상계하는 방법으로 지급받은 경우, 사기죄가 성립한다.

313 (○)

해설+ 피고인이 상계에 의하여 기존 채무가 소멸되는 재산상 이익을 취득하였다고 보아 사기죄를 인정한 원심판단은 정당하다(대법원 2012.4.13, 2012도1101).

**314** 은행에 대출을 신청하면서 담보 부동산의 매매계약서상 매매대금을 허위로 부풀려 기재한 매매계약서를 제출하고, 이 부풀린 금액이 정당한 매매대금임을 전제로 하여 대출을 받은 경우, 사기죄가 성립하며 지급받은 대출금 전부가 사기죄의 이득액에 해당한다.  [국가7급 22]

314 (○)

**해설+** 담보 부동산의 매매계약서상 매매대금은 피해자가 대출가능금액을 산정하는 데 기준이 되는 사항이므로 피고인이 피해자에게 이를 허위로 부풀려 기재한 매매계약서를 제출한 행위는 기망행위에 해당하고, 위와 같이 부풀린 금액이 정당한 매매대금임을 전제로 하여 대출금을 교부받은 이상 사기죄가 성립하며, 지급받은 대출금 전부가 사기죄의 이득액에 해당한다(대법원 2019.4.3, 2018도19772).

**비교** 甲 주식회사의 실질적 운영자이자 乙 주식회사의 대표이사인 피고인 丙 및 피고인 丁 등이 공모하여, 甲 회사가 시행하고 乙 회사가 시공하는 아파트 중 임대아파트 부분의 신축과 관련하여 국민주택기금의 기금수탁자인 戊 은행에 국민주택기금을 재원으로 한 임대주택건설자금 대출을 신청하면서 아파트 부지의 매매가격을 부풀린 매매계약서 등을 제출하는 방법으로 戊 은행을 기망하여 국민주택기금 대출금을 편취하였다는 내용으로 기소된 경우, … '호당 부지가격은 戊 은행이 정한 '사정가격'에 의하여 정해지는데, 戊 은행은 별도의 감정평가법인이 정한 감정평가액을 기초로 '사정가격'을 결정하였고, 감정평가액이 피고인들의 행위로 부당하게 높게 산정되었다는 점에 대한 증명이 부족하여 戊 은행이 담보가치 평가를 그르쳐 적정 담보가치를 반영하지 못한 '사정가격'을 결정하였다고 단정하기 어려우므로, 피고인들이 아파트 부지의 매매가격을 부풀린 매매계약서 등을 제출한 행위와 戊 은행의 대출 사이에 인과관계가 존재한다고 보기 어렵다(대법원 2016.7.14, 2015도20233).

**315** 사람을 기망하여 부동산의 소유권을 이전받거나 제3자로 하여금 이전받게 함으로써 이를 편취한 경우 특정경제범죄 가중처벌 등에 관한 법률 제3조의 적용을 전제로 하여 그 부동산의 가액을 산정함에 있어서는, 그 부동산에 근저당권설정등기가 경료되어 있거나 압류 또는 가압류 등이 이루어져 있는 때에는 그 부동산의 시가 상당액에서 근저당권의 채권최고액 범위 내에서의 피담보채권액, 압류에 걸린 집행채권액, 가압류에 걸린 청구금액 범위 내에서의 피보전채권액 등을 뺀 실제의 교환가치를 편취금액으로 보아야 한다.  [변호사 20 변형]

315 (○)

**해설+** ① 형법 제347조의 사기죄는 사람을 기망하여 재물의 교부를 받거나 재산상의 이익을 취득하거나 제3자로 하여금 재물의 교부를 받게 하거나 재산상의 이익을 취득하게 함으로써 성립하고, 그 교부받은 재물이나 재산상 이익의 가액이 얼마인지는 문제되지 아니하는 데 비하여, ② 사기로 인한 특정경제범죄 가중처벌 등에 관한 법률 위반죄에 있어서는 편취한 재물이나 재산상 이익의 가액이 5억 원 이상 또는 50억 원 이상이라는 것이 범죄구성요건의 일부로 되어 있고 그 가액에 따라 그 죄에 대한 형벌도 가중되어 있으므로, 이를 적용함에 있어서는 편취한 재물이나 재산상 이익의 가액을 엄격하고 신중하게 산정함으로써, 범죄와 형벌 사이에 적정한 균형이 이루어져야 한다는 죄형균형 원칙이나 형벌은 책임에 기초하고 그 책임에 비례하여야 한다는 책임주의 원칙이 훼손되지 않도록 유의하여야 한다. 따라서 사람을 기망하여 부동산의 소유권을 이전받거나 제3자로 하여금 이전받게 함으로써 이를 편취한 경우에 특정경제범죄 가중처벌 등에 관한 법률 제3조의 적용을 전제로 하여 그 부동산의 가액을 산정함에 있어서는, ㉠ 그 부동산에 아무런 부담이 없는 때에는 그 부동산의 시가 상당액이 곧 그 가액이라고 볼 것이지만, ㉡ 그 부동산에 근저당권설정등기가 경료되어 있거나 압류 또는 가압류 등이 이루어져 있는 때에는 특별한 사정이 없는 한 아무런 부담이 없는 상태에서의 그 부동산의 시가 상당액에서 근저당권의 채권최고액 범위 내에서의 피담보채권액, 압류에 걸린 집행채권액, 가압류에 걸린 청구금액 범위 내에서의 피보전채권액 등을 뺀 실제의 교환가치를 그 부동산의 가액으로 보아야 한다(대법원 2007.4.19, 2005도7288 전원합의체).

316 사기죄가 성립하려면 행위자의 기망행위, 피기망자의 착오와 그에 따른 처분행위 그리고 행위자 등의 재물이나 재산상 이익의 취득이 있고, 그 사이에 순차적인 인과관계가 존재하여야 한다. [변호사 18]

316 (○) 대법원 2017.9.26, 2017도8449

317 사기죄가 성립하기 위해서는 기망행위와 상대방의 착오 및 재물의 교부 또는 재산상의 이익의 공여와의 사이에 순차적인 인과관계가 있어야 하고, 착오에 빠진 원인 중에 피기망자 측에 과실이 있는 경우에는 특별한 사정이 없는 한 사기죄가 성립하지 않는다. [법원행시 16] [사시 13]

317 (×) '는 특별한 사정이 없는 한 사기죄가 성립하지 않는다' → '도 사기죄가 성립한다'

해설+ 착오에 빠진 원인 중에 피기망자 측에 과실이 있는 경우에도 사기죄가 성립한다(대법원 2009.6.23, 2008도1697).

318 甲은 채무변제의 의사나 능력 없이 제3자에 대한 차량담보대출채권을 담보로 제공하고 새마을금고로부터 자동차담보채권액만큼 대출을 받았다. 다만 새마을금고 측도 甲의 재무상태 등에 대한 실사를 거쳤지만 새마을금고 측의 과실로 甲에 대한 대출이 가능하지 않다는 점을 알아내지 못하였다. 甲에게는 사기죄가 성립하지 않는다. [사시 11·13]

318 (×)

해설+ 대출이 새마을금고의 재무상태 등에 대한 실사를 거쳐 실행됨으로써 새마을금고가 위 대출이 가능하다는 착오에 빠지는 원인 중에 새마을금고측의 과실이 있더라도 사기죄의 성립은 인정된다(대법원 2009.6.23, 2008도1697).

319 甲은 전매금지된 택지분양권을 乙에게 매도한 뒤 이를 다시 丙에게 매도한 다음, 이중매도한 사실을 고지하지 아니한 채 丙이 丁에게 이 분양권을 전매하는 매매계약에 형식적인 매도인으로 관여하면서 직접 매매대금을 수령하지 않고 丁으로 하여금 丙에게 매매대금을 교부하게 하였다. 이 경우 丙은 위 분양권을 매수한 사람으로서 자신의 경제적 이익을 위하여 분양권을 전매한 것일 뿐 그것이 甲의 경제적 이익에 연결된다고 볼 수는 없으므로 甲에게 불법영득의사가 인정되지 않으므로 사기죄가 성립하지 않는다. [사시 11 변형]

319 (×)

해설+ 범인이 기망행위에 의해 스스로 재물을 취득하지 않고 제3자로 하여금 재물의 교부를 받게 한 경우에 사기죄가 성립하려면, 그 제3자가 범인과 사이에 정을 모르는 도구 또는 범인의 이익을 위해 행동하는 대리인의 관계에 있거나, 그렇지 않다면 적어도 불법영득의사와의 관련상 범인에게 그 제3자로 하여금 재물을 취득하게 할 의사가 있어야 할 것인바, … 재물편취를 내용으로 하는 사기죄에 있어서는 기망으로 인한 재물교부가 있으면 그 자체로써 피해자의 재산침해가 되어 곧 사기죄는 성립하는 것이고, 그로 인한 이익이 결과적으로 누구에게 귀속하는지는 사기죄의 성부에 아무런 영향이 없다(甲이 직접 매매대금을 수령하지 않았더라도 丙·丁에 대한 사기죄 성립, 대법원 2009.1.30, 2008도9985).

**320** 농어촌구조개선 특별회계기금을 재원으로 하여 임업후계자육성을 위해 이루어지는 정책자금대출로서 그 대출의 조건 및 용도가 임야매수자금으로 한정되어 있는 정책자금을 대출받음에 있어 임야매수자금을 실제보다 부풀린 허위의 계약서를 제출함으로써 대출취급기관을 기망하였다면, 피고인에게 대출받을 자금을 상환할 의사와 능력이 있었는지 여부를 불문하고 편취의 고의가 인정된다. [법원행시 11]

320 (○) 대법원 2007.4.27, 2006도7634

**321** 태풍 피해복구보조금 지원절차가 행정당국에 의한 실사를 거쳐 피해자로 확인된 경우에 한하여 보조금 지원신청을 할 수 있도록 되어 있는 경우, 허위의 피해신고만으로도 사기죄의 실행의 착수가 있다고 볼 수 있다. [법원9급 20]

321 (×) '있다' → '없다'

> **해설+** 허위의 피해신고만으로는 태풍 피해복구보조금 편취범행의 실행에 착수한 것이라고 볼 수 없다(대법원 1999.3.12, 98도3443).

**322** 타인의 사망을 보험사고로 하는 생명보험계약을 체결함에 있어 제3자가 피보험자인 것처럼 가장하여 체결하는 등으로 그 유효요건이 갖추어지지 못한 경우에도 보험사고의 우연성과 같은 보험의 본질을 해칠 정도라고 볼 수 있는 특별한 사정이 없는 한, 하자 있는 보험계약을 체결한 행위만으로는 보험금을 편취하려는 의사에 의한 기망행위의 실행에 착수한 것으로 볼 수 없다. [법원행시 15] [변호사 16]

322 (○) 대법원 2013.11.14, 2013도7494

**323** 타인의 사망을 보험사고로 하는 생명보험계약을 체결함에 있어 제3자가 피보험자인 것처럼 가장하여 체결하는 등으로 그 유효요건이 갖추어지지 못한 경우, 보험계약 체결 당시에 이미 보험사고가 발생하였음에도 이를 숨겼다거나 보험사고의 구체적 발생 가능성을 예견할 만한 사정을 인식하고 있었던 경우 또는 고의로 보험사고를 일으키려는 의도를 가지고 보험계약을 체결한 경우와 같이 보험사고의 우연성과 같은 보험의 본질을 해칠 정도라고 볼 수 있는 특별한 사정이 없다고 하더라도, 그와 같이 하자 있는 보험계약을 체결한 행위는 미필적으로라도 보험금을 편취하려는 의사에 의한 기망행위의 실행에 착수에 해당한다. [법원9급 21]

323 (×) 하자 있는 보험계약을 체결한 행위만으로는 미필적으로라도 보험금을 편취하려는 의사에 의한 기망행위의 실행에 착수한 것으로 볼 것은 아니다. 그러므로 그와 같이 기망행위의 실행의 착수로 인정할 수 없는 경우에 피보험자 본인임을 가장하는 등으로 보험계약을 체결한 행위는 단지 장차의 보험금 편취를 위한 예비행위에 지나지 않는다(대법원 2013.11.14, 2013도7494).

**324** 소비대차 거래에서, 대주와 차주 사이의 친척·친지와 같은 인적 관계 및 계속적인 거래 관계 등에 의하여 대주가 차주의 신용상태를 인식하고 있어 장래의 변제 지체 또는 변제불능에 대한 위험을 예상하고 있었거나 충분히 예상할 수 있는 경우에는, 차주가 차용 당시 구체적인 변제의사, 변제능력, 차용 조건 등과 관련하여 소비대차 여부를 결정지을 수 있는 중요한 사항에 관하여 허위 사실을 말하였다는 등의 다른 사정이 없다면, 차주가 그후 제대로 변제하지 못하였다는 사실만을 가지고 변제능력에 관하여 대주를 기망하였다거나 차주에게 편취의 범의가 있었다고 단정할 수 없다.

[경찰채용 16] [법원행시 20]

324 (○) 대법원 2016.4.28, 2012도14516

**325** 기업경영자가 파산에 의한 채무불이행의 가능성을 인식할 수 있었다고 하더라도 그러한 사태를 피할 수 있는 가능성이 있다고 믿었고, 계약이행을 위해 노력할 의사가 있었을 때에는 사기죄의 고의가 있었다고 단정하여서는 안 된다.

**해설+** 그 거래시점에 그 사업체가 경영부진 상태에 있었기 때문에 사정에 따라 파산에 이를 수 있다고 예견할 수 있었다는 것만으로 사기죄의 고의가 있다고 단정하는 것은 발생한 결과에 따라 범죄의 성부를 결정하는 것과 마찬가지이다(대법원 2016.6.9, 2015도18555).

325 (○)

**326** 사기죄의 구성요건인 편취의 범의는 피고인이 자백하지 아니하는 이상 범행 전후의 피고인의 재력, 환경, 범행의 내용, 기망 대상 행위의 이행가능성 및 이행과정 등과 같은 객관적인 사정 등을 종합하여 판단할 수밖에 없다. 그리고 피고인이 피해자에게 불행을 고지하거나 길흉화복에 관한 어떠한 결과를 약속하고 기도비 등의 명목으로 대가를 교부받은 경우에 전통적인 관습 또는 종교행위로서 허용될 수 있는 한계를 벗어났다면 사기죄에 해당한다.

[법원행시 20 변형]

326 (○) 대법원 2017.11.9, 2016도12460

**327** 피해자에 대한 사기범행을 실현하는 수단으로서 타인을 기망하여 그를 피해자로부터 편취한 재물이나 재산상 이익을 전달하는 도구로만 이용한 경우에는 피해자에 대한 사기죄만 성립할 뿐 도구로 이용된 타인에 대한 사기죄가 별도로 성립하지는 않는다.

[변호사 18·20]

327 (○) 편취의 대상인 재물 또는 재산상 이익에 관하여 피해자에 대한 사기죄가 성립할 뿐 도구로 이용된 타인에 대한 사기죄가 별도로 성립한다고 할 수 없다(대법원 2017.5.31, 2017도3894).

**328** 사기죄를 범한 자가 피해자에게 그 대가를 지급한 후, 그 피해자를 기망하여 그가 보유하고 있는 그 대가를 다시 편취하거나 그 피해자로부터 그 대가를 위탁받아 보관 중 횡령한 경우 기존에 성립한 사기죄와는 별도의 새로운 사기죄나 횡령죄가 성립한다. [국가7급 16] [사시 13·16]

328 (○) 이는 새로운 법익의 침해가 발생한 경우이므로, 기존에 성립한 사기죄와는 별도의 새로운 사기죄나 횡령죄가 성립한다(대법원 2009.10.29, 2009도7052).

**329** 사기죄의 피해자에게 그 대가가 지급된 경우, 피해자를 기망하여 그가 보유하고 있는 그 대가를 다시 편취하더라도 새로운 법익이 침해된 것은 아니므로 기존에 성립한 사기죄와 별도의 새로운 사기죄가 성립하는 것은 아니다. [변호사 22]

329 (×)

> **해설+** 사기죄에서 피해자에게 그 대가가 지급된 경우, 피해자를 기망하여 그가 보유하고 있는 그 대가를 다시 편취하거나 피해자로부터 그 대가를 위탁받아 보관 중 횡령하였다면, 이는 새로운 법익의 침해가 발생한 경우이므로, 기존에 성립한 사기죄와는 별도의 새로운 사기죄나 횡령죄가 성립한다(대법원 2009.10.29, 2009도7052).

**330** 변제능력이 없는데도 돈을 빌려주면 갚겠다고 거짓말하여 차용금을 편취한 사기죄가 성립하면, 그 돈을 빌리면서 담보로 제공한 채권을 추심하여 임의로 소비하였더라도 횡령죄는 별도로 성립할 수 없다. [법원9급 18]

330 (○)

> **해설+** 차용금 편취의 점과 담보로 양도한 채권을 추심하여 임의 소비한 횡령의 점은 양도된 채권의 가치, 채권양도에 관한 피고인의 진정성 등의 사정에 따라 비양립적인 관계이다(대법원 2011.5.13, 2011도1442).

**331** 사기죄에서 수인의 피해자에 대하여 각 피해자별로 기망행위를 하여 각각 재물을 편취한 경우에 그 범의가 단일하고 범행방법이 동일하다고 하더라도 포괄일죄가 성립하는 것이 아니라 피해자별로 1개씩의 죄가 성립하는 것으로 보아야 한다. 다만 피해자들이 하나의 동업체를 구성하는 등으로 피해 법익이 동일하다고 볼 수 있는 사정이 있는 경우에는 피해자가 복수이더라도 이들에 대한 사기죄를 포괄하여 일죄로 볼 수도 있다.

331 (○) 대법원 2011.4.14, 2011도769

**332** 불법원인급여에 해당하여 급여자가 수익자에 대한 반환청구권을 행사할 수 없다고 하더라도 수익자가 기망을 통하여 급여자로 하여금 불법원인급여에 해당하는 재물을 제공하도록 하였다면 사기죄가 성립한다.

[경찰채용 21 1차 변형·23 1차] [변호사 13]

**해설+** 민법 제746조의 불법원인급여에 해당하여 급여자가 수익자에 대한 반환청구권을 행사할 수 없다고 하더라도, 수익자가 <u>기망</u>을 통하여 급여자로 하여금 <u>불법원인급여에 해당하는 재물을 제공하도록 하였다면</u> 사기죄가 성립한다(대법원 2006.11.23, 2006도6795).

**333** 이른바 보이스피싱 범죄의 범인이 피해자를 기망하여 피해자의 자금을 사기이용계좌로 송금·이체받으면 사기죄는 기수에 이르고, 범인이 피해자의 자금을 점유하고 있다고 하여 피해자와의 어떠한 위탁관계나 신임관계가 존재한다고 볼 수 없을 뿐만 아니라, 그 후 범인이 사기이용계좌에서 현금을 인출하였더라도 이는 이미 성립한 사기범행이 예정하고 있던 행위에 지나지 아니하여 새로운 법익을 침해한다고 보기도 어려우므로, 위와 같은 인출행위는 사기의 피해자에 대하여 별도의 횡령죄를 구성하지 아니한다.

[경찰채용 18 1차]

333 (O) 대법원 2017.5.31, 2017도3894

**334** 전기통신금융사기의 경우, 사기이용계좌에 송금된 자금을 인출하는 행위 자체는 사기죄를 구성하지 않는다.

[군무원9급 22]

334 (O)

**해설+** 전기통신금융사기를 목적으로 타인으로 하여금 컴퓨터 등 정보처리장치에 정보 또는 명령을 입력하게 하는 행위(처벌조항 제1호)나 전기통신금융사기를 목적으로 취득한 타인의 정보를 이용하여 컴퓨터 등 정보처리장치에 정보 또는 명령을 입력하는 행위(처벌조항 제2호)에 의한 정보 또는 명령의 입력으로 자금이 사기이용계좌로 송금·이체되면 전기통신금융사기 행위는 종료되고 처벌조항 위반죄는 이미 기수에 이른 것이므로, 그 후에 사기이용계좌에서 <u>현금을 인출하거나 다시 송금하는 행위</u>는 범인들 내부영역에서 그들이 관리하는 계좌를 이용하여 이루어지는 행위이어서 이를 두고 <u>새로 전기통신금융사기를 목적으로 하는 행위라고 할 수 없다</u>(대법원 2016.2.19, 2015도15101 전원합의체).

**335** 배임행위에 사기행위가 수반되어 1개의 행위에 관하여 사기죄와 배임죄의 각 구성요건이 구비된 때에는 양 죄는 상상적 경합관계에 있다. [국가7급 20]

335 (O) 대법원 2002.7.18, 2002도669 전원합의체

**336** 위조된 약속어음을 진정한 약속어음인 것처럼 속여 기왕의 물품대금채무의 변제를 위하여 채권자에게 교부하였다고 하여도 어음이 결제되지 않는 한 물품대금채무가 소멸되지 아니하므로 사기죄는 성립되지 않는다.

[법원9급 20] [해경승진 23]

336 (○) 대법원 1983.4.12, 82도2938

**337** 사기도박에 필요한 준비를 갖추고 그러한 의도로 피해자들에게 도박에 참가하도록 권유한 때 또는 늦어도 그 정을 알지 못하는 피해자들이 도박에 참가한 때에는 이미 사기죄의 실행에 착수하였다고 할 것이므로, 피고인 등이 그 후에 사기도박을 숨기기 위하여 얼마간 정상적인 도박을 하였더라도 이는 사기죄의 실행행위에 포함되는 것이어서 피고인에 대하여는 피해자들에 대한 사기죄만이 성립하고 도박죄는 따로 성립하지 아니한다.

[국가9급 14]

337 (○) 대법원 2011.1.13, 2010도9330

**338** 도박에 참여한 수인의 피해자로부터 사기도박으로 도금을 편취한 경우, 피해자들에 대한 각 사기죄는 실체적 경합의 관계에 있다. [국가9급 14]

338 (×) '실체적' → '상상적'

> **해설+** 피고인 등이 피해자들을 유인하여 사기도박을 하여 도금을 편취한 행위는 사회관념상 1개의 행위로 평가함이 상당하므로, 피해자들에 대한 각 사기죄는 상상적 경합의 관계에 있다고 보아야 할 것이다(대법원 2011.1.13, 2010도9330).

**339** 컴퓨터등사용사기죄에서 '부정한 명령의 입력'이란 당해 사무처리시스템의 프로그램을 구성하는 개개의 명령을 부정하게 변개·삭제하는 행위를 말하고, 프로그램 자체에서 발생하는 오류를 적극적으로 이용하여 그 사무처리의 목적에 비추어 정당하지 아니한 사무처리를 하게 하는 행위는 원칙적으로 '부정한 명령의 입력'에 해당하지 않는다. [국가7급 20]

339 (×)

> **해설+** 형법 제347조의2는 컴퓨터 등 정보처리장치에 허위의 정보 또는 부정한 명령을 입력하거나 권한 없이 정보를 입력·변경하여 정보처리를 하게 함으로써 재산상의 이익을 취득하거나 제3자로 하여금 취득하게 하는 행위를 처벌하고 있다. 여기서 '부정한 명령의 입력'은 당해 사무처리시스템에 예정되어 있는 사무처리의 목적에 비추어 지시해서는 안 될 명령을 입력하는 것을 의미한다. 따라서 설령 '허위의 정보'를 입력한 경우가 아니라고 하더라도, 당해 사무처리시스템의 프로그램을 구성하는 개개의 명령을 부정하게 변개·삭제하는 행위는 물론 프로그램 자체에서 발생하는 오류를 적극적으로 이용하여 그 사무처리의 목적에 비추어 정당하지 아니한 사무처리를 하게 하는 행위도 특별한 사정이 없는 한 위 '부정한 명령의 입력'에 해당한다고 보아야 한다(대법원 2013. 11.14, 2011도4440).

340 피고인이 A회사에서 운영하는 전자복권구매시스템에서 일정한 조건하에 복권 구매명령을 입력하면 가상계좌로 복권 구매요청금과 동일 액수의 가상현금이 입금되는 프로그램 오류를 이용하여 복권 구매명령 입력 행위를 반복함으로써 자신의 가상계좌로 구매요청금 상당의 금액이 입금되게 하였다면 '부정한 명령의 입력'에 해당한다. [국가9급 12] [법원행시 15] [변호사 16]

340 (○) 대법원 2013.11.14, 2011 도4440

341 '정보처리'는 사기죄에서 피해자의 처분행위에 상응하므로 입력된 허위의 정보 등에 의하여 계산이나 데이터의 처리가 이루어짐으로써 직접적으로 재산처분의 결과가 초래되어야 한다. [국가9급 12]

341 (○) 대법원 2014.3.13, 2013 도16099

342 신용카드가맹점의 점주인 戊가 외국인들이 가져온 신용카드가 위조카드로서 본인에 의하여 정당하게 사용되지 아니하고 있음을 알고 있었음에도 불구하고 아무런 조치도 취하지 아니한 채 그대로 카드 단말기에 당해 신용카드를 결제하여 승인을 요청한 것은 '정보처리장치에 권한 없이 정보를 입력'한 행위에 해당되므로 戊는 컴퓨터등 사용사기죄의 종범의 죄책을 부담한다. [법원행시 15]

342 (×) '종범' → '정범'

해설+ 신용카드가맹점의 점주인 피고인이 동남아 외국인들이 가져온 신용카드가 위조카드로서 본인에 의하여 정당하게 사용되지 아니하고 있음을 알고 있었음에도 불구하고 아무런 조치도 취하지 아니한 채 그대로 카드 단말기에 당해 신용카드를 결제하여 승인을 요청한 것은 형법 제347조의2가 규정하는 '정보처리장치에 권한 없이 정보를 입력'한 행위에 해당되어 피고인에 대하여 컴퓨터등 사용사기죄의 정범의 죄책을 부담한다고 판단한 것은 정당하다(대법원 2007.8.23, 2007도2070).

343 절취한 타인의 신용카드를 사용하여 현금자동지급기에서 현금대출을 받은 경우 현금자동지급기에서 현금을 인출하는 행위가 재물에 관한 범죄임이 분명한 이상 이를 위 컴퓨터등 사용사기죄로 처벌할 수는 없다. [국가7급 16]

343 (○) 대법원 2003.5.13, 2003 도1178

344 타인의 명의를 모용하여 발급받은 신용카드를 이용하여 현금자동지급기에서 현금대출을 받은 경우, 현금에 대한 절도죄가 성립한다. [국가9급 18]

344 (○)

해설+ 현금자동지급기의 관리자의 의사에 반하여 그의 지배를 배제한 채 그 현금을 자기의 지배하에 옮겨 놓는 행위로서 절도죄에 해당한다(대법원 2002.7.12, 2002도2134).

**345** 예금주인 현금카드 소유자로부터 일정액의 현금을 인출해 오라는 부탁과 함께 현금카드를 건네받았는데 그 위임받은 금액을 초과한 현금을 인출하였다면 컴퓨터등 사용사기죄가 성립한다. [법원9급 18] [법원행시 15] [변호사 18]

345 (O)

**해설+** 그 인출된 현금에 대한 점유를 취득함으로써 이때에 그 인출한 현금 총액 중 인출을 위임받은 금액을 넘는 부분의 비율에 상당하는 재산상 이익을 취득한 것으로 볼 수 있다(대법원 2006. 3.24, 2005도3516).

**346** 현금카드 소유자로부터 일정한 금액의 현금을 인출해 오라는 부탁을 받았으나 위임받은 금액을 초과하여 현금을 인출한 경우에는 그 전체 인출액에 대하여 컴퓨터등사용사기죄가 성립한다. [경찰승진 22]

346 (×)

**해설+** 전체 인출액이라는 부분이 틀린 것이다. "예금주인 현금카드 소유자로부터 일정한 금액의 현금을 인출해 오라는 부탁을 받으면서 이와 함께 현금카드를 건네받은 것을 기화로 그 위임을 받은 금액을 초과하여 현금을 인출하는 방법으로 그 차액 상당을 위법하게 이득할 의사로 현금자동지급기에 그 초과된 금액이 인출되도록 입력하여 그 초과된 금액의 현금을 인출한 경우에는 그 인출된 현금에 대한 점유를 취득함으로써 이때에 <u>그 인출한 현금 총액 중 인출을 위임받은 금액을 넘는 부분의 비율에 상당하는 재산상 이익을 취득</u>한 것으로 볼 수 있으므로 이러한 행위는 그 차액 상당액에 관하여 형법 제347조의2(컴퓨터등사용사기)에 규정된 '컴퓨터 등 정보처리장치에 권한 없이 정보를 입력하여 정보처리를 하게 함으로써 재산상의 이익을 취득'하는 행위로서 컴퓨터 등 사용사기죄에 해당된다(대법원 2006.3.24, 2005도3516)."

**347** 타인명의의 현금카드를 무단으로 이용하여 현금자동지급기에서 피해자의 계좌로부터 자신의 계좌로 자금을 이체한 때에는 컴퓨터등사용사기죄가 성립한다. [경찰채용 18 2차]

347 (O)

**해설+** 절취한 타인의 신용카드를 이용하여 현금지급기에서 <u>계좌이체</u>를 한 행위는 <u>컴퓨터등사용사기죄</u>에서 컴퓨터 등 정보처리장치에 권한 없이 정보를 입력하여 정보처리를 하게 한 행위에 해당함은 별론으로 하고 이를 절취행위라고 볼 수는 없고, 한편 위 계좌이체 후 현금지급기에서 현금을 인출한 행위는 자신의 신용카드나 현금카드를 이용한 것이어서 이러한 현금인출이 현금지급기 관리자의 의사에 반한다고 볼 수 없어 절취행위에 해당하지 않으므로 절도죄를 구성하지 않는다(대법원 2008.6.12, 2008도2440).

**348** 타인명의의 현금카드 겸용 신용카드를 무단으로 이용하여 현금자동지급기에서 예금을 인출한 때에는 여신전문금융업법위반죄와 절도죄가 성립한다.

**348** (×)

> **해설+** 여신전문금융업법 제70조 제1항 소정의 부정사용이라 함은 위조·변조 또는 도난·분실된 신용카드나 직불카드를 진정한 카드로서 신용카드나 직불카드의 본래의 용법에 따라 사용하는 경우를 말하는 것이므로, 절취한 직불카드를 온라인 현금자동지급기에 넣고 비밀번호 등을 입력하여 피해자의 예금을 인출한 행위는 여신전문금융업법 제70조 제1항 소정의 부정사용의 개념에 포함될 수 없다(대법원 2003.11.14, 2003도3977).

**349** 절취한 타인의 신용카드를 이용하여 현금지급기에서 계좌이체를 한 행위는 컴퓨터등 사용사기죄에서 컴퓨터 등 정보처리장치에 권한 없이 정보를 입력하여 정보처리를 하게 한 행위에 해당함은 별론으로 하고 이를 절취행위라고 볼 수는 없고, 한편 위 계좌이체 후 현금지급기에서 현금을 인출한 행위는 자신의 신용카드나 현금카드를 이용한 것이어서 이러한 현금인출이 현금지급기 관리자의 의사에 반한다고 볼 수 없어 절취행위에 해당하지 않으므로 절도죄를 구성하지 않는다. [국가7급 12] [국가9급 18 변형] [사시 10·14]

**349** (○) 대법원 2004.4.16, 2004 도353; 2008.6.12, 2008도2440

**350** 평상시 금융기관의 여·수신업무를 처리할 권한이 있는 금융기관 직원 甲이 범죄의 목적으로 전산단말기를 이용하여 다른 공범들이 지정한 특정계좌에 무자원 송금의 방식으로 거액을 입금한 경우 컴퓨터등 사용사기죄가 성립한다.

[국가9급 12] [사시 16]

**350** (○) 대법원 2006.1.26, 2005 도8507

**351** 금융기관 직원이 전산단말기를 이용하여 다른 공범들이 지정한 특정계좌에 돈이 입금된 것처럼 허위의 정보를 입력하는 방법으로 위 계좌로 입금되도록 한 경우, 그 후 그러한 입금이 취소되어 현실적으로 인출되지 못하였더라도 컴퓨터등 사용사기죄의 기수가 성립한다. [국가7급 12]

**351** (○)

> **해설+** 계좌에서 이를 인출하여 갈 수 있는 재산상 이익을 취득하였으므로 형법 제347조의2에서 정하는 컴퓨터등 사용사기죄는 기수에 이르렀고, 그 후 그러한 입금이 취소되어 현실적으로 인출되지 못하였다고 하더라도 이미 성립한 컴퓨터등 사용사기죄에 어떤 영향이 있다고 할 수는 없다(대법원 2006.9.14, 2006도4127).

**352** 아들이 아버지 소유 A은행 예금통장을 절취하여 이를 현금자동지급기에 넣고 조작하여 예금 잔고를 자신의 거래 은행 계좌로 이체한 경우 컴퓨터 등 사용사기죄의 피해자는 A은행이므로 친족상도례를 적용할 수 없다.

[국가9급 12]

352 (○) 대법원 2003.11.14, 2003도3977

**353** 여신전문금융업법 제70조 제2항 제2호 신용카드 이용 자금융통행위에 있어서 신용카드는 신용카드업자가 진정하게 발행한 신용카드만을 의미하며, 신용카드업자가 발행하지 아니한 위조·변조된 신용카드의 사용에 의한 가장거래에 따라 이루어진 자금융통행위는 이에 해당한다고 볼 수 없다.

353 (○) 대법원 1996.5.31, 96도449

**354** 대금결제의 의사와 능력이 없이 자기명의 신용카드를 발급받아 물품을 구입한 경우 카드회사에 대한 사기죄가 성립하는 것과 별도로 가맹점에 대한 사기죄도 성립한다. [국가9급 11] [사시 10]

354 (×) '도 성립한다' → '가 성립하는 것은 아니다'

> **해설+** 자동지급기에 의한 인출행위이든 가맹점을 통한 물품구입행위이든 불문하고 모두가 피해자인 카드회사의 기망당한 의사표시에 따른 카드발급에 터 잡아 이루어지는 사기의 포괄일죄이다(대법원 1996.4.9, 95도2466).

**355** 대금결제의 의사와 능력이 없이 자기명의 신용카드를 발급받아 물품을 구입한 경우 피해자는 신용카드회사가 되고, 피기망자와 처분행위자는 가맹점이 된다. [국가9급 11]

355 (×) '가맹점' → '카드회사'

> **해설+** 카드회사에 대한 사기죄가 성립하고, 피기망자·처분행위자·피해자 모두 신용카드회사라는 것이 판례의 입장이다.

**356** 대금결제의 의사나 능력이 없으면서도 자기의 신용카드로 현금자동지급기에서 현금대출을 받은 경우 사람을 기망한 것이 아니므로 사기죄는 성립하지 않는다. [국가7급 16]

356 (×) '성립하지 않는다' → '성립한다'

> **해설+** 대출금채무를 변제할 의사나 능력이 없는 상황에 처하였음에도 불구하고 신용카드를 사용한 경우, 사기죄에 있어서 기망행위 내지 편취의 범의를 인정할 수 있다(대법원 2005.8.19, 2004도6859).

357 정상적으로 발급받은 자기 명의의 신용카드를 사용한 경우라 하더라도 신용카드 사용으로 인한 대출금채무를 변제할 의사나 능력이 없는 상황에서 계속하여 신용카드를 사용하였다면 사기죄가 성립할 수 있다. [법원9급 18]

358 카드회원이 자금궁색 등으로 채무를 일시적으로 이행하지 못하게 되는 상황에서 자기명의 신용카드를 사용하는 경우 사기죄에서의 기망행위 내지 편취의 범의를 인정하기 어렵다. [국가9급 11]

**해설+** 카드회원이 ① 일시적인 자금궁색 등의 이유로 그 채무를 일시적으로 이행하지 못하게 되는 상황이 아니라 ② 이미 과다한 부채의 누적 등으로 신용카드 사용으로 인한 대출금채무를 변제할 의사나 능력이 없는 상황에 처하였음에도 불구하고 신용카드를 사용하였다면 사기죄에 있어서 기망행위 내지 편취의 범의를 인정할 수 있다(대법원 2005.8.19, 2004도6859).

358 (○)

359 이미 과다한 부채의 누적 등으로 신용카드 사용으로 인한 대출금채무를 변제할 의사나 능력이 없는 상황에 처하였음에도 불구하고 신용카드를 사용한 경우, 사기죄에 있어서 기망행위 내지 편취의 범의를 인정할 수 있다. [법원9급 13]

**해설+** 대출금채무를 변제할 의사나 능력이 없는 상황에 처하였음에도 불구하고 신용카드를 사용하였다면, 사기죄에 있어서 기망행위 내지 편취의 범의를 인정할 수 있다(대법원 2006.3.24, 2006도282).

359 (○)

360 카드사 회원이 카드이용대금에 대한 지불의사와 능력이 없게 되었음에도 기존에 정상적으로 발급받은 신용카드를 이용하여 A가맹점에서 양복을 구입하고 B가맹점에서 전자제품을 구입한 경우, 신용카드업자를 피해자로 하는 사기죄의 포괄일죄가 성립한다. [경찰간부 22]

**해설+** 신용카드 사용으로 인한 신용카드업자의 금전채권을 발생케 하는 행위는 카드회원이 신용카드업자에 대하여 대금을 성실히 변제할 것을 전제로 하는 것이므로, 카드회원이 일시적인 자금궁색 등의 이유로 그 채무를 일시적으로 이행하지 못하게 되는 상황이 아니라 이미 과다한 부채의 누적 등으로 신용카드 사용으로 인한 대출금채무를 변제할 의사나 능력이 없는 상황에 처하였음에도 불구하고 신용카드를 사용하였다면 사기죄에 있어서 기망행위 내지 편취의 범의를 인정할 수 있다. … 이러한 카드사용으로 인한 일련의 편취행위는 그것이 가맹점을 통한 물품구입행위이든, 현금자동지급기에 의한 인출행위이든 불문하고 모두가 피해자인 신용카드업자의 기망당한 금전대출에 터 잡아 포괄적으로 이루어지는 것이라 할 것이다(대법원 2005.8.19, 2004도6859).

360 (○)

**361** 부정한 방법으로 발급받은 자기 또는 타인 명의의 신용카드를 실제로 사용하면 이는 신용카드부정사용죄를 구성한다. [사시 10]

> **해설+** 자기 명의 신용카드는 신용카드부정사용죄의 객체가 되지 아니하며, 타인 명의의 신용카드라 하더라도 부정한 방법으로 발급받았다면 신용카드부정사용죄의 대상인 도난 또는 분실된 신용카드 등에 해당하지 아니한다.

361 (×) '구성한다' → '구성하지 않는다'

**362** 甲은 옷가게에서 구입할 옷을 고른 다음 그 대금을 결제하기 위하여 절취한 신용카드를 제시하고 카드회사의 승인을 받았으나, 매출전표에 서명을 하기 전에 피해자의 도난신고에 의해 매출취소가 된 경우 「여신전문금융업법」상 신용카드부정사용죄의 미수로 처벌된다. [사시 10·16]

> **해설+** 피고인의 행위는 미수행위에 불과하다 할 것인데 여신전문금융업법에서 위와 같은 미수행위를 처벌하는 규정을 두고 있지 아니한 이상 피고인을 위 법률위반죄로 처벌할 수 없으므로 무죄이다(대법원 2008.2.14, 2007도8767).

362 (×) '처벌된다' → '처벌되지 않는다'

**363** 타인의 명의를 모용하여 발급받은 신용카드의 번호와 그 비밀번호를 이용하여 ARS 전화서비스나 인터넷 등을 통하여 신용대출을 받은 경우, 컴퓨터등 사용사기죄가 성립한다. [경찰간부 17] [사시 14]

363 (○) 대법원 2006.7.27, 2006도3126

**364** 타인 명의를 모용하여 발급받은 신용카드를 이용하여 현금자동지급기에서 현금을 인출한 행위는 현금자동지급기의 관리자에 대한 절도죄가, ARS 전화서비스 등을 이용하여 신용대출을 받은 행위에 관하여는 카드회사에 대한 사기죄가 각 성립한다. [국가9급 11·14·18] [법원9급 18 변형]

> **해설+** 미리 포괄적으로 허용된 행위가 아닌 이상, 컴퓨터 등 정보처리장치에 권한 없이 정보를 입력하여 정보처리를 하게 함으로써 재산상 이익을 취득하는 행위로서 컴퓨터등 사용사기죄에 해당한다(대법원 2006.7.27, 2006도3126).

364 (×) '사기죄 → '컴퓨터등 사용사기죄

**365** 절취한 타인의 신용카드로 여러 가맹점에서 수차례 물품을 구입한 경우, 신용카드부정사용죄 부분은 포괄하여 일죄가 된다. [사시 10]

> **해설+** 단일한 범의에 의한 것이고 그 피해법익도 신용카드 사용 거래의 안전 및 이에 대한 공중의 신뢰로서 동일하므로, 신용카드부정사용죄에 대해서는 포괄일죄가 성립한다(대법원 1996.7.12, 96도1181).

365 (○)

366 절취한 타인의 신용카드를 사용하여 여러 가맹점으로부터 물품을 구매한 경우 부정사용행위는 절도범행의 불가벌적 사후행위가 되는 것은 아니므로 절도죄, 신용카드 부정사용죄, 사기죄의 실체적 경합이 된다. [국가7급 16]

366 (○) 대법원 1996.7.12, 96도1181

367 신용카드 부정사용죄의 구성요건적 행위인 신용카드의 사용이라 함은 신용카드의 소지인이 신용카드의 본래 용도인 대금결제를 위하여 가맹점에 신용카드를 제시하고 매출표에 서명하여 이를 교부하는 일련의 행위를 가리키므로, 위 매출표의 서명 및 교부가 별도로 사문서위조 및 동행사의 죄의 구성요건을 충족한다고 하여도 이 사문서위조 및 동행사의 죄는 위 신용카드부정사용죄에 흡수되어 신용카드부정사용죄의 1죄만이 성립하고 별도로 사문서위조 및 동행사의 죄는 성립하지 않는다.

[국가7급 16] [국가9급 14] [법원행시 14] [변호사 15 변형] [사시 14]

367 (○) 대법원 1992.6.9, 92도77

368 미성년자를 기망하여 재물을 편취한 경우에는 사기죄가 아니라 준사기죄가 성립한다. [군무원9급 22]

368 (×)

해설+ 준사기죄는 미성년자의 사리분별력 부족 또는 사람의 심신장애를 이용하여 재물을 교부받거나 재산상 이익을 취득함으로써 성립하는 범죄이다. 따라서 위와 같은 요소가 없는 이상 (사리분별력이 부족하지 아니한) 미성년자를 기망하여 재물을 편취한 행위는 준사기죄가 아닌 사기죄를 구성한다(형법 제348조 참조).

보충 제348조 【준사기】 ① 미성년자의 사리분별력 부족 또는 사람의 심신장애를 이용하여 재물을 교부받거나 재산상 이익을 취득한 자는 10년 이하의 징역 또는 2천만원 이하의 벌금에 처한다.

369 타인의 휴대전화를 몰래 사용하여 재산상 이익을 취득한 경우는 편의시설부정이용죄에 해당한다. [군무원9급 22]

369 (×)

해설+ 편의시설부정이용죄는 부정한 방법으로 대가를 지급하지 아니하고 자동판매기·공중전화 기타 유료자동설비를 이용하여 재물 또는 재산상의 이익을 취득함으로써 성립하는 범죄이다. 유료자동설비라 함은 사용자가 대가를 지불하는 경우에 기계적·전자적 장치가 작동하여 일정한 재화·용역 등의 편의를 제공하는 일체의 기계를 말한다. 다만, 가정용 전화기나 개인 소유의 휴대전화기는 여기에 속하지 아니한다(제348조의2 참조).

보충 제348조의2 【편의시설부정이용】 부정한 방법으로 대가를 지급하지 아니하고 자동판매기, 공중전화 기타 유료자동설비를 이용하여 재물 또는 재산상의 이익을 취득한 자는 3년 이하의 징역, 500만원 이하의 벌금, 구류 또는 과료에 처한다.

**370** 피고인이 타인의 전화카드(후불식 통신카드)를 절취하여 전화통화에 이용한 경우에는 '대가를 지급하지 아니하고' 공중전화를 이용한 경우에 해당한다고 볼 수 없어 편의시설부정이용의 죄를 구성하지 않는다.

[법원행시 15]

**370** (○) 대법원 2001.9.25, 2001도3625

**371** 형법 제349조의 부당이득죄는 사람의 곤궁하고 절박한 상태를 이용하여 현저하게 부당한 이익을 취득한 자를 처벌하는 규정이다. [법원행시 06]

**371** (○) 제349조 참조.

**372** 개발사업 등이 추진되는 사업부지 중 일부의 매매와 관련된 이른바 '알박기' 사건에서 부당이득죄의 성립을 인정하기 위하여는 피고인이 피해자의 개발사업 등이 추진되는 상황을 미리 알고 그 사업부지 내의 부동산을 매수한 경우이거나 피해자에게 협조할 듯한 태도를 취하여 사업을 추진하도록 한 후에 협조를 거부하는 경우 등과 같이 피해자가 궁박한 상태에 빠지게 된 데에 피고인이 적극적으로 원인을 제공하였거나 상당한 책임을 부담하는 정도에 이르러야 한다.

[법원행시 15]

**372** (○) 대법원 2009.1.15, 2008도8577

**373** 아파트 건축사업이 추진되기 약 15년 전부터 사업부지 내 일부 부동산을 소유하여 온 사람이 사업자의 매도 제안을 거부하다가 인근 토지 시가의 40배가 넘는 대금을 받고 매도하였다는 사정만으로는 부당이득죄가 성립하지 않는다.

[사시 13]

**373** (○)

해설+ 단지 개발사업 등이 추진되기 오래 전부터 사업부지 내의 부동산을 소유하여 온 피고인이 이를 매도하라는 피해자의 제안을 거부하다가 수용하는 과정에서 큰 이득을 취하였다는 사정만으로 함부로 부당이득죄의 성립을 인정해서는 안 된다(대법원 2009.1.15, 2008도8577).

## 5 공갈의 죄

 대표유형

택시 승객이 택시요금을 면하기 위하여 택시운전사를 폭행하고 도주한 경우 택시운전사의 처분행위가 없었더라도 재산상 이익실현의 장애가 발생하였다면 공갈죄의 기수범이 성립한다. [국가9급 12] [법원행시 16]

(×) '성립한다' → '성립하지 않는다'

**해설+** 상대방이 행위자로부터 원래라면 얻을 수 있었던 재산상 이익의 실현에 장애가 발생한 것에 불과하다면, 그 행위자에게 공갈죄의 죄책을 물을 수 없다(대법원 2012.1.27, 2011도16044).

 대표유형

공갈죄의 수단으로서 한 협박은 공갈죄에 흡수될 뿐 별도로 협박죄를 구성하지 않으므로, 그 범죄사실에 대한 피해자의 고소는 결국 공갈죄에 대한 것이라 할 것이어서 그 후 고소가 취소되었다 하여 공갈죄로 처벌하는 데에 아무런 장애가 되지 아니하다. [변호사 18]

(○) 대법원 1996.9.24, 96도2151

374 공갈죄의 대상이 되는 재물은 타인의 재물을 의미하므로 사람을 공갈하여 자기의 재물을 교부받는 경우에는 공갈죄가 성립하지 아니한다.

[법원행시 16]

374 (○) 대법원 2012.8.30, 2012도6157

375 절도범이 타인으로부터 절취한 금전을 다른 금전과 섞거나 교환하지 않고 쇼핑백에 넣어 자신의 집에 숨겨두었는데, 이를 안 그 타인의 지시를 받은 자가 절도범에게 겁을 주어 위 금전을 교부받은 경우 공갈죄가 성립하지 않는다. [법원9급 14·15] [법원행시 16] [변호사 18] [사시 13]

375 (○)

**해설+** 객관적으로 다른 금전 등과 구분됨이 명백한 예외적인 경우에는 절도 피해자에 대한 관계에서 그 금전이 절도범인 타인의 재물이라고 할 수 없다. 타인의 재물을 갈취한 행위로서 공갈죄가 성립된다고 볼 수 없다(대법원 2012.8.30, 2012도6157).

376 甲은 가짜 기자행세를 하면서 주점 객실에서 나체쇼를 한 乙女를 고발할 것처럼 데리고 나와 여관으로 유인한 다음, 겁에 질린 乙女의 상태를 이용하여 1회 성교한 경우, 甲에게 공갈죄가 성립한다. [국가7급 14]

376 (×) '성립한다' → '성립하지 않는다'

**해설+** 금품이 전제되지 않은 부녀와의 성관계는 재산상 이익에 해당되지 않으므로 접대부를 공갈하여 성관계를 가진 경우에는 공갈죄에 해당되지 않는다(대법원 1983.2.8, 82도2714).

**377** 공갈죄의 수단으로서 협박은 사람의 의사결정의 자유를 제한하거나 의사 실행의 자유를 방해할 정도로 겁을 먹게 할 만한 해악을 고지하는 것을 말하고, 해악의 고지는 제3자를 통한 간접적인 방법으로도 가능하다.

[사시 14]

**377** (○)

**해설+** 고지자가 제3자의 행위를 사실상 지배하거나 제3자에게 영향을 미칠 수 있는 지위에 있는 것으로 믿게 하는 명시적·묵시적 언동을 하였거나 제3자의 행위가 고지자의 의사에 의하여 좌우될 수 있는 것으로 상대방이 인식한 경우에는 고지자가 직접 해악을 가하겠다고 고지한 것과 마찬가지의 행위로 평가할 수 있다(대법원 2006.5.11, 2006도125).

**378** 지역신문의 발행인이 시정에 관한 비판기사 및 사설을 보도하고, 관련 공무원에게 광고의뢰 및 직보배정을 다른 신문사와 같은 수준으로 높게 해 달라고 요청한 사실만으로도 공갈죄의 수단으로서 그 상대방을 협박한 것으로 볼 수 있다.

[경찰승진 23]

**378** (×)

**해설+** 지역신문의 발행인이 시정에 관한 비판기사 및 사설을 보도하고 관련 공무원에게 광고의뢰 및 직보배정을 타 신문사와 같은 수준으로 높게 해 달라고 요청한 사실만으로 공갈죄의 수단으로서 그 상대방을 협박하였다고 볼 수 없다(대법원 2002.12.10, 2001도7095).

**379** 다른 공범자가 공갈행위의 실행에 착수한 후 그 범행을 인식하면서 그와 공동의 범의를 가지고 그 후의 공갈행위를 계속하여 재물의 교부나 재산상 이익의 취득에 이른 때에는 공갈죄의 공동정범이 성립한다.

[경찰채용 18 2차]

**379** (○)

**해설+** 신문의 부실공사 관련 기사에 대한 해당 건설업체의 반박광고가 있었음에도 재차 부실공사 관련 기사가 나가는 등 그 신문사 기자들과 그 건설업체 대표이사의 감정이 악화되어 있는 상태에서, 그 신문사 사주 및 광고국장이 보도자제를 요청하는 그 건설업체 대표이사에게 자사 신문에 사과광고를 싣지 않으면 그 건설업체의 신용을 해치는 기사가 계속 게재될 것 같다는 기자들의 분위기를 전달하는 방식으로 사과광고를 게재토록 하면서 과다한 광고료를 받은 행위가 공갈죄의 구성요건에 해당한다. … 2인 이상이 공모하여 범죄에 공동 가공하는 공범관계에 있어서 공모는 법률상 어떤 정형을 요구하는 것이 아니고 공범자 상호간에 직접 또는 간접으로 범죄의 공동실행에 관한 암묵적인 의사연락이 있으면 족한 것으로 비록 전체의 모의과정이 없었다고 하더라도 수인 사이에 의사의 결합이 있으면 공동정범이 성립되는 것이므로, 공범자가 공갈행위의 실행에 착수한 후 그 범행을 인식하면서 그와 공동의 범의를 가지고 그 후의 공갈행위를 계속하여 재물의 교부나 재산상 이익의 취득에 이른 때에는 공갈죄의 공동정범이 성립한다(대법원 1997.2.14, 96도1959).

**380** 공갈죄의 수단인 협박은 사람의 의사결정의 자유를 제한하거나 의사실행의 자유를 방해할 정도로 겁을 먹게 할 만한 해악을 고지하는 것을 말하는데, 해악의 고지는 반드시 명시적인 방법이 아니더라도 말이나 행동을 통해서 상대방으로 하여금 어떠한 해악에 이르게 할 것이라는 인식을 갖게 하는 것이면 족하고, 피공갈자 이외의 제3자를 통해서 간접적으로 할 수도 있다.

[법원9급 14]

(O) 대법원 2003.5.13, 2003
도709

**381** 폭행의 상대방이 재산상 이익을 공여하는 처분행위를 한 바 없고, 단지 행위자가 법적으로 의무있는 재산상 이익의 공여를 면하기 위하여 상대방을 폭행하고 현장에서 도주함으로써 상대방이 행위자로부터 원래라면 얻을 수 있었던 재산상 이익의 실현에 장애가 발생한 것에 불과하다면 그 행위자에게 공갈죄의 죄책을 물을 수 없다.

[법원행시 16]

381 (O) 대법원 2012.1.27, 2011
도16044

**382** 피해자가 피고인에게 계속해서 택시요금의 지급을 요구하였으나 피고인이 이를 면하고자 피해자를 폭행하고 달아났을 뿐 피해자가 폭행을 당하여 외포심을 일으켜 수동적·소극적으로라도 피고인이 택시요금 지급을 면하는 것을 용인하여 이익을 공여하는 처분행위를 하였다고 할 수 없는 경우, 공갈죄가 성립하지 아니한다.

[경찰승진 14]

382 (O) 대법원 2012.1.27, 2011
도16044

**383** 공갈죄에 있어서 공갈의 상대방은 재산상의 피해자와 동일함을 요하지는 아니하나, 공갈의 목적이 된 재물 기타 재산상의 이익을 처분할 수 있는 사실상 또는 법률상의 권한을 갖거나 그러한 지위에 있음을 요한다.

[법원9급 14]

383 (O)

해설+ 공갈죄에 있어서 공갈의 상대방은 재산상의 피해자와 동일함을 요하지는 아니하나, 공갈의 목적이 된 재물 기타 재산상의 이익을 처분할 수 있는 사실상 또는 법률상의 권한을 갖거나 그러한 지위에 있음을 요한다(대법원 2005.9.29, 2005도4738).

**384** 공갈죄는 다른 사람을 공갈하여 그로 인한 하자 있는 의사에 기하여 자기 또는 제3자에게 재물을 교부하게 하거나 재산상 이익을 취득하게 함으로써 성립되는 범죄로서, 공갈의 상대방이 재산상의 피해자와 같아야 할 필요는 없고, 피공갈자의 하자 있는 의사에 기하여 이루어지는 재물의 교부 자체가 공갈죄에서의 재산상 손해에 해당하므로, 반드시 피해자의 전체 재산의 감소가 요구되는 것도 아니다.　　　[법원행시 15·16]

384 (○) 대법원 2013.4.11, 2010도13774

**385** 피공갈자의 하자 있는 의사에 기하여 이루어지는 재물의 교부 자체가 공갈죄에서의 재산상 손해에 해당하므로, 반드시 피해자의 전체 재산의 감소가 요구되는 것은 아니다.　　　[법원9급 21]

385 (○) 대법원 2013.4.11, 2010도13774

**386** 부동산에 대한 공갈죄는 그 부동산에 관하여 소유권이전등기를 경료받거나 또는 인도를 받은 때에 기수로 되는 것이고, 소유권이전등기에 필요한 서류를 교부받은 때에 기수로 되어 그 범행이 완료되는 것은 아니다.　　　[법원9급 15·16 변형]

386 (○) 대법원 1992.9.14, 92도1506

**387** 공갈죄의 수단으로서 협박은 사람의 의사결정의 자유를 제한하거나 의사실행의 자유를 방해할 정도로 겁을 먹게 할 만한 해악을 고지하는 것을 말한다. 한편 해악의 고지가 권리실현의 수단으로 사용된 경우라고 하여도 그것이 권리행사를 빙자하여 협박을 수단으로 상대방을 겁을 먹게 하였고 권리실행의 수단 방법이 사회통념상 허용되는 정도나 범위를 넘는다면 공갈죄가 성립한다.　　　[법원행시 15·16]

387 (○) 대법원 1996.9.24, 96도2151; 2012.9.13, 2012도7461

**388** 공갈죄의 수단으로서의 협박은 사람의 의사결정의 자유를 제한하거나 의사실행의 자유를 방해할 정도로 겁을 먹게 할 만한 해악을 고지하는 것을 말하고, 여기에서 고지된 해악의 실현은 반드시 그 자체가 위법한 것임을 요한다. [국가7급 23]

> **해설+** 공갈죄의 수단으로서의 협박은 사람의 의사결정의 자유를 제한하거나 의사실행의 자유를 방해할 정도로 겁을 먹게 할 만한 해악을 고지하는 것을 말하고 여기에서 고지된 해악의 실현은 반드시 그 자체가 위법한 것임을 요하지 아니하며 해악의 고지가 권리실현의 수단으로 사용된 경우라고 하여도 그것이 권리행사를 빙자하여 협박을 수단으로 상대방을 겁을 먹게 하였고 권리실행의 수단 방법이 사회통념상 허용되는 정도나 범위를 넘는다면 공갈죄가 성립한다(대법원 2007.10.11, 2007도6406).

**389** 교통사고로 2주일간의 치료를 요하는 상해를 당하여 그로 인한 손해배상청구권이 있음을 기화로 사고차량의 운전사가 바뀐 것을 알고서 그 운전사의 사용자에게 과다한 금원을 요구하면서 이에 응하지 않으면 수사기관에 신고할 듯한 태도를 보여 이에 겁을 먹은 동인으로부터 금 3,500,000원을 교부받은 경우 공갈죄가 성립한다. [경찰간부 14]

**390** 공갈죄에도 친족상도례가 적용된다. [법원9급 15]

> **해설+** 친족상도례는 권리행사방해죄에 규정되어 있고, 절도죄·사기죄·공갈죄·횡령죄·배임죄·장물죄에 대하여 준용된다. 다만, 강도죄·손괴죄는 제외된다.

**391** 흉기 기타 위험한 물건을 휴대하고 공갈죄를 범하여 「폭력행위 등 처벌에 관한 법률」 제3조 제1항에 의해 가중처벌되는 경우에도 형법상 공갈죄의 성질은 그대로 유지되는 것이고, 특별법인 위 법률에 친족상도례에 관한 형법의 적용을 배제한다는 명시적인 규정이 없으므로 친족상도례가 적용된다. [사시 14]

> **해설+** 특별법인 위 법률에 친족상도례에 관한 형법 제354조, 제328조의 적용을 배제한다는 명시적인 규정이 없으므로, 형법 제354조는 위 특별법 제2조 제2항 위반죄에도 그대로 적용된다고 보아야 할 것이다(대법원 1994.5.27, 94도617).

**392** 甲은 피해자에 대하여 채권이 있다는 이유로 권리행사를 빙자하여 사회통념상 용인되기 어려운 정도를 넘는 협박을 수단으로 피해자를 외포케 하여 채권을 변제받았다. 甲에게는 협박죄와 공갈죄의 죄책이 인정된다.

[국가9급 21]

392 (×)

> **해설+** 정당한 권리가 있다 하더라도 그 권리행사를 빙자하여 사회통념상 용인되기 어려운 정도를 넘는 협박을 수단으로 상대방을 외포케 하여 재물의 교부 또는 재산상의 이익을 받으려 하였다면 공갈죄가 성립한다(대법원 1996.3.22, 95도2801). 즉, 공갈죄만 성립하고 협박죄는 별도로 성립하지 아니한다.

**393** 토지매도인이 그 매매대금을 지급받기 위하여 매수인을 상대로 하여 당해 토지에 관한 소유권이전등기말소청구소송을 제기하고 위 대금을 변제받지 못하면 위 소송을 취하하지 아니하고 예고등기도 말소하지 않겠다는 취지를 알렸다고 하여 이를 지목하여 공갈행위라고 단정할 수 없다.

[법원9급 15]

393 (○)

> **해설+** 처분권주의, 변론주의의 원리를 채택하고 있는 민사소송에 있어 부당한 제소나 그 소송의 유지가 있다 하더라도 상대방은 이에 응소하여 방어권을 충분히 행사할 수 있는 것이고 소의 취하는 상대방이 이를 강제할 수 없는 것이므로, 공갈행위라고 단정할 수는 없다(대법원 1989.2.28, 87도690).

**394** 갈취한 타인의 신용카드와 그 타인으로부터 알아낸 비밀번호를 이용하여 현금자동지급기에서 예금을 인출한 행위는 그 현금을 객체로 하는 절도죄가 성립한다.

[변호사 15]

394 (×) '성립한다' → '성립하지 않는다'

> **해설+** 피고인의 단일하고 계속된 범의 아래에서 이루어진 일련의 행위로서 포괄하여 하나의 공갈죄를 구성하므로, 현금자동지급기에서 피해자의 예금을 인출한 행위를 현금카드 갈취행위와 분리하여 따로 절도죄로 처단할 수는 없다(대법원 2007.5.10, 2007도1375).

**395** 예금주인 현금카드 소유자를 협박하여 그 카드를 갈취한 다음 피해자의 승낙에 의하여 현금카드를 사용할 권한을 부여받아 이를 이용하여 현금자동지급기에서 현금을 인출한 행위는 포괄하여 하나의 공갈죄를 구성하고 현금지급기에서 피해자의 예금을 취득한 행위를 현금카드 갈취행위와 분리하여 따로 절도죄로 처단할 수는 없다.

[법원행시 16]

395 (○) 대법원 1996.9.20, 95도1728

396 공갈죄와 도박죄는 그 구성요건과 보호법익을 달리하고 있고, 공갈죄의 성립에 일반적·전형적으로 도박행위를 수반하는 것은 아니며, 도박행위가 공갈죄에 비하여 별도로 고려되지 않을 만큼 경미한 것이라고 할 수도 없으므로, 도박행위가 공갈죄의 수단이 되었다 하여 그 도박행위가 공갈죄에 흡수되어 별도의 범죄를 구성하지 않는다고 할 수 없다. [법원행시 15]

396 (○) 대법원 2014.3.13, 2014도212

397 도박행위가 공갈죄의 수단이 된 경우, 공갈죄와 도박죄는 그 구성요건과 보호법익을 달리하고 있고, 공갈죄의 성립에 일반적·전형적으로 도박행위를 수반하는 것은 아니기에 공갈죄와 별도로 도박죄가 성립한다. [경찰채용 22 2차]

397 (○) 대법원 2014.3.13, 2014도212

398 공무원이 직무집행의 의사 없이 또는 직무처리와 대가적 관계없이 타인을 공갈하여 재물을 교부하게 한 경우에는 공갈죄만이 성립하고, 이러한 경우 재물의 교부자가 공무원의 해악의 고지로 인하여 외포의 결과 금품을 제공한 것이라면 그는 공갈죄의 피해자가 될 것이고 뇌물공여죄는 성립될 수 없다. [법원9급 14]

398 (○) 대법원 1969.7.22, 65도1166

## 6 횡령의 죄

### 📎 대표유형

지입회사에 소유권이 있는 차량에 대하여 지입회사에서 운행관리권을 위임받은 지입차주가 지입회사의 승낙 없이 보관 중인 차량을 사실상 처분한 경우에는 횡령죄가 성립하지만, 지입차주에게서 차량 보관을 위임받은 사람이 지입차주의 승낙 없이 보관 중인 차량을 사실상 처분한 경우에는 보관을 위임받은 사람을 타인의 재물을 보관한 자로 볼 수 없으므로 횡령죄가 성립하지 않는다. [국가7급 21]

(×)

**해설+** 소유권의 취득에 등록이 필요한 타인 소유의 차량을 인도받아 보관하고 있는 사람이 이를 사실상 처분하면 횡령죄가 성립하며, 보관 위임자나 보관자가 차량의 등록명의자일 필요는 없다. 그리고 이와 같은 법리는 지입회사에 소유권이 있는 차량에 대하여 지입회사에서 운행관리권을 위임받은 지입차주가 지입회사의 승낙 없이 보관 중인 차량을 사실상 처분하거나 지입차주에게서 차량 보관을 위임받은 사람이 지입차주의 승낙 없이 보관 중인 차량을 사실상 처분한 경우에도 마찬가지로 적용된다(대법원 2015.6.25, 2015도1944 전원합의체).

**📎 대표유형**

채무자 甲이 채권자에게 동산을 양도담보로 제공하고 점유개정의 방법으로 점유하고 있는
상태에서 이것을 제3자에게 처분한 경우, 횡령죄가 성립한다.　　　　　　　　　　[국가7급 16]

**해설+** 횡령죄와 배임죄 둘 다 성립하지 않는다. 종래 판례는 배임죄는 성립한다고 보았으나 2020년 2월
대법원 전원합의체에서 이를 변경하여 배임죄도 성립하지 않는다고 판시하였다. "채무자가 금전채무를 담보
하기 위하여 그 소유의 동산을 채권자에게 양도담보로 제공함으로써 채권자인 양도담보권자에 대하여 담보물
의 담보가치를 유지·보전할 의무 내지 담보물을 타에 처분하거나 멸실, 훼손하는 등으로 담보권 실행에 지장
을 초래하는 행위를 하지 않을 의무를 부담하게 되었더라도, 이를 들어 채무자가 통상의 계약에서의 이익대립
관계를 넘어서 채권자와의 신임관계에 기초하여 채권자의 사무를 맡아 처리하는 것으로 볼 수 없다. 따라서
채무자를 배임죄의 주체인 '타인의 사무를 처리하는 자'에 해당한다고 할 수 없고, 그가 담보물을 제3자에게
처분하는 등으로 담보가치를 감소 또는 상실시켜 채권자의 담보권 실행이나 이를 통한 채권실현에 위험을
초래하더라도 배임죄가 성립한다고 할 수 없다. 위와 같은 법리는, 채무자가 동산에 관하여 양도담보설정계약
을 체결하여 이를 채권자에게 양도할 의무가 있음에도 제3자에게 처분한 경우에도 적용되고, 주식에 관하여
양도담보설정계약을 체결한 채무자가 제3자에게 해당 주식을 처분한 사안에도 마찬가지로 적용된다(대법원
2020.2.20, 2019도9756 전원합의체)."

**📎 대표유형**

공무원에게 뇌물로 전달하여 달라는 부탁을 받았음에도 뇌물로 전달하지 않고 소비한 경우,
횡령죄가 성립하지 않는다.　　　　　　　　　　　　　　　　　　　　　　　　[법원9급 18]

**해설+** 금원을 교부받은 것은 불법원인으로 인하여 지급받은 것으로서 이를 뇌물로 전달하지 않고 타에
소비하였다고 해서 타인의 재물을 보관 중 횡령하였다고 볼 수는 없다(대법원 1988.9.20, 86도628).

**📎 대표유형**

부동산 실권리자명의 등기에 관한 법률에 위반한 이른바 양자간 명의신탁에서 명의수탁자
가 신탁부동산을 임의로 처분한 경우, 횡령죄가 성립하지 않는다.

**해설+** 횡령죄의 본질이 신임관계에 기초하여 위탁된 타인의 물건을 위법하게 영득하는 데 있음에 비추어
볼 때 위탁관계는 횡령죄로 보호할 만한 가치 있는 신임에 의한 것으로 한정함이 타당하다(대법원 2016.
5.19, 2014도6992 전원합의체 참조). 위탁관계가 있는지 여부는 재물의 보관자와 소유자 사이의 관계, 재물
을 보관하게 된 경위 등에 비추어 볼 때 보관자에게 재물의 보관 상태를 그대로 유지하여야 할 의무를 부과하
여 그 보관 상태를 형사법적으로 보호할 필요가 있는지 등을 고려하여 규범적으로 판단하여야 한다(대법원
2018.7.19, 2017도17494 전원합의체 참조). … 명의신탁자와 명의수탁자 사이에 무효인 명의신탁약정 등에
기초하여 존재한다고 주장될 수 있는 사실상의 위탁관계라는 것은 부동산실명법에 반하여 범죄를 구성하는
불법적인 관계에 지나지 아니할 뿐 이를 형법상 보호할 만한 가치 있는 신임에 의한 것이라고 할 수 없다(위
대법원 2016.5.19, 2014도6992 전원합의체 판결 참조). … 그러므로 부동산실명법에 위반한 양자간 명의신
탁의 경우 명의수탁자가 신탁받은 부동산을 임의로 처분하여도 명의신탁자에 대한 관계에서 횡령죄가 성립
하지 아니한다. 이러한 법리는 부동산 명의신탁이 부동산실명법 시행 전에 이루어졌고 같은 법이 정한 유예
기간 이내에 실명등기를 하지 아니함으로써 그 명의신탁약정 및 이에 따라 행하여진 등기에 의한 물권변동이
무효로 된 후에 처분행위가 이루어진 경우에도 마찬가지로 적용된다(대법원 2021.2.18, 2016도18761 전원
합의체).

**399** 횡령죄의 본질에 관한 학설 중 월권행위설에 따르면 본죄가 성립하기 위하여는 불법영득의사가 있어야 한다. [경찰채용 22 2차]

**399** (×)

> **해설+** 월권행위설은 횡령죄의 본질이 위탁의 취지에 반하여 권한을 초월하여 불법처분하는 것에 있다고 보므로, 횡령죄의 성립에 불법영득의사가 필요하지 아니하다.

**400** 횡령죄는 타인의 재물에 관한 소유권 등 본권을 보호법익으로 하는 범죄이므로 본권 침해의 결과가 발생하였을 때 성립하는 이른바 침해범이다. [경찰채용 22 2차]

**400** (×)

> **해설+** 횡령죄는 다른 사람의 재물에 관한 소유권 등 본권을 그 보호법익으로 하고, 본권이 침해될 위험성이 있으면 그 침해의 결과가 발생되지 아니하더라도 성립하는 이른바 위태범이므로, 다른 사람의 재물을 보관하는 사람이 그 사람의 동의 없이 함부로 이를 담보로 제공하는 행위는 불법영득의 의사를 표현하는 횡령행위로서, 사법(私法)상 그 담보제공행위가 무효이거나 그 재물에 대한 소유권이 침해되는 결과가 발생하는지 여부에 관계없이 횡령죄를 구성한다(대법원 2009.2.12, 2008도10971).

**401** 횡령죄에 있어서의 재물은 동산, 부동산의 유체물에 한정되지 아니하고 관리할 수 있는 동력도 재물로 간주되지만, 여기에서 말하는 관리란 물리적 또는 물질적 관리를 가리킨다고 볼 것이고, 재물과 재산상 이익을 구별하고 횡령과 배임을 별개의 죄로 규정한 현행 형법의 규정에 비추어 볼 때 사무적으로 관리가 가능한 채권이나 그 밖의 권리 등은 재물에 포함된다고 해석할 수 없다. [경찰간부 17]

**401** (○) 대법원 1994.3.8, 93도2272

**402** 횡령죄는 타인의 재물에 대한 재산범죄로서 재물의 소유권 등 본권을 보호법익으로 하는 범죄이다. 따라서 횡령죄의 객체가 타인의 재물에 속하는 이상 구체적으로 누구의 소유인지는 횡령죄의 성립 여부에 영향이 없다.

[경찰채용 22 1차]

402 (○)

**해설+** 횡령죄는 타인의 재물에 대한 재산범죄로서 재물의 소유권 등 본권을 보호법익으로 하는 범죄이다. 따라서 횡령죄의 객체가 타인의 재물에 속하는 이상 구체적으로 누구의 소유인지는 횡령죄의 성립 여부에 영향이 없다. 주식회사는 주주와 독립된 별개의 권리주체로서 그 이해가 반드시 일치하는 것은 아니므로, 주주나 대표이사 또는 그에 준하여 회사 자금의 보관이나 운용에 관한 사실상의 사무를 처리하는 자가 회사 소유의 재산을 사적인 용도로 함부로 처분하였다면 횡령죄가 성립한다(대법원 2019.12.24, 2019도9773).

**보충** 피고인들이 공모하여 甲 주식회사 등 피해 회사가 납품하는 물품을 마치 피해 회사의 자회사로서 서류상으로만 존재하는 乙 주식회사 등이 납품하는 것처럼 서류를 꾸며 피해 회사가 지급받아야 할 납품대금을 자회사 명의의 계좌로 지급받아 급여 등의 명목으로 임의로 사용하였다고 하여 특정경제범죄 가중처벌 등에 관한 법률 위반(횡령)으로 기소된 경우, 법인격 부인 또는 남용 법리는 회사가 법인격을 남용했다고 볼 수 있는 예외적인 경우에 회사에 법인격이 있더라도 이를 무시하고 그 뒤에 있는 배후자에게 책임을 추궁하는 것이므로, 피고인들이 피해 회사의 자회사 계좌를 이용하여 피해 회사의 납품대금을 횡령한 사건에서 법인격 부인 여부에 따라 횡령죄의 성립이 좌우되는 것은 아니다.

**403** 甲이 A와의 합의하에 A 소유의 예당저수지 사금채취광업권을 명의신탁받아 보관하던 중, A로부터 위 광업권을 반환하라는 요구를 받고도 자신은 A로부터 위 광업권을 금 5,000만 원에 매수한 것이라 주장하면서 그 반환 요구를 거부한 경우 횡령죄가 성립한다.

[변호사 16]

403 (✕) '성립한다' → '성립하지 않는다'

**해설+** 사금채취광업권은 재물인 광물을 취득할 수 있는 권리에 불과하지 재물 그 자체는 아니므로 횡령죄의 객체가 된다고 할 수 없고, 광업법 제12조가 광업권을 물권으로 하고 광업권이 부동산과 마찬가지로 횡령죄의 객체가 된다고 할 수는 없다(대법원 1994.3.8, 93도2272).

**404** 횡령죄에 있어서 재물의 보관이란 재물에 대한 사실상 또는 법률상 지배력이 있는 상태를 의미하며, 그것은 반드시 사용대차, 임대차, 위임 등이 계약에 의해 설정될 필요는 없고, 사무관리, 관습, 조리, 신의칙에 의해서도 성립한다.

[경찰채용 22 2차] [법원9급 10]

404 (○)

**해설+** 횡령죄에 있어서 재물의 보관이라 함은 재물에 대한 사실상 또는 법률상 지배력이 있는 상태를 의미하고 그 보관이 위탁관계에 기인하여야 할 것임은 물론이나, 그것이 반드시 사용대차·임대차·위임 등의 계약에 의하여 설정되는 것임을 요하지 아니하고, 사무관리·관습·조리·신의칙 등에 의해서도 성립될 수 있다(대법원 2003.9.23, 2003도3840; 2008.9.11, 2008도4859).

**405** 민법상의 점유보조자라도 그 물건에 대하여 사실상 지배력을 행사하는 경우에는 형법상 보관의 주체로 볼 수 있다. [경찰채용 10 2차]

405 (○) 대법원 2008.9.11, 2008도4859

**406** 부동산에 관한 횡령죄에 있어서 타인의 재물을 보관하는 자의 지위는 부동산에 대한 점유의 여부가 아니라 부동산을 제3자에게 유효하게 처분할 수 있는 지위에 있는지 여부를 기준으로 결정하여야 한다. [법원9급 16]

406 (○) 대법원 2000.4.11, 2000도565

**407** 미등기건물의 관리를 위임받아 보관하고 있는 자는 등기부상 명의인이 아니므로 위탁관계에 의하여 타인의 미등기건물을 현실로 관리 · 지배하더라도 위 미등기건물의 보관자라고 할 수 없다. [경찰채용 12 3차]

407 (×)

**해설+** 등기부상의 명의인이 아니라도 소유자의 위임에 의거해서 실제로 타인의 부동산을 관리, 지배하면 부동산의 보관자라 할 수 있고, 미등기건물에 대하여는 위탁관계에 의하여 현실로 부동산을 관리, 지배하는 자가 보관자라고 할 수 있다(대법원 1993.3.9, 92도2999).

**408** 횡령죄에서 재물의 보관은 재물에 대한 사실상 또는 법률상 지배력이 있는 상태를 의미하며, 횡령행위는 불법영득의사를 실현하는 일체의 행위를 말한다. 따라서 소유권의 취득에 등록이 필요한 타인 소유의 차량을 인도받아 보관하고 있는 사람이 이를 사실상 처분하면 횡령죄가 성립하며, 보관위임자나 보관자가 차량의 등록명의자일 필요는 없다.

408 (○)

**해설+** 지입차주가 지입회사의 승낙 없이 보관 중인 차량을 사실상 처분하거나 지입차주에게서 차량 보관을 위임받은 사람이 지입차주의 승낙 없이 보관 중인 차량을 사실상 처분한 경우에도 마찬가지로 적용된다(대법원 2015.6.25, 2015도1944).

**409** 지입회사에 소유권이 있는 차량에 대하여 지입회사에서 운행관리권을 위임받은 지입차주가 지입회사의 승낙 없이 보관 중인 차량을 사실상 처분한 경우에는 횡령죄가 성립하지만, 그 차량의 보관을 지입차주로부터 위임받은 사람이 지입차주의 승낙 없이 보관 중인 차량을 사실상 처분한 경우에는 배임죄가 성립한다. [경찰채용 19 2차]

409 (×)

**해설+** 지입회사에 소유권이 있는 차량에 대하여 지입회사에서 운행관리권을 위임받은 지입차주가 지입회사의 승낙 없이 보관 중인 차량을 처분하거나 지입차주에게서 차량 보관을 위임받은 사람이 지입차주의 승낙 없이 보관 중인 차량을 처분한 경우, 횡령죄가 성립한다(대법원 2015.6.25, 2015도1944 전원합의체).

410 지입회사에 소유권이 있는 차량에 대하여 지입회사에서 운행관리권을 위임받은 지입차주가 지입회사의 승낙 없이 보관 중인 차량을 사실상 처분하거나 지입차주에게서 차량 보관을 위임받은 사람이 지입차주의 승낙 없이 보관 중인 차량을 사실상 처분한 경우 횡령죄가 성립한다.

[경찰간부 17] [법원9급 18 변형] [사시 16]

410 (O) 대법원 2015.6.25, 2015 도1944 전원합의체

411 부동산 매수인이 매매대금의 완납 전에 그 매매목적물을 담보로 하여 금전을 차용함에 있어 매도인의 승낙을 받는 한편 매도인과 사이에 그 차용금액의 일부는 매도인에게 매매대금으로 우선 교부하여 주기로 약정한 다음 금전을 차용하여 이를 전부 임의로 소비한 경우 부동산 매수인에게는 횡령죄의 죄책이 인정된다.

411 (×)

**해설+** 매도인과 매수인 사이의 위의 약정은 매매잔대금의 지급방법의 하나를 정한 것에 불과한 것이므로 이로써 매수인이 대금완납시까지 매도인을 위하여 위 매매목적물을 관리하거나 담보제공하여 차용한 금전을 보관하여야 하는 지위에 있다고 볼 수 없으므로 매수인이 차용금액의 일부를 매도인에게 지급하지 아니하였다고 하더라도 이는 단순한 민사상의 채무불이행에 지나지 아니할 뿐 횡령죄는 성립하지 아니한다(대법원 1987.3.24, 83도1420).

412 수개의 회사 소유 자금을 구분 없이 함께 보관하던 사람이 그 자금 중 일부를 횡령한 경우의 피해자는 수개의 회사 전부라 볼 수 있다.

[경찰승진 12]

412 (O) 대법원 2007.6.1, 2006 도1813

413 부동산의 공유자 중 1인이 구분소유자 전원의 공유에 속하는 공용 부분인 지하주차장 일부를 독점 임대하고 임차료를 수령한 경우, 다른 공유자에 대한 관계에서 횡령죄가 성립한다. [경찰채용 20 1차] [국가9급 21] [법원9급 20]

413 (×)

**해설+** 부동산에 관한 횡령죄에 있어서 타인의 재물을 보관하는 자의 지위는 동산의 경우와는 달리 부동산에 대한 점유의 여부가 아니라 부동산을 제3자에게 유효하게 처분할 수 있는 권능의 유무에 따라 결정하여야 하므로, 부동산의 공유자 중 1인이 다른 공유자의 지분을 임의로 처분하거나 임대하여도 그에게는 그 처분권능이 없어 횡령죄가 성립하지 아니한다(대법원 2004.5.27, 2003도6988).

**414** 甲이 다른 공유자 乙과 공동으로 임대목적물을 임대하면서 지급받은 임대차보증금 잔금을 임차인으로부터 지급받은 후, 乙의 승낙 없이 임의로 처분한 경우, 甲에게는 횡령죄의 죄책이 인정되지 않는다.

414 (×)

> **해설+** 피고인 甲은 乙과 임대목적물을 공동으로 임대한 것이라면 그 보증금반환채무는 성질상 불가분채무에 해당하므로, 위 임대보증금 잔금은 이를 정산하기까지는 甲과 乙의 공동소유에 귀속한다고 할 것이고, 공동소유자 1인에 불과한 피고인 甲이 乙의 승낙 없이 위 임대보증금 잔금을 임의로 처분하였다면 횡령죄가 성립한다(대법원 2001.10.30, 2001도2095).

**415** 임야의 진정한 소유자와는 전혀 무관하게 신탁자로부터 임야 지분을 명의 신탁받아 지분이전등기를 경료한 수탁자가 신탁받은 지분을 임의로 처분한 경우, 횡령죄가 성립한다. [국가9급 12]

415 (×) '성립한다' → '성립하지 않는다'

> **해설+** 임야 지분을 제3자에게 유효하게 처분할 수 있는 권능이 없으므로 임야 지분을 보관하는 자의 지위에 있지 않아 그 처분행위가 신탁자에 대해서나 또는 소유자에 대하여 위 임야 지분을 횡령한 것이 되지 않는다(대법원 2007.5.31, 2007도1082).

**416** 부동산에 대한 원인무효인 소유권이전등기의 명의자는 횡령죄의 주체인 '타인의 재물을 보관하는 자'에 해당한다고 할 수 없다. [경찰간부 17] [사시 13]

416 (○)

> **해설+** 부동산의 경우 보관자의 지위는 점유를 기준으로 할 것이 아니라 그 부동산을 제3자에게 유효하게 처분할 수 있는 권능의 유무를 기준으로 결정하여야 하므로, 원인무효인 소유권이전등기의 명의자는 횡령죄의 주체인 타인의 재물을 보관하는 자에 해당한다고 할 수 없다(대법원 2010.6.24, 2009도9242).

**417** 부동산을 공동으로 상속한 자들 중 1인이 상속부동산을 혼자 점유하던 중 다른 공동상속인의 상속지분을 임의로 처분한 경우, 횡령죄의 죄책을 부담한다. [경찰채용 18 1차] [법원9급 15]

417 (×) '부담한다' → '부담하지 않는다'

> **해설+** 부동산을 공동으로 상속한 자들 중 1인이 부동산을 혼자 점유하던 중 다른 공동상속인의 상속지분을 임의로 처분하여도 그에게는 그 처분권능이 없어 횡령죄가 성립하지 아니한다(대법원 2000.4.11, 2000도565).

418 공동상속인 중 1인인 甲이 상속재산인 임야를 보관 중 다른 상속인들로부터 매도 후 분배 또는 소유권이전등기를 요구받고도 그 반환을 거부한 경우 횡령죄가 성립하고, 그 후 그 임야에 관하여 다시 제3자 앞으로 근저당권설정등기를 경료해 주었다면 별도의 횡령죄를 구성한다. [국가7급 21]

418 (×) 불가벌적 사후행위이다 (대법원 2010.2.25, 2010도10980).

419 업무상 횡령죄에서 '업무'는 법령, 계약에 의한 것뿐만 아니라 관례를 좇거나 사실상의 것이거나를 묻지 않고 같은 행위를 반복할 지위에 따른 사무를 가리키며, 횡령죄에서 재물 보관에 관한 위탁관계는 사실상의 관계에 있으면 충분하다. [경찰채용 12 2차]

419 (○) 대법원 2015.12.10, 2013도13444

420 甲이 A로부터 1,000만 원 범위 내에서 액면을 보충·할인하여 달라는 의뢰를 받고 A가 발행한 액면 백지인 약속어음을 교부받아 보관하던 중, A와 합의한 보충권의 한도를 넘겨 액면을 2,000만 원으로 보충한 다음 甲의 채무변제조로 B에게 교부하여 임의로 사용한 경우, 甲에게 A에 대한 횡령죄가 성립한다. [법원9급 18 변형] [변호사 21]

420 (×)

**해설+** 발행인으로부터 일정한 금액의 범위 내에서 액면을 보충·할인하여 달라는 의뢰를 받고 액면 백지인 약속어음을 교부받아 보관 중이던 자가 발행인과의 합의에 의하여 정해진 보충권의 한도를 넘어 보충을 한 경우에는 발행인의 서명날인 있는 기존의 약속어음 용지를 이용하여 새로운 별개의 약속어음을 발행한 것에 해당하여 이러한 보충권의 남용행위로 인하여 생겨난 새로운 약속어음에 대하여는 발행인과의 관계에서 보관자의 지위에 있다 할 수 없으므로, 설사 그 약속어음을 자신의 채무변제조로 제3자에게 교부하여 임의로 사용하였다고 하더라도, 발행인으로 하여금 제3자에 대하여 어음상의 채무를 부담하는 손해를 입게 한 데에 대한 배임죄가 성립될 수 있음은 별론으로 하고, 보관자의 지위에 있음을 전제로 횡령죄가 성립될 수는 없다(대법원 1995.1.20, 94도2760).

421 어음의 할인을 위하여 배서양도의 형식으로 약속어음을 교부받은 자가 이를 자신의 채무변제에 충당한 경우, 이는 위탁의 취지에 반하는 것으로 횡령죄가 성립한다. [경찰채용 19 2차]

421 (○)

**해설+** 약속어음을 할인을 위하여 교부받은 수탁자는 위탁의 취지에 따라 보관하는 것에 불과하고 위 약속어음을 교부할 당시에 그 할인의 편의를 위하여 배서양도의 형식을 취하였다 하더라도 다를 바 없다 할 것이므로 배서양도의 형식으로 위탁된 약속어음을 수탁자가 자신의 채무변제에 충당하였다면 이와 같은 수탁자의 행위는 위탁의 취지에 반하는 것으로서 횡령죄를 구성한다(대법원 1983.4.26, 82도3079).

**422** 채무자 A는 채권자 B에게 채무총액에 대한 지불각서를 써주기로 하고 그 액면금을 확인하기 위해 B에게서 가계수표를 교부받았다. A는 수표를 건네받아 수표의 매수와 액면금액을 확인하던 중 수표총액이 액면금에 미치지 못하자 수표들 중 일부를 찢어버리고 나머지 수표들을 반환하지 아니한 경우 횡령죄가 성립한다. [경찰승진 11]

**422** (○)

> **해설+** 채무자가 채무총액에 관한 지불각서를 써 줄 것으로 믿고, 채권자가 채무자에게 그 액면금 등을 확인할 수 있도록 가계수표들을 교부하였다면, 채권자와 채무자 사이에는 만약 합의가 결렬되어 채무자가 채권자에게 지불각서를 써 주지 아니하는 경우에는 곧바로 그 가계수표들을 채권자에게 반환하기로 하는, 횡령죄에 있어서 조리에 의한 위탁관계가 발생하였다(대법원 1996.5.14, 96도410).

**423** 어떤 예금계좌에 돈이 착오로 잘못 송금되어 입금된 경우에는 그 예금주와 송금인 사이에 신의칙상 보관관계가 성립한다고 할 것이므로, 피고인이 송금 절차의 착오로 인하여 피고인 명의의 은행 계좌에 입금된 돈을 임의로 인출하여 소비한 행위는 횡령죄에 해당하고 이는 송금인과 피고인 사이에 별다른 거래관계가 없다고 하더라도 마찬가지이다.

[법원9급 20 변형] [변호사 14 변형]

**423** (○) 대법원 2010.12.9, 2010 도891

**424** 채권의 담보를 목적으로 부동산의 소유권이전등기를 마친 양도담보권자인 채권자 甲이 목적물을 점유하다가 임의로 그 변제기일 이전에 제3자에게 근저당권을 경료하여 준 경우, 채무자 소유인 타인의 부동산을 불법영득한 것이므로 횡령죄가 성립한다. [국가7급 21]

**424** (×)

> **해설+** 부동산양도담보권자인 채권자에 대해서는 횡령죄가 아니라 배임죄가 성립한다는 것이 판례이다. "채권의 담보를 목적으로 부동산의 소유권이전등기를 마친 채권자는 채무자가 변제기일까지 그 채무를 변제하면 채무자에게 그 소유명의를 환원하여 주기 위하여 그 소유권이전등기를 이행할 의무가 있으므로, 그 변제기일 이전에 그 임무에 위배하여 제3자에게 근저당권을 경료하여 주었다면 변제기일까지 채무자의 채무변제가 없었다고 하더라도 배임죄는 성립되고, 그와 같은 법리는 채무자에게 환매권을 주는 형식을 취하였다고 하여 다를 바가 없다(대법원 1995.5.12, 95도283)."

**425** 甲이 A에게 금전을 대여하면서 A로부터 그 담보로 동산을 교부받아 보관하고 있던 중 담보권의 범위를 벗어나서 그 동산 담보물을 처분한 경우, 甲에게는 횡령죄가 성립한다. [국가9급 18] [법원9급 20]

**425** (○)

> **해설+** 채권자는 단지 양도담보 물권을 취득하는 데 지나지 않으므로 그 동산을 다른 사유에 의하여 보관하게 된 채권자는 타인 소유의 물건을 보관하는 자로서 횡령죄의 주체가 될 수 있다(대법원 1989.4.11, 88도906).

**426** 조합장이 조합으로부터 공무원에게 뇌물로 전달하여 달라고 금원을 교부받고도, 이를 뇌물로 전달하지 않고 개인적으로 소비한 경우에 횡령죄가 성립한다. [변호사 12 변형·14]

> **해설+** 민법 제746조에 불법의 원인으로 인하여 재산을 급여하거나 노무를 제공한 때에는 그 이익의 반환을 청구하지 못한다고 규정한 뜻은 급여를 한 사람은 그 원인행위가 법률상 무효임을 내세워 상대방에게 부당이득 반환청구를 할 수 없고, 또 급여한 물건의 소유권이 자기에게 있다고 하여 소유권에 기한 반환청구도 할 수 없어서 결국 급여한 물건의 소유권은 급여를 받은 상대방에게 귀속된다(대법원 1988.9.20, 86도628).

426 (×) '성립한다' → '성립하지 않는다'

**427** A국립고등학교 졸업생 甲은 이 학교 직원으로 있는 乙에게 현금 1,000만 원을 주면서, 교장 丙에게 뇌물로 전해 주고 허위의 성적증명서를 만들어 달라고 부탁하였다. 그러나 乙은 교장 도장을 도용하여 甲의 성적증명서를 위조한 후, 甲에게 전해 주고 그 돈은 자기가 소비하였다. 乙에게는 횡령죄가 성립하지 않는다. [국가7급 17]

427 (○) 불법원인급여의 경우, 횡령죄가 성립하지 않는 것이 원칙이다(대법원 1999.6.11, 99도275).

**428** 건설업자 甲이 친구 乙을 시켜 구청 공무원 丙에게 뇌물을 전달해 달라는 부탁을 하였는바 乙이 교부받은 금원을 전달하지 않고 임의로 소비한 경우, 乙에게 횡령죄가 성립한다. [국가7급 14]

> **해설+** 교부받은 금전은 불법원인급여물에 해당하여 그 소유권은 乙에게 귀속되는 것으로서 乙이 위 금전을 제3자에게 전달하지 않고 임의로 소비하였다고 하더라도 횡령죄가 성립하지 않는다(대법원 1999.6.11, 99도275).

428 (×) '성립한다' → '성립하지 않는다'

**429** 피고인이 甲으로부터 수표를 현금으로 교환해 주면 대가를 주겠다는 제안을 받고 위 수표가 乙 등이 사기범행을 통해 취득한 범죄수익 등이라는 사실을 잘 알면서도 교부받아 그 일부를 현금으로 교환한 후 丙, 丁과 공모하여 아직 교환되지 못한 수표 및 교환된 현금을 임의로 사용한 경우, 횡령죄가 성립하지 않는다. [법원행시 18]

429 (○) 피고인이 甲으로부터 범죄수익 등의 은닉범행 등을 위해 교부받은 수표는 불법의 원인으로 급여한 물건에 해당하여 소유권이 피고인에게 귀속되므로 횡령죄가 성립하지 않는다(대법원 2017.4.26, 2016도18035).

**430** 甲이 범죄수익 등의 은닉을 위해 乙로부터 교부받은 무기명 양도성예금증서를 현금으로 교환하여 임의로 소비하였다면 횡령죄가 성립한다.

[경찰간부 23]

**430** (×)

> **해설+** 피고인이, 甲 등이 금융다단계 사기 범행을 통하여 취득한 범죄수익 등인 무기명 양도성예금증서를 乙로부터 건네받아 현금으로 교환한 후 임의로 소비하였다고 하여 특정경제범죄 가중처벌 등에 관한 법률 위반(횡령)으로 기소된 경우, 피고인이 乙로부터 범죄수익 등의 은닉을 위해 교부받은 무기명 양도성예금증서는 불법의 원인으로 급여한 물건에 해당하여 소유권이 피고인에게 귀속되므로, 피고인에 대하여 횡령죄가 성립하지 않는다(대법원 2017.10.26, 2017도9254).

**431** 포주가 윤락녀와 사이에 윤락녀가 받은 화대를 포주가 보관하였다가 절반씩 분배하기로 약정하고도 보관 중인 화대를 임의로 소비한 경우 횡령죄가 성립한다.

[법원행시 14]

**431** (○)

> **해설+** 수익자(포주)의 불법이 현저히 큰 경우이므로 윤락녀에게 반환청구권이 인정되어 포주의 행위는 횡령죄를 구성한다(대법원 1999.9.17, 98도2036).

**432** 병원에서 의약품 선정·구매 업무를 담당하는 약국장 甲이 병원을 대신하여 제약회사로부터 의약품 제공의 대가로 기부금 명목의 돈을 받아 보관 중 임의로 소비한 경우 업무상 횡령죄가 성립한다.

[국가7급 16]

**432** (○) 위 돈은 병원이 약국장에게 불법원인급여를 한 것에 해당하지 않아 여전히 반환청구권을 가지므로, 업무상 횡령죄가 성립한다(대법원 2008.10.9, 2007도2511).

**433** 회사의 경영자가 자금을 지출함에 있어 그 자금의 용도가 엄격히 제한되어 있는 경우 그 용도 외의 사용은 그것이 회사를 위한 것이라도 그 사용행위 자체로서 불법영득의 의사를 실현한 것이라 할 것이다.

[변호사 12]

**433** (○) 대법원 1997.4.22, 96도8

**434** 타인으로부터 용도가 엄격히 제한된 자금을 위탁받아 집행하면서 그 제한된 용도 이외의 목적으로 자금을 사용한 행위가 개인적인 목적에서 비롯된 것이 아니라 결과적으로 자금을 위탁한 본인을 위하는 면이 있는 경우에는 횡령죄가 성립하지 않는다.

[해경채용 22 2차]

**434** (×)

> **해설+** 타인으로부터 용도가 엄격히 제한된 자금을 위탁받아 집행하면서 그 제한된 용도 이외의 목적으로 자금을 사용하는 것은, 그 사용이 개인적인 목적에서 비롯된 경우는 물론 결과적으로 자금을 위탁한 본인을 위하는 면이 있더라도, 그 사용행위 자체로서 불법영득의 의사를 실현한 것이 되어 횡령죄가 성립한다(대법원 1999.7.9, 98도4088).

**435** 甲이 乙로부터 환전하여 달라는 부탁과 함께 교부받은 돈을 임의로 자신의 乙에 대한 채권에 상계 충당하는 행위는 횡령죄가 성립한다. [법원9급 16]

**435** (○)

> **해설+** 당초 위탁한 취지에 반하는 것으로서 상계할 수 있는 반대채권이 있어 그에 상계충당하였다는 것만으로는 용도 내지 목적을 특정하여 위탁한 돈의 반환을 거절할 정당한 사유가 되지 못한다(대법원 1997.9.26, 97도1520).

**436** 학교법인을 운영하는 甲이 A사립학교의 교비회계자금을 같은 학교법인에 속하는 B사립학교의 교비회계에 사용한 경우, 甲에게는 (업무상)횡령죄가 성립한다. [국가9급 18]

**436** (○)

> **해설+** 용도가 엄격히 제한됨에도 불구하고, 甲 학교의 교비회계자금을 같은 학교법인에 속하는 乙 학교의 교비회계에 사용한 경우, 횡령죄 소정의 불법영득의사가 있다(대법원 2002.5.10, 2001도1779).

**437** 주상복합상가의 매수인들로부터 우수상인 유치비 명목으로 금원을 납부받아 보관하던 중 그 용도와 무관하게 일반경비로 사용한 경우, 횡령죄가 성립한다. [경찰채용 18 1차] [국가9급 12]

**437** (○)

> **해설+** 목적·용도가 특정된 금전 기타 대체물을 그 용도 이외로 사용한 경우로서 횡령죄를 구성한다(대법원 2002.8.23, 2002도366).

**438** 회사의 대표이사가 그 회사의 상가분양 사업을 수행하면서 수분양자들을 기망하여 편취한 분양대금을 사적인 용도에 사용한 경우, 횡령죄가 성립한다. [법원행시 14]

**438** (○) 대법원 2005.4.29, 2005도741

**439** 학교법인 이사장이, 학교법인이 설치·운영하는 대학 산학협력단이 용도를 특정하여 교부받은 국고보조금 중 3억 원을 대학교비계좌로 송금하여 교직원 급여 등으로 사용하였다면 업무상횡령죄에 해당한다. [사시 13]

**439** (○)

> **해설+** 위 행위는 국고보조금으로 교부된 산학협력단 자금을 지정된 용도 외의 용도에 사용한 것으로서 업무상횡령죄에 해당한다(대법원 2011.10.13, 2009도13751).

**440** 마을 이장이 경로당 화장실 개·보수 공사를 위하여 업무상 보관 중이던 공사비를 그 용도 외에 다른 용도로 사용하였지만, 과거에 마을을 위하여 자신의 개인 돈을 지출하였던 경우, (업무상)횡령죄 성립한다. [사시 13]

> **해설+** 마을 이장인 피고인이 경로당 화장실 개·보수 공사를 위하여 업무상 보관 중이던 공사비를 그 용도 외에 다른 용도로 사용한 이상 횡령죄는 성립하고, 피고인이 과거 마을을 위하여 개인 돈을 지출하였다고 하여 이에 충당할 수는 없다(대법원 2010.9.30, 2010도7012).

440 (○)

**441** 사립학교의 교비회계에 속하는 수입을 교비회계의 세출에 포함되는 용도가 아닌 다른 용도에 사용한 경우, 그 자체로써 (업무상)횡령죄가 성립하지는 않는다. [경찰간부 17]

> **해설+** 산학협력단 비자금이 기부금 명목으로 별개 법인인 이 사건 학교법인 계좌에 입금되게 한 것은 업무상횡령행위에 해당한다(대법원 2015.2.26, 2014도15182).

441 (×) '성립하지는 않는다' → '성립한다'

**442** 초·중등교육법에 정한 학교발전기금으로 기부한 금액은 관련 법령상 엄격히 제한된 용도 외에 학교운영에 필요한 특정한 공익적 용도로 수수한 것으로 볼 수 있는 예외적 경우가 아닌 한, 학교운영위원회에 귀속되어 법령에서 정한 사용 목적으로만 사용되어야 하고, 정해진 용도 외의 사용행위는 원칙적으로 횡령죄를 구성한다. [경찰채용 21 2차]

442 (○) 대법원 2010.7.22, 2007도4713

**443** 수개의 학교법인을 운영하는 자가 각 학교법인의 금원을 다른 학교법인을 위하여 사용한 경우, (업무상) 횡령죄가 성립한다. [법원행시 14]

443 (○) 대법원 2000.12.8, 99도214

**444** 물건 납품의 선매대금을 매수인으로부터 받은 매도인이 물건 납품 전에 선매대금을 임의로 소비한 경우, 횡령죄가 성립한다. [경찰승진 11]

> **해설+** 물건납품을 위한 선매대금은 매수인으로부터 매도인에게 교부되면 그 소유권이 매도인에게 이전되는 것이고 따라서 매수인을 위하여 그 대금을 보관하는 지위에 있지 아니하므로 매도인이 그 대금으로 교부받은 돈을 임의로 소비하였다 하더라도 이는 횡령죄를 구성하지 아니한다(대법원 1986.6.24, 86도631).

444 (×) '성립한다' → '성립하지 아니한다'

**445** 회사에 대하여 개인적인 채권을 가지고 있는 대표이사 甲이 회사를 위하여 보관하고 있는 회사 소유의 금전으로 자신의 채권의 변제에 충당하는 행위는 횡령죄가 성립한다. [법원9급 16]

> **해설+** 대표이사의 권한 내에서 한 회사 채무의 이행행위로서 유효하고, 따라서 불법영득의 의사가 인정되지 아니하여 횡령죄의 죄책을 물을 수 없다(대법원 2002.7.26, 2001도5459).

445 (×) '성립한다' → '성립하지 않는다'

**446** 보험을 유치하면서 특별이익 제공과는 무관한 통상적인 실적급여로서 시책비를 지급받아 그 중 일부를 개인적인 용도로 사용한 경우, 횡령죄가 성립한다. [국가9급 12]

> **해설+** 목적·용도가 특정되어 위탁된 금전으로 볼 수 없다(대법원 2006.3.9, 2003도6733).

446 (×) '성립한다' → '성립하지 않는다'

**447** 사립학교에 있어서 학교교육에 직접 필요한 시설, 설비를 위한 경비 등과 같이 원래 교비회계에 속하는 자금으로 지출할 수 있는 항목에 관한 차입금을 상환하기 위하여 교비회계자금을 지출한 경우, 횡령죄가 성립한다. [국가9급 12]

> **해설+** 학교의 건축비 채무를 상환하기 위한 경우로서 불법영득의사가 인정되지 않는다(대법원 2006.4.28, 2005도4085).

447 (×) '성립한다' → '성립하지 않는다'

**448** 법인의 임직원이 법인의 운영에 필요한 자금을 조달하기 위하여 법인의 무자료 거래를 통해 비자금을 조성한 경우, 법인에 대한 관계에서 업무상 횡령죄가 성립한다. [국가9급 21]

> **해설+** 업무상횡령죄가 성립하기 위하여는 자기 또는 제3자의 이익을 꾀할 목적으로 업무상 임무에 위배하여 자신이 보관하는 타인의 재물을 자기의 소유인 것 같이 사실상 또는 법률상 처분하는 의사를 의미하는 불법영득의 의사가 있어야 한다. 법인의 운영자 또는 관리자가 법인의 자금을 이용하여 비자금을 조성하였다고 하더라도 그것이 당해 비자금의 소유자인 법인 이외의 제3자가 이를 발견하기 곤란하게 하기 위한 장부상의 분식에 불과하거나 법인의 운영에 필요한 자금을 조달하는 수단으로 인정되는 경우에는 불법영득의 의사를 인정하기 어렵다(대법원 2010.12.9, 2010도11015).

448 (×)

**449** 피고인이 甲 사립학교 경영자 乙과 공모하여 학생이나 학부모가 납부한 수업료 기타 납부금을 교비회계 아닌 다른 회계에 임의로 사용한 경우, 횡령죄가 성립하지 않는다.

**449** (○)

> **해설+** 교비는 특별한 사정이 없는 한 甲 학교의 설치·경영자인 乙 등의 소유에 속하므로, 피고인이 乙과 공모하여 이를 임의로 사용하였더라도 사립학교법 위반죄가 성립하는 것 외에 따로 횡령죄가 성립하지 않는다(대법원 2012.5.10, 2011도12408).

**450** 아파트 입주자대표회의 회장이 아파트 특별수선충당금을 구조진단 견적비 및 손해배상청구소송의 변호사 선임료로 사용하였으나, 당시에는 특별수선충당금의 용도외 사용이 관리규약에 의해서만 제한되고 있어서 구분소유자들 또는 입주민들로부터 포괄적인 동의를 얻어 특별수선충당금을 위탁의 취지에 부합하는 용도에 사용한 것으로 볼 수 있다면 업무상횡령죄에 해당하지 않는다. [경찰채용 20 1차]

**450** (○) 대법원 2017.2.15, 2013도14777

**451** 피고인이 피해자로부터 피해자 소유의 다이아반지 1개를 팔아 달라는 부탁을 받고 교부받아 이를 판매한 대금을 보관 중 임의소비한 경우, 피고인에게 불법영득의 의사가 있었다고 보아야 할 것이므로 피고인의 행위는 횡령죄를 구성한다. [변호사 12]

**451** (○) 대법원 1990.8.28, 90도1019

**452** 통상 위탁판매의 경우에 위탁판매인이 위탁물을 매매하고 수령한 금원은 위탁자의 소유에 속하여 위탁판매인이 함부로 이를 소비하거나 인도를 거부하는 때에는 횡령죄가 성립한다.

**452** (○)

> **해설+** ㉠ 통상 위탁판매의 경우에 위탁판매인이 위탁물을 매매하고 수령한 금원은 위탁자의 소유에 속하여 위탁판매인이 함부로 이를 소비하거나 인도를 거부하는 때에는 횡령죄가 성립한다고 할 것이나(이상 위 문제의 해설), ㉡ 위탁판매인과 위탁자간에 판매대금에서 각종 비용이나 수수료 등을 공제한 이익을 분배하기로 하는 등 그 대금처분에 관하여 특별한 약정이 있는 경우에는 이에 관한 정산관계가 밝혀지지 않는 한 위탁물을 판매하여 이를 소비하거나 인도를 거부하였다 하여 곧바로 횡령죄가 성립한다고는 할 수 없다(대법원 1990.3.27, 89도813).

**453** 위탁판매인과 위탁자 간에 판매대금에서 각종 비용이나 수수료 등을 공제한 이익을 분배하기로 하는 등 그 대금처분에 관하여 특별한 약정이 있는 경우에는 위탁물을 판매하여 이를 소비하거나 인도를 거부하였다 하여 곧바로 횡령죄가 성립한다고는 할 수 없다. [법원9급 18]

**453** (○) 대법원 1990.3.27, 89도813

454 위탁매매에 있어서 위탁품의 소유권은 위임자에게 있고 그 판매대금은 이를 수령함과 동시에 위탁자에게 귀속한다 할 것이므로, 특별한 사정이 없는 한 위탁매매인이 위탁품이나 그 판매대금을 임의로 사용·소비한 때에는 횡령죄가 성립한다고 할 것이다.

454 (O) 대법원 2013.3.28, 2012도16191

455 금은방을 운영하는 피고인이, 甲이 맡긴 금을 시세에 따라 사고 파는 방법으로 운용하여 매달 일정한 이익금을 지급하는 한편 甲의 요청이 있으면 언제든지 보관 중인 금과 현금을 반환하기로 甲과 약정하였는데, 그 후 경제사정이 악화되자 이를 자신의 개인채무 변제 등에 사용한 경우 횡령죄가 성립한다.

455 (O) 甲이 매매를 위탁하거나 피고인이 그 결과로 취득한 금이나 현금은 모두 위탁자 甲의 소유이므로 피고인의 행위를 횡령죄를 구성한다(대법원 2013.3.28, 2012도16191).

456 동업자 사이에 손익분배의 정산이 되지 아니하였다면 동업자의 한 사람이 임의로 동업자들의 합유에 속하는 동업재산을 처분할 권한이 없는 것이므로, 동업자의 한 사람이 동업재산을 보관 중 임의로 횡령하였다면 지분비율에 관계없이 임의로 횡령한 금액 전부에 대하여 횡령죄의 죄책을 부담한다.

[경찰채용 16 2차] [법원9급 15]

456 (O) 대법원 2000.11.10, 2000도3013

457 甲이 A와 특정 토지를 매수하여 전매한 후 전매이익금을 정산하기로 약정하여 A로부터 토지매매와 전매에 관한 사항을 전적으로 위임받아 甲이 자신과 A의 돈을 합하여 토지를 매수하고 甲의 명의로 소유권이전등기를 마친 경우, 甲과 A 사이의 위 약정이 익명조합과 유사한 무명계약에 해당된다면, 甲이 위 토지를 제3자에게 임의로 매도한 후 A에게 전매이익금 반환을 거부한 때에는 甲에게 A에 대한 횡령죄가 성립한다.

[경찰채용 13 1차] [변호사 21]

457 (×)

해설+ 조합 또는 내적 조합과 달리 익명조합의 경우에는 익명조합원이 영업을 위하여 출자한 금전 기타의 재산은 상대편인 영업자의 재산이 되므로 영업자는 타인의 재물을 보관하는 자의 지위에 있지 않고, 따라서 영업자가 영업이익금 등을 임의로 소비하였더라도 횡령죄가 성립할 수는 없다(피고인과 甲의 약정은 익명조합과 유사한 무명계약에 해당한다고 보아 피고인에게 횡령죄 성립을 부정한 사례, 대법원 2011.11.24, 2010도5014).

458 익명조합의 경우에는 익명조합원이 영업을 위하여 출자한 금전 기타의 재산은 상대편인 영업자의 재산이 되므로, 그 영업자는 타인의 재물을 보관하는 자의 지위에 있지 않아 영업이익금 등을 임의로 소비하였더라도 횡령죄가 성립하지 않는다. [국가7급 23] [법원9급 15 변형]

**해설+** 조합 또는 내적 조합과 달리 익명조합의 경우에는 익명조합원이 영업을 위하여 출자한 금전 기타의 재산은 상대편인 영업자의 재산이 되므로 영업자는 타인의 재물을 보관하는 자의 지위에 있지 않고, 따라서 영업자가 영업이익금 등을 임의로 소비하였더라도 횡령죄가 성립할 수는 없다(대법원 2011.11.24, 2010도5014).

458 (○)

459 구 국민연금법 제90조 제1항, 제95조 제1항, 구 국민연금법 시행령 제64조 등의 규정에 의하여 사용자는 매월 임금에서 국민연금 보험료 중 근로자가 부담할 기여금을 원천공제하여 근로자를 위하여 보관하고, 국민연금관리공단에 위 보험료를 납부하여야 할 업무상 임무를 부담하게 되며, 사용자가 이에 위배하여 근로자의 임금에서 원천공제한 기여금을 위 공단에 납부하지 아니하고, 나아가 이를 개인적 용도로 소비하였다면 업무상 횡령죄의 책임을 면할 수 없다.

459 (○) 대법원 2011.2.10, 2010도13284

460 회사의 대표이사인 피고인이 5명의 근로자들의 급여에서 국민연금 보험료 중 근로자 기여금을 공제한 후 이를 업무상 보관하던 중 회사 운영자금으로 임의로 사용한 경우 업무상 횡령죄가 성립한다.

**해설+** 원천공제의 취지상 사용자가 근로자에게 위 기여금을 공제한 임금을 지급하면 그 즉시 사용자는 공제된 기여금을 근로자를 위하여 보관하는 것으로 보아야 한다(대법원 2011.2.10, 2010도13284).

460 (○)

461 독립된 상인 간에 일방이 타방의 상호·상표 등의 영업표지를 이용하고 그 영업에 관하여 일정한 통제를 받으며 이에 대한 대가를 타방에 지급하기로 하는 계약 형태인 이른바 '프랜차이즈 계약(가맹점 계약)'에서 그 가맹점주가 보관 중인 물품판매대금을 본사의 승인 없이 소비한 경우, 횡령죄가 성립한다. [국가9급 18 변형] [변호사 16 변형] [사시 16]

**해설+** 보관 중인 물품판매 대금은 피고인의 소유라 할 것이어서 피고인이 이를 임의 소비한 행위는 프랜차이즈 계약상의 채무불이행에 지나지 아니하므로, 결국 횡령죄는 성립하지 아니한다(대법원 1998.4.14, 98도292).

461 (×) '성립한다' → '성립하지 아니한다'

**462** 채권자가 그 채권의 지급을 담보하기 위하여 채무자로부터 수표를 발행·교부받아 이를 소지한 경우에는, 단순히 보관의 위탁관계에 따라 수표를 소지하고 있는 경우와는 달리 그 수표상의 권리가 채권자에게 유효하게 귀속되고, 채권자와 채무자 사이의 수표 반환에 관한 약정은 원인관계상의 인적 항변사유에 불과하므로, 채권자는 횡령죄의 주체인 타인의 재물을 보관하는 자의 지위에 있다고 볼 수 없다.

462 (○) 대법원 2000.2.11, 99도4979

**463** 부동산 입찰절차에서 甲, 乙, 丙이 대금을 분담하되 그중 1인인 甲 명의로 낙찰받기로 약정하고 낙찰을 받은 후 甲이 그 부동산을 임의로 처분한 경우, 甲에게는 (업무상)횡령죄가 성립한다. [국가9급 18] [사시 14]

해설+ 소유권은 경락대금을 실질적으로 부담한 자가 누구인가와 상관없이 그 명의인이 취득한다 할 것이므로 그 부동산은 횡령죄의 객체인 타인의 재물이라고 볼 수 없다(대법원 2000.9.8, 2000도258).

463 (×) '성립한다' → '성립하지 않는다'

**464** 甲이 A에게 자신의 B에 대한 채권을 양도한 후 채권양도 통지를 하기 전에 B로부터 채권을 추심하여 금전을 수령한 경우, 甲은 A를 위하여 해당 금원을 보관하는 지위에 있지 않으므로 이를 임의로 사용하면 횡령죄가 성립하지 않는다. [경찰승진 22]

해설+ 채권양도인이 채무자에게 채권양도 통지를 하는 등으로 채권양도의 대항요건을 갖추어 주지 않은 채 채무자로부터 채권을 추심하여 금전을 수령한 경우, 특별한 사정이 없는 한 금전의 소유권은 채권양수인이 아니라 채권양도인에게 귀속하고 채권양도인이 채권양수인을 위하여 양도 채권의 보전에 관한 사무를 처리하는 신임관계가 존재한다고 볼 수 없다. 따라서 채권양도인이 위와 같이 양도한 채권을 추심하여 수령한 금전에 관하여 채권양수인을 위해 보관하는 자의 지위에 있다고 볼 수 없으므로, 채권양도인이 위 금전을 임의로 처분하더라도 횡령죄는 성립하지 않는다(대법원 2022.6.23, 2017도3829 전원합의체).

464 (○)

**465** 채무자가 기존 금전채무를 담보하기 위하여 다른 금전채권을 채권자에게 양도한 후 제3채무자에게 채권양도 통지를 하지 않은 채 자신이 사용할 의도로 제3채무자로부터 변제를 받아 변제금을 수령한 후 채무자가 이를 임의로 소비한 경우, 횡령죄가 성립하지 않는다. [국가7급 21]

**465** (○)

> **해설+** 채무자가 기존 금전채무를 담보하기 위하여 다른 금전채권을 채권자에게 양도하는 경우, 채무자가 채권자에 대하여 부담하는 '담보 목적 채권의 담보가치를 유지·보전할 의무'는 채권 양도담보계약에 따라 부담하게 된 채무의 한 내용에 불과하다. … 채권 양도담보계약은 피담보채권의 발생을 위한 계약(예컨대 금전소비대차계약 등)의 종된 계약으로, 채권 양도담보계약에 따라 채무자가 부담하는 위와 같은 의무는 담보목적을 달성하기 위한 것에 불과하고, 그 당사자 사이의 본질적이고 주된 관계는 피담보채권의 실현이다. 이처럼 채권 양도담보계약의 목적이나 본질적 내용을 통상의 채권양도계약과 같이 볼 수는 없다. 따라서 채무자가 채권 양도담보계약에 따라 담보 목적 채권의 담보가치를 유지·보전할 의무는 계약에 따른 자신의 채무에 불과하고, 채권자와 채무자 사이에 채무자가 채권자를 위하여 담보가치의 유지·보전사무를 처리함으로써 채무자의 사무처리를 통해 채권자가 담보 목적을 달성한다는 신임관계가 존재한다고 볼 수 없다. 그러므로 채무자가 제3채무자에게 채권양도 통지를 하지 않은 채 자신이 사용할 의도로 제3채무자로부터 변제를 받아 변제금을 수령한 경우, 이는 단순한 민사상 채무불이행에 해당할 뿐, 채무자가 채권자와의 위탁신임관계에 의하여 채무자를 위해 위 변제금을 보관하는 지위에 있다고 볼 수 없고, 채무자가 이를 임의로 소비하더라도 횡령죄는 성립하지 않는다(대법원 2021.2.25, 2020도12927).

**466** 건물의 임차인인 甲이 임대인 A에 대한 임대차보증금반환채권을 B에게 양도하였는데도 A에게 채권양도 통지를 하지 않고 A로부터 남아 있던 임대차보증금을 반환받아 보관하던 중 개인적인 용도로 사용하였다면 甲에게는 횡령죄가 성립한다. [경찰채용 23 2차] [경찰간부 23 변형]

**466** (×)

> **해설+** 건물의 임차인인 피고인 甲이 임대인 A에 대한 임대차보증금반환채권을 B에게 양도하였는데도 A에게 채권양도 통지를 하지 않고 A로부터 남아 있던 임대차보증금을 반환받아 보관하던 중 개인적인 용도로 사용하여 이를 횡령하였다는 내용으로 기소된 경우, 임대차보증금으로 받은 금전의 소유권은 피고인에게 귀속하고, 피고인이 B를 위한 보관자 지위가 인정될 수 있는 신임관계에 있다고 볼 수 없어 횡령죄가 성립하지 않는다(대법원 2022.6.23, 2017도3829 전원합의체).

**467** 피고인이 자신의 공유 토지가 다목적댐사업의 사업구역에 편입됨으로써 한국수자원공사에 대하여 가지게 된 토지보상금채권에 관하여 피고인의 채권자 甲 주식회사가 압류 및 추심명령을 받아 그 명령이 피고인에게 송달되었는데, 그 후 한국수자원공사가 업무착오로 토지보상금을 집행공탁이 아니라 피고인을 피공탁자로 변제공탁한 것을 기화로 피고인이 이를 수령하여 보관하며 한국수자원공사의 반환요구를 여러 차례에 걸쳐 거절한 경우, 횡령죄가 성립하지 않는다.

**467** (○) 피고인이 한국수자원공사의 공탁 취지에 좇아 수령한 토지보상금은 피고인의 소유이다(대법원 2012.1.12, 2011도12604).

**468** 집행채무자가 제3채무자에 대하여 가지는 금전채권에 관하여 압류 및 추심명령이 행하여져서 제3채무자는 집행채무자에게 그 채권금을 지급하는 것이, 집행채무자는 이를 수령하는 것이 각 금지된다고 하더라도(민사집행법 제227조 제1항 참조), 제3채무자가 위와 같은 금지에도 불구하고 피압류채무를 스스로 변제하였거나 또는 그에 관하여 민법 제487조에 기한 변제공탁을 하였다면, 집행채무자가 그로써 수령한 금전은 자기 채권에 관한 원래의 이행으로 또는 변제공탁 등과 같이 변제에 갈음하는 방법을 통하여 취득한 것으로서 역시 그의 소유에 속한다고 할 것이고, 그가 단지 집행채권자 또는 제3채무자의 금전을 '보관'하는 관계에 있다고 할 수 없다. 따라서 집행채무자가 그 금전을 집행채권자에게 반환하는 것을 거부하였다고 하여 그에게 횡령의 죄책을 물을 수는 없다.

468 (○) 이는 제3채무자가 원래 민사집행법 제248조에서 정하는 집행공탁을 하여야 할 것을 착오로 변제공탁을 하였다고 해서 달리 볼 수 없다(대법원 2012.1.12, 2011도12604).

**469** 타인의 금전을 위탁받아 보관하는 자가 보관방법으로 금융기관에 자신의 명의로 예치한 경우 수탁자가 이를 함부로 인출하여 소비하거나 또는 위탁자에게서 반환요구를 받았음에도 이를 영득의 의사로 반환을 거부하는 경우에는 횡령죄가 성립한다. [경찰간부 17] [법원행시 16] [사시 16]

469 (○) 대법원 2000.8.18, 2000도1856; 2015.2.12, 2014도11244

**470** 「부동산 실권리자명의 등기에 관한 법률」을 위반하여 명의신탁자 甲이 그 소유인 부동산의 등기명의를 명의수탁자 乙에게 이전하는 이른바 양자 간 명의신탁의 경우, 이때 乙이 신탁받은 부동산을 임의로 처분하면 甲에 대한 관계에서 횡령죄가 성립하지 않는다. [경찰승진 22] [국가7급 21] [변호사 22]

해설+ 말소등기의무의 존재나 명의수탁자에 의한 유효한 처분가능성을 들어 명의수탁자가 명의신탁자에 대한 관계에서 '타인의 재물을 보관하는 자'의 지위에 있다고 볼 수도 없다. 그러므로 부동산실명법을 위반한 양자간 명의신탁의 경우 명의수탁자가 신탁받은 부동산을 임의로 처분하여도 명의신탁자에 대한 관계에서 횡령죄가 성립하지 아니한다(대법원 2021.2.18, 2016도18761 전원합의체).

470 (○)

**471** 조세포탈, 강제집행의 면탈 또는 법령상 제한의 회피를 목적으로 하지 아니하는 종중, 배우자 명의신탁의 경우, 명의수탁자가 부동산을 처분한 때에도 횡령죄는 성립하지 아니한다. [경찰특공대 22]

해설+ 부동산실명법을 위반한 양자 간 명의신탁의 경우 명의수탁자가 신탁받은 부동산을 임의로 처분하여도 명의신탁자에 대한 관계에서 횡령죄가 성립하지 아니하지만(대법원 2021.2.18, 2016도18761 전원합의체), 부동산실명법을 위반하지 아니한 양자 간 명의신탁에서는 명의수탁자는 명의신탁자에 대한 관계에서 '타인의 재물을 보관하는 자'의 지위에 있으므로, 명의수탁자가 신탁받은 부동산을 임의로 처분하면 명의신탁자에 대한 관계에서 횡령죄가 성립한다.

471 (×)

**472** 적법한 종중총회의 결의가 없는 상태에서 종중의 회장으로부터 담보대출을 받아달라는 부탁과 함께 종중 소유의 임야를 이전받은 자가 임야를 담보로 금원을 대출받아 임의로 사용한 경우, 종중에 대한 관계에서 횡령죄의 죄책을 진다. [국가9급 21]

**해설+** 부동산에 관한 횡령죄에 있어서 타인의 재물을 보관하는 자의 지위는 동산의 경우와는 달리 부동산에 대한 점유의 여부가 아니라 법률상 부동산을 제3자에게 처분할 수 있는 지위에 있는지 여부를 기준으로 판단하여야 한다. 피고인이 종중의 회장으로부터 담보대출을 받아달라는 부탁과 함께 종중 소유의 임야를 이전받은 다음 임야를 담보로 금원을 대출받아 임의로 사용하고 자신의 개인적인 대출금 채무를 담보하기 위하여 임야에 근저당권을 설정하였다면 비록 피고인이 임야를 이전받는 과정에서 적법한 종중총회의 결의가 없었다고 하더라도 피고인은 임야나 위 대출금에 관하여 사실상 종중의 위탁에 따라 이를 보관하는 지위에 있다고 보아야 할 것이어서 피고인의 위 행위는 종중에 대한 관계에서 횡령죄를 구성한다(대법원 2005.6.24, 2005도2413).

**473** 부동산의 등기명의수탁자가 명의신탁자의 승낙없이 이를 제3자에게 양도 또는 담보 제공함으로써 횡령죄가 성립하는 경우에 그것을 양수하거나 담보제공받는 자는 비록 그와 같은 사정을 알고 있다 하더라도 처음부터 수탁자와 짜고 이를 불법영득하기로 공모하지 아니한 이상 그 횡령죄의 공동정범이 될 수 없다.

473 (O) 대법원 1985.6.25, 85도1077

**474** 부동산 명의신탁이 부동산실명법 시행 전에 이루어졌으나, 같은 법이 정한 유예기간 이내에 실명등기를 하지 아니함으로써 그 명의신탁약정 및 이에 따라 행하여진 등기에 의한 물권변동이 무효로 된 후에 처분행위가 이루어졌다면, 명의수탁자가 명의신탁자에 대한 관계에서 여전히 '타인의 재물을 보관하는 자'의 지위에 있다고 보아야 한다. [법원9급 23]

**해설+** 말소등기의무의 존재나 명의수탁자에 의한 유효한 처분가능성을 들어 명의수탁자가 명의신탁자에 대한 관계에서 '타인의 재물을 보관하는 자'의 지위에 있다고 볼 수 없다. 이러한 법리는 부동산 명의신탁이 부동산실명법 시행 전에 이루어졌고 같은 법이 정한 유예기간 이내에 실명등기를 하지 아니함으로써 그 명의신탁약정 및 이에 따라 행하여진 등기에 의한 물권변동이 무효로 된 후에 처분행위가 이루어진 경우에도 마찬가지로 적용된다(대법원 2021.2.18, 2016도18761 전원합의체).

CHAPTER 05 재산에 대한 죄 **289**

**475** 명의신탁자가 매수한 부동산에 관하여 부동산실명법에 위반하여 명의수탁자와 맺은 명의신탁약정에 따라 매도인에게서 바로 명의수탁자 명의로 소유권이전등기를 마친 이른바 중간생략등기형 명의신탁을 한 경우, 명의수탁자가 명의신탁자의 재물을 보관하는 자라고 할 수 없으므로 명의수탁자가 신탁받은 부동산을 임의로 처분하여도 명의신탁자에 대한 관계에서 횡령죄가 성립하지 아니한다.

[경찰채용 18 1차] [국가7급 16] [법원9급 12] [법원행시 16] [사시 14 변형]

**해설+** 명의신탁자는 신탁부동산의 소유권을 가지지 아니하고, 명의신탁자와 명의수탁자 사이에 위탁 신임관계를 인정할 수도 없다. 따라서 명의수탁자가 명의신탁자의 재물을 보관하는 자라고 할 수 없으므로, 명의수탁자가 신탁받은 부동산을 임의로 처분하여도 명의신탁자에 대한 관계에서 횡령죄가 성립하지 아니한다(대법원 2016.5.19, 2014도6992 전원합의체).

475 (O)

**476** 부동산의 계약명의신탁에서 수탁자 甲이 그 부동산을 임의로 처분한 경우 매도인이 명의신탁사실을 몰랐다면 그 소유권이 甲에게 있으므로 甲에게 횡령죄가 성립하지 않는다. [국가9급 15·18] [법원9급 15]

**해설+** 명의수탁자는 명의신탁자에 대한 관계에서 횡령죄의 '타인의 재물을 보관하는 자'의 지위에 있다고 볼 수 없어 그 명의수탁자가 제3자에게 그 부동산을 처분하더라도 횡령죄가 성립하지 않는다(대법원 2012.11.29, 2011도7361).

476 (O)

**477** 이른바 계약명의신탁 방식으로 명의수탁자가 당사자가 되어 명의신탁약정이 있다는 사실을 알고 있는 소유자로부터 부동산을 매수하는 계약을 체결한 후 명의수탁자 앞으로 소유권이전등기가 행하여진 경우 명의수탁자가 명의신탁자에 대한 관계에서 횡령죄의 '타인의 재물을 보관하는 자'에 해당하지 않는다. [법원9급 13] [법원행시 16]

477 (O) 대법원 2012.11.29, 2011도7361

**478** 이른바 계약명의신탁 방식으로 명의수탁자가 당사자가 되어 명의신탁약정이 있다는 사실을 알고 있는 소유자와 부동산에 관한 매매계약을 체결하고 그 명의로 소유권이전등기를 마쳤는데, 명의수탁자가 자신의 채무를 담보하기 위해 위 부동산에 관해 제3자에게 근저당권을 설정해 준 경우 횡령죄가 성립한다. [사시 13]

**해설+** 횡령죄에서 '타인의 재물을 보관하는 자'의 지위에 있다고 볼 수 없고, 또한 명의수탁자가 명의신탁자에 대하여 매매대금 등을 부당이득으로 반환할 의무를 부담한다고 하더라도 이를 두고 배임죄에서 '타인의 사무를 처리하는 자'의 지위에 있다고 보기도 어렵다(대법원 2012.11.29, 2011도7361).

478 (×) '성립한다' → '성립하지 않는다'

**479** 신탁자와 수탁자가 명의신탁 약정을 맺고, 이에 따라 수탁자가 당사자가 되어 명의신탁 약정이 있다는 사실을 알지 못하는 소유자와 사이에서 부동산에 관한 매매계약을 체결한 후 그 매매계약에 기하여 당해 부동산의 소유권이전등기를 수탁자 명의로 경료한 경우 수탁자가 그 부동산을 처분하더라도 횡령죄나 배임죄가 성립하지 않는다. [법원9급 12]

**해설+** 수탁자는 전소유자인 매도인뿐만 아니라 신탁자에 대한 관계에서도 유효하게 당해 부동산의 소유권을 취득한 것으로 보아야 할 것이고, 따라서 그 수탁자는 타인의 재물을 보관하는 자라고 볼 수 없어 그 부동산을 처분하더라도 횡령죄나 배임죄가 성립하지 않는다(대법원 2000.3.24, 98도4347).

**480** A회사의 이사인 甲은 계약명의신탁 약정에 따라 명의신탁약정이 있다는 것을 모르는 소유자(원매도인)와 체결한 분양권 매수계약에 기하여 취득한 아파트에 관하여 신탁자인 A회사의 반환요구를 거절하고 자기명의로 그 소유권이전등기를 경료하였다. 甲에게는 배임죄의 죄책이 인정되지 않는다. [국가7급 14]

**해설+** 수탁자는 전 소유자인 매도인뿐만 아니라 신탁자에 대한 관계에서도 유효하게 당해 부동산의 소유권을 취득하므로 명의수탁자인 甲은 배임죄가 성립하지 않는다(대법원 2010.11.11, 2008도7451).

**481** 형법 제355조 제1항에서 정하는 '반환의 거부'라고 함은 보관물에 대하여 소유자의 권리를 배제하는 의사표시를 하는 행위를 뜻하므로, 타인의 재물을 보관하는 자가 단순히 반환을 거부한 사실만으로는 횡령죄를 구성하는 것은 아니며, 반환거부의 이유 및 주관적인 의사 등을 종합하여 반환거부 행위가 횡령행위와 같다고 볼 수 있을 정도이어야만 횡령죄가 성립한다.

481 (O) 대법원 1992.11.27, 92도2079

CHAPTER 05 재산에 대한 죄 **291**

**482** 甲이 A종중으로부터 명의신탁을 받아 보관 중인 X토지에 관하여 A종중의 승낙 없이 B로부터 금원을 차용하면서 B 앞으로 채권최고액 3억 원의 근저당권을 설정하여 주었는데, 그 당시 X토지의 시가는 8억 원이고, 위 근저당권 설정 이전에 이미 채권최고액 2억 원의 1순위 근저당권 설정등기가 마쳐져 있었다. 한편 위 각 근저당권의 실제 피담보채무액도 위 각 채권최고액과 같다. 甲이 횡령행위로 인하여 취득한 구체적인 이득액은 X토지의 시가 상당액 8억 원에서 1순위 근저당권의 피담보채무액 2억 원을 공제한 6억 원이 아니라 X토지를 담보로 제공한 피담보채무액 내지 채권최고액인 3억 원이다. [변호사 21]

**482 (O)**

**해설+** 피고인이 근저당권설정등기를 마치는 방법으로 위 각 부동산을 횡령하여 취득한 구체적인 이득액은 위 각 부동산의 시가 상당액에서 위 범행 전에 설정된 피담보채무액을 공제한 잔액이 아니라 위 각 부동산을 담보로 제공한 피담보채무액 내지 그 채권최고액이라고 보아야 한다(이 경우 피고인의 이득액은 5억 원 미만이므로 특경가법을 적용할 수 없는데도 특경가법을 적용한 원심판결에 법리오해의 잘못이 있음, 대법원 2013.5.9, 2013도2857).

**483** 임차토지에 동업계약에 기해 식재되어 있는 수목을 관리 · 보관하던 동업자 일방이 다른 동업자의 허락을 받지 않고 함부로 제3자에게 수목을 매도하기로 계약을 체결한 후 계약금을 수령 · 소비하였으나, 다른 동업자의 저지로 계약의 추가적인 이행이 진행되지 아니한 경우 횡령죄 미수가 성립한다. [변호사 14]

**483 (O)**

**해설+** 횡령죄에 상응하는 객관적인 구성요소가 아직 실행 또는 충족되지 않았고 소유권 기타 본권 침해에 대한 구체적인 위험이 발생하지도 않았다면, 횡령죄의 미수범이 성립할 뿐 기수범이 성립한다고 보기는 어렵다(대법원 2012.8.17, 2011도9113).

**484** 甲이 A로부터 위탁받아 식재 · 관리하여 오던 나무들을 A 모르게 제3자에게 매도하는 계약을 체결하고 그 제3자로부터 계약금을 수령한 상태에서 A에게 적발되어 위 계약이 더 이행되지 아니하고 무위로 그쳤다면, 甲에게는 횡령미수죄가 성립한다. [변호사 23]

**484 (O)**

**해설+** 피고인이 보관하던 이 사건 수목을 함부로 제3자에 매도하는 계약을 체결하고 계약금을 수령 · 소비하여 이 사건 수목을 횡령하였다는 공소사실에 관하여 횡령미수죄를 인정한 조치는 정당하다(대법원 2012.8.17, 2011도9113).

**485** 횡령죄는 다른 사람의 재물에 관한 소유권 등 본권을 그 보호법익으로 하고 있으므로, 다른 사람의 재물을 보관하는 사람이 그 사람의 동의 없이 함부로 이를 담보로 제공하더라도 사법(私法)상 그 담보제공행위가 무효이거나 그 재물에 대한 소유권이 침해되는 결과가 발생하지 않는다면 횡령죄가 성립하지 않는다. [법원행시 12]

485 (×)

해설+ 횡령죄는 다른 사람의 재물에 관한 소유권 등 본권을 그 보호법익으로 하고 본권이 침해될 위험성이 있으면 그 침해의 결과가 발생되지 아니하더라도 성립하는 이른바 위태범이므로, 다른 사람의 재물을 보관하는 사람이 그 사람의 동의 없이 함부로 이를 담보로 제공하는 행위는 불법영득의 의사를 표현하는 횡령행위로서 사법(사법)상 그 담보제공행위가 무효이거나 그 재물에 대한 소유권이 침해되는 결과가 발생하는지 여부에 관계없이 횡령죄를 구성한다(대법원 2002.11.13, 2002도2219).

**486** 횡령죄에서 불법영득의사는 타인의 재물을 보관하는 자가 자기 또는 제3자의 이익을 꾀할 목적으로 위탁의 취지에 반하여 타인의 재물을 자기의 소유인 것처럼 권한 없이 스스로 처분하는 의사를 의미한다. [경찰간부 20]

486 (○) 대법원 2016.8.30, 2013 도658

**487** 자기 또는 제3자의 이익을 꾀할 목적으로 업무상의 임무에 위반하여 보관하고 있는 타인의 재물을 자기의 소유인 것과 같이 사실상 또는 법률상 처분하였다면 사후에 이를 반환하거나 변상, 보전하는 의사가 있었다고 하더라도 불법영득의사가 인정된다. [국가7급 17]

487 (○)

해설+ 횡령죄에 있어서 사후에 이를 반환하거나 변상, 보전하는 의사가 있다 하더라도 불법영득의 의사를 인정함에 지장이 없다(대법원 2005.8.19, 2005도3045; 2011.9.8, 2011도7902).

**488** 甲은 A로부터 공장을 매수하여 인수하면서 그 공장에 있던 乙 소유의 기계를 함께 인도받아 보관하던 중 은행에 구 「공장저당법」에 따른 근저당을 설정하고 대출받으면서 공장 내의 乙 소유의 기계들도 자기 소유인 것처럼 근저당권 목적물 목록에 포함시켰다. 甲의 행위는 횡령죄가 성립하지 않는다. [국가7급 14]

488 (×)

해설+ 횡령죄는 이른바 위태범이므로 다른 사람의 재물을 보관하는 사람이 그 사람의 동의 없이 함부로 이를 담보로 제공하는 행위는 불법영득의사를 표현하는 횡령행위로서 사법상 그 담보 제공행위가 무효이거나 그 재물에 대한 소유권이 침해되는 결과가 발생하는지 여부에 관계없이 횡령죄를 구성한다(대법원 2002.11.13, 2002도2219).

**489** 회사의 대표이사가 회사를 위한 지출 이외의 용도로 거액의 회사 자금을 가지급금 등의 명목으로 인출, 사용함에 있어서 이자나 변제기의 약정이 없음은 물론 이사회 결의 등 적법한 절차도 거치지 아니하는 것은 통상 용인될 수 있는 범위를 벗어나 대표이사의 지위를 이용하여 회사 자금을 사적인 용도로 임의로 대여, 처분하는 것과 다름없어 횡령죄를 구성한다.

489 (○) 대법원 2006.4.27, 2003 도135

**490** 회사의 대표이사가 보관 중인 회사 재산을 회사의 이익을 도모할 목적보다는 후보자 개인의 이익을 도모할 목적으로 처분하여 그 대금을 정치자금으로 기부한 경우, 업무상 횡령죄가 성립한다. [사시 13]

490 (○)

> **해설+** 회사의 이익을 도모할 목적보다는 후보자 개인의 이익을 도모할 목적이나 기타 다른 목적으로 행하여졌다면 그 이사는 회사에 대하여 횡령죄의 죄책을 면하지 못한다고 할 것이다(대법원 2005.5.26, 2003도5519).

**491** 수의계약을 체결하는 공무원이 해당 공사업자와 적정한 금액 이상으로 계약금을 부풀려서 계약하고 부풀린 금액을 자신이 되돌려 받기로 사전에 약정한 다음 그에 따라 수수한 돈은 성질상 횡령금에 해당한다. [경찰간부 17]

491 (○) 대법원 2007.10.12, 2005 도7112

**492** 지사에 근무하는 직원들이 본사를 위하여 보관 중이던 돈의 일부를 접대비 명목 등으로 임의로 나누어 사용하려고 비자금으로 조성한 경우, 업무상 횡령죄가 성립한다. [사시 13]

492 (○)

> **해설+** 사용한 지사의 자금이 법률상으로는 위 법인의 자금이 아니라고 할 수는 없고, 당초의 비자금 조성 목적 등에 비추어 비자금 조성 당시 피고인들의 불법영득의사가 객관적으로 표시되었다고 할 것인 점 등에 비추어, 위 비자금 조성행위가 업무상횡령죄에 해당한다(대법원 2010.5.13, 2009도1373).

**493** 주주나 대표이사 또는 그에 준하여 회사 자금의 보관이나 운용에 관한 사실상의 사무를 처리하는 자가 회사 소유 재산을 제3자의 자금 조달을 위하여 담보로 제공하는 등 사적인 용도로 임의 처분하였다면 그 처분에 관하여 주주총회나 이사회의 결의가 있었는지 여부와는 관계없이 횡령죄의 죄책을 면할 수는 없다. [변호사 14 변형]

493 (○) 대법원 2011.3.24, 2010 도17396

**494** 甲이 보관·관리하고 있던 회사의 비자금이 인출·사용되었음에도 甲이 주장하는 사용처에 비자금이 사용되었다는 점을 인정할 수 있는 자료가 부족하고 오히려 甲이 비자금을 개인적인 용도에 사용하였다는 점에 대한 신빙성 있는 자료가 많은 경우에는 甲이 비자금을 불법영득의 의사로써 횡령한 것이라고 추단할 수 있다. [변호사 16]

494 (O) 대법원 2012.8.23, 2011 도14045

**495** 법인의 운영자나 관리자가 회계로부터 분리해 별도로 관리하는 비자금이 법인을 위한 목적이 아니라 법인의 자금을 빼내어 착복할 목적으로 조성한 것임이 명백히 밝혀진 경우, 비자금 조성행위 자체만으로는 횡령죄의 불법영득의사가 인정되지 않는다. [국가7급 22]

495 (X)

> **해설+** 법인의 운영자 또는 관리자가 법인을 위한 목적이 아니라 법인과는 아무런 관련이 없거나 개인적인 용도로 착복할 목적으로 법인의 자금을 빼내어 별도로 비자금을 조성하였다면 그 조성행위 자체로써 불법영득의 의사가 실현된 것으로 볼 수 있다(대법원 2010.12.9, 2010도11015).

**496** 회사의 이사 등이 업무상의 임무에 위배하여 보관 중인 회사의 자금으로 뇌물을 공여하였다면 이는 오로지 회사의 이익을 도모할 목적이라기보다는 뇌물공여 상대방의 이익을 도모할 목적이나 기타 다른 목적으로 행하여진 것이라고 보아야 하므로, 그 이사 등은 회사에 대하여 업무상횡령죄의 죄책을 면하지 못한다. [법원행시 16 변형]

496 (O) 그리고 특별한 사정이 없는 한 이러한 법리는 회사의 이사 등이 회사의 자금으로 부정한 청탁을 하고 배임증재를 한 경우에도 마찬가지로 적용된다(대법원 2013. 4.25, 2011도9238).

**497** 甲이 사채업자로부터 돈을 빌리면서 자신이 리스하여 사용하던 乙캐피탈 소유의 승용차를 담보로 맡겼으나, 차용금채무를 변제하지 못해 위 승용차는 丙에게 매각되었다. 甲은 승용차를 회수하여 乙캐피탈에게 반환할 생각으로 丙 몰래 위 승용차를 운전하여 가져갔다. 甲에게는 횡령죄의 불법영득의사가 인정된다.

497 (X)

> **해설+** 횡령죄가 아니라 절도죄에 해당한다. "어떠한 물건을 점유자의 의사에 반하여 취거하는 행위가 결과적으로 소유자의 이익으로 된다는 사정 또는 소유자의 추정적 승낙이 있다고 볼 만한 사정이 있다고 하더라도, 다른 특별한 사정이 없는 한 그러한 사유만으로 불법영득의 의사가 없다고 할 수는 없다. 피고인이 자기 이외의 자의 소유물인 이 사건 승용차를 점유자인 피해자의 의사에 반하여 그 점유를 배제하고 자기의 점유로 옮긴 이상 그러한 행위가 '절취'에 해당함은 분명하다. 또한 피고인이 이 사건 승용차를 임의로 가져간 것이 소유자인 ○○캐피탈의 의사에 반하는 것이라고는 보기 어렵고 실제로 위 승용차가 ○○캐피탈에 반납된 사정을 감안한다고 하더라도, 그러한 사정만으로는 피고인에게 불법영득의 의사가 없다고 할 수도 없다(대법원 2014.2.21, 2013도14139)."

**498** 관광지조성사업조합의 조합장인 피고인이 정관에서 정한 절차를 거치지 않고 조합 명의의 계좌에서 급여 명목의 보수를 수령하여 개인 채무변제 등에 사용한 경우, 업무상 횡령죄가 성립한다.

498 (O)

> **해설+** 피고인이 정관에서 정하고 있는 이사회 결의를 거치거나 총회 인준을 받은 보수규정에 따라 보수를 지급받은 것이 아닌 이상 조합에 대하여 보수채권을 주장할 수 없다(대법원 2013.8.30, 2013도2761).

**499** 근로자가 운송회사로부터 일정액의 급여를 받으면서 당일 운송수입금을 전부 운송회사에 납입하고 운송회사는 이를 월 단위로 정산하여 급여의 증감 여부를 결정하기로 하는 약정이 체결된 경우, 근로자가 운송수입금을 회사에 납입하지 않고 임의로 소비하였다면 불법영득의사가 인정된다.

[경찰간부 17] [국가7급 17]

499 (O)

> **해설+** 근로자가 애초 거둔 운송수입금 전액은 운송회사의 관리와 지배 아래 있다고 봄이 상당하므로 근로자가 운송수입금을 임의로 소비하였다면 횡령죄를 구성한다. 근로자가 사납금을 초과하는 수입금 일부를 배분받을 권리가 있더라도 마찬가지이다(대법원 1973.2.28, 72도2538).

**500** 법인의 운영자가 법인과 아무런 관계없이 개인적인 용도로 착복할 목적으로 법인의 자금을 빼내어 별도로 비자금을 조성하였다면 그 조성행위 자체로써 불법영득의사가 실현된 것으로 볼 수 있다.

[사시 16]

500 (O) 대법원 2015.9.10, 2014 도12619

**501** 회사에 대하여 개인적인 채권을 가지고 있는 대표이사가 회사를 위하여 보관하고 있는 회사 소유의 금전으로 이사회의 승인 등의 절차 없이 변제기가 도래한 자신의 채권변제에 충당한 경우, 이는 자신의 권한 내에서 한 회사 채무의 이행행위로서 유효하므로 횡령죄의 불법영득의사가 인정되지 않는다.

[국가7급 22]

501 (O)

> **해설+** 회사에 대하여 개인적인 채권을 가지고 있는 대표이사가 회사를 위하여 보관하고 있는 회사 소유의 금전으로 자신의 채권변제에 충당하는 행위는 회사와 이사의 이해가 충돌하는 자기거래행위에 해당하지 않는 것이므로, 대표이사가 이사회의 승인 등의 절차 없이 그와 같이 자신의 회사에 대한 채권을 변제하였더라도, 이는 대표이사의 권한 내에서 한 회사 채무의 이행행위로서 유효하고, 불법영득의 의사가 인정되지 아니하여 횡령죄의 죄책을 물을 수 없다(대법원 2002.7.26, 2001도 5459).

**502** 대학교 산학협력단의 운영자가 산학협력단의 자금을 이용하여 비자금을 조성하였다고 하더라도 그것이 단지 당해 비자금의 소유자인 법인 이외의 제3자가 이를 발견하기 곤란하게 하기 위한 목적으로 장부상의 분식을 한 경우라면 불법영득의사가 인정되지 아니한다. [국가7급 17]

> **해설+** 비자금의 소유자인 회사 이외의 제3자가 이를 발견하기 곤란하게 하기 위한 장부상의 분식에 불과하여 그것만으로 피고인의 불법영득의 의사를 인정할 수는 없다(대법원 1999.9.17, 99도2889; 2015.2.26, 2014도15182).

502 (○)

**503** 부동산의 소유자에 관한 다툼이 있는 사안에서 부동산 보관자의 지위에 있는 등기명의자가 명의이전을 거부하면서 부동산의 진정한 소유자가 밝혀진 후에 명의이전을 하겠다는 의사를 표시한 경우 횡령죄가 성립한다. [사시 16]

503 (×) '성립한다' → '성립하지 않는다'
불법영득의 의사를 가지고 그 반환을 거부한 것이라고 단정할 수 없다(대법원 2002.9.4, 2000도637).

**504** 분쟁에 대한 실질적인 이해관계는 단체에게 있으나 법적인 이유로 그 대표자의 지위에 있는 개인이 소송 기타 법적 절차의 당사자가 되었다거나 대표자의 지위에 있음으로 말미암아 의무적으로 행한 행위 등과 관련하여 분쟁이 발생한 상황에서 단체의 비용으로 변호사 선임료를 지출한 경우 업무상 횡령죄가 성립한다. [사시 13]

> **해설+** 당해 법적 분쟁이 단체와 업무적인 관련이 깊고, 당시의 제반 사정에 비추어 단체의 이익을 위하여 소송을 수행하거나 고소에 대응하여야 할 특별한 필요성이 있는 경우에 한하여 단체의 비용으로 변호사 선임료를 지출할 수 있다 할 것이다(대법원 2006.10.26, 2004도6280).

504 (×) '성립한다' → '성립하지 않는다'

**505** 법인의 이사를 상대로 한 이사직무집행정지 가처분결정이 된 경우, 당해 법인의 업무를 수행하는 이사의 직무집행이 정지당함으로써 사실상 법인의 업무수행에 지장을 받게 될 것은 명백하므로 법인으로서는 그 이사 자격의 부존재가 객관적으로 명백하여 항쟁의 여지가 없는 경우가 아닌 한 위 가처분에 대항하여 항쟁할 필요가 있다고 할 것이고, 이와 같이 필요한 한도 내에서 법인의 대표자가 법인 경비에서 당해 가처분 사건의 피신청인인 이사의 소송비용을 지급하더라도 이는 법인의 업무수행을 위하여 필요한 비용을 지급한 것에 해당하고, 법인의 경비를 횡령한 것이라고는 볼 수 없다. [사시 16]

505 (○) 대법원 2007.12.28, 2006도9100

**506** 법인의 이사를 상대로 한 이사직무집행정지 가처분이 결정되자 법인의 대표자 甲이 위 가처분에 대항하여 항쟁할 필요가 있기 때문에 직무집행정지 가처분 결정을 받은 이사에게 그 사건에 관한 소송비용을 법인 경비로 지급한 경우 업무상 횡령죄가 성립한다. [국가7급 16]

> **해설+** 법인의 대표자가 법인 경비에서 당해 가처분 사건의 피신청인인 이사에게 그 사건에 관한 소송비용을 지급하였다면, 이는 법인의 업무수행을 위하여 필요한 비용을 지급한 것에 해당하고, 법인의 경비를 횡령한 것이라고 볼 수는 없다(대법원 2009.3.12, 2008도10826).

506 (×) '성립한다' → '성립하지 않는다'

**507** 회사의 업무추진비가 직무수행경비를 보전해 주는 실비변상적 급여의 성질을 가지고 있고, 정관 등에서 업무와 관련하여 지출하도록 포괄적으로 정하고 그 용도나 목적에 구체적인 제한을 두고 있지 않으며, 이를 사용한 후에도 그 지출에 관한 증빙 자료를 요구하고 있지 않다면, 임직원이 이 업무추진비를 업무와 관련하여 합리적인 범위를 넘어 과다하게 지출하였더라도 불법영득의사가 인정되지 아니한다. [국가7급 17]

> **해설+** 임직원이 판공비 등을 불법영득의 의사로 횡령한 것으로 인정하려면 판공비 등이 업무와 관련없이 개인적인 이익을 위하여 지출되었다거나 또는 업무와 관련되더라도 합리적인 범위를 넘어 지나치게 과다하게 지출되었다는 점이 증명되어야 할 것이고, 단지 판공비 등을 사용한 임직원이 그 행방이나 사용처를 제대로 설명하지 못하거나 사후적으로 그 사용에 관한 증빙자료를 제출하지 못하고 있다고 하여 함부로 불법영득의 의사로 이를 횡령하였다고 추단하여서는 아니된다(대법원 2010.6.24, 2007도5899).

507 (×)

**508** 골프회원권 매매중개업체를 운영하는 甲이 매수의뢰와 함께 입금받아 다른 회사자금과 함께 보관하던 금원을 일시적으로 다른 회원권의 매입대금 등으로 임의로 소비한 경우 업무상 횡령죄가 성립한다. [국가7급 16]

> **해설+** 다른 회사자금과 함께 보관된 이상 그 특정성을 인정하기 어렵고, 피고인의 불법영득의사를 추단할 수 없으므로 횡령죄를 구성하지 아니한다(대법원 2008.3.14, 2007도7568).

508 (×) '성립한다' → '성립하지 않는다'

**509** 보관자의 지위에 있는 공동명의 예금채권자가 피해자 조합원들이 제기한 소송으로 인하여 조합이 입게 되는 손해에 대한 구상금채권의 집행 확보를 위하여 피해자 조합원들에 대하여 예금계좌에 초과로 입금된 개발부담금의 반환을 거부한 경우에는 불법영득의사가 인정되어 횡령죄가 성립한다. [경찰채용 20 1차]

509 (×) '불법영득의사가 인정되어 횡령죄가 성립' → '불법영득의사가 인정되지 않아 횡령죄가 성립하지 않는다'(대법원 2008.12.11, 2008도8279).

**510** 횡령죄에서 보관자가 자기 또는 제3자의 이익을 위하여 소유자의 이익에 반하여 재물을 처분한 경우에는 재물에 대한 불법영득의사를 인정할 수 있으나, 그와 달리 소유자의 이익을 위하여 재물을 처분한 경우에는 특별한 사정이 없는 한 그 재물에 대하여는 불법영득의사를 인정할 수 없다.

**510** (○) 대법원 2016.8.30, 2013 도658

**511** 횡령죄에서 보관자가 자기 또는 제3자의 이익을 위한 것이 아니라 소유자의 이익을 위하여 이를 처분한 경우에는 특별한 사정이 없는 한 불법영득의 의사를 인정할 수 없다. [경찰채용 22 1차]

**511** (○)

> **해설+** 횡령죄에 있어서의 불법영득의 의사는, 타인의 재물을 보관하는 자가 그 위탁취지에 반하여 권한없이 스스로 소유권자의 처분행위(반환거부를 포함)를 하려는 의사를 의미하고, 보관자가 소유자의 이익을 위하여 이를 처분하는 경우에는 특단의 사정이 없는 한 불법영득의 의사를 인정할 수 없다(대법원 1982.3.9, 81도3009).

**512** 주류회사 이사인 甲은 A를 상대로 주류대금 청구소송을 제기한 민사분쟁 중에 A의 착오로 위 주류회사 명의 계좌로 송금된 4,700,000원을 보관하게 되었고, 이후 A로부터 해당 금원이 착오송금된 것이라는 사정을 문자메시지를 통해 고지받았음에도 불구하고, 甲 본인이 주장하는 채권액인 1,108,310원을 임의로 상계 정산하여 반환을 거부하였다면, 설령 나머지 금액을 반환하고 상계권 행사의 의사를 충분히 밝혔다 하더라도 甲에게는 횡령죄가 성립한다. [경찰채용 23 2차]

**512** (×)

> **해설+** B 주류업체 주식회사의 사내이사인 피고인 甲이 피해자 A를 상대로 주류대금 청구소송을 제기한 민사분쟁 중 피해자가 착오로 피고인이 관리하는 B 회사 명의 계좌로 금원을 송금하여 피고인이 이를 보관하게 되었는데, 피고인은 피해자로부터 위 금원이 착오송금된 것이라는 사정을 문자메시지를 통해 고지받아 위 금원을 반환해야 할 의무가 있었음에도, 피해자와 상계정산에 관한 합의 없이 피고인이 주장하는 주류대금 채권액을 임의로 상계정산한 후 반환을 거부하여 횡령죄로 기소된 경우, 피고인이 피해자의 착오로 B 회사 명의 계좌로 송금된 금원 중 B 회사의 피해자에 대한 채권액에 상응하는 부분에 관하여 반환을 거부한 행위는 정당한 상계권의 행사로 볼 여지가 있다(횡령죄 불성립, 대법원 2022.12.29, 2021도2088).

**513** 甲이 위탁자가 소유자를 위해 보관하고 있는 물건을 위탁자로부터 보관받아 이를 횡령하였는데, 甲과 피해물건의 소유자 간에만 친족관계가 있는 경우에는 친족상도례가 적용되지 않는다. [국가9급 14] [법원행시 16] [사시 11·14]

**513** (○)

> **해설+** 횡령범인과 피해물건의 소유자 간에만 친족관계가 있거나 횡령범인과 피해물건의 위탁자 간에만 친족관계가 있는 경우에는 적용되지 않는다(대법원 2008.7.24, 2008도3438).

**514** 甲의 숙부 A가 B에게 금원을 교부하면서 C에게 전달해 달라고 부탁하였는데, 甲이 'C에게 전달해 주겠다'며 B로부터 위 금원을 교부받아 임의로 사용하였다면, 甲과 B 사이에 친족관계가 없더라도 친족상도례가 적용된다.

[경찰승진 22]

514 (×)

> **해설+** 횡령범인이 위탁자가 소유자를 위해 보관하고 있는 물건을 위탁자로부터 보관받아 이를 횡령한 경우에 형법 제361조에 의하여 준용되는 제328조 제2항의 친족 간의 범행에 관한 조문은 범인과 피해물건의 소유자 및 위탁자 쌍방 사이에 같은 조문에 정한 친족관계가 있는 경우에만 적용되고, 단지 횡령범인과 피해물건의 소유자 간에만 친족관계가 있거나 횡령범인과 피해물건의 위탁자 간에만 친족관계가 있는 경우에는 적용되지 않는다(대법원 2008.7.24, 2008도3438).

**515** 타인의 부동산을 보관 중인 자가 불법영득의사를 가지고 그 부동산에 근저당권설정등기를 경료함으로써 일단 횡령행위가 기수에 이르렀다 하더라도 그 후 같은 부동산에 별개의 근저당권을 설정하여 새로운 법익침해의 위험을 추가함으로써 법익침해의 위험을 증가시키거나 해당 부동산을 매각함으로써 기존의 근저당권과 관계없이 법익침해의 결과를 발생시켰다면, 이는 당초의 근저당권 실행을 위한 임의경매에 의한 매각 등 그 근저당권으로 인해 당연히 예상될 수 있는 범위를 넘어 새로운 법익침해의 위험을 추가시키거나 법익침해의 결과를 발생시킨 것이므로 특별한 사정이 없는 한 불가벌적 사후행위로 볼 수 없고, 별도로 횡령죄를 구성한다.

[법원행시 16 변형] [변호사 16]

515 (○) 대법원 2015.1.29, 2014도12022

**516** 종중으로부터 토지를 명의신탁받아 보관 중이던 甲이 개인 채무변제에 사용할 돈을 차용하기 위해 위 토지에 근저당권을 설정하여 횡령죄가 성립한 후 다시 甲이 위 토지를 乙에게 매도한 행위는 횡령죄의 불가벌적 사후행위로서 별도의 횡령죄를 구성하지 아니한다.

[경찰채용 18 1차] [국가7급 14] [국가9급 18] [법원9급 16]

516 (×)

> **해설+** 근저당권 실행으로 인해 당연히 예상될 수 있는 범위를 넘어 '새로운 법익 침해의 위험'을 추가한 것이므로 불가벌적 사후행위로 볼 수 없고, 별도로 횡령죄를 구성한다(대법원 2013.2.21, 2010도10500).

**517** 명의신탁부동산을 임의처분한 수탁자의 재차의 처분행위가 선행처분행위에서 당연히 예상될 수 있는 범위를 넘어 새로운 법익침해의 위험을 추가시켰다면 그 행위는 별도의 횡령죄를 구성한다. [국가9급 15]

**517** (○) 대법원 2013.2.21, 2010 도10500

**518** (부동산실명법에 위반되지 않는 부동산명의신탁약정에 있어서) 부동산의 명의수탁자가 신탁자의 승낙없이 갑(甲) 앞으로 근저당권설정등기를 하였다가 후에 그 말소등기를 신청함과 동시에 을(乙) 앞으로 소유권이전등기를 신청함에 따라 갑(甲) 명의의 근저당권말소등기와 을(乙) 명의의 소유권이전등기가 순차 경료된 경우, 을(乙) 명의로 소유권이전등기를 경료해 준 행위는 별도의 횡령죄를 구성하지 않는다. [법원9급 12]

**518** (✕) '구성하지 않는다' → '구성한다' 乙 명의로 소유권이전등기를 경료한 행위는 기존의 위험과는 다른 새로운 위험을 일으킨 행위로서 별도의 횡령죄를 구성한다(대법원 2013.2.21, 2010도10500).

**519** 주식회사의 대표이사가 타인을 기망하여 회사가 발행하는 신주를 인수하게 한 다음, 그로부터 납입 받은 신주인수대금을 보관하던 중 횡령한 행위는 사기죄와는 전혀 다른 새로운 보호법익을 침해하는 행위로서 별죄를 구성한다. [법원9급 12]

**519** (○) 대법원 2006.10.27, 2004 도6503

**520** 회사의 사무를 처리하는 자가 회사로 하여금 자신의 채무에 관하여 연대보증채무를 부담하게 한 다음, 회사의 자금을 보관하는 자의 지위에서 회사의 이익이 아닌 자신의 채무를 변제하려는 의사로 회사의 자금을 임의로 인출한 후 개인채무의 변제에 사용한 행위는 배임죄와 별도로 횡령죄를 구성한다. [법원9급 12]

**520** (○)

**해설+** 새로운 보호법익을 침해하는 것으로서 배임 범행의 불가벌적 사후행위가 되는 것이 아니라 별죄인 횡령죄를 구성한다고 보아야 하며, 횡령행위로 인출한 자금이 선행 임무위배행위로 인하여 회사가 부담하게 된 연대보증채무의 변제에 사용되었다 하더라도 달리 볼 것은 아니다(대법원 2011.4.14, 2011도277).

**521** A주식회사의 대표이사인 甲이 자신의 채권자 乙에게 차용금에 대한 담보로 A주식회사 명의의 정기예금에 질권을 설정하여 주었는데, 그 후 乙이 甲의 동의 하에 위 정기예금계좌에 입금되어 있던 A주식회사의 자금을 전액 인출하였다면 甲의 예금인출 동의행위는 업무상배임죄의 불가벌적 사후행위가 아니라 업무상횡령죄에 해당한다. [경찰채용 18 1차] [사시 13]

해설+ 피고인의 예금인출동의행위는 이미 배임행위로써 이루어진 질권설정행위의 사후조처에 불과하여 새로운 법의 침해를 수반하지 않는 이른바 불가벌적 사후행위에 해당하고, 별도의 횡령죄를 구성하지 않는다(대법원 2012.11.29, 2012도10980).

(×) '가 아니라 업무상횡령죄' → 삭제

**522** 피고인이 1개의 행위로 피해자 甲으로부터 렌탈(임대차)하여 보관하던 컴퓨터 본체, 모니터 등을 횡령하면서 피해자 乙로부터 리스(임대차)하여 보관하던 컴퓨터 본체, 모니터, 그래픽카드, 마우스 등을 횡령하였다면 위탁관계별로 수개의 횡령죄가 성립하고, 그 사이에는 상상적 경합의 관계가 있다. [경찰승진 17 변형] [법원9급 23]

해설+ 여러 개의 위탁관계에 의하여 보관하던 여러 개의 재물을 1개의 행위에 의하여 횡령한 경우 위탁관계별로 수개의 횡령죄가 성립하고, 그 사이에는 상상적 경합의 관계가 있는 것으로 보아야 한다(대법원 2013.10.31, 2013도10020).

522 (○)

> **(523~526)** 甲이 자신의 명의로 개설된 예금계좌가 보이스피싱 범행에 이용될 것임을 인식하지 못하고 그 접근매체를 보이스피싱 조직원 乙에게 양도한 후 피해자 A가 乙에게 속아 위 계좌로 피해금 1,000만 원을 송금하였다. 이후 甲은 1,000만 원 중 500만 원을 별도의 접근매체를 이용하여 임의로 인출하였다.

**523** 甲이 자신 명의 계좌에 입금된 사실을 알고 이를 인출한 경우 은행에 대한 사기죄는 성립하지 않는다. [국가7급 21]

해설+ 송금의뢰인이 수취인의 예금계좌에 계좌이체 등을 한 이후, 수취인이 은행에 대하여 예금반환을 청구함에 따라 은행이 수취인에게 그 예금을 지급하는 행위는 계좌이체금액 상당의 예금계약의 성립 및 그 예금채권 취득에 따른 것으로서 은행이 착오에 빠져 처분행위를 한 것이라고 볼 수 없으므로, 결국 이러한 행위는 은행을 피해자로 한 형법 제347조의 사기죄에 해당하지 않는다고 봄이 상당하다(대법원 2010.5.27, 2010도3498).

523 (○)

**524** 甲이 자신 명의 계좌에 입금된 사실을 알고 이를 인출한 경우 보이스피싱 조직원 乙에 대한 횡령죄가 성립한다. [국가7급 21]

**524 (×)**

**해설+** 계좌명의인과 전기통신금융사기의 범인 사이의 관계는 횡령죄로 보호할 만한 가치가 있는 위탁관계가 아니다. 사기범이 제3자 명의 사기이용계좌로 돈을 송금·이체하게 하는 행위는 그 자체로 범죄행위에 해당한다. 그리고 사기범이 그 계좌를 이용하는 것도 전기통신금융사기 범행의 실행행위에 해당하므로 계좌명의인과 사기범 사이의 관계를 횡령죄로 보호하는 것은 그 범행으로 송금·이체된 돈을 사기범에게 귀속시키는 결과가 되어 옳지 않다(대법원 2018.7.19, 2017도17494 전원합의체).

**525** 甲은 피해자 A와의 사이에 아무런 법률관계 없이 송금 이체된 금원에 대하여 A에게 반환하여야 하므로 A를 위하여 피해금을 보관하는 지위에 있다. [국가7급 21]

**525 (○)**

**해설+** 계좌명의인이 송금·이체의 원인이 되는 법률관계가 존재하지 않음에도 계좌이체에 의하여 취득한 예금채권 상당의 돈은 송금의뢰인에게 반환하여야 할 성격의 것이므로, 계좌명의인은 그와 같이 송금·이체된 돈에 대하여 송금의뢰인을 위하여 보관하는 지위에 있다고 보아야 한다. 따라서 계좌명의인이 그와 같이 송금·이체된 돈을 그대로 보관하지 않고 영득할 의사로 인출하면 횡령죄가 성립한다. 이러한 법리는 계좌명의인이 개설한 예금계좌가 전기통신금융사기 범행에 이용되어 그 계좌에 피해자가 사기피해금을 송금·이체한 경우에도 마찬가지로 적용된다. 계좌명의인은 피해자와 사이에 아무런 법률관계 없이 송금·이체된 사기피해금 상당의 돈을 피해자에게 반환하여야 하므로, 피해자를 위하여 사기피해금을 보관하는 지위에 있다고 보아야 하고, 만약 계좌명의인이 그 돈을 영득할 의사로 인출하면 피해자에 대한 횡령죄가 성립한다(대법원 2018.7.19, 2017도17494 전원합의체).

**526** 만약 甲이 자신의 예금계좌가 보이스피싱 범행에 이용될 것임을 인식하고 乙과 공모한 것이 인정되면 甲의 출금행위는 사기죄 이외에 별도로 횡령죄가 성립하지 않는다. [국가7급 21]

**526 (○)**

**해설+** 계좌명의인이 사기의 공범이라면 자신이 가담한 범행의 결과 피해금을 보관하게 된 것일 뿐이어서 피해자와 사이에 위탁관계가 없고, 그가 송금·이체된 돈을 인출하더라도 이는 자신이 저지른 사기범행의 실행행위에 지나지 아니하여 새로운 법익을 침해한다고 볼 수 없으므로 사기죄 외에 별도로 횡령죄를 구성하지 않는다(대법원 2018.7.19, 2017도17494 전원합의체).

**527** 甲은 친구 乙이 돈을 벌고 싶으면 통장과 체크카드를 넘겨달라고 하여 乙이 보이스피싱을 한다는 사실을 알면서 자신의 통장과 체크카드를 넘겨 주었다. 여분의 체크카드를 가지고 있던 甲은 통장을 확인하던 중 1,300만 원이 입금된 사실을 확인하고 이를 모두 인출하여 임의로 소비하였는데, 이 돈은 乙로부터 기망당한 A가 송금한 것이었다. 甲에게는 횡령죄가 성립한다.

[경찰간부 22]

**527 (×)**

> **해설+** 계좌명의인이 사기의 공범이라면 자신이 가담한 범행의 결과 피해금을 보관하게 된 것일 뿐이어서 피해자와 사이에 위탁관계가 없고, 그가 송금·이체된 돈을 인출하더라도 이는 자신이 저지른 사기범행의 실행행위에 지나지 아니하여 새로운 법익을 침해한다고 볼 수 없으므로 사기죄 외에 별도로 횡령죄를 구성하지 않는다(대법원 2018.7.19, 2017도17494 전원합의체).

**528** 甲이 성명불상자로부터 계좌를 빌려주면 대가를 주겠다는 제안을 받고 자신의 계좌에 연결된 체크카드를 양도하였는데, A가 보이스피싱 사기 범행에 속아 위 계좌로 금원을 송금하여 甲이 보관하던 중 이를 현금으로 인출하여 개인 용도로 사용한 경우, 甲이 사기범행에 이용되리라는 사정을 알지 못한 채 체크카드를 양도한 것이라면 A에 대한 횡령죄가 성립한다.

[변호사 22]

**528 (○)**

> **해설+** 사기범행에 이용되리라는 사정을 알지 못한 채 단순히 자신 명의 계좌의 접근매체를 양도하였을 뿐이어서 사기의 공범에 해당하지 않는 경우에는 성명불상자의 사기범행에 속은 피해자가 위 계좌로 송금하여 입금된 돈을 보관하고 있다고 할 수 있어 이를 임의로 인출한 행위는 횡령죄를 구성한다(대법원 2018.7.19, 2017도17494 전원합의체; 2018.8.1, 2018도5255).

**529** 제3자 명의 사기이용계좌(이른바 대포통장)의 계좌명의인이 전기통신금융사기 피해금을 임의로 인출한 경우 계좌명의인은 피해자와 사이에 아무런 법률관계 없이 송금 이체된 사기피해금 상당의 돈을 피해자에게 반환하여야 하므로, 피해자를 위하여 사기피해금을 보관하는 지위에 있다고 보아야 하고, 만약 계좌명의인이 그 돈을 영득할 의사로 인출하면 피해자에 대한 횡령죄가 성립한다.

[국가9급 20 변형]

**529 (○)**

> **해설+** 보이스피싱 조직원에게 자기 명의 계좌의 통장 등 접근매체를 양도하고, 그 계좌에 송금된 사기 피해금을 임의로 인출한 사안에서, 그 계좌명의인에게 사기방조죄가 성립하지 않는 이상 사기 피해자에 대한 횡령죄가 성립한다(대법원 2018.7.19, 2017도17494 전원합의체).

**530** 위 지문에서 계좌명의인이 사기의 공범이라면 자신이 가담한 범행의 결과 피해금을 보관하게 된 것일 뿐이어서 피해자와 사이에 위탁관계가 없고, 그가 송금 이체된 돈을 인출하더라도 이는 자신이 저지른 사기범행의 실행행위에 지나지 아니하여 새로운 법익을 침해한다고 볼 수 없으므로 사기죄 외에 별도로 횡령죄를 구성하지 않는다.

**530 (○)** 대법원 2018.7.19, 2017도17494 전원합의체

**531** 사기범행에 이용되리라는 사정을 알고서 자신 명의 계좌의 접근매체를 양도함으로써 사기범행을 방조한 종범이 사기이용계좌로 송금된 피해자의 자금을 임의로 인출한 경우 별도의 횡령죄를 구성하지 아니한다.

[법원9급 18 변형]

531 (○) 대법원 2017.5.31, 2017도3894

**532** 전기통신금융사기의 공범인 계좌명의인이 개설한 예금계좌로 피해자가 송금·이체한 사기피해금을 계좌명의인이 영득할 의사로 인출하면 전기통신금융사기의 범인에 대한 관계에서든 피해자에 대한 관계에서든 모두 횡령죄가 성립한다.

[경찰채용 21 2차 변형] [국가9급 21 변형]

532 (×)

**해설+** 모두 횡령죄가 성립하지 않는다. 우선 공범 간에 횡령죄가 성립하지 않는다는 것은 횡령죄로 보호할 만한 가치 있는 위탁신임관계가 존재하지 않기 때문이다(대법원 2018.7.19, 2017도17494 전원합의체). 다음, 피해자와의 관계에서는 사기죄 외에 횡령죄는 별도로 성립하지 않는다. "㉠ 계좌명의인이 개설한 예금계좌가 전기통신금융사기 범행에 이용되어 그 계좌에 피해자가 사기피해금을 송금·이체한 경우 계좌명의인은 피해자와 사이에 아무런 법률관계 없이 송금·이체된 사기피해금 상당의 돈을 피해자에게 반환하여야 하므로 피해자를 위하여 사기피해금을 보관하는 지위에 있다고 보아야 하고, 만약 계좌명의인이 그 돈을 영득할 의사로 인출하면 피해자에 대한 횡령죄가 성립한다. ㉡ 이때 계좌명의인이 사기의 공범이라면 자신이 가담한 범행의 결과 피해금을 보관하게 된 것일 뿐이어서 피해자와 사이에 위탁관계가 없고, 그가 송금·이체된 돈을 인출하더라도 이는 자신이 저지른 사기범행의 실행행위에 지나지 아니하여 새로운 법익을 침해한다고 볼 수 없으므로 사기죄 외에 별도로 횡령죄를 구성하지 않는다(대법원 2018.7.26, 2017도21715)."

**533** 주식회사의 설립업무 또는 증자업무를 담당한 자와 주식인수인이 사전 공모하여 주금납입취급은행 이외의 제3자로부터 납입금에 해당하는 금액을 차입하여 주금을 납입하고 납입취급은행으로부터 납입금보관증명서를 교부받아 회사의 설립등기절차 또는 증자등기절차를 마친 직후 이를 인출하여 위 차용금채무의 변제에 사용하는 경우, 위와 같은 행위는 실질적으로 회사의 자본을 증가시키는 것이 아니고 등기를 위하여 납입을 가장하는 편법에 불과하여 주금의 납입 및 인출의 전 과정에서 회사의 자본금에는 실제 아무런 변동이 없다고 보아야 할 것이므로, 그들에게 회사의 돈을 임의로 유용한다는 불법영득의 의사가 있다고 보기 어렵다 할 것이고, 이러한 관점에서 상법상 납입가장죄의 성립을 인정하는 이상 회사 자본이 실질적으로 증가됨을 전제로 한 업무상횡령죄가 성립한다고 할 수는 없다.

[사시 13 변형]

533 (○) 대법원 2004.6.17, 2003도7645

**534** 주식회사의 설립업무 또는 증자업무를 담당한 자와 주식인수인이 사전에 공모하여 제3자로부터 차용한 돈으로 주금을 납입하고 설립등기 또는 증자등기 후 바로 인출하여 차용금 변제에 사용하는 경우에는 업무상횡령죄가 성립하지 않는다.

[경찰간부 17]

534 (O) 대법원 2013.4.11, 2012도15585

**535** 점유이탈물횡령죄는 위탁관계에 의한 신뢰배반이 없다는 점에서 횡령죄와 구별된다.

[국가9급 17]

535 (O)

**해설+** 점유이탈물횡령죄는 점유침해가 없다는 점에서 절도죄와 구별되고, 위탁관계가 없다는 점에서 횡령죄와는 본질을 달리하는 독립된 범죄이다.

**536** 다른 사람의 유실물인 줄 알면서 당국에 신고하거나 피해자의 숙소에 운반하지 아니하고 자기 친구 집에 운반한 사실만으로는 점유이탈물횡령죄의 범의를 인정하기 어렵다.

[국가9급 22]

536 (O)

**해설+** 피고인이 택시에 탄 손님의 유실물인줄 알면서 당국에 신고하거나 피해자의 숙소인 ○○호텔등에 운반하지 아니하고 아무런 연고도 없는 피고인의 집에 운반할 생각으로 공범자로부터 이 사건 피해품을 받아서 이것을 피고인의 친구집에 운반한 사실만으로서는 피고인이 다른 공범자가 점유이탈물을 횡령하는데 함께 가담할 의사가 있었던 것이라고는 인정하기 곤란하다. 다시 말하면 위와 같은 사실을 인식하고 있었다는 한 가지 사실만으로는 피고인에게 횡령의 범의가 있었다고는 보기 곤란하다(대법원 1969.8.19, 69도1078).

**537** 착오로 인하여 점유한 물건이나 타인이 놓고 간 물건, 일실한 가축도 점유이탈물에 포함될 수 있다.

[국가9급 17]

537 (O) 통설적인 입장으로 옳은 지문이다.

**538** 여관이나 목욕탕, PC방 등에서는 주인의 배타적 지배가 인정되기 때문에 손님이 잃어버린 물건은 점유이탈물이 되지 않고 주인의 점유가 인정된다.

[국가9급 17]

538 (O) 통설적인 입장으로 옳은 지문이다.

**539** 지하철의 승무원은 유실물법상 전동차의 관수자로서 승객이 잊고 내린 유실물을 점유한다고 보아야 하므로, 승객이 놓고 내린 지하철의 전동차 바닥이나 선반 위에 있던 물건을 제3자가 가지고 간 행위는 절도죄에 해당한다.

[경찰승진 10]

**539** (×) 대법원 1999.11.26, 99도3963

**540** 타인이 송금절차의 착오로 인해 잘못 송금하여 자신의 계좌에 입금된 돈은 점유이탈물에 해당한다.

[국가9급 17]

**540** (×) '해당한다' → '해당하지 않는다'

**해설+** 피고인이 송금 절차의 착오로 인하여 피고인 명의의 은행 계좌에 입금된 돈을 임의로 인출하여 소비한 행위는 횡령죄에 해당하고, 이는 송금인과 피고인 사이에 별다른 거래관계가 없다고 하더라도 마찬가지이다(대법원 2010.12.9, 2010도891).

## 7 배임의 죄

**대표유형**

담보권자가 변제기 경과 후에 담보권을 실행하기 위하여 담보목적물을 처분함에 있어서 부당하게 염가로 처분하더라도 배임죄로 처벌할 수 없다. [법원9급 18 변형]

(○)

**해설+** 담보제공자에게 반환할 의무는 부동산매매에 있어서의 매도인의 등기의무와 같이 타인인 채무자의 사무 처리에 속하는 것이라고 볼 수는 없어 그 정산의무를 이행하지 아니한 소위는 배임죄를 구성하지 않는다(대법원 1985.11.26, 85도1493).

**대표유형**

채무자가 그 소유의 동산에 대하여 점유개정의 방식으로 채권자들에게 이중의 양도담보 설정계약을 체결한 후 양도담보 설정자가 목적물을 임의로 제3자에게 처분하였다면 뒤의 채권자에 대한 관계에서 배임죄가 성립하지 않는다. [경찰채용 20 1차]

(○) 대법원 2004.6.25, 2004도1751

**보충** '처음의 양도담보권자에 대한 관계'에서도 배임죄가 성립하지 않는다(대법원 2020.2.20, 2019도9756 전원합의체).

**대표유형**

금융기관이 실제로 거래처에 대출금을 새로 교부한 경우에는 거래처가 그 대출금을 임의로 처분할 수 없다거나 그 밖에 어떠한 이유로든 그 대출금이 기존 대출금의 원리금으로 상환될 수밖에 없다는 등의 특별한 사정이 없는 한 비록 새로운 대출금이 기존 대출금의 원리금으로 상환되도록 약정되어 있다고 하더라도 그 대출과 동시에 이미 손해발생의 위험은 발생하였다고 보아야 할 것이므로 업무상배임죄가 성립한다.

(○) 대법원 2003.10.10, 2003도3516

**📎 대표유형**

주식회사의 대표이사가 대표권을 남용하는 등 그 임무에 위배하여 약속어음 발행을 하였으나 약속어음 발행이 무효일 뿐만 아니라 그 어음이 유통되지도 않았다면, 회사는 어음발행의 상대방에게 어음채무를 부담하지 않기 때문에 특별한 사정이 없는 한 회사에 현실적으로 손해가 발생하였다거나 실해 발생의 위험이 발생하였다고도 볼 수 없으므로, 이때에는 배임죄의 기수범이 아니라 배임미수죄로 처벌하여야 한다.

[경찰간부 18 변형] [경찰채용 21 1차] [국가7급 21 2차]

(○) 대법원 2017.7.20, 2014도1104 전원합의체

**📎 대표유형**

청탁한 내용이 규정이 허용하는 범위 내에서 최대한의 선처를 바란다는 내용에 불과하다면 그 사례로 금품을 수수한 것은 배임증재 또는 배임수재에 해당하지 않는다. [법원행시 15]

(○) 대법원 2011.4.14, 2010도8743

541 배임죄는 법익보호의 정도에 관하여 침해범으로 분류하는 것이 판례의 입장이다. [국가9급 21 변형]

541 (×)

**해설+** 판례는 배임죄를 위험범으로 본다(구체적 위험범설). "배임죄에서 '본인에게 손해를 가한 때'라 함은 재산적 가치의 감소를 뜻하는 것으로서 이는 재산적 실해를 가한 경우뿐만 아니라 실해 발생의 위험을 초래한 경우도 포함하는 것이고, 손해액이 구체적으로 명백하게 확정되지 않았다고 하더라도 배임죄의 성립에는 영향이 없고(대법원 1973.11.13, 72도1366; 1980.9.9, 79도2637; 1987.7.21, 87도546; 1990.10.16, 90도1702; 1997.5.30, 95도531 등). 또한 재산상 손해의 유무는 본인의 전 재산 상태와의 관계에서 법률적 판단에 의하지 않고 경제적 관점에서 파악하여야 하므로, 법률적 판단에 의하여 배임행위가 무효라 하더라도 경제적 관점에서 파악하여 배임행위로 인하여 본인에게 현실적인 손해를 가하였거나 재산상 실해 발생의 위험을 초래한 경우에는 재산상의 손해를 가한 때에 해당된다. 다만 재산상 실해 발생의 위험은 경제적 관점에서 재산상 손해가 발생한 것과 사실상 같다고 평가될 정도에 이르렀다고 볼 수 있을 만큼 구체적·현실적인 위험이 야기된 경우를 의미하고 단지 막연한 가능성이 있다는 정도로는 부족하므로, 배임행위가 법률상 무효이기 때문에 본인의 재산 상태가 사실상으로도 악화된 바가 없다면 현실적인 손해가 없음은 물론이고 실해가 발생할 위험도 없는 것이므로 본인에게 재산상의 손해를 가한 것이라고 볼 수 없다(대법원 1987.11.10, 87도993; 1992.5.26, 91도2963; 1995.11.21, 94도1375; 2000.11.28, 2000도142; 2008.6.19, 2006도4876 전원합의체; 2014.2.3, 2011도16763; 2015.9.10, 2015도6745; 2017.7.20, 2014도1104 전원합의체)."

542 배임죄에 있어서 타인의 사무를 처리하는 자라 함은 양자간의 신임관계에 기초를 둔 타인의 재산보호 내지 관리의무가 있음을 그 본질적 내용으로 하는 것이므로, 배임죄의 성립에 있어 행위자가 대외관계에서 타인의 재산을 처분할 적법한 대리권이 있음을 요하지 아니한다. [경찰채용 18 1차]

542 (○) 대법원 1999.9.17, 97도3219

**543** 미성년자와 친생자관계가 없으나 호적상 친모로 등재되어 있는 자가 미성년자의 상속재산 처분에 관여한 경우, 배임죄에 있어서 타인의 사무를 처리하는 자의 지위에 있다.

[법원행시 09]

543 (○) 대법원 2002.6.14, 2001도3534

**544** 회사가 타인의 사무를 처리하는 일을 영업으로 영위하는 경우, 회사의 대표이사는 내부기관으로서 당해 회사가 그 타인에 대하여 부담하고 있는 의무내용대로 사무를 처리할 임무가 있더라도 그 임무는 회사에 대하여 부담하는 임무이지 직접 타인에 대하여 지고 있는 임무는 아니므로, 대표이사가 그 임무에 위배하였다고 하더라도 그 타인에 대한 배임죄가 성립한다고 할 수 없다.

[변호사 16]

544 (×)

**해설+** 형법 제355조 제2항의 배임죄에 있어서 타인의 사무를 처리할 의무의 주체가 법인이 되는 경우라도 법인은 다만 사법상의 의무주체가 될 뿐 범죄능력이 없는 것이며 그 타인의 사무는 법인을 대표하는 자연인인 대표기관의 의사결정에 따른 대표행위에 의하여 실현될 수 밖에 없어 그 대표기관은 마땅히 법인이 타인에 대하여 부담하고 있는 의무내용 대로 사무를 처리할 임무가 있다 할 것이므로 법인이 처리할 의무를 지는 타인의 사무에 관하여는 법인이 배임죄의 주체가 될 수 없고 그 법인을 대표하여 사무를 처리하는 자연인인 대표기관이 바로 타인의 사무를 처리하는 자 즉 배임죄의 주체가 된다(대법원 1984.10.10, 82도2595 전원합의체).

**보충** 참고로, 위 지문은 위 전원합의체 판례의 [소수의견]이다.

**545** 회사가 타인의 사무를 처리하는 일을 영업으로 영위하고 있는 경우, 회사의 대표이사가 그 타인의 사무를 처리하면서 업무상 임무에 위배되는 행위를 함으로써 재산상 이익을 취득하거나 제3자로 하여금 이를 취득하게 하고 그로 인하여 회사로 하여금 그 타인에 대한 손해배상책임 등 채무를 부담하게 한 때에는 회사에 손해를 가하거나 재산상 실해 발생의 위험을 초래한 것으로 볼 수 있으므로, 이러한 행위는 회사에 대한 관계에서 업무상 배임죄를 구성한다.

545 (○) 대법원 2014.2.21, 2011도8870

**546** 계주가 계원들로부터 월불입금을 모두 징수하였음에도 불구하고 정당한 사유 없이 이를 지정된 계원에게 지급하지 아니한 행위는 다른 특별한 사정이 없는 한 배임죄를 구성한다.

[국가9급 20]

546 (○) 대법원 1994.3.8, 93도2221

**547** 낙찰계의 계주가 계원들과의 약정에 따라 부담하는 계금지급의무가 배임죄에서 말하는 '타인의 사무'에 해당하려면 그 관계의 본질적 내용이 단순한 채권관계상의 의무를 넘어서 신임관계에 기초하여 타인의 재산을 보호 내지 관리하는 데 이르러야 하는바, 계주가 계원들로부터 계불입금을 징수하게 되면 그 계불입금은 실질적으로 낙찰계원에 대한 계금지급을 위하여 계주에게 위탁된 금원의 성격을 지니고 따라서 계주는 이를 낙찰·지급받을 계원과의 사이에서 단순한 채권관계를 넘어 신의칙상 그 계금지급을 위하여 위 계불입금을 보호 내지 관리하여야 하는 신임관계에 들어서게 되므로, 이에 기초한 계주의 계금지급의무는 배임죄에서 말하는 타인의 사무에 해당한다.

[사시 13 변형]

547 (○) 대법원 2009.8.20, 2009도3143

**548** 계주가 계원들로부터 계불입금을 징수하지 아니하였다면 그러한 상태에서 부담하는 계금지급의무는 위와 같은 신임관계에 이르지 아니한 단순한 채권관계상의 의무에 불과하여 타인의 사무에 속하지 아니하고, 이는 계주가 계원들과의 약정을 위반하여 계불입금을 징수하지 아니한 경우라 하여 달리 볼 수 없다.

[사시 13 변형]

548 (○) 대법원 2009.8.20, 2009도3143

**549** 유한회사와 그 사원은 별개의 법인격을 가진 존재로서 동일인이라 할 수 없고 유한회사의 손해가 항상 사원의 손해와 일치한다고 할 수도 없으므로, 1인 사원이나 대 지분을 가진 사원도 본인인 유한회사에 손해를 가하는 임무위배행위를 한 경우에는 배임죄의 죄책을 진다. 따라서 회사의 임원이 임무에 위배되는 행위로 재산상 이익을 취득하거나 제3자로 하여금 이를 취득하게 하여 회사에 손해를 가한 경우, 임무위배행위에 대하여 사실상 1인 사원이나 대지분을 가진 사원의 양해를 얻었다고 하더라도 배임죄의 성립에는 지장이 없다.

549 (○) 대법원 2011.3.10, 2008도6335

**550** 타인 소유의 특허권을 명의신탁받아 관리하는 업무를 수행해 오다가 제3자로부터 특허권을 이전해 달라는 제의를 받고 대금을 지급받고는 그 타인의 승낙도 받지 않은 채 제3자 앞으로 특허권을 이전등록한 경우에는 업무상배임죄가 성립한다.

[변호사 18]

550 (○) 대법원 2016.10.13, 2014도17211

**551** 지입차주가 자신이 실질적으로 소유하거나 처분권한을 가지는 자동차에 관하여 지입회사와 지입계약을 체결함으로써 지입회사에게 그 자동차의 소유권등록 명의를 신탁하고 운송사업용 자동차로서 등록 및 그 유지 관련 사무의 대행을 위임한 경우에 지입회사 운영자는 지입차주와의 관계에서 '타인의 사무를 처리하는 자'의 지위에 있다. [법원행시 21]

**551** (O)

**해설+** 이른바 지입제는 자동차운송사업면허 등을 가진 운송사업자와 실질적으로 자동차를 소유하고 있는 차주 간의 계약으로 외부적으로는 자동차를 운송사업자 명의로 등록하여 운송사업자에게 귀속시키고 내부적으로는 각 차주들이 독립된 관리 및 계산으로 영업을 하며 운송사업자에 대하여는 지입료를 지불하는 운송사업형태를 말한다. 따라서 지입차주 자신이 실질적으로 소유하거나 처분권한을 가지는 자동차에 관하여 지입회사와 지입계약을 체결함으로써 지입회사에 그 자동차의 소유권등록 명의를 신탁하고 운송사업용 자동차로서 등록 및 그 유지 관련 사무의 대행을 위임한 경우에는, 특별한 사정이 없는 한 지입회사 측이 지입차주의 실질적 재산인 지입차량에 관한 재산상 사무를 일정한 권한을 가지고 맡아 처리하는 것으로서 당사자 관계의 전형적·본질적 내용이 통상의 계약에서의 이익대립관계를 넘어서 그들 사이의 신임관계에 기초하여 타인의 재산을 보호 또는 관리하는 데에 있으므로, 지입회사 운영자는 지입차주와의 관계에서 '타인의 사무를 처리하는 자'의 지위에 있다(대법원 2021.6.24, 2018도14365).

**552** 지입계약관계에서 지입회사 운영자가 지입차량에 임의로 저당권을 설정한 경우 배임죄가 성립한다.

**552** (O)

**해설+** 지입회사 운영자는 지입차주와의 관계에서 '타인의 사무를 처리하는 자'의 지위에 있다(대법원 2021.6.30, 2015도19696).

**553** 부동산 경락허가 결정이 확정된 후에 그 부동산의 소유자들에 대하여 그 경락을 포기하겠다고 약속한 경우, 이는 민법상의 채무부담행위일 뿐 이로써 타인의 사무를 처리하는 지위를 갖게 되는 것은 아니므로, 그러한 약속에 위배하여 소유권을 완전히 취득하였다 하여도 배임죄를 구성하지는 않는다. [법원승진 14]

**553** (O) 대법원 1969.2.25, 69도46

**554** 청산회사의 대표청산인이 처리하는 채무의 변제, 재산의 환가처분 등 회사의 청산업무는 청산인 자신의 사무 또는 청산회사의 업무에 속함과 아울러 회사의 채권자들과의 관계에서도 위임 관계의 범위 안에 귀속되므로, 청산인은 회사의 채권자들에 대한 관계에 있어서도 '타인의 사무를 처리하는 자'에 해당한다.                                                    [법원승진 14]

**554 (×)**

> **해설+** 청산회사의 대표청산인이 처리하는 채무의 변제, 재산의 환가처분 등 회사의 청산의무는 청산인 자신의 사무 또는 청산회사의 업무에 속하는 것이므로, 청산인은 회사의 채권자들에 대한 관계에 있어 직접 그들의 사무를 처리하는 자가 아니다(대법원 1990.5.25, 90도6).

**555** 음식점의 임차권양도계약을 체결한 양도인의 이중양도행위는 배임죄가 아니다.                                                    [경찰간부 16]

**555 (○)**

> **해설+** 양품점의 임차권만의 양도계약을 체결한 경우 양수인에게 그 점포를 명도하여 줄 양도인의 의무는 양도계약에 따른 민사상의 채무에 불과할 뿐 타인의 사무라고 할 수 없으므로 위 점포의 이중양도행위는 배임죄를 구성하지 않는다(대법원 1990.9.25, 90도1216).

**556** 골프시설의 운영자가 일반회원들을 위한 회원의 날을 없애고, 일반회원들 중에서 주말예약에 대하여 우선권이 있는 특별회원을 모집함으로써 일반회원들의 주말예약권을 사실상 제한하거나 박탈하는 결과가 되었다고 하더라도, 골프시설의 운영자가 일반회원들의 골프회원권이라는 재산관리에 관한 사무를 대행하거나 그 재산의 보전행위에 협력하는 지위에 있다고 할 수는 없으므로 일반회원들에 대한 배임죄를 구성하지 아니한다.                                                    [법원9급 08]

**556 (○)** 대법원 2003.9.26, 2003도763

**557** 양도담보가 처분정산형이든 귀속정산형이든 담보권자가 청산금을 담보제공자에게 반환할 의무는 담보계약에 따라 부담하는 자신의 정산의무이므로 그 의무를 이행하는 사무는 타인인 채무자의 사무처리에 속한다고 볼 수 없다. 따라서 그 정산의무를 이행하지 아니한 행위는 배임죄를 구성하지 않는다.                                                    [법원9급 20]

**557 (○)** 대법원 1985.11.26, 85도1493

**558** 부동산양도담보권자 甲이 변제기 경과 후에 담보권을 실행하기 위하여 담보목적물을 부당하게 염가로 처분한 경우 甲에게 배임죄가 성립하지 않는다.

[국가9급 18]

**558** (○)

**해설+** 시가에 따른 적절한 처분을 하여야 할 의무는 담보계약상의 민사책임의무이고 그와 같은 형법상의 의무가 있는 것이 아니므로 그에 위반한 경우 배임죄가 성립된다고 볼 수 없다(대법원 1989.10.24, 87도126).

**559** 담보권자가 변제기 경과 후에 담보권을 실행하기 위하여 담보목적물을 처분하는 행위는 담보계약에 따라 담보권자에게 주어진 권능이어서 자기의 사무처리에 속하는 것이지 타인인 채무자의 사무처리에 속하는 것이라고 할 수 없으므로, 담보권자가 담보권을 실행하기 위하여 담보목적물을 처분함에 있어 시가에 따른 적절한 처분을 하여야 할 의무는 담보계약상의 민사채무일 뿐 그와 같은 형법상의 의무가 있는 것은 아니므로 그에 위반한 경우 배임죄가 성립된다고 할 수 없다.

**559** (○) 대법원 1997.12.23, 97도 2430

**560** 금융기관의 임직원이 보통예금계좌에 입금된 예금주의 예금을 무단으로 인출한 경우 그 임직원은 예금주와의 사이에서 그의 재산관리에 관한 사무를 처리하는 자의 지위에 있다고 할 것이므로, 그러한 예금인출행위는 예금주에 대한 관계에서 배임죄를 구성한다.

[경찰채용 18 1차] [법원9급 09]

**560** (×) '구성한다' → '구성하지 않는다'

**해설+** 예금계좌에 입금된 금전의 소유권은 금융기관에 이전되고, 예금주는 그 예금계좌를 통한 예금반환채권을 취득하는 것이므로, 금융기관의 임직원은 예금주로부터 예금계좌를 통한 적법한 예금반환 청구가 있으면 이에 응할 의무가 있을 뿐 예금주와의 사이에서 그의 재산관리에 관한 사무를 처리하는 자의 지위에 있다고 할 수 없다(대법원 2008.4.24, 2008도1408).

**561** 신주발행은 주식회사의 자본조달을 목적으로 하는 것으로서, 신주발행과 관련한 대표이사의 업무는 회사의 사무일 뿐이므로 신주발행 과정에서 대표이사가 납입된 주금을 회사를 위하여 사용하도록 관리·보관하는 업무 역시 회사에 대한 선관주의의무 내지 충실의무에 기한 것으로서 회사의 사무에 속하는 것이고, 신주발행에서 대표이사가 일반 주주들에 대하여 그들의 신주인수권과 기존 주식의 가치를 보존하는 임무를 대행한다거나 주주의 재산보전 행위에 협력하는 자로서 타인의 사무를 처리하는 자의 지위에 있다고는 볼 수 없다.

**561** (○) 대법원 2010.10.14, 2010 도387

**562** 甲이 乙로부터 임야를 매수하면서 계약금을 지급하는 즉시 甲 앞으로 소유권을 이전받되 위 임야를 담보로 대출을 받아 잔금을 지급하기로 약정하고, 甲이 계약금을 지급한 후 임야에 대한 소유권을 이전받고 이를 담보로 제공하여 자금을 융통하였음에도 乙에게 잔금을 지급하지 않았다고 하더라도 배임죄가 성립하지 않는다.  [변호사 14]

**562 (○)**

> **해설+** 그 사무의 처리에 관하여 통상의 계약에서의 이익대립관계를 넘는 신임관계가 당사자 사이에 발생한다고 할 수 없다. 따라서 그 대금의 지급은 당사자 사이의 신임관계에 기하여 매수인에게 위탁된 매도인의 사무가 아니라 애초부터 매수인 자신의 사무라고 할 것이다(대법원 2011.4.28, 2011도3247).

**563** 甲이 아웃렛 의류매장의 운영과 관련하여 A로부터 투자를 받으면서 투자금반환채무의 변제를 위하여 의류매장에 관한 임차인 명의와 판매대금의 입금계좌 명의를 A앞으로 변경해 주었음에도 B에게 의류매장에 관한 임차인의 지위 등 권리 일체를 양도한 경우, 배임죄 또는 업무상배임죄 성립한다.  [법원행시 16] [사시 16 변형]

**563 (×)** '성립한다' → '성립하지 않는다'

> **해설+** 채무자가 투자금반환채무의 변제를 위하여 담보로 제공한 임차권 등의 권리를 그대로 유지할 계약상 의무가 있다고 하더라도, 이는 기본적으로 투자금반환채무의 변제의 방법에 관한 것이고, '타인의 사무'에 해당한다고 볼 수 없다(대법원 2015.3.26, 2015도1301).

**564** 채권담보를 위한 대물변제예약사안에서 채무자가 대물로 변제하기로 한 부동산을 제3자에게 처분하였다고 하더라도 형법상 배임죄가 성립하는 것은 아니다.  [국가7급 16] [국가9급 16] [법원행시 16] [변호사 15]

**564 (○)**

> **해설+** 채무자가 대물변제예약에 따라 부동산에 관한 소유권이전등기 절차를 이행할 의무는 그 궁극적 목적을 달성하기 위해 채무자에게 요구되는 부수적 내용이어서 이를 가지고 배임죄에서 말하는 신임관계에 기초하여 채권자의 재산을 보호 또는 관리하여야 하는 '타인의 사무'에 해당한다고 볼 수는 없다(대법원 2014.8.21, 2014도3363).

**565** 채무자가 투자금반환채무의 변제를 위하여 담보로 제공한 임차권 등의 권리를 그대로 유지할 계약상 의무가 있다고 하더라도, 이는 기본적으로 투자금반환채무의 변제의 방법에 관한 것이고, 성실한 이행에 의하여 채권자가 계약상 권리의 만족이라는 이익을 얻는다고 하여도 이를 가지고 통상의 계약에서의 이익대립관계를 넘어서 배임죄에서 말하는 신임관계에 기초하여 채권자의 재산을 보호 또는 관리하여야 하는 '타인의 사무'에 해당한다고 볼 수 없다.  [법원행시 20]

**565 (○)** 대법원 2015.3.26, 2015도1301

566 피고인이 임차인 甲과 아파트에 관한 임대차계약을 체결하면서 자신이 소유권을 취득하는 즉시 甲에게 알려 甲이 전입신고를 하고 확정일자를 받아 1순위 근저당권자 다음으로 대항력을 취득할 수 있도록 하기로 약정하였는데, 그 후 甲에게서 전세금 전액을 수령하고 소유권을 취득하였음에도 취득 사실을 고지하지 않고 다른 2, 3순위 근저당권을 설정해 주었다고 하여 배임죄의 '타인의 사무를 처리하는 자의 지위'에 있다고 보기는 어렵다.

566 (○) 대법원 2015.11.26, 2015도4976

567 채권자들과 부동산 양도담보 설정의 취지로 분양계약을 체결한 피고인이 그 소유권이전등기 경료 전에 임의로 그 부동산에 대하여 처분행위를 한 경우 배임죄를 구성한다.

567 (×)

**해설+** 양도담보권자의 채권에 대한 담보능력 감소의 위험이 발생한 이상 배임죄를 구성한다는 것이 과거의 판례(대법원 2010.9.9, 2010도5975)이었으나, 2020년 6월 전원합의체 판례에 의하여 부동산양도담보를 약정한 채무자는 배임죄의 주체에 해당되지 아니한다(대법원 2020.6.18, 2019도14340 전원합의체).

568 피고인이 피해자로부터 돈을 빌리면서 담보 목적으로 제공한 이 사건 아파트 중 301호 분양계약서에 따라 그 소유권이전등기절차를 이행할 의무가 있음에도 불구하고, 토지주들과의 정산과정에서 301호에 대한 피해자의 권리 보호에 필요한 아무런 조치도 취하지 않은 채 301호에 대한 분양권, 처분권을 포기함으로써 토지주들이 301호에 관하여 보존등기를 마치고 가등기를 설정할 수 있도록 한 경우 배임죄가 성립한다.

568 (×)

**해설+** 건축주와 분양권한에 관한 협의를 진행하는 피고인으로서는 담보권자의 이익이 침해되지 않도록 노력해야 할 의무가 있다. 피고인의 행위는 피해자가 토지주나 가등기권리자에게 소유권이전등기청구권을 주장하지 못하게 되는 손해 발생의 위험을 초래하는 행위라고 인정된다는 것이 과거의 판례(대법원 2014.5.16, 2013도12003)이었으나, 2020년 6월 전원합의체 판례에 의해 부동산양도담보를 약정한 채무자는 더 이상 배임죄의 주체에 해당하지 않는다(대법원 2020.6.18, 2019도14340 전원합의체).

569 A가 B 새마을금고로부터 특정 토지 위에 건물을 신축하는 데 필요한 공사 자금 10억 원을 대출받으면서 이를 담보하기 위하여 C 신탁회사를 수탁자, B 금고를 우선수익자, A를 위탁자 겸 수익자로 한 담보신탁계약 및 자금관리대리사무계약을 체결하였고 계약 내용에 따라 건물이 준공된 후 C 회사에 신탁등기를 이행하여 B 금고의 우선수익권을 보장할 의무가 있었음에도 임의로 D 앞으로 건물의 소유권보존등기를 마쳐준 경우라고 하더라도, A는 통상의 계약에서의 이익대립관계를 넘어서 B 금고와의 신임관계에 기초하여 B 금고의 우선수익권을 보호 또는 관리하는 등 그의 사무를 처리하는 자의 지위에 있다고 보기 어려우므로, A에게는 배임죄가 성립하지 않는다.

[법원행시 20]

569 (O)

**해설+** 피고인이 甲 새마을금고로부터 특정 토지 위에 건물을 신축하는 데 필요한 공사자금을 대출받으면서 이를 담보하기 위하여 乙 신탁회사를 수탁자, 甲 금고를 우선수익자, 피고인을 위탁자 겸 수익자로 한 담보신탁계약 및 자금관리대리사무계약을 체결하였고 계약 내용에 따라 건물이 준공된 후 乙 회사에 신탁등기를 이행하여 甲 금고의 우선수익권을 보장할 임무가 있음에도 이에 위배하여 丙 앞으로 건물의 소유권보존등기를 마쳐줌으로써 甲 금고에 재산상 손해를 가하였다고 하여 특정경제범죄 가중처벌 등에 관한 법률 위반(배임)으로 기소된 경우, 피고인은 배임죄에서의 '타인의 사무를 처리하는 자'에 해당하지 않는다(대법원 2020.4.29, 2014도9907).

570 甲이 A은행으로부터 특정 토지 위에 건물을 신축하는 데 필요한 공사자금을 대출받으면서 이를 담보하기 위하여 B신탁회사를 수탁자, A은행을 우선수익자, 甲을 위탁자 겸 수익자로 하여 '신탁목적이 달성될 때까지 甲이 위 토지 및 건물을 임의로 처분할 수 없고, 준공 후 건물에 대하여 B신탁회사 앞으로 신탁등기를 경료하고 건물 분양수익금을 B신탁회사가 관리하면서 A은행에 대한 甲의 대출금을 변제한다'는 내용의 담보신탁계약 및 자금관리대리사무계약을 체결한 경우, 甲이 위 계약에 따른 A은행의 우선수익권 보장 임무에 위배하여 C 앞으로 위 건물의 소유권보존등기를 마쳐 주었다면 甲에게 A은행에 대한 배임죄가 성립한다.

[변호사 21]

570 (×)

**해설+** A은행의 주된 관심은 건물에 대한 신탁등기 이행 여부가 아닌, 대출금 채권의 회수에 있고, 피고인은 A은행과의 관계에서 향후 건물이 준공되면 B회사와 건물에 대한 담보신탁계약, 자금관리대리사무계약 등을 체결하고 그에 따라 신탁등기절차를 이행하여 A은행에 우선수익권을 보장할 민사상 의무를 부담함에 불과하며, 'A은행의 우선수익권'은 계약당사자인 피고인, A은행, B회사 등이 약정한 바에 따라 각자의 의무를 성실히 이행하면 그 결과로서 보장될 뿐인 점을 종합하면, 결국 피고인은 통상의 계약에서의 이익대립관계를 넘어서 A은행과의 신임관계에 기초하여 A은행의 우선수익권을 보호 또는 관리하는 등 그의 사무를 처리하는 자의 지위에 있다고 보기 어려우므로 배임죄에서의 '타인의 사무를 처리하는 자'에 해당하지 않는다(대법원 2020.4.29, 2014도9907).

**571** 채무자가 채권담보의 목적으로 점유개정 방식으로 채권자에게 동산을 양도하고 이를 보관하던 중 임의로 제3자에게 처분한 경우, 배임죄가 아니라 횡령죄가 성립한다고 보아야 한다. [법원9급 21]

571 (×)

**해설+** 배임죄뿐만 아니라 횡령죄도 성립하지 않는다. ㉠ 배임죄가 성립하지 않는 판례는 다음과 같다. "채무자가 금전채무를 담보하기 위하여 그 소유의 동산을 채권자에게 양도담보로 제공함으로써 채권자인 양도담보권자에 대하여 담보물의 담보가치를 유지·보전할 의무 내지 담보물을 타에 처분하거나 멸실, 훼손하는 등으로 담보권 실행에 지장을 초래하는 행위를 하지 않을 의무를 부담하게 되었더라도, 이를 들어 채무자가 통상의 계약에서의 이익대립관계를 넘어서 채권자와의 신임관계에 기초하여 채권자의 사무를 맡아 처리하는 것으로 볼 수 없다. 따라서 채무자를 배임죄의 주체인 '타인의 사무를 처리하는 자'에 해당한다고 할 수 없고, 그가 담보물을 제3자에게 처분하는 등으로 담보가치를 감소 또는 상실시켜 채권자의 담보권 실행이나 이를 통한 채권실현에 위험을 초래하더라도 배임죄가 성립한다고 할 수 없다. 위와 같은 법리는, 채무자가 동산에 관하여 양도담보설정계약을 체결하여 이를 채권자에게 양도할 의무가 있음에도 제3자에게 처분한 경우에도 적용되고, 주식에 관하여 양도담보설정계약을 체결한 채무자가 제3자에게 해당 주식을 처분한 사안에도 마찬가지로 적용된다(대법원 2020.2.20, 2019도9756 전원합의체)." ㉡ 횡령죄가 성립하지 않는다는 판례는 다음과 같다. "채무자가 채권자에게 동산을 양도담보로 제공하고 점유개정의 방법으로 점유하고 있는 경우에는 그 동산의 소유권은 여전히 채무자에게 유보되어 있는 것이어서 채무자는 자기의 물건을 보관하고 있는 셈이 되므로, 양도담보의 목적물을 제3자에게 처분하거나 담보로 제공하였다 하더라도 횡령죄를 구성하지 아니한다(대법원 1980.11.11, 80도2097; 2009.2.12, 2008도10971 등)."

**보충** 해당 지문은 2019도9756 전원합의체 판례의 [별개의견]에 해당한다.

**572** 채무자가 금전채무를 담보하기 위해 주식에 관하여 양도담보설정계약을 체결한 후 변제일 전에 제3자에게 해당 주식을 처분하더라도 배임죄는 성립하지 않는다. [경찰채용 23 1차]

572 (○) 대법원 2020.2.20, 2019도9756 전원합의체

**573** 채무자 甲이 금전채무를 담보하기 위하여 그 소유의 동산을 채권자 A에게 양도담보로 제공하였음에도 甲이 채무변제 이전에 담보물을 임의로 처분한 경우, 甲에게는 A에 대한 횡령죄가 아니라 배임죄가 성립한다. [경찰간부 22]

573 (×) 대법원 2020.2.20, 2019도9756 전원합의체

**574** 금전채무를 담보하기 위하여 그 소유의 동산을 채권자에게 양도담보로 제공한 채무자는 배임죄의 주체인 '타인의 사무를 처리하는 자'에 해당한다고 할 수 없다. [법원행시 20]

574 (○) 대법원 2020.2.20, 2019도9756 전원합의체

**575** 채무자가 채권자에게 동산인 한우 100마리를 양도담보로 제공하고 점유개정의 방법으로 점유하고 있는 상태에서 다시 이를 제3자에게 점유개정의 방법으로 양도하는 경우, 배임죄가 성립하지 않는다. [변호사 15]

> **해설+** 제3자가 그 동산을 선의취득할 수가 없으므로, 최초의 양도담보권자에게 어떠한 재산상 손해의 위험이 발생한다고 할 수 없어서 배임죄가 성립하지 않는다는 것이 과거의 판례이나(대법원 2007.2.22, 2006도6686), 2020년 2월 전원합의체 판결로 '처음의 양도담보권자에 대한 관계'에서 배임죄가 성립하지 않는다(대법원 2020.2.20, 2019도9756 전원합의체).

**575** (○)

**576** 동산에 대하여 점유개정의 방법으로 이중 양도담보를 설정한 경우, 처음의 양도담보권자에게 이중으로 양도담보 제공을 하지 않기로 특약하였다면 배임죄를 구성한다. [경찰채용 20 1차]

> **해설+** 채무담보로 동산양도담보권을 설정한 채무자는 타인의 사무를 처리하는 자가 아니다(대법원 2020.2.20, 2019도9756 전원합의체).

**576** (✕) '구성한다.' → '구성하지 않는다.'

**577** 타인으로부터 돈을 차용하면서 이른바 예탁금 회원제로 운영되는 자기 소유의 골프장 회원권을 담보로 제공한 후 이를 제3자에게 임의로 매도한 경우, 배임죄가 성립한다.

> **해설+** 피고인이 담보물인 골프회원권을 담보 목적에 맞게 보관·관리할 의무를 부담함으로써 甲의 사무를 처리하는 자의 지위에 있다고 보아 피고인에 대하여 배임죄를 인정한다는 것이 과거의 판례이었으나, 2020년 2월 전원합의체 판례에 의하여 자신의 동산을 양도담보로 제공한 채무자는 더이상 배임죄의 주체에 해당하지 아니한다고 변경되었다. 이는 주식을 양도담보로 제공한 채무자도 마찬가지이다(대법원 2020.2.20, 2019도9756 전원합의체).

**577** (✕)

**578** 자동차에 대하여 저당권이 설정되는 경우 자동차의 교환가치는 그 저당권에 포섭되고, 저당권설정자가 자동차를 매도하여 그 소유자가 달라지더라도 저당권에는 영향이 없으므로, 특별한 사정이 없는 한 저당권설정자가 단순히 그 저당권의 목적인 자동차를 다른 사람에게 매도한 것만으로는 배임죄가 성립하지 아니한다. [법원9급 09]

> **해설+** 저당권설정자가 자동차를 매도하여 그 소유자가 달라지더라도 저당권에는 영향이 없으므로, 특별한 사정이 없는 한 저당권설정자가 단순히 그 저당권의 목적인 자동차를 다른 사람에게 매도한 것만으로는 배임죄에 해당하지 아니한다고 할 것이다(대법원 2008.8.21, 2008도3651).

**578** (○)

**579** 채무자가 본인 소유의 동산을 채권자에게 「동산·채권 등의 담보에 관한 법률」에 따른 동산담보로 제공한 경우, 채무자가 담보물을 제3자에게 처분하는 등으로 담보가치를 감소 또는 상실시켜 채권자의 담보권 실행이나 이를 통한 채권실현에 위험을 초래하더라도 배임죄는 성립하지 않는다.

[경찰채용 21 1차] [경찰간부 23]

579 (○)

**해설+** 채무자가 금전채무를 담보하기 위하여 그 소유의 동산을 채권자에게 동산·채권 등의 담보에 관한 법률에 따른 동산담보로 제공함으로써 채권자인 동산담보권자에 대하여 담보물의 담보가치를 유지·보전할 의무 또는 담보물을 타에 처분하거나 멸실, 훼손하는 등으로 담보권 실행에 지장을 초래하는 행위를 하지 않을 의무를 부담하게 되었더라도, 이를 들어 채무자가 통상의 계약에서의 이익대립관계를 넘어서 채권자와의 신임관계에 기초하여 채권자의 사무를 맡아 처리하는 것으로 볼 수 없다. 따라서 이러한 경우 채무자를 배임죄의 주체인 '타인의 사무를 처리하는 자'에 해당한다고 할 수 없고, 그가 담보물을 제3자에게 처분하는 등으로 담보가치를 감소 또는 상실시켜 채권자의 담보권 실행이나 이를 통한 채권실현에 위험을 초래하더라도 배임죄가 성립하지 아니한다(대법원 2020.8.27, 2019도14770 전원합의체).

**580** 甲은 ㉠ M 캐피털 주식회사에게 저당권을 설정해 준 버스를 임의처분하였고, ㉡ 乙에게 버스를 매도하기로 하여 중도금까지 지급받았음에도 버스에 공동근저당권을 설정하였는데, 이렇게 저당권이 설정된 자동차를 임의로 매도하거나 이중매매하는 행위는 모두 배임죄를 구성하지 아니한다.

580 (○) 대법원 2020.10.22, 2020도6258 전원합의체

**해설+** ㉠ 금전채권채무 관계에서 금전채무의 이행은 어디까지나 채무자가 자신의 급부의무의 이행으로서 행하는 것이므로 이를 두고 채권자의 사무를 맡아 처리하는 것으로 볼 수 없으므로 채무자를 채권자에 대한 관계에서 '타인의 사무를 처리하는 자'에 해당한다고 할 수 없다. 채무자가 금전채무를 담보하기 위하여 「자동차 등 특정동산 저당법」 등에 따라 그 소유의 동산에 관하여 채권자에게 저당권을 설정해 주기로 약정하거나 저당권을 설정한 경우에도 마찬가지이다. 또한 저당권설정계약은 피담보채권의 발생을 위한 계약에 종(從)된 계약으로, 피담보채무가 소멸하면 저당권설정계약상의 권리의무도 소멸하게 된다. 저당권설정계약에 따라 채무자가 부담하는 의무는 담보목적의 달성, 즉 채무불이행 시 담보권 실행을 통한 채권의 실현을 위한 것이므로 저당권설정계약의 체결이나 저당권 설정 전후를 불문하고 당사자 관계의 전형적·본질적 내용은 여전히 금전채권의 실현 내지 피담보채무의 변제에 있다(대법원 2020.8.27, 2019도14770 전원합의체 등). 그러므로 채무자가 담보물을 제3자에게 처분하는 등으로 담보가치를 감소 또는 상실시켜 채권자의 담보권 실행이나 이를 통한 채권실현에 위험을 초래하더라도 배임죄가 성립하지 아니한다. 위와 같은 법리는, 금전채무를 담보하기 위하여 「공장 및 광업재단 저당법」에 따라 저당권이 설정된 동산을 채무자가 제3자에게 임의로 처분한 사안에도 마찬가지로 적용된다. ㉡ 동산 매매계약에서의 매도인은 매수인에 대하여 그의 사무를 처리하는 지위에 있지 아니하므로, 매도인이 목적물을 타에 처분하였다 하더라도 형법상 배임죄가 성립하지 아니한다(대법원 2011.1.20, 2008도10479 전원합의체 등). 위와 같은 법리는 권리이전에 등기·등록을 요하는 동산에 대한 매매계약에서도 동일하게 적용되므로, 자동차 등의 매도인은 매수인에 대하여 그의 사무를 처리하는 지위에 있지 아니하여, 매도인이 매수인에게 소유권이전등록을 하지 아니하고 타에 처분하였다고 하더라도 마찬가지로 배임죄가 성립하지 아니한다(대법원 2020.10.22, 2020도6258 전원합의체).

**581** 자동차에 대하여 저당권이 설정되는 경우 자동차의 교환가치는 저당권에 포섭되고, 저당권설정자가 자동차를 매도하여 소유자가 달라지더라도 저당권에는 영향이 없으므로, 특별한 사정이 없는 한 저당권설정자가 단순히 저당권의 목적인 자동차를 다른 사람에게 매도한 것만으로는 배임죄에 해당하지 아니하나, 자동차를 담보로 제공하고 점유하는 채무자가 부당히 담보가치를 감소시키는 행위를 한 경우 배임죄의 죄책을 면할 수 없다.

> **해설+** 마지막 부분에 대해서 종래 배임죄가 성립한다고 보았으나(대법원 2012.9.13, 2010도11665) 2020년 10월 전원합의체 판례에 의하여 배임죄가 성립하지 않는 것으로 변경되었다(대법원 2020.2.20, 2019도9756 전원합의체와 대법원 2020.8.27, 2019도14770 전원합의체에 따른 대법원 2020.10.22, 2020도6258 전원합의체).

581 (×)

**582** 피고인이 자신의 모(母) 명의를 빌려 자동차를 매수하면서 피해자 甲 주식회사에서 필요한 자금을 대출받고 자동차에 저당권을 설정하였는데, 저당권자인 甲 회사의 동의 없이 이를 성명불상의 제3자에게 양도담보로 제공하였다면 피고인의 행위는 적어도 미필적으로나마 甲 회사의 자동차에 대한 추급권 행사가 불가능하게 될 수 있음을 알면서도 그 담보가치를 실질적으로 상실시키는 것으로서 배임죄가 성립되는 특별한 사정이 있는 경우에 해당한다. [경찰채용 18 1차]

582 (×) 과거 대법원 2012.9.13, 2010도11665 판례에 의하여 배임죄가 성립한 사례이었으나, 대법원 2020.10.22, 2020도6258 전원합의체 판례에 의하여 배임죄가 성립하지 아니하게 되었다.

**583** 권리이전에 등록을 요하는 자동차에 대한 매매계약에서 매도인은 매수인의 사무를 처리하는 자의 지위에 있지 않으므로, 매도인이 매수인에게 소유권이전등록을 하지 아니하고 그 자동차를 제3자에게 처분하였다고 하더라도 배임죄는 성립하지 않는다. [경찰채용 23 1차]

> **해설+** 동산 매매계약에서의 매도인은 매수인에 대하여 그의 사무를 처리하는 지위에 있지 아니하므로, 매도인이 목적물을 타에 처분하였다 하더라도 형법상 배임죄가 성립하지 아니한다. 위와 같은 법리는 권리이전에 등기·등록을 요하는 동산에 대한 매매계약에서도 동일하게 적용되므로, 자동차 등의 매도인은 매수인에 대하여 그의 사무를 처리하는 지위에 있지 아니하여, 매도인이 매수인에게 소유권이전등록을 하지 아니하고 타에 처분하였다고 하더라도 마찬가지로 배임죄가 성립하지 아니한다(대법원 2020.10.22, 2020도6258 전원합의체).

583 (○)

**584** 주권발행 전 주식 양도인은 양수인으로 하여금 회사 이외의 제3자에게 대항할 수 있도록 확정일자 있는 증서에 의한 양도통지 또는 승낙을 갖추어 주어야 할 채무를 부담하므로 이는 타인의 사무라고 보아야 한다. 따라서 주권발행 전 주식에 대한 양도계약에서의 양도인이 위와 같은 제3자에 대한 대항요건을 갖추어 주지 아니하고 이를 타에 처분하였다면 형법상 배임죄가 성립한다.

[법원행시 20]

584 (×)

**해설+** 주권발행 전 주식의 양도는 양도인과 양수인의 의사표시만으로 효력이 발생한다. 그 주식 양수인은 특별한 사정이 없는 한 양도인의 협력을 받을 필요 없이 단독으로 자신이 주식을 양수한 사실을 증명함으로써 회사에 대하여 명의개서를 청구할 수 있다. 따라서 양도인이 양수인으로 하여금 회사 이외의 제3자에게 대항할 수 있도록 확정일자 있는 증서에 의한 양도통지 또는 승낙을 갖추어 주어야 할 채무를 부담한다 하더라도 이는 자기의 사무라고 보아야 하고, 이를 양수인과의 신임관계에 기초하여 양수인의 사무를 맡아 처리하는 것으로 볼 수 없다. 그러므로 주권발행 전 주식에 대한 양도계약에서의 양도인은 양수인에 대하여 그의 사무를 처리하는 지위에 있지 아니하여, 양도인이 위와 같은 제3자에 대한 대항요건을 갖추어 주지 아니하고 이를 타에 처분하였다 하더라도 형법상 배임죄가 성립하는 것은 아니다(대법원 2020.6.4, 2015도6057).

**585** 아파트 수분양권 매도인은 매수인에 대한 관계에서 배임죄의 '타인의 사무를 처리하는 자'의 지위에 있지 않다.

585 (○)

**해설+** 수분양권 매매계약의 매도인으로서는 원칙적으로 수분양자 명의변경에 관한 분양자 측의 동의 내지 승낙을 얻어 수분양자 명의변경절차를 이행하면 계약상 의무를 다한 것이 되고, 그 수분양권에 근거하여 목적물에 관한 소유권을 취득한 다음 매수인 앞으로 소유권이전등기를 마쳐 줄 의무까지는 없다(대법원 2006.11.23, 2006다44401 등). … 수분양권 매매계약에 따른 당사자 관계의 전형적·본질적 내용이 통상의 계약에서의 이익대립관계를 넘어서 그들 사이의 신임관계에 기초하여 타인의 재산을 보호 또는 관리하는 데에 있다고 할 수 없다. 따라서 특별한 사정이 없는 한 수분양권 매도인이 수분양권 매매계약에 따라 매수인에게 수분양권을 이전할 의무는 자신의 사무에 해당할 뿐이므로, 매수인에 대한 관계에서 '타인의 사무를 처리하는 자'라고 할 수 없다. 그러므로 수분양권 매도인이 위와 같은 의무를 이행하지 아니하고 수분양권 또는 이에 근거하여 향후 소유권을 취득하게 될 목적물을 미리 제3자에게 처분하였다고 하더라도 형법상 배임죄가 성립하는 것은 아니다(대법원 2021.7.8, 2014도12104).

**586** 주권발행 전 주식에 대한 양도계약에서 양도인이 양수인으로 하여금 회사 이외의 제3자에게 대항할 수 있도록 확정일자 있는 증서에 의한 양도통지 또는 승낙을 갖추어 주어야 할 채무를 부담한다 하더라도 이는 자기의 사무라고 보아야 하고, 이를 양수인과의 신임관계에 기초하여 양수인의 사무를 맡아 처리하는 것으로 볼 수 없다. [법원9급 21]

**586** (○)

**해설+** 주권발행 전 주식의 양도는 양도인과 양수인의 의사표시만으로 효력이 발생한다. 그 주식 양수인은 특별한 사정이 없는 한 양도인의 협력을 받을 필요 없이 단독으로 자신이 주식을 양수한 사실을 증명함으로써 회사에 대하여 명의개서를 청구할 수 있다. 따라서 양도인이 양수인으로 하여금 회사 이외의 제3자에게 대항할 수 있도록 확정일자 있는 증서에 의한 양도통지 또는 승낙을 갖추어 주어야 할 채무를 부담한다 하더라도 이는 자기의 사무라고 보아야 하고, 이를 양수인과의 신임관계에 기초하여 양수인의 사무를 맡아 처리하는 것으로 볼 수 없다. 그러므로 주권발행 전 주식에 대한 양도계약에서의 양도인은 양수인에 대하여 그의 사무를 처리하는 지위에 있지 아니하여, 양도인이 위와 같은 제3자에 대한 대항요건을 갖추어 주지 아니하고 이를 타에 처분하였다 하더라도 형법상 배임죄가 성립하는 것은 아니다(대법원 2020.6.4, 2015도6057).

**587** 채권양도담보계약을 체결한 채무자가 채권자에게 담보 목적 채권에 관한 대항요건을 갖추어 주기 전에 이를 이중으로 양도하고 제3채무자에게 그 채권양도통지를 한 경우, 배임죄가 성립하지 않는다.

**587** (○)

**해설+** 금전채권채무의 경우 채무자는 채권자에 대한 관계에서 '타인의 사무를 처리하는 자'에 해당한다고 할 수 없다(대법원 2011.4.28, 2011도3247 등). 채무자가 기존 금전채무를 담보하기 위하여 다른 금전채권을 채권자에게 양도하는 경우에도 마찬가지이다. 채권양도담보계약에 따라 채무자가 부담하는 '담보 목적 채권의 담보가치를 유지·보전할 의무' 등은 담보목적을 달성하기 위한 것에 불과하며, 채권양도담보계약의 체결에도 불구하고 당사자 관계의 전형적·본질적 내용은 여전히 피담보채권인 금전채권의 실현에 있다(대법원 2020.2.20, 2019도9756 전원합의체 등). 따라서 채무자가 채권양도담보계약에 따라 부담하는 '담보 목적 채권의 담보가치를 유지·보전할 의무'를 이행하는 것은 채무자 자신의 사무에 해당할 뿐이고, 채무자가 통상의 계약에서의 이익대립관계를 넘어서 채권자와의 신임관계에 기초하여 채권자의 사무를 맡아 처리한다고 볼 수 없으므로, 이 경우 채무자는 채권자에 대한 관계에서 '타인의 사무를 처리하는 자'에 해당한다고 할 수 없다(대법원 2021.7.14, 2015도5184).

**유사** 전세보증금반환채권에 관하여 채권양도담보계약을 체결한 채무자가 양도담보의 관한 대항요건을 갖추어 주기 전에 제3자에게 전세권근저당권을 설정하여 준 경우 배임죄가 성립하지 않는다(대법원 2021.7.15, 2020도3514).

**588** 甲은 알 수 없는 경위로 乙의 비트코인을 자신의 계정으로 이체받은 후 자신의 다른 계정으로 이체하였다. 甲에게는 배임죄가 성립한다.

588 (×)

> **해설+** 가상자산을 이체 받은 경우에는 피해자와 피고인 사이에 신임관계를 인정하기가 쉽지 않다. 가상자산은 국가에 의해 통제받지 않고 블록체인 등 암호화된 분산원장에 의하여 부여된 경제적인 가치가 디지털로 표상된 정보로서 재산상 이익에 해당한다(대법원 2021.11.11, 2021도9855). 가상자산은 보관되었던 전자지갑의 주소만을 확인할 수 있을 뿐 그 주소를 사용하는 사람의 인적사항을 알 수 없고, 거래 내역이 분산 기록되어 있어 다른 계좌로 보낼 때 당사자 이외의 다른 사람이 참여해야 하는 등 일반적인 자산과는 구별되는 특징이 있다. 이와 같은 가상자산에 대해서는 현재까지 관련 법률에 따라 법정화폐에 준하는 규제가 이루어지지 않는 등 법정화폐와 동일하게 취급되고 있지 않고 그 거래에 위험이 수반되므로, 형법을 적용하면서 법정화폐와 동일하게 보호해야 하는 것은 아니다. … 원인불명으로 재산상 이익인 가상자산을 이체 받은 자가 가상자산을 사용·처분한 경우 이를 형사처벌하는 명문의 규정이 없는 현재의 상황에서 착오송금 시 횡령죄 성립을 긍정한 판례(대법원 2010.12.9, 2010도891 등)를 유추하여 신의칙을 근거로 피고인을 배임죄로 처벌하는 것은 죄형법정주의에 반한다. 이 사건 비트코인이 법률상 원인관계 없이 피해자로부터 피고인 명의의 전자지갑으로 이체되었더라도 피고인이 신임관계에 기초하여 피해자의 사무를 맡아 처리하는 것으로 볼 수 없는 이상, 피고인을 피해자에 대한 관계에서 '타인의 사무를 처리하는 자'에 해당한다고 할 수 없다(대법원 2021.12.16, 2020도9789).

**589** 甲이 자신이 알 수 없는 경위로 A의 특정 거래소 가상지갑에 들어있던 가상화폐를 甲 자신의 계좌로 이체받은 후 이를 자신의 다른 계정으로 이체한 경우, 甲에게는 A에 대한 배임죄가 성립하지 아니한다. [경찰간부 22]

589 (○)

> **해설+** 가상자산에 대해서는 현재까지 관련 법률에 따라 법정화폐에 준하는 규제가 이루어지지 않는 등 법정화폐와 동일하게 취급되고 있지 않고 그 거래에 위험이 수반되므로, 형법을 적용하면서 법정화폐와 동일하게 보호해야 하는 것은 아니다. 원인불명으로 재산상 이익인 가상자산을 이체받은 자가 가상자산을 사용·처분한 경우 이를 형사처벌하는 명문의 규정이 없는 현재의 상황에서 착오송금 시 횡령죄 성립을 긍정한 판례를 유추하여 신의칙을 근거로 피고인을 배임죄로 처벌하는 것은 죄형법정주의에 반한다. 비트코인이 법률상 원인관계 없이 甲으로부터 피고인 명의의 전자지갑으로 이체되었더라도 피고인이 신임관계에 기초하여 甲의 사무를 맡아 처리하는 것으로 볼 수 없는 이상 甲에 대한 관계에서 '타인의 사무를 처리하는 자'에 해당하지 않는다(대법원 2021.12.16, 2020도9789).

**590** 배임죄에서 '임무에 위배하는 행위'는 처리하는 사무의 내용, 성질 등에 비추어 법령의 규정, 계약의 내용 또는 신의칙상 당연히 하여야 할 것으로 기대되는 행위를 하지 않거나 당연히 하지 않아야 할 것으로 기대되는 행위를 함으로써 본인과의 신임관계를 저버리는 행위를 말하는 것으로서, 그러한 사무처리에 대하여 본인의 동의가 있는 때에는 임무에 위배하는 행위라고 할 수 없다.

590 (○) 대법원 2015.6.11, 2012도1352

**591** 대학교수인 甲은 판공비지출용법인 신용카드를 업무와 무관하게 지인들과의 식사대금 결제에 사용하였다. 이 경우 甲의 행위는 업무상 배임죄에 해당한다. [사시 14]

591 (O) 대법원 2006.5.26, 2003도8095

**592** 대표이사 甲이 회사에 필요한 물품을 할인된 가격으로 납품받을 수 있었음에도 자신이 이익을 취득할 의도로 납품업자에게 가공의 납품업체를 만들게 한 뒤, 그 납품업체로부터 할인되지 않은 가격으로 납품을 받은 경우 (업무상) 배임죄가 성립한다. [경찰간부 14]

592 (O) 대법원 2009.10.15, 2009도5655

**593** 재무구조가 매우 열악한 회사의 실질적 1인주주인 대표이사 甲은 자신이 다니는 교회에 회사자산으로 거액을 기부하였다. 사안에서 甲의 행위는 업무상 횡령죄에 해당하지 않는다. [변호사 16]

593 (O) 업무상 배임 O

> **해설+** 재무구조가 열악한 회사의 대표이사가 제3자에게 회사의 자산으로 거액의 기부를 한 경우 그로써 회사를 채무초과 상태에 빠뜨리거나 채무상환이 곤란한 상태에 처하게 하는 등 그 기부액수가 회사의 재정상태 등에 비추어 기업의 사회적 역할을 감당하는 정도를 넘는 과도한 규모로서 상당성을 결여한 것이고 특히 그 기부의 상대방이 대표이사와 개인적 연고가 있을 뿐 회사와는 연관성이 거의 없다면, 그 기부는 대표이사의 선량한 관리자로서의 업무상 임무에 위배되는 행위에 해당한다 할 것이고, 그 대표이사가 실질적 1인 주주라는 등의 사정이 있다고 하더라도 마찬가지라 할 것이다 (대법원 2012.6.14, 2010도9871).

**594** 전환사채의 발행업무를 담당하는 사람과 전환사채 인수인이 사전 공모하여 제3자에게서 전환사채 인수대금에 해당하는 금액을 차용하여 전환사채 인수대금을 납입하고 전환사채 발행절차를 마친 직후 인출하여 차용금채무의 변제에 사용하는 등 실질적으로 전환사채 인수대금이 납입되지 않았음에도 전환사채를 발행한 경우에 업무상배임죄의 죄책을 진다. 그리고 그 후 전환사채의 인수인이 전환사채를 처분하여 대금 중 일부를 회사에 입금하였거나 또는 사채로 보유하는 이익과 주식으로 전환할 경우의 이익을 비교하여 전환권을 행사함으로써 전환사채를 주식으로 전환하였더라도, 이러한 사후적인 사정은 이미 성립된 업무상배임죄에 영향을 주지 못한다. (※ 전환사채는 발행 당시에는 사채의 성질을 갖는 것으로서 사채권자가 전환권을 행사한 때에 비로소 주식으로 전환된다) [법원행시 17]

594 (O)

> **해설+** 전환사채의 발행업무를 담당하는 사람은 회사에 대하여 전환사채 인수대금이 모두 납입되어 실질적으로 회사에 귀속되도록 조치할 업무상의 임무를 위반하여, 전환사채 인수인이 인수대금을 납입하지 않고서도 전환사채를 취득하게 하여 인수대금 상당의 이득을 얻게 하고, 회사가 사채상환의무를 부담하면서도 그에 상응하여 취득하여야 할 인수대금 상당의 금전을 취득하지 못하게 하여 같은 금액 상당의 손해를 입게 하였으므로 업무상배임죄의 죄책을 진다(대법원 2015.12.10, 2012도235).

**595** 상호저축은행의 경영진인 甲 등이 영업정지가 임박한 단계에 있는 상호저 축은행의 특정 예금채권자들에게만 그 사실을 알려주어 그들로 하여금 예 금을 인출하도록 하였다면, 甲 등의 행위는 업무상 배임죄를 구성한다.

595 (○) 대법원 2013.9.26, 2013 도6394

**596** 직무발명에 대한 권리를 사용자 등에게 승계한다는 취지를 정한 약정 또는 근무규정의 적용을 받는 종업원 등이 직무발명의 완성 사실을 사용자 등에 게 통지하지 아니한 채 그에 대한 특허를 받을 수 있는 권리를 제3자에게 이중으로 양도하여 제3자가 특허권 등록까지 마치도록 하는 등으로 발명 의 내용이 공개되도록 한 경우, 배임죄가 성립한다. [경찰간부 23] [법원행시 16]

596 (○)

**해설+** 직무발명에 대한 특허를 받을 수 있는 권리 등을 사용자 등에게 승계한다는 취지를 정한 약정 또는 근무규정의 적용을 받는 종업원 등은 사용자 등이 이를 승계하지 아니하기로 확정되기 전까지는 임의로 위와 같은 승계약정 또는 근무규정의 구속에서 벗어날 수 없는 상태에 있는 것이어 서, 종업원 등이 그 발명의 내용에 관한 비밀을 유지한 채 사용자 등의 특허권 등 권리의 취득에 협력하여야 할 의무는 자기 사무의 처리라는 측면과 아울러 상대방의 재산보전에 협력하는 타인 사무의 처리라는 성격을 동시에 가지게 되므로, 이러한 경우 종업원 등은 배임죄의 주체인 '타인의 사무를 처리하는 자'의 지위에 있다고 할 것이다. 따라서 위와 같은 지위에 있는 종업원 등이 임무를 위반하여 직무발명을 완성하고도 그 사실을 사용자 등에게 알리지 않은 채 그 발명에 대한 특허를 받을 수 있는 권리를 제3자에게 이중으로 양도하여 제3자가 특허권 등록까지 마치도록 하는 등으로 그 발명의 내용이 공개되도록 하였다면, 이는 사용자 등에게 손해를 가하는 행위로서 배임죄를 구성 한다(대법원 2012.11.15, 2012도6676).

**597** 공무원인 丁이 대통령의 퇴임 후 사용할 사저부지와 그 경호부지를 일괄 매수하는 사무를 처리하면서 매매계약 체결 후 그 매수대금을 대통령의 아 들 C와 국가에 배분함에 있어 이미 복수의 감정평가업자에게 감정평가를 의뢰하여 그 결과를 통보받았음에도 굳이 이를 무시하면서 인근 부동산업 자들이나 인터넷, 지인 등으로부터의 불확실한 정보를 가지고 감정평가결 과와 전혀 다르게 상대적으로 사저부지 가격을 낮게 평가하고 경호부지가 격을 높게 평가하여 매수대금을 배분하여 C에게 재산상 이익을 취하게 하 고 국가에 손해를 가한 경우 배임죄 또는 업무상 배임죄가 성립한다.

[법원행시 16]

597 (○) 공무원이 그 임무에 위 배되는 행위로써 제3자로 하여금 재산상의 이익을 취득하게 하여 국 가에 손해를 가한 경우에 업무상배 임죄가 성립한다(대법원 2013.9. 27, 2013도6835).

598 펀드매니저 甲은 증권사 브로커와 채권 파킹 거래를 하였고, 그로 인한 증권사 손실을 피해자 丙 등의 투자일임재산으로 보전하였다. 甲에게는 (업무상) 배임죄의 죄책이 인정되지 않는다. ['채권파킹거래'란 펀드매니저의 지시에 따라 증권사 브로커가 증권사의 계산으로 채권을 매수하여 증권사의 계정에 보관(parking)한 후, 손익 정산을 전제로 펀드매니저가 다시 그 채권을 매수하거나 이를 다른 곳에 매도하도록 증권사 브로커에게 지시함으로써 그 보관을 해소하는 일련의 거래를 포괄하는 채권거래방식이다]

598 (×) 피고인이 한 채권파킹 거래는 임무위배행위에 해당하고 그 임무위배행위를 통해 투자자에게는 금액을 특정할 수 없는 재산상 손해가 발생하였으며 증권사는 금액을 특정할 수 없는 재산상 이익을 취득한 것이므로 배임죄가 성립한다(대법원 2021.11.25, 2017도11612).

599 배임죄는 타인의 사무를 처리하는 자가 그 임무에 위배하는 행위로써 재산상 이익을 취득하거나 제3자로 하여금 이를 취득하게 하여 본인에게 손해를 가함으로써 성립하는 범죄로서, 여기에서 '재산상의 손해를 가한 때'에는 현실적인 손해를 가한 경우뿐만 아니라 재산상 실해 발생의 위험을 초래한 경우도 포함된다.
[법원행시 16]

599 (O) 대법원 2015.2.12, 2014도11244

600 재산상 손해가 발생하였다고 평가될 수 있는 재산상 실해 발생의 위험이란 본인에게 손해가 발생할 막연한 위험이 있는 것만으로는 부족하고 경제적인 관점에서 보아 본인에게 손해가 발생한 것과 같은 정도로 구체적인 위험이 있는 경우를 의미한다.
[법원행시 16]

600 (O) 대법원 2015.9.10, 2015도6745

601 재산상 손해의 유무에 대한 판단은 본인의 전 재산 상태와의 관계에서 법률적 판단에 의하지 아니하고 경제적 관점에서 파악하여야 하므로 법률적 판단에 의하여 당해 배임행위가 무효라 하더라도 경제적 관점에서 파악하여 배임행위로 인하여 본인에게 현실적인 손해를 가하였거나 재산상 실해 발생의 위험을 초래한 경우에는 재산상의 손해를 가한 때에 해당되어 배임죄를 구성한다.
[법원행시 16]

601 (O) 대법원 2014.2.13, 2011도16763

**602** 업무상배임죄에서 재산상 손해의 유무에 관한 판단은 법률적 판단에 의하지 아니하고 경제적 관점에서 실질적으로 판단되어야 하는데, 여기에는 재산의 처분 등 직접적인 재산의 감소, 보증이나 담보제공 등 채무 부담으로 인한 재산의 감소와 같은 적극적 손해를 야기한 경우는 물론, 객관적으로 보아 취득할 것이 충분히 기대되는데도 임무위배행위로 말미암아 이익을 얻지 못한 경우, 즉 소극적 손해를 야기한 경우도 포함된다.

602 (○) 대법원 2013.4.26, 2011도6798

**603** 피고인은 피해자 회사의 부사장 직책으로 대외적 영업활동을 하여 그 활동 및 계약 등을 피해자 회사에 귀속시키기로 하고, 피해자 회사에 귀속된 금형제작·납품계약을 이행하기 위한 금형제작물량 중 50%는 피고인이 운영하던 甲 주식회사에서, 나머지 50%는 피해자회사에서 제작하여 그 수익을 1/2씩 나누기로 하는 약정을 체결하였다. 그럼에도 피고인은 피해자 회사에 알리지 않고 피고인 자신이 피해자 회사의 대표인 것처럼 가장하거나 피고인이 별도로 설립한 乙 주식회사명의로 5회에 걸쳐 합계 2억 원의 금형제작·납품계약을 체결하였다. 그 후 피고인은 그 납품대금으로 합계 1억 원을 수령하였는데, 나머지 계약대금은 계약 해지 등으로 인해 지급받지 못하였다. 이 경우 업무상배임죄의 재산상 손해액은 피고인이 실제로 수령한 1억 원을 기준으로 계산해야 하고 받지 못하게 되는 나머지 계약대금 등은 특별한 사정이 없는 한 위 손해액으로 고려할 것이 아니다.

[법원행시 13]

**해설+** 재산상 손해는 피고인이 위와 같은 임무위배행위로 금형제작·납품계약을 체결한 때에 발생되는 것이므로, 원칙적으로 그 임무위배행위로 위 금형제작·납품계약을 체결한 때를 기준으로 위 금형제작·납품계약대금에 기초하여 산정하여야 할 것이며, 따라서 위 금형제작·납품계약대금 중에서 사후적으로 발생되는 미수금이나 계약의 해지로 인해 받지 못하게 되는 나머지 계약대금 등은 특별한 사정이 없는 한 위 금형제작·납품계약대금에서 공제할 것이 아니다(대법원 2013. 4.26, 2011도6798).

603 (×) '피고인이 ~ 아니다' → '사후적으로 발생되는 미수금이나 계약의 해지로 인해 받지 못하게 되는 나머지 계약대금 등은 특별한 사정이 없는 한 위 금형제작·납품계약대금에서 공제할 것이 아니다'

**604** 부실대출에 의한 업무상배임죄가 성립하는 경우에는 담보물의 가치를 초과하여 대출한 금액이나 실제로 회수가 불가능하게 된 금액만을 손해액으로 볼 것은 아니고, 재산상 권리의 실행이 불가능하게 될 염려가 있거나 손해발생의 위험이 있는 대출금 전액을 손해액으로 보아야 한다.

[법원행시 19]

604 (○) 대법원 2000.3.24, 2000도28

**605** 甲이 乙의 자금 지원 등을 통해 丙 주식회사를 인수한 다음 乙의 적극적인 요구에 따라 丙 회사로 하여금 별다른 반대급부도 받지 않고 丁 주식회사의 乙에 대한 금전채무와 그 담보 목적으로 丁 회사가 발행한 약속어음채무를 연대보증하도록 하였는데, 甲은 그 후 乙이 위 연대보증에 기초하여 강제집행을 할 때 丙 회사가 아무런 이의를 제기하지 않기로 하는 약정을 乙과 체결하여 乙이 丙 회사로부터 약속어음금을 추심하도록 함으로써 丙 회사에 손해를 입게 한 경우, 위 약속어음채무 연대보증행위나 이의부제기 약정 등이 법률상 무효라고 하더라도 甲과 乙은 배임죄의 죄책을 진다.

[법원행시 13]

605 (○)

**해설+** 연대보증 및 이의부제기 약정 등을 함으로써 피고인 乙에게 약속어음금 상당의 재산상 이익을 취득하게 하고 丙 회사에 손해를 입게 한 것은 배임행위에 해당하고, 피고인 乙도 피고인 甲의 배임행위 전 과정에 적극적으로 가담한 이상 배임죄의 공동정범에 해당하며, 위 배임행위는 강제집행 과정에서 이의부제기약정의 체결을 통하여 피고인 乙이 약속 어음금을 추심하도록 함으로써 직접적으로 丙 회사가 추심금 상당의 현실적인 손해를 입게 된 일련의 행위를 모두 포함한다(대법원 2013.4.11, 2012도15890).

**606** 甲 조합의 대출업무 등 담당자인 피고인이 甲 조합에 처와 모친 소유의 토지를 담보로 제공하고 그들 명의로 대출을 받은 다음 위임장 등을 위조하여 담보로 제공된 위 토지에 설정된 근저당권설정등기를 말소한 경우, 특정경제범죄 가중처벌 등에 관한 법률 위반(배임)의 죄가 성립한다.

[사시 15]

606 (○)

**해설+** 그 등기 말소로 피해자 조합은 사실상 담보를 상실한 것과 다를 바 없는 손해가 발생하였다고 할 것이고, 피해자 조합이 위 말소된 근저당권 설정등기의 회복등기를 구할 수 있다고 하여 달리 볼 것은 아니다(대법원 2014.6.12, 2014도2578).

**607** 은행지점장이 거래처의 기존대출금에 대한 연체이자에 충당하기 위하여 위 거래처가 신규대출을 받은 것처럼 서류상으로 정리한 경우 금융기관이 실제로 거래처에게 대출금을 새로 교부한 것이 아니더라도 업무상 배임죄는 성립한다.

[경찰승진 11]

607 (×) '아니더라도 업무상 배임죄는 성립한다' → '아니므로 업무상 배임죄는 성립하지 않는다'

**해설+** 금융기관이 거래처의 기존 대출금에 대한 원리금 및 연체이자에 충당하기 위하여 위 거래처가 신규대출을 받은 것처럼 서류상 정리하였더라도 금융기관이 실제로 위 거래처에게 대출금을 새로 교부한 것이 아니라면 그로 인하여 금융기관에게 어떤 새로운 손해가 발생하는 것은 아니라고 할 것이므로 따로 업무상배임죄가 성립된다고 볼 수 없다(대법원 2000.6.27, 2000도1155).

**608** 대표이사가 개인의 차용금 채무에 관하여 개인 명의로 작성하여 교부한 차용증에 추가로 회사의 법인 인감을 날인한 경우 업무상 배임죄가 성립한다.

[경찰채용 14]

**해설+** 대표이사가 개인의 차용금 채무에 관하여 개인 명의로 작성하여 교부한 차용증에 추가로 회사의 법인 인감을 날인하였다고 하더라도 대표이사로서 행한 적법한 대표행위라고 할 수 없으므로 회사가 위 차용증에 기한 차용금 채무를 부담하게 되는 것이 아님은 물론이고, 나아가 금원의 대여자는 위와 같은 행위가 적법한 대표행위가 아님을 알았거나 알 수 있었다 할 것이어서 회사가 대여자에 대하여 사용자책임이나 법인의 불법행위 등에 따른 손해배상의무도 부담할 여지가 없으므로, 결국 회사에 재산상 손해가 발생하였다거나 재산상 실해 발생의 위험이 초래되었다고 볼 수 없다(대법원 2004.4.9, 2004도771).

608 (×) '성립한다' → '성립하지 않는다'

**609** 피해자 회사의 사업부 영업팀장인 피고인이 체인점들에 대한 전매입고 금액을 삭제하여 전산상 회사의 체인점들에 대한 외상대금채권이 줄어든 것으로 처리하는 전산조작행위를 한 경우 업무상 배임죄가 성립한다.

[경찰채용 16]

609 (×) '성립한다' → '성립하지 않는다'(대법원 2006.7.27, 2006도3145).

**610** 동일인 대출한도를 초과하여 대출함으로써 상호저축은행법을 위반하였다고 하더라도, 대출한도 제한규정 위반으로 처벌함은 별론으로 하고, 그 사실만으로 특별한 사정이 없는 한 업무상배임죄가 성립한다고 할 수 없으나, 일반적으로 이러한 동일인에 대한 대출한도 초과대출이라는 임무위배의 점에 더하여 대출 당시의 대출채무자의 재무상태, 다른 금융기관으로부터의 차입금, 기타 채무를 포함한 전반적인 금융 거래상황, 사업현황 및 전망과 대출금의 용도, 소요기간 등에 비추어 볼 때 채무상환 능력이 부족하거나 제공된 담보의 경제적 가치가 부실하여 대출채권의 회수에 문제가 있는 것으로 판단되는 경우에는 재산상 손해가 발생하였다고 보아 업무상배임죄가 성립한다고 할 것이다.

610 (○) 대법원 2008.6.19, 2006도4876 전원합의체

**611** 질권설정자가 타인에 대한 채무의 담보로 제3채무자에 대한 채권에 대하여 권리질권을 설정하면서 제3채무자에게 질권설정의 사실을 통지한 때에는, 질권설정자가 질권자의 동의 없이 제3채무자에게서 질권의 목적인 채권의 변제를 받았다 하더라도 배임죄가 성립하지 않는다. [경찰채용 19 2차]

**611** (○)

> **해설+** 질권설정자가 제3채무자에게 질권설정의 사실을 통지하거나 제3채무자가 이를 승낙한 때에는 제3채무자가 질권자의 동의 없이 질권의 목적인 채무를 변제하더라도 이로써 질권자에게 대항할 수 없고, 질권자는 여전히 제3채무자에 대하여 직접 그 채무의 변제를 청구하거나 변제할 금액의 공탁을 청구할 수 있다. 그러므로 이러한 경우 질권설정자가 질권의 목적인 채권의 변제를 받았다고 하여 질권자에 대한 관계에서 타인의 사무를 처리하는 자로서 그 임무에 위배하는 행위를 하여 질권자에게 어떤 손해를 가하거나 손해 발생의 위험을 초래하였다고 할 수 없고, 배임죄가 성립하지도 않는다고 보아야 한다(대법원 2016.4.29, 2015도5665).

**612** A주식회사를 인수하는 甲이 일단 금융기관으로부터 인수자금을 대출받아 회사를 인수한 다음, A 주식회사에 아무런 반대급부를 제공하지 않고 그 회사의 자산을 위 인수자금 대출금의 담보로 제공하도록 하였다면, 甲에게는 배임죄가 성립한다. [변호사 14]

**612** (○)

> **해설+** 인수자 또는 제3자에게 담보가치에 상응한 재산상 이익을 취득하게 하고 피인수회사에게 그 재산상 손해를 가하였다고 봄이 상당하다. 이는 인수자가 자신이 인수한 주식, 채권 등이 임의로 처분되지 못하도록 피인수회사 또는 금융기관에 담보로 제공함으로써 피담보채무에 대한 별도의 담보를 제공한 경우라고 하더라도 마찬가지이다(대법원 2008.2.28, 2007도5987).

**613** 새마을금고 임·직원이 동일인 대출한도 제한규정을 위반하여 초과대출행위를 하였더라도 대출채권 회수에 문제가 없는 것으로 판단되는 경우라면 업무상배임죄가 성립하지 않는다. [사시 13]

**613** (○)

> **해설+** 동일인 대출한도를 초과하여 대출함으로써 구 새마을금고법을 위반하였다고 하더라도, 대출한도 제한규정 위반으로 처벌함은 별론으로 하고, 그 사실만으로 특별한 사정이 없는 한 업무상배임죄가 성립한다고 할 수 없다(대법원 2008.6.19, 2006도4876 전원합의체).

**614** 금융기관이 거래처의 기존 대출금에 대한 원리금에 충당하기 위하여 거래처에 신규대출을 함에 있어 형식상 신규대출을 한 것처럼 서류상 정리를 하였을 뿐 실제로 거래처에 대출금을 새로 교부한 것이 아니라면 그로 인하여 금융기관에 어떤 새로운 손해가 발생하는 것은 아니라고 할 것이므로 따로 업무상배임죄가 성립된다고 볼 수 없다.

**614** (○) 대법원 2000.6.27, 2000도1155

**615** 회사 대표이사가 제3자의 채무를 담보하기 위하여 회사 명의의 백지약속어음을 제공하는 배임행위를 한 후 이를 회수하는 대신 보다 법적 효력이 더 확실한 채무보증을 위해 다른 회사가 발행한 새로운 약속어음을 배서·교부하는 등 동일 채무를 위해 기존의 담보방법을 새로운 담보방법으로 교체하는 경우, 새로 제공하는 담보물의 가치와 기존 담보물의 가치를 비교할 필요 없이 회사에 새로운 손해발생의 위험이 발생하였다고 볼 수 있으므로 배임죄가 성립한다.                                          [국가7급 21]

> **해설+** 동일 채무를 위해 기존의 담보방법을 새로운 담보방법으로 교체하는 행위를 배임죄로 처단하려면 새로운 담보물의 가치가 기존의 담보물에 비해 더 크다거나 선행 담보제공에 의해 발생한 기존의 손해발생의 위험이 어떤 사유로 소멸하고 그 담보교체로 인해 기존의 손해발생의 위험과는 다른 새로운 손해발생의 위험이 발생하였다고 평가할 수 있는 사정이 있어야 한다(대법원 2008.5.8, 2008도484).

**616** 피고인이 甲 주식회사의 주권 발행 전 주식을 이미 乙 주식회사에 매도하였음에도, 주식 명의개서를 받을 수 있도록 협조할 임무에 위배하여 위 주식을 포기하고 甲 회사에 반환한 경우 피고인에게는 배임죄가 성립하지 않는다.

616 (○)

> **해설+** 피고인에게 피해자 회사의 명의개서 절차에 협조할 의무가 있다고 보기 어렵고, 그 주식을 포기한다거나 이를 반환한다는 의사표시를 하였을지라도 이는 무권한자의 행위로서 아무런 효력이 없어 피해자 회사가 자신이 여전히 적법한 주주임을 주장하는 데에 아무런 장애가 없으므로 피고인이 피해자 회사에 현실적인 손해를 가하였거나 재산상 실해 발생의 위험을 초래하였다고 보기 어렵다(대법원 2011.5.13, 2010도16391).

**617** 甲 주식회사 직원인 피고인이 대표이사 乙 등의 직무발명을 특허로 출원하면서 임의로 특허출원서 발명자란에 乙 외에 피고인 성명을 추가로 기재하여 공동발명자로 등재되게 한 경우 업무상배임죄가 성립하지 않는다.

617 (○) 위 행위만으로 甲 회사에 재산상 손해가 발생하였다거나 재산상 손해발생의 위험이 초래되었다고 볼 수 없다(대법원 2011.12. 13, 2011도10525).

**618** 이미 타인의 채무에 대하여 보증을 하였는데, 피보증인이 변제자력이 없어 결국 보증인이 그 보증채무를 이행하게 될 우려가 있고, 보증인이 피보증인에게 신규로 자금을 제공하거나 피보증인이 신규로 자금을 차용하는 데 담보를 제공하면서 그 신규 자금이 이미 보증을 한 채무의 변제에 사용되도록 한 경우라면, 보증인으로서는 기 보증채무와 별도로 새로 손해를 발생시킬 위험을 초래한 것이라고 볼 수 없다.                              [법원행시 16]

618 (○) 대법원 2014.7.10, 2013도10516

**619** 배임죄에서 재산상 손해를 가한 때란 현실적인 손해를 가한 경우뿐만 아니라 재산상 실해발생의 위험을 초래한 경우도 포함되고, 재산상 손해 유무에 대한 판단은 본인의 전(全) 재산상태와의 관계에서 법률적 판단에 의하지 아니하고 경제적 관점에서 파악하여야 하며, 법률적 판단에 의하여 당해 배임행위가 어떠한 효력이 인정되지 않는다고 하더라도 경제적 관점에서 파악하여 배임행위로 인하여 본인에게 현실적인 손해를 가하였거나 재산상 실해발생의 위험을 초래한 경우에는 재산상의 손해를 가한 때에 해당하지만, 그러한 손해발생의 위험이 초래되지 아니한 경우에는 배임죄가 성립하지 않는다.

[사시 16]

619 (O) 대법원 2011.12.13, 2011도10525

**620** 주식회사의 주주총회결의에서 자신이 대표이사로 선임된 것으로 주주총회의사록 등을 위조한 자가 회사를 대표하여 대물변제 등의 행위를 한 경우, 회사에 대한 배임죄를 구성하지 않는다.

> **해설+** 대물변제 등의 행위는 법률상 효력이 없어 그로 인하여 회사에 어떠한 손해가 발생한다고 할 수 없으므로, 그 행위로 인하여 회사가 상법 제395조의 표현대표이사책임을 부담하는 등의 특별한 사정이 없는 한 그 대표이사를 사칭한 자의 행위는 배임죄를 구성하지 아니한다(대법원 2013. 3.28, 2010도7439).

620 (O)

**621** 배임죄에서 '재산상 손해를 가한 때'에는 '재산상 손해 발생의 위험을 초래한 경우'도 포함되는 것이므로, 법인의 대표이사 甲이 회사의 이익이 아닌 자기 또는 제3자의 이익을 도모할 목적으로 권한을 남용하여 회사 명의의 금전소비대차 공정증서를 작성하여 법인 명의의 채무를 부담한 경우에는 상대방이 대표이사의 진의를 알았거나 알 수 있었다고 할지라도 배임죄가 성립한다.

[변호사 14] [해경승진 23]

> **해설+** 법인의 대표자가 법인 명의로 한 채무 부담행위가 법률상 효력이 없는 경우에는 배임죄를 구성하지 아니하며, 주식회사의 대표이사 등이 회사의 이익을 위해서가 아니라 자기 또는 제3자의 이익을 도모할 목적으로 대표권을 행사한 경우에 상대방이 대표이사 등의 진의를 알았거나 알 수 있었을 때에는 그 행위는 회사에 대하여 무효가 되므로 위와 같이 보아야 한다(대법원 2012.5.24, 2012도2142).

621 (×) '고 할지라도' → '면', '성립한다' → '성립하지 않는다'

**622** 甲 주식회사 대표이사인 피고인이 乙 주식회사 등의 주식에 대한 인위적 주가관리를 하는 과정에서 丙에게서 필요한 자금을 제공받은 후 甲 회사를 채무자로 하는 금전 소비대차계약 등의 약정을 체결한 경우 업무상배임죄가 성립하지 않는다.

622 (○)

**해설+** 위 채무부담행위는 甲 회사에 대하여 무효이므로, 그로 인하여 甲 회사에 어떠한 재산상 손해가 발생하거나 발생할 위험이 있다고 보기 어렵다(대법원 2011.7.14, 2011도3180).

**623** 甲 주식회사의 실질적 경영자인 피고인이 자신의 개인사업체가 甲 회사에 수목을 매도하였다는 허위의 매매계약을 체결하고 그 매매대금 채권과 甲 회사의 피고인에 대한 채권을 상계처리하였으나, 수목의 매매대금 채권이 존재하지 아니하여 상계가 법률상 무효인 경우 업무상배임죄가 성립한다.

623 (○) 상계가 법률상 무효라고 하더라도 甲 회사에 재산상 실해 발생의 위험이 초래되었다고 보아 업무상배임죄가 성립한다(대법원 2012.2.23, 2011도15857).

**624** 주식회사의 대표이사 甲이 대표권을 남용하는 등 그 임무에 위배하여 회사 명의로 의무를 부담하는 행위를 하더라도 상대방이 대표권남용 사실을 알았거나 알 수 있었던 경우, 그 의무부담행위로 인하여 실제로 채무의 이행이 이루어졌다거나 회사가 민법상 불법행위책임을 부담하게 되었다는 등의 사정이 없는 이상, 甲에게 배임죄의 미수범이 성립한다. [변호사 21]

624 (○)

**해설+** 주식회사의 대표이사가 대표권을 남용하는 등 그 임무에 위배하여 회사 명의로 의무를 부담하는 행위를 하더라도 일단 회사의 행위로서 유효하고, 다만 ① 상대방이 대표이사의 진의를 알았거나 알 수 있었을 때에는 회사에 대하여 무효가 된다. 따라서 상대방이 대표권남용 사실을 알았거나 알 수 있었던 경우 그 의무부담행위는 원칙적으로 회사에 대하여 효력이 없고, 경제적 관점에서 보아도 이러한 사실만으로는 회사에 현실적인 손해가 발생하였다거나 실해 발생의 위험이 초래되었다고 평가하기 어려우므로, 달리 그 의무부담행위로 인하여 실제로 채무의 이행이 이루어졌다거나 회사가 민법상 불법행위책임을 부담하게 되었다는 등의 사정이 없는 이상 배임죄의 기수에 이른 것은 아니다. 그러나 이 경우에도 대표이사로서는 배임의 범의로 임무위배행위를 함으로써 실행에 착수한 것이므로 배임죄의 미수범이 된다. 그리고 ② 상대방이 대표권남용 사실을 알지 못하였다는 등의 사정이 있어 그 의무부담행위가 회사에 대하여 유효한 경우에는 회사의 채무가 발생하고 회사는 그 채무를 이행할 의무를 부담하므로, 이러한 채무의 발생은 그 자체로 현실적인 손해 또는 재산상 실해 발생의 위험이라고 할 것이어서 그 채무가 현실적으로 이행되기 전이라도 배임죄의 기수에 이르렀다고 보아야 한다(대법원 2017.7.20, 2014도1104 전원합의체).

625 회사의 대표이사가 대표권을 남용하여 회사 명의의 약속어음을 발행한다 625 (○)
는 사정을 상대방이 알았거나 중대한 과실로 알지 못하여 회사가 상대방에
대해 채무를 부담하지 아니하는 경우, 약속어음이 제3자에게 유통되지 않
았다면 회사에 대하여 배임죄에서의 재산상 실해 발생의 위험이 초래되었
다고 볼 수 없다. [법원9급 18 변형]

> **해설+** 주식회사의 대표이사가 대표권을 남용하는 등 그 임무에 위배하여 약속어음 발행을 한 행위
> 가 배임죄에 해당하는지도 원칙적으로 의무부담행위와 마찬가지로 보아야 한다. 다만 약속어음 발
> 행의 경우 어음법상 발행인은 종전의 소지인에 대한 인적 관계로 인한 항변으로써 소지인에게 대항
> 하지 못하므로(어음법 제17조, 제77조), ① 어음발행이 무효라 하더라도 그 어음이 '실제로 제3자에
> 게 유통되었다면' 회사로서는 어음채무를 부담할 위험이 구체적·현실적으로 발생하였다고 보아야
> 하고, 따라서 그 어음채무가 실제로 이행되기 전이라도 배임죄의 기수범이 된다. 그러나 ② 약속어
> 음 발행이 무효일 뿐만 아니라 그 어음이 '유통되지도 않았다면' 회사는 어음발행의 상대방에게 어음
> 채무를 부담하지 않기 때문에 특별한 사정이 없는 한 회사에 현실적으로 손해가 발생하였다거나
> 실해 발생의 위험이 발생하였다고도 볼 수 없으므로, 이때에는 배임죄의 기수범이 아니라 배임미수
> 죄로 처벌하여야 한다(대법원 2017.7.20, 2014도1104 전원합의체).

626 업무상배임죄는 본인에게 재산상의 손해를 가하는 외에 배임행위로 인하 626 (○) 대법원 2009.12.24, 2007<br>도2484
여 행위자 스스로 재산상의 이익을 취득하거나 제3자로 하여금 재산상의
이익을 취득하게 할 것을 요건으로 하므로, 본인에게 손해를 가하였다고
할지라도 행위자 또는 제3자가 재산상 이익을 취득한 사실이 없다면 배임
죄가 성립할 수 없다.

627 회사의 승낙 없이 임의로 지정 할인율보다 더 높은 할인율을 적용하여 회 627 (○) 대법원 2009.12.24, 2007<br>도2484
사가 지정한 가격보다 낮은 가격으로 제품을 판매하는 이른바 '덤핑판매'
에서, 제3자인 거래처에 시장 거래 가격에 따라 제품을 판매한 경우라도
행위자 또는 제3자가 재산상 이익을 취득한 사실이 없다면 업무상배임죄
가 성립하지 않는다. [사시 13]

**628** 아파트입주자대표회의 회장인 甲이 공공요금의 납부를 위한 지출결의서에 날인을 거부함으로써 아파트 입주자들에게 그에 대한 통상의 연체료를 부담시켰다면, 위 행위로 인하여 아파트 입주민에게 연체료 금액만큼 손해를 가하고 연체료를 받은 공공기관은 그 금액만큼 이익을 취득한 것이므로 배임죄가 성립한다. [변호사 14]

628 (×) '그 금액만큼 ~ 배임죄가 성립한다' → '배임죄가 성립하지 않는다'

> **해설+** 연체료는 금전채무불이행으로 인한 손해배상에 해당하므로, 공급업체가 연체료를 지급받았다는 사실만으로 공급업체가 그에 해당하는 재산상의 이익을 취득하게 된 것으로 단정하기 어렵다(대법원 2009.6.25, 2008도3792).

**629** 배임죄의 성립요건인 재산상 이익의 취득과 재산상 손해의 발생은 대등한 성립요건이므로 배임행위로 인하여 여러 재산상 이익과 손해가 발생하더라도 재산상 이익과 손해 사이에 서로 대응하는 관계에 있는 등 일정한 관련성이 인정되어야 배임죄가 성립한다. [경찰채용 23 2차]

629 (○)

> **해설+** (업무상)배임죄는 업무상 타인의 사무를 처리하는 자가 임무에 위배하는 행위를 하고 그러한 임무위배행위로 인하여 재산상의 이익을 취득하거나 제3자로 하여금 이를 취득하게 하여 본인에게 재산상의 손해를 가한 때 성립한다. 여기서 '재산상 이익 취득'과 '재산상 손해 발생'은 대등한 범죄성립요건이고, 이는 서로 대응하여 병렬적으로 규정되어 있다(형법 제356조, 제355조 제2항). 따라서 임무위배행위로 인하여 여러 재산상 이익과 손해가 발생하더라도 재산상 이익과 손해 사이에 서로 대응하는 관계에 있는 등 일정한 관련성이 인정되어야 업무상배임죄가 성립한다(대법원 2021.11.25, 2016도3452).

**630** 상호저축은행 임직원인 甲 등은 대체담보를 취득하지 아니한 채 대출채권에 대한 기존 담보를 해지함으로써 업무상 배임죄가 성립하였는데, 이 경우 그 손해액은 담보물의 가액을 초과하는 대출잔액이다.

630 (×)

> **해설+** 타인의 불법행위로 인하여 근저당권이 소멸된 경우 근저당권자로서는 근저당권이 소멸하지 아니하였더라면 그 실행으로 피담보채무의 변제를 받았을 것임에도 불구하고 근저당권의 소멸로 말미암아 이러한 변제를 받게 되는 권능을 상실하게 되는 것이므로, 그 근저당권의 소멸로 인하여 근저당권자가 입게 되는 손해는 근저당 목적물인 부동산의 가액 범위 내에서 채권최고액을 한도로 하는 피담보채권액이라고 할 것이며, 이와 같은 법리는 근저당권 외에 다른 담보권의 경우에도 마찬가지로 적용된다. … 상호저축은행 임직원인 피고인들이 대체담보를 취득하지 아니한 채 대출채권에 대한 기존 담보를 해지함으로써 업무상배임죄가 성립하는 경우 그 손해액은 담보물 가액을 한도로 한 대출잔액으로 보아야 할 것임에도, 담보물의 가액을 초과하는 대출잔액을 재산상 손해액으로 인정한 원심은 파기되어야 한다(대법원 2013.1.24, 2012도10629).

**631** 환지방식에 의한 도시개발사업의 시행자인 피해자 乙 조합을 위해 환지계획수립 등의 업무를 수행하던 피고인 甲은 사업 실시계획의 변경에 따른 일부 환지예정지의 가치상승을 청산절차에 반영하려는 조치를 취하지 않은 채 대행회사 대표이사직을 사임하였다. 甲에게는 업무상 배임죄의 미수범이 성립하지 않는다.

631 (○)

> **해설+** 업무상배임죄는 타인과의 신뢰관계에서 일정한 임무에 따라 사무를 처리할 법적 의무가 있는 자가 그 상황에서 당연히 할 것이 법적으로 요구되는 행위를 하지 않는 부작위에 의해서도 성립할 수 있다(대법원 2012.11.29, 2012도10139 등). 그러한 부작위를 실행의 착수로 볼 수 있기 위해서는 작위의무가 이행되지 않으면 사무처리의 임무를 부여한 사람이 재산권을 행사할 수 없으리라고 객관적으로 예견되는 등으로 구성요건적 결과 발생의 위험이 구체화한 상황에서 부작위가 이루어져야 한다. 그리고 행위자는 부작위 당시 자신에게 주어진 임무를 위반한다는 점과 그 부작위로 인해 손해가 발생할 위험이 있다는 점을 인식하였어야 한다(대법원 2021.5.27, 2020도15529).
>
> **보충** 대법원은 위 도시개발사업의 진행 경과 등 제반 사정을 위에서 본 법리에 비추어 살펴보면, 피해자 조합이 환지예정지의 가치상승을 청산절차에 반영하지 못할 위험이 구체화한 상황에서 피고인이 자신에게 부여된 작위의무를 위반하였다고 인정하기 어려워 피고인이 부작위로써 업무상배임죄의 실행에 착수하였다고 볼 수 없다고 본 것이다.

**632** 타인의 사무를 처리하는 자가 배임의 범의로, 즉 임무에 위배하는 행위를 한다는 점과 이로 인하여 자기 또는 제3자가 이익을 취득하여 본인에게 손해를 가한다는 점에 대한 인식이나 의사를 가지고 임무에 위배한 행위를 개시한 때 배임죄의 실행에 착수한 것이고, 이러한 행위로 인하여 자기 또는 제3자가 이익을 취득하여 본인에게 손해를 가한 때 기수에 이른다.

[법원9급 21]

632 (○) 대법원 2017.7.20, 2014도1104 전원합의체

**633** 회사 직원이 영업비밀을 적법하게 반출하여 그 반출행위가 업무상배임죄에 해당하지 않는 경우라도, 퇴사 시에 회사에 반환해야 할 의무가 있는 영업비밀을 회사에 반환하지 아니하였다면 업무상배임죄가 성립한다.

[변호사 18]

633 (○) 대법원 2008.4.24, 2006도9089

**634** 회사직원이 퇴사 시에 영업비밀 등을 회사에 반환하거나 폐기할 의무가 있음에도 경쟁업체에 유출하거나 스스로의 이익을 위하여 이용할 목적으로 이를 반환하거나 폐기하지 아니하였다면, 이러한 행위 역시 퇴사 시에 업무상배임죄의 기수가 된다.

[법원9급 21]

634 (○) 대법원 2017.6.29, 2017도3808

**635** 회사직원이 영업비밀 등을 적법하게 반출하여 그 반출행위가 업무상배임 죄에 해당하지 않는 경우라도, 퇴사 시에 그 영업비밀 등을 회사에 반환하 거나 폐기할 의무가 있음에도 경쟁업체에 유출하거나 스스로의 이익을 위 하여 이용할 목적으로 이를 반환하거나 폐기하지 아니하였다면, 퇴사 시에 업무상배임죄의 기수가 된다. [경찰채용 17 2차] [법원9급 18]

635 (○) 대법원 2017.6.29, 2017 도3808

**636** 회사직원이 퇴사한 후에는 특별한 사정이 없는 한 퇴사한 회사직원은 더 이상 업무상배임죄에서 타인의 사무를 처리하는 자의 지위에 있다고 볼 수 없고, 위와 같이 반환하거나 폐기하지 아니한 영업비밀 등을 경쟁업체에 유출하거나 스스로의 이익을 위하여 이용하더라도 이는 이미 성립한 업무 상배임행위의 실행행위에 지나지 아니하므로, 그 유출 내지 이용행위가 부 정경쟁방지 및 영입비밀보호에 관한 법률 위반(영업비밀누설등)죄에 해당 하는지는 별론으로 하더라도, 따로 업무상배임죄를 구성할 여지는 없다. [경찰채용 23 2차]

636 (○) 대법원 2017.6.29, 2017 도3808

**637** 퇴사한 회사직원에 대하여 타인의 사무를 처리하는 자의 지위를 인정할 수 없는 이상 제3자가 위와 같은 유출 내지 이용행위에 공모·가담하였더라 도 타인의 사무를 처리하는 자의 지위에 있다는 등의 사정이 없는 한 업무 상배임죄의 공범 역시 성립할 수 없다.

637 (○) 대법원 2017.6.29, 2017 도3808

**638** 배임의 고의와 관련하여, 경영자가 경영상의 판단에 이르게 된 경위와 동 기, 판단 대상인 사업의 내용 등 여러 사정을 고려하더라도 법령의 규정, 계약 내용 또는 신의성실의 원칙상 구체적인 상황과 자신의 역할, 지위에 서 당연히 하지 말아야 할 행위를 함으로써 재산상의 이득을 취하고 본인 에게 손해를 가한 경우 배임의 고의를 인정할 수 있다. [법원9급 12]

638 (○)

**해설+** 배임의 고의가 있어야 하고, 이러한 인식은 미필적 인식으로도 족한바, 이익을 취득하는 제3자가 같은 계열회사이고, 계열그룹 전체의 회생을 위한다는 목적에서 이루어진 행위로서 본인의 이익을 위한다는 의사는 부수적일 뿐이고 이득 또는 가해의 의사가 주된 것임이 판명되면 배임죄의 고의를 부정할 수 없다(대법원 2004.6.24, 2004도520).

**639** 경영상 판단과 관련하여 배임죄의 고의를 인정할 수 있는지는 문제된 경영 판단에 이르게 된 경위·동기, 판단대상인 사업의 내용, 기업이 처한 경제적 상황, 손실발생·이익획득의 개연성 등 제반 사정에 비추어 자기 또는 제3자가 재산상 이익을 취득하고 본인에게 손해를 가한다는 인식하의 의도적 행위임이 인정되는 경우인지에 따라 개별적으로 판단하여야 한다.

[국가9급 15]

**639** (○) 대법원 2011.10.27, 2009 도4464

**640** 이윤추구와 아울러 공공적 역할도 담당하는 각종 금융기관의 경영자가 금융거래와 관련한 경영상 판단을 할 때에 그 업무처리의 내용, 방법, 시기 등이 법령이나 당해 구체적 사정하에서 일의적인 것으로 특정되지 않는 경우에는 결과적으로 특정한 조치를 취하지 아니하는 바람에 본인에게 손해가 발생하였다는 사정만으로 배임의 책임을 물을 수는 없고, 그 경우 경영자에게 배임의 고의가 있었는지 여부를 판단할 때에는 문제된 경영상의 판단에 이르게 된 경위와 동기, 판단대상인 업무의 내용, 금융기관이 처한 경제적 상황, 손실발생의 개연성 등 제반 사정에 비추어 자기 또는 제3자가 재산상 이득을 취득한다는 인식과 본인에게 손해를 가한다는 인식하의 의도적 행위임이 인정되는 경우에 한하여 배임죄의 고의를 인정하는 엄격한 해석기준이 유지되어야 한다.

**640** (○) 대법원 2010.10.14, 2010 도387

**641** 공무원이 공공기관 등으로부터 보유하는 주식의 매각협상 등에 대한 위임을 받은 경우 그 당시의 경제적 상황과 여건, 매각의 필요성, 매각 가격의 적정성 등을 종합적으로 고려하여 그 위임사무 및 직무의 본지에 적합하다는 판단하에 이를 처리하고 그 내용이 그 위임사무 및 직무범위 내에 속하는 것으로 인정된다면, 특별한 사정이 없는 한 이는 정책 판단과 선택의 문제로서 그 방안의 시행에 의해 결과적으로 공공기관 등에 재산적 손해가 발생하거나 제3자에게 재산적 이익이 귀속되는 측면이 있다는 것만으로 임무위배가 있다 할 수 없으므로, 그 손해에 대해 행정적인 책임 기타 다른 법령상의 책임을 묻는 것은 모르되 이로 인해 그 행위가 배임죄에 해당한다고 할 수는 없다.

**641** (○) 대법원 2010.10.14, 2010 도387

642 주식회사의 임원이 공적 업무수행을 위하여서만 사용이 가능한 법인카드를 개인 용도로 계속적, 반복적으로 사용한 경우 특별한 사정이 없는 한 임원에게는 임무위배의 인식과 그로 인하여 자신이 이익을 취득하고 주식회사에 손해를 가한다는 인식이 있었다고 볼 수 있으므로, 이러한 행위는 업무상배임죄를 구성한다. [경찰채용 14]

642 (○)

> **해설+** 위와 같은 법인카드 사용에 대하여 실질적 1인 주주의 양해를 얻었다거나 실질적 1인 주주가 향후 그 법인카드 대금을 변상, 보전해 줄 것이라고 일방적으로 기대하였다는 사정만으로는 업무상배임의 고의나 불법이득의 의사가 부정된다고 볼 수 없다(대법원 2014.2.21, 2011도8870).

643 부동산의 매도인으로서 매수인에 대하여 그 앞으로의 소유권 이전등기절차에 협력할 의무 있는 甲이 같은 부동산을 매수인 이외의 제3자에게 이중으로 매도하고 제3자 앞으로 소유권이전청구권 보전을 위한 가등기를 마쳐 준 경우 배임죄가 성립한다. [국가9급 16]

643 (○)

> **해설+** 피고인 甲이 피해자 A에게 임야를 매도하고 일부 잔금까지 지급받았음에도, 다시 임야를 乙에게 매도하여 계약금을 지급받고는 乙 앞으로 소유권이전청구권 보전을 위한 가등기를 마쳐준 경우 배임죄가 성립한다(대법원 2008.7.10, 2008도3766).

644 부동산 매매계약에서 중도금이 지급되는 등 계약이 본격적으로 이행되는 단계에 이른 때에는 계약이 취소되거나 해제되지 않는 한, 그때부터 매도인은 배임죄에서 말하는 '타인의 사무를 처리하는 자'에 해당한다고 보아야 한다. [국가7급 21]

644 (○) 대법원 2018.5.17, 2017도4027 전원합의체; 2020.5.14, 2019도6228

**645** 부동산 매매계약에서 중도금이 지급되는 등 계약이 본격적으로 이행되었더라도, 매도인이 매수인에게 순위보전의 효력이 있는 가등기를 마쳐 주었다면 매도인으로서는 소유권을 이전하여 줄 의무에서 벗어날 수 있으므로 배임죄가 성립하지 않는다. [법원행시 20]

645 (×)

**해설+** 부동산 매매계약에서 계약금만 지급된 단계에서는 어느 당사자나 계약금을 포기하거나 그 배액을 상환함으로써 자유롭게 계약의 구속력에서 벗어날 수 있다. 그러나 중도금이 지급되는 등 계약이 본격적으로 이행되는 단계에 이른 때에는 계약이 취소되거나 해제되지 않는 한 매도인은 매수인에게 부동산의 소유권을 이전해 줄 의무에서 벗어날 수 없다. 따라서 이러한 단계에 이른 때에 매도인은 매수인에 대하여 매수인의 재산보전에 협력하여 재산적 이익을 보호·관리할 신임관계에 있게 된다. 그때부터 매도인은 배임죄에서 말하는 '타인의 사무를 처리하는 자'에 해당한다고 보아야 한다. 그러한 지위에 있는 매도인이 매수인에게 계약 내용에 따라 부동산의 소유권을 이전해 주기 전에 그 부동산을 제3자에게 처분하고 제3자 앞으로 그 처분에 따른 등기를 마쳐 준 행위는 매수인의 부동산 취득 또는 보전에 지장을 초래하는 행위이다. 이는 매수인과의 신임관계를 저버리는 행위로서 배임죄가 성립한다(대법원 2018.5.17, 2017도4027 전원합의체). 그리고 매도인이 매수인에게 순위보전의 효력이 있는 가등기를 마쳐 주었더라도 이는 향후 매수인에게 손해를 회복할 수 있는 방안을 마련하여 준 것일 뿐 그 자체로 물권변동의 효력이 있는 것은 아니어서 매도인으로서는 소유권을 이전하여 줄 의무에서 벗어날 수 없으므로, 그와 같은 가등기로 인하여 매수인의 재산보전에 협력하여 재산적 이익을 보호·관리할 신임관계의 전형적·본질적 내용이 변경된다고 할 수 없다(대법원 2020.5.14, 2019도16228).

**646** 부동산 매매계약에 있어 매도인이 매수인으로부터 계약금과 중도금을 지급받아 매수인의 재산보전에 협력할 의무를 부담하게 되었더라도, 매도인은 통상의 계약에서의 이익대립관계를 넘어 배임죄에서 말하는 신임관계에 기초한 '타인의 사무를 처리하는 자'의 지위에 있다고 할 수는 없다. [경찰승진 22]

646 (×)

**해설+** 부동산 매매계약에서 계약금만 지급된 단계에서는 어느 당사자나 계약금을 포기하거나 그 배액을 상환함으로써 자유롭게 계약의 구속력에서 벗어날 수 있다. 그러나 중도금이 지급되는 등 계약이 본격적으로 이행되는 단계에 이른 때에는 계약이 취소되거나 해제되지 않는 한 매도인은 매수인에게 부동산의 소유권을 이전해 줄 의무에서 벗어날 수 없다. 따라서 이러한 단계에 이른 때에 매도인은 매수인에 대하여 매수인의 재산보전에 협력하여 재산적 이익을 보호·관리할 신임관계에 있게 된다. 그때부터 매도인은 배임죄에서 말하는 '타인의 사무를 처리하는 자'에 해당한다고 보아야 한다. 그러한 지위에 있는 매도인이 매수인에게 계약 내용에 따라 부동산의 소유권을 이전해 주기 전에 그 부동산을 제3자에게 처분하고 제3자 앞으로 그 처분에 따른 등기를 마쳐 준 행위는 매수인의 부동산 취득 또는 보전에 지장을 초래하는 행위이다. 이는 매수인과의 신임관계를 저버리는 행위로서 배임죄가 성립한다(대법원 2018.5.17, 2017도4027 전원합의체).

647 서면으로 부동산 증여의 의사를 표시한 증여자는 계약이 취소되거나 해제되지 않는 한 수증자에게 목적부동산의 소유권을 이전할 의무에서 벗어날 수 없다. 그러한 증여자는 '타인의 사무를 처리하는 자'에 해당하고, 그가 수증자에게 증여계약에 따라 부동산의 소유권을 이전하지 않고 부동산을 제3자에게 처분하여 등기를 하는 행위는 수증자와의 신임관계를 저버리는 행위로서 배임죄가 성립한다. [경찰채용 21 1차 변형] [법원행시 20]

647 (○) 대법원 2018.12.13, 2016도19308

648 서면으로 부동산 증여의 의사를 표시한 증여자가 증여계약을 취소하거나 해제할 수 없음에도 불구하고 증여계약에 따라 수증자에게 부동산의 소유권을 이전하지 않고 부동산을 제3자에게 처분하여 등기를 한 경우, 증여자의 소유권이전등기의무는 증여자 자신의 사무일 뿐 타인의 사무에 해당하지 않으므로 배임죄가 성립하지 않는다. [경찰채용 23 1차]

648 (×)

**해설+** 서면으로 부동산 증여의 의사를 표시한 증여자는 계약이 취소되거나 해제되지 않는 한 수증자에게 목적부동산의 소유권을 이전할 의무에서 벗어날 수 없다. 그러한 증여자는 '타인의 사무를 처리하는 자'에 해당하고, 그가 수증자에게 증여계약에 따라 부동산의 소유권을 이전하지 않고 부동산을 제3자에게 처분하여 등기를 하는 행위는 수증자와의 신임관계를 저버리는 행위로서 배임죄가 성립한다(대법원 2018.12.13, 2016도19308).

649 甲이 내연의 관계에 있는 A에게 불륜관계를 지속하는 대가로서 부동산에 관한 소유권이전등기를 경료해 주기로 약정한 후 그 등기의무를 이행하지 않은 경우, 甲에 대해서는 배임죄가 성립한다. [사시 11]

649 (×) '성립한다' → '성립하지 않는다'

**해설+** 위 부동산 증여계약은 선량한 풍속과 사회질서에 반하는 것으로 무효이어서 소유권이전등기의무가 인정되지 아니하는 이상 타인의 사무를 처리하는 자에 해당하지 않는다(대법원 1986.9.9, 86도1382).

650 임대인이 점포를 타인에게 매도하여 중도금까지 수령하였는데, 이러한 사실을 알고 있는 그 점포의 임차인이 점포의 임대차계약 당시 "타인에게 점포를 매도할 경우 우선적으로 임차인에게 매도한다."라는 특약을 이유로 매매대금을 일방적으로 결정하여 공탁하고 임대인과 공모하여 임차인 명의로 소유권이전등기를 경료한 경우 배임죄의 공동정범에 해당한다. [사시 13]

650 (○) 대법원 1983.7.12, 82도180

**651** 부동산소유자인 甲이 乙과 부동산 매매계약을 체결하고 계약금과 중도금을 모두 수령하였는데, 이러한 사실을 모두 알고 있는 丙이 甲에게 부동산의 가격을 더 높게 지불할 테니 자신에게 위 부동산을 매각해 달라는 요청을 하자 위 부동산을 丙에게 이중으로 매도하고 소유권이전등기를 경료해 준 경우, 甲에게는 배임죄가 성립하고 丙에게는 장물취득죄가 성립한다.

[변호사 14]

651 (×) '성립한다' → '성립하지 않는다'

**해설+** 이중매매된 부동산의 경우에는 위 부동산소유자가 배임행위로 인하여 영득한 것은 재산상의 이익이고 위 배임 범죄에 제공된 대지는 범죄로 인하여 영득한 것 자체는 아니므로 그 취득자 또는 전득자에게 대하여 배임죄의 가공여부를 논함은 별문제로 하고 장물취득죄로 처단할 수 없다(대법원 1975.12.9, 74도2804).

**652** 채무자가 금전채무를 담보하기 위한 저당권설정계약에 따라 채권자에게 본인 소유의 부동산에 관하여 저당권을 설정할 의무를 부담하게 된 경우, 이는 통상의 계약에서 이루어지는 이익대립관계를 넘어서 채권자와의 신임관계에 기초하여 채권자의 사무를 맡아 처리하는 것으로 보아야 하므로 배임죄에서의 '타인의 사무를 처리하는 자'라고 할 수 있다.

[경찰채용 21 1차]

652 (×)

**해설+** 채무자가 저당권설정계약에 따라 채권자에 대하여 부담하는 저당권을 설정할 의무는 계약에 따라 부담하게 된 채무자 자신의 의무이다. 채무자가 위와 같은 의무를 이행하는 것은 채무자 자신의 사무에 해당할 뿐이므로, 채무자를 채권자에 대한 관계에서 '타인의 사무를 처리하는 자'라고 할 수 없다(대법원 2020.6.18, 2019도14340 전원합의체).

**653** 채무자가 채권자로부터 금원을 차용하는 등 채무를 부담하면서 채무담보를 위하여 부동산에 관한 저당권설정계약을 체결한 경우, 위 약정의 내용에 좇아 채권자에게 부동산에 관한 저당권을 설정하여 줄 의무는 자기의 사무인 동시에 상대방의 재산보전에 협력할 의무에 해당하여 '타인의 사무'에 해당한다.

[법원9급 22]

653 (×)

**해설+** 채무자가 금전채무를 담보하기 위한 저당권설정계약에 따라 채권자에게 그 소유의 부동산에 관하여 저당권을 설정할 의무를 부담하게 되었다고 하더라도, 이를 들어 채무자가 통상의 계약에서 이루어지는 이익대립관계를 넘어서 채권자와의 신임관계에 기초하여 채권자의 사무를 맡아 처리하는 것으로 볼 수 없다. 채무자가 저당권설정계약에 따라 채권자에 대하여 부담하는 저당권을 설정할 의무는 계약에 따라 부담하게 된 채무자 자신의 의무이다. 채무자가 위와 같은 의무를 이행하는 것은 채무자 자신의 사무에 해당할 뿐이므로, 채무자를 채권자에 대한 관계에서 '타인의 사무를 처리하는 자'라고 할 수 없다. 따라서 채무자가 제3자에게 먼저 담보물에 관한 저당권을 설정하거나 담보물을 양도하는 등으로 담보가치를 감소 또는 상실시켜 채권자의 채권실현에 위험을 초래하더라도 배임죄가 성립한다고 할 수 없다(대법원 2020.6.18, 2019도14340 전원합의체).

**654** 甲이 A에게 1억 원을 빌리면서 그 채무에 대한 담보로 자신의 부동산에 근저당권을 설정해주기로 약정하였음에도, 이후 B에게 자신의 부동산을 매도해버린 경우, 甲에게는 배임죄가 성립하지 아니한다. [경찰간부 22]

**654 (○)**

> **해설+** 채무자가 금전채무를 담보하기 위한 저당권설정계약에 따라 채권자에게 그 소유의 부동산에 관하여 저당권을 설정할 의무를 부담하게 되었다고 하더라도, 이를 들어 채무자가 통상의 계약에서 이루어지는 이익대립관계를 넘어서 채권자와의 신임관계에 기초하여 채권자의 사무를 맡아 처리하는 것으로 볼 수 없다(대법원 2020.6.18, 2019도14340 전원합의체).

**655** 甲이 乙로부터 18억 원을 차용하면서 담보로 甲 소유의 아파트에 乙 명의의 4순위 근저당권을 설정해 주기로 약정하였음에도 제3자에게 채권최고액을 12억 원으로 하는 4순위 근저당권을 설정하여 준 경우 특정경제 범죄 가중 처벌 등에 관한 법률위반(배임)죄가 성립한다. [변호사 22]

**655 (×)**

> **해설+** 부동산이중저당에 대해서는 배임죄가 성립하지 않는다는 것이 판례의 입장이다. "위 근저당권설정계약에서 피고인과 甲 사이 당사자 관계의 전형적·본질적 내용은 채무의 변제와 이를 위한 담보에 있고, 피고인을 통상의 계약에서의 이익대립관계를 넘어서 甲과의 신임관계에 기초하여 甲의 사무를 맡아 처리하는 것으로 볼 수 없는 이상 甲에 대한 관계에서 '타인의 사무를 처리하는 자'에 해당한다고 할 수 없다(대법원 2020.6.18, 2019도14340 전원합의체)."

**656** 甲이 부동산에 A명의의 근저당권을 설정하여 줄 의사가 없음에도 A를 속이고 근저당권 설정을 약정하여 금원을 편취한 이후 그 부동산에 관하여 제3자 명의로 근저당권설정등기를 마친 경우 사기죄와 배임죄가 성립한다. [경찰간부 17] [국가9급 16]

**656 (×)** 대법원 2020.6.18, 2019도14340 전원합의체에 의하여 배임죄가 불성립하는 것으로 판례가 변경되었다(사기죄만 성립).

**657** 甲이 A에게 전세권설정계약을 맺고 전세금의 중도금을 지급받은 후 당해 부동산에 임의로 제3자에게 근저당권설정등기를 경료해 주어 담보능력 상실의 위험이 발생한 경우 배임죄가 성립한다. [국가9급 16]

**657 (×)**

> **해설+** 과거 배임죄가 성립한다고 본 판례(대법원 1993.9.28, 93도2206)가 있었으나, 대법원 2020.6.18, 2019도14340 전원합의체 판례의 취지에 따라 이 경우 배임죄가 성립하지 아니하는 것으로 변경되었다.

**658** 부동산이중매매와는 달리 동산이중매매의 경우는 배임죄가 성립하지 않는다.

[국가9급 15]

658 (○) 대법원 2011.1.20, 2008도10479 전원합의체

**659** 인쇄기를 A에게 양도하기로 하고 계약금 및 중도금을 수령하였음에도 이를 자신의 채권자 B에게 기존 채무 변제에 갈음하여 양도함으로써 재산상 이익을 취득하고 A에게 동액 상당의 손해를 입혔다면 배임죄에 해당한다.

[경찰채용 18 1차] [변호사 15·18] [사시 13·14]

**해설+** 매도인에게 자기의 사무인 동산인도 채무 외에 별도로 매수인의 재산의 보호 내지 관리 행위에 협력할 의무가 있다고 할 수 없다. 동산매매계약에서의 매도인은 매수인에 대하여 그의 사무를 처리하는 지위에 있지 아니하므로, 매도인이 목적물을 매수인에게 인도하지 아니하고 이를 타에 처분하였다 하더라도 형법상 배임죄가 성립하는 것은 아니다(대법원 2011.1.20, 2008도10479 전원합의체).

659 (×) '해당한다' → '해당하지 않는다'

**660** 권리이전에 등기·등록을 요하는 자동차에 대한 매매계약에 있어 매도인은 매수인에 대하여 그의 사무를 처리하는 자의 지위에 있으므로, 매도인이 매수인에게 소유권이전등록을 하지 아니하고 제3자에게 처분하였다면 배임죄가 성립한다.

[경찰승진 22]

**해설+** 매매와 같이 당사자 일방이 재산권을 상대방에게 이전할 것을 약정하고 상대방이 그 대금을 지급할 것을 약정함으로써 효력이 생기는 계약의 경우(민법 제563조), 쌍방이 그 계약의 내용에 좇은 이행을 하여야 할 채무는 특별한 사정이 없는 한 '자기의 사무'에 해당하는 것이 원칙이다. 동산 매매계약에서의 매도인은 매수인에 대하여 그의 사무를 처리하는 지위에 있지 아니하므로, 매도인이 목적물을 타에 처분하였다 하더라도 형법상 배임죄가 성립하지 아니한다. 위와 같은 법리는 권리이전에 등기·등록을 요하는 동산에 대한 매매계약에서도 동일하게 적용되므로, 자동차 등의 매도인은 매수인에 대하여 그의 사무를 처리하는 지위에 있지 아니하여, 매도인이 매수인에게 소유권이전등록을 하지 아니하고 타에 처분하였다고 하더라도 마찬가지로 배임죄가 성립하지 아니한다(대법원 2020.10.22, 2020도6258 전원합의체).

660 (×)

**661** 회사의 임원이 그 임무에 위배되는 행위로 재산상 이익을 취득하거나 제3자로 하여금 이를 취득하게 하여 회사에 손해를 가한 때에는 원칙적으로 배임죄가 성립하나, 그 임무위배행위에 대하여 사실상 대주주의 양해를 얻었다거나, 이사회의 결의가 있었던 경우에는 그 위법성이 조각된다.

[법원9급 07]

661 (×) '조각된다' → '조각되지 않는다'(대법원 2004.5.14, 2001도4857)

**662** 거래상대방의 대향적 행위의 존재를 필요로 하는 유형의 배임죄에서 거래 상대방은 기본적으로 배임행위의 실행행위자와 별개의 이해관계를 가지고 반대편에서 독자적으로 거래에 임한다는 점을 고려하면, 업무상배임죄의 실행으로 인하여 이익을 얻게 되는 수익자는 배임죄의 공범이라고 볼 수 없는 것이 원칙이다. [변호사 18]

662 (○)

**해설+** 실행행위자의 행위가 피해자 본인에 대한 배임행위에 해당한다는 점을 인식한 상태에서 배임의 의도가 전혀 없었던 실행행위자에게 배임행위를 교사하거나 또는 배임행위의 전 과정에 관여하는 등으로 배임행위에 적극 가담한 경우에 한하여 배임의 실행행위자에 대한 공동정범으로 인정할 수 있다(대법원 2016.10.13, 2014도17211).

**663** 업무상배임죄의 실행으로 인하여 이익을 얻게 되는 수익자가 소극적으로 실행행위자의 배임행위에 편승하여 이익을 취득하는 데 그치지 않고 배임행위를 교사하거나 또는 배임행위의 전 과정에 관여하는 등으로 실행행위자의 배임행위에 적극가담한 경우에는 업무상배임죄의 공동정범이 된다. [사시 14 변형]

663 (○) 대법원 2007.2.8, 2006 도483

**664** 실행행위자의 행위가 피해자 본인에 대한 배임행위에 해당한다는 점을 인식한 상태에서 배임의 의도가 전혀 없었던 실행행위자에게 배임행위를 교사하거나 또는 배임행위의 전 과정에 관여하는 등으로 배임행위에 적극가담한 경우에 한하여 배임의 실행행위자에 대한 공동정범으로 인정할 수 있다.

664 (○) 대법원 2016.10.13, 2014 도17211

**665** 업무상 배임죄의 실행으로 인하여 이익을 얻게 되는 거래상대방인 수익자는 해당 거래행위가 배임행위에 해당한다는 점을 인식하였더라도 그러한 사정만으로는 배임죄의 공범으로 처벌할 수 없다. [법원9급 18 변형] [해경승진 23]

665 (○)

**해설+** 업무상배임죄의 실행으로 이익을 얻게 되는 수익자는 배임죄의 공범이라고 볼 수 없는 것이 원칙이고, 실행행위자의 행위가 피해자 본인에 대한 배임행위에 해당한다는 점을 인식한 상태에서 배임의 의도가 전혀 없었던 실행행위자에게 배임행위를 교사하거나, 또는 배임행위의 전 과정에 관여하는 등으로 배임행위에 적극 가담한 경우에 한하여 배임의 실행행위자에 대한 공동정범으로 인정할 수 있다(대법원 2016.10.13, 2014도17211).

**666** 업무상배임죄에서 업무상 임무라는 신분관계 없는 甲이 신분 있는 乙과 공모하여 업무상배임죄를 범한 경우 甲에게는 단순배임죄가 성립한다.

666 (×)

> **해설+** 판례에 의하면, 업무상 임무라는 신분관계가 없는 피고인에 대하여는 형법 제33조 본문에 따라 일단 신분범인 업무상배임죄가 성립된다. 다만 과형에서는 형법 제33조 단서에 따라 단순배임죄의 형으로 처벌된다.

**667** 업무상배임죄에 있어서 업무상 임무라는 신분관계가 없는 자가 그러한 신분관계 있는 자와 공모하여 업무상배임죄를 저지르는 경우 신분관계 없는 공범은 신분범인 업무상배임죄가 성립하고, 다만 과형에서만 무거운 형이 아닌 단순배임죄의 법정형이 적용된다.

[경찰승진 23]

667 (○)

> **해설+** 업무상의 임무라는 신분관계가 없는 자가 그러한 신분관계 있는 자와 공모하여 업무상배임죄를 저질렀다면, 그러한 신분관계가 없는 공범에 대하여는 형법 제33조 단서에 따라 단순배임죄에서 정한 형으로 처단하여야 한다. 이 경우에는 신분관계 없는 공범에게도 같은 조 본문에 따라 일단 신분범인 업무상배임죄가 성립하고, 다만 과형에서만 무거운 형이 아닌 단순배임죄의 법정형이 적용된다(대법원 2018.8.30, 2018도10047).

**668** 배임행위가 본인 이외의 제3자에 대한 사기죄를 구성한다 하더라도 그로 인하여 본인에게 손해가 생긴 때에는 사기죄와 함께 배임죄가 성립하고, 두 죄는 상상적 경합의 관계에 있다.

[변호사 18]

668 (×) '상상적' → '실체적'

> **해설+** 각 죄는 서로 구성요건 및 그 행위의 태양과 보호법익을 달리하고 있어 실체적 경합범의 관계에 있다(대법원 2010.11.11, 2010도10690).

**669** 배임죄는 타인의 사무를 처리하는 자가 그 임무에 위배하는 행위가 있어야 하고 그 행위로서 본인에게 손해를 가함으로써 성립하는 것이나 부정한 청탁을 받거나 금품을 수수한 것을 그 요건으로 하지 않는다. [법원9급 13]

669 (○)

> **해설+** 배임죄는 타인의 사무를 처리하는 자가 그 임무에 위배하는 행위가 있어야 하고 그 행위로서 본인에게 손해를 가함으로써 성립하는 것이나 부정한 청탁을 받거나 금품을 수수한 것을 그 요건으로 하지 않고 있다(대법원 1984.11.27, 84도1906).

**670** 배임수재죄와 배임죄는 일반법과 특별법관계가 아닌 별개의 독립된 범죄이다. [법원9급 13]

**670** (○)

> **해설+** 이들 양 죄는 행위의 태양을 전연 달리하고 있어 일반법과 특별법관계가 아닌 별개의 독립된 범죄라고 보아야 한다(대법원 1984.11.27, 84도1906).

**671** 배임수재죄의 주체로서 '타인의 사무를 처리하는 자'란 타인과 대내관계에서 신의성실의 원칙에 비추어 사무를 처리할 신임관계가 존재한다고 인정되는 자를 의미하고, 반드시 제3자에게 대한 대외관계에서 사무에 관한 권한이 존재할 것을 요하지 않는다. [법원9급 12]

**671** (○) 대법원 2008.7.10, 2007도7760

**672** 형법 제357조 제1항에 정한 배임수재죄는 원칙적으로 타인의 사무를 처리하는 자라야 그 범죄의 주체가 될 수 있고, 그러한 신분을 가지지 아니한 자는 신분 있는 자의 범행에 가공한 경우에 한하여 그 주체가 될 수 있다. [법원행시 16]

**672** (○) 대법원 2010.7.22, 2009도12878

**673** 타인의 사무를 처리하는 자의 지위를 취득하기 전에 부정한 청탁을 받은 행위를 처벌하는 별도의 구성요건이 존재하지 않는 이상, 타인의 사무처리자의 지위를 취득하기 전에 부정한 청탁을 받은 경우에 배임수재죄로는 처벌할 수 없다고 보는 것이 죄형법정주의의 원칙에 부합한다.

**673** (○) 대법원 2010.7.22, 2009도12878

**674** 甲이 乙로부터 A건설 컨소시엄이 제출한 설계도면에 경쟁업체보다 유리한 점수를 주어 A건설 컨소시엄이 낙찰받을 수 있도록 해달라는 취지의 청탁을 받고 금품을 취득한 이후에 실제로 건설사업의 평가위원으로 위촉되었다면 甲에게 배임수재죄가 성립한다. [변호사 16]

**674** (×) '성립한다' → '성립하지 않는다'

> **해설+** 청탁을 받을 당시에 이 사건 건설사업에 관한 사무를 처리하는 지위에 있었다고 인정되지 아니하는 이상 피고인을 배임수재죄로 처벌할 수는 없다(대법원 2010.7.22, 2009도12878).

**675** 타인의 사무를 처리하는 자가 그 신임관계에 기한 사무의 범위에 속한 것으로서 장래에 담당할 것이 합리적으로 기대되는 임무에 관하여 부정한 청탁을 받고 재물 또는 재산상 이익을 취득한 후 그 청탁에 관한 임무를 현실적으로 담당하게 되었다면 이로써 타인의 사무를 처리하는 자의 청렴성은 훼손되는 것이어서 배임수재죄의 성립을 인정할 수 있다. [법원행시 16]

675 (○) 대법원 2013.10.11, 2012도13719

**676** 배임수재죄의 구성요건 중 '부정한 청탁'이란 반드시 업무상 배임의 내용이 되는 정도에 이를 것을 필요는 없고, 사회상규 또는 신의성실의 원칙에 반하는 것을 내용으로 하면 족하다. [법원9급 16]

676 (○) 대법원 2008.12.11, 2008도6987

**677** 배임수재죄에서 타인의 업무를 처리하는 자에게 공여한 금품에 부정한 청탁의 대가로서의 성질과 그 외의 행위에 대한 사례로서의 성질이 불가분적으로 결합되어 있는 경우에는 그 전부가 불가분적으로 부정한 청탁의 대가로서의 성질을 갖는 것으로 보아야 한다. [변호사 23]

677 (○)

> **해설+** 배임수재죄에서 '부정한 청탁'은 반드시 업무상 배임의 내용이 되는 정도에 이를 필요는 없고, 사회상규 또는 신의성실의 원칙에 반하는 것을 내용으로 하면 충분하다. '부정한 청탁'에 해당하는지를 판단할 때에는 청탁의 내용 및 이에 관련한 대가의 액수, 형식, 보호법익인 거래의 청렴성 등을 종합적으로 고찰하여야 하고, 그 청탁이 반드시 명시적으로 이루어져야 하는 것은 아니며 묵시적으로 이루어지더라도 무방하다. 그리고 타인의 업무를 처리하는 사람에게 공여한 금품에 부정한 청탁의 대가로서의 성질과 그 외의 행위에 대한 사례로서의 성질이 불가분적으로 결합되어 있는 경우에는 그 전부가 불가분적으로 부정한 청탁의 대가로서의 성질을 갖는 것으로 보아야 한다(대법원 2021.9.30, 2019도17102).

**678** 배임수재죄는 타인의 사무를 처리하는 자가 그 임무에 관하여 부정한 청탁을 받고 재물 또는 재산상의 이익을 취득한 경우는 물론, 제3자로 하여금 이를 취득하게 한 때에도 성립한다. [변호사 23]

678 (○) 제357조 제1항

> **해설+** 제357조【배임수증재】① 타인의 사무를 처리하는 자가 그 임무에 관하여 부정한 청탁을 받고 재물 또는 재산상의 이익을 취득하거나 제3자로 하여금 이를 취득하게 한 때에는 5년 이하의 징역 또는 1천만원 이하의 벌금에 처한다.

679 지역별 수산업협동조합의 총대는 조합의 의결기관인 총회의 구성원일 뿐 임원이나 기타 업무집행기관이 아니며 선출지역 조합원의 지시나 간섭을 받지 않고 스스로의 권한으로 총회에서 임원선거에 참여하고 의결권을 행사하는 등 자주적으로 업무를 수행하는 것이므로 총회에서의 의결권 또는 선거권의 행사는 자기의 사무이고 이를 선거구역 조합원이나 조합의 사무라고 할 수 없는 것이고, 따라서 총대가 조합장선거에 출마한 후보자들로부터 자신을 지지하여 달라는 부탁과 함께 금원을 교부받았더라도 배임수재죄로 처벌할 수 없다.

679 (○) 대법원 1990.2.27, 89도970

680 배임수재죄에서 '임무에 관하여'는 타인의 사무를 처리하는 자가 위탁받은 사무를 말하는 것이나, 이는 그 위탁관계로 인한 본래의 사무뿐만 아니라 그와 밀접한 관계가 있는 범위 내의 사무도 포함되고, 나아가 고유의 권한으로써 그 처리를 하는 자에 한하지 않고 그 자의 보조기관으로서 직접 또는 간접으로 그 처리에 관한 사무를 담당하는 자도 포함된다.

[법원행시 16]

680 (○) 대법원 2013.11.14, 2011도11174

681 임무에 관하여 부정한 청탁을 받고 재물 또는 재산상 이익을 취득하면 배임수재죄는 성립되고, 어떠한 임무위배행위를 하거나 본인에게 손해를 가하는 것을 요건으로 하지 아니하나, 재물 또는 이익을 공여하는 사람과 취득하는 사람 사이에 부정한 청탁이 개재되지 않는 한 성립하지 않는다.

[법원행시 16]

681 (○)

**해설+** 여기서 '부정한 청탁'이란 반드시 업무상 배임의 내용이 되는 정도에 이를 필요는 없고, 사회상규 또는 신의성실의 원칙에 반하는 것을 내용으로 하면 족하며, 이를 판단할 때에는 청탁의 내용 및 이에 관련한 대가의 액수, 형식, 보호법익인 거래의 청렴성 등을 종합적으로 고찰하여야 하며, 청탁이 반드시 명시적일 필요는 없다(대법원 2013.11.14, 2011도11174).

682 회원제 골프장의 예약업무 담당자가 부킹대행업자의 청탁에 따라 회원에게 제공해야 하는 주말부킹권을 부킹대행업자에게 판매하고 그 대금 명목의 금품을 받은 경우 배임수재죄에 해당한다.

[경찰승진 11]

682 (○) 대법원 2008.12.11, 2008도6987

**683** 지역화물자동차운송사업협회 대표자인 피고인들이 甲으로부터 전국화물자동차운송사업연합회 회장 선거에서 자신을 지지해 달라는 취지의 부정한 청탁을 받고 돈을 수수한 경우 배임수재죄가 성립한다.

683 (○) 피고인들의 권한행사가 타인인 지역화물자동차운송사업협회의 사무를 처리하는 것이다(대법원 2011.8.25, 2009도5618).

**684** 대학병원 의사인 피고인이, 의약품 등을 지속적으로 납품할 수 있도록 해 달라는 부탁 또는 의약품 등을 사용해 준 대가로 제약회사 등으로부터 명절선물이나 골프접대 등 향응을 제공받았다면 배임수재죄가 성립한다.

[법원행시 15]

684 (○) 대법원 2011.8.18, 2010도10290

**685** 기업활동을 위해 회사 자금으로 부정한 청탁을 하고 배임증재를 한 경우라면, 특별한 사정이 없는 한 업무상횡령죄는 성립하지 않는다. [법원행시 15]

> **해설+** 회사의 이사 등이 업무상의 임무에 위배하여 보관 중인 회사의 자금으로 뇌물을 공여하였다면 회사에 대하여 업무상횡령죄의 죄책을 면하지 못한다. 이러한 법리는 배임증재를 한 경우에도 마찬가지로 적용된다(대법원 2013.4.25, 2011도9238).

685 (×) '성립하지 않는다' → '성립한다'

**686** 학교법인의 이사장 또는 사립학교경영자가 학교법인 운영권을 양도하고 양수인으로부터 양수인 측을 학교법인의 임원으로 선임해 주는 대가로 양도대금을 받기로 하는 내용의 '청탁'을 받았다 하더라도, 그 청탁의 내용이 당해 학교법인의 설립 목적과 다른 목적으로 기본재산을 매수하여 사용하려는 것으로서 학교법인의 존립에 중대한 위협을 초래할 것임이 명백하다는 등의 특별한 사정이 없는 한, 그 청탁이 사회상규 또는 신의성실의 원칙에 반하는 것을 내용으로 하는 것이라고 할 수 없으므로 이를 배임수재죄의 구성요건인 '부정한 청탁'에 해당한다고 할 수 없다.

[법원9급 16] [법원행시 15]

686 (○) 대법원 2014.1.23, 2013도11735

**687** 신문사 기자들이 홍보성 기사를 게재하는 대가로 기자들이 소속된 신문사들이 돈을 교부받은 경우, 위 돈을 교부한 자에게는 배임증재죄의 죄책이 인정되지 않는다.

해설+ 보도의 대상이 되는 자가 언론사 소속 기자에게 소위 '유료 기사' 게재를 청탁하는 행위는 사실상 '광고'를 '언론 보도'인 것처럼 가장하여 달라는 것으로서 언론 보도의 공정성 및 객관성에 대한 공공의 신뢰를 저버리는 것이므로, 배임수재죄의 부정한 청탁에 해당한다(대법원 2014.5.16, 2012도11258 등). 설령 '유료 기사'의 내용이 객관적 사실과 부합하더라도, 언론 보도를 금전적 거래의 대상으로 삼은 이상 그 자체로 부정한 청탁에 해당한다. (다만) 2016.5.29. 법률 제14178호로 개정되기 전의 형법 제357조 제1항은 타인의 사무를 처리하는 자(이하 '사무처리자')가 그 임무에 관하여 부정한 청탁을 받고 재물 또는 재산상 이익(이하 '재물 등'이라 한다)을 취득한 때에 성립한다고 정하고 있었으나, 형법 개정으로 위와 같이 개정되었다(소위 제3자 배임수재죄 신설). 이는 사무처리자 본인이 직접 재물 등을 취득하는 행위뿐만 아니라 제3자로 하여금 재물 등을 취득하게 하는 행위도 처벌할 수 있도록 하기 위한 것이다. 위와 같은 형법 제357조의 문언, 개정 경위와 이유, 체계적 위치와 보호법익 등을 종합하면, 특별한 사정이 없는 한 형법 제357조 제1항의 '제3자'에는 사무처리를 위임한 '타인'이 포함되지 않는다. (따라서) 피고인에 대한 공소사실 중 배임증재 부분에 대해서 신문사 기자들이 홍보성 기사를 게재(이는 배임수증재죄의 부정한 청탁에는 해당함)하는 대가로 기자들이 소속된 신문사들이 피고인으로부터 돈을 교부받은 행위는 형법 제357조 제1항의 사무처리자 또는 제3자가 돈을 교부받은 경우가 아니다. 따라서 신문사들의 배임수재죄가 성립하지 않고 이를 전제로 하는 피고인의 배임증재죄 역시 성립하지 않는다(대법원 2021.9.30, 2020도2641).

**688** 타인의 사무를 처리하는 자가 그 임무에 관하여 부정한 청탁을 받고 재물 또는 재산상의 이익을 취득하거나 제3자로 하여금 이를 취득하게 하면 배임수재죄가 성립한다(형법 제357조 제1항). 타인의 사무를 처리하는 자가 증재자로부터 돈이 입금된 계좌의 예금통장이나 이를 인출할 수 있는 현금카드나 신용카드를 교부받아 이를 소지하면서 언제든지 위 예금통장 등을 이용하여 예금된 돈을 인출할 수 있어 예금통장의 돈을 자신이 지배하고 입금된 돈에 대한 실질적인 사용권한과 처분권한을 가지고 있는 것으로 평가될 수 있다면, 예금된 돈을 취득한 것으로 보아야 한다.

688 (○) 대법원 2017.12.5, 2017도11564

**689** 부정한 청탁을 받고 나서 사후에 재물 또는 재산상의 이익을 취득하였다고 하더라도 재물 또는 재산상의 이익이 청탁의 대가인 이상 배임수재죄가 성립되며, 또한 부정한 청탁의 결과로 상대방이 얻은 재물 또는 재산상 이익의 일부를 상대방으로부터 청탁의 대가로 취득한 경우에도 마찬가지이다.

[변호사 20 변형]

689 (○) 대법원 2013.11.14, 2011도11174

CHAPTER 05 재산에 대한 죄 **351**

**690** 타인의 사무를 처리하는 자가 그 임무에 관하여 부정한 청탁을 받은 이상 그 후 사직으로 인하여 그 직무를 담당하지 아니하게 된 상태에서 재물을 수수하게 되었다 하더라도, 그 재물 등의 수수가 부정한 청탁과 관련하여 이루어진 것이라면 배임수재죄가 성립한다. [법원9급 13]

690 (○)

**해설+** 타인의 사무를 처리하는 자가 그 임무에 관하여 부정한 청탁을 받은 이상 그 후 사직으로 인하여 그 직무를 담당하지 아니하게 된 상태에서 재물을 수수하게 되었다 하더라도, 그 재물 등의 수수가 부정한 청탁과 관련하여 이루어진 것이라면 배임수재죄가 성립한다(대법원 1997.10.24, 97도2042).

**691** 임무에 관하여 부정한 청탁을 받고 재물 또는 재산상 이익을 취득하면 배임수재죄는 성립되고, 어떠한 임무위배행위를 하거나 본인에게 손해를 가하는 것을 요건으로 하지 아니한다. [법원9급 16] [법원행시 16]

691 (○) 대법원 2013.11.14, 2011도11174

**692** 「형법」 제357조 제1항에서 규정한 배임수재죄는 타인의 사무를 처리하는 자가 그 임무에 관하여 부정한 청탁을 받고 재물 또는 재산상의 이익을 취득한 경우에 성립하고, 재물 또는 이익의 취득만으로 바로 기수에 이르며, 그 청탁에 상응하는 부정행위 내지 배임행위에 나아갈 것이 요구되지 아니한다.

692 (○) 대법원 1987.11.24, 87도1560

**693** 형법 제357조 제1항의 배임수재죄로 처벌하기 위하여는 타인의 사무를 처리하는 자가 부정한 청탁을 받아들이고 이에 대한 대가로서 재물 또는 재산상의 이익을 받은 데에 대한 범의가 있어야 할 것이고, 또 배임수재죄에서 말하는 '재산상의 이익의 취득'이라 함은 현실적인 취득만을 의미하므로 단순한 요구 또는 약속만을 한 경우에는 이에 포함되지 아니한다. [법원9급 13] [변호사 20] [사시 16]

693 (○) 대법원 1999.1.29, 98도4182

**694** 甲은 A조합 이사장으로서 A조합이 주관하는 지역축제의 대행기획사를 선정하는 과정에서 최종 기획사로 선정될 경우 조합운영비를 지원하겠다는 B회사의 약속에 따라 위 축제가 끝난 후 B회사로부터 A조합운영비 명목으로 5,000만 원을 교부받아 A조합운영비로 사용하였다면 배임수재죄가 성립하지 않는다. [변호사 17]

694 (○) 대법원 2008.4.24, 2006도1202

**695** 거래상대방의 대향적 행위의 존재를 필요로 하는 유형의 배임죄에서 거래 상대방이 양수대금 등 거래에 따른 계약상 의무를 이행하고 배임행위의 실행행위자가 이를 이행받은 것을 두고 부정한 청탁에 대한 대가로 수수하였다고 쉽게 단정하여서는 아니 된다. [법원행시 17]

695 (○) 배임수재죄 및 배임증재죄에서 공여 또는 취득하는 재물 또는 재산상 이익은 부정한 청탁에 대한 대가 또는 사례여야 한다(대법원 2016.10.13, 2014도17211).

**696** 타인의 사무를 처리하는 자가 여러 사람으로부터 각각 같은 종류의 부정한 청탁과 함께 금품을 받은 행위는, 비록 금품 제공자가 다르다고 하더라도 단일하고도 계속된 고의 아래 일정기간 반복하여 이루어진 것이고 피해법익도 동일하므로 배임수재죄의 포괄일죄에 해당한다. [사시 10]

696 (×)

> **해설+** 여러 사람으로부터 각각 부정한 청탁을 받고 그들로부터 각각 금품을 수수한 경우에는 비록 그 청탁이 동종의 것이라고 하더라도 단일하고 계속된 범의 아래 이루어진 범행으로 보기 어려워 그 전체를 포괄일죄로 볼 수 없다(대법원 2008.12.11, 2008도6987).

**697** 공동의 사기 범행으로 인하여 얻은 돈을 공범자끼리 수수한 행위가 공동정범들 사이의 범행에 의하여 취득한 돈이나 재산상 이익의 내부적인 분배행위에 지나지 않는다면 돈의 수수행위가 따로 배임수증재죄를 구성한다고 볼 수는 없다. [법원행시 16]

697 (○) 대법원 2016.5.24, 2015도18795

**698** 형법 제357조 제1항의 배임수재죄와 같은 조 제2항의 배임증재죄는 통상 필요적 공범의 관계에 있기는 하나, 이것은 반드시 수재자와 증재자가 같이 처벌받아야 하는 것을 의미하는 것은 아니고, 증재자에게는 정당한 업무에 속하는 청탁이라도 수재자에게는 부정한 청탁이 될 수도 있다. [법원9급 12·16] [법원행시 15]

698 (○) 대법원 2011.10.27, 2010도7624

**699** 부동산에 처분금지가처분결정을 받아 가처분집행까지 마친 경우, 피보전 채권의 실제 존재 여부를 불문하고 가처분이 되어 있는 부동산은 매매나 담보제공 등에 있어 그렇지 않은 부동산보다 불리할 수밖에 없는 점, 가처분 집행이 되어 있는 부동산의 가처분집행이 해제되면 가처분 부담이 없는 부동산을 소유하게 되는 이익을 얻게 되는 점 등을 고려하면 가처분권리자로서는 가처분 유지로 인한 재산상 이익이 인정되고, 그 후 가처분의 피보전채권이 존재하지 않는 것으로 밝혀졌더라도 가처분의 유지로 인한 재산상 이익이 있었던 것으로 보아야 한다. [법원9급 12]

**699** (○) 대법원 2011.10.27, 2010 도7624

**700** 「형법」 제357조에 의한 필요적 몰수의 경우 배임수재자가 배임증재자로부터 받은 재물을 그대로 가지고 있다가 증재자에게 반환하였더라도 수재자로부터 이를 몰수하거나 그 가액을 추징하여야 한다. [경찰채용 18 3차]

**700** (×)

해설+ 배임수재죄와 배임증재죄는 이른바 대향범으로서 위 제3항에서 필요적 몰수 또는 추징을 규정한 것은 범행에 제공된 재물과 재산상 이익을 박탈하여 부정한 이익을 보유하지 못하게 하기 위한 것이므로, 제3항에서 몰수의 대상으로 규정한 '범인이 취득한 제1항의 재물'은 배임수재죄의 범인이 취득한 목적물이자 배임증재죄의 범인이 공여한 목적물을 가리키는 것이지 배임수재죄의 목적물만을 한정하여 가리키는 것이 아니다. 그러므로 수재자가 증재자로부터 받은 재물을 그대로 가지고 있다가 증재자에게 반환하였다면 증재자로부터 이를 몰수하거나 그 가액을 추징하여야 한다 (대법원 2017.4.7, 2016도18104).

**701** 배임수재자가 배임증재자로부터 부정한 청탁으로 받은 재물을 그대로 가지고 있다가 증재자에게 반환하였더라도, 이미 기수에 이른 범죄수익에 불과한 그 재물에 대한 몰수나 가액의 추징은 배임수재자를 대상으로 하여야 한다. [변호사 23]

**701** (×)

해설+ 배임수재죄와 배임증재죄는 이른바 대향범으로서 위 제3항에서 필요적 몰수 또는 추징을 규정한 것은 범행에 제공된 재물과 재산상 이익을 박탈하여 부정한 이익을 보유하지 못하게 하기 위한 것이므로, 제3항에서 몰수의 대상으로 규정한 '범인이 취득한 제1항의 재물'은 배임수재죄의 범인이 취득한 목적물이자 배임증재죄의 범인이 공여한 목적물을 가리키는 것이지 배임수재죄의 목적물만을 한정하여 가리키는 것이 아니다. 그러므로 수재자가 증재자로부터 받은 재물을 그대로 가지고 있다가 증재자에게 반환하였다면 증재자로부터 이를 몰수하거나 그 가액을 추징하여야 한다 (대법원 2017.4.7, 2016도18104).

**702** 형법은 제357조 제1항에서 배임수재죄를, 제2항에서 배임증재죄를 규정하고, 이어 제3항에서 "범인이 취득한 제1항의 재물은 몰수한다. 그 재물을 몰수하기 불능하거나 재산상의 이익을 취득한 때에는 그 가액을 추징한다."라고 규정하고 있다. 배임수재죄와 배임증재죄는 이른바 대향범으로서 위 제3항에서 필요적 몰수 또는 추징을 규정한 것은 범행에 제공된 재물과 재산상 이익을 박탈하여 부정한 이익을 보유하지 못하게 하기 위한 것이므로, 제3항에서 몰수의 대상으로 규정한 '범인이 취득한 제1항의 재물'은 배임수재죄의 범인이 취득한 목적물이자 배임증재죄의 범인이 공여한 목적물을 가리키는 것이지 배임수재죄의 목적물만을 한정하여 가리키는 것이 아니다. 그러므로 수재자가 증재자로부터 받은 재물을 그대로 가지고 있다가 증재자에게 반환하였다면 증재자로부터 이를 몰수하거나 그 가액을 추징하여야 한다. [법원행시 17]

702 (○) 대법원 2017.4.7, 2016도18104

## 8 장물의 죄

📎 **대표유형**

甲이 권한 없이 A회사의 아이디와 패스워드를 입력하여 인터넷뱅킹에 접속한 다음에 A회사의 예금계좌로부터 자신의 예금계좌로 합계 2억 원을 이체한 후, 자신의 현금카드를 사용하여 현금자동지급기에서 6,000만 원을 인출하여 그 정을 아는 乙에게 교부하였다면 甲에게는 컴퓨터등 사용사기죄, 乙에게는 장물취득죄가 성립한다. [변호사 16] [사시 11 변형]

(×) '乙에게는 장물취득죄' → 삭제

**해설+** 현금자동지급기 관리자의 의사에 반하거나 기망행위 및 그에 따른 처분행위도 없었으므로, 별도로 절도죄나 사기죄의 구성요건에 해당하지 않는다 할 것이고, 그 결과 그 인출된 현금은 재산범죄에 의하여 취득한 재물이 아니므로 장물이 될 수 없다(대법원 2004.4.16, 2004도353).

📎 **대표유형**

甲이 회사 자금으로 乙에게 주식매각 대금조로 금원을 지급한 경우, 그 금원은 단순히 횡령행위에 제공된 물건이 아니라 횡령행위에 의하여 영득된 장물에 해당한다고 할 것이고, 나아가 설령 甲이 乙에게 금원을 교부한 행위 자체가 횡령행위라고 하더라도 이러한 경우 甲의 업무상횡령죄가 기수에 달하는 것과 동시에 그 금원은 장물이 된다. [법원9급 18 변형] [법원행시 15]

(○) 대법원 2004.12.9, 2004도5904

**703** 장물죄의 장물이 되기 위하여는 본범이 절도, 강도, 사기, 공갈, 횡령 등 재산죄에 의하여 영득한 물건이면 족하고 그중 어느 범죄에 의하여 영득한 것인지를 구체적으로 명시할 것을 요하지 않는다. [법원행시 14]

703 (○) 대법원 2000.3.24, 99도5275

CHAPTER 05 재산에 대한 죄 **355**

**704** 가입권자가 전화관서로부터 전화역무를 제공받을 권리인 전화가입권이 강취된 것이라는 사정을 알면서 이를 매수한 경우 장물취득죄가 성립하지 아니한다.

[경찰간부 16] [경찰승진 11]

704 (○) 대법원 1971.2.23, 70
도2589

**705** 장물죄에서 본범이 되는 범죄행위에 대하여 우리 형법이 적용되지 않는 경우, 그에 관한 법적 평가 기준은 그 행위에 대하여 우리 형법이 적용되지 아니하는 경우에도 우리 형법을 기준으로 하여야 하고 또한 이로써 충분하기 때문에 본범의 행위가 우리 형법에 비추어 절도죄 등의 구성요건에 해당하는 위법한 행위라고 인정되는 이상 이에 의하여 영득된 재물은 장물에 해당하게 된다.

[국가9급 14] [법원행시 16] [사시 16]

705 (○) 대법원 2011.4.28, 2010
도15350

**706** 재산범죄를 저지른 이후에 별도의 재산범죄의 구성요건에 해당하는 사후행위가 있었으나, 그 행위가 불가벌적 사후행위로서 처벌의 대상이 되지 않는다면 그 사후행위로 인하여 취득한 물건은 장물이 될 수 없다.

[법원행시 14]

706 (×)

> **해설+** '장물'이라 함은 재산범죄로 인하여 취득한 물건 그 자체를 말하므로, 재산범죄를 저지른 이후에 별도의 재산범죄의 구성요건에 해당하는 사후행위가 있었다면 비록 그 행위가 불가벌적 사후행위로서 처벌의 대상이 되지 않는다 할지라도 그 사후행위로 인하여 취득한 물건은 재산범죄로 인하여 취득한 물건으로서 장물이 될 수 있다(대법원 2004.4.16, 2004도353).

**707** 미국인이 미국인으로부터 리스하여 미국에서 보관 중인 자동차를 임의로 우리나라에 처분한 경우, 그 범죄행위에 대하여 우리 형법이 적용되지 않으므로, 그 정을 알면서 이를 수입한 대한민국의 자동차수입업자에게 장물취득죄를 인정할 수 없다.

[법원행시 15]

707 (×) '없다' → '있다'

> **해설+** 본범의 행위가 우리 형법에 비추어 절도죄 등의 구성요건에 해당하는 위법한 행위라고 인정되는 이상 이에 의하여 영득된 재물은 장물에 해당한다(대법원 2011.4.28, 2010도15350).

**708** 장물인 자기앞수표를 취득한 후 이를 음식대금으로 교부하고 거스름돈을 받은 경우 그 교부행위는 별도의 범죄를 구성하지 않는다. [국가7급 13]

**708** (○)

> **해설+** 장물인 자기앞수표를 음식대금으로 교부하고 거스름돈을 환불받은 경우 그 교부행위는 재산범죄의 불가벌적 사후처분행위로서 별도의 범죄를 구성하지 아니한다(사기죄가 성립하지 아니함, 대법원 1987.1.20, 86도1728).

**709** 甲이 권한 없이 인터넷뱅킹으로 타인의 예금계좌에서 자신의 예금계좌로 돈을 이체한 후 그중 일부를 인출하여 그 정을 아는 乙에게 교부한 경우, 甲이 컴퓨터등사용사기죄에 의하여 취득한 예금채권은 재물이 아니라 재산상 이익이므로, 그가 자신의 예금계좌에서 돈을 인출하였더라도 장물을 금융기관에 예치하였다가 인출한 것으로 볼 수 없으므로 乙은 장물취득죄가 성립하지 않는다. [국가7급 20 변형·23]

**709** (○)

> **해설+** 甲이 권한 없이 인터넷뱅킹으로 타인의 예금계좌에서 자신의 예금계좌로 돈을 이체한 후 그중 일부를 인출하여 그 정을 아는 乙에게 교부한 경우, 甲이 컴퓨터등사용사기죄에 의하여 취득한 예금채권은 재물이 아니라 재산상 이익이므로, 그가 자신의 예금계좌에서 돈을 인출하였더라도 장물을 금융기관에 예치하였다가 인출한 것으로 볼 수 없으므로 乙의 장물취득죄의 성립은 인정되지 않는다(대법원 2004.4.16, 2004도353).

**710** 권한 없이 타인의 인터넷뱅킹에 접속하여 타인의 예금계좌로부터 자신의 예금계좌로 금액을 이체하도록 한 다음 그 금액을 자신의 현금카드를 사용하여 현금자동지급기에서 인출한 경우 그 인출된 금액은 장물에 해당하지 않는다. [경찰간부 17] [변호사 14·16]

**710** (○) 대법원 2004.4.16, 2004도353

**711** 甲이 권한 없이 인터넷뱅킹을 이용하여 타인 명의의 예금계좌로부터 자신의 예금계좌로 금원을 이체한 후 자신의 현금카드를 사용하여 현금자동지급기에서 현금을 인출한 경우, 그 인출된 현금은 장물이 될 수 없으므로 乙이 이를 취득하더라도 장물취득죄가 성립할 수 없다.

[경찰간부 17] [국가7급 13] [국가9급 14] [법원9급 13·18] [법원행시 15] [변호사 14·20] [사시 16]

**711** (○) 대법원 2004.4.16, 2004도353

**712** 甲이 미등록 상태였던 수입자동차를 취득하여 신규등록을 마친 후 그 수입자동차가 장물일지도 모른다고 생각하면서도 이를 다시 제3자에게 양도한 경우, 자동차관리법이 "자동차 소유권의 득실변경은 등록을 하여야 그 효력이 생긴다."라고 규정하고 있어 수입자동차를 신규등록하였을 때 그 최초 등록명의인인 甲이 위 해당 수입자동차를 원시취득한 것이어서 장물성이 상실되므로 그 장물양도행위는 범죄가 되지 않는다. [사시 14]

712 (×) '수입자동차를 ~ 상실되므로' → 삭제 '않는다' → '않는다고 볼 수는 없다'

> **해설+** 장물인 수입자동차를 신규등록하였다고 하여 그 최초 등록명의인이 해당 수입자동차를 원시취득하게 된다거나 그 장물양도행위가 범죄가 되지 않는다고 볼 수는 없다(대법원 2011.5.13, 2009도3552).

**713** 명의신탁부동산의 신탁행위에 있어서는 수탁자가 외부관계에 대하여 소유자로 간주되므로 이를 취득한 제3자는 수탁자가 신탁자의 승낙없이 매각하는 사정을 알고 있는 여부에 불구하고 장물취득죄가 성립하지 아니한다. [경찰간부 16]

713 (○) 대법원 1979.11.27, 79도2410

**714** 타인에게 양도담보로 제공한 물건을 다시 제3자에게 양도한 경우 그 물건은 장물이 될 수 없다. [사시 11]

714 (○)

> **해설+** 양도담보로 제공한 후 다시 타에 양도한 물건은 배임행위에 제공한 물건이지 배임행위로 인하여 영득한 물건 자체는 아니므로 장물이라고 볼 수 없다(대법원 1983.11.8, 82도2119).

**715** 장물을 팔아서 얻은 돈인 줄을 피고인이 알고 취득하였더라도 장물취득죄가 성립하는 것은 아니다. [경찰간부 16]

715 (○) 대체장물은 장물이 아니다.

> **해설+** 장물이란, 재산죄로 인하여 얻어진 재물(관리할 수 있는 동력도 포함된다)을 말하는 것으로서 영득된 재물자체를 두고 말한다. 따라서 장물을 팔아서 얻은 돈에는 이미 장물성을 찾아 볼 수 없다 하겠다(대법원 1972.6.13, 72도971).

**716** 장물인 현금을 금융기관에 예금의 형태로 보관하였다가 동일한 액수의 현금으로 인출한 경우에도 장물로서의 성질은 그대로 유지된다.

[국가7급 13] [법원행시 15]

716 (○)

**해설+** 예금계약의 성질상 인출된 현금은 당초의 현금과 물리적인 동일성은 상실되었지만 액수에 의하여 표시되는 금전적 가치에는 아무런 변동이 없으므로, 가치의 동일성이 인정되어 장물로서의 성질은 그대로 유지된다(대법원 2003.3.10, 98도2579).

**717** 甲은 10만 원짜리 자기앞수표 10장을 훔친 후 이를 은행에 예금하였다가 다음날 현금 50만 원을 찾았다. 이 경우 수표와 현금의 가치적 동일성이 인정되므로 현금은 장물이다.

[경찰채용 11]

717 (○) 대법원 2004.4.16, 2004 도353

**718** 甲이 회사 자금으로 乙에게 주식매각 대금조로 금원을 지급한 경우, 그 금원은 단순히 횡령행위에 제공된 물건으로 장물에 해당하지 않는다.

[경찰승진 14]

718 (×) '물건으로' → '물건이 아니라', '해당하지 않는다' → '해당한다'(대법원 2004.12.9, 2004도5904)

**719** 절도의 공동정범 상호 간에 장물을 분배하더라도 장물죄가 성립하지 아니한다.

[법원행시 05]

719 (○) 대법원 1986.9.9, 86도1273

**720** 절도를 교사한 자가 피교사자로부터 그 절취품을 취득한 때에는 절도교사죄만 성립하고, 장물죄는 성립하지 아니한다.

[법원행시 05]

720 (×) '성립하지 아니한다' → '성립한다'(대법원 1986.9.9, 86도1273)

**721** 甲이 사기 범행에 이용되리라는 사정을 알고서도 자신의 명의로 새마을금고 예금계좌를 개설하여 乙에게 이를 인계한 후 乙이 제3자인 A를 속여 A로 하여금 1,000만 원을 위 계좌로 송금하게 한 것을 甲이 인출한 경우, 甲은 장물취득죄가 성립한다.

[국가9급 12 변형] [사시 16]

721 (×) '성립한다' → '성립하지 않는다'

**해설+** 그 후 피고인이 자신의 예금계좌에서 위 돈을 인출하였다 하더라도 이는 예금명의자로서 은행에 예금반환을 청구한 결과일 뿐 본범으로부터 위 돈에 대한 점유를 이전받아 사실상 처분권을 획득한 것은 아니므로, 피고인의 위와 같은 인출행위를 장물취득죄로 벌할 수는 없다(대법원 2010. 12.9, 2010도6256).

**722** 자전거를 인도받은 후 비로소 장물이 아닌가 하는 의구심을 가졌더라도 장물취득죄가 성립한다. [국가7급 11]

> **해설+** 피고인이 자전거의 인도를 받은 후에 비로소 장물이 아닌가 하는 의구심을 가졌다고 해서 그 수수행위가 장물취득죄를 구성한다고 할 수 없다(대법원 1971.4.20, 71도468).

722 (×) '성립한다' → '성립하지 않는다'

**723** 장물취득죄에서 '취득'이라고 함은 점유를 이전받음으로써 그 장물에 대하여 사실상의 처분권을 획득하는 것을 의미하는 것이므로 단순히 보수를 받고 본범을 위하여 장물을 일시 사용하거나 그와 같이 사용할 목적으로 장물을 건네받은 것만으로는 장물을 취득한 것으로 볼 수 없다.
[국가7급 11·13 변형] [법원행시 16]

723 (○) 대법원 2003.5.13, 2003 도1366

**724** 본범 이외의 자가 본범이 절취한 차량이라는 정을 알면서 본범의 강도 행위를 위하여 그 차량을 운전해 준 경우에 강도예비와 아울러 장물운반의 고의를 가지고 위와 같은 행위를 하였다고 봄이 상당하다.
[경찰간부 17] [경찰채용 17 2차]

724 (○) 본범자와 공동하여 장물을 운반한 경우에 본범자는 장물죄에 해당하지 않으나 그 외의 자의 행위는 장물운반죄를 구성한다(대법원 1999.3.26, 98도3030).

**725** 신용카드를 절취한 본범으로부터 보수를 줄 테니 대신 물건을 구입하여 달라는 부탁을 받고 절취된 것이라는 정을 알면서 신용카드를 건네받은 경우, 장물취득죄는 성립하지 않는다. [국가7급 11]

725 (○) 대법원 2003.5.13, 2003 도1366

**726** 甲이 채권의 담보로 수표를 교부받았다가 뒤에 장물인 정을 알게 되었음에도 이를 보관한 경우, 장물보관죄가 성립한다. [사시 11·14]

> **해설+** 장물죄를 구성하는 것이나 이 경우에도 점유할 권한이 있는 때에는 이를 계속하여 보관하더라도 장물보관죄가 성립하지 않는다(대법원 1986.1.21, 85도2472).

726 (×) '성립한다' → '성립하지 않는다'

**727** 장물취득죄는 취득 당시 장물인 정을 알면서 재물을 취득하여야 성립하는 것이므로 피고인이 재물을 인도받은 후에 비로소 장물이 아닌가 하는 의구심을 가졌다고 하여 장물취득죄를 구성한다고 할 수 없으나, 장물인 정을 모르고 보관하였다가 그 후에 장물인 정을 알게 된 경우, 그 정을 알고서도 이를 계속하여 보관하는 행위는 장물죄를 구성한다. 이 경우 보관자가 점유할 권한이 있는지 여부는 장물보관죄의 성부에 영향을 미치지 못한다.

[법원행시 16]

**727** (×) '이 경우 ~ 못한다' → 삭제

**해설+** 장물인 정을 모르고 장물을 보관하였다가 그 후에 장물인 정을 알게 된 경우 그 정을 알고서도 이를 계속하여 보관하는 행위는 장물죄를 구성하는 것이나 이 경우에도 점유할 권한이 있는 때에는 이를 계속하여 보관하더라도 장물보관죄가 성립한다고 할 수 없다(대법원 2006. 10.13, 2004도6084).

**728** 전당포영업자가 보석들을 전당잡으면서 인도받을 당시 장물인 정을 몰랐다가 그 후 장물일지도 모른다고 의심하면서 소유권 포기각서를 받은 경우, 장물취득죄가 성립하지 않는다.

[경찰채용 19 2차]

**728** (O)

**해설+** 장물취득죄는 취득 당시 장물인 정을 알면서 재물을 취득하여야 성립하는 것이므로 피고인이 재물을 인도받은 후에 비로소 장물이 아닌가 하는 의구심을 가졌다고 하여 그 재물수수행위가 장물취득죄를 구성한다고 할 수 없다(대법원 2006.10.13, 2004도6084).

**729** 재물을 인도받은 후에 비로소 장물이 아닌가 하는 의구심을 가졌다면 그 재물수수행위는 장물취득죄를 구성한다.

[경찰승진 22]

**729** (×)

**해설+** 장물취득죄는 취득 당시 장물인 정을 알면서 재물을 취득하여야 성립하는 것이므로 피고인이 재물을 인도받은 후에 비로소 장물이 아닌가 하는 의구심을 가졌다고 하여 그 재물수수행위가 장물취득죄를 구성한다고 할 수 없고(대법원 1971.4.20, 71도468), 장물인 정을 모르고 장물을 보관하였다가 그 후에 장물인 정을 알게 된 경우 그 정을 알고서도 이를 계속하여 보관하는 행위는 장물죄를 구성하는 것이나 이 경우에도 점유할 권한이 있는 때에는 이를 계속하여 보관하더라도 장물보관죄가 성립한다고 할 수 없다(대법원 1986.1.21, 85도2472). (따라서) 전당포영업자가 보석들을 전당잡으면서 인도받을 당시 장물인 정을 몰랐다가 그 후 장물일지도 모른다고 의심하면서 소유권포기각서를 받은 행위는 장물취득죄에 해당하지 않고, 또한 전당포영업자가 대여금채권의 담보로 보석들을 전당잡은 경우에는 이를 점유할 권한이 있는 때에 해당하여 장물보관죄 역시 성립하지 않는다(대법원 2006.10.13, 2004도6084).

730 장물임을 알면서 장물을 매매하는 계약을 중개하였다면 실제 매매계약이 성립하지 않거나 점유가 현실적으로 이전되지 아니한 경우라도 장물알선죄가 성립한다. [법원9급 18] [법원행시 16] [변호사 13·17] [사시 11·14·16]

**해설+** 장물임을 알면서도 매매를 중개하고 매수인에게 이를 전달하려다가 매수인을 만나기도 전에 체포되었다 하더라도, 위 귀금속의 매매를 중개함으로써 장물알선죄가 성립한다(대법원 2009. 4.23, 2009도1203).

730 (○)

---

731 장물죄에 있어서 장물의 인식은 확정적 인식임을 요하지 않으며 장물일지도 모른다는 의심을 가지는 정도의 미필적 인식으로서도 충분하다. [법원행시 16]

731 (○) 대법원 2011.5.13, 2009도3552

---

732 장물인 정을 모르고 보관하다가 장물인 정을 알게 되었고 장물의 반환이 불가능하지 않음에도 계속 보관하였다면 장물보관죄가 성립한다. [사시 16]

732 (○) 대법원 2006.10.13, 2004도6084

---

733 장물인 정을 모르고 보관하던 중 장물인 정을 알게 되었으면서도 계속 보관함으로써 피해자의 정당한 반환청구권 행사를 어렵게 하고 위법한 재산상태를 유지시키는 때에는 장물보관죄가 성립한다. [경찰채용 19 1차]

733 (○) 대법원 1987.10.13, 87도1633

---

734 절도 범인으로부터 장물보관 의뢰를 받은 자가 그 정을 알면서 이를 인도받아 보관하고 있다가 임의 처분하였다 하여도 장물보관죄가 성립하는 때에는 이미 그 소유자의 소유물 추구권을 침해하였으므로 그 후의 횡령행위는 불가벌적 사후행위에 불과하여 별도로 횡령죄가 성립하지 않는다. [경찰간부 17] [법원9급 12]

734 (○) 대법원 2004.4.9, 2003도8219

**735** 甲은 乙로부터 장물인 골동품을 매각하여 달라는 의뢰를 받으면서 골동품이 장물인지 여부를 확인하여야 할 업무상 주의의무가 있음에도 이를 게을리하고 골동품을 넘겨받아 보관하던 중, 丙으로부터 금원을 차용하면서 보관 중이던 골동품을 담보로 제공한 경우, 甲의 행위는 업무상과실장물보관죄를 구성하고, 그 후의 횡령행위는 불가벌적 사후행위에 불과하여 별도로 횡령죄가 성립하지 않는다. [사시 14]

**736** 어머니가 아들이 절취하여 갖고 온 장물을 취득하여 보관한 경우, 어머니에 대해서는 그 형을 감경 또는 면제한다. [경찰간부 17]

**736** (○) 제365조 제2항, 제328조 제1항

**737** 장물죄를 범한 자가 본범과 직계혈족 관계에 있는 경우, 본범의 피해자의 고소가 있어야 공소를 제기할 수 있다. [국가7급 20]

> **해설+** 장물죄를 범한 자가 본범과 직계혈족 관계에 있는 경우, 그 형을 감경하거나 면제한다(제365조 제2항).

**737** (×)

**738** 업무상과실 장물취득죄는 업무상 과실에 의하여 단순과실 장물취득죄보다 형이 가중되는 가중적 구성요건이다. [경찰채용 23 2차] [경찰간부 11]

> **해설+** 업무상과실 장물취득죄는 보통과실장물취득죄가 없다는 점을 고려할 때, 본죄의 업무는 형을 가중시키는 신분이 아니라 범죄를 구성하는 신분이다.

**738** (×)

## 9 손괴의 죄

**대표유형**

재건축사업으로 철거가 예정되어 있었고 그 입주자들이 모두 이사하여 아무도 거주하지 않은 채 비어 있는 아파트라도 그 아파트 자체의 객관적 성상이 본래 사용 목적인 주거용으로 사용될 수 없는 상태가 아니고 그 소유자들이 재건축조합으로의 신탁등기 및 인도를 거부하는 방법으로 계속 그 소유권을 행사하는 상황이었다면 재물손괴죄의 객체가 된다. [사시 11]

(○) 대법원 2007.9.20, 2007도5207

**739** 재물손괴죄는 타인의 재물, 문서 또는 전자기록 등 특수매체기록을 손괴 또는 은닉 기타 방법으로 그 효용을 해한 경우에 성립한다(형법 제366조). 여기에서 손괴 또는 은닉 기타 방법으로 그 효용을 해하는 경우에는 물질적인 파괴행위로 물건 등을 본래의 목적에 사용할 수 없는 상태로 만드는 경우뿐만 아니라 일시적으로 물건 등의 구체적 역할을 할 수 없는 상태로 만들어 효용을 떨어뜨리는 경우도 포함된다.

**739** (○) 대법원 2016.11.25, 2016도9219

**740** 우물에 연결하고 땅속에 묻어서 수도관적 역할을 하고 있는 고무호스 중 약 1.5m를 발굴하여 우물가에 제쳐 놓음으로써 물이 통하지 못하게 한 경우 손괴죄가 성립한다. [경찰승진 16]

**740** (○) 대법원 1971.1.26, 70도2378

**741** 재물손괴죄의 '재물'은 반드시 경제적 교환가치를 가진 것임을 요하지 않으며 이용가치나 효용을 가진 것으로 족하다. [국가9급 11]

**741** (○) 대법원 2007.9.20, 2007도5207; 2010.2.25, 2009도8473 참조

**742** 포도주 원액이 부패하여 포도주 원료로서의 효용가치가 상실되었다면, 그 산도가 1.8도 내지 6.2도에 이르고 있어서 식초의 제조 등 다른 용도에 사용할 수 있는 경우라도 재물손괴죄의 객체가 될 수 없다. [국가7급 22]

해설+ 포도주 원액이 부패하여 포도주 원료로서의 효용가치는 상실되었으나, 그 산도가 1.8도 내지 6.2도에 이르고 있어 식초의 제조 등 다른 용도에 사용할 수 있는 경우에는 재물손괴죄의 객체가 될 수 있다(대법원 1979.7.24, 78도2138).

**742** (×)

**743** 사업으로 철거가 예정되어 있었고 그 입주자들이 모두 이사하여 아무도 거주하지 않은 채 비어 있는 아파트라 하더라도, 그 아파트 자체의 객관적 성상이 본래 사용목적인 주거용으로 사용될 수 없는 상태가 아니었고, 더욱이 그 소유자들이 재건축조합으로의 신탁등기 및 인도를 거부하는 방법으로 계속 그 소유권을 행사하고 있는 상황이었다면 위와 같은 사정만으로는 위 아파트가 재물로서의 이용가치나 효용이 없는 물건으로 되었다고 할 수 없으므로, 위 아파트는 재물손괴죄의 객체가 된다고 할 것이다. [국가9급 11]

**743** (○) 대법원 2007.9.20, 2007도5207; 2010.2.25, 2009도8473

**744** 경락받은 농수산물 저온저장 공장건물 중 공랭식 저온창고를 수냉식으로 개조함에 있어 그 공장에 시설된 타인 소유의 자재에 관하여 그 타인에게 철거를 최고하지 아니하고 철거한 경우에는 재물손괴의 범의를 인정할 수 있다.

[사시 11]

**744** (○) 대법원 1990.5.22, 90도700

**745** 판결에 의하여 명도받은 토지의 경계에 설치해 놓은 철조망과 경고판을 치워 버림으로써 울타리로서의 역할을 해한 때에는 재물손괴죄가 성립한다.

[법원9급 21]

**775** (○) 대법원 1982.7.13, 82도1057

> **비교** 甲 소유였다가 약정에 따라 乙 명의로 이전되었으나 권리관계에 다툼이 생긴 토지상에서 甲이 버스공용터미널을 운영하고 있는 데 乙이 甲의 영업을 방해하기 위하여 철조망을 설치하려 하자 甲이 위 철조망을 가까운 곳에 마땅한 장소가 없어 터미널로부터 약 200 내지 300미터가량 떨어진 甲 소유의 다른 토지 위에 옮겨 놓았다면 甲의 행위에는 재물의 소재를 불명하게 함으로써 그 발견을 곤란 또는 불가능하게 하여 그 효능을 해하게 하는 재물은닉의 범의가 있다고 할 수 없다 (대법원 1990.9.25, 90도1591).

**746** 피고인이 피해자가 홍보를 위해 설치한 광고판을 그 장소에서 제거하여 컨테이너로 된 창고로 옮겨 놓았다면 비록 물질적인 형태의 변경이나 멸실, 감손을 초래하지 않은 채 그대로 옮겼더라도 그 광고판은 본래적 역할을 할 수 없는 상태로 되었다고 보아야 하므로 재물손괴죄가 성립한다.

[법원9급 22]

**746** (○) 대법원 2018.7.24, 2017도18807

**747** 집행관이 집행채권자 甲 조합 소유 아파트에서 유치권을 주장하는 피고인을 상대로 부동산인도집행을 실시하자, 피고인이 이에 불만을 갖고 아파트 출입문과 잠금장치를 훼손하며 강제로 개방하고 아파트에 들어갔다. 이 경우 재물손괴죄 및 건조물침입죄가 성립한다.

**747** (○)

> **해설+** 피고인이 아파트에 들어 갈 당시에는 이미 그 점유가 확립된 상태여서 점유권 침해의 현장성 내지 추적가능성이 있다고 보기 어려워 점유를 실력에 의하여 탈환한 피고인의 행위가 민법상 자력구제에 해당하지 않는다(대법원 2017.9.7, 2017도9999).

**748** 홍보를 위해 1층 로비에 설치해 둔 홍보용 배너와 거치대를 훼손 없이 그 장소에서 제거하여 컨테이너로 된 창고로 옮겨 놓아 사용할 수 없게 한 행위는 재물의 효용을 해하는 행위에 해당한다. [국가9급 20]

748 (○) 대법원 2018.7.24, 2017도18807

**749** 형법 제366조 소정의 재물손괴죄는 타인의 재물을 손괴, 은닉, 기타의 방법으로 그 효용을 해하는 경우에 성립하는 것으로서, 여기에서 말하는 효용을 해한다고 함은 그 물건의 본래의 사용목적에 공할 수 없게 하는 상태로 만드는 것은 물론 일시 그것을 이용할 수 없는 상태로 만드는 것도 역시 효용을 해하는 것에 해당한다. [국가9급 11]

749 (○) 대법원 1992.7.28, 92도1345

**750** '손괴'란 물리적 훼손을 의미하며, 감정상 물건을 본래 용도에 따라 사용할 수 없게 된 경우는 이에 해당하지 않는다. [국가9급 11]

750 (×)

해설+ 재물손괴죄에 있어서 손괴라 함은 물질적인 파괴행위로 인하여 물건을 본래의 목적에 공할 수 없는 상태로 만드는 경우뿐만 아니라 일시적으로 그 물건의 구체적 역할을 할 수 없는 상태로 만드는 것도 효용을 해하는 경우에 해당한다(대법원 2006.12.22, 2006도7219).

**751** 자동으로 작동하지 않고 수동으로만 개폐가 가능하게 하여 자동잠금장치로서 역할을 할 수 없도록 한 경우에도 재물손괴죄가 성립한다. [국가9급 20]

751 (○) 대법원 2016.11.25, 2016도9219

**752** 피고인이 피해 차량의 앞뒤에 쉽게 제거하기 어려운 철근콘크리트 구조물 등을 바짝 붙여 놓아 차량을 운행할 수 없게 하였더라도 피해 차량 자체에 물리적 훼손이나 기능적 효용의 멸실 내지 감소가 발생하지 않았으므로 재물 본래의 효용을 해한 것이라고 볼 수 없다. [법원9급 22]

752 (×)

해설+ 피고인이 피해 차량의 앞뒤에 쉽게 제거하기 어려운 철근콘크리트 구조물 등을 바짝 붙여 놓은 행위는 피해 차량에 대한 유형력의 행사로 보기에 충분하다. 비록 피고인의 행위로 피해 차량 자체에 물리적 훼손이나 기능적 효용의 멸실 내지 감소가 발생하지 않았다고 하더라도, 피해자가 피고인이 놓아 둔 위 구조물로 인하여 피해 차량을 운행할 수 없게 됨으로써 일시적으로 본래의 사용목적에 이용할 수 없게 된 이상, 차량 본래의 효용을 해한 경우에 해당한다(대법원 2021.5.7, 2019도13764).

**753** 甲이 A의 차량 앞에는 철근콘크리트 구조물을, 뒤에는 굴삭기크러셔를 바짝 붙여 놓아 A의 차량을 17~18시간 동안 운행할 수 없게 한 행위는 재물손괴죄가 성립한다. [경찰채용 22 2차]

**753** (○)

> **해설+** 피고인이 평소 자신이 굴삭기를 주차하던 장소에 甲의 차량이 주차되어 있는 것을 발견하고 甲의 차량 앞에 철근콘크리트 구조물을, 뒤에 굴삭기 크러셔를 바짝 붙여 놓아 甲이 17~18시간 동안 차량을 운행할 수 없게 된 경우, 차량 앞뒤에 쉽게 제거하기 어려운 구조물 등을 붙여 놓은 행위는 차량에 대한 유형력 행사로 보기에 충분하고, 차량 자체에 물리적 훼손이나 기능적 효용의 멸실 내지 감소가 발생하지 않더라도 甲이 위 구조물로 인해 차량을 운행할 수 없게 됨으로써 일시적으로 본래의 사용목적에 이용할 수 없게 된 이상 차량 본래의 효용을 해한 경우에 해당한다 (대법원 2021.5.7, 2019도13764).

**754** 해고노동자 등이 복직을 요구하는 집회를 개최하던 중 래커 스프레이를 이용하여 회사 건물 외벽과 1층 벽면 등에 낙서한 행위는 건물의 효용을 해한 것으로 볼 수 있으나, 이와 별도로 계란 30여 개를 건물에 투척한 행위는 건물의 효용을 해하는 정도의 것에 해당하지 않는다. [국가9급 11] [사시 16]

**754** (○) 대법원 2007.6.28, 2007 도2590

**755** 재물손괴죄는 소유의 타인성을 요건으로 하므로 자기가 점유하는 타인 소유의 문서를 손괴한 경우에는 이에 해당한다. [사시 16]

**755** (○) 대법원 1984.12.26, 84 도2290

**756** 밭에서 재배되었으나 미처 수확되지 않은 농작물의 소유권을 이전받기 위해서는 명인방법을 실시하여야 하므로, 그러한 농작물을 매도한 사람이 매수인의 명인방법이 실시되기 전에 농작물을 파헤쳐 훼손하였다고 하더라도 재물손괴죄가 성립되지 않는다. [경찰승진 16]

**756** (○) 대법원 1996.2.23, 95 도2754

**757** 문서손괴죄의 문서에는 거기에 표시된 내용이 권리 · 의무에 관한 사항이거나 법률상 또는 사회생활상 중요한 사항인지 여부, 작성명의인이 누구인지 등도 불문한다. [사시 16]

**757** (×) '법률상 또는 사회생활상 중요한 사항인지 여부' → 삭제

> **해설+** 손괴죄의 객체인 문서란 거기에 표시된 내용이 적어도 법률상 또는 사회생활상 중요한 사항에 관한 것이어야 한다(대법원 1989.10.24, 88도1296).

758 특수매체기록은 컴퓨터 등 정보처리장치의 정보처리에 의해 작성된 기록으로 전자기록이나 전기기록, 광학기록뿐 아니라 마이크로필름이나 영상기록물 등이 이에 해당된다. 무엇보다 손괴란 재물 등에 직접 유형력을 행사하여 그 이용가치를 침해하거나 소유자의 이익에 반하는 물체의 상태변화를 가져오는 것이다. [사시 16]

758 (×) '아니라 마이크로필름이나 영상기록물 ' → 삭제
마이크로필름은 문자를 축소한 것이므로 문서에 해당하고, 영상기록은 재물(또는 문서)에 해당한다.

759 문서손괴죄는 타인 소유의 문서를 손괴 또는 은닉 기타 방법으로 효용을 해함으로써 성립하고, 문서의 효용을 해한다는 것은 문서를 본래의 사용목적에 제공할 수 없게 하는 상태로 만드는 것은 물론 일시적으로 그것을 이용할 수 없는 상태로 만드는 것도 포함한다.

759 (○) 대법원 2015.11.27, 2014도13083

760 임대인 甲은 피해자 임차인으로부터 전세보증금을 받고 甲명의로 영수증을 작성교부한 뒤, 위 전세보증금을 반환하겠다고 말하여 피해자로부터 위 영수증을 교부받고 나서 전세금을 반환하기도 전에 이를 찢어버렸다. 이 경우 甲의 행위는 문서손괴죄에 해당한다. [사시 14]

760 (○) 대법원 1984.12.26, 84도2290

761 소유자의 의사에 따라 어느 장소에 게시 중인 문서를 소유자의 의사에 반하여 떼어 내는 것과 같이 소유자의 의사에 따라 형성된 종래의 이용상태를 변경시켜 종래의 상태에 따른 이용을 일시적으로 불가능하게 하는 경우에도 문서손괴죄가 성립할 수 있다. [경찰채용 23 1차] [경찰승진 22] [법원행시 17 변형]

761 (○) 대법원 2015.11.27, 2014도13083

762 문서손괴죄는 문서의 소유자가 문서를 소유하면서 사용하는 것을 보호하려는 것이므로, 어느 문서에 대한 종래의 사용상태가 문서 소유자의 의사에 반하여 또는 문서 소유자의 의사와 무관하게 이루어진 경우에 단순히 종래의 사용상태를 제거하거나 변경시키는 것에 불과하고 손괴, 은닉하는 등으로 새로이 문서 소유자의 문서 사용에 지장을 초래하지 않는 경우에는 문서의 효용, 즉 문서 소유자의 문서에 대한 사용 가치를 일시적으로도 해하였다고 할 수 없어서 문서손괴죄가 성립하지 아니한다.

762 (○) 대법원 2015.11.27, 2014도13083

**763** 손괴죄의 기타 방법에는 바이러스를 감염시켜 컴퓨터의 전산자료를 삭제하거나 변경하는 것도 포함될 수 있다. [사시 16]

**763** (O)

**해설+** 기타 방법이란 손괴·은닉 이외의 방법으로 재물 등의 가치나 효용을 해하는 일체의 행위를 말한다.

---

**764** 甲이 타인 소유 토지의 이용을 방해할 목적으로 권한 없이 건물을 신축하였다면, 이는 다른 사람의 소유물을 본래의 용법에 따라 무단으로 사용·수익하는 행위로 소유자를 배제한 채 물건의 이용가치를 영득하는 것이고 그 결과 소유자가 물건의 효용을 누리지 못하게 된 것으로 볼 수 있어 이와 같은 甲의 행위는 재물손괴죄에 해당한다. [경찰채용 23 1차·2차]

**764** (X)

**해설+** 재물손괴죄(형법 제366조)는 다른 사람의 재물을 손괴 또는 은닉하거나 그 밖의 방법으로 그 효용을 해한 경우에 성립하는 범죄로, 행위자에게 다른 사람의 재물을 자기 소유물처럼 그 경제적 용법에 따라 이용·처분할 의사(불법영득의사)가 없다는 점에서 절도, 강도, 사기, 공갈, 횡령 등 영득죄와 구별된다. 다른 사람의 소유물을 본래의 용법에 따라 무단으로 사용·수익하는 행위는 소유자를 배제한 채 물건의 이용가치를 영득하는 것이고, 그 때문에 소유자가 물건의 효용을 누리지 못하게 되었더라도 효용 자체가 침해된 것이 아니므로 재물손괴죄에 해당하지 않는다. 피고인이 타인 소유 토지에 권원 없이 건물을 신축함으로써 그 토지의 효용을 해하였다는 사실로 기소된 경우, 피고인의 행위는 이미 대지화된 토지에 건물을 새로 지어 부지로서 사용·수익함으로써 그 소유자로 하여금 효용을 누리지 못하게 한 것일 뿐 토지의 효용을 해하지 않았으므로, 재물손괴죄가 성립하지 않는다(대법원 2022.11.30, 2022도1410).

---

**765** 재물손괴죄(형법 제366조)는 다른 사람의 재물을 손괴 또는 은닉하거나 그 밖의 방법으로 그 효용을 해한 경우에 성립하는 범죄로, 행위자에게 다른 사람의 재물을 자기 소유물처럼 그 경제적 용법에 따라 이용·처분할 의사(불법영득의사)가 없다는 점에서 절도, 강도, 사기, 공갈, 횡령 등 영득죄와 구별된다. 다른 사람의 소유물을 본래의 용법에 따라 무단으로 사용·수익하는 행위는 소유자를 배제한 채 물건의 이용가치를 영득하는 것이고, 그 때문에 소유자가 물건의 효용을 누리지 못하게 되었더라도 효용 자체가 침해된 것이 아니므로 재물손괴죄에 해당하지 않는다. [법원9급 23]

**765** (O) 대법원 2022.11.30, 2022도1410

**766** 형법 제370조에서 말하는 경계는 반드시 법률상의 정당한 경계를 말하는 것이 아니고 비록 법률상의 정당한 경계에 부합되지 아니하는 경계라고 하더라도 이해관계인들의 명시적 또는 묵시적 합의에 의하여 정하여진 것이면 이는 이 법조에서 말하는 경계라고 할 것이다. [법원9급 12]

766 (○)

> **해설+** 형법 제370조에서 말하는 경계는 비록 법률상의 정당한 경계에 부합되지 아니하는 경계라고 하더라도 이해관계인들의 명시적 또는 묵시적 합의에 의하여 정하여진 것이면 이는 이 법조에서 말하는 경계라고 할 것이다(대법원 1999.4.9, 99도480).

**767** 경계침범죄는 어떠한 행위에 의하여 토지의 경계가 인식불능하게 됨으로써 비로소 성립되는 것이어서 경계를 침범하고자 하는 행위가 있었다 하더라도 그 행위로 인하여 토지경계 인식불능의 결과가 발생하지 않는 한 경계침범죄가 성립될 수 없다. [법원행시 15]

767 (○)

> **해설+** 미수죄에 관한 규정이 없으므로 계표의 손괴 등의 행위가 있더라도 토지경계의 인식불능의 결과가 발생하지 않은 한 본죄가 성립될 수 없다(대법원 1991.9.10, 91도856).

## 10 권리행사를 방해하는 죄

📎 **대표유형**

甲이 乙로부터 건물을 매수하면서 자신의 처 丙에게 등기명의를 신탁한 다음 丁에게 위 건물에 있는 점포를 임대하고, 丁과 실내장식공사 대금 문제로 다툰 후 점포에 자물쇠를 채워 丁의 출입을 못하게 하였다면 위 건물의 실제소유자는 甲이므로 권리행사방해죄가 성립한다. [사시 10]

(×) '성립한다' → '성립하지 않는다'

**해설+** 명의신탁부동산은 대외적인 관계에서는 명의수탁자인 배우자(처)의 소유로 본다. 따라서 권리행사방해죄의 객체인 자기소유의 물건에 해당하지 않는다(대법원 2005.9.9, 2005도626).

📎 **대표유형**

계약명의신탁 방식으로 명의수탁자가 당사자가 되어 명의신탁약정이 있다는 사실을 알지 못하는 소유자와 부동산에 관한 매매계약을 체결하고 그 매매계약에 따라 당해 부동산의 소유권이전등기를 명의수탁자 명의로 마친 경우, 그 부동산에 대하여 채무자인 명의신탁자에게 강제집행면탈죄가 성립하지 않는다. [사시 11]

(○)

**해설+** 이 경우에는 부동산 실권리자 명의 등기에 관한 법률 제4조 제2항 단서에 의하여 그 명의수탁자가 당해 부동산의 완전한 소유권을 취득한다. 따라서 그 부동산은 명의신탁자의 소유가 아니므로 명의신탁자에 대한 강제집행이나 보전처분의 대상이 될 수 없다(대법원 2009.5.14, 2007도2168).

**768** 형법 제323조의 권리행사방해죄는 타인의 점유 또는 권리의 목적이 된 자기의 물건 또는 전자기록 등 특수매체기록을 취거, 은닉 또는 손괴하여 타인의 권리행사를 방해함으로써 성립한다. 여기서 '은닉'이란 타인의 점유 또는 권리의 목적이 된 자기 물건 등의 소재를 발견하기 불가능하게 하거나 또는 현저히 곤란한 상태에 두는 것을 말하고, 그로 인하여 권리행사가 방해될 우려가 있는 상태에 이르면 권리행사방해죄가 성립하고 현실로 권리행사가 방해되었을 것까지 필요로 하는 것은 아니다. [법원행시 17]

**768** (○) 대법원 1994.9.27, 94도1439

**769** 권리행사방해죄의 공범으로 기소된 물건의 소유자에게 고의가 없는 등으로 범죄가 성립하지 않는다면 공동정범이 성립할 여지가 없다. [변호사 20]

**769** (○)

**해설+** 취거, 은닉 또는 손괴한 물건이 자기의 물건이 아니라면 권리행사방해죄가 성립할 수 없다. 물건의 소유자가 아닌 사람은 형법 제33조 본문에 따라 소유자의 권리행사방해 범행에 가담한 경우에 한하여 그의 공범이 될 수 있을 뿐이다(대법원 2017.5.30, 2017도4578). 즉, 물건의 소유자에게 고의가 없다면 권리행사방해죄의 정범이 성립하지 아니하는 것이므로, 이에 가담한 사람에게도 권리행사방해죄의 공동정범 등 공범의 죄책이 성립할 수 없다.

**770** 물건의 소유자가 아닌 사람은, 권리행사방해죄의 주체가 될 수 없을 뿐만 아니라, 물건 소유자의 권리행사방해 범행에 가담한 경우 그의 공범도 될 수 없다. [법원9급 20]

**770** (×) '공범도 될 수 없다' → '공범이 될 수 있다'(대법원 2017.5.30, 2017도4578).

**771** 물건의 소유자가 아닌 사람이 소유자의 권리행사방해 범행에 가담한 경우에는 절도죄가 성립할 뿐, 권리행사방해죄의 공범이 성립할 여지가 없다. [국가9급 23]

**771** (×)

**해설+** 물건의 소유자가 아닌 사람은 형법 제33조 본문에 따라 소유자의 권리행사방해 범행에 가담한 경우에 한하여 그의 공범이 될 수 있을 뿐이다. 그러나 권리행사방해죄의 공범으로 기소된 물건의 소유자에게 고의가 없는 등으로 범죄가 성립하지 않는다면 공동정범이 성립할 여지가 없다(대법원 2017.5.30, 2017도4578)

**772** 주식회사의 대표이사가 그 지위에 기하여 그 직무집행행위로서 타인이 점유하는 위 회사의 물건을 취거한 경우 위 회사의 물건도 권리행사방해죄에 있어서의 '자기의 물건'에 해당한다. [법원승진 13]

772 (○) 대법원 1992.1.21, 91도117

**773** 甲이 택시를 회사에 지입하여 운행하였다고 하더라도 甲과 회사 사이에 위 택시의 소유권을 甲이 보유하기로 약정하였다는 등의 특별한 사정이 없는 한, 회사의 요구로 위 택시를 회사 차고지에 입고하였다가 회사의 승낙을 받지 않고 이를 가져간 행위는 권리행사방해죄가 성립하지 않는다. [사시 10]

773 (○) 택시의 소유자는 지입회사이므로 지입차주인 피고인 자기 소유의 물건이 아니어서 권리행사방해죄가 성립하지 못한다(대법원 2003.5.30, 2000도5767).

**774** A 렌트카 회사의 공동대표이사 중 1인인 B가 회사 보유 차량을 자신의 개인적인 채무담보 명목으로 C에게 넘겨주었다. 다른 공동대표이사인 D가 C에게 차량반환을 요구하였으나 C가 담보제공 약정을 이유로 반환을 거절하자, D는 위 차량을 C 몰래 회수하였다. 회수 당시 위 차량에 대해서는 아직 A 회사 명의로 신규등록은 마쳐지지 않았으나 임시운행 허가번호판이 부착된 상태였다. D에게는 C에 대한 권리행사방해죄가 성립한다. [법원행시 20]

774 (×)

**해설+** 다만, 자동차소유권의 득실변경은 등록을 하여야 그 효력이 생기고, 권리행사방해죄의 객체는 자기의 소유물에 한한다. 기록에 의하면, 이 사건 승용차는 렌트카(주)가 구입하여 보유 중이나 이 사건 공소사실 기재 일시까지도 아직 위 회사나 피고인 명의로 신규등록 절차를 마치지 않은 미등록 상태였던 사실을 알 수 있다. 따라서 이 사건 승용차는 이 사건 공소사실 기재 범행 당시 렌트카(주) 혹은 피고인의 소유물이라고 할 수 없어 이를 전제로 하는 권리행사방해죄는 성립되지 아니한다(대법원 2006.3.23, 2005도4455).

**775** 甲이 자동차를 매수하였으나 아직 자동차등록원부상에 위 차량의 판매회사 명의로 등록되어 있는 상태에서 乙에게 교부한 약속어음이 부도가 나서 乙로부터 원금에 대한 변제독촉을 받자, 위 차량과 열쇠 및 자동차등록증 사본을 乙에게 교부하고 돈을 갚을 때까지 乙로 하여금 위 차량을 보관하게 함으로써 담보로 제공하였음에도 불구하고 乙의 승낙없이 미리 소지하고 있던 위 차량의 보조키를 이용하여 취거하였을 경우, 甲에게는 권리행사방해죄가 성립한다. [사시 10]

775 (×) '성립한다' → '성립하지 않는다'
자동차등록원부에 타인 명의로 등록되어 있는 이상 당해 차량은 피고인 자기 소유의 물건이 아니다(대법원 2005.11.10, 2005도6604).

**776** 甲이 이른바 중간생략등기형 명의신탁 또는 계약명의신탁의 방식으로 자신의 처에게 등기명의를 신탁하여 놓은 점포에 자물쇠를 채워 점포의 임차인을 출입하지 못하게 한 경우 권리행사방해죄가 성립한다. [법원9급 20] [사시 13]

776 (×) '성립한다' → '성립하지 않는다'

> **해설+** 임차인인 피해자에 대한 관계에서는 피고인은 소유자가 될 수 없으므로, 어느 모로 보나 위 빌딩이 권리행사방해죄에서 말하는 '자기의 물건'이라 할 수 없는 것이다(대법원 2006.10.26, 2004도6280).

**777** 甲이 자신의 명의로 등록된 자동차를 사실혼 관계에 있는 A에게 증여하여 A만이 이를 운행·관리하여 오다가 서로 별거하면서 재산분할 내지 위자료 명목으로 A가 소유하기로 하였는데, 甲이 이를 임의로 운전해 가져갔다면 권리행사방해죄가 성립한다. [사시 14]

777 (×) '성립한다' → '성립하지 않는다'

> **해설+** 이 사건 승용차는 그 등록명의와 관계 없이 피고인과 피해자 사이에서는 피해자를 소유자로 보아야 하고 따라서 피고인의 행위는 절도행위에 해당한다(대법원 2013.2.28, 2012도15303).

**778** 자동차등록명의자가 등록명의는 그대로 두고 자동차의 소유권은 상대방이 보유하도록 하는 약정을 체결한 이후 약정상대방이 점유하던 그 자동차를 임의로 가져간 경우, 자동차 등록명의와 관계없이 약정상대방이 소유자이므로 절도죄가 성립한다. [경찰채용 19 2차]

778 (○)

> **해설+** 피고인 甲이 자신의 명의로 등록된 자동차를 사실혼 관계에 있던 A에게 증여하여 A만이 이를 운행·관리하여 오다가 서로 별거하면서 재산분할 내지 위자료 명목으로 A가 소유하기로 하였는데도 甲이 이를 임의로 운전해 간 경우, <u>자동차 등록명의와 관계없이 甲과 A 사이에서는 A를 소유자로 보아야 하므로 절도죄가 성립한다</u>(대법원 2013.2.28, 2012도15303).

**779** A는 강제경매를 통하여 아들인 B 명의로 오피스텔 건물 501호를 매수하였는데, 위 501호에 대해서는 C가 유치권을 행사하고 있었다. A는 열쇠수리공을 불러 501호의 잠금장치를 변경하여 C가 더 이상 유치권 행사를 할 수 없도록 점유를 침탈하였다. A에게는 C에 대한 권리행사방해죄가 성립한다. [법원행시 20]

779 (×)

> **해설+** 피고인은 아들인 공소외 1 명의로 강제경매를 통하여 이 사건 건물 501호를 매수하였다는 것인데, 부동산경매절차에서 부동산을 매수하려는 사람이 다른 사람과의 명의신탁약정 아래 그 사람의 명의로 매각허가결정을 받아 자신의 부담으로 매수대금을 완납한 때에는 <u>경매목적 부동산의 소유권은 매수대금의 부담 여부와는 관계없이 그 명의인이 취득하게 되는 것이므로</u>, 피고인이 위 건물 501호에 대한 공소외 2 주식회사의 점유를 침탈하였다고 하더라도 피고인의 물건에 대한 타인의 권리행사를 방해한 것으로 볼 수는 없다(대법원 2019.12.27, 2019도14623).

**780** 형법 제323조의 권리행사방해죄에 있어서의 타인의 점유라 함은 권원으로 인한 점유, 즉 정당한 원인에 기하여 물건을 점유하는 것을 의미하지만, 반드시 본권에 기한 점유만을 말하는 것이 아니라 유치권 등에 기한 점유도 여기에 해당한다.

780 (○) 대법원 2011.5.13, 2011도2368

**781** 甲 주식회사가 이 사건 주택의 유치권자로서 그 유치권행사를 위하여 주택을 점유하고 있었다면, 피고인이 그 소유자인 처와 함께 유치권자의 권리행사를 방해한 것은 형법 제323조에 해당한다.

781 (○) 대법원 2011.5.13, 2011도2368

**782** 무효인 경매절차에서 경매목적물을 경락받아 이를 점유하고 있는 낙찰자의 점유는 적법한 점유로서, 동시이행항변권을 가지고 있는 점유자는 권리행사방해죄에 있어서의 타인의 물건을 점유하고 있는 자라고 할 것이다. [변호사 13] [사시 10·13]

782 (○) 각 당사자의 반환의무는 동시이행관계에 있다고 보아 민법 제536조를 준용함이 옳다고 해석되고, 이러한 법리는 경매절차가 무효로 된 경우에도 마찬가지다(대법원 2003.11.28, 2003도4257).

**783** 회사의 공동대표이사 중 1인인 甲이 자신의 개인적인 채무담보 명목으로 A에게 회사 보유 차량의 점유를 이전해 주었는데 다른 공동대표이사 乙이 위 차량을 몰래 회수한 경우, A의 점유는 권리행사방해죄의 보호대상인 점유에 해당되지 않는다. [사시 10]

783 (×) '해당되지 않는다' → '해당한다'
권리행사방해죄의 보호대상인 점유에 해당되는 것은 맞다(대법원 2006.3.23, 2005도4455).

**784** 렌터카회사의 공동대표이사 중 1인인 A가 회사 보유 차량을 자신의 개인적인 채무담보 명목으로 B에게 넘겨 준 후, 렌터카회사와 B 사이에 법적 분쟁이 진행 중에 다른 공동대표이사인 甲이 위 차량을 몰래 회수하도록 한 경우, 위 B의 점유는 권리행사방해죄의 보호대상인 점유에 해당하지 않는다. [변호사 13]

784 (×) '해당하지 않는다' → '해당한다'

해설+ 권리행사방해죄에서의 보호대상인 타인의 점유는 반드시 점유할 권원에 기한 점유만을 의미하는 것은 아니고, 법정절차를 통한 분쟁 해결시까지 잠정적으로 보호할 가치 있는 점유는 모두 포함된다(대법원 2006.3.23, 2005도4455).

**785** A주식회사의 실질적인 대표이사인 甲이 지입차주인 B, C가 지입료 납부를 거부하거나 지체하였다는 이유로 그들이 점유하는 A주식회사 명의의 트럭을 무단으로 가져 온 경우 권리행사방해죄가 성립한다. (다만, A주식회사와 B, C 사이에 트럭의 소유 관계에 관한 특약은 없음) [사시 13]

> **해설+** 권리행사방해죄에서의 보호대상인 '타인의 점유'는 법정절차를 통한 분쟁해결시까지 잠정적으로 보호할 가치 있는 점유는 모두 포함된다(대법원 2010.10.14, 2008도6578).

**785** (○)

**786** 권리행사방해죄에 있어서의 타인의 점유라 함은 권원으로 인한 점유, 즉 정당한 원인에 기하여 그 물건을 점유하는 권리 있는 자의 점유를 의미하는 것으로서 본권을 갖지 아니하는 절도범인의 점유는 여기에 해당하지 않는다. [사시 13]

**786** (○) 대법원 1994.11.11, 94도343

**787** 권리행사방해죄의 구성요건 중 타인의 '권리'에는 물건에 대하여 점유를 수반하지 아니하는 채권은 포함되지 않는다. [법원9급 20]

> **해설+** 권리행사방해죄의 구성요건 중 타인의 '권리'란 반드시 제한물권만을 의미하는 것이 아니라 물건에 대하여 점유를 수반하지 아니하는 채권도 이에 포함된다(대법원 1991.4.26, 90도1958).

**787** (×)

**788** 형법 제323조 소정의 권리행사방해죄에 있어서의 취거라 함은, 타인의 점유 또는 권리의 목적이 된 자기의 물건을 그 점유자의 의사에 반하여 자기 또는 제3자의 점유로 옮기는 것을 의미하므로, 점유자의 하자 있는 의사에 기하여 점유를 옮기는 경우에는 위 취거에 해당하지 아니한다. [법원승진 13]

**788** (○) 대법원 1988.2.23, 87도1952

**789** 공장근저당권이 설정된 선반기계 등을 이중담보로 제공하기 위하여 이를 다른 장소로 옮긴 경우에도 권리행사방해죄가 성립한다. [법원9급 17]

**789** (○) 대법원 1994.9.27, 94도1439

**790** 피고인이 2011. 5. 9.경 체어맨 승용차 1대를 구입하면서 피해자로부터 차량 매수대금 2,000만 원을 차용하고 그 담보로 위 차량에 피해자 명의의 저당권을 설정해 주었음에도, 2011. 12.경 대부업자로부터 400만 원을 차용하면서 위 차량을 대부업자에게 담보로 제공하여 이른바 '대포차'로 유통되게 한 경우, 권리행사방해죄가 성립한다.

790 (O) 피고인이 피해자의 권리의 목적이 된 피고인의 물건을 은닉하여 권리행사를 방해한 것이다(대법원 2016.11.10, 2016도13734).

**791** 피고인들이 공모하여 렌트카 회사인 甲 주식회사를 설립한 다음 乙 주식회사 등의 명의로 저당권등록이 되어 있는 다수의 차량들을 사들여 甲 회사 소유의 영업용 차량으로 등록한 후 자동차대여사업자등록 취소처분을 받아 차량등록을 직권말소시켜 저당권 등이 소멸되게 함으로써 乙 회사 등의 저당권의 목적인 차량들을 은닉한 경우에 해당하므로 피고인들에게는 권리행사방해죄가 성립한다.

791 (O)

해설+ 저당권자인 乙 회사 등으로 하여금 자동차등록원부에 기초하여 저당권의 목적이 된 자동차의 소재를 파악하는 것을 현저하게 곤란하게 하거나 불가능하게 하는 행위에 해당한다(대법원 2017.5.17, 2017도2230).

**792** 甲은 자동차정비업을 운영하는 자기 소유의 건물과 기계·기구에 대하여 乙에게 근저당권을 설정하였음에도 위 건물을 철거한 뒤 멸실등기를 마치고 기계·기구를 다른 사람에게 양도하였다. 甲에게는 권리행사방해죄가 성립한다.

792 (O)

해설+ 형법 제323조의 권리행사방해죄는 타인의 점유 또는 권리의 목적이 된 자기의 물건 또는 전자기록 등 특수매체기록을 취거, 은닉 또는 손괴하여 타인의 권리행사를 방해함으로써 성립한다. 여기서 '은닉'이란 타인의 점유 또는 권리의 목적이 된 자기 물건 등의 소재를 발견하기 불가능하게 하거나 또는 현저히 곤란한 상태에 두는 것을 말하고, 그로 인하여 권리행사가 방해될 우려가 있는 상태에 이르면 권리행사방해죄가 성립하고 현실로 권리행사가 방해되었을 것까지 필요로 하는 것은 아니다(대법원 2016.11.10, 2016도13734 등). 검사는 2018. 12. 21. 피고인들이 이 사건 <u>건물과 기계·기구에 근저당권을 설정하고도 담보유지의무를 위반하여, 이 사건 건물을 철거 및 멸실등기하고, 이 사건 기계·기구를 양도한 행위를 배임의 점으로</u> 공소 제기하였다가 <u>2019. 9. 25. 권리행사방해의 점으로</u> 공소장변경을 신청하여 허가되었다. … 피고인들은 근저당권이 설정된 이 사건 건물을 철거한 뒤 멸실등기를 마치고, 이 사건 기계·기구를 양도함으로써 피해자의 권리의 목적이 된 피고인들의 물건을 손괴 또는 은닉하여 피해자의 권리행사를 방해하였다고 보아야 한다(대법원 2021.1.14, 2020도14735).

**793** 형법 제327조의 강제집행면탈죄는 채권자의 권리보호를 그 주된 보호법익으로 하고 있는 것이므로 강제집행의 기본이 되는 채권자의 권리, 즉 채권의 존재는 강제집행면탈죄의 성립요건이라 할 것이고, 따라서 그 채권의 존재가 인정되지 않을 때에는 강제집행면탈죄가 성립하지 않는다. [변호사 13]

**793** (○) 대법원 2008.5.8, 2008도198

**794** 채권자 A가 甲에 대한 연체차임채권을 확보하기 위하여 甲이 임차하여 운영하는 주유소의 신용카드 매출채권을 가압류하자, 甲이 강제집행을 면탈할 목적으로 그 즉시 타인 명의의 신용카드결제 단말기를 빌려와 수개월 동안 주유대금 결제에 사용하는 수법으로 주유소의 신용카드 매출채권을 은닉한 경우, 비록 甲이 위 가압류 이전부터 A에 대하여 연체차임을 상회하는 보증금반환채권을 보유하고 있음을 근거로 은닉행위 이후 상계의 의사표시를 함으로써 A의 연체차임채권이 모두 소멸되었다고 하더라도 강제집행면탈죄가 성립한다. [법원9급 16] [법원행시 15] [변호사 16]

**794** (×) '고 하더라도' → '면', '성립한다' → '성립하지 않는다'

> **해설+** 채권의 존재가 인정되지 않을 때에는 강제집행면탈죄는 성립하지 않는다. 따라서 상계로 인하여 소멸한 것으로 보게 되는 채권에 관하여는 상계의 효력이 발생하는 시점 이후에는 채권의 존재가 인정되지 않으므로 강제집행면탈죄가 성립하지 않는다(대법원 2012.8.30, 2011도2252).

**795** 강제집행면탈죄는 국가의 강제집행권이 발동될 단계에 있는 채권자의 권리를 보호하기 위한 범죄로서, 여기서의 강제집행에는 광의의 강제집행인 의사의 진술에 갈음하는 판결의 강제집행도 포함되고, 강제집행면탈죄의 성립요건으로서의 채권자의 권리와 행위의 객체인 재산은 국가의 강제집행권이 발동될 수 있으면 충분하다. [법원행시 16]

**795** (○) 대법원 2015.9.15, 2015도9883

**796** 강제집행면탈죄의 객체는 채무자의 재산 중에서 채권자가 민사집행법상 강제집행 또는 보전처분의 대상으로 삼을 수 있는 것이어야 한다. [법원9급 12]

**796** (○) 대법원 2008.9.11, 2006도8721; 2009.5.14, 2007도2168

**797** 채무자와 제3채무자 사이에 채무자의 장래청구권이 충분하게 표시되었거나 결정된 법률관계가 존재한다면 동산·부동산뿐만 아니라 장래의 권리도 강제집행면탈죄의 객체에 해당한다. [법원행시 16] [변호사 13]

797 (○)

**해설+** 강제집행의 대상이 될 수 있는 재산에 해당하는 경우는 장래의 권리라도 채무자와 제3채무자 사이에 채무자의 장래청구권이 충분하게 표시되었거나 결정된 법률관계가 존재한다면 재산에 해당하는 것으로 보아야 한다(대법원 2011.7.28, 2011도6115).

**798** 강제집행면탈죄에 있어서 재산에는 동산·부동산뿐만 아니라 재산적 가치가 있어 민사집행법에 의한 강제집행 또는 보전처분이 가능한 특허 내지 실용신안 등을 받을 수 있는 권리도 포함된다. [경찰승진 17] [법원9급 18 변형]

798 (○) 대법원 2001.11.27, 2001도4759

**799** '보전처분 단계에서의 가압류채권자의 지위'는 강제집행면탈죄의 객체가 될 수 없다. [경찰승진 11] [국가9급 12] [법원9급 18] [법원행시 16]

799 (○)

**해설+** '보전처분 단계에서의 가압류채권자의 지위' 자체는 원칙적으로 민사집행법상 강제집행 또는 보전처분의 대상이 될 수 없어 강제집행면탈죄의 객체에 해당한다고 볼 수 없다(대법원 2008.9.11, 2006도8721).

**800** 명의신탁자와 명의수탁자가 계약명의신탁약정을 맺고 명의수탁자가 당사자가 되어 소유자와 부동산에 관한 매매계약을 체결한 후 그 매매계약에 따라 당해 부동산의 소유권이전등기를 명의수탁자 명의로 마친 경우, 명의신탁자는 그 매매계약에 의해서 당해 부동산의 소유권을 취득하지 못하게 되어, 결국 그 부동산은 명의신탁자에 대한 강제집행이나 보전처분의 대상이 될 수 없다. [경찰채용 21 2차]

800 (○) 대법원 2009.5.14, 2007도2168

**801** 이른바 계약명의신탁의 방식으로 명의수탁자가 당사자가 되어 소유자와 부동산에 관한 매매계약을 체결하고 그 명의로 소유권이전등기를 마친 경우, 채무자인 명의신탁자에게 강제집행면탈죄가 성립될 여지는 없다. [변호사 16]

801 (○) 매도인의 선의·악의를 불문하고 명의신탁자의 소유물이 될 수 없다(대법원 2009.5.14, 2007도2168).

**802** 개설자격이 없는 자가 의료기관을 개설하여 「의료법」을 위반한 병원의 요양급여비용채권은 해당 의료기관의 채권자가 이를 대상으로 하여 강제집행 또는 보전처분의 방법으로 채권의 만족을 얻을 수 있으므로, 강제집행면탈죄의 객체가 된다. [경찰채용 21 2차]

802 (×)

> **해설+** 의료법에 의하여 적법하게 개설되지 아니한 의료기관에서 요양급여가 행하여졌다면 해당 의료기관은 국민건강보험법상 요양급여비용을 청구할 수 있는 요양기관에 해당되지 아니하여 해당 요양급여비용 전부를 청구할 수 없고, 해당 의료기관의 채권자로서도 위 요양급여비용 채권을 대상으로 하여 강제집행 또는 보전처분의 방법으로 채권의 만족을 얻을 수 없는 것이므로, 결국 <u>위와 같은 채권은 강제집행면탈죄의 객체가 되지 아니한다</u>(대법원 2017.4.26, 2016도19982).

**803** 압류금지채권의 목적물이 채무자의 예금계좌에 입금된 경우에는 그 예금채권에 대하여 더 이상 압류금지의 효력이 미치지 아니하므로 그 예금은 압류금지채권에 해당하지 않지만, 압류금지채권의 목적물이 채무자의 예금계좌에 입금되기 전까지는 여전히 강제집행 또는 보전처분의 대상이 될 수 없으므로, 압류금지채권의 목적물을 수령하는 데 사용하던 기존 예금계좌가 채권자에 의해 압류된 채무자가 압류되지 않은 다른 예금계좌를 통하여 그 목적물을 수령하더라도 강제집행이 임박한 채권자의 권리를 침해할 위험이 있는 행위라고 볼 수 없어 강제집행면탈죄가 성립하지 않는다. [법원9급 18 변형]

803 (○) 산업재해보상보험법 제52조의 휴업급여를 받을 권리는 같은 법 제88조 제2항에 의하여 압류가 금지되는 채권으로서 강제집행면탈죄의 객체에 해당하지 않으므로, 피고인이 장차 지급될 휴업급여 수령계좌를 기존의 압류된 예금계좌에서 압류가 되지 않은 다른 예금계좌로 변경하여 휴업급여를 수령한 행위는 죄가 되지 않는다(대법원 2017.8.18, 2017도6229).

**804** 압류금지채권의 목적물이 채무자의 예금계좌에 입금되기 전까지는 강제집행 또는 보전처분의 대상이 될 수 없는 것이므로, 압류금지채권의 목적물을 수령하는 데 사용하던 기존 예금계좌가 채권자에 의해 압류된 채무자가 압류되지 않은 다른 예금계좌를 통하여 그 목적물을 수령한 경우 강제집행이 임박한 채권자의 권리를 침해할 위험이 있는 행위라고 볼 수 없어 강제집행면탈죄가 성립하지 않는다. [변호사 22]

804 (○) 대법원 2017.8.18, 2017도6229

**805** 형법 제327조에 규정된 강제집행면탈죄에 있어서의 재산의 '은닉'이라 함은 강제집행을 실시하는 자에 대하여 재산의 발견을 불능 또는 곤란케 하는 것을 말하는 것으로서, 재산의 소재를 불명케 하는 경우를 의미하고, 재산의 소유관계를 불명하게 하는 경우는 이에 포함되지 않는다. [법원9급 23]

805 (×)

> **해설+** 형법 제327조에 규정된 강제집행면탈죄에 있어서의 재산의 '은닉'이라 함은 강제집행을 실시하는 자에 대하여 재산의 발견을 불능 또는 곤란케 하는 것을 말하는 것으로서, <u>재산의 소재를 불명케 하는 경우는 물론 그 소유관계를 불명하게 하는 경우도 포함한다</u>(대법원 2003.10.9, 2003도3387).

**806** 채권자에 의하여 압류된 채무자 소유의 유체동산을 채무자의 모(母) 소유인 것으로 사칭하면서 모(母)의 명의로 제3자이의의 소를 제기하고 집행정지결정을 받아 그 집행을 저지하였다면 이는 재산을 은닉한 경우에 해당하여 강제집행면탈죄가 성립한다.　　　　　　　　　　　　　　　　　[경찰승진 14]

806 (○) 대법원 1992.12.8, 92도1987

**807** 채무자가 제3자 명의로 되어 있던 사업자등록을 또 다른 제3자 명의로 변경하였다는 사정만으로는 강제집행면탈죄에서의 재산의 은닉에 해당한다고 보기 어렵다.　　　　　　　　　　　　　　　[법원9급 16] [법원행시 15]

> **해설+** 그 변경이 채권자의 입장에서 볼 때 사업장 내 유체동산에 관한 소유관계를 종전보다 더 불명하게 하여 채권자에게 손해를 입게 할 위험성을 야기한다고 단정할 수 없다(대법원 2014.6.12, 2012도2732).

807 (○)

**808** 진의에 의하여 재산을 양도하였다면 설령 그것이 강제집행을 면탈할 목적으로 이루어진 것으로서 채권자의 불이익을 초래하는 결과가 되었다고 하더라도 강제집행면탈죄의 허위양도 또는 은닉에는 해당하지 아니한다.　　　　　　　　　　　　　　　　　　　　　　　　[법원행시 15·16]

808 (○) 대법원 2000.9.8, 2000도1447

**809** 채무자인 피고인이 채권자 甲의 가압류집행을 면탈할 목적으로 제3채무자 乙에 대한 채권을 丙에게 허위양도한 경우, 가압류결정 정본이 제3채무자에게 송달된 날짜와 피고인이 채권을 양도한 날짜가 동일하고, 가압류결정 정본이 乙에게 송달되기 전에 채권을 허위로 양도하였다면 강제집행면탈죄가 성립한다.　　　　　　　　　　　　　[법원9급 16] [변호사 16]

809 (○) 대법원 2012.6.28, 2012도3999

**810** 가압류 후에 목적물의 소유권을 취득한 제3취득자가 다른 사람에 대한 허위의 채무에 기하여 근저당권설정등기 등을 경료한 경우 강제집행면탈죄가 성립한다.　　　　　　　　　　　　　　　　　　　　　[법원9급 12]

> **해설+** 다른 사람에 대한 허위의 채무에 기하여 근저당권설정등기 등을 경료하더라도, 가압류채권자에 대하여 강제집행면탈죄가 성립하지 않는다(대법원 2008.5.29, 2008도2476).

810 (×) '성립한다' → '성립하지 않는다'

**811** 채권자들이 피고인을 상대로 법적 절차를 취하기 위한 준비를 하고 있지 않았으나, 피고인이 어음의 지급기일 도래 전에 강제집행을 면탈하기 위해 자신의 형에게 허위채무를 부담하고 가등기를 해 주었다면 강제집행면탈죄가 성립한다. [경찰승진 23]

> **해설+** 피고인이 그 형에게 빚진 것 같이 꾸미고 그 때문에 자기소유 부동산을 그에게 넘긴 것으로 꾸며 가등기하여 줄 때에는 피고인이 발행한 약속어음들의 지급기일이 되기 전이었으며 어음의 부도도 있기 전이었으며 피고인이 어음소지인등으로부터 어음금의 지급요구를 받는 등 채무변제의 독촉을 받았다거나 채권자들이 피고인을 상대로 법적 절차를 취하기 위한 준비를 하고 있었다는 사실을 인정한 바도 없으니 피고인이 그 재산을 형에게 빼돌린 일이 그가 강제집행을 당할 급박한 객관적 상태하에서 한 것으로는 볼 수 없다(대법원 1979.9.11, 79도436).

811 (×) 강제집행면탈죄가 성립되려면 행위자의 주관적인 강제집행을 면탈하려는 의도가 객관적으로 강제집행을 당할 급박한 상태 하에서 나타나야 한다.

**812** 형법 제327조의 강제집행면탈죄는 위태범으로서 현실적으로 민사소송법에 의한 강제집행 또는 가압류·가처분의 집행을 받을 우려가 있는 객관적인 상태 아래, 즉 채권자가 본안 또는 보전소송을 제기하거나 제기할 태세를 보이고 있는 상태에서 주관적으로 강제집행을 면탈하려는 목적으로 재산을 은닉, 손괴, 허위양도하거나 허위의 채무를 부담하여 채권자를 해할 위험이 있으면 성립하고, 반드시 채권자를 해하는 결과가 야기되거나 행위자가 어떤 이득을 취하여야 범죄가 성립하는 것은 아니다. [경찰간부 19]

812 (○) 대법원 2012.6.28, 2012도3999

**813** 형법 제327조의 강제집행면탈죄는 위태범으로서 채권자가 본안 또는 보전소송을 제기하거나 제기할 태세를 보이고 있는 상태에서 주관적으로 강제집행을 면탈하려는 목적으로 재산을 은닉, 손괴, 허위양도하거나 허위의 채무를 부담하여 채권자를 해할 위험이 있으면 성립하는 것이다. [법원9급 12]

813 (○)

> **해설+** 강제집행을 면탈하려는 목적으로 재산을 은닉, 손괴, 허위양도하거나 허위의 채무를 부담하여 채권자를 해할 위험이 있으면 성립하는 것이고, 반드시 채권자를 해하는 결과가 야기되거나 행위자가 어떤 이득을 취하여야 범죄가 성립하는 것은 아니다(대법원 2009.5.28, 2009도875).

**814** 강제집행면탈죄는 채권자를 해하는 결과가 야기되거나 이로 인하여 행위자가 일정한 이득을 취하여야 성립한다. [경찰간부 22]

814 (×)

> **해설+** 강제집행면탈죄는 위태범으로서 강제집행을 당할 구체적인 위험이 있는 상태에서 재산을 은닉, 손괴, 허위양도 또는 허위의 채무를 부담하면 바로 성립하는 것이고 반드시 채권자를 해하는 결과가 야기되거나 이로 인하여 행위자가 어떤 이득을 취하여야 범죄가 성립하는 것은 아니다(대법원 1994.10.14, 94도2056).

CHAPTER 05 재산에 대한 죄 **381**

**815** 강제집행면탈죄는 강제집행을 면한다는 목적이 있어야 하는 목적범으로, 그와 같은 목적으로 허위의 채무를 부담하였더라도 강제집행 면탈의 목적을 달성하지 못하였다면 본죄의 기수가 아니라 미수범으로 처벌될 뿐이다.

[법원9급 22]

815 (×)

> **해설+** 강제집행면탈죄는 이른바 위태범으로서 강제집행을 당할 구체적인 위험이 있는 상태에서 재산을 은닉, 손괴, 허위양도 또는 허위의 채무를 부담하면 바로 성립하는 것이고, 반드시 채권자를 해하는 결과가 야기되거나 이로 인하여 행위자가 어떤 이득을 취하여야 범죄가 성립하는 것은 아니다(대법원 1999.2.12, 98도2474).

**816** 이혼을 요구하는 처로부터 재산분할청구권에 근거한 가압류 등 강제집행을 받을 우려가 있는 상태에서 남편이 이를 면탈할 목적으로 허위의 채무를 부담하고 소유권이전청구권보전가등기를 경료한 경우 강제집행면탈죄가 성립하지 않는다.

[경찰채용 17 1차]

816 (×) '성립하지 않는다' → '성립한다'(대법원 2008.6.26, 2008도3184)

**817** 甲이 자신을 상대로 사실혼관계 부당파기로 인한 손해배상청구소송을 제기한 A에 대한 채무를 면탈하기 위하여 A와 함께 거주하던 甲 명의의 아파트를 담보로 10억 원을 대출받아 그 중 8억 원을 타인 명의의 계좌로 입금하였다면, 비록 甲이 A의 甲에 대한 위자료 등 채권액을 훨씬 상회하는 다른 재산이 있다고 하더라도 강제집행면탈죄가 성립한다.

[변호사 16]

817 (×) '있다고 ∼ 성립한다' → '있다면 강제집행면탈죄가 성립하지 않는다'

> **해설+** 피고인의 재산은닉 행위 당시 甲의 재산분할청구권은 존재하였다고 보기 어렵고, 피고인에게 위자료채권액을 훨씬 상회하는 다른 재산이 있었던 이상 강제집행면탈죄는 성립하지 않는다(대법원 2011.9.8, 2011도5165).

**818** 채무자에게 채권자의 집행을 확보하기에 충분한 다른 재산이 있다고 하더라도 채무자가 재산은닉 등의 행위를 하면 강제집행면탈죄는 성립한다.

[법원행시 13]

818 (×) '성립한다' → '성립하지 않는다'(대법원 2011.9.8, 2011도5165)

819 강제집행면탈죄에 있어서, 그 객관적 구성요건으로 강제집행을 받을 객관적 상태가 요구되며, 이는 민사소송에 의한 강제집행 또는 가압류·가처분 등의 집행을 당할 구체적 염려가 있는 상태를 말한다. [변호사 13]

819 (O)

**해설+** 강제집행면탈죄의 상황은 채권자가 이행청구의 소 또는 그 보전을 위한 가압류, 가처분신청을 제기하거나 제기할 기세를 보이는 등 강제집행을 받을 구체적 염려가 있는 상태를 말한다(대법원 1986.10.28, 86도1553).

820 약 18억 원 정도의 채무초과 상태에 있는 자가 자신이 발행한 약속어음이 부도가 난 경우, 강제집행을 당할 구체적인 위험을 인정할 수 있다. [변호사 13]

820 (O)

**해설+** 위와 같은 정도의 채무초과 상태라면 변제기가 도래하지 아니 한 피고인의 다른 일반 채권자들도 채권확보에 나설 것이 예상되므로 피고인은 현실적으로 강제집행을 당할 구체적인 위험이 있는 상태라고 할 것이므로 그와 같은 상황에서 재산을 허위양도하였다면 강제집행면탈죄를 구성한다(대법원 1999.2.9, 96도3141).

821 토지 소유자가 그 지상 건물 소유자에 대하여 건물철거 및 토지인도청구권을 갖는 경우 채무자인 건물 소유자가 제3자에게 허위의 금전채무를 부담하면서 이를 피담보채무로 하여 건물에 관하여 근저당권설정등기를 경료하였다면 직접적으로 토지 소유자의 건물철거 및 토지인도청구권에 기한 강제집행을 불능하게 하는 사유에 해당한다고 할 것이므로 건물소유자에게 강제집행면탈죄가 성립한다. [경찰채용 13]

821 (×) '성립한다' → '성립하지 않는다'

**해설+** 채권자의 채권이 금전채권이 아니라 토지 소유자로서 그 지상 건물의 소유자에 대하여 가지는 건물철거 및 토지인도청구권인 경우라면, 채무자인 건물 소유자가 제3자에게 허위의 금전채무를 부담하면서 이를 피담보채무로 하여 건물에 관하여 근저당권설정등기를 경료하였다는 것만으로는 직접적으로 토지 소유자의 건물철거 및 토지인도청구권에 기한 강제집행을 불능케 하는 사유에 해당한다고 할 수 없으므로 건물 소유자에게 강제집행면탈죄가 성립한다고 할 수 없다(대법원 2008.6.12, 2008도2279).

822 강제집행면탈죄의 규율대상에 '담보권 실행 등을 위한 경매'를 면탈할 목적으로 재산을 은닉하는 등의 행위는 포함되지 않는다. [법원행시 15·16]

822 (O) 대법원 2015.3.26, 2014도14909

**823** 근저당권의 목적물인 기계에 대하여 경매개시결정이 내려진 후 이를 원래 있던 곳에서 가지고 나가 숨겨두면, 강제집행을 면할 목적으로 재산을 은닉한 것이므로 강제집행면탈죄가 성립한다. [법원9급 18]

> **해설+** 민사집행법 제3편의 적용 대상인 '담보권 실행 등을 위한 경매'를 면탈할 목적으로 재산을 은닉하는 등의 행위는 위 죄의 규율 대상에 포함되지 않는다(대법원 2015.3.26, 2014도14909).

823 (×) '성립한다' → '성립하지 않는다'

**824** 국세징수법에 의한 체납처분은 강제집행면탈죄의 강제집행에 포함되지 않는다. [법원행시 16 변형] [변호사 13]

> **해설+** 벌금·몰수·추징 등 형사재판의 집행과 국세징수법에 의한 체납처분이나 경매법에 의한 경매집행은 제외된다(대법원 1972.5.31, 72도1090).

824 (○)

**825** 강제집행면탈죄가 성립하려면 강제집행을 받을 위험이 있는 객관적 상태가 존재해야 하는데, 여기서 강제집행에는 금전채권에 관한 강제집행뿐만 아니라 존재하지 않는 채권에 기초한 강제집행과 벌금의 집행을 위한 강제집행도 포함된다. [사시 12]

825 (×) '포함된다' → '포함되지 않는다'(대법원 2012.4.26, 2010도5693)

**826** 甲은 장기간 세금 납부를 하지 않고 도망 다니던 중 처로부터 체납처분 관련 서류가 집으로 배달되었다는 연락을 받자 이를 면탈할 목적으로 자신의 소유 아파트를 친구에게 허위양도한 경우, 강제집행면탈죄가 성립한다. [변호사 17]

> **해설+** 형법 제327조의 강제집행면탈죄가 적용되는 강제집행은 민사집행법의 적용대상인 강제집행 또는 가압류·가처분 등의 집행을 가리키는 것이므로, 국세징수법에 의한 체납처분을 면탈할 목적으로 재산을 은닉하는 등의 행위는 위 죄의 규율대상에 포함되지 않는다(대법원 2012.4.26, 2010도5693).

826 (×) '성립한다' → '성립하지 않는다'

827 甲과 乙이 공모하여 甲의 채권자를 해하기 위하여 허위의 채무를 부담하는 내용의 공정증서를 작성하고 그 공정증서에 기하여 법원으로부터 채권압류 및 추심명령을 받은 뒤 배당을 받았다면, 허위의 채무를 부담하는 내용의 채무변제계약 공정증서를 작성한 후 이에 기하여 채권압류 및 추심명령을 받은 때에, 강제집행면탈죄가 성립함과 동시에 그 범죄행위가 종료되어 공소시효가 진행한다.  [변호사 16] [사시 11 변형]

827 (○) 대법원 2009.5.28, 2009 도875

828 채권자들에 의한 복수의 강제집행이 예상되는 경우 재산을 은닉 또는 허위양도함으로써 채권자들을 해하였다면 채권자별로 각각 강제집행면탈죄가 성립하고, 상호 상상적 경합범의 관계에 있다.  [법원9급 16]

828 (○) 대법원 2011.12.8, 2010 도4129

829 타인의 재물을 보관하는 자가 보관하고 있는 재물을 영득할 의사로 은닉하였다면 이는 횡령죄를 구성하는 것이고 채권자들의 강제집행을 면탈하는 결과를 가져온다 하여 이와 별도로 강제집행면탈죄를 구성하는 것은 아니다.  [법원행시 15]

829 (○) 대법원 2000.9.8, 2000 도1447

830 형법상 친족상도례에 관한 규정은 형법 제323조의 권리행사방해죄에는 적용되나, 형법 제327조의 강제집행면탈죄에는 적용되지 않는다.  [경찰승진 17] [사시 16]

830 (○) 제328조

**2024 - 2025**
백광훈
통합 핵지총 ○✕
**형법각론**

# 02

# 사회적 법익에 대한 죄

# CHAPTER 01 | 공공의 안전과 평온에 대한 죄

## 1 공안을 해하는 죄

 **대표유형**

형법 제114조의 범죄단체조직죄에 있어서 단체나 조직이 목적으로 하는 범죄에는 아무런 제한이 없다.                                         [법원9급 15]

(×) '아무런 제한이 없다' → '제한이 있다'
사형, 무기 또는 장기 4년 이상의 징역에 해당하는 범죄이다.

**001** 형법 제114조의 범죄를 목적으로 하는 단체는 특정다수인이 일정한 범죄를 수행한다는 공동목적 아래 이루어진 계속적인 결합체로서 그 단체를 주도하는 최소한의 통솔 체제를 갖추고 있음을 요한다.                          [법원9급 15]

001 (O)

**002** 범죄단체 등 조직죄는 사형, 무기 또는 장기 4년 이상의 징역에 해당하는 범죄를 범할 목적이 있어야 한다.                          [경찰채용 20 1차]

002 (O) 제114조

**003** 형법 제114조에서 정한 '범죄를 목적으로 하는 집단'이란 특정 다수인이 사형, 무기 또는 장기 4년 이상의 징역에 해당하는 범죄를 수행한다는 공동목적 아래 구성원들이 정해진 역할분담에 따라 행동함으로써 범죄를 반복적으로 실행할 수 있는 조직체계를 갖춘 계속적인 결합체를 의미하므로, 위 '범죄를 목적으로 하는 집단'의 경우 '범죄단체'에서 요구되는 '최소한의 통솔체계'를 갖출 필요가 있다.                          [법원9급 21]

003 (×)

> **해설+** 형법 제114조에서 정한 '범죄를 목적으로 하는 집단'이란 특정 다수인이 사형, 무기 또는 장기 4년 이상의 범죄를 수행한다는 공동목적 아래 구성원들이 정해진 역할분담에 따라 행동함으로써 범죄를 반복적으로 실행할 수 있는 조직체계를 갖춘 계속적인 결합체를 의미한다. '범죄단체'에서 요구되는 '최소한의 통솔체계'를 갖출 필요는 없지만, 범죄의 계획과 실행을 용이하게 할 정도의 조직적 구조를 갖추어야 한다(대법원 2020.8.20, 2019도16263).

**004** 「형법」제114조(범죄단체 등의 조직)에서 정한 '범죄를 목적으로 하는 집단'
이란 특정 다수인이 일정한 범죄를 수행한다는 공동목적 아래 구성한 계속
적인 결합체로서 그것을 주도하거나 내부의 질서를 유지하는 최소한의 통
솔체계를 갖춘 것을 의미한다. [경찰간부 22]

004 (×) 대법원 2020.8.20, 2019
도16263

**005** 「형법」제114조에서 정한 '범죄를 목적으로 하는 집단'으로 인정되기 위해
서는 최소한의 통솔체계를 갖출 필요는 없으나, 범죄의 계획과 실행을 용
이하게 할 정도의 조직적 구조를 갖추어야 한다. [경찰승진 23]

005 (○)

> **해설+** 형법 제114조에서 정한 '범죄를 목적으로 하는 집단'이란 사형, 무기 또는 장기 4년 이상의
> 범죄를 수행한다는 공동목적 아래 구성원들이 정해진 역할분담에 따라 행동함으로써 범죄를 반복적
> 으로 실행할 수 있는 조직체계를 갖춘 다수인의 계속적인 결합체를 의미한다. '범죄집단'이 되려면
> '범죄단체'에서 요구되는 '최소한의 통솔체계'를 갖춘 데에는 이르지 않더라도 적어도 범죄의 계획과
> 실행을 용이하게 할 정도의 조직적 구조는 갖추어야 한다(대법원 2020.8.20, 2019도11731).

**006** 피고인들이 총책을 중심으로 간부급 조직원들과 상담원들, 현금인출책 등
으로 구성된 보이스피싱 사기 조직을 구성하고 이에 가담하여 조직원으로
활동한 경우는 「형법」상의 범죄단체에 해당한다. [경찰채용 20 1차]

006 (○) 대법원 2017.10.26, 2017
도8600

**007** 사기범죄를 목적으로 구성된 다수인의 계속적인 결합체로서 총책을 중심
으로 간부급 조직원들과 상담원들, 현금인출책 등으로 구성되어 내부의 위
계질서가 유지되고 조직원의 역할분담이 이루어지는 최소한의 통솔체계를
갖추고 있는 보이스피싱 사기조직은 「형법」상 범죄단체에 해당한다.
[경찰승진 23]

007 (○)

> **해설+** 위 보이스피싱 조직은 보이스피싱이라는 사기범죄를 목적으로 구성된 다수인의 계속적인
> 결합체로서 총책을 중심으로 간부급 조직원들과 상담원들, 현금인출책 등으로 구성되어 내부의 위
> 계질서가 유지되고 조직원의 역할분담이 이루어지는 최소한의 통솔체계를 갖춘 형법상의 범죄단체
> 에 해당하고, 보이스피싱 조직의 업무를 수행한 피고인들에게 범죄단체 가입 및 활동에 대한 고의가
> 인정되며, 피고인들의 보이스피싱 조직에 의한 사기범죄 행위가 범죄단체 활동에 해당한다(대법원
> 2017.10.26, 2017도8600).

> **보충** 피고인이 보이스피싱 사기 범죄단체에 가입한 후 사기범죄의 피해자들로부터 돈을 편취하
> 는 등 그 구성원으로서 활동하였다는 내용의 공소사실이 유죄로 인정된 경우, 범죄단체 가입행위
> 또는 범죄단체 구성원으로서 활동하는 행위와 사기행위는 각각 별개의 범죄구성요건을 충족하는
> 독립된 행위이고 서로 보호법익도 달라 법조경합 관계로 목적된 범죄인 사기죄만 성립하는 것은
> 아니다(위 판례).

**008** 甲이 乙, 丙, 丁과 함께 어음을 발행한 뒤 부도시키는 방법으로 타인의 재물을 편취하기로 모의한 뒤, 이를 위해 A실업이라는 상호로 사무실을 개설하여 전자제품 도매상을 경영하는 것처럼 위장하고는, 乙의 이름으로 은행에 당좌계정을 개설하여 그 은행으로부터 다량의 어음용지를 교부받아 이를 확보하는 한편, 甲은 A실업의 실질적인 대표자로서 지급의 입출, 어음용지와 도장 등의 보관책임을 맡고, 乙과 丙은 대외적인 업무를, 丁은 감사로서의 임무를 수행하기로 한 경우 甲에게는 범죄단체조직죄가 성립한다.

[경찰간부 17]

008 (×) '성립한다' → '성립하지 않는다'

**해설+** 범죄단체조직죄 소정의 '범죄를 목적으로 하는 단체'라 함은 특정다수인이 일정한 범죄를 수행한다는 공동목적 아래 이루어진 계속적인 결합체로서 그 단체를 주도하는 최소한의 통솔 체제를 갖추고 있음을 요한다. 피고인들의 결합의 정도가 어음사기, 범행의 실행을 위한 예비나 공모의 범위를 넘어 어음사기를 목적으로 한 범죄단체로서의 단체내부의 질서를 유지하는 통솔체제를 갖춘 계속적인 결합체에 이른 것으로는 볼 수 없다(대법원 1985.10.8, 85도1515).

**009** 사형, 무기 또는 장기 4년 이상의 징역에 해당하는 범죄를 목적으로 하는 단체 또는 집단을 조직하거나 이에 가입 또는 그 구성원으로 활동한 사람은 그 목적한 죄에 정한 형으로만 처벌하고, 그 형을 감경할 수 없다.

[경찰승진 23]

009 (×) 범죄단체조직등죄는 임의적 감경사유에 해당한다(제114조 단서).

**해설+** 제114조【범죄단체 등의 조직】사형, 무기 또는 장기 4년 이상의 징역에 해당하는 범죄를 목적으로 하는 단체 또는 집단을 조직하거나 이에 가입 또는 그 구성원으로 활동한 사람은 그 목적한 죄에 정한 형으로 처벌한다. 다만, 형을 감경할 수 있다.

**010** 다중이 집합하여 손괴의 행위를 한 자는 형법 제115조의 소요죄로 처벌된다.

[법원9급 21]

010 (○)

**해설+** 다중이 집합하여 폭행, 협박 또는 손괴의 행위를 한 자는 1년 이상 10년 이하의 징역이나 금고 또는 1천 500만원 이하의 벌금에 처한다(제115조).

**011** 소요죄에서는 자수의 특례가 인정된다.

[경찰간부 17]

011 (×) '인정된다' → '인정되지 않는다'

**해설+** 자수의 특례규정이 없다.

**012** 폭행, 협박의 행위를 할 목적으로 다중이 집합하여 그를 단속할 권한이 있는 공무원으로부터 2회의 해산명령만을 받은 경우에는 해산하지 아니하더라도 형법 제116조의 다중불해산죄로 처벌되지 않는다. [법원9급 21]

012 (○)

**해설+** 폭행, 협박 또는 손괴의 행위를 할 목적으로 다중이 집합하여 그를 단속할 권한이 있는 공무원으로부터 3회 이상의 해산명령을 받고 해산하지 아니한 자는 2년 이하의 징역이나 금고 또는 300만원 이하의 벌금에 처한다(제116조). 즉, 2회의 해산명령만을 받은 경우에는 해산하지 아니하더라도 다중불해산죄로 처벌되지 아니한다.

**013** 乙로부터 丙에 대한 채권을 추심해 달라는 부탁을 받은 甲이, 丙의 집으로 찾아가 자신을 합동수사반에서 나온 사람으로 소개하고 丙을 집 밖으로 데리고 나와 근처 호텔 커피숍으로 임의동행하고는, 乙이 丙에 대해 가지고 있는 채권을 자신이 대신 추심하겠다고 말하였다면 甲에게는 공무원자격사칭죄가 성립한다. [경찰간부 17]

013 (×) '성립한다' → '성립하지 않는다'

**해설+** 공무원자격사칭죄가 성립하려면 어떤 직권을 행사할 수 있는 권한을 가진 공무원임을 사칭하고 그 직권을 행사한 사실이 있어야 하는바, 위 채권의 추심행위는 개인적인 업무이지 합동수사반의 수사업무의 범위에는 속하지 않는다(대법원 1981.9.8, 81도1955).

**014** 공무원의 자격을 사칭하여 그 직권을 행사한 자는 형법 제118조의 공무원자격사칭죄로 처벌되지만, 형법상 그 미수범 처벌규정을 두고 있지는 않다. [법원9급 21]

014 (○) 공무원자격사칭죄는 미수범 처벌규정이 없다.

## 2  폭발물에 관한 죄

📎 **대표유형**

평시에 폭발물을 사용하여 사람을 다치게 한 자도 사형에 처해질 수 있다.

[법원행시 13 변형]

(○) 폭발물을 사용하여 사람의 생명, 신체 또는 재산을 해하거나 기타 공안을 문란한 자는 사형, 무기 또는 7년 이상의 징역에 처한다(제119조 제1항).

**015** 피고인이 자신이 제작한 폭발물을 배낭에 담아 고속버스터미널 등의 물품보관함 안에 넣어 두고 폭발하게 하였는데, 피고인이 제작한 물건의 구조, 그것이 설치된 장소 및 폭발 당시의 상황 등에 비추어, 위 물건은 폭발작용 자체에 의하여 공공의 안전을 문란하게 하거나 사람의 생명, 신체 또는 재산을 해할 정도의 성능이 없거나, 사람의 신체 또는 재산을 경미하게 손상시킬 수 있는 정도에 그쳐 사회의 안전과 평온에 직접적이고 구체적인 위험을 초래하여 공공의 안전을 문란하게 하기에는 현저히 부족한 정도의 파괴력과 위험성만을 가진 물건이므로 형법 제172조 제1항에 규정된 '폭발성 있는 물건'에는 해당될 여지가 있으나 이를 형법 제119조 제1항에 규정된 '폭발물'에 해당한다고 볼 수는 없다.

[경찰간부 17] [법원행시 13 변형]

015 (○) 대법원 2012.4.26, 2011도17254

**016** 사람의 생명, 신체 또는 재산을 해할 정도의 성능이 없거나, 사람의 신체 또는 재산을 경미하게 손상시킬 수 있는 정도에 그쳐 사회의 안전과 평온에 직접적이고 구체적인 위험을 초래하여 공공의 안전을 문란하게 하기에 현저히 부족한 파괴력과 위험성 정도만 가진 물건은 폭발물사용죄에서의 '폭발물'에 해당하지 않는다.

[경찰간부 17]

016 (○) 대법원 2012.4.26, 2011도17254

**017** 대법원은 화염병은 형법 제119조 소정의 폭발물에 해당하지 않는다고 판시한 바 있다.

[법원행시 13 변형]

017 (○) 오락용 폭약이나 화염병은 폭발물이 아니다(대법원 1968.3.5, 66도1056).

**018** 피해자의 동의가 있더라도 폭발물사용죄의 성립에는 아무런 영향이 없다.

[법원행시 13 변형]

**해설+** 국가적·사회적 법익은 동의의 대상이 아니기 때문에 사회의 안전과 평온이 법익인 본죄의 경우에도 동의가 인정되지 아니한다.

018 (○)

**019** 폭발물사용죄는 형법상 과실범 처벌규정이 있다. [경찰승진 10]

**019** (×) 제119조

**020** 형법상의 폭발물사용죄는 예비와 음모한 자뿐만 아니라 선동한 자도 처벌한다. [법원행시 13]

**020** (○) 제120조

## 3  방화와 실화에 관한 죄

**대표유형**

방화의 의사로 뿌린 휘발유가 인화성이 강한 상태로 주택 주변과 피해자의 몸에 살포되어 있는 사정을 알면서도 라이터를 켜 불꽃을 일으킴으로써 피해자의 몸에 불이 붙은 경우, 비록 외부적 사정에 의하여 불이 방화 목적물인 주택 자체에 옮겨 붙지는 아니하였다 하더라도 현주건조물방화죄의 실행의 착수가 인정된다. [법원행시 16]

(○) 대법원 2002.3.26, 2001도6641

**021** 방화죄의 주된 보호법익은 공공의 안전으로서 방화죄의 기본적 성격은 공공위험죄이지만, 부차적으로 개인의 재산도 보호법익에 포함된다. [경찰간부 14]

**021** (○) 대법원 2009.10.15, 2009도7421

**022** 형법상 방화죄의 객체인 건조물은 토지에 정착되고 벽 또는 기둥과 지붕 또는 천장으로 구성되어 사람이 내부에 기거하거나 출입할 수 있는 공작물을 말하고, 반드시 사람의 주거용이어야 하는 것은 아니라도 사람이 사실상 기거 · 취침에 사용할 수 있는 정도는 되어야 한다. [법원행시 16]

**022** (○) 대법원 2013.12.12, 2013도3950

**023** 사람이 현존하는 자동차에 방화한 경우에는 일반건조물등방화죄가 성립한다. [경찰승진 23]

**해설+** 제164조 【현주건조물 등 방화】 ① 불을 놓아 사람이 주거로 사용하거나 사람이 현존하는 건조물, 기차, 전차, 자동차, 선박, 항공기 또는 지하채굴시설을 불태운 자는 무기 또는 3년 이상의 징역에 처한다.

**023** (×) 자동차도 현주건조물등방화죄의 객체로 규정되어 있으므로(제164조 제1항), 사람이 현존하는 자동차에 방화한 경우에는 현주건조물등방화죄(현존자동차방화죄)가 성립한다.

**024** 방화죄는 화력이 매개물을 떠나 스스로 연소할 수 있는 상태에 이르렀을 때에 기수가 되고 반드시 목적물의 중요부분이 소실하여 그 본래의 효용을 상실한 때라야만 기수가 되는 것이 아니다. [법원행시 19]

024 (○) 대법원 1970.3.24, 70도330

**025** 甲이 아버지와 말다툼을 하고는 홧김에 라이터로 휴지에 불을 붙여 장롱 안에 있는 옷가지에 불을 놓아 건물을 소훼하려 하였지만, 불길이 치솟는 것을 보고 겁이 나서 물을 부어 불을 끈 경우 현주건조물방화죄의 기수가 인정된다. [경찰간부 17]

025 (×) '기수' → '미수'

**해설+** 일반 사회통념상 범죄를 완수함에 장애가 되는 사정에 해당한다(대법원 1997.6.13, 97도957). 중지미수가 아닌 장애미수에 해당한다.

**026** 피해자의 사체 위에 옷가지 등을 올려놓고 불을 붙인 천 조각을 던져서 그 불길이 방안을 태우면서 천장에까지 옮겨 붙었다면, 도중에 진화되었다 하더라도 일단 천장에 옮겨 붙은 때에 이미 현주건조물방화죄의 기수에 이른 것이다. [법원행시 16]

026 (○) 대법원 2007.3.16, 2006도9164

**027** 부모에게 용돈을 요구하였다가 거절당한 甲이 홧김에 부모와 함께 살고 있는 자기 집 헛간 지붕 위에 올라가 라이터로 불을 놓고, 이어서 몸채, 사랑채 지붕 위에 차례로 올라가 불을 놓아, 헛간 지붕 60cm², 몸채 지붕 1m², 사랑채 지붕 1m² 가량을 태운 경우 현주건조물방화죄의 기수가 인정된다. [경찰간부 17]

027 (○) 방화행위는 기수로 보아야 한다(대법원 1970.3.24, 70도330).

**028** 甲이 동거녀와의 불화를 이유로 헤어지기로 작정하고는 홧김에 죽은 동생의 유품으로 보관 중이던 서적 등을 뒷마당에 내어 놓고 불태우는 과정에서 동거녀의 가옥에까지 불이 옮겨 붙은 경우 현주건조물방화죄의 기수가 인정된다. [경찰간부 17]

028 (×) '인정' → '부정'

**해설+** 피고인이 위 공소외인 소유의 가옥을 불태워 버리겠다고 결의하여 불을 놓았다고 볼 수 없다면 피고인의 위 소위를 가리켜 방화의 범의가 있었다고 할 수 없다(대법원 1984.7.24, 84도1245).

**029** 방화죄는 공공의 안전을 보호법익으로 하므로 행위객체의 수가 아니라 보호법익을 기준으로 죄수가 결정된다. [경찰간부 13]

029 (○) 대법원 1983.1.18, 82도2341

**030** 안방에서 잠을 자고 있는 자신의 아버지와 동생을 살해하기 위하여 불붙은 화장지를 방안에 던져 넣어 피해자들이 현존하는 건조물을 소훼하여 사망에 이르게 한 경우, 아버지에 대한 살인행위는 존속살해죄와 현주건조물방화치사죄의 상상적 경합, 동생에 대한 살인행위는 살인죄와 현주건조물방화치사죄의 상상적 경합에 해당한다.

030 (×) '살인죄와 현주건조물방화 치사죄의 상상적 경합' → '현주건조물방화치사죄'

**해설+** ㉠ 동생에 대한 살인행위: 현주건조물방화치사죄와 살인죄는 법조경합 중 특별관계로서 현주건조물방화 치사죄의 1죄만 성립한다. ㉡ 아버지에 대한 살인행위: 대법원 1996.4. 26, 96도485(존속살해죄와 현주건조물방화치사죄의 상상적 경합을 인정한 판례)

**031** 甲은 자신의 아버지(A)와 형(B)을 살해할 목적으로 A와 B가 자고 있는 방에 불을 놓았고, 그 결과 A와 B 모두 사망하였다. 甲은 살인죄, 존속살해죄, 현주건조물방화치사죄의 실체적 경합범이 성립한다. [국가9급 22]

031 (×)

**해설+** 현주건조물방화치사죄와 존속살해죄는 상상적 경합관계에 있고, 현주건조물방화치사죄와 살인죄는 상상적 경합이 아니라 현주건조물방화치사죄로 의율하여야 한다는 것이 판례이다(대법원 1996.4.26, 96도485). 따라서 살인죄와 실체적 경합범이라는 부분이 틀린 것이다(A에 대한 현주건조물방화치사죄와 존속살해죄의 상상적 경합, B에 대해서는 현주건조물방화치사죄, 결론적으로 전체에 대한 상상적 경합).

**보충** ㉠ 형법 제164조 후단이 규정하는 현주건조물방화치사상죄는 그 전단이 규정하는 죄에 대한 일종의 가중처벌 규정으로서 과실이 있는 경우뿐만 아니라, 고의가 있는 경우에도 포함된다고 볼 것이므로 사람을 살해할 목적으로 현주건조물에 방화하여 사망에 이르게 한 경우에는 현주건조물방화치사죄로 의율하여야 하고 이와 더불어 살인죄와의 상상적 경합범으로 의율할 것은 아니며, 다만 존속살인죄와 현주건조물방화치사죄는 상상적 경합범 관계에 있으므로, 법정형이 중한 존속살인죄로 의율함이 타당하다(대법원 1996.4.26, 96도485, 참고로 1995년 개정에 의하여 존속살해죄의 법정형이 낮아져 지금은 법정형이 동일함). ② 형법 제164조 후단이 규정하는 현주건조물 방화치사상죄는 그 전단에 규정하는 죄에 대한 일종의 가중처벌규정으로서 불을 놓아 사람의 주거에 사용하거나 사람이 현존하는 건조물을 소훼함으로 인하여 사람을 사상에 이르게 한 때에 성립되며 동 조항이 사형, 무기 또는 7년 이상의 징역의 무거운 법정형을 정하고 있는 취의에 비추어 보면 과실이 있는 경우뿐만 아니라 고의가 있는 경우도 포함된다(대법원 1983.1.18, 82도2341).

CHAPTER 01 공공의 안전과 평온에 대한 죄 **395**

**032** 피고인이 아버지와 동생을 살해하기 위하여 아버지와 동생이 잠을 자고 있는 방에 방화하여 집을 불태우고, 이들을 연기로 인하여 질식사하도록 한 경우 현주건조물방화치사죄로 의율할 것은 아니며, 현주건조물방화죄와 살인죄의 상상적 경합범으로 의율하여야 한다. 다만, 존속살인죄와 현주건조물방화치사죄는 상상적 경합관계에 있으므로 법정형이 중한 존속살인죄로 의율함이 타당하다. [군무원9급 23]

**해설+** 형법 제164조 후단이 규정하는 현주건조물방화치사상죄는 그 전단이 규정하는 죄에 대한 일종의 가중처벌 규정으로서 과실이 있는 경우뿐만 아니라, 고의가 있는 경우에도 포함된다고 볼 것이므로 사람을 살해할 목적으로 현주건조물에 방화하여 사망에 이르게 한 경우에는 현주건조물방화치사죄로 의율하여야 하고 이와 더불어 살인죄와의 상상적 경합범으로 의율할 것은 아니며, 다만 존속살인죄와 현주건조물방화치사죄는 상상적 경합범관계에 있으므로, 법정형이 중한 존속살인죄로 의율함이 타당하다(대법원 1996.4.26, 96도485).

**033** 피고인들이 피해자들의 재물을 강취한 후 그들을 살해할 목적으로 현주건조물에 방화하여 사망에 이르게 한 경우, 피고인들의 행위는 강도살인죄와 현주건조물방화치사죄에 모두 해당하고 그 두 죄는 상상적 경합범관계에 있다. [법원행시 16]

**033** (○) 대법원 1998.12.8, 98도3416

**034** 공무집행을 방해하는 집단행위의 과정에서 일부 집단원이 고의로 현주건조물에 방화행위를 하여 공무원에게 사상의 결과를 초래한 경우, 그 방화행위 자체에 공모가담하지 않은 다른 집단원은 현주건조물방화치사상죄로 의율할 수 없다. [국가7급 17]

**034** (○) 대법원 1990.6.26, 90도765

**035** 모텔 방에 투숙한 자가 과실로 담뱃불이 휴지와 침대시트에 옮겨 붙게 함으로써 화재를 발생하게 한 후, 화재 발생 사실을 안 상태에서 모텔을 빠져나오면서 모텔 주인이나 다른 투숙객들에게 이를 알리지 아니하여 사상에 이르게 하였더라도 그 사정만으로는 부작위에 의한 현주건조물방화치사상죄가 성립하지 아니한다. [국가7급 17]

**035** (○)

**해설+** 위 화재가 중대한 과실 있는 선행행위로 발생한 이상 화재를 소화할 법률상 의무는 있다 할 것이나, 화재 발생 사실을 안 상태에서 모텔을 빠져나오면서도 모텔 주인이나 다른 투숙객들에게 이를 알리지 아니하였다는 사정만으로는 화재를 용이하게 소화할 수 있었다고 보기 어렵다(대법원 2010.1.14, 2009도12109).

**036** 주택에 불을 놓고 빠져 나오려는 피해자들을 막아 소사케 한 경우, 현주건조물방화죄와 살인죄가 성립하고 양 죄는 상상적 경합관계에 있다.

[국가7급 17·20]

**해설+** 형법 제164조 전단의 현주건조물에의 방화죄는 공중의 생명, 신체, 재산 등에 대한 위험을 예방하기 위하여 공공의 안전을 그 제1차적인 보호법익으로 하고 제2차적으로는 개인의 재산권을 보호하는 것이라고 할 것이나, 여기서 공공에 대한 위험은 구체적으로 그 결과가 발생됨을 요하지 아니하는 것이고 이미 현주건조물에의 점화가 독립연소의 정도에 이르면 동 죄는 기수에 이르러 완료되는 것인 한편, 살인죄는 일신전속적인 개인적 법익을 보호하는 범죄이므로, 이 사건에서와 같이 불을 놓은 집에서 빠져 나오려는 피해자들을 막아 소사케 한 행위는 1개의 행위가 수개의 죄명에 해당하는 경우라고 볼 수 없고, 위 방화행위와 살인행위는 법률상 별개의 범의에 의하여 별개의 법익을 해하는 별개의 행위라고 할 것이니, 현주건조물방화죄와 살인죄는 실체적 경합관계에 있다 (대법원 1983.1.18, 82도2341).

**037** 甲이 A를 살해할 의사로 A가 혼자 있는 건조물에 방화하였으나 A가 사망하지 않은 경우, 현존건조물방화치사미수죄를 구성한다. [경찰채용 23 1차]

**해설+** 현존건조물방화치사상죄는 미수범 처벌규정을 두고 있지 아니한다(제174조 참조). 甲이 A를 살해할 의사로 A가 혼자 있는 건조물에 방화하였으나 A가 사망하지 아니한 경우, 현존건조물방화죄와 살인미수죄의 상상적 경합범을 구성한다.

**038** 공용건조물방화죄를 범할 목적으로 예비·음모한 후 목적한 죄의 실행에 이른 후에 수사기관에 자수한 경우, 형을 감경하거나 면제할 수 있다. [경찰채용 23 1차]

**해설+** 공용건조물방화 예비·음모죄를 범한 죄가 그 목적한 죄의 실행에 이른 후라는 것은 최소한 공용건조물방화미수죄에 해당하므로, 이때 수사기관에 자수한 경우에는 (방화예비·음모의 자수 감면이 아닌) 보통의 자수에 불과하여 제52조 제1항에 의하여 형을 감경하거나 면제할 수 있다(임의적 감면).

**비교** 공용건조물방화죄를 범할 목적으로 예비·음모한 자가 그 목적한 죄의 실행에 이르기 전에 자수한 때에는 예비죄의 자수에 해당하여 제175조에 의하여 형을 감경 또는 면제한다(필요적 감면).

**보충** 제175조 【예비, 음모】 제164조 제1항, 제165조, 제166조 제1항, 제172조 제1항, 제172조의2 제1항, 제173조 제1항과 제2항의 죄를 범할 목적으로 예비 또는 음모한 자는 5년 이하의 징역에 처한다. 단 그 목적한 죄의 실행에 이르기 전에 자수한 때에는 형을 감경 또는 면제한다.

제165조 【공용건조물 등 방화】 불을 놓아 공용(公用)으로 사용하거나 공익을 위해 사용하는 건조물, 기차, 전차, 자동차, 선박, 항공기 또는 지하채굴시설을 불태운 자는 무기 또는 3년 이상의 징역에 처한다.

**039** 일반물건방화죄의 경우 '공공의 위험 발생'은 고의의 내용이므로 행위자는 이를 인식할 필요가 있다. [변호사 17]

**039** (○) 일반물건방화죄는 구체적 위험범이다.

**040** 주거로 사용하지 않고 사람이 현존하지도 않는 타인 소유의 자동차를 불태웠으나 공공의 위험이 발생하지 않았다면 방화죄를 구성하지 않는다. [경찰채용 23 1차]

**040** (×)

> **해설+** 주거로 사용하지 아니하고 사람이 현존하지도 아니한다는 것은 제164조의 현주건조물 등에 해당하지 아니한다는 것으로, 제166조 제1항의 타인 소유 일반건조물 등 방화죄의 객체로서 규정된 '일반자동차'에 해당됨을 말한다. 타인 소유 일반건조물방화죄는 공공의 위험이 발생하지 아니하여도 성립하는 추상적 위험범이다(cf. 자기 소유 일반건조물방화죄는 구체적 위험범). 따라서 방화죄를 구성한다.

> **보충** 제164조【현주건조물 등 방화】① 불을 놓아 사람이 주거로 사용하거나 사람이 현존하는 건조물, 기차, 전차, 자동차, 선박, 항공기 또는 지하채굴시설을 불태운 자는 무기 또는 3년 이상의 징역에 처한다.
> 제166조【일반건조물 등 방화】① 불을 놓아 제164조와 제165조에 기재한 외의 건조물, 기차, 전차, 자동차, 선박, 항공기 또는 지하채굴시설을 불태운 자는 2년 이상의 유기징역에 처한다.

**041** 노상에서 전봇대 주변에 놓인 재활용품과 쓰레기 등을 발견하고 자신의 라이터를 이용하여 불을 붙인 후, 가연물을 집어넣어 그 화염을 키움으로써 전선을 비롯한 주변의 가연물에 손상을 입히거나 바람에 의하여 다른 곳으로 불이 옮아 붙을 수 있는 공공의 위험을 발생하게 하였다면 「형법」 제167조 제1항의 타인소유 일반물건방화죄가 성립한다. [경찰승진 17] [국가7급 17]

**041** (×) '1' → '2', '타인' → '자기' 재활용품과 쓰레기 등은 '무주물'로서 형법 제167조 제2항에 정한 '자기 소유의 물건'에 준하는 것으로 보아야 하므로, 공공의 위험을 발생하게 하였다면, 일반물건방화죄가 성립한다(대법원 2009.10.15, 2009도7421).

**042** 노상의 전봇대 주변에 놓인 재활용품과 쓰레기는 무주물이므로, 이에 불을 놓아 공공의 위험을 발생하게 하면 타인 소유 일반물건방화죄(「형법」 제167조 제1항)가 성립한다. [해경승진 23]

**042** (×)

> **해설+** 노상에서 전봇대 주변에 놓인 재활용품과 쓰레기 등에 불을 놓아 소훼한 경우, 그 재활용품과 쓰레기 등은 '무주물'로서 형법 제167조 제2항에 정한 '자기 소유의 물건'에 준하는 것으로 보아야 하므로, 여기에 불을 붙인 후 불상의 가연물을 집어넣어 그 화염을 키움으로써 전선을 비롯한 주변의 가연물에 손상을 입히거나 바람에 의하여 다른 곳으로 불이 옮아붙을 수 있는 공공의 위험을 발생하게 하였다면, 자기 소유 일반물건방화죄가 성립한다(대법원 2009.10.15, 2009도7421).

**043** 불을 놓아 무주물을 불태워 공공의 위험을 발생하게 한 경우에는 '무주물' 을 '자기 소유의 물건'에 준하는 것으로 보아 「형법」 제167조 제2항(자기소 유일반물건방화죄)을 적용하여야 한다. [해경채용 22 2차]

**043** (○)

> **해설+** 노상에서 전봇대 주변에 놓인 재활용품과 쓰레기 등에 불을 놓아 소훼한 경우, 그 재활용품 과 쓰레기 등은 '무주물'로서 형법 제167조 제2항에 정한 '자기 소유의 물건'에 준하는 것으로 보아야 하므로, 여기에 불을 붙인 후 불상의 가연물을 집어넣어 그 화염을 키움으로써 전선을 비롯한 주변 의 가연물에 손상을 입히거나 바람에 의하여 다른 곳으로 불이 옮아붙을 수 있는 공공의 위험을 발생하게 하였다면, 일반물건방화죄가 성립한다(대법원 2009.10.15, 2009도7421).

**044** 지붕과 문짝, 창문이 없고 담장과 일부 벽체가 붕괴된 철거대상 건물로서 사실상 기거·취침에 사용할 수 없는 상태의 폐가에 쓰레기를 모아놓고 태 워 폐가의 벽을 일부 그을리게 한 경우에는 일반물건방화죄의 미수범으로 처벌된다. [경찰승진 22] [해경채용 22 2차]

**044** (×)

> **해설+** 이 사건 폐가는 지붕과 문짝, 창문이 없고 담장과 일부 벽체가 붕괴된 철거 대상 건물로서 사실상 기거·취침에 사용할 수 없는 상태의 것이므로 형법 제166조의 건조물이 아닌 형법 제167조 의 물건에 해당하고, 피고인이 이 사건 폐가의 내부와 외부에 쓰레기를 모아놓고 태워 그 불길이 이 사건 폐가 주변 수목 4~5그루를 태우고 폐가의 벽을 일부 그을리게 하는 정도만으로는 방화죄 의 기수에 이르렀다고 보기 어려우며, 일반물건방화죄에 관하여는 미수범의 처벌 규정이 없으므로 피고인의 행위는 무죄이다(대법원 2013.12.12, 2013도3950).

**045** 甲은 폐가의 내부와 외부에 쓰레기를 모아놓고 태워 그 불길이 이 사건 폐 가 주변 수목 4~5그루를 태우고 폐가의 벽을 일부 그을리게 하였다. 위 폐가는 지붕과 문짝, 창문이 없고 담장과 일부 벽체가 붕괴된 철거 대상 건물로서 사실상 기거·취침에 사용할 수 없는 상태의 것이었다. 이 경우 (방화죄와 관련하여) 甲은 무죄이다. [경찰간부 17 변형]

**045** (○) 대법원 2013.12.12, 2013 도3950

**046** 형법 제168조 연소죄는 결과적 가중범에 해당한다. [경찰채용 16 2차]

**046** (○) 제168조

**047** 타인 소유의 현주건조물에 방화하자 불이 옆에 있는 자기 소유의 일반건조 물에 옮겨 붙은 경우 연소죄가 성립한다. [경찰승진 16]

**047** (×)

> **해설+** 연소죄에서 고의의 기본범죄는 자기소유일반건조물방화죄 또는 자기소유일반물건방화죄 이다. 위 경우에는 현주건조물방회죄의 1죄가 성립한다.

**048** 폭발성물건파열죄(제172조 제1항), 가스전기등방류죄(제172조의2 제1항)는 "생명, 신체 또는 재산에 대한 위험"의 발생을 범죄구성요건으로 한다.

[경찰채용 11]

048 (○) 제172조

**049** 과실로 인하여 타인의 소유에 속하는 일반물건을 소훼하여 공공의 위험을 발생하게 한 때에는 실화죄가 성립한다.

[해경승진 23]

> **해설+** 형법 제170조 제2항에서 말하는 "자기의 소유에 속하는 제166조 또는 제167조에 기재한 물건"이라 함은 '자기의 소유에 속하는 제166조에 기재한 물건 또는 자기의 소유에 속하든, 타인의 소유에 속하든 불문하고 제167조에 기재한 물건'을 의미하는 것이라고 해석하여야 할 것이며, … 이렇게 해석한다고 하더라도 그것이 법규정의 가능한 의미를 벗어나 법형성이나 법창조행위에 이른 것이라고는 할 수 없어 죄형법정주의의 원칙상 금지되는 유추해석이나 확장해석에 해당한다고 볼 수는 없을 것이다(대법원 1994.12.20, 94모32 전원합의체).

> **보충** 제170조【실화】① 과실로 제164조 또는 제165조에 기재한 물건 또는 타인 소유인 제166조에 기재한 물건을 불태운 자는 1천 500만 원 이하의 벌금에 처한다.
> ② 과실로 자기 소유인 제166조의 물건 또는 제167조에 기재한 물건을 불태워 공공의 위험을 발생하게 한 자도 제1항의 형에 처한다.

049 (○)

**050** 연탄 보일러로부터 5 내지 10cm의 거리에 가연물질이 있음을 알면서도 신문지를 구겨서 보일러의 공기조절구를 살짝 막아 놓은 채 그 자리를 떠나 버렸기 때문에 화재가 발생한 경우 중과실이 인정된다.

[경찰간부 11]

050 (○) 대법원 1988.8.23, 88도855

**051** 성냥불로 담배를 붙인 다음 그 성냥불이 꺼진 것을 확인하지 아니한 채 휴지가 들어 있는 플라스틱 휴지통에 던졌다면 중실화죄에 있어 중대한 과실에 해당한다.

[경찰승진 10·17]

051 (○) 대법원 1993.7.27, 93도135

**052** 임차인이 자신의 비용으로 설치·사용하던 가스설비의 휴즈 콕크를 아무런 조치 없이 제거하고 이사를 간 후 가스공급을 개별적으로 차단할 수 있는 주밸브가 열려져 가스가 유입되어 폭발사고가 발생한 경우, 임차인의 과실과 가스폭발사고 사이의 상당인과관계가 인정된다.

[경찰채용 10]

052 (○) 대법원 2001.6.1, 99도5086

**053** 연탄 아궁이로부터 80cm 떨어진 곳에 비닐로 포장한 스펀지요, 솜 등을 쉽게 넘어지기는 어려운 상태로 쌓아둔 채 방치하다가 위 솜 등이 연탄 아궁이 쪽으로 넘어지면서 불이 난 경우 중과실이 부정된다.   [경찰간부 11]

**053** (○) 대법원 1989.1.17, 88도643

**054** 호텔 오락실의 운영자가 오락실 천장에 형광등 설치공사를 하면서 무자격 전기기술자로 하여금 전기공사를 하게 하였는데, 부실공사로 전선이 합선되어 화재가 발생한 경우 오락실 운영자에게는 중대한 과실책임을 지울 수 없다.   [경찰승진 10]

**054** (○) 대법원 1989.10.13, 89도204

**055** 타인소유일반건조물 등 방화죄의 예비·음모는 처벌한다.   [경찰간부 16]

> **보충** 자기소유일반건조물방화죄와 일반물건방화죄는 예비·음모를 처벌하지 아니한다.

**055** (○) 제175조

**056** 현주건조물방화예비죄를 저지른 사람이 그 목적한 죄의 실행에 이르기 전에 자수한 때에는 형을 감경 또는 면제한다.   [경찰승진 22] [해경채용 22 2차]

> **해설+** 제164조【현주건조물 등 방화】① 불을 놓아 사람이 주거로 사용하거나 사람이 현존하는 건조물, 기차, 전차, 자동차, 선박, 항공기 또는 지하채굴시설을 불태운 자는 무기 또는 3년 이상의 징역에 처한다.
> ② 제1항의 죄를 지어 사람을 상해에 이르게 한 경우에는 무기 또는 5년 이상의 징역에 처한다. 사망에 이르게 한 경우에는 사형, 무기 또는 7년 이상의 징역에 처한다.
> 제175조【예비, 음모】제164조 제1항, 제165조, 제166조 제1항, 제172조 제1항, 제172조의2 제1항, 제173조 제1항과 제2항의 죄를 범할 목적으로 예비 또는 음모한 자는 5년 이하의 징역에 처한다. 단 그 목적한 죄의 실행에 이르기 전에 자수한 때에는 형을 감경 또는 면제한다.

**056** (○) 제175조 참조.

## 4   일수와 수리에 관한 죄

**057** 대표유형 농촌주택에서 배출되는 생활하수의 배수관(소형 PVC)을 토사로 막아 하수가 내려가지 못하게 한 경우 수리방해죄가 성립한다.   [경찰채용 10] [국가9급 16]

**057** (×) 대법원 2001.6.26, 2001도404

**058** 원천 내지 자원으로서의 물의 이용이 아니라, 하수나 폐수 등 이용이 끝난 물을 배수로를 통하여 내려보내는 것은 형법 제184조 소정의 수리에 해당한다고 할 수 없고, 그러한 배수 또는 하수처리를 방해하는 행위는, 특히 그 배수가 수리용의 인수(引水)와 밀접하게 연결되어 있어서 그 배수의 방해가 직접 인수에까지 지장을 초래한다는 등의 특수한 경우가 아닌 한, 수리방해죄의 대상이 될 수 없다. [법원행시 15]

058 (○) 대법원 2001.6.26, 2001도404

**059** 형법에는 업무상 과실 또는 중대한 과실로 인하여 과실일수죄를 범한 자를 가중하여 처벌하는 규정이 있다. [경찰간부 12]

059 (×) 제181조

## 5 교통방해의 죄

📎 **대표유형**

피고인이 고속도로 2차로를 따라 자동차를 운전하다가 1차로를 진행하던 甲의 차량 앞에 급하게 끼어 든 후 곧바로 정차하여, 甲의 차량 및 이를 뒤따르던 차량 두 대는 급제동하여 정차하였으나, 그 뒤를 따라오던 乙의 차량이 앞의 차량들을 연쇄적으로 추돌케 하여 乙을 사망에 이르게 하였다면 일반교통방해치사상죄가 성립할 수 있다. [법원행시 16]

(○) 대법원 2014.7.24, 2014도6206

**060** 일반교통방해죄는 일반 공중의 교통안전을 보호법익으로 하는 범죄로서 육로 등을 손괴 또는 불통하게 하는 경우뿐만 아니라 그 밖의 방법으로 교통을 방해하여 통행을 불가능하게 하거나 현저하게 곤란하게 하는 일체의 행위를 처벌하는 것을 목적으로 한다.

060 (○) 대법원 2017.4.7, 2016도12563; 2018.1.24, 2017도11408

**061** 「형법」 제185조의 일반교통방해죄는 육로, 수로 또는 교량을 손괴 또는 불통하게 하거나 기타 방법으로 교통을 방해함으로써 성립하는 죄로 구체적 위험범에 해당한다. [경찰간부 23] [국가9급 21 변형]

061 (×) 판례는 일반교통방해죄를 (계속범으로 보는 한편) 구체적 위험범이 아닌 추상적 위험범으로 본다.

해설+ 일반교통방해죄는 이른바 추상적 위험범으로서 교통이 불가능하거나 또는 현저히 곤란한 상태가 발생하면 바로 기수가 되고 교통방해의 결과가 현실적으로 발생하여야 하는 것은 아니다(대법원 2019.4.23, 2017도1056).

**402** PART 02 사회적 법익에 대한 죄

062 도로가 농가의 영농을 위한 경운기나 리어카 등의 통행을 위한 농로로 개설되었다 하더라도 그 도로가 사실상 일반 공중의 왕래에 공용되는 도로로 된 이상 경운기나 리어카 등만 통행할 수 있는 것이 아니고 다른 차량도 통행할 수 있는 것이므로, 이러한 차량의 통행을 방해한다면 이는 일반교통방해죄가 성립한다. [법원행시 16] [사시 16]

062 (O) 대법원 1995.9.15, 95 도1475

063 육로라 함은 일반 공중의 왕래에 공용된 장소로서 특정인에 한하지 않고 불특정 다수인 또는 차마가 자유롭게 통행할 수 있는 공공성을 지닌 장소를 말하고, 그 부지의 소유관계나 통행권리관계 등은 가리지 않는다. [사시 16]

063 (O) 대법원 2007.10.11, 2005 도7573

064 통행로를 이용하는 사람이 적은 경우에도 제185조 일반교통방해죄의 육로에 해당할 수 있으나, 공로에 출입할 수 있는 다른 도로가 있는 상태에서 토지 소유자로부터 일시적인 사용승낙을 받아 통행하거나 토지 소유자가 개인적으로 사용하면서 부수적으로 타인의 통행을 묵인한 장소에 불과한 도로가 육로에 해당하지 않는다. [법원행시 17·19 변형]

064 (O) 여기에서 '육로'란 일반 공중의 왕래에 제공된 장소, 즉 특정인에 한하지 않고 불특정 다수인 또는 차마가 자유롭게 통행할 수 있는 공공성을 지닌 장소를 말한다 (대법원 2017.4.7, 2016도12563).

065 토지의 소유자가 자신의 토지 한쪽 부분을 일시 공터로 두었을 때 인근 주민들이 위 토지의 동서쪽에 있는 도로에 이르는 지름길로 일시 이용한 경우 이는 육로에 해당하지 않는다. [사시 16]

065 (O) 대법원 1984.11.13, 84 도2192

066 목장 소유자가 자신의 목장운영을 위해 개인 비용으로 목장용지 내에 임도를 개설한 후 차량출입을 통제하면서 인근 주민들의 통행을 부수적으로 묵인한 경우, 이 임도는 일반교통방해죄의 '육로'에 해당하지 않는다. [국가7급 22] [국가9급 20 변형] [사시 16 변형]

066 (×) '해당한다' → '해당하지 않는다'

**해설+** 위 임도는 공공성을 지닌 장소가 아니어서 일반교통방해죄의 '육로'에 해당하지 않는다(대법원 2007.10.11, 2005도7573).

**067** 주민들에 의하여 공로로 통하는 유일한 통행로로 오랫동안 이용되어 온 폭 2m의 골목길을 자신의 소유라는 이유로 폭 50cm 내지 75cm가량만 남겨두고 담장을 설치하여 주민들의 통행을 현저히 곤란하게 하였다면 일 반교통방해죄를 구성한다. [경찰채용 14 1차]

067 (○) 대법원 1994.11.4, 94도2112

**068** 불특정 다수인의 통행로로 이용되어 오던 도로의 토지 일부의 소유자가 그 도로의 중간에 바위를 놓아두거나 이를 파헤침으로써 차량의 통행을 못 하게 한 경우 일반교통방해죄가 성립한다. [법원9급 09]

068 (○) 대법원 2002.4.26, 2001도6903

**069** 서울 중구 소공동의 왕복 4차로의 도로 중 편도 3개 차로 쪽에 차량 2, 3대 와 간이테이블 수십개를 이용하여 길가쪽 2개 차로를 차지하는 포장마차 를 설치하고 영업행위를 한 것은, 비록 행위가 교통량이 상대적으로 적은 야간에 이루어졌다 하더라도 일반교통방해죄를 구성한다. [법원행시 16]

069 (○) 대법원 2007.12.14, 2006도4662

**070** 甲이 주민들이 농기계 등으로 그 주변의 농경지나 임야에 통행하기 위 해 이용하는 자신 소유의 도로에 깊이 1m 정도의 구덩이를 판 경우 일반교 통방해죄에 해당하고 이는 자구행위나 정당행위에 해당하지 않는다. [국가9급 18 변형]

070 (○) 대법원 2007.3.15, 2006도9418

**071** 피고인의 가옥 앞 도로가 폐기물운반 차량의 통행로로 이용되어 가옥 일부 에 균열 등이 발생하자 피고인이 위 도로에 트랙터를 세워두거나 철책 펜 스를 설치함으로써 위 차량의 통행을 불가능하게 한 경우는 일반교통방해 죄에 해당하나, 위 차량들의 앞을 가로막고 앉아서 통행을 일시적으로 방 해한 경우는 일반교통방해죄에 해당하지 않는다. [경찰승진 12]

071 (○) 대법원 2009.1.30, 2008도10560

**072** 공항 여객터미널 버스정류장 앞 도로 중 공항리무진 버스 외의 다른 차의 주차가 금지된 구역에서 밴 차량을 40분간 불법주차하고 호객행위를 한 것만으로는 일반교통방해죄가 성립하지 않는다. [국가9급 20] [법원행시 16]

072 (○) 대법원 2009.7.9, 2009도4266

**073** 일반교통방해죄는 교통이 불가능하거나 또는 현저히 곤란한 상태가 발생하면 바로 기수가 되고 교통방해의 결과가 현실적으로 발생하여야 하는 것은 아니다.

[사시 16]

**073** (○) 대법원 2005.10.28, 2004 도7545; 2007.12.14, 2006도4662

**074** 일반교통방해죄는 일반공중의 교통안전이 보호법익이며 교통방해 결과가 현실적으로 발생한 때가 기수이다.

[국가9급 15]

> **해설+** 추상적 위험범으로서 교통이 불가능하거나 또는 현저히 곤란한 상태가 발생하면 바로 기수가 되고, 교통방해의 결과가 현실적으로 발생하여야 하는 것은 아니다(대법원 2005.10.28, 2004 도7545).

**074** (×) '교통방해 결과가 현실적으로 발생' → '교통이 불가능하거나 또는 현저히 곤란한 상태가 발생'

**075** 일반교통방해죄는 구체적 위험범이므로 교통방해의 결과가 현실적으로 발생하여야 하며, 교통방해행위로 인하여 교통이 현저히 곤란한 상태가 발생하면 미수가 된다.

[경찰승진 23]

> **해설+** 일반교통방해죄는 이른바 추상적 위험범으로서 교통이 불가능하거나 또는 현저히 곤란한 상태가 발생하면 바로 기수가 되고 교통방해의 결과가 현실적으로 발생하여야 하는 것은 아니다(대법원 2018.5.11, 2017도9146).

**075** (×)

**076** 일반교통방해죄는 즉시범이므로 일단 동 죄의 기수에 이르렀다면 기수 이후 그러한 교통방해의 위법상태가 제거되기 전에 교통방해 행위에 가담한 자는 일반교통방해죄의 공동정범이 될 수 없다.

[국가9급 23]

> **해설+** 일반교통방해죄에서 교통방해 행위는 계속범의 성질을 가지는 것이어서 교통방해의 상태가 계속되는 한 위법상태는 계속 존재한다. 따라서 교통방해를 유발한 집회에 참가한 경우 참가 당시 이미 다른 참가자들에 의해 교통의 흐름이 차단된 상태였다고 하더라도 교통방해를 유발한 다른 참가자들과 암묵적·순차적으로 공모하여 교통방해의 위법상태를 지속시켰다고 평가할 수 있다면 일반교통방해죄가 성립한다(대법원 2019.7.10, 2017도15215).

**076** (×)

**077** 피고인 등 약 600명의 노동조합원들이 차도만 설치되어 있을 뿐 보도는 따로 마련되어 있지 아니한 도로 우측의 편도 2차선의 대부분을 차지하면서 대오를 이루어 행진하는 방법으로 시위를 하고 이로 인하여 나머지 편도 2차선으로 상·하행차량이 통행하느라 차량의 소통이 방해된 경우 피고인 등의 시위행위에 대하여 일반교통방해죄를 적용할 수 있다.

[경찰채용 14]

**077** (×) '적용할 수 있다' → '적용할 수 없다'(대법원 1992.8.18, 91도2771)

**078** 집회나 시위로 교통방해 행위를 수반할 경우에 특별한 사정이 없는 한 일반교통방해죄가 성립할 수 있다.

> **해설+** 집회와 시위의 자유는 헌법상 보장된 국민의 기본권이므로 형법상의 일반교통방해죄를 집회와 시위의 참석자에게 적용할 경우에는 집회와 시위의 자유를 부당하게 제한하는 결과가 발생할 우려가 있다. 그러나 일반교통방해죄에서 교통을 방해하는 방법을 위와 같이 포괄적으로 정하고 있는 데다가 도로에서 집회와 시위를 하는 경우 일반 공중의 교통안전을 직접적으로 침해할 위험이 있는 점을 고려하면, 집회나 시위로 교통방해 행위를 수반할 경우에 특별한 사정이 없는 한 일반교통방해죄가 성립할 수 있다(대법원 2018.1.24, 2017도11408; 2019.4.23, 2017도1056).

**079** 집회 및 시위에 관한 법률(이하 '집시법')에 따라 적법한 신고를 마친 집회 또는 시위라고 하더라도 당초에 신고한 범위를 현저히 벗어나거나 집시법 제12조에 따른 조건을 중대하게 위반하여 도로 교통을 방해함으로써 통행을 불가능하게 하거나 현저하게 곤란하게 하는 경우에는 형법 제185조의 일반교통방해죄가 성립한다.

> **해설+** 실제로 참가자가 위와 같이 신고 범위를 현저하게 벗어나거나 조건을 중대하게 위반하는 데 가담하여 교통방해를 유발하는 직접적인 행위를 하였거나, 참가자의 참가 경위나 관여 정도 등에 비추어 그 참가자에게 공모공동정범의 죄책을 물을 수 있는 경우라야 일반교통방해죄가 성립한다(대법원 2018.1.24, 2017도11408; 2019.4.23, 2017도1056).

**080** 신고 범위를 현저히 벗어나거나 집회 및 시위에 관한 법률 제12조에 따른 조건을 중대하게 위반함으로써 교통방해를 유발한 집회에 참가한 경우, 참가 당시 이미 다른 참가자들에 의해 교통의 흐름이 차단된 상태였더라도 교통방해를 유발한 다른 참가자들과 암묵적·순차적으로 공모하여 교통방해의 위법상태를 지속시켰다고 평가할 수 있다면 일반교통방해죄가 성립한다.

**081** 피고인이 집회 및 시위에 관한 법률에 따른 신고 없이 서울광장에서 개최된 '세월호 1주기 범국민행동' 추모제(이하 '甲 집회')에 참석한 뒤 다른 집회 참가자들과 함께 질서유지선을 넘어 방송차량을 따라 도로 전 차로를 점거하면서 행진하고, 행진을 제지하는 경찰과 대치하면서 도로에서 머물다가 귀가한 경우 일반교통방해죄의 공동정범으로서의 책임이 있다.

**082** 형법 제187조의 선박파괴죄의 파괴에는 단순한 손괴도 포함된다.

> **해설+** 형법이 제187조를 교통방해의 죄 중 하나로서 그 법정형을 높게 정하는 한편 미수, 예비·음모까지도 처벌 대상으로 삼고 있는 사정에 덧붙여 '파괴' 외에 다른 구성요건 행위인 전복, 매몰, 추락 행위가 일반적으로 상당한 정도의 손괴를 수반할 것이 당연히 예상되는 사정 등을 고려해 볼 때, 형법 제187조에서 정한 '파괴'란 다른 구성요건 행위인 전복, 매몰, 추락 등과 같은 수준으로 인정할 수 있을 만큼 교통기관으로서의 기능·용법의 전부나 일부를 불가능하게 할 정도의 파손을 의미하고, 그 정도에 이르지 아니하는 단순한 손괴는 포함되지 않는다(대법원 2009.4.23, 2008도11921).

**083** 사람이 현존하는 선박에 대해 매몰행위의 실행을 개시하고 그로 인하여 선박을 매몰시켰더라도 매몰의 결과 발생시 사람이 현존하지 않았거나 범인이 선박에 있는 사람을 안전하게 대피시켰다면 선박매몰죄의 미수가 성립한다. [경찰승진 13]

**084** 업무상과실일반교통방해의 한 행위태양으로 규정한 '손괴'라고 함은 물리적으로 파괴하여 그 효용을 상실하게 하는 것을 말하는 것이므로, 성수대교의 건설 당시의 부실제작 및 부실시공행위 등에 의하여 이 사건에 트러스가 붕괴되는 것도 위 법조 소정의 '손괴'의 개념에 포함되는 것으로 풀이하여야 할 것이다. [법원행시 16 변형]

**085** 업무상과실일반교통방해죄에서 '손괴'란 교통을 방해할 수 있는 정도의 물리력을 행사한 결과 야기된 물질적 훼손을 말하므로, 교량건설 당시의 부실제작 및 부실시공행위 등에 의하여 십수 년 후 교량이 붕괴되는 것은 '손괴'에 해당하지 않는다. [국가7급 22]

> **해설+** 구 형법 제189조 제2항, 제185조에서 업무상과실일반교통방해의 한 행위태양으로 규정한 '손괴'라고 함은 물리적으로 파괴하여 그 효용을 상실하게 하는 것을 말하므로, 이 사건 성수대교의 건설 당시의 부실제작 및 부실시공행위 등에 의하여 트러스가 붕괴되는 것도 위 '손괴'의 개념에 포함된다(대법원 1997.11.28, 97도1740).

# CHAPTER 02 | 공공의 신용에 대한 죄

## 1 통화에 관한 죄

 **대표유형**

위조된 외국의 화폐, 지폐 또는 은행권이 강제통용력을 가지지 않는 경우에는 형법 제207조 제3항에서 정한 '외국에서 통용하는 외국의 화폐 등'에 해당하지 않고, 나아가 그 화폐 등이 국내에서 사실상 거래 대가의 지급수단이 되고 있지 않는 경우에는 형법 제207조 제2항에서 정한 '내국에서 유통하는 외국의 화폐 등'에도 해당하지 않으므로, 그 화폐 등을 행사하더라도 형법 제207조 제4항에서 정한 위조통화행사죄를 구성하지 않는다.  [법원행시 14·16]

(○) 이러한 경우에는 형법 제234조에서 정한 위조사문서행사죄 또는 위조사도화행사죄로 의율할 수 있다(대법원 2013.12.12, 2012도2249).

---

**001** 통화위조죄와 위조통화행사죄의 객체인 위조통화는 유통과정에서 일반인이 진정한 통화로 오인할 정도의 외관을 갖추어야 한다.  [경찰승진 13]

001 (○) 대법원 2012.3.29, 2011도7704

---

**002** 통화위조죄가 성립하기 위해서는, 위화를 진화와의 식별이 불가능할 정도로 정교하게 제작해야만 한다.  [경찰간부 17]

**해설+** 위조통화행사죄의 객체인 위조통화는 객관적으로 보아 일반인으로 하여금 진정통화로 오신케 할 정도에 이른 것이면 족하고 그 위조의 정도가 반드시 진물에 흡사하여야 한다거나 누구든지 쉽게 그 진부를 식별하기가 불가능한 정도의 것일 필요는 없다(대법원 1985.4.23, 85도570).

002 (×)

---

**003** 한국은행권 10원짜리 주화의 표면에 하얀 약칠을 하여 100원짜리 주화와 유사한 색채를 갖도록 색채의 변경만을 한 경우에는 통화위조죄가 성립하지 않는다.  [경찰간부 13]

003 (○) 대법원 1979.8.28, 79도639

---

**004** 통화의 변조는 권한 없이 진정한 통화에 가공하여 그 진실한 가치를 변경시키는 행위를 말하며, 진정한 통화를 그 재료로 삼는다. [경찰승진 23]

> **해설+** 진정한 통화에 대한 가공행위로 인하여 기존 통화의 명목가치나 실질가치가 변경되었다거나 객관적으로 보아 일반인으로 하여금 기존 통화와 다른 진정한 화폐로 오신하게 할 정도의 새로운 물건을 만들어 낸 것으로 볼 수 없다면 통화가 변조되었다고 볼 수 없다(대법원 2004.3.26, 2003도5640).

**004** (○)

**005** 진정한 통화에 대한 가공행위로 인하여 기존 통화의 명목가치나 실질가치가 변경되었다거나 객관적으로 보아 일반인으로 하여금 기존 통화와 다른 진정한 화폐로 오신하게 할 정도의 새로운 물건을 만들어 낸 것으로 볼 수 없다면 통화변조죄가 성립하지 않는다. [사시 10]

> **해설+** 진정한 통화에 대한 가공 행위로 인하여 기존 통화의 명목가치나 실질가치가 변경되었다거나 객관적으로 보아 일반인으로 하여금 기존 통화와 다른 진정한 화폐로 오신하게 할 정도의 새로운 물건을 만들어 낸 것으로 볼 수 없다면 통화가 변조되었다고 볼 수 없다(대법원 2004.3.26, 2003도5640).

**005** (○)

**006** 한국은행발행 500원짜리 주화의 표면 일부를 깎아서 일본국의 자동판매기가 500엔짜리 주화로 오인했더라도 그 크기와 모양 및 대부분의 문양이 그대로 있는 경우에는 통화변조죄가 성립하지 않는다. [경찰간부 17] [사시 13]

> **해설+** 기존의 500원짜리 주화의 명목가치가 실질가치가 변경되었다고 볼 수 없는 이상 일반인으로 하여금 일본국의 500엔짜리 주화로 오신케 할 정도에 이르렀다고 볼 수는 없다(대법원 2002.1.11, 2000도3950).

**006** (○)

**007** 형법 제207조에서 정한 '행사할 목적'이란 유가증권위조의 경우와 달리 위조·변조한 통화를 진정한 통화로서 유통에 놓겠다는 목적을 말하므로, 자신의 신용력을 증명하기 위하여 타인에게 보일 목적으로 통화를 위조한 경우에는 행사할 목적이 있다고 할 수 없다.

[경찰채용 23 1차] [경찰간부 17] [경찰승진 13·23] [법원행시 13·15]

**007** (○) 대법원 2012.3.29, 2011도7704

**008** 형법 제207조 제2항 소정의 내국에서 '유통하는'이란, 같은 조 제1항, 제3항 소정의 '통용하는'과 달리, 강제통용력이 없이 사실상 거래 대가의 지급수단이 되고 있는 상태를 가리킨다. [법원행시 06]

008 (○) 대법원 2003.1.10, 2002도3340

**009** 스위스 화폐로서 1998년까지 통용되었으나 현재는 통용되지 않고, 다만 스위스 은행에서 신권과의 교환이 가능한 진폐(眞幣)는 형법 제207조 제2항에 규정된 '내국유통 외국화폐'에 해당하지 않는다. [경찰간부 11·17]

009 (○) 대법원 2003.1.10, 2002도3340

**010** 외국에서 통용하지 아니하는 즉, 강제통용력을 가지지 아니하는 지폐라도 그것이 일반인의 관점에서 통용할 것이라고 오인할 가능성이 있는 외국의 지폐라면 형법 제207조 제3항에서 규정한 '외국에서 통용하는 외국의 지폐'에 해당한다. [경찰간부 11]

010 (×) '해당한다' → '해당하지 않는다'

> **해설+** 유추해석금지원칙에 의해, 외국통용 외국통화에 해당한다고 볼 수 없다(대법원 2004.5.14, 2003도3487).

**011** 위조통화행사죄의 객체인 위조통화는 객관적으로 보아 일반인으로 하여금 진정통화로 오신케 할 정도에 이른 것이면 족하고 그 위조의 정도가 반드시 진정한 통화에 흡사하여야 한다거나 누구든지 쉽게 그 진부를 식별하기가 불가능한 정도의 것일 필요는 없다. [경찰간부 11·17]

011 (○) 대법원 1985.4.23, 85도570

**012** 위조된 외국의 화폐, 지폐 또는 은행권이 강제통용력을 가지지 않고, 그 화폐 등이 국내에서 사실상 거래 대가의 지급수단이 되고 있지 않는 경우에는 그 화폐 등을 행사하더라도 위조통화행사죄를 구성하지 않는다고 할 것이므로, 「형법」 제234조에서 정한 위조사문서행사죄 또는 위조사도화행사죄로 의율할 수 있다. [경찰채용 22 1차]

012 (○)

> **해설+** 형법상 통화에 관한 죄는 문서에 관한 죄에 대하여 특별관계에 있으므로 통화에 관한 죄가 성립하는 때에는 문서에 관한 죄는 별도로 성립하지 않는다. 그러나 위조된 외국의 화폐, 지폐 또는 은행권이 강제통용력을 가지지 않는 경우에는 형법 제207조 제3항에서 정한 '외국에서 통용하는 외국의 화폐 등'에 해당하지 않고, 나아가 그 화폐 등이 국내에서 사실상 거래 대가의 지급수단이 되고 있지 않는 경우에는 형법 제207조 제2항에서 정한 '내국에서 유통하는 외국의 화폐 등'에도 해당하지 않으므로, 그 화폐 등을 행사하더라도 형법 제207조 제4항에서 정한 위조통화행사죄를 구성하지 않는다고 할 것이고, 따라서 이러한 경우에는 형법 제234조에서 정한 위조사문서행사죄 또는 위조사도화행사죄로 의율할 수 있다고 보아야 한다(대법원 2013.12.12, 2012도2249).

**013** 진정한 통화라고 하여 위조통화를 다른 사람에게 증여하는 경우에도 위조통화행사죄가 성립한다.

[경찰간부 12]

**013** (○) 대법원 1979.7.10, 79도840

**014** 위조통화임을 알고 있는 자에게 그 위조통화를 교부한 경우에 피교부자가 이를 유통시키리라는 것을 예상 내지 인식하면서 교부하였다면 위조통화행사죄가 성립한다.

[경찰간부 11·17] [사시 10]

**014** (○) 대법원 2003.1.10, 2002도3340

**015** 위조통화로 물건을 산 경우엔 판례는 위조통화행사죄와 사기죄의 경합범으로 본다.

[경찰간부 11] [사시 10]

**015** (○) 소위 법익표준설을 중시한 판례이다(대법원 1979.7.10, 79도840).

**016** 형법 제213조 소정의 대한민국통화위조를 목적으로 예비 또는 음모를 한 자가 그 목적한 죄의 실행에 이르기 전에 자수한 경우 반드시 형을 감경 또는 면제하여야 한다.

[법원승진 10]

**016** (○) 제213조

**017** 甲이 통화를 위조하여 행사할 목적으로 위조에 필요한 용지와 옵셋트 인쇄기를 준비하고, 진정한 한국은행권 일만 원권을 사진 찍어 그 필름 원판 7매와 이를 확대하여 현상한 인화지를 준비한 행위에 대하여 형법상 통화위조의 예비죄로 처벌할 수 있다.

[사시 14]

**017** (○) 대법원 1966.12.6, 66도1317

## 2 유가증권·우표와 인지에 관한 죄

📎 **대표유형**

약속어음의 발행인으로부터 어음금액이 백지인 약속어음의 할인을 위임받은 사람이 위임 범위 내에서 어음금액을 기재한 후 어음할인을 받으려고 하다가 그 목적을 이루지 못하자 유통되지 아니한 당해 약속어음을 원상태대로 발행인에게 반환하기 위하여 어음금액의 기재를 삭제한 경우에는 유가증권변조죄가 성립한다.　　　　　　　　　　　　　　[사시 08]

(×) '성립한다' → '성립하지 않는다'

**해설+** 원상태대로 발행인에게 반환하기 위하여 어음금액의 기재를 삭제하는 것은 그 권한범위 내에 속한다고 할 것이므로, 이를 유가증권변조라고 볼 수 없다(대법원 2006.1.13, 2005도6267).

**018** 위조유가증권임을 알고 있는 자에게 교부하였더라도 피교부자가 이를 유통시킬 것임을 인식하고 교부하였다면 위조유가증권행사죄가 성립한다.
　　　　　　　　　　　　　　　　　　　　　　　　　　　　[법원행시 11 변형]

018 (○) 대법원 1983.6.14, 81 도2492

**019** 형법 제214조의 유가증권이란 증권상에 표시된 재산상의 권리의 행사와 처분에 그 증권의 점유를 필요로 하는 것을 총칭하는 것으로서 재산권이 증권에 화체된다는 것과 그 권리의 행사와 처분에 증권의 점유를 필요로 한다는 두 가지 요소를 갖추면 족하지 반드시 유통성을 가질 필요는 없다.
　　　　　　　　　　　　　　　　　　　　　　　　　　　　[경찰채용 18 1차]

019 (○) 대법원 2001.8.24, 2001 도2832

**020** 유가증권이란 증권상에 표시된 재산상의 권리의 행사와 처분에 그 증권의 점유를 필요로 하는 것을 총칭하고, 반드시 유통성을 가져야 한다.
　　　　　　　　　　　　　　　　　　　　　　　　　　　　[경찰승진 23]

020 (×)

**해설+** 형법 제214조의 유가증권이란 증권상에 표시된 재산상의 권리의 행사와 처분에 그 증권의 점유를 필요로 하는 것을 총칭하는 것이므로 그것이 유통성을 반드시 가질 필요는 없는 것이나 재산권이 증권에 화체된다는 것과, 그 권리의 행사처분에 증권의 점유를 필요로 한다는 두 가지 요소를 갖추어야 하는 것이고, 위 두 가지 요소 중 어느 하나를 갖추지 못한 경우에는 형법 제214조에서 말하는 유가증권이라 할 수 없다(대법원 1984.11.27, 84도1862).

**021** 한국외환은행 소비조합 발행의 신용카드는 유가증권에 해당한다.
　　　　　　　　　　　　　　　　　　　　　　　　　　　　[경찰간부 12]

021 (○) 대법원 1984.11.27, 84 도1862

412 PART 02 사회적 법익에 대한 죄

**022** 카드일련번호식 국제전화카드는 재산권이 증권에 화체되어 있다고 할 수 없고 그 권리의 행사와 처분에 증권의 점유를 필요로 한다고 할 수도 없으므로 형법 제214조의 유가증권에 해당한다고 보기 어렵다.

> **보충**  금액이 기재된 공중전화카드는 유가증권에 해당한다(대법원 1998.2.27, 97도2483).

**022** (○) 대법원 2011.11.10, 2011도9620

**023** 폐공중전화카드의 자기기록 부분에 전자정보를 기록하여 사용 가능한 공중전화카드를 만든 행위는 유가증권위조죄에 해당한다.    [법원행시 11]

**023** (○) 대법원 1998.2.27, 97도2483

**024** 문방구 약속어음 용지를 이용하여 작성되었다고 하더라도 그 전체적인 형식·내용에 비추어 일반인이 진정한 것으로 오신할 정도의 약속어음 요건을 갖추고 있으면 당연히 형법상 유가증권에 해당한다.    [법원9급 13]

> **해설+**  유가증권은 일반인이 진정한 것으로 오신할 정도의 형식과 외관을 갖추고 있으면 되므로 증권이 비록 문방구 약속어음 용지를 이용하여 작성되었다고 하더라도 그 전체적인 형식·내용에 비추어 일반인이 진정한 것으로 오신할 정도의 약속어음 요건을 갖추고 있으면 당연히 형법상 유가증권에 해당한다(대법원 2001.8.24, 2001도2832).

**024** (○)

**025** 신용카드업자가 발행한 신용카드는 그 자체에 경제적 가치가 화체되어 있거나 특정의 재산권을 표창하는 유가증권이라고 볼 수 없다.    [경찰채용 10]

**025** (○) 대법원 1999.7.9, 99도857

**026** 유가증권은 형식상 일반인으로 하여금 유효한 유가증권이라고 오신할 수 있을 정도의 외관을 갖추고 있으면 되므로 비록 허무인 명의로 작성된 경우에도 유가증권위조죄가 성립할 수 있으나, 위조한 유가증권이 발행인의 날인이 없는 경우에는 유가증권으로서 외관을 갖춘 것이라 볼 수 없어 유가증권위조죄가 성립하지 않는다.    [법원행시 15] [사시 08]

> **해설+**  허무인 명의로 작성되었거나 유가증권으로서의 요건의 흠결 등 사유로 무효한 것이라 하여도 유가증권위조죄의 성립에 아무런 영향이 없다(대법원 1979.9. 25, 78도1980). 다만, 발행인의 날인조차 없는 것은 유가증권으로 보기 어렵다(대법원 1992.6.23, 92도976).

**026** (○)

**027** 행사할 목적으로 허무인 명의의 유가증권을 작성한 경우, 외형상 일반인으로 하여금 진정하게 작성된 유가증권이라고 오신하게 할 수 있을 정도라고 하더라도, 유가증권위조죄는 성립하지 않는다. [경찰승진 22]

027 (×)

> **해설+** 허무인명의의 유가증권이라 할지라도 적어도 그것이 행사할 목적으로 작성되었고 외형상 일반인으로 하여금 진정하게 작성된 유가증권이라고 오신케 할 수 있을 정도라면 그 위조죄가 성립된다고 해석함이 상당하다(대법원 1971.7.27, 71도905).

**028** 외형상 일반인으로 하여금 진정하게 작성된 유가증권이라고 오신케 할 수 있을 정도로 작성된 것이라면 그 발행명의인이 가령 실재하지 않은 사자 또는 허무인이라 하더라도 그 위조죄가 성립된다고 해석함이 상당하다. 그리고 사자 명의로 된 약속어음을 작성함에 있어 사망자의 처로부터 사망자의 인장을 교부받아 생존 당시 작성한 것처럼 약속어음의 발행일자를 그 명의자의 생존 중의 일자로 소급하여 작성한 때에는 발행명의인의 승낙이 있었다고 볼 수 없다. [법원행시 16]

028 (○) 대법원 2011.7.14, 2010 도1025

**029** 甲은 발행일이 백지인 수표 1장을 위조하여 乙에게 교부하였다. 그런데 이 수표가 위조된 사실을 알고 있는 乙은 이를 자신의 채무를 변제하기 위하여 사용하였다. 발행일이 기재되지 않은 수표는 적법하게 지급 받을 수 없으므로 甲은 수표위조로 인한 부정단속법위반의 죄책을 지지 않는다. [변호사 14]

029 (×) '없으므로' → '없더라도', '지지 않는다' → '진다'

> **해설+** 수표의 외관이 일반인으로 하여금 진정한 수표라고 신용하게 할 정도의 것이라면 동 수표가 수표요건을 결하여 실체법상 무효의 것이라 해도 위조죄는 성립한다 할 것이다(대법원 1973.6.12, 72도1796).

**030** 수표에 기재되어야 할 수표행위자의 명칭은 비록 그 칭호가 본명이 아니라 하더라도 통상 그 명칭을 자기를 표시하는 것으로 거래상 사용하여 그것이 그 행위자를 지칭하는 것으로 인식되어 온 경우에는 그것을 수표상으로도 자기를 표시하는 칭호로 사용할 수 있으므로 본명이 아닌 통상의 명칭으로 수표에 배서한 경우 유가증권위조 및 위조유가증권행사죄가 성립하지 않는다. [사시 13]

030 (○)

> **해설+** 수표에 기재되어야 할 수표행위자의 명칭은 반드시 수표행위자의 본명에 한하는 것은 아니고 본명이 아닌 통상의 명칭으로 수표에 배서한 경우 유가증권위조 및 위조유가증권행사죄가 성립하지 않는다(대법원 1996.5.10, 96도527).

**031** 타인이 위조한 액면과 지급기일이 백지로 된 약속어음을 구입하여 행사의 목적으로 백지인 액면란에 금액을 기입하여 그 위조어음을 완성하는 행위는 백지어음 형태의 위조행위와는 별개의 유가증권위조죄를 구성한다.

[경찰채용 18 1차] [법원9급 20]

031 (O) 대법원 1982.6.2, 82도677

**031** (O) 대법원 1982.6.2, 82도677

**032** 유가증권변조죄에서 '변조'는 진정하게 성립된 유가증권의 내용에 권한 없는 자가 유가증권의 동일성을 해하지 않는 한도에서 변경을 가하는 것을 의미하고, 이와 같이 권한 없는 자에 의해 변조된 부분은 진정하게 성립된 부분이라 할 수 없다. 따라서 유가증권의 내용 중 권한 없는 자에 의하여 이미 변조된 부분을 다시 권한 없이 변경하였다고 하더라도 유가증권변조죄는 성립하지 않는다.

[경찰채용 18 1차] [법원9급 13] [법원행시 15]

**032** (O)

**해설+** 유가증권변조죄에서 '변조'는 진정하게 성립된 유가증권의 내용에 권한 없는 자가 유가증권의 동일성을 해하지 않는 한도에서 변경을 가하는 것을 의미하고, 이와 같이 권한 없는 자에 의해 변조된 부분은 진정하게 성립된 부분이라 할 수 없다(대법원 2012.9.27, 2010도15206).

**033** 타인이 소유하는 자기명의의 유가증권에 대하여 소유자의 동의 없이 내용상의 변경을 가한 행위는 변조가 아니다.

[경찰간부 14]

**033** (O) 대법원 1978.11.14, 78도1904

**034** 타인에 의하여 이미 위조된 약속어음의 기재사항을 권한 없이 변경한 경우 유가증권변조죄가 성립한다.

[국가9급 16]

**034** (×) '성립한다' → '성립하지 아니한다'(대법원 2006.1.26, 2005도4764)

**035** 유가증권의 내용 중 권한 없는 자에 의하여 이미 변조된 부분을 다시 권한 없이 변경한 경우 유가증권변조죄는 성립하지 않는다.

[경찰채용 17 1차]

**035** (O) 대법원 2010.5.13, 2008도10678

036 약속어음의 발행인으로부터 어음금액이 백지인 약속어음의 할인을 위임받은 자가 위임 범위 내에서 어음금액을 기재한 후 어음할인을 받으려고 하다가 그 목적을 이루지 못하자 유통되지 아니한 당해 약속어음을 원상태대로 발행인에게 반환하기 위하여 어음금액의 기재를 삭제하는 경우에도 유가증권변조죄가 성립한다. [경찰승진 10]

036 (×) '가 성립한다' → '가 성립하지 않는다'(대법원 2006.1.13, 2005도6267)

037 유가증권위조 · 변조죄에 관한 형법 제214조 제1항과 달리 부정수표단속법 제5조의 본조는 수표의 강한 유통성과 거래수단으로서의 중요성을 감안하여 유가증권 중 수표의 위 · 변조행위에 관하여는 범죄성립요건을 완화하여 초과주관적 구성요건인 '행사할 목적'을 요구하지 아니한다. [법원9급 13]

037 (○) 대법원 2008.2.14, 2007도10100

038 주식회사 대표이사로 재직하던 피고인이 대표이사가 타인으로 변경되었음에도 이전부터 사용하여 오던 피고인 명의로 된 위 회사 대표이사의 명판을 이용하여 피고인을 위 회사의 대표이사로 표시하여 약속어음을 발행한 경우 후임 대표이사의 승낙을 얻었다고 하더라도 자격모용유가증권작성죄가 성립한다. [경찰간부 17] [법원행시 11]

038 (○) 합법적인 대표이사로서의 권한 행사라 할 수 없어 자격모용유가증권작성 및 동행사죄에 해당한다(대법원 1991.2.26, 90도577).

039 약속어음작성권자의 승낙 내지 위임을 받아 약속어음을 발행함에 있어서 발행인의 명의 아래 피고인의 인장을 날인하여 약속어음을 발행 교부한 경우, 허위유가증권작성죄가 성립한다. [경찰간부 13]

039 (○) 대법원 1975.6.10, 74도2594

040 선하증권 기재의 화물을 인수하거나 확인하지도 아니하고 또한 선적할 선편조차 예약하거나 확보하지도 않은 상태에서 수출면장만을 확인한 채 실제로 선적한 사실이 없는 화물을 선적하였다는 내용의 선하증권을 발행한 경우, 허위유가증권작성죄가 성립한다. [경찰간부 13]

040 (○) 대법원 1985.8.20, 83도2575

**041** 배서인의 주소기재는 배서의 요건이 아니므로 약속어음 배서인의 주소를 허위로 기재하였다고 하더라도 그것이 배서인의 인적 동일성을 해하여 배서인이 누구인지를 알 수 없는 경우가 아닌 한 약속어음상의 권리관계에 아무런 영향을 미치지 않으므로, 그것을 허위로 기재하더라도 허위유가증권작성죄에 해당되지 않는다. [법원행시 11]

041 (○) 대법원 1986.6.24, 84도547

**042** 은행을 통하여 지급이 이루어지는 약속어음의 발행인이 그 발행을 위하여 은행에 신고된 것이 아닌 발행인의 다른 인장을 날인한 경우 허위유가증권작성죄가 성립한다. [사시 16]

042 (×) 대법원 2000.5.30, 2000도883

**043** 자기앞수표의 발행인이 수표의뢰인으로부터 수표자금을 입금받지 아니한 채 자기앞수표를 발행한 경우에는 허위유가증권작성죄가 성립한다. [경찰채용 18 1차]

043 (×) '성립한다' → '성립하지 않는다'

> **해설+** 자기앞수표의 발행인이 수표의뢰인으로부터 수표자금을 입금받지 아니한 채 자기앞수표를 발행하더라도 그 수표의 효력에는 아무런 영향이 없으므로 허위유가증권작성죄가 성립하지 아니한다(대법원 2005.10.27, 2005도4528).

**044** 위조유가증권행사죄에 있어서의 유가증권이라 함은 위조된 유가증권의 원본을 말하는 것이지 전자복사기 등을 사용하여 기계적으로 복사한 사본은 이에 해당하지 않는다. [경찰채용 17·23 1차]

044 (○) 대법원 2010.5.13, 2008도10678

**045** 甲이 미리 서명날인만 받아 놓은 乙명의의 백지어음에 자기 마음대로 발행일, 금액, 수취인을 기재한 후, 乙을 상대로 약속어음금반환청구의 소를 제기하고, 그 청구를 대여금청구로 변경하면서 위 백지어음의 복사본을 증거로 제출한 경우 유가증권위조죄 및 동행사죄의 성립이 긍정된다. [경찰간부 17]

045 (×) '긍정' → '부정'

> **해설+** 위조유가증권행사죄에 있어서의 유가증권이라 함은 위조된 유가증권의 원본을 말하는 것이지 전자복사기 등을 사용하여 기계적으로 복사한 사본은 이에 해당하지 않는다(대법원 1998.2.13, 97도2922). 따라서 유가증권위조죄만 성립한다.

**046** 위조유가증권행사죄의 처벌목적은 유가증권의 유통질서를 보호하는 데 있는 만큼 단순히 문서의 신용성을 보호하고자 하는 위조공·사문서행사죄의 경우와는 달리 교부자가 진정 또는 진실한 유가증권인 것처럼 위조유가증권을 행사하였을 때뿐만 아니라 위조유가증권임을 알고 있는 자에게 교부하였더라도 피교부자가 이를 유통시킬 것임을 인식하고 교부하였다면, 그 교부행위 그 자체가 유가증권의 유통질서를 해할 우려가 있어 처벌의 이유와 필요성이 충분히 있으므로 위조유가증권행사죄가 성립한다고 보아야 할 것이다.

**046** (○) 대법원 2010.12.9, 2010도12553

**047** 위조유가증권의 교부자와 피교부자가 서로 유가증권위조를 공모하였거나 위조유가증권을 타인에게 행사하여 그 이익을 나누어 가질 것을 공모한 공범의 관계에 있다면, 그들 사이의 위조유가증권교부행위에 대하여는 위조유가증권행사죄가 성립하지 않는다.  [법원9급 13] [사시 13]

**047** (○)

> **해설+** 그들 사이의 위조유가증권교부행위는 그들 이외의 자에게 행사함으로써 범죄를 실현하기 위한 전 단계의 행위에 불과한 것으로서 위조유가증권은 아직 범인들의 수중에 있다고 볼 것이지 행사되었다고 볼 수는 없다고 할 것이다(대법원 2010.12.9, 2010도12553).

**048** 스키장에서 아르바이트생으로 근무하는 甲은 매표소의 직원들이 자리를 비운 틈을 타 매표소 안으로 들어가 발매기를 임의 조작하여 회원용 리프트탑승권 수십 매를 부정 발급한 후, 그 사실을 모두 알고 있는 친구 乙에게 액면금액의 절반을 받고 매도하였다. 甲이 리프트탑승권을 취득한 행위는 절도죄에 해당할 뿐만 아니라, 리프트탑승권을 발급한 행위는 유가증권위조죄에 해당하고, 甲이 위조된 사실을 알고 있는 乙에게 리프트탑승권이 유통될 것임을 인식하면서 매도한 것이라면 위조유가증권행사죄에 해당하므로, 甲으로부터 리프트탑승권을 매수한 乙에게는 위조유가증권행사죄의 공동정범이 성립한다.  [국가7급 17 변형]

**048** (×) '성립한다' → '성립하지 않는다'
乙은 리프트탑승권 위조사실을 알고 있었을 뿐, 甲과 공모관계가 인정되지 않으므로 위조유가증권행사죄의 공동정범이 될 수 없다(대법원 1998.11.24, 98도2967).

**049** 위조된 우표를 그 사정을 알고 있는 자에게 교부하더라도 그 자가 이를 진정하게 발행된 우표로서 사용할 것이라는 사정을 인식하면서 교부한다면 우표위조죄의 '행사할 목적'에 해당된다.  [법원행시 09 변형]

**049** (○) 대법원 1989.4.11, 88도1105

## 3 문서에 관한 죄

> 📎 **대표유형**
>
> 사자 명의의 사문서도 문서로 인정하듯이, 해산등기를 마쳐 그 법인격이 소멸한 법인 명의의 사문서라 하더라도 그 문서에 대한 일반인의 신용을 해할 위험이 있다면 이는 문서에 해당한다.
>
> [사시 10]

(○) 대법원 2005.3.25, 2003도4943

> 📎 **대표유형**
>
> 인증 받은 사서증서의 기재내용을 일부 변조한 행위는 공문서변조죄에 해당한다.
>
> [국가7급 11]

(×) '공문서변조죄' → '사문서변조죄'
사문서변조죄에 해당한다(대법원 2007.6.1, 2003도2144).

> 📎 **대표유형**
>
> 일정 한도액에 관하여 연대보증인이 될 것을 허락한 甲으로부터 그에 필요한 문서를 작성하는 데 쓰일 인감도장과 인감증명서를 교부받아 甲을 직접 차주로 하는 동액 상당의 차용금증서를 작성한 경우에는 본래의 정당한 권한 범위를 벗어난 것이므로 사문서위조죄가 성립한다.
>
> [법원9급 18] [변호사 18]

(×) '것이므로 사문서위조죄가 성립한다' → '것이 아니므로 사문서위조죄가 성립하지 않는다'

**해설+** 채권자에 대해 동액상당의 채무를 부담하겠다는 내용의 문서를 작성하도록 허락한 것으로 보아야 할 것이므로, 그 문서는 정당한 권한에 기하여 그 권한의 범위 안에서 적법하게 작성된 것으로 보아야 한다(대법원 1984.10.10, 84도1566).

> 📎 **대표유형**
>
> 피고인이 대량의 사건을 수임하기 위하여 소속변호사회에서 발급받은 진정한 경유증표 원본을 컬러복사하여 법원에 제출하였더라도, 복사기 등을 사용하여 기계적인 방법에 의하여 원본을 복사한 문서인 복사문서는 문서죄의 객체에 해당하지 않으므로 사문서위조죄가 성립하지 않는다.
>
> [경찰채용 18 3차]

(×)

**해설+** 문서위조 및 동행사죄의 보호법익은 문서에 대한 공공의 신용이므로 '문서가 원본인지 여부'가 중요한 거래에서 문서의 사본을 진정한 원본인 것처럼 행사할 목적으로 <u>다른 조작을 가함이 없이 문서의 원본을 그대로 컬러복사기로 복사한 후 복사한 문서의 사본을 원본인 것처럼 행사한 행위는 사문서위조죄 및 동행사죄에 해당한다.</u> … 변호사회가 발급한 경유증표는 증표가 첨부된 변호사선임서 등이 변호사회를 경유하였고 소정의 경유회비를 납부하였음을 확인하는 문서이므로 법원, 수사기관 또는 공공기관에 이를 제출할 때에는 원본을 제출하여야 하고 사본으로 원본에 갈음할 수 없으며, 각 고소위임장에 함께 복사되어 있는 변호사회 명의의 <u>경유증표는 원본이 첨부된 고소위임장을 그대로 컬러 복사한 것으로서 일반적으로 문서가 갖추어야 할 형식을 모두 구비하고 있고, 이를 주의 깊게 관찰하지 아니하면 그것이 원본이 아닌 복사본임을 알아차리기 어려울 정도이므로 일반인이 명의자의 진정한 사문서로 오신하기에 충분한 정도의 형식과 외관을 갖추었다</u>(사문서위조 및 위조사문서행사죄, 대법원 2016.7.14, 2016도2081).

**📎 대표유형**

공문서와 달리 사문서에 있어서는 권한 있는 사람의 허위작성을 예외적으로만 처벌하는 형법의 태도를 고려할 때, 「형법」 제232조의2에서 정하는 사전자기록등위작죄에서의 '위작'에 시스템의 설치·운영 주체로부터 각자의 직무 범위에서 개개의 단위정보의 입력권한을 부여받은 사람이 그 권한을 남용하여 허위의 정보를 입력함으로써 시스템 설치·운영 주체의 의사에 반하는 전자기록을 생성하는 경우는 포함되지 않는다고 보아야 한다.

[경찰채용 22 1차]

**해설+** 시스템의 설치·운영 주체로부터 각자의 직무 범위에서 개개의 단위정보의 입력 권한을 부여받은 사람이 그 권한을 남용하여 허위의 정보를 입력함으로써 시스템 설치·운영 주체의 의사에 반하는 전자기록을 생성하는 경우도 형법 제227조의2에서 말하는 전자기록의 '위작'에 포함된다. <u>위 법리는 형법 제232조의2의 사전자기록등위작죄에서 행위의 태양으로 규정한 '위작'에 대해서도 마찬가지로 적용된다</u>(대법원 2020.8.27, 2019도11294 전원합의체).

**보충** 공전자기록위작죄와 마찬가지로 사전자기록위작죄의 경우에도 작성권한 있는 자의 허위작성행위가 포함된다.

**📎 대표유형**

문서를 작성할 권한이 있는 공무원의 직무를 보좌하는 자가 그 직위를 이용하여 행사할 목적으로 초안한 문서에 허위내용을 기입하고, 그 정을 모르는 상사에게 제출·결재하게 한 경우에는 허위공문서작성죄가 성립한다.

[국가7급 13] [법원9급 13]

**📎 대표유형**

피고인이 중국 국적의 조선족 여자와 참다운 부부관계를 설정할 의사 없이 단지 그 여자의 국내 취업을 위한 입국을 가능하게 할 목적으로 형식상 혼인하기로 한 것이라면, 피고인과 위 공소외인 사이에는 혼인의 계출에 관하여는 의사의 합치가 있었다고 하더라도 참다운 부부관계의 설정을 바라는 효과의사는 없었다고 인정되므로 그 혼인은 효력이 없고 그 혼인신고를 한 행위는 공정증서원본불실기재죄를 구성한다.

[경찰간부 17] [법원행시 10]

**050** 형법은 사문서의 경우 무형위조만을 처벌하면서 예외적으로 유형위조를 처벌하는 태도를 취하고 있다.

[경찰채용 22 1차]

**해설+** 형법은 사문서의 경우 유형위조(제231조)만을 처벌하면서 예외적으로 무형위조(제233조)를 처벌하고 있는 반면, 공문서의 경우에는 유형위조(제225조)뿐만 아니라 별도의 처벌규정을 두어 무형위조(제227조)를 함께 처벌하고 있다(대법원 2020.8.27, 2019도11294 전원합의체).

**보충** 형법은 문서죄에 대하여 형식주의를 원칙으로, 실질주의를 예외로 하고 있다.

**051** 문서의 내용을 저장한 전자 파일이나 그 파일을 실행시켜 컴퓨터 모니터 화면에 나타낸 문서의 이미지는 형법상 문서에 관한 죄에 있어 '문서'에 해당되지 않는다. [변호사 21]

**051** (○) 대법원 2018.5.15, 2017도19499

**052** 자신의 이름과 나이를 속이는 용도로 사용할 목적으로 주민등록증의 이름·주민등록번호란에 글자를 오려 붙인 후 이를 컴퓨터 스캔 장치를 이용하여 이미지 파일로 만들어 컴퓨터 모니터로 출력하는 한편 타인에게 이메일로 전송하였다면, 컴퓨터 모니터 화면에 나타나는 이미지는 형법상 문서에 관한 죄에서 말하는 문서에 해당하지 않으므로 위 행위는 공문서위조 및 위조공문서행사죄를 구성하지 않는다. [법원행시 10]

**052** (○) 대법원 2007.11.29, 2007도7480

**053** 컴퓨터 스캔 및 이미지 편집 프로그램을 이용하여 만들어낸 공인중개사 자격증의 이미지 파일은 계속성이 없으므로 형법상 문서에 해당하지 않는다. [변호사 18 변형] [사시 10]

**053** (○) 대법원 2008.4.10, 2008도1013

**054** 甲이 컴퓨터 스캔 작업을 통하여 만들어낸 공인중개사 자격증의 이미지파일은 전자기록으로서 전자기록장치에 전자적 형태로서 고정되어 계속성이 있다고 볼 수는 있으나, 그러한 형태는 그 자체로서 시각적 방법에 의해 이해할 수 있는 것이 아니어서 이는 '문서'에 해당하지 아니한다. [경찰간부 22]

**054** (○) 대법원 2008.4.10, 2008도1013

**055** 甲이 이미 자신이 위조한 휴대전화 신규가입신청서를 스캐너로 읽어 들여 이미지화한 다음 그 이미지 파일을 乙에게 이메일로 전송하여 컴퓨터 화면상에서 보게 한 경우, 스캐너로 읽어들여 이미지화한 파일은 문서에 관한 죄에 있어서 '문서'에 해당하지 않으므로 위조사문서행사죄가 성립하지 아니한다. [경찰간부 22] [국가7급 21 2차] [국가9급 15 변형] [법원행시 14 변형]

**055** (×)

**해설+** 휴대전화 신규 가입신청서를 위조한 후 이를 스캔한 이미지 파일을 제3자에게 이메일로 전송한 경우, 이미지 파일 자체는 문서에 관한 죄의 '문서'에 해당하지 않으나, 이를 전송하여 컴퓨터 화면상으로 보게 한 행위는 이미 위조한 가입신청서를 행사한 것에 해당하므로 위조사문서행사죄가 성립한다(대법원 2008.10.23, 2008도5200).

**056** 甲이 위조·변조한 공문서의 컴퓨터 이미지 파일을 A에게 이메일로 송부하여 프린터로 출력하게 한 경우, A가 그 위조된 사실을 알지 못하였다면 甲에게는 위조·변조공문서행사죄가 성립하지 않는다. [국가7급 21]

056 (×) 위조·변조공문서행사죄를 구성한다(대법원 2012.2.23, 2011도14441).

**057** 신용장에 날인된 시중은행의 접수일부인(接手日附印)은 사문서위조죄의 객체인 사문서에 해당한다. [법원행시 11]

057 (○) 대법원 1979.10.30, 77도1879

**058** 사문서의 작성명의자의 인장이 압날되지 아니하고 주민등록번호가 기재되지 않았다고 하더라도, 일반인으로 하여금 그 작성명의자가 진정하게 작성한 사문서로 믿기에 충분할 정도의 형식과 외관을 갖추었으면 사문서위조죄 및 동행사죄의 객체가 되는 사문서라고 보아야 한다. [경찰채용 19 1차]

058 (○) 대법원 1989.8.8, 88도2209

**059** 형법상 문서죄의 객체인 사문서는 권리·의무 또는 사실증명에 관한 타인의 문서 또는 도화를 가리키고, 권리·의무에 관한 문서라 함은 권리의무의 발생·변경·소멸에 관한 사항이 기재된 것을 말하며, 사실증명에 관한 문서는 권리·의무에 관한 문서 이외의 문서로서 거래상 중요한 사실을 증명하는 문서를 의미한다.

059 (○) 대법원 2009.4.23, 2008도8527

**060** 형법상 문서죄의 객체에 해당하는 거래상 중요한 사실을 증명하는 문서는, 법률관계의 발생·존속·변경·소멸의 전후과정을 증명하는 것이 주된 취지인 문서뿐만 아니라 직접적인 법률관계에 단지 간접적으로만 연관된 의사표시 내지 권리·의무의 변동에 사실상으로만 영향을 줄 수 있는 의사표시를 내용으로 하는 문서도 포함될 수 있다.

060 (○)

> **해설+** 이에 해당하는지 여부는 문서의 제목만을 고려할 것이 아니라 문서의 내용과 더불어 문서작성자의 의도, 그 문서가 작성된 객관적인 상황, 문서에 적시된 사항과 그 행사가 예정된 상대방과의 관계 등을 종합적으로 고려하여 판단하여야 한다(대법원 2009.4.23, 2008도8527).

**061** 담뱃갑의 표면에 그 담배의 제조회사와 담배의 종류를 구별·확인할 수 있는 특유의 도안이 표시되어 있는 경우에 그러한 담뱃갑은 사문서 등의 위조죄대상인 '도화'에 해당하지 않는다. [국가9급 15] [법원행시 13·14]

**해설+** 담뱃갑은 적어도 그 담뱃갑 안에 들어 있는 담배가 특정 제조회사가 제조한 특정한 종류의 담배라는 사실을 증명하는 기능을 하고 있다(대법원 2010.7.29, 2010도2705).

061 (×)

**062** 허위공문서작성죄의 객체가 되는 문서는 문서상 작성명의인이 명시된 경우뿐 아니라 작성명의인이 명시되어 있지 않더라도 문서의 형식, 내용 등 문서 자체에 의하여 누가 작성하였는지를 추지할 수 있을 정도의 것이면 된다. [경찰채용 21 1차]

062 (○) 대법원 2019.3.14, 2018도18646

**063** 허위공문서작성죄의 객체가 되는 문서는 문서상 작성명의인이 명시된 경우여야 하므로, 작성명의인이 명시되어 있지 않은 문서는 허위공문서작성죄의 객체가 될 수 없다. [법원9급 20]

**해설+** 작성명의인이 명시되어 있지 아니하더라도 그 문서 자체에 의하여 누가 작성하였는지를 추지할 수 있을 정도의 것이면 된다(대법원 1995.11.10, 95도2088).

063 (×) '~여야 하므로,' → '~라고 하더라도,', '~될 수 없다.' → '~될 수 있다.'

**064** 피의자신문조서 말미에 작성자의 서명, 날인이 없으나, 첫머리에 작성 사법경찰리와 참여 사법경찰리의 직위와 성명을 적어 넣은 것이 있다면 그 문서 자체에 의하여 작성자를 추지할 수 있으므로, 그러한 피의자신문조서는 허위공문서작성죄의 객체가 되는 공문서로 볼 수 있다. [법원9급 22]

**해설+** 공소외 D, E, F에 대한 각 피의자신문조서는 각 그 조서 말미에 작성자의 서명, 날인이 없으나, 위 각 피의자신문조서 첫머리에 작성 사법경찰리와 참여 사법경찰리의 직위와 성명을 적어 넣은 것이 있어 그 문서 자체에 의하여 작성자를 추지할 수 있다. 따라서 위 각 피의자신문조서는 허위공문서작성죄의 객체가 되는 공문서로 볼 수 있다(대법원 1995.11.10, 95도2088).

064 (○)

**065** 사문서위조죄는 그 명의자가 진정으로 작성한 문서로 볼 수 있을 정도의 형식과 외관을 갖추어 일반인이 명의자의 진정한 문서로 오신하기에 충분한 정도이면 성립하는 것이고, 반드시 그 작성명의자의 서명이나 날인이 있어야 하는 것은 아니다. [법원9급 12] [사시 13]

065 (○) 대법원 1988.3.22, 88도3; 2009.7.23, 2008도10195

**066** 사문서의 경우에는 그 명의인이 실재하지 않는 허무인이거나 문서의 작성일자 전에 이미 사망하였다 하더라도 문서위조죄가 성립하나, 공문서의 경우에는 문서위조죄가 성립하기 위하여 명의인이 실재함을 필요로 한다.

[변호사 18]

066 (×) '나 → '고, '는 → '도, '한다 → '하는 것은 아니다'

> **해설+** 그 명의인이 실재하지 않는 허무인이거나 또는 문서의 작성일자 전에 이미 사망하였다고 하더라도 문서위조죄가 성립한다고 봄이 상당하며, 이는 공문서뿐만 아니라 사문서의 경우에도 마찬가지라고 보아야 한다(대법원 2005.2.24, 2002도18 전원합의체).

**067** 문서위조죄는 문서의 진정에 대한 공공의 신용을 그 보호법익으로 하는 것이므로 행사할 목적으로 작성된 문서가 일반인으로 하여금 당해 명의인의 권한 내에서 작성된 문서라고 믿게 할 수 있는 정도의 형식과 외관을 갖추고 있으면 문서위조죄가 성립하는 것이고, 위와 같은 요건을 구비한 이상 그 명의인이 실재하지 않는 허무인이거나 또는 문서의 작성일자 전에 이미 사망하였다고 하더라도 그러한 문서 역시 공공의 신용을 해할 위험성이 있으므로 문서위조죄가 성립한다고 봄이 상당하며, 이는 공문서뿐만 아니라 사문서의 경우에도 마찬가지라고 보아야 한다. [국가7급 11] [법원9급 12] [사시 13]

067 (○) 대법원 2005.2.24, 2002도18

**068** 甲은 피해자가 사망한 다음 날 마치 피해자가 작성한 것처럼 피해자 명의의 예금청구서 1통을 위조하고, 이를 은행에 제출하였다. 甲에게는 사문서위조죄와 동행사죄가 성립한다(사기죄는 제외). [국가9급 21]

068 (○)

> **해설+** 문서위조죄는 문서의 진정에 대한 공공의 신용을 그 보호법익으로 하는 것이므로 행사할 목적으로 작성된 문서가 일반인으로 하여금 당해 명의인의 권한 내에서 작성된 문서라고 믿게 할 수 있는 정도의 형식과 외관을 갖추고 있으면 문서위조죄가 성립하는 것이고, 위와 같은 요건을 구비한 이상 그 명의인이 실재하지 않는 허무인이거나 또는 문서의 작성일자 전에 이미 사망하였다고 하더라도 그러한 문서 역시 공공의 신용을 해할 위험성이 있으므로 문서위조죄가 성립한다고 봄이 상당하며, 이는 공문서뿐만 아니라 사문서의 경우에도 마찬가지라고 보아야 한다(대법원 2005. 2.24, 2002도18 전원합의체).

**069** 甲이 경력증명서 양식에 실재하지 않는 A한의원의 이름을 적고 임의로 만든 A한의원의 직인을 날인하여 작성한 경우 마치 명의인의 권한 내에서 작성된 문서라고 믿게 할 만한 형식과 외관의 경력증명서를 작성하였다면 사문서위조죄가 성립한다. [국가9급 16]

069 (○)

> **해설+** 일반인으로 하여금 당해 명의인의 권한 내에서 작성된 문서라고 믿게 할 수 있는 정도의 형식과 외관을 갖추고 있다면 사문서위조 및 동행사죄가 성립한다(대법원 2005.2.24, 2002도18 전원합의체).

**070** 문서위조 또는 변조 및 동행사죄의 보호법익은 문서 자체의 가치가 아니고 문서에 대한 공공의 신용이므로 문서위조 또는 변조의 객체가 되는 문서는 반드시 원본에 한한다고 보아야 할 근거는 없고 문서의 사본이라도 원본과 동일한 의식내용을 보유하고 증명수단으로서 원본과 같은 사회적 기능과 신용을 가지는 것으로 인정된다면 이를 위 문서의 개념에 포함시키는 것이 상당하다 할 것이다.

> **해설+** 복사문서의 문서성은 긍정된다(대법원 1989.9.12, 87도506 전원합의체, 형법 제237조의2). 위 지문의 경우, 광의의 문서의 개념에 포함되는 도화의 경우에 있어서도 마찬가지로 해석하여야 한다(대법원 1993.7.27, 93도1435).

**070** (○)

**071** 형법 제237조의2에 따라 전자복사기, 모사전송기 기타 이와 유사한 기기를 사용하여 복사한 문서의 사본도 문서원본과 동일한 의미를 가지는 문서로서 이를 다시 복사한 문서의 재사본도 문서위조죄 및 동행사죄의 객체인 문서에 해당한다. [국가7급 16]

**071** (○) 대법원 2004.10.28, 2004도5183

**072** 십지지문 지문대조표는 수사기관이 피의자의 신원을 특정하고 지문대조조회를 하기 위하여 직무상 작성하는 서류로서 비록 자서란에 피의자로 하여금 스스로 성명 등의 인적 사항을 기재하도록 하고 있다 하더라도 이를 사문서로 볼 수는 없다. [경찰승진 14]

**072** (○) 대법원 2000.8.22, 2000도2393

**073** 지방세의 수납업무를 일부 관장하는 시중은행의 세금수납영수증은 공문서에 해당하지 않는다. [국가9급 16] [법원행시 14]

> **해설+** 지방세의 수납업무를 일부 관장하는 시중은행의 직원이나 은행이 형법 제225조 소정의 공무원 또는 공무소가 되는 것은 아니고 세금 수납영수증도 공문서에 해당하지 않는다(대법원 1996.3.26, 95도3073).

**073** (○)

**074** 甲이 외국에서 발행되고 유효기간이 경과한 국제운전면허증에 붙어 있던 A의 사진을 떼어내고 그 자리에 자신의 사진을 붙인 후 이를 소지하고 우리나라 도로에서 운전을 한 경우 공문서위조 및 동행사죄가 성립한다. [국가9급 16]

**074** (×) '공문서' → '사문서' 공문서위조 및 동행사죄가 아니라 사문서위조 및 동행사죄가 성립한다(대법원 1998.4.10, 98도164).

**075** 사진을 바꾸어 붙이는 방법으로 위조한, 외국 공무원이 발행한 국제운전면허증이 유효기간을 경과하여 본래의 용법에 따라 사용할 수 없더라도, 면허증 행사 시 상대방이 유효기간을 쉽게 알 수 없는 등의 사정으로 발급권한 있는 자로부터 국제운전면허를 받은 것으로 오신하기에 충분한 정도의 형식과 외관을 갖추고 있다면, 문서위조죄의 위조문서에 해당한다.

[변호사 23]

075 (○)

> **해설+** 문서위조죄는 문서의 진정에 대한 공공의 신용을 그 보호법익으로 하는 것이므로, 피고인이 위조하였다는 국제운전면허증이 그 유효기간을 경과하여 본래의 용법에 따라 사용할 수는 없게 되었다고 하더라도, 이를 행사하는 경우 그 상대방이 유효기간을 쉽게 알 수 없도록 되어 있거나 위 문서 자체가 진정하게 작성된 것으로서 피고인이 명의자로부터 국제운전면허를 받은 것으로 오신하기에 충분한 정도의 형식과 외관을 갖추고 있다면 피고인의 행위는 문서위조죄에 해당한다(대법원 1998.4.10, 98도164,98감도12).

**076** 주취운전자 적발보고서 및 주취운전자 정황진술보고서의 각 운전자란에 타인의 서명을 한 다음 이를 경찰관에게 제출한 것은 사문서위조 및 동행사죄에 해당한다.

[법원9급 16]

076 (○) 대법원 2004.12.23, 2004도6483

**077** 소속 공무소 식당의 주·부식 구입 업무를 담당하는 공무원이 그 공무소와의 계약에 의하여 주·부식의 구입·검수 업무 등을 담당하는 비공무원인 영양사의 명의를 위조하여 검수결과보고서를 작성하였더라도 공문서위조죄가 성립하지 않는다.

[국가7급 22]

077 (○)

> **해설+** 형법 제225조의 공문서변조나 위조죄의 객체인 공문서는 공무원 또는 공무소가 그 직무에 관하여 작성하는 문서이고, 그 행위주체가 공무원과 공무소가 아닌 경우에는 형법 또는 기타 특별법에 의하여 공무원 등으로 의제되는 경우를 제외하고는 계약 등에 의하여 공무와 관련되는 업무를 일부 대행하는 경우가 있다 하더라도 공무원 또는 공무소가 될 수는 없다(대법원 1996.3.26, 95도3073). 식당의 주·부식 구입 업무를 담당하는 공무원이 계약 등에 의하여 공무소의 주·부식 구입·검수 업무 등을 담당하는 조리장·영양사 등의 명의를 위조하여 검수결과보고서를 작성한 경우, 공문서위조죄는 성립하지 않는다(대법원 2008.1.17, 2007도6987).

**078** 쓰레기배출량에 따라 쓰레기처리수수료를 징수하는 종량제를 도입하면서 시장·군수·구청장이 용량별로 제작·배포한 '지방자치단체장 관인의 인장'이 인쇄된 지방자치단체장 명의의 종량제 쓰레기봉투를 임의로 제작하여 관급봉투인 양 배포할 경우 공문서위조죄, 위조공문서행사죄로 처벌 가능하다. [사시 14]

078 (○)

> **해설+** 시장 명의의 공문서인 종량제 쓰레기봉투는 시장 명의의 공문서에 해당하므로 행사할 목적으로 위조하여 진정한 것으로 판매하였다면 공문서위조·위조공문서행사죄가 성립한다(대법원 2007. 2.23, 2005도7430).

**079** 보이스피싱 현금 수거 및 전달책인 甲은 성명불상자와 공모하여 금융감독원장 명의의 '금융감독원 대출정보내역'이라는 문서를 위조하여 피해자에게 교부하였다. 甲의 죄책은 사문서위조·동행사죄가 아니라 공문서위조·동행사죄에 해당한다.

079 (○)

> **해설+** 「금융위원회의 설치 등에 관한 법률」(이하 '금융위원회법') 제69조는 금융위원회 위원 또는 증권선물위원회 위원으로서 공무원이 아닌 사람과 금융감독원의 집행간부 및 직원은 형법이나 그 밖의 법률에 따른 벌칙을 적용할 때에는 공무원으로 보고(제1항), 제1항에 따라 공무원으로 보는 직원의 범위는 대통령령으로 정한다(제2항)고 규정하고 있다. … 그렇다면 금융위원회법 제29조, 제69조 제1항에서 정한 금융감독원 집행간부인 금융감독원장 명의의 문서를 위조, 행사한 행위는 사문서위조죄, 위조사문서행사죄에 해당하는 것이 아니라 공문서위조죄, 위조공문서행사죄에 해당한다(대법원 2021.3.11, 2020도14666).

**080** 「금융위원회의 설치 등에 관한 법률」 제29조, 제69조 제1항에서 정한 금융감독원 집행간부인 금융감독원장 명의의 문서를 위조, 행사한 행위는 사문서위조죄, 위조사문서행사죄에 해당한다. [해경승진 23]

080 (×)

> **해설+** 금융위원회법 제29조, 제69조 제1항에서 정한 금융감독원 집행간부인 금융감독원장 명의의 문서를 위조, 행사한 행위는 사문서위조죄, 위조사문서행사죄에 해당하는 것이 아니라 공문서위조죄, 위조공문서행사죄에 해당한다(대법원 2021.3.11, 2020도14666).

081 피고인은 'OOO'이라는 가명을 사용하여 공소외인이 운영하는 다방에 종업원으로 취업하면서 선불금으로 100만 원을 받고 이에 대한 반환을 약속하는 내용의 이 사건 현금보관증을 작성, 교부하였는데 실제 나이보다 4살 어린 1954년생으로 가장하였고, 본인의 실명과 실제 주민등록번호 대신에 'OOO'이라는 가명과 출생연도 부분이 허위인 주민등록번호를 기재하여 교부한 경우, 명의인과 작성자의 인격의 동일성을 오인케 한 피고인의 이러한 행위는 사문서 위조, 동행사죄에 해당한다고 보아야 한다.

**해설+** 현금보관증에 표시된 명칭과 주민등록번호 등으로부터 인식되는 인격은 '1954년에 출생한 52세 가량의 여성인 OOO'이고, 1950년생인 피고인과는 다른 인격인 것이 분명하므로, 이 사건 문서의 명의인과 작성자 사이에 인격의 동일성이 인정되지 않는다(대법원 2010.11.11, 2010도1835).

081 (O)

082 丙이 사망한 후 丙의 상속인 甲은 丙이 생전에 乙에게 명의신탁한 W은행이 발행한 채권의 반환을 乙에게 요구하였다. 그러나 乙은 그 채권은 자신이 丙으로부터 증여받은 것이지 명의신탁 받은 것이 아니라고 주장하였다. 이에 甲은 乙의 동의를 받지 아니하고 乙명의로 채권이전등록청구서를 작성하여 W은행에 제출하였다면 사문서위조죄 및 동행사죄가 성립한다.

[경찰승진 11]

082 (O) 대법원 2007.3.29, 2006도9425

083 피고인이 이사들의 참석 및 의결권 행사에 관한 권한을 위임받았다 하더라도 그 이사들이 이사회에 불참했음에도 마치 참석하여 의결권을 행사한 것처럼 이사회 회의록을 작성하였다면 사문서위조죄가 성립한다.

[경찰채용 18 3차]

083 (×) '성립한다' → '성립하지 않는다'(대법원 1985.10.22, 85도1732)

084 세금계산서의 작성권한자 및 세금계산서상의 공급자가 임의로 공급받는 자란에 다른 사람을 기재한 경우 사문서위조죄가 성립한다.

[국가7급 14 변형]

**해설+** 세금계산서상의 공급받는 자는 세금계산서의 작성명의인은 아니라 할 것이니, 공급받는 자란에 임의로 다른 사람을 기재하였다 하여 그 사람에 대한 관계에서 사문서위조죄가 성립된다고 할 수 없다(대법원 2007.3.15, 2007도169).

084 (×)

085 세금계산서상의 공급받는 자는 그 문서 내용의 일부에 불과할 뿐이므로 임의적 기재사항인 '공급받는 자'란에 임의로 다른 사람을 기재하였더라도 그 사람에 대한 관계에서 사문서위조죄가 성립하지 않는다. [국가7급 22]

085 (O) 대법원 2007.3.15, 2007도169

086 피고인들이 甲 등과 공모하여, 부동산등기법 제49조 제3항, 제2항에서 정한 확인서면의 등기의무자란에 등기의무자 乙 대신 甲이 우무인을 날인하고 법무사를 통해 이를 교부받은 경우 사문서를 위조한 것이라고 할 수 없다.

086 (O)

**해설+** 위 확인서면은 법무사 명의의 문서이고, 작성명의인인 법무사가 피고인들 등에게 속아 등기의무자를 乙로 하는 내용의 확인서면을 작성하였다고 하더라도 이를 피고인들 등이 위조하였다고는 볼 수 없다(대법원 2010.11.25, 2010도11509).

087 주식회사의 대표이사가 그 대표 자격을 표시하는 방식으로 작성한 문서에 표현된 의사 또는 관념이 귀속되는 주체는 대표이사 개인이 아닌 주식회사이므로 그 문서의 명의자는 주식회사라고 보아야 한다. 따라서 위와 같은 문서 작성행위가 위조에 해당하는지는 그 작성자가 주식회사 명의의 문서를 적법하게 작성할 권한이 있는지에 따라 판단하여야 하고, 문서에 대표이사로 표시되어 있는 사람으로부터 그 문서 작성에 관하여 위임 또는 승낙을 받았는지에 따라 판단할 것은 아니다.

087 (O) 대법원 2008.12.24, 2008도7836

088 원래 주식회사의 적법한 대표이사는 회사의 영업에 관하여 재판상 또는 재판외의 모든 행위를 할 권한이 있으므로, 대표이사가 직접 주식회사 명의의 문서를 작성하는 행위는 자격모용사문서작성 또는 위조에 해당하지 않는 것이 원칙이다. 이는 그 문서의 내용이 진실에 반하는 허위이거나 대표권을 남용하여 자기 또는 제3자의 이익을 도모할 목적으로 작성된 경우에도 마찬가지이다. [법원9급 12 변형]

088 (O) 이러한 법리는 주식회사의 대표이사가 대표 자격을 표시하는 방식으로 약속어음 등 유가증권을 작성하는 경우에도 마찬가지로 적용된다(대법원 2015.11.27, 2014도17894).

CHAPTER 02 공공의 신용에 대한 죄 **429**

**089** A회사의 대표이사 甲이 B회사의 대표이사 乙로부터 포괄적 위임을 받아 두 회사의 대표이사 업무를 처리하면서 두 회사 명의로 허위 내용의 영수증과 세금계산서를 작성한 사안에서, B회사 명의 부분은 乙의 개별적·구체적 위임 또는 승낙 없는 행위로서 사문서위조 및 위조사문서행사죄가 성립하지만, A회사 명의 부분은 이미 퇴직한 종전의 대표이사를 승낙 없이 대표이사로 표시하였더라도 이에 해당하지 않는다. [경찰채용 22 1차]

해설+ 원래 주식회사의 적법한 대표이사는 회사의 영업에 관하여 재판상 또는 재판외의 모든 행위를 할 권한이 있으므로, 대표이사가 직접 주식회사 명의 문서를 작성하는 행위는 자격모용사문서작성 또는 위조에 해당하지 않는 것이 원칙이다. 이는 그 문서의 내용이 진실에 반하는 허위이거나 대표권을 남용하여 자기 또는 제3자의 이익을 도모할 목적으로 작성된 경우에도 그러하다(이상 A회사의 명의 사용 부분). 주식회사의 적법한 대표이사라 하더라도 그 권한을 포괄적으로 위임하여 다른 사람으로 하여금 대표이사의 업무를 처리하게 하는 것은 허용되지 않는다. 따라서 대표이사로부터 포괄적으로 권한 행사를 위임받은 사람이 주식회사 명의로 문서를 작성하는 행위는 원칙적으로 권한 없는 사람의 문서 작성행위로서 자격모용사문서작성 또는 위조에 해당하고, 대표이사로부터 개별적·구체적으로 주식회사 명의의 문서 작성에 관하여 위임 또는 승낙을 받은 경우에만 예외적으로 적법하게 주식회사 명의로 문서를 작성할 수 있다(이상 B회사의 명의 사용 부분). 따라서 A회사의 대표이사 甲이 B회사의 대표이사 乙로부터 포괄적 위임을 받아 두 회사의 대표이사 업무를 처리하면서 두 회사 명의로 허위 내용의 영수증과 세금계산서를 작성한 경우, B회사 명의 부분은 乙의 개별적·구체적 위임 또는 승낙 없는 행위로서 사문서위조 및 위조사문서행사죄가 성립하지만, A회사 명의 부분은 이미 퇴직한 종전의 대표이사를 승낙 없이 대표이사로 표시하였더라도 이에 해당하지 않는다(대법원 2008.11.27, 2006도2016).

**090** 주식회사의 대표이사로부터 포괄적인 권한행사를 위임받은 사람은 주식회사 명의의 문서작성에 관하여 개별적·구체적으로 위임 또는 승낙을 받지 않더라도 주식회사 명의로 문서를 작성할 수 있으므로, 이를 두고 자격모용사문서작성 또는 위조에 해당하는 것으로 볼 수는 없다. [경찰채용 23 1차]

해설+ 주식회사의 적법한 대표이사라 하더라도 그 권한을 포괄적으로 위임하여 다른 사람으로 하여금 대표이사의 업무를 처리하게 하는 것은 허용되지 않는다. 따라서 대표이사로부터 포괄적으로 권한행사를 위임받은 사람이 주식회사 명의로 문서를 작성하는 행위는 원칙적으로 권한 없는 사람의 문서작성행위로서 자격모용사문서작성 또는 위조에 해당하고, 대표이사로부터 개별적·구체적으로 주식회사 명의의 문서작성에 관하여 위임 또는 승낙을 받은 경우에만 예외적으로 적법하게 주식회사 명의로 문서를 작성할 수 있다(대법원 2008.11.27, 2006도2016).

**091** A주식회사의 대표이사 甲은 실질적 운영자인 1인 주주 B의 구체적인 위임이나 승낙 없이 이미 퇴임한 전 대표이사 C를 대표이사로 표시하여 A회사 명의의 문서를 작성한 경우 사문서위조죄가 성립한다. [국가9급 16] [법원행시 10]

해설+ 주식회사의 적법한 대표이사는 회사의 영업에 관하여 모든 행위를 할 권한이 있으므로 자격모용사문서작성 또는 위조에 해당하지 않는 것이 원칙이다(대법원 2008.11.27, 2006도9194).

**092** 주식회사의 지배인이 자신을 그 회사의 대표이사로 표시하여 연대보증채무를 부담하는 취지의 회사 명의의 차용증을 작성·교부한 경우, 그 문서에 일부 허위 내용이 포함되거나 위 연대보증행위가 회사의 이익에 반하는 것이더라도 사문서위조 및 위조사문서행사에 해당하지 않는다.

[경찰채용 18 1차] [사시 13]

**092** (○) 대법원 2010.5.13, 2010도1040

**093** 타인으로부터 약속어음 작성에 사용하라고 인장을 교부받았음에도 그 인장을 사용하여 그 타인 명의의 지급명령 이의신청취하서를 작성한 경우에는 사문서위조죄가 성립한다.

[법원9급 13]

**093** (○)

> **해설+** 위탁된 권한을 초월하여 위탁자 명의의 문서를 작성하거나 타인의 서명날인이 정당히 성립된 경우라 하더라도 그 서명날인자의 의사에 반하는 문서를 작성한 경우에는 사문서위조죄가 성립한다(대법원 1976.7.13, 74도2035).

**094** 피고인이 함부로 타인의 명의를 사용하여 문서를 작성할 때 그 작성명의인의 인장이 찍히지 아니하였더라도 그 사람의 상호와 성명이 기재되어 그 명의자의 문서로 믿을 만한 형식과 외관을 갖춘 경우에는 사문서위조죄가 성립한다.

[사시 14]

**094** (○)

> **해설+** 일반인이 그 작성명의자에 의하여 작성된 예금청구서라고 오신할 만한 형식과 외관을 갖추고 있는 이상 권한 없이 위 예금청구서를 작성한 행위는 사문서위조죄에 해당하고 날인이 없다 하여 이를 미완성문서로 볼 수는 없다(대법원 1984.10.23, 84도1729).

**095** 작성권한이 없는 甲이 사문서를 작성·수정함에 있어 그 명의자의 현실적 승낙은 없었지만 행위 당시의 모든 객관적 사정을 종합하여 명의자가 행위 당시 그 사실을 알았더라면 당연히 승낙했을 것이라고 추정되는 경우에는 사문서 위·변조죄가 성립하지 않는다.

[국가9급 16]

**095** (○) 대법원 2015.11.26, 2014도781

**096** 명의자의 명시적인 승낙이나 동의가 없다는 것을 알고 있었더라도 명의자가 문서작성 사실을 알았다면 승낙하였을 것이라고 기대하거나 예측한 경우에는 문서위조죄가 성립하지 않는다.

[법원9급 18]

**096** (×) '성립하지 않는다' → '성립한다'

> **해설+** 명의자가 문서작성 사실을 알았다면 승낙하였을 것이라고 기대하거나 예측한 것만으로는 그 승낙이 추정된다고 단정할 수 없다(대법원 2011.9.29, 2010도14587).

**097** 문서위조죄가 공공의 신용을 보호법익으로 하더라도 사문서를 작성함에 있어 그 명의자의 명시적이거나 묵시적인 승낙이 있었다면 사문서위조에는 해당한다고 할 수 없다. [국가9급총론 23]

> **해설+** 사문서위조죄는 작성권한 없는 자가 타인의 명의를 모용하여 문서를 작성하는 것을 말하므로 사문서를 작성·수정하는 데 그 명의자의 명시적이거나 묵시적인 승낙이 있었다면 사문서위조죄에 해당하지 않는다. 한편 행위 당시 명의자의 현실적인 승낙은 없었지만 행위 당시의 모든 객관적 사정을 종합하여 명의자가 행위 당시 그 사실을 알았다면 당연히 승낙했을 것이라고 추정되는 경우 역시 사문서위조죄가 성립하지 않는다(대법원 2016.4.12, 2014도10718).

097 (○)

**098** 신탁자에게 아무런 부담이 지워지지 않은 채 재산이 수탁자에게 명의신탁된 경우에는 특별한 사정이 없는 한 재산의 처분 기타 권한행사에 관해서 수탁자가 자신의 명의사용을 포괄적으로 신탁자에게 허용하였다고 보아야 하므로, 신탁자가 수탁자 명의로 신탁재산의 처분에 필요한 서류를 작성할 때에 수탁자로부터 개별적인 승낙을 받지 않았더라도 사문서위조·동행사죄가 성립하지 않는다. [법원9급 23]

098 (○) 대법원 2022.3.31, 2021도17197

**099** 甲이 다른 서류에 찍혀 있던 乙의 직인을 칼로 오려내어 풀로 붙인 후 이를 복사하여 수상후보자추천서와 경력증명서 각 1통을 만들고 이를 수상자를 선정하는 협회에 발송한 경우, 동 서류 2통을 주의 깊게 관찰하지 아니하면 그 외관에 비정상적인 부분이 있음을 알아차리기가 어렵다면, 甲에게 사문서위조죄 및 위조사문서행사죄가 성립한다. [변호사 16]

> **해설+** 사문서위조죄는 그 명의자가 진정으로 작성한 문서로 볼 수 있을 정도의 형식과 외관을 갖추어 일반인이 명의자의 진정한 사문서로 오신하기에 충분한 정도이면 성립한다(대법원 2011. 2.10, 2010도8361).

099 (○)

**100** 사망한 사람 명의의 사문서를 위조한 경우 문서명의인이 생존하고 있다는 점이 문서의 중요한 내용을 이루거나 그 점을 전제로 문서가 작성되었다면, 그러한 내용의 문서에 관하여 사망한 명의자의 승낙이 추정된다는 이유로 사문서위조죄의 성립을 부정할 수 없다. [법원행시 14]

> **해설+** 이미 문서에 관한 공공의 신용을 해할 위험이 발생하였다 할 것이므로, 그러한 내용의 문서에 관하여 사망한 명의자의 승낙이 추정된다는 이유로 사문서위조죄의 성립을 부정할 수는 없다(대법원 2011.9.29, 2011도6223).

100 (○)

**101** A 은행의 지배인으로 등기되어 있는 甲은 지급보증의 성질이 있는 A 은행 명의로 된 대출채권양수도약정서와 사용인감계를 작성하였는데, A 은행의 내부규정은 지급보증 등의 의사결정권한을 상위 결재권자에게 부여하고 있었다면, 사문서위조죄에 해당한다. [국가7급 21]

> **해설+** 원래 주식회사의 지배인은 회사의 영업에 관하여 재판상 또는 재판 외의 모든 행위를 할 권한이 있으므로, 지배인이 직접 주식회사 명의 문서를 작성하는 행위는 위조나 자격모용사문서작성에 해당하지 않는 것이 원칙이고, 이는 문서의 내용이 진실에 반하는 허위이거나 권한을 남용하여 자기 또는 제3자의 이익을 도모할 목적으로 작성된 경우에도 마찬가지이다. 그러나 회사 내부규정 등에 의하여 각 지배인이 회사를 대리할 수 있는 행위의 종류, 내용, 상대방 등을 한정하여 권한을 제한한 경우에 제한된 권한 범위를 벗어나서 회사 명의의 문서를 작성하였다면, 이는 자기 권한 범위 내에서 권한 행사의 절차와 방식 등을 어긴 경우와 달리 문서위조죄에 해당한다(대법원 2012. 9.27, 2012도7467).

**101** (O)

**102** 다른 조작을 가함이 없이 문서의 원본을 그대로 컬러복사기로 복사한 후 복사한 문서의 사본을 원본인 것처럼 행사한 행위도 사문서위조죄 및 동행사죄에 해당할 수 있다. [법원9급 18]

> **해설+** '문서가 원본인지 여부'가 중요한 거래에서 문서의 사본을 진정한 원본인 것처럼 행사할 목적으로 다른 조작을 가함이 없이 문서의 원본을 그대로 컬러복사기로 복사한 후 복사한 문서의 사본을 원본인 것처럼 행사한 행위는 사문서위조죄 및 동행사죄에 해당한다. … 변호사인 피고인이 대량의 저작권법 위반 형사고소 사건을 수임하여 피고소인 30명을 각 형사고소하기 위하여 20건 또는 10건의 고소장을 개별적으로 수사관서에 제출하면서 각 하나의 고소위임장에만 소속 변호사회에서 발급받은 진정한 경유증표 원본을 첨부한 후 이를 일체로 하여 컬러복사기로 20장 또는 10장의 고소위임장을 각 복사한 다음 고소위임장과 일체로 복사한 경유증표를 고소장에 첨부하여 접수한 행위는 사문서위조죄 및 동행사죄에 해당한다(대법원 2016.7.14, 2016도2081).

**102** (O)

**103** 명의인을 기망하여 문서를 작성케 하는 경우는 서명, 날인이 정당히 성립된 경우에도 기망자는 명의인을 이용하여 서명날인자의 의사에 반하는 문서를 작성케 하는 것이므로 사문서위조죄가 성립한다. [국가7급 11] [법원9급 12]

**103** (O) 대법원 2000.6.13, 2000 도778

**104** 甲이 권리의무에 관한 사문서인 乙명의의 신탁증서 1통을 작성한 후 마치 다른 내용의 문서인 것처럼 乙에게 제시하여 날인을 받고, 이를 법원에 증거로 제출한 경우 사문서위조죄 및 동행사죄가 성립한다. [경찰간부 17]

**104** (O) 사문서위조 및 동행사죄가 성립한다(대법원 1983.6.28, 83도1036).

**105** 甲이 사문서를 작성함에 있어 문서작성권한을 위임받았고 위임받은 권한의 범위 내에서 이를 남용하여 문서를 작성하였다면, 사문서위조죄가 성립하지 않는다.
[경찰채용 18 3차] [변호사 16]

**106** 피고인이 명의인인 회사대표이사로부터 문서작성권한의 위임을 받았다면, 그 위임받은 권한을 초월하여 사문서를 작성하였다 하더라도 사문서위조죄는 성립하지 않는다.
[경찰채용 18 3차]

> **해설+** 사문서위조죄는 작성권한 없는 자가 타인의 명의를 모용하여 문서를 작성함으로써 성립하는 것인바, 타인으로부터 그 명의의 문서 작성을 위임받은 경우에도 위임된 권한을 초월하여 내용을 기재함으로써 명의자의 의사에 반하는 사문서를 작성하는 것은 작성권한을 일탈한 것으로서 사문서위조죄에 해당한다(대법원 2006.9.28, 2006도1545).

**107** 매수인으로부터 토지매매계약체결에 관하여 포괄적 권한을 위임받은 자가 실제 매수가격보다 높은 가격을 매매대금으로 기재하여 매수인 명의의 매매계약서를 작성하였다 하더라도 그것은 작성권한 있는 자가 허위내용의 문서를 작성한 것에 불과하여 사문서위조죄가 성립할 수 없다.
[변호사 18] [사시 08]

**108** 대금수령에 관하여 포괄적 위임을 받은 자가 대금을 지급받는 방법으로 본인 명의의 차용증서를 작성해 준 경우에는 사문서위조죄가 성립한다.
[국가7급 11]

> **해설+** 포괄적 위임을 받은 자가 본인명의의 차용증서를 작성해 준 경우에 있어서 사문서위조, 동행사의 범의가 인정되지 않는다는 판례이다(대법원 1984.3.27, 84도115).

**109** 甲 교회 목사인 피고인이 자신을 지지하는 일부 교인들과 甲 교회를 탈퇴함으로써 대표자의 지위를 상실하였으나, 그 후 甲 교회 명의로 甲 교회 소유 부동산을 자신에게 매도하는 내용의 매매계약서를 작성하고 이를 행사한 행위는 사문서위조죄 및 위조사문서행사죄에 해당한다.
[경찰채용 13 1차]

**110** 甲은 乙과의 동업계약에 따라 甲명의로 변경하기 위하여 乙의 인장이 날인된 백지의 건축주명의변경신청서를 받아 보관하고 있던 중 그 위임의 취지에 반하여 丙 앞으로 건축주 명의를 변경하는 건축주명의변경신청서를 작성하여 구청에 제출하였다면 사문서위조죄 및 동행사죄가 성립한다.

[경찰승진 11]

110 (O) 대법원 1984.6.12, 83도2408

**111** 사문서를 위조한 후 피해자의 동의 또는 추인으로 인하여 문서에 기재된 대로 효과의 승인을 받고 문서내용이 실체적 권리관계에 부합하게 된 경우 사문서위조죄가 성립한다.

[국가7급 14]

> **해설+** 사후에 피해자의 동의 또는 추인 등의 사정으로 문서에 기재 된 대로 효과의 승인을 받거나, 실체적 권리관계에 부합하게 되었다 하더라도, 이미 성립한 범죄에는 아무런 영향이 없다(대법원 1999.5.14, 99도202).

111 (O)

**112** 부동산 매수인(乙)이 매도인(甲)과 부동산계약서 2통을 작성하고 그중 1통을 가지고 있는 기회를 이용하여 행사할 목적으로 그 부동산계약서의 좌단 난외에 '전기 부동산에 대한 제삼자에 대여한 전세계약은 乙이 승계하고 전세금반환의무를 부하기로 함'이라고 권한 없이 가필(加筆)하고 그 밑에 자신의 인장을 날인하였다면 사문서위조죄가 성립한다.

[국가7급 22]

> **해설+** 부동산 매매계약서와 같이 문서에 2인 이상의 작성명의인이 있는 때에는 각 명의자마다 1개의 문서가 성립되는 것으로 볼 것이고 문서에 2인 이상의 작성명의인이 있는 때에 그 명의자의 한 사람이 타 명의자와 합의 없이 행사할 목적으로 그 문서의 내용을 변경하였을 때는 사문서변조죄가 성립된다(대법원 1977.7.12, 77도1736).

112 (✕) 사문서위조죄가 아니라 사문서변조죄가 성립한다.

**113** 사문서변조죄는 권한 없는 자가 이미 진정하게 성립된 타인 명의의 문서 내용에 대하여 동일성을 해하지 않을 정도로 변경을 가하여 새로운 증명력을 작출케 함으로써 공공적 신용을 해할 위험성이 있을 때 성립한다. 따라서 이미 진정하게 성립된 타인 명의의 문서가 존재하지 않는다면 사문서변조죄가 성립할 수 없다.

[경찰채용 20 1차]

113 (O) 대법원 2017.12.5, 2014도14924

**114** 변조 당시 명의인의 명시적, 묵시적 승낙이 없었다면 변조된 문서가 명의인에게 유리하여 결과적으로 그 의사에 합치한다 하더라도 사문서변조죄의 구성요건을 충족한다. [변호사 23]

> **해설+** 사문서변조에 있어서 그 변조 당시 명의인의 명시적, 묵시적 승낙 없이 한 것이면 변조된 문서가 명의인에게 유리하여 결과적으로 그 의사에 합치한다 하더라도 사문서변조죄의 구성요건을 충족한다(대법원 1985.1.22, 84도2422).

**114** (O)

**115** 문서의 변조는 이미 진정하게 성립한 타인 명의의 문서에 그 동일성을 해하지 않을 정도로 변경을 가하는 것으로 그 변경 내용이 비록 객관적인 진실에 합치하는 것이라 하더라도 사문서변조죄의 구성요건을 충족한다. [사시 09]

> **해설+** 문서의 변조는 문서의 작성권한 없는 자가 작성권자의 동의 없이 문서 내용을 변경함으로써 성립하는 범죄이다. 따라서 변경된 내용이 객관적 진실에 합치되는가의 여부는 문서변조죄의 성립에 영향을 주지 아니한다.

**115** (O)

**116** 피고인이 사무실 전세계약서 원본을 스캐너로 복사하여 컴퓨터 화면에 띄운 후 그 보증금액란을 공란으로 만든 다음 이를 프린터로 출력하여 검정색 볼펜으로 보증금액을 '삼천만 원'으로 바꾼 후, 이 사무실 전세계약서를 팩스로 송부한 경우 사문서변조죄 및 동행사죄는 성립하지 아니한다. [국가7급 14]

**116** (X) '프린터로 출력된 문서'인 사무실전세계약서를 변조하고 이를 행사한 행위이므로, 피고인에게는 사문서변조죄 및 동행사죄가 성립한다(대법원 2011.11.10, 2011도10468).

**117** 권한 없이 행사할 목적으로 전세계약서 원본을 스캐너로 복사하여 컴퓨터 화면에 띄운 후 그 보증금액란을 포토숍 프로그램을 이용하여 공란으로 만든 다음 이를 프린터로 출력하여 그 공란에 볼펜으로 보증금액을 사실과 달리 기재하여 그 정을 모르는 자에게 교부하였다면, 사문서변조죄 및 변조사문서행사죄가 성립한다. [변호사 23]

> **해설+** "피고인이 사무실전세계약서 원본을 스캐너로 복사하여 컴퓨터 화면에 띄운 후 그 보증금액란을 공란으로 만든 다음 이를 프린터로 출력하여 검정색 볼펜으로 보증금액을 '삼천만 원(30,000,000원)'으로 변조하고, 이와 같이 변조된 사무실전세계약서를 팩스로 송부하여 행사하였다."는 것이므로, 이 부분 공소사실에서 적시된 범죄사실은 '컴퓨터 모니터 화면상의 이미지'를 변조하고 이를 행사한 행위가 아니라 '프린터로 출력된 문서'인 사무실전세계약서를 변조하고 이를 행사한 행위임을 알 수 있다(대법원 2011.11.10, 2011도10468).

**117** (O)

**118** 컴퓨터 모니터에 나타나는 이미지는 문서에 해당하지 않으므로, 전세계약서 원본을 스캔하여 컴퓨터 화면에 띄운 후 그 보증금액란을 공란으로 만든 다음 이를 프린터로 출력하여 보증금액을 변조하고 변조된 전세계약서를 팩스로 송부하였더라도 사문서변조 및 동행사죄는 성립하지 않는다.

[경찰승진 22]

118 (×)

> **해설+** 이 사건 제1사문서변조 및 행사의 점에 관한 공소사실은 "피고인이 사무실전세계약서 원본을 스캐너로 복사하여 컴퓨터 화면에 띄운 후 그 보증금액란을 공란으로 만든 다음 이를 프린터로 출력하여 검정색 볼펜으로 보증금액을 '삼천만 원(30,000,000원)'으로 변조하고, 이와 같이 변조된 사무실전세계약서를 팩스로 송부하여 행사하였다."는 것이므로, 이 부분 공소사실에서 적시된 범죄사실은 '컴퓨터 모니터 화면상의 이미지'를 변조하고 이를 행사한 행위가 아니라 '프린터로 출력된 문서'인 사무실전세계약서를 변조하고 이를 행사한 행위임을 알 수 있다(대법원 2011.11.10, 2011도10468). 즉, 사문서변조 및 동행사죄가 성립한다.

**119** 사립학교 법인 이사가 이사회 회의록에 서명 대신 서명거부사유를 기재하고 그에 대한 서명을 한 경우, 이사회 회의록의 작성권한자인 이사장이라 하더라도 임의로 이를 삭제하면 특별한 사정이 없는 한 사문서변조에 해당한다.

[경찰채용 21 1차]

119 (○) 대법원 2018.9.13, 2016도20954

**120** 사문서를 위조하고 그 위조된 사문서를 행사한 경우, 사문서위조죄와 위조사문서행사죄가 성립하고 양 죄는 상상적 경합관계에 있다.

[국가7급 20]

120 (×)

> **해설+** 피고인이 예금통장을 강취하고 예금자 명의의 예금청구서를 위조한 다음 이를 은행원에게 제출행사하여 예금인출금 명목의 금원을 교부받았다면 강도, 사문서위조, 동행사, 사기의 각 범죄가 성립하고 이들은 실체적 경합관계에 있다 할 것이다(대법원 1991.9.10, 91도1722).

**121** 자격모용에 의한 사문서작성죄는 문서위조죄와 마찬가지로 문서의 진정에 대한 공공의 신용을 보호법익으로 하는 것으로, 행사할 목적으로 타인의 자격을 모용하여 작성된 문서가 일반인으로 하여금 명의인의 권한 내에서 작성된 문서라고 믿게 할 수 있는 정도의 형식과 외관을 갖추고 있으면 성립한다.

121 (○) 대법원 2017.12.22, 2017도14560

**122** 작성자가 '행사할 목적'으로 타인의 자격을 모용하여 문서를 작성하였다 하더라도, 문서행사의 상대방이 자격모용사실을 알았다거나, 작성자가 그 문서에 모용한 자격과 무관한 직인을 날인하였다는 등의 사정이 있었다면 자격모용에 의한 사문서작성죄의 범의와 행사의 목적은 인정되지 않는다.

[경찰채용 23 2차]

122 (×)

**해설+** 자격모용사문서작성죄에서의 '행사할 목적'이라 함은 그 문서가 정당한 권한에 기하여 작성된 것처럼 다른 사람으로 하여금 오신하도록 하게 할 목적을 말한다고 할 것이므로 사문서를 작성하는 자가 주식회사의 대표로서의 자격을 모용하여 문서를 작성한다는 것을 인식, 용인하면서 그 문서를 진정한 문서로서 어떤 효용에 쓸 목적으로 사문서를 작성하였다면, 자격모용에 의한 사문서작성죄의 행사의 목적과 고의를 인정할 수 있다. 작성자가 '행사할 목적'으로 자격을 모용하여 문서를 작성한 이상 문서행사의 상대방이 자격모용 사실을 알았다거나, 작성자가 그 문서에 모용한 자격과 무관한 직인을 날인하였다는 등의 사정이 있다고 하여 달리 볼 것은 아니다(대법원 2022.6.30, 2021도17712).

**123** '○○부동산'은 등록된 부동산중개사무소인데 부동산매매계약을 중개하면서 자신을 '○○부동산'의 대표라고 칭하며 계약서의 공인중개사란에 '○○부동산'의 상호와 등록번호 등을 기재하고 자신을 대표자로 기재하여 마치 자신에게 위 부동산중개사무소의 대표자 자격이 있는 양 가장하였다면, 이는 자격모용사문서작성죄를 구성한다.

[법원행시 10]

123 (○) 대법원 2008.2.14, 2007도9606

**124** 대표자 또는 대리인의 자격으로 임대차 등 계약을 하는 경우 그 자격을 표시하는 방법에는 특별한 규정이 없다. 피고인 자신을 위한 행위가 아니고 작성명의인을 위하여 법률행위를 한다는 것을 인식할 수 있을 정도의 표시가 있으면 대표 또는 대리관계의 표시로서 충분하다. 일반인이 명의인의 권한 내에서 작성된 문서로 믿게 하기에 충분한 정도인지는 문서의 형식과 외관은 물론 문서의 작성 경위, 종류, 내용과 거래에서 문서가 가지는 기능 등 여러 사정을 종합하여 판단해야 한다.

124 (○) 대법원 2017.12.22, 2017도14560

**125** 피고인이 甲 주식회사 소유의 오피스텔에 대한 분양대행 권한을 가지게 되었을 뿐 甲 회사의 동의 없이 오피스텔을 임대할 권한이 없는데도 임차인들과 임대차계약을 체결하면서 甲 회사가 분양사업을 위해 만든 乙 회사 명의로 계약서를 작성·교부하였는데, 임대차계약서에는 임대인 성명이 '乙 회사(피고인)'로 기재되어 대표자 또는 대리인의 자격표시가 없고 또 피고인의 개인 도장이 찍혀있는 경우 자격모용사문서작성죄 및 자격모용작성사문서행사죄가 성립한다.

125 (○) 일반인으로서는 임대차계약서가 을 회사의 대표자 또는 대리인의 자격을 가진 피고인에 의해 을 회사 명의로 작성된 문서라고 믿게 할 수 있는 정도의 형식과 외관을 갖추고 있어 피고인의 행위는 자격모용사문서작성과 자격모용작성사문서행사에 해당한다(대법원 2017.12.22, 2017도14560).

**126** 종중의 신임 대표자 등이 선임되고 전임 대표자에 대한 직무집행정지가처분결정이 있은 후 위 가처분결정이 취소된 경우, 위 선임 의결가 무효라면 종전 임원이 위 가처분결정 이전에 작성한 이사회 의사록은 '자격을 모용하여 작성한 문서'가 아니고, 이를 위 가처분결정 이후에 행사하였다고 하더라도 자격모용작성사문서행사죄가 성립하지 않는다. [사시 14]

126 (○) 대법원 2007.7.26, 2005도4072

**127** 법인이 설치·운영하는 전산망 시스템에 제공되어 정보의 생성·처리·저장·출력이 이루어지는 전자기록 등 특수매체기록은 그 법인의 임직원과의 관계에서 '타인'의 전자기록 등 특수매체기록에 해당한다. [법원9급 21]

127 (○)

> **해설+** 법인이 컴퓨터 등 정보처리장치를 이용하여 전자적 방식에 의한 정보의 생성·처리·저장·출력을 목적으로 전산망 시스템을 구축하여 설치·운영하는 경우 위 시스템을 설치·운영하는 주체는 법인이고, 법인의 임직원은 법인으로부터 정보의 생성·처리·저장·출력의 권한을 위임받아 그 업무를 실행하는 사람에 불과하다. 따라서 법인이 설치·운영하는 전산망 시스템에 제공되어 정보의 생성·처리·저장·출력이 이루어지는 전자기록 등 특수매체기록은 그 법인의 임직원과의 관계에서 '타인'의 전자기록 등 특수매체기록에 해당한다(대법원 2020.8.27, 2019도11294 전원합의체).

**128** 시스템의 설치·운영 주체로부터 각자의 직무 범위에서 개개의 단위 정보의 입력 권한을 부여받은 사람이 그 권한을 남용하여 허위의 정보를 입력함으로써 시스템 설치·운영 주체의 의사에 반하는 전자기록을 생성하는 경우에는 사전자기록등위작죄에서 말하는 전자기록의 '위작'에 포함되지 않는다. [법원9급 21]

128 (×)

> **해설+** 형법 제227조의2의 공전자기록등위작죄는 사무처리를 그르치게 할 목적으로 공무원 또는 공무소의 전자기록 등 특수매체기록을 위작 또는 변작한 경우에 성립한다. 대법원은, … 개인 또는 법인이 전자적 방식에 의한 정보의 생성·처리·저장·출력을 목적으로 구축하여 설치·운영하는 시스템을 설치·운영하는 주체와의 관계에서 전자기록의 생성에 관여할 권한이 없는 사람이 전자기록을 작출하거나 전자기록의 생성에 필요한 단위정보의 입력을 하는 경우는 물론 <u>시스템의 설치·운영 주체로부터 각자의 직무 범위에서 개개의 단위정보의 입력 권한을 부여받은 사람이 그 권한을 남용하여 허위의 정보를 입력함으로써 시스템 설치·운영 주체의 의사에 반하는 전자기록을 생성하는 경우도 형법 제227조의2에서 말하는 전자기록의 '위작'에 포함된다</u>고 판시하였다. <u>위 법리는 형법 제232조의2의 사전자기록등위작죄에서 행위의 태양으로 규정한 '위작'에 대해서도 마찬가지로 적용된다</u>(대법원 2020.8.27, 2019도11294 전원합의체).

**129** 작성권한 있는 자가 그 권한을 남용하여 허위의 정보를 입력함으로써 시스템 설치·운영 주체의 의사에 반하는 사(私)전자기록을 생성한 행위는 무형위조에 불과하므로 형법 제232조의2에서 정한 사전자기록의 '위작'에 해당하지 아니한다.

129 (×)

> **해설+** 형법 제227조의2의 공전자기록등위작죄의 법리는 형법 제232조의2의 사전자기록등위작죄에서 행위의 태양으로 규정한 '위작'에 대해서도 마찬가지로 적용된다(대법원 2016.11.10, 2016도6299). 이와 같은 위작에 관한 대법원의 법리는 타당하므로 이 사건에서도 적용할 수 있다(대법원 2020.8.27, 2019도11294 전원합의체).

> **보충** 코미드라는 상호로 인터넷 가상화폐 거래소를 운영하는 주식회사 코미드의 대표이사 내지 사내이사인 피고인들이 가상화폐 거래시스템상 차명계정에 허위의 원화 포인트 및 가상화폐 포인트를 입력하고, 이를 위 거래시스템상 표시하게 한 것은 사전자기록등위작죄 및 위작사전자기록등행사죄에 해당한다는 판례이다.

**130** 주식회사에서 사용하는 컴퓨터 임시 기억장치 중 하나인 램(RAM)에 올려진 전자기록에 허구의 내용을 권한없이 수정 입력하였으나 원본파일의 변경까지는 초래하지 아니한 경우 사전자기록등변작죄가 성립한다. [사시 10]

130 (○) 대법원 2003.10.9, 2000도4993

**131** 형법 제237조의2에 따라 전자복사기, 모사전송기 기타 이와 유사한 기기를 사용하여 복사한 문서의 사본도 문서원본과 동일한 의미를 가지는 문서로서 이를 다시 복사한 문서의 재사본도 문서위조죄 및 동행사죄의 객체인 문서에 해당한다 할 것이므로, 타인의 주민등록증사본의 사진란에 자신의 사진을 붙여 복사하여 행사한 행위도 공문서위조죄 및 동행사죄에 해당한다. [국가9급 12] [법원9급 16] [변호사 16] [사시 09]

131 (○) 대법원 2000.9.5, 2000도2855

**132** 문서를 작성할 권한이 있는 공무원을 보조하는 기안담당자인 공무원이 결재를 받지 않고 임의로 허위공문서를 작성한 경우에는 공문서위조죄가 성립한다. [경찰채용 17 2차] [사시 08]

132 (○) 대법원 1997.2.14, 96도2234

**133** 공문서의 작성권한 없는 사람이 허위공문서를 기안하여 작성권자의 결재를 받지 않고 공문서를 완성한 경우에는 공문서위조죄가 성립한다.

133 (O) 대법원 2017.5.17, 2016도13912

**134** 공무원 아닌 자가 관공서에 허위 내용의 증명원을 제출하여 그 내용이 허위인 정을 모르는 담당공무원으로부터 그 증명원 내용과 같은 증명서를 발급받은 경우에는 공문서위조죄의 간접정범이 성립하지 않는다.

[경찰채용 18 1차] [국가7급 16] [법원9급 18]

134 (O) 그 문서의 성립은 진정하며 여기에 하등 작성명의를 모용한 사실이 있다고 할 수는 없다(대법원 2001.3.9, 2000도938).

**135** 정부에서 발주하는 공사를 낙찰받기 위하여 허위사실을 기재한 공사실적 증명원을 구청의 담당직원에게 제출하여 그 내용이 허위인 정을 모르는 담당직원으로부터 기재된 사실을 증명한다는 취지로 구청장의 직인을 날인받은 경우 공문서위조죄의 간접정범이 된다. [법원9급 13]

**해설+** 그 서명날인이 타인의 기망으로 착오에 빠진 결과 그 문서의 기재사항이 진실에 반함을 알지 못한 데 기인한다고 하여도, 그 문서의 성립은 진정하며 여기에 하등 작성명의를 모용한 사실이 있다고 할 수는 없다(대법원 2001.3.9, 2000도938).

135 (X) '된다' → '되지 않는다'

**136** 일반인으로 하여금 공무원 또는 공무소의 권한 내에서 작성된 문서라고 믿을 수 있는 형식과 외관을 구비한 문서를 작성하면 공문서위조죄가 성립하지만, 평균 수준의 사리분별력을 갖는 사람이 조금만 주의를 기울여 살펴보면 공무원 또는 공무소의 권한 내에서 작성된 것이 아님을 쉽게 알아볼 수 있을 정도로 공문서로서의 형식과 외관을 갖추지 못한 경우에는 공문서위조죄가 성립하지 않는다.

**해설+** 일반인으로 하여금 공무원 또는 공무소의 권한 내에서 작성된 문서라고 믿을 수 있는 형식과 외관을 구비한 문서를 작성하면 공문서위조죄가 성립하지만, 평균 수준의 사리분별력을 갖는 사람이 조금만 주의를 기울여 살펴보면 공무원 또는 공무소의 권한 내에서 작성된 것이 아님을 쉽게 알아볼 수 있을 정도로 공문서로서의 형식과 외관을 갖추지 못한 경우에는 공문서위조죄가 성립하지 않는다(대법원 1992.5.26, 92도699; 2020.10.24, 2019도8443).

136 (O)

137 위조문서행사죄에서 행사란 위조된 문서를 진정한 문서인 것처럼 그 문서의 효용방법에 따라 이를 사용하는 것을 말하고, 위조된 문서를 진정한 문서인 것처럼 사용하는 한 행사의 방법에 제한이 없으므로 위조된 문서를 스캐너 등을 통해 이미지화한 다음 이를 전송하여 컴퓨터 화면상에서 보게 하는 경우도 행사에 해당하지만, 이는 문서의 형태로 위조가 완성된 것을 전제로 하는 것이므로, 공문서로서의 형식과 외관을 갖춘 문서에 해당하지 않아 공문서위조죄가 성립하지 않는 경우에는 위조공문서행사죄도 성립할 수 없다. [법원9급 22]

137 (○)

**보충** 중국인인 피고인이 콘도미니엄 입주민들의 모임인 甲 시설운영위원회의 대표로 선출된 후 甲 위원회가 대표성을 갖춘 단체라는 외양을 작출할 목적으로, 주민센터에서 가져온 행정용 봉투의 좌측 상단에 미리 제작해 둔 甲 위원회 한자 직인과 한글 직인을 날인한 다음 주민센터에서 발급받은 피고인의 인감증명서 중앙에 있는 '용도'란 부분에 이를 오려 붙이는 방법으로 인감증명서 1매를 작성하고, 이를 휴대전화로 촬영한 사진 파일을 甲 위원회에 가입한 입주민들이 참여하는 메신저 단체대화방에 게재하였다고 하여 공문서위조 및 위조공문서행사로 기소된 경우, 피고인이 만든 문서는 공문서로서의 외관과 형식을 갖추었다고 인정하기 어렵고, 이를 사진촬영한 파일을 단체대화방에 게재한 행위는 위조공문서행사죄에 해당할 수도 없다(대법원 2020.12.24, 2019도8443).

138 甲이 콘도미니엄 입주민들의 모임인 A시설운영위원회의 대표로 선출된 후 A위원회가 대표성을 갖춘 단체라는 외양을 작출할 목적으로, 행정용 봉투에 A위원회의 한자와 한글 직인을 날인한 다음 자신의 인감증명서 중앙에 있는 '용도'란 부분에 이를 오려 붙이는 방법으로 인감증명서 1매를 작성하고, 이를 휴대전화로 촬영한 사진 파일을 입주민들이 참여하는 메신저 단체대화방에 게재한 경우에는 공문서위조 및 동행사죄가 성립하지 아니한다. [경찰채용 21 2차]

138 (○)

**해설+** 일반인으로 하여금 공무원 또는 공무소의 권한 내에서 작성된 문서라고 믿을 수 있는 형식과 외관을 구비한 문서를 작성하면 공문서위조죄가 성립하지만, 평균 수준의 사리분별력을 갖는 사람이 조금만 주의를 기울여 살펴보면 공무원 또는 공무소의 권한 내에서 작성된 것이 아님을 쉽게 알아볼 수 있을 정도로 공문서로서의 형식과 외관을 갖추지 못한 경우에는 공문서위조죄가 성립하지 않는다(대법원 2020.12.24, 2019도8443).

139 A국립고등학교 졸업생 甲은 이 학교 직원으로 있는 乙에게 현금 1,000만 원을 주면서, 교장 丙에게 뇌물로 전해 주고 허위의 성적증명서를 만들어 달라고 부탁하였다. 그러나 乙은 교장 도장을 도용하여 甲의 성적증명서를 위조한 후, 甲에게 전해 주고 그 돈은 자기가 소비하였다. 甲과 乙에게는 공문서위조죄 및 동행사죄의 공동정범이 성립하지 않는다. [국가7급 17]

139 (○) 甲은 乙을 통해 허위의 성적증명서 작성을 부탁했으나, 乙이 권한 없이 성적증명서를 작성한 경우이므로 공모관계가 인정되지 않아 공문서위조죄 및 동행사죄의 공동정범이 성립하지 않는다(형법 제15조 제1항의 법리 적용).

**140** 공문서변조라 함은 권한 없이 이미 진정하게 성립된 공무원 또는 공무소 명의의 문서내용에 대하여 그 동일성을 해하지 아니할 정도로 변경을 가하는 것을 말하므로, 이미 허위로 작성된 공문서는 공문서변조죄의 객체가 될 수 없다. [법원행시 10]

140 (○) 대법원 1986.11.11, 86 도1984

**141** 최종 결재권자를 보조하여 문서의 기안업무를 담당한 공무원이 이미 결재를 받아 완성된 공문서에 대하여 적법한 절차를 밟지 않고 그 내용을 변경한 경우에는 공문서변조죄가 성립할 수 없다. [변호사 21]

141 (×)

> **해설+** 공문서변조죄는 권한 없는 자가 행사할 목적으로 공무소 또는 공무원이 이미 작성한 문서내용에 대하여 동일성을 침해하지 않을 정도로 변경을 가하여 새로운 증명력을 만들어 냄으로써 공공적 신용을 해칠 위험성이 있을 때 성립한다(대법원 2017.6.8, 2016도521).

**142** 가정법원의 서기관이 이혼의사확인서등본을 작성한 후 그 뒤에 이혼신고서를 첨부하고 직인을 간인하여 교부한 경우, 당사자가 이를 떼어내고 다른 내용의 이혼신고서를 붙여 관련 행정관서에 제출하였다면 공문서변조 및 변조공문서행사죄가 성립한다. [경찰채용 18 1차 변형·21 1차] [국가7급 16 변형]

142 (×)

> **해설+** 가정법원의 서기관 등이 이혼의사확인서등본을 작성한 뒤 이를 이혼의사확인신청 당사자 쌍방에게 교부하면서 이혼신고서를 확인서등본 뒤에 첨부하여 그 직인을 간인하였다고 하더라도, 그러한 사정만으로 이혼신고서가 공문서인 이혼의사확인서등본의 일부가 되었다고 볼 수 없다. 따라서 당사자가 이혼의사확인서등본과 간인으로 연결된 이혼신고서를 떼어내고 원래 이혼신고서의 내용과는 다른 이혼신고서를 작성하여 이혼의사확인서등본과 함께 호적관서에 제출하였다고 하더라도, 공문서인 이혼의사확인서등본을 변조하였다거나 변조된 이혼의사확인서등본을 행사하였다고 할 수 없다(대법원 2009.1.30, 2006도7777).

**143** 인터넷을 통하여 열람·출력한 등기사항전부증명서 하단의 열람일시 부분을 수정 테이프로 지우고 복사한 행위는 등기사항전부증명서가 나타내는 권리·사실관계와 다른 새로운 증명력을 가진 문서를 만든 것에 해당하므로 공문서위조죄가 성립한다. [국가7급 23]

143 (×)

> **해설+** 피고인이 인터넷을 통하여 열람·출력한 등기사항전부증명서 하단의 열람일시 부분을 수정 테이프로 지우고 복사해 두었다가 이를 타인에게 교부하여 공문서변조 및 변조공문서행사로 기소된 경우, 피고인이 등기사항전부증명서의 열람일시를 삭제하여 복사한 행위는 등기사항전부증명서가 나타내는 권리·사실관계와 다른 새로운 증명력을 가진 문서를 만든 것에 해당하고 그로 인하여 공공적 신용을 해할 위험성도 발생하였으므로, 공문서변조죄가 성립한다(대법원 2021.2.25, 2018도19043).

**144** 인터넷을 통하여 열람 · 출력한 등기사항전부증명서 하단의 열람일시 부분을 수정 테이프로 지우고 복사한 행위는 공문서변조에 해당한다.

[경찰채용 22 1차]

144 (O) 대법원 2021.2.25, 2018도19043

**145** A구청장 甲은 자신이 B구청장으로 전보되었다는 내용의 인사발령을 전화로 통보받은 후, A구청장의 권한에 속하는 건축허가에 관한 결재용지의 결재란에 서명한 경우 자격모용에 의한 공문서작성죄가 성립한다.

[경찰간부 17]

145 (O) 대법원 1993.4.27, 92도2688

**146** 식당의 주 · 부식 구입 업무를 담당하는 공무원이 주 · 부식구입요구서의 과장결재란에 권한없이 자신의 서명을 한 경우, 공문서위조죄는 성립하지 않는다.

[국가7급 16]

146 (O) 자격모용공문서작성죄가 성립하고 공문서위조죄는 문제되지 않는다(대법원 2008.1.17, 2007도6987).

**147** 시청 공무원이, 시청 청사신축공사 현장에 출장을 나간 적이 없는 동료 공무원이 마치 현장출장을 간 것처럼 시청 행정지식관리시스템에 허위의 정보를 입력하여 출장복명서를 생성한 후 그 사실을 모르는 결재권자에게 이를 전송한 경우, 공전자기록등 위작 및 위작공전자기록등행사죄가 성립한다.

[사시 10]

147 (O) 대법원 2007.7.27, 2007도3798

**148** 공군 복지근무지원단 예하 부대의 매점 및 창고관리 부사관으로 근무하던 甲이 이미 자신이 횡령한 바 있는 면세주류를 마치 정상적으로 판매한 것처럼 위 지원단 업무 관리 전산시스템에 입력한 행위는 공전자기록등위작죄가 성립한다.

[사시 16]

148 (O) 대법원 2010.7.8, 2010도3545

**149** 허위진단서작성죄의 대상은 공무원이 아닌 의사가 사문서로서 진단서를 작성한 경우에 한정되고, 공무원인 의사가 공무소의 명의로 허위진단서를 작성한 경우에는 허위공문서작성죄만 성립하고 허위진단서작성죄는 별도로 성립하지 않는다. [법원행시 14·15] [변호사 18 변형] [사시 13]

149 (○) 대법원 2004.4.9, 2003도7762

**150** 허위진단서작성죄는 원래 허위의 증명을 금지하려는 것이므로, 진단서의 내용이 실질상 진실에 반하는 기재여야 할 뿐 아니라 그 내용이 허위라는 의사의 주관적 인식이 필요하며, 그러한 인식은 미필적 인식으로도 충분하나, 이에 대하여는 검사가 증명책임을 진다.

150 (○) 대법원 2017.11.9, 2014도15129

**151** 허위진단서작성죄에 있어서 허위의 기재는 사실에 관한 것이건 판단에 관한 것이건 불문하나, 본죄는 원래 허위의 증명을 금지하려는 것이므로 그 내용이 허위라는 주관적 인식이 필요함은 물론 실질상 진실에 반하는 기재일 것이 필요하다. [경찰승진 22]

151 (○)

해설+ 형법 제233조의 허위진단서작성죄에 있어서 진단서라 함은 의사가 진찰의 결과에 관한 판단을 표시하여 사람의 건강상태를 증명하기 위하여 작성하는 문서를 말하는 것이므로, 비록 그 문서의 명칭이 소견서로 되어 있더라도 그 내용이 의사가 진찰한 결과 알게 된 병명이나 상처의 부위, 정도 또는 치료기간 등의 건강상태를 증명하기 위하여 작성된 것이라면 위 진단서에 해당되는 것이다. 허위진단서작성죄에 있어서 허위의 기재는 사실에 관한 것이건 판단에 관한 것이건 불문하는 것이나, 본죄는 원래 허위의 증명을 금지하려는 것이므로 그 내용이 <u>허위라는 의사의 주관적 인식이 필요함은 물론, 실질상 진실에 반하는 기재</u>일 것이 필요하다(대법원 1990.3.27, 89도2083).

**152** 의사인 피고인이 환자의 인적사항, 병명, 입원기간 및 그러한 입원사실을 확인하는 내용이 기재된 '입퇴원 확인서'를 허위로 작성하였다고 하여 허위진단서작성죄가 성립한다. [경찰간부 16]

152 (×) '성립한다' → '성립하지 않는다'

해설+ 위 '입퇴원 확인서'는 환자의 건강상태를 증명하기 위한 서류라고 볼 수 없어 허위진단서작성죄에서 규율하는 진단서로 보기 어렵다(대법원 2013.12.12, 2012도3173).

**153** 허위진단서 작성에 해당하는 허위의 기재는 사실에 관한 것이건 판단에 관한 것이건 불문하므로, 현재의 진단명과 증상에 관한 기재뿐만 아니라 현재까지의 진찰 결과로서 발생 가능한 합병증과 향후 치료에 대한 소견을 기재한 경우에도 그로써 환자의 건강상태를 나타내고 있는 이상 허위진단서 작성의 대상이 될 수 있다.

[법원행시 20]

**153** (○) 대법원 2017.11.9, 2014도15129

**154** 의사가 환자의 수형생활 또는 수감생활의 가능 여부에 관하여 기재한 의견이 환자의 건강상태에 기초한 향후 치료 소견의 일부로서 의료적 판단을 기재한 것으로 볼 수 있다면, 이는 환자의 건강상태를 나타내고 있다는 점에서 허위진단서 작성의 대상이 될 수 있다.

**154** (○) 대법원 2017.11.9, 2014도15129

**155** 의사가 진단서에 단순히 환자의 수형생활 또는 수감생활의 가능 여부에 대한 의견만 기재한 것이 아니라, 그 판단의 근거로 환자에 대한 진단 결과 또는 향후 치료 의견 등을 함께 제시하였고 그와 결합하여 수형생활 또는 수감생활의 가능 여부에 대하여 판단한 것이라면 그 전체가 환자의 건강상태를 나타내고 있는 의료적 판단에 해당한다. 그리고 그러한 판단에 결합된 진단 결과 또는 향후 치료 의견이 허위라면 수형생활 또는 수감생활의 가능 여부에 대한 판단 부분도 허위라고 할 수 있다.

**155** (○)

해설+ 수형생활 또는 수감생활의 가능 여부에 관한 판단을 허위라고 할 수 있기 위해서는 먼저 환자가 처한 구체적이고 객관적인 수형생활 또는 수감생활의 실체를 확정하고 위 판단에 결합된 진단 결과 내지 향후 치료 의견에 의한 환자의 현재 및 장래 건강상태를 거기에 비추어 보아 환자의 실제 수형생활 또는 수감생활 가능 여부가 위 판단과 다르다는 것이 증명되어야 하고 또한 그에 대한 의사의 인식이 인정될 수 있어야 한다(대법원 2017.11.9, 2014도15129).

**156** 형법 제233조의 허위진단서작성죄에서 허위진단서작성에 해당하는 허위의 기재는 사실에 관한 것이건 판단에 관한 것이건 불문하므로, 현재의 진단명과 증상에 관한 기재뿐만 아니라 현재까지의 진찰 결과로서 발생 가능한 합병증과 향후 치료에 대한 소견을 기재한 경우에도 그로써 환자의 건강상태를 나타내고 있는 이상 허위진단서 작성의 대상이 될 수 있다.

[법원행시 20]

**156** (○) 대법원 2017.11.9, 2014도15129

**157** 위조통화취득죄(형법 제208조), 자격모용에 의한 유가증권 작성죄(형법 제215조), 허위진단서 등의 작성죄(형법 제233조), 사전자기록위작·변작죄(형법 제232조의2)는 모두 목적범에 해당한다. [국가9급 12]

157 (×) '허위진단서 등의 작성죄(형법 제233조)' → 삭제

> **해설+** 허위진단서작성죄는 허위유가증권작성죄(제216조)나 허위공문서작성죄(제227조)와는 달리 목적범이 아니다.

**158** 허위공문서작성죄에 있어서 '직무에 관한 문서'라 함은 공무원이 직무권한 내에서 작성하는 문서를 말하며, 법률뿐 아니라 명령, 내규 또는 관례에 의한 직무집행의 권한으로 작성하는 경우도 포함된다. [국가9급 21] [해경채용 23 2차]

158 (○)

> **해설+** 허위공문서작성죄에 있어서의 '직무에 관한 문서'라 함은 공무원이 그 직무권한 내에서 작성하는 문서를 말하고, 그 문서는 대외적인 것이거나 내부적인 것(본건의 경우 대내적인 기안문서인 예산품의서)을 구별하지 아니하며, 그 직무권한이 반드시 법률상 근거가 있음을 필요로 하는 것이 아니고, 널리 명령, 내규 또는 관례에 의한 직무집행의 권한으로써 작성 하는 경우를 포함한다(대법원 1981.12.8, 81도943).

**159** 면사무소 호적계장인 甲이 호적정정사유가 없음을 알면서도 행사할 목적으로 乙의 호적부 편제중 乙의 딸의 호적기재출생란, 주민등록번호란에 허위내용의 호적정정 기재를 한 후, 자신이 소지하고 있던 면장 丙의 실인을 찍고는 그 호적부가 정당하게 작성된 것처럼 비치한 경우 허위공문서작성죄 및 동행사죄가 성립한다. [경찰간부 17]

159 (×) '긍정' → '부정'

> **해설+** 면사무소 호적계장이 면장의 결재 없이 호적의 출생년란, 주민등록번호란에 허위내용의 호적정정 기재를 한 경우에는 공문서위조 및 동행사죄를 구성하는 것은 별론으로 하고 형법 제227조가 규정한 허위공문서작성죄에 해당할 수는 없다(대법원 1990.10.12, 90도1790).

**160** 가옥대장에 무허가건물을 허가받은 건물로 기재한 경우 허위공문서작성죄가 성립한다. [법원9급 18]

160 (○)

> **해설+** 유허가 건물인 것 같이 교합인을 찍어서 가옥대장 1매를 작성하였다면 이는 허위공문서작성죄가 성립된다(대법원 1973.3.13, 72도2366).

**161** 공무원이 아닌 피고인이 건축물조사 및 가옥대장 정리업무를 담당하는 공무원을 교사하여 무허가 건물을 허가받은 건축물인 것처럼 가옥대장 등에 등재케 하여 허위공문서 등을 작성케 한 사실이 인정된다면, 허위공문서작성죄의 교사범으로 처벌할 수 있다. [법원9급 22]

161 (O)

> **해설+** 피고인이 건축물조사 및 가옥대장 정리업무를 담당하는 지방행정서기를 교사하여 무허가 건물을 허가받은 건축물인 것처럼 가옥대장 등에 등재케하여 허위공문서 등을 작성케 한 사실이 인정된다면, 허위공문서작성죄의 교사범으로 처단한 것은 정당하다(대법원 1983.12.13, 83도1458).

**162** 원본과 대조하지 않고 원본대조필을 날인한 경우 허위공문서작성죄가 성립한다. [법원9급 18]

162 (O)

> **해설+** 피고인이 위 문서작성자에게 전화로 원본과 상이없다는 사실을 확인하였다거나 객관적으로 그 사본이 원본과 다른 점이 없다고 하더라도 위 죄가 성립한다(대법원 1981.9.22, 80도3180).

**163** 인감증명서를 발행하면서 대리인의 신청에 의한 것을 본인의 신청에 의한 것으로 기재한 경우 허위공문서작성죄가 성립한다. [법원9급 18] [법원행시 15]

163 (O)

> **해설+** 인감증명서의 인적사항과 인감 및 그 용도를 일치하게 기재하였어도 대리인에 의한 것을 본인의 신청에 의한 것으로 기재하였다면 그 사항에 관하여는 허위기재한 것이다(대법원 1985.6.25, 85도758).

**164** 공무원 甲이 A의 부탁을 받아 A가 세대주임에도 불구하고 A의 동거가족 B를 세대주인 것처럼 된 주민등록표를 작성한 경우 甲에게 허위공문서작성죄가 성립한다. [국가9급 18]

164 (O) 대법원 1990.10.16, 90도1199

**165** 공증담당 변호사가 법무사의 직원으로부터 인증촉탁서류를 제출받았을 뿐, 법무사가 공증사무실에 출석하여 사서증서의 날인이 당사자 본인의 것임을 확인한 바 없음에도 마치 그러한 확인을 한 것처럼 인증서에 기재한 경우, 허위공문서작성죄가 성립한다. [법원행시 15]

165 (O) 대법원 2007.1.25, 2006도3844

**166** 준공검사관 공무원 甲이 정산설계서에 의하여 준공검사를 하지 않고도 준공검사를 하였다고 준공검사조서에 기재하였지만, 준공검사조서의 내용이 객관적으로 정산설계서 초안이나 그 후에 작성된 정산설계서 원본의 내용과 일치한 경우 甲에게 허위공문서작성죄가 성립한다. [국가9급 18]

> **해설+** 정산설계서를 확인하고 준공검사를 한 것이 아님에도 마치 한 것처럼 준공검사용지에 "정산설계서에 의하여 준공검사"를 하였다는 내용을 기입하였다면 허위공문서작성의 범의가 있었음이 명백하여 그것만으로 곧 허위공문서작성죄가 성립한다(대법원 1983.12.27, 82도3063).

**167** 공무원 甲이 폐기물처리사업계획이 관계 법령의 규정에 적합하지 않음을 알았음에도 불구하고 적합하다는 내용의 통보서를 작성한 경우 甲에게 허위공문서작성죄가 성립하지 않는다. [국가9급 18]

> **해설+** 폐기물처리사업계획이 관계 법령의 규정에 적합하지 아니함을 알면서 적합하다는 내용으로 통보서를 작성한 것이라면 그 통보서는 허위의 공문서에 해당한다(대법원 2003.2.11, 2002도4293).

**168** 사법경찰관 甲이 검사로부터 '교통사고 피해자들로부터 사고경위에 대해 구체적인 진술을 청취하여 운전자 A의 도주 여부에 대해 재수사할 것'을 요청받고, 재수사 결과서의 '재수사 결과'란에 피해자들로부터 진술을 청취하지 않았음에도 진술을 듣고 그 진술내용을 적은 것처럼 기재한 행위는 허위공문서작성죄에 해당한다. [경찰경채 23]

> **해설+** 재수사 결과서의 작성경위나 구성형태에 비추어 재수사 결과란의 기재는 피고인이 재수사 요청 취지에 따라 피해자들로부터 구체적인 진술을 듣고 진술내용을 적었음을 의미하는데 피고인은 피해자들로부터 진술을 청취하지 않았고, 특히 피고인은 피해자들이 진술한 바 없는 내용으로 자신의 독자적인 의견이나 추측에 불과한 것을 마치 피해자들로부터 직접 들은 진술인 것처럼 기재하였으므로, 피해자들 진술로 기재된 내용 중 일부가 결과적으로 사실과 부합하는지, 재수사 요청을 받은 사법경찰관이 검사에 의하여 지목된 참고인이나 피의자 등에 대한 재조사 여부와 재조사 방식 등에 대해 재량을 가지는지 등과 무관하게 피고인의 행위는 허위공문서작성죄를 구성하며, 피고인이 피해자들의 진술에 신빙성이 부족하다는 이유에서 자신의 판단에 따라 기재하는 내용이 객관적인 사실에 부합할 것이라고 생각하였다 하여 범의를 부정할 수 없다(대법원 2023.3.30, 2022도6886).

**169** 건물이 건축법상의 요건을 갖추지 못하고 설계된 사실을 알면서도 건축허가서를 작성한 경우 허위공문서작성죄가 성립한다.
[국가7급 13] [국가9급 18] [법원9급 13·18] [법원행시 15]

> **해설+** 건축허가서에 표현된 허가의 의사표시 내용 자체에 어떠한 허위가 있다고 볼 수는 없다 할 것이어서, 건축허가서를 작성한 행위를 허위공문서작성죄로 처벌할 수는 없다(대법원 2000. 6.27, 2000도1858).

CHAPTER 02 공공의 신용에 대한 죄 **449**

**170** 출원에 대한 심사업무를 담당하는 공무원이 출원인의 출원사유가 허위라는 사실을 알면서도 결재권자로 하여금 오인, 착각, 부지를 일으키게 하고 그 오인, 착각, 부지를 이용하여 인·허가처분에 대한 결재를 받아낸 경우에는 허위공문서작성죄의 간접정범이 성립한다. [사시 09]

170 (×) '허위공문서작성죄의 간접정범이' → '위계에 의한 공무집행방해죄가'(대법원 1997.2.28, 96도2825)

해설+ 인가서·허가서 작성은 허위공문서작성에 해당하지 아니한다.

**171** 관급공사의 현장감독관인 甲은 공사 현장이 아닌 제작 공장에서의 기성검사의 경우 기성검사에서 합격된 자재의 100분의 50 범위 내에서만 기성부분으로 인정할 수 있도록 한 공사계약일반조건과 달리, 자재 제작을 내용으로 하는 부분 전부를 기성부분으로 인정하여 이를 바탕으로 산정된 기성고 비율과 기성부분 준공금액을 기재하여 기성검사조서를 작성하였다. 甲의 행위는 허위공문서작성죄에 해당한다.

171 (×)

해설+ 허위공문서작성죄는 공문서에 진실에 반하는 기재를 하는 때에 성립하는 범죄이므로, 공문서를 작성하는 과정에서 법령 등을 잘못 적용하거나 적용하여야 할 법령 등을 적용하지 아니한 잘못이 있더라도 그 적용의 전제가 된 사실관계에 관하여 거짓된 기재가 없다면 허위공문서작성죄가 성립할 수 없고, 이는 그와 같은 잘못이 공무원의 고의에 기한 것이라도 달리 볼 수 없다. 공문서 작성 과정에서 법령 등을 잘못 적용하였다고 하여 반드시 진실에 반하는 기재를 하여 공문서를 작성하게 되는 것은 아니므로, 공문서 작성 과정에서 법령 등의 적용에 잘못이 있다는 것과 기재된 공문서 내용이 허위인지 여부는 구별되어야 한다(대법원 2021.9.16, 2019도18394).

**172** 당사자로부터 뇌물을 받고 고의로 적용하여서는 안 될 조항을 적용하여 과세표준을 결정하고 그 과세표준에 기하여 세액을 산출하였다고 하더라도, 그 세액계산서에 허위내용의 기재가 없다면 허위공문서작성죄에는 해당하지 않는다. [사시 09]

172 (○) 대법원 1996.5.14, 96도554

**173** 허위 내용이 기재된 공문서를 행사하였다고 하더라도 그 공문서가 허위공문서작성죄에 의하여 만들어진 것이 아닌 이상 이를 허위작성공문서행사죄로 처벌할 수는 없는 것이다.

173 (○) 대법원 2010.1.14, 2009도9963

**174** 농지사무를 담당한 군 직원이 농지불법전용 사실을 알고도 아무런 조치를 취하지 않다가 해당 농지의 농지전용허가를 내주기 위해 불법농지전용사실은 일체 기재하지 않은 허위의 출장복명서 및 심사의견서를 작성한 경우 허위공문서작성죄, 동행사죄와 직무유기죄가 별도 성립하고, 각 죄는 실체적 경합관계에 있다. [법원9급 18] [법원행시 16]

**174** (○) 위 복명서 및 심사의견서를 허위작성한 것이 농지일시전용허가를 신청하자 이를 허가하여 주기 위하여 한 것이라면 허위공문서작성, 동행사죄와 직무유기죄는 실체적 경합범의 관계에 있다(대법원 1993.12.24, 92도3334).

**175** 공무원이 아닌 자가 공무원에게 허위사실을 기재한 증명원을 제출하여 그것을 알지 못하는 공무원으로부터 증명서를 받아 낸 경우에는 허위공문서작성죄의 간접정범이 성립한다. [국가7급 13]

해설+ 공무원도 아닌 자는 허위공문서작성죄의 간접정범이 성립하지 않는다(대법원 1976.8.24, 76도151).

**175** (×) '성립한다' → '성립하지 않는다'

**176** 공무원이 아닌 자가 공무원과 공동하여 허위공문서작성죄를 범한 때에는 허위공문서작성죄의 공동정범이 성립한다. [국가7급 13]

해설+ 공무원이 아닌 자가 공무원과 공동하여 허위공문서작성죄를 범한 때에는 공무원이 아닌 자도 형법 제33조, 제30조에 의하여 허위공문서작성죄의 공동정범이 된다(대법원 2006.5.11, 2006도1663).

**176** (○)

**177** 공문서의 작성권한이 있는 A의 직무를 보좌하는 공무원 甲이 비공무원 乙과 공모하여 행사할 목적으로 허위의 내용이 기재된 문서 초안을 그 정을 모르는 A에게 제출하여 결재하도록 하는 방법으로 허위의 공문서를 작성하게 한 경우, 甲은 허위공문서작성죄의 간접정범이 될 수 있지만 공무원의 신분이 없는 乙은 간접정범의 공범이 될 수 없다. [경찰채용 23 1차] [경찰간부 23]

해설+ 공문서의 작성권한이 있는 공무원의 직무를 보좌하는 자가 그 직위를 이용하여 행사할 목적으로 허위의 내용이 기재된 문서 초안을 그 정을 모르는 상사에게 제출하여 결재하도록 하는 등의 방법으로 작성권한이 있는 공무원으로 하여금 허위의 공문서를 작성하게 한 경우에는 간접정범이 성립되고 이와 공모한 자 역시 그 간접정범의 공범으로서의 죄책을 면할 수 없는 것이고, 여기서 말하는 공범은 반드시 공무원의 신분이 있는 자로 한정되는 것은 아니라고 할 것이다(대법원 1977. 12.13, 74도1900; 1986.8.19, 85도2728; 1992.1.17, 91도2837).

**177** (×)

**178** 공문서작성권자의 문서작성을 보조하는 직무에 종사하는 공무원이 허위공문서를 기안하여 작성권자의 결재를 거치지 않고 임의로 작성권자의 직인 등을 부정사용함으로써 공문서를 완성한 경우, 허위공문서작성죄의 간접정범이 성립한다. [경찰승진 22 변형] [국가7급 23]

178 (×)

> **해설+** 허위공문서작성죄의 주체는 문서를 작성할 권한이 있는 명의인인 공무원에 한하고 그 공무원의 문서작성을 보조하는 직무에 종사하는 공무원은 허위공문서작성죄의 주체가 될 수 없다. 따라서 보조직무에 종사하는 공무원이 허위공문서를 기안하여 허위임을 모르는 작성권자의 결재를 받아 공문서를 완성한 때에는 허위공문서작성죄의 간접정범이 될 것이지만, 이러한 결재를 거치지 않고 임의로 작성권자의 직인 등을 부정사용함으로써 공문서를 완성한 때에는 공문서위조죄가 성립한다. 이는 공문서의 작성권한 없는 사람이 허위공문서를 기안하여 작성권자의 결재를 받지 않고 공문서를 완성한 경우에도 마찬가지이다. 나아가 작성권자의 직인 등을 보관하는 담당자는 일반적으로 작성권자의 결재가 있는 때에 한하여 보관 중인 직인 등을 날인할 수 있을 뿐이다. 이러한 경우 다른 공무원 등이 작성권자의 결재를 받지 않고 직인 등을 보관하는 담당자를 기망하여 작성권자의 직인을 날인하도록 하여 공문서를 완성한 때에도 공문서위조죄가 성립한다(대법원 2017.5.17, 2016도13912).

**179** 작성권자의 직인 등을 보관하는 담당자는 일반적으로 작성권자의 결재가 있는 때에 한하여 보관 중인 직인 등을 날인할 수 있을 뿐이다. 이러한 경우 다른 공무원 등이 작성권자의 결재를 받지 않고 직인 등을 보관하는 담당자를 기망하여 작성권자의 직인을 날인하도록 하여 공문서를 완성한 때에도 공문서위조죄가 성립한다.

179 (○) 대법원 2017.5.17, 2016도13912

**180** 공무원이 어떠한 위법사실을 발견하고도 직무상 의무에 따른 적절한 조치를 취하지 아니하고 위법사실을 적극적으로 은폐할 목적으로 허위공문서를 작성, 행사한 경우에는 직무위배의 위법상태는 허위공문서작성 당시부터 그 속에 포함되는 것으로 작위범인 허위공문서작성, 동행사죄만이 성립하고 부작위범인 직무유기죄는 따로 성립하지 아니한다. [법원행시 15]

180 (○) 대법원 1999.12.24, 99도2240

**181** 형법 제228조에서 말하는 공정증서란 권리의무에 관한 공정증서만을 가리키는 것이고 사실증명에 관한 것은 이에 포함되지 아니하므로 권리의무에 변동을 주는 효력이 없는 토지대장은 위에서 말하는 공정증서에 해당하지 아니한다. [법원9급 15]

181 (○) 대법원 1988.5.24, 87도2696

182 종중 소유의 토지를 자신의 개인 소유로 신고하여 토지대장에 올린 경우, 공정증서원본부실기재죄가 성립한다. [해경승진 23]

182 (×)

해설+ 형법 제228조에서 말하는 공정증서란 권리의무에 관한 공정증서만을 가리키는 것이고 사실증명에 관한 것은 이에 포함되지 아니하므로 권리의무에 변동을 주는 효력이 없는 토지대장은 위에서 말하는 공정증서에 해당하지 아니한다(대법원 1988.5.24, 87도2696).

183 민사조정법상의 조정절차에서 작성되는 조정조서는 형법 제228조 제1항이 규정하는 공정증서원본부실기재죄의 객체인 '공정증서원본'에 해당한다. [법원9급 12] [법원행시 13]

183 (×) '해당한다' → '해당하지 않는다'

해설+ 민사조정법상 조정절차에서 작성되는 조정조서는 그 성질상 허위신고에 의해 부실한 사실이 그대로 기재될 수 있는 공문서로 볼 수 없어 공정증서 원본에 해당하는 것으로 볼 수 없다(대법원 2010.6.10, 2010도3232).

184 자동차운전면허대장은 형법 제228조 제1항에서 말하는 공정증서원본에 해당하지 않는다. [법원9급 12]

184 (○) 대법원 2010.6.10, 2010도1125

185 사업자등록증은 단순한 사업사실의 등록을 증명하는 증서에 불과하고 그에 의하여 사업을 할 수 있는 자격이나 요건을 갖추었음을 인정하는 것은 아니므로 공정증서원본부실기재죄등의 객체 중 하나인 형법 제228조 제2항에서 정한 '등록증'에 해당하지 아니한다. [법원9급 15] [사시 14]

185 (○) 대법원 2005.7.15, 2003도6934

186 「형법」 제228조 제1항이 규정하는 공정증서원본 부실기재죄나 공전자기록등 부실기재죄는 공무원에 대하여 진실에 반하는 허위신고를 하여 공정증서원본 또는 이와 동일한 전자기록 등 특수매체기록에 그 증명하는 사항에 관하여 실체관계에 부합하지 아니하는 '부실의 사실'을 기재 또는 기록하게 함으로써 성립하고, 여기서 '부실의 사실'이라 함은 권리의무관계에 중요한 의미를 갖는 사항이 객관적인 진실에 반하는 것을 말한다. [경찰채용 22 2차]

186 (○) 대법원 2012.3.29, 2011도3176; 2022.4.28, 2020도12239

187 부실의 사실이 기재된 공정증서의 정본을 그 정을 모르는 법원 직원에게 교부한 행위는 부실기재공정증서원본행사죄에 해당한다. [국가9급 20]

187 (×) '해당한다' → '해당하지 않는다'(대법원 2002.3.26, 2001도6503)

188 허위의 유언내용의 초안을 작성하여 그 사정을 모르는 변호사에게 제출하여 그가 속한 공증사무 취급이 인가된 합동법률사무소 명의로 공증을 받은 경우는 공정증서원본등부실기재죄가 성립한다. [경찰간부 12]

188 (○) 대법원 1977.8.23, 74도2715

189 공동대표이사로 법인등기를 하기로 하여 이사회의사록 작성 등 그 등기절차를 위임받았음에도 단독대표이사 선임의 이사회의사록을 작성하여 단독대표이사로 법인등기한 행위는 사문서위조, 동행사, 공정증서원본불실기재, 동행사의 죄에 해당한다. [법원행시 09]

189 (○) 대법원 1994.7.29, 93도1091

190 법원을 기망하여 얻은 승소판결에 기하여 소유권이전등기를 경료함으로써 그 등기부를 등기소에 비치하게 한 경우는 사기죄와 공정증서원본부실기재죄 및 부실기재공정증서원본행사죄의 실체적 경합에 해당된다. [국가7급 13]

190 (○) 대법원 1996.5.31, 95도1967

191 근저당권은 근저당물의 소유자가 아니면 설정할 수 없으므로 타인의 부동산을 자기 또는 제3자의 소유라고 허위의 사실을 신고하여 소유권이전등기를 경료한 후 나아가 그 부동산이 자기 또는 당해 제3자의 소유인 것처럼 가장하여 그 부동산에 관하여 자기 또는 당해 제3자 명의로 채권자와의 사이에 근저당권설정등기를 경료한 경우에는 공정증서원본부실기재 및 동행사죄가 성립한다. [법원9급 14]

191 (○) 대법원 1997.7.25, 97도605

**192** 부동산 매수인이 매도인과 사이에 부동산의 소유권이전에 관한 물권적 합의가 없는 상태에서, 소유권이전등기신청에 관한 대리권이 없이 단지 소유권이전등기에 필요한 서류를 보관하고 있을 뿐인 법무사를 기망하여 매수인 명의의 소유권이전등기를 신청하게 하여 그 등기가 완료된 경우, 이는 단지 소유권이전등기신청절차에 하자가 있는 것에 불과하여 공정증서원본부실기재죄가 성립하지 않는다. [해경승진 23]

**192** (×)

> **해설+** 부동산 매수인이 매도인과 사이에 부동산의 소유권이전에 관한 물권적 합의가 없는 상태에서, 소유권이전등기신청에 관한 대리권이 없이 단지 소유권이전등기에 필요한 서류를 보관하고 있을 뿐인 법무사를 기망하여 매수인 명의의 소유권이전등기를 신청하게 한 경우, 이는 단지 소유권이전등기신청절차에 하자가 있는 것에 불과한 것이 아니라 <u>허위의 사실을 신고한 것</u>이라고 보아야 하고, 위 소유권이전등기는 원인무효의 등기로서 불실기재에 해당한다(대법원 2006.3.10, 2005도9402).

**193** 주금의 납입이 오로지 증자에 즈음하여 등기를 하기 위한 편법에 지나지 아니한 이른바 가장납입의 방법으로 증자등기를 한 경우 공정증서원본등부실기재죄가 성립한다. [경찰간부 17] [사시 11]

**193** (○)

> **해설+** 회사를 위하여 사용하였다는 특별한 사정이 없는 한 실질적으로 회사의 자본이 늘어난 것이 아니어서 납입가장죄 및 공정증서원본 부실기재죄와 부실기재공정증서원본 행사죄가 성립한다(대법원 2004.6.17, 2003도7645).

**194** 공정증서원본부실기재죄는 공무원에 대하여 허위신고를 하여 공정증서원본에 진실에 반하는 사실을 기재하게 함으로써 성립하는 것이므로, 유상증자 등기의 신청시 발행주식총수 및 자본의 총액이 증가한 사실이 허위임을 알면서 증자등기를 신청하여 상업등기부원본에 그 기재를 하게 한 경우, 등기신청서류로 제출된 주금납입금보관증명서가 위조된 것임을 몰랐다고 하더라도 공정증서원본부실기재죄가 성립한다. [법원9급 15]

**194** (○) 대법원 2006.10.26, 2006도5147

**195** 주식회사의 신주발행에 법률상 무효사유가 존재함에도 신주발행이 판결로 써 무효로 확정되기 이전에 그 신주발행사실을 담당 공무원에게 신고하여 공정증서인 법인등기부에 기재하게 하였다면 공정증서원본부실기재죄가 성립한다.

[법원9급 23]

> **해설+** 주식회사의 신주발행의 경우 신주발행에 법률상 무효사유가 존재한다고 하더라도 그 무효 는 신주발행무효의 소에 의해서만 주장할 수 있고, 신주발행무효의 판결이 확정되더라도 그 판결은 장래에 대하여만 효력이 있으므로(상법 제429조, 제431조 제1항), 그 신주발행이 판결로써 무효로 확정되기 이전에 그 신주발행사실을 담당 공무원에게 신고하여 공정증서인 법인등기부에 기재하게 하였다고 하여 그 행위가 공무원에 대하여 허위신고를 한 것이라거나 그 기재가 불실기재에 해당하 는 것이라고 할 수는 없다(대법원 2007.5.31, 2006도8488).

**195** (×)

**196** 피고인이 종중의 종원으로 종중의 적법한 대표자가 아닌데도 판시 토지들 이 소유권보존등기가 되어 있지 아니한 점을 이용하여 자신이 위 종중 대 표자인 것처럼 허위의 종중 규약과 회의록을 작성한 후 이를 근거로 위 토 지들에 대하여 각 소유자를 종중으로 하고, 종중 대표자를 자기로 한 소유 권보존등기를 경료하였다면, 종중 대표자의 기재는 당해 부동산의 처분권 한과 관련된 중요한 부분의 기재로서 이에 대한 공공의 신용을 보호할 필 요가 있으므로 이를 허위로 등재한 경우에는 공정증서원본부실기재죄에 해당한다.

[법원행시 10]

**196** (○) 대법원 2006.1.13, 2005 도4790

**197** 공정증서원본 등에 기재된 사항이 존재하지 아니하거나 외관상 존재한다 고 하더라도 무효에 해당하는 하자가 있다면 그 기재는 공정증서원본부실 기재죄를 구성한다.

[법원9급 12]

**197** (○) 대법원 2006.3.10, 2005 도9402

**198** 토지거래허가구역 안의 토지에 대하여 매매계약을 체결하였음에도 등기원 인을 증여로 하여 소유권이전등기를 한 경우 처음부터 토지거래허가를 잠 탈하려는 목적이 있었다고 하더라도 당사자 사이에 소유권이전등기를 할 의사가 있었다면 공정증서원본등부실기재죄가 성립하지 않는다.

[법원행시 10] [사시 11]

**198** (×) '성립하지 않는다' → '성 립한다'(대법원 2007.11.30, 2005도 9922)

199 발행인과 수취인 사이에 통정허위표시로서 무효인 어음발행행위를 공증인에게는 마치 진정한 어음발행행위가 있는 것처럼 허위로 신고함으로써 공증인으로 하여금 어음발행행위에 대하여 집행력 있는 어음공정증서원본을 작성케 하고 이를 비치하게 하였다면, 이러한 행위는 공정증서원본부실기재 및 부실기재공정증서원본행사죄에 해당한다고 보아야 한다.

[법원9급 14] [법원행시 16]

199 (○) 대법원 2012.4.26, 2009도5786

200 발행인과 수취인이 통모하여 진정한 어음채무 부담이나 어음채권 취득의 의사 없이 단지 발행인의 채권자에게서 채권추심이나 강제집행을 받는 것을 회피하기 위하여 형식적으로만 약속어음의 발행을 가장한 후 공증인에게 마치 진정한 어음발행행위가 있는 것처럼 허위로 신고하여 어음공정증서원본을 작성·비치하게 한 경우, 공정증서원본부실기재죄가 성립한다.

[법원9급 23]

200 (○)

해설+ 발행인과 수취인이 통모하여 진정한 어음채무 부담이나 어음채권 취득에 관한 의사 없이 단지 발행인의 채권자에게서 채권추심이나 강제집행을 받는 것을 회피하기 위하여 형식적으로만 약속어음의 발행을 가장한 경우 이러한 어음발행행위는 통정허위표시로서 무효이므로, 이와 같이 발행인과 수취인 사이에 통정허위표시로서 무효인 어음발행행위를 공증인에게는 마치 진정한 어음발행행위가 있는 것처럼 허위로 신고함으로써 공증인으로 하여금 어음발행행위에 대하여 집행력 있는 어음공정증서원본을 작성케 하고 이를 비치하게 하였다면, 이러한 행위는 공정증서원본불실기재 및 불실기재공정증서원본행사죄에 해당한다(대법원 2012.4.26, 2009도5786).

201 실제로는 채권·채무관계가 존재하지 않는데도 허위의 채무를 가장하고 이를 담보한다는 명목으로 허위의 근저당권설정등기를 마친 것이라면 등기공무원에게 허위신고를 하여 등기부에 부실의 사실을 기재하게 한 때에 해당하므로 공정증서원본 등의 부실기재죄 및 부실기재공정증서원본 등의 행사죄가 성립한다.

201 (○) 대법원 2008.9.11, 2007도5386

202 甲이 허위의 공정증서에 기해 乙의 부동산에 대한 강제경매신청을 하였고, 이에 의해 동 부동산에 대해 법원의 강제경매개시결정을 원인으로 하는 경매신청등기가 경료된 경우 공정증서원본등부실기재죄가 성립한다.

[경찰간부 17]

202 (×) '긍정' → '부정'

해설+ 부실의 등기가 법원의 촉탁에 의한 경우에는 그 전제절차에 허위적 요소가 있다고 하더라도 이는 법원의 촉탁에 의하여 이루어진 것이지 당사자의 허위신고에 의하여 이루어진 것이 아니므로 위 공증서원본부실기재죄를 구성하지 아니한다(대법원 1976.5.25, 74도568).

**203** 「형법」제228조 제1항 공전자 기록 등 불실기재죄의 구성요건인 '불실의 사실기재'는 당사자의 허위신고에 의하여 이루어져야 하므로, 법원의 촉탁에 의하여 등기를 마친 경우에는 그 전제절차에 허위적 요소가 있더라도 위 죄가 성립하지 않는다. [경찰채용 23 2차]

> **해설+** 공정증서원본불실기재죄에 있어서의 불실의 기재는 당사자의 허위신고에 의하여 이루어져야 하므로 법원의 촉탁에 의하여 이루어진 경우에는 가령 그 전제절차에 허위적 요소가 있다 하더라도 그것은 법원의 촉탁에 의하여 이루어진 것이지 당사자의 허위신고에 의하여 이루어진 것이 아니므로 공정증서원본불실기재죄를 구성하지 않는다(대법원 1983.12.27, 83도2442).

203 (○)

**204** 부동산에 대해 점유로 인한 소유권취득시효를 완성한 甲이 이미 사망한 그 부동산의 등기명의자를 상대로 매매를 원인으로 하는 소유권이전등기절차 이행청구의 소를 제기하여, 의제자백에 의한 승소판결을 받고 이와 같은 확정판결에 기해 甲자신의 명의로 그 부동산에 대한 소유권이전등기를 경료한 경우 공정증서원본등부실기재죄가 성립한다. [경찰간부 17]

> **해설+** 동 등기가 실체적 권리관계에 부합하는 유효한 등기라면 그 등기원인이 다르다 하여도 형사상 부실의 등기라고 할 수 없다(대법원 1982.1.12, 81도1702).

204 (×) '긍정 → '부정'

**205** 기재 내용이 실체법률관계와 일치한다고 하더라도 사망자를 상대로 승소판결을 받아 소유권이전등기를 한 절차상 하자가 있는 경우 공정증서원본등부실기재죄가 성립한다. [사시 11]

205 (×) '성립한다' → '성립하지 않는다'(대법원 1987.3.10, 86도864)

**206** 1인 주주 회사에서 1인 주주가 주주총회의 소집 등 상법 소정의 절차를 거치지 않고 이사를 해임하였다는 내용을 법인등기부에 기재하게 한 경우 공정증서원본등부실기재죄가 성립한다. [사시 11]

206 (×) '성립한다' → '성립하지 않는다'(대법원 1996.6.11, 95도2817)

**207** 협의상 이혼의 의사표시가 기망에 의하여 이루어진 것일지라도 그것이 취소되기까지는 유효하게 존재하는 것이므로, 협의상 이혼의사의 합치에 따라 이혼신고를 하여 호적에 그 협의상 이혼사실이 기재되었다면, 이는 공정증서원본부실기재죄에 정한 부실의 사실에 해당하지 않는다. [법원9급 14]

207 (○) 대법원 1997.1.24, 95도448

208 양도인이 허위의 채권에 관하여 그 정을 모르는 양수인과 실제로 채권양도의 법률행위를 한 이상 공증인에게 그러한 채권양도의 법률행위에 관한 공정증서를 작성하게 하였다고 하더라도 그 공정증서가 증명하는 사항에 관하여는 부실의 사실을 기재하게 하였다고 볼 것은 아니고, 따라서 공정증서원본부실기재죄가 성립한다고 볼 수 없다. [법원9급 15]

208 (○) 대법원 2004.1.27, 2001 도5414

209 공정증서원본의 기재사항에 취소사유에 해당하는 하자가 있는 경우, 그 취소 전에 그 사실의 내용이 공정증서 원본에 기재된 이상 그 기재가 공정증서원본부실기재죄를 구성하지 않는다. [법원9급 12]

209 (○) 대법원 2009.2.12, 2008 도10248

210 가장매매에 인한 소유권이전등기를 경료하여도 그 당사자 간에는 소유권이전등기를 경료시킬 의사는 있었던 것이므로 공정증서원본부실기재 및 동행사죄는 성립하지 아니한다. [법원9급 14]

210 (○) 대법원 1972.3.28, 71 도2417

211 부동산을 관리·보존하는 방법으로 이를 타에 신탁하는 의사로서 그 소유권이전등기를 한 경우에는 그 원인을 매매로 가장하였다 하더라도 공정증서원본부실기재죄는 성립하지 않는다. [법원행시 15·16]

211 (○)

**해설+** 등기의무자와 등기권리자 (피고인) 간의 소유권이전등기신청의 합의에 따라 소유권이전등기가 된 이상, 등기의무자 명의의 소유권이전등기가 원인이 무효인 등기로서 피고인이 그 점을 알고 있었다고 하더라도, 특별한 사정이 없는 한 바로 피고인이 등기부에 부실의 사실을 기재하게 하였다고 볼 것은 아니다(대법원 2011.7.14, 2010도1025).

212 부동산등기부에 기재되는 거래가액은 당해 부동산의 권리의무관계에 중요한 의미를 갖는 사항에 해당한다고 볼 수 없다. 따라서 부동산의 거래당사자가 거래가액을 시장 등에게 거짓으로 신고하여 신고필증을 받은 뒤 이를 기초로 사실과 다른 내용의 거래가액이 부동산등기부에 등재되도록 하였다면, '공인중개사의 업무 및 부동산 거래신고에 관한 법률'에 따른 과태료의 제재를 받게 됨은 별론으로 하고, 형법상의 공전자기록등부실기재죄 및 부실기재공전자기록등행사죄가 성립하지는 아니한다. [법원행시 16] [변호사 14]

212 (○) 대법원 2012.4.26, 2011 도17125

213 발기인 등이 회사를 설립할 당시 회사를 실제로 운영할 의사 없이 회사를 이용한 범죄 의도나 목적이 있었다거나 회사로서의 인적·물적 조직 등 영업의 실질을 갖추지 않았다는 이유만으로는 부실의 사실을 법인등기부에 기록하게 한 것으로 볼 수 없다. [법원행시 20]

213 (O)

> **해설+** 주식회사의 발기인 등이 상법 등 법령에 정한 회사설립의 요건과 절차에 따라 회사설립등기를 함으로써 회사가 성립하였다고 볼 수 있는 경우 회사설립등기와 그 기재 내용은 특별한 사정이 없는 한 공정증서원본 부실기재죄나 공전자기록 등 부실기재죄에서 말하는 불실의 사실에 해당하지 않는다. 발기인 등이 회사를 설립할 당시 회사를 실제로 운영할 의사 없이 회사를 이용한 범죄 의도나 목적이 있었다거나, 회사로서의 인적·물적 조직 등 영업의 실질을 갖추지 않았다는 이유만으로는 부실의 사실을 법인등기부에 기록하게 한 것으로 볼 수 없다(대법원 2020.2.27, 2019도9293).

214 주식회사의 발기인 등이 법령에 정한 회사설립의 요건과 절차에 따라 회사설립등기를 함으로써 회사가 성립하였다고 볼 수 있는 경우, 회사를 설립할 당시 회사를 실제로 운영할 의사 없이 회사를 이용한 범죄 의도나 목적이 있었다는 이유만으로는 공정증서원본 불실기재죄에서 말하는 불실의 사실을 법인등기부에 기록하게 한 것으로 볼 수 없다. [경찰간부 23]

214 (O)

> **해설+** 주식회사의 발기인 등이 상법 등 법령에 정한 회사설립의 요건과 절차에 따라 회사설립등기를 함으로써 회사가 성립하였다고 볼 수 있는 경우 회사설립등기와 그 기재 내용은 특별한 사정이 없는 한 공정증서원본 불실기재죄나 공전자기록 등 불실기재죄에서 말하는 불실의 사실에 해당하지 않는다. 발기인 등이 회사를 설립할 당시 회사를 실제로 운영할 의사 없이 회사를 이용한 범죄 의도나 목적이 있었다거나, 회사로서의 인적·물적 조직 등 영업의 실질을 갖추지 않았다는 이유만으로는 불실의 사실을 법인등기부에 기록하게 한 것으로 볼 수 없다(대법원 2020.2.27, 2019도9293).

215 등기 경료 당시에는 실체권리관계에 부합하지 아니한 등기인 경우에는 사후에 이해 관계인들의 동의 또는 추인 등의 사정으로 실체권리관계에 부합하게 된다 하더라도 공정증서원본부실기재 및 동행사죄의 성립에는 아무런 영향이 없다. [국가9급 14]

215 (O) 대법원 2001.11.9, 2001도3959

216 위조사문서의 행사는 상대방으로 하여금 위조된 문서를 인식할 수 있는 상태에 둠으로써 기수가 되고 상대방이 실제로 그 내용을 인식하여야 하는 것은 아니므로, 위조된 문서를 우송한 경우에는 그 문서가 상대방에게 도달한 때에 기수가 되고 상대방이 실제로 그 문서를 보아야 하는 것은 아니다. [법원행시 15]

216 (O) 대법원 2005.1.28, 2004도4663

**217** 위조된 사문서의 작성명의인을 상대방으로 하여 위조된 문서를 행사했을 경우에도 위조사문서행사죄로 처벌 가능하다. [사시 14]

**217** (O)

> **해설+** 행사의 상대방에는 아무런 제한이 없고, 위조된 문서의 작성명의인이라고 하여 행사의 상대방이 될 수 없는 것은 아니다(대법원 2005.1.28, 2004도4663).

**218** 위조, 변조, 허위작성된 문서의 행사죄는 이와 같은 문서를 진정한 것 또는 그 내용이 진실한 것으로 각 사용하는 것을 말하는 것이므로, 그 문서가 위조, 변조, 허위작성되었다는 정을 아는 공범자등에게 제시, 교부하는 경우 등에 있어서는 행사죄가 성립할 여지가 없다. [국가9급 14]

**218** (O) 대법원 1986.2.25, 85도2798

**219** 위조사문서행사죄에 있어서의 행사는 위조된 사문서를 진정한 것으로 사용함으로써 사문서에 대한 공공의 신용을 해칠 우려가 있는 행위를 말하므로, 위조된 사문서의 작성명의인은 행사의 상대방이 절대로 될 수 없고, 사문서가 위조된 것임을 이미 알고 있는 공범자 등에게 행사하는 경우에도 위조사문서행사죄가 성립될 수 없다. [법원9급 20]

**219** (×) '절대로 될 수 없고' → '될 수 있고'

> **해설+** 위조문서행사죄에 있어서의 행사는 위조된 문서를 진정한 것으로 사용함으로써 문서에 대한 공공의 신용을 해칠 우려가 있는 행위를 말하므로, 행사의 상대방에는 아무런 제한이 없고 위조된 문서의 작성 명의인이라고 하여 행사의 상대방이 될 수 없는 것은 아니다(대법원 2005.1.28, 2004도4663). 다만, 사문서위조의 공범자에게 행사하는 것이 위조사문서행사죄가 될 수 없다는 마지막 문구는 맞다.

**220** 위조문서행사죄에 있어서 행사는 위조된 문서를 진정한 것으로 사용함으로써 문서에 대한 공공의 신용을 해칠 우려가 있는 행위를 말하므로 그 행사의 상대방에는 아무런 제한이 없고, 다만 문서가 위조된 것임을 이미 알고 있는 공범자 등에게 행사하는 경우에는 위조문서행사죄가 성립할 수 없으나, 간접정범을 통한 위조문서행사범행에 있어 도구로 이용된 자라고 하더라고 문서가 위조된 것임을 알지 못하는 자에게 행사한 경우에는 위조문서행사죄가 성립한다. [경찰채용 22 1차] [법원행시 13] [변호사 16·20]

**220** (O) 대법원 2012.2.23, 2011도14441

> **보충** 피고인이 위조·변조한 공문서의 이미지 파일을 甲 등에게 이메일로 송부하여 프린터로 출력하게 함으로써 '행사'하였다는 내용으로 기소되었는데, 甲 등은 출력 당시 위 파일이 위조된 것임을 알지 못한 경우, 피고인의 행위는 위조·변조공문서행사죄를 구성한다는 사례이다.

221 실질적인 채권채무관계 없이 작성명의인과의 합의로 작성한 차용증을 그 작성명의인의 의사에 의하지 아니하고 차용증상의 채권이 실제로 존재하는 것처럼 그 지급을 구하는 민사소송을 제기하면서 법원에 제출한 경우에는 사문서부정행사죄가 성립한다.
[변호사 20]

221 (×) '성립한다' → '성립하지 않는다'(대법원 2007.3.30, 2007도629)

222 「형법」 제230조의 공문서부정행사죄는 공무원 또는 공무소의 문서 또는 도화를 부정행사함으로써 성립하는 죄로 추상적 위험범에 해당한다.
[경찰간부 23]

222 (○)

해설+ 형법 제230조의 공문서부정행사죄는 공문서의 사용에 대한 공공의 신용을 보호법익으로 하는 범죄로서 추상적 위험범이다(대법원 2022.9.29, 2021도14514).

223 신분을 확인하려는 경찰관에게 자신의 인적사항을 속이기 위하여 미리 소지하고 있던 타인의 운전면허증을 제시하는 경우 공문서부정행사죄가 성립한다.
[법원9급 16] [변호사 14]

223 (○)

해설+ 운전면허증에 표시된 사람이 운전면허시험에 합격한 사람이라는 '자격증명'과 이를 지니고 있으면서 내보이는 사람이 바로 그 사람이라는 '동일인증명'의 기능을 동시에 가지고 있다(대법원 2001.4.19, 2000도1985).

224 타인인 양 허위신고하여 자신의 사진과 지문이 찍힌 타인 명의의 주민등록증을 발급받아 소지하다가 이를 검문경찰관에게 제시한 경우 공문서부정행사죄가 성립한다.
[경찰특공대 22]

224 (○)

해설+ 공문서부정행사죄는 그 사용권한자와 용도가 특정되어 작성된 공문서 또는 공도화를 사용권한 없는 자가 그 사용권한 있는 것처럼 가장하여 부정한 목적으로 행사한 때 또는 형식상 그 사용권한이 있는 자라도 그 정당한 용법에 반하여 부정하게 행사한 때에 성립한다고 해석할 것인바, 피고인이 공소외 甲인 양 허위신고하여 피고인의 사진과 지문이 찍힌 공소외 甲 명의의 주민등록증을 발급받은 이상 주민등록증의 발행목적상 피고인에게 위 주민등록증에 부착된 사진의 인물이 공소외 甲의 신원상황을 가진 사람이라는 허위사실을 증명하는 용도로 이를 사용할 수 있는 권한이 없다는 사실을 인식하고 있었다고도 할 것이므로 이를 검문경찰관에게 제시하여 이러한 허위사실을 증명하는 용도로 사용한 것은 공문서부정행사죄를 구성한다(대법원 1982.9.28, 82도1297).

**225** 타인의 주민등록표등본을 그와 아무런 관련이 없는 사람이 마치 자신의 것인 것처럼 행사한 경우 공문서부정행사죄가 성립한다. [변호사 14]

**225** (×) '성립' → '불성립'

> **해설+** 주민등록표등본은 사용권한자가 특정되어 있다고 할 수 없고, 또 용도도 다양하며, 반드시 본인이나 세대원만이 사용할 수 있는 것이 아니므로, 공문서부정행사죄가 성립되지 아니한다(대법원 1999.5.14, 99도206).

**226** 사용권한자와 용도가 특정되어 있는 공문서를 사용권한 없는 자가 사용한 경우에도 그 공문서 본래의 용도에 따른 사용이 아닌 경우에는 공문서부정행사죄가 성립하지 않는다. [경찰채용 22 1차 변형] [경찰채용 23 2차]

**226** (○)

> **해설+** 사용권한자와 용도가 특정되어 있는 공문서를 사용권한 없는 자가 사용한 경우에도 그 공문서 본래의 용도에 따른 사용이 아닌 경우에는 형법 제230조의 공문서부정행사죄가 성립되지 아니한다(대법원 2003.2.26, 2002도4935; 2022.9.29, 2021도14514).
>
> **보충 1** 피고인이 기왕에 습득한 타인의 주민등록증을 피고인 가족의 것이라고 제시하면서 그 주민등록증상의 명의 또는 가명으로 이동전화 가입신청을 한 경우, 타인의 주민등록증을 본래의 사용용도인 신분확인용으로 사용한 것이라고 볼 수 없어 공문서부정행사죄가 성립하지 않는다(대법원 2003.2.26, 2002도4935).
>
> **보충 2** 장애인사용자동차표지를 사용할 권한이 없는 사람이 장애인전용주차구역에 주차하는 등 장애인사용자동차에 대한 지원을 받을 것으로 합리적으로 기대되는 상황이 아닌 경우, 단순히 이를 자동차에 비치하였더라도 장애인사용자동차표지를 본래의 용도에 따라 사용했다고 볼 수 없어 공문서부정행사죄가 성립하지 아니한다(대법원 2022.9.29, 2021도14514).

**227** 기왕에 습득한 타인의 주민등록증을 자신의 가족의 것이라고 제시하면서 그 주민등록증상의 명의로 이동전화 가입신청을 한 경우 공문서부정행사죄가 성립한다. [국가9급 14] [법원9급 16] [변호사 14]

**227** (×) '성립' → '불성립'

> **해설+** 타인의 주민등록증을 본래의 사용용도인 신분확인용으로 사용한 것이라고 볼 수 없어 공문서부정행사죄가 성립하지 않는다(대법원 2003.2.26, 2002도4935).

**228** 장애인사용자동차표지를 사용할 권한이 없는 사람이 실효된 '장애인전용주차구역 주차표지가 있는 장애인사용자동차표지'를 자신의 자동차에 단순히 비치하였으나 장애인전용주차구역이 아닌 장소에 주차한 경우, 장애인사용자동차표지를 본래의 용도에 따라 사용했다고 볼 수 없으므로 공문서부정행사죄가 성립하지 않는다. [경찰승진 23]

**228** (○)

> **해설+** 장애인사용자동차표지를 사용할 권한이 없는 사람이 장애인전용주차구역에 주차하는 등 장애인사용자동차에 대한 지원을 받을 것으로 합리적으로 기대되는 상황이 아니라면 단순히 이를 자동차에 비치하였더라도 장애인사용자동차표지를 본래의 용도에 따라 사용했다고 볼 수 없어 공문서 부정행사죄가 성립하지 않는다(대법원 2022.9.29, 2021도14514).

**229** 허위로 선박 사고신고를 하면서 그 선박의 국적증명서와 선박검사증서를 함께 제출한 경우 공문서부정행사죄가 성립한다. [변호사 14·20]

> **해설+** 선박국적증서와 선박검사증서는 본래의 용도를 벗어나 행사된 것으로 보기는 어려우므로, 이와 같은 행위는 공문서부정행사죄에 해당하지 않는다(대법원 2009.2.26, 2008도10851).

229 (×) '성립' → '불성립'

**230** 자동차 등의 운전자가 경찰공무원에게 다른 사람의 운전면허증 자체가 아니라 이를 촬영한 이미지파일을 휴대전화 화면 등을 통하여 보여 주는 행위는 공문서부정행사죄를 구성하지 아니한다. [법원9급 21]

230 (○)

> **해설+** 자동차 등의 운전자가 운전 중에 도로교통법 제92조 제2항에 따라 경찰공무원으로부터 운전면허증의 제시를 요구받은 경우 운전면허증의 특정된 용법에 따른 행사는 도로교통법 관계 법령에 따라 발급된 운전면허증 자체를 제시하는 것이라고 보아야 한다. 이 경우 자동차 등의 운전자가 경찰공무원에게 다른 사람의 운전면허증 자체가 아니라 이를 촬영한 이미지파일을 휴대전화 화면 등을 통하여 보여 주는 행위는 운전면허증의 특정된 용법에 따른 행사라고 볼 수 없는 것이어서 그로 인하여 경찰공무원이 그릇된 신용을 형성할 위험이 있다고 할 수 없으므로, 이러한 행위는 결국 공문서부정행사죄를 구성하지 아니한다(대법원 2019.12.12, 2018도2560).

## 4 인장에 관한 죄

> **대표유형**
>
> 어떤 문서에 권한 없는 자가 타인의 서명을 기재하는 경우에는 그 문서가 완성되기 전이라도 일반인으로서는 그 문서에 기재된 타인의 서명을 그 명의인의 진정한 서명으로 오신할 수도 있으므로, 일단 서명이 완성된 이상 문서가 완성되지 아니한 경우에도 서명의 위조죄는 성립할 수 있는 것이다. [변호사 16]

(○) 대법원 2005.12.23, 2005 도4478

**231** 행사할 목적으로 타인의 서명을 위조하거나 위조된 서명을 행사하는 사서명위조, 위조사서명행사죄의 경우에는 법정형으로 징역형만 있다.
[법원행시 16]

231 (○) 제239조

**232** 인장을 조각하여 명의인의 승낙을 얻은 후에 사용하려 하였으나 승낙을 얻지 못하게 되자 조각한 인장을 사용하지 않고 명의인에게 돌려준 경우에는 인장위조죄의 행사의 목적이 인정되지 않는다.

232 (○) 대법원 1992.10.27, 92 도1578

**233** 인장위조죄와 위조인장행사죄는 모두 행사의 목적을 요하는 목적범이다.

> **해설+** 인장위조죄는 목적범이나, 위조인장 행사죄는 다른 위조물행사죄들과 마찬가지로 목적범이 아니다.

**233** (×) '와 위조인장행사죄는 모두' → '는'

**234** 인장의 부정사용이라 함은 권한 없는 자가 사용하는 것뿐만 아니라 권한 있는 자가 그 권한을 남용하여 부당하게 사용하는 것도 포함된다.

**234** (○) 대법원 2006.9.28, 2006 도5233

**235** 타인의 인장을 조각할 당시에 명의자로부터 명시적이거나 묵시적인 승낙 내지 위임을 받은 경우, 인장위조죄가 성립하지 아니한다. [국가7급 17]

**235** (○) 대법원 2014.9.26, 2014 도9213

**236** 위조한 인과(印顆) 자체를 교부하는 것은 위조인장행사죄를 구성하지 않고, 위조한 인과를 날인하여 일반인이 열람할 수 있는 상태에 두는 행위가 있으면 동죄를 구성한다.

**236** (○) 대법원 1984.2.28, 84 도90

**237** 경찰서에서 조사를 받던 사람이 제3자로 행세하면서 피의자신문조서에 제3자의 서명을 기재하였으나 조사 경찰관의 서명·날인 등이 완료되기 전에 그 서명위조 사실이 발각된 경우 사서명위조 및 위조사서명행사죄가 성립한다. [사시 10]

**237** (○) 대법원 2005.12.23, 2005 도4478

**238** 문서의 작성 권한이 없는 甲이 문서에 타인의 서명을 기재한 경우, 일단 서명 등이 완성되었더라도 문서가 완성되지 않았다면 甲에게 서명 등의 위조죄는 성립하지 않는다. [변호사 16]

**238** (×)

> **해설+** 어떤 문서에 권한 없는 자가 타인의 서명 등을 기재하는 경우에는 그 문서가 완성되기 전이라도 일반인으로서는 그 문서에 기재된 타인의 서명 등을 그 명의인의 진정한 서명 등으로 오신할 수도 있으므로, 일단 서명 등이 완성된 이상 문서가 완성되지 아니한 경우에도 서명 등의 위조죄는 성립한다(대법원 2011.3.10, 2011도503).

**239** 휴대용정보단말기(PDA)의 음주운전단속결과통보 중 운전자 서명란에 타인의 기명 없이 의미를 알 수 없는 부호를 기재한 경우 사서명위조 및 위조사서명행사죄가 성립한다.

239 (O)

**해설+** 사서명(私署名) 등 위조죄가 성립하려면 서명 등이 일반인으로 하여금 특정인의 진정한 서명 등으로 오신하게 할 정도에 이르러야 하고, 일반인이 특정인의 진정한 서명 등으로 오신하기에 충분한 정도인지 여부는 서명 등의 형식과 외관, 작성 경위뿐만 아니라 서명 등이 기재된 문서에 서명 등을 할 필요성, 문서의 작성 경위, 종류, 내용 그리고 일반거래에서 문서가 가지는 기능 등도 함께 고려하여 판단하여야 한다(대법원 2005.12.23, 2005도4478). 피고인이 음주운전으로 단속되자 동생의 이름을 대며 조사를 받다가 휴대용정보단말기(PDA)에 표시된 음주운전단속결과통보 중 운전자의 서명란에 동생의 이름 대신 의미를 알 수 없는 부호를 기재한 행위는 동생의 서명을 위조한 것에 해당한다(대법원 2020.12.30, 2020도14045).

**240** 형법 제239조 제1항에 규정된 사인(私印)위조죄를 범한 사람에 대하여 벌금형으로 처벌할 수 있다. [법원9급 20]

240 (×) 사인(私印)위조죄를 범한 사람에 대하여는 3년 이하의 징역에 처한다(제239조 제1항).

**241** 행사의 목적으로 타인의 인장을 위조하고 그 위조한 인장을 사용하여 권리의무 또는 사실증명에 관한 타인의 사문서를 위조한 경우에는 인장위조죄는 사문서위조죄에 흡수되고 따로 인장위조죄가 성립하는 것은 아니다. [법원행시 14]

241 (O) 대법원 1978.9.26, 78도1787

**242** 공기호를 권한 없이 타인이 열람할 수 있는 상태로 사용하였을 뿐 다시 부정사용된 공기호 그 자체를 타인에게 제시하는 행위 등을 한 사실이 없다면 공기호부정사용죄만 구성할 뿐 더 나아가 부정사용된 공기호행사죄를 구성하지는 아니한다고 할 것이므로, 절취한 자동차번호판을 승용차에 부착하여 운전하였다고 하여 공기호부정사용죄 외에 다시 부정사용공기호행사죄에 해당한다고 볼 수 없다. [법원9급 13]

242 (×) '없다면 ~ 없다' → '없어도 부정사용공기호행사죄에 해당한다'

**해설+** 일반인으로 하여금 자동차의 동일성에 관한 오인을 불러일으킬 수 있는 상태 즉 그것이 부착된 자동차를 운행함을 의미한다고 할 것이고, 그 운행과는 별도로 부정사용한 자동차등록번호판을 타인에게 제시하는 등 행위가 있어야 그 행사죄가 성립한다고 볼 수 없다(대법원 1997.7.8, 96도3319).

# CHAPTER 03 | 공중의 건강에 대한 죄

## 1 먹는 물에 관한 죄

 대표유형

일상생활에서 먹는 물에 오물이나 건강을 해하는 물질을 넣은 것은 먹는 물의 유해물혼입죄가 아닌 먹는 물의 사용방해죄에 해당한다.

(×) 오물을 넣는 것은 먹는 물의 사용방해죄(제192조 제1항), 건강을 해하는 물질을 넣은 것은 먹는 물의 유해물혼입죄(제192조 제2항)가 적용된다.

001 형법 제192조 제1항의 먹는 물의 사용방해죄의 행위가 일상생활에서 먹는 물에 오물을 넣어 먹는 물로 쓰지 못하게 한 것임에 비해, 동조 제2항의 먹는 물의 유해물혼입죄는 독물 '기타 건강을 해할 물질'을 넣는 행위태양을 규정하고 있다. 후자의 먹는 물의 유해물혼입죄의 경우 결과적 가중범을 처벌하는 규정을 두고 있다.

001 (○) 제194조의 먹는 물의 혼독치사상죄 참조.

002 임의로 가설한 수도라고 하여도 현실적으로 공중생활에 필요한 음용수를 공급하는 수도인 이상 수도불통죄의 객체가 된다.

002 (○)

**해설+** 제195조의 공중의 음용수를 공급하는 수도 기타 시설에 대하여는 대법원 1957.2.1, 4289형상317 참조.

## 2 아편에 관한 죄

003 아편흡식기는 형법상 단지 소지만 하고 있어도 처벌된다. [법원9급 09]

003 (○)

**해설+** 아편흡식기구는 판매할 목적으로 소지한 경우(제199조), 단순 소지한 경우(제205조) 모두 처벌된다.

# CHAPTER 04 | 사회의 도덕에 대한 죄

## 1 성풍속에 관한 죄

📎 **대표유형**

형법 제245조 소정의 '음란한 행위라 함은 일반 보통인의 성욕을 자극하여 성적 흥분을 유발하고 정상적인 성적 수치심을 해하여 성적 도의관념에 반하는 것을 가리킨다고 할 것이고, 위 죄는 주관적으로 성욕의 흥분, 만족 등의 성적인 목적이 있어야 성립하는 것은 아니고 그 행위의 음란성에 대한 의미의 인식이 있으면 족하다. [사시 11]

(○) 대법원 2004.3.12, 2003도6514

001 미성년자에 대한 음행매개죄(형법 제242조)의 성립에는 그 미성년자가 음행의 상습이 있거나 그 음행에 자진 동의한 사실은 하등 영향을 미치는 것이 아니다. [사시 11]

001 (○) 대법원 1955.7.8, 4288형상37

002 음화반포 등 죄(형법 제243조)에 규정된 '음란한 문서 또는 도화'라 함은 성욕을 자극하여 흥분시키고 일반인의 정상적인 성적 정서와 선량한 사회풍속을 해칠 가능성이 있는 도서를 말하며, 그 음란성의 존부는 작성자의 주관적인 의도가 아니라 객관적으로 도서 자체에 의하여 판단하여야 한다. [경찰간부 14]

002 (○) 대법원 1991.9.10, 91도1550

003 구 아동복지법상 금지되는 '아동에게 음행을 시키는' 행위는 행위자가 아동으로 하여금 제3자를 상대방으로 하여 음행을 하게 하는 행위를 가리키는 것일 뿐 행위자 자신이 직접 그 아동의 음행의 상대방이 되는 것까지를 포함하는 의미로 볼 것은 아니다. [법원행시 21]

003 (○) 대법원 2000.4.25, 2000도223

**004** 공연윤리위원회의 심의를 마친 영화의 장면으로써 제작한 포스터 등의 광고물은 법적인 절차를 거친 홍보물이라 하더라도 음화등반포·판매죄의 음화가 될 수 있다. [법원행시 16] [사시 11]

**004** (○) 대법원 1990.10.16, 90
도1485

**005** 음란한 영상화면을 수록한 컴퓨터 프로그램 파일 37개를 컴퓨터 통신망을 통하여 전송하는 방법으로 판매한 경우 음화등반포·판매죄의 포괄일죄가 성립한다. [경찰채용 13 2차] [사시 11]

> **해설+** 컴퓨터 프로그램 파일은 형법 제243조의 문서, 도화, 필름 기타 물건에 해당한다고 할 수 없다(대법원 1999.2.24, 98도3140).

**005** (×) '성립한다' → '성립하지
않는다'

**006** 인터넷 사이트에 집단 성행위 목적의 카페를 개설, 운영한 자가 남녀 회원을 모집한 후 특별모임을 빙자하여 집단으로 성행위를 하고 그 촬영물이나 사진 등을 카페에 게시한 경우, 위 게시행위는 음란물을 공연히 전시한 것에 해당한다. [경찰승진 13]

**006** (○) 대법원 2009.5.14, 2008
도10914

**007** 고속도로에서 승용차를 손괴하거나 타인에게 상해를 가하는 등의 행패를 부리던 자가 이를 제지하려는 경찰관에 대항하여 공중 앞에서 알몸이 되어 성기를 노출한 경우, 음란한 행위에 해당하고 그 인식도 있었다고 보아야 한다. [법원행시 16]

**007** (○) 대법원 2000.12.22, 2000
도4372

**008** 요구르트 제품의 홍보를 위하여 전라의 여성 누드모델들이 일반 관람객과 기자 등이 있는 자리에서, 알몸에 밀가루를 바르고 무대에 나와 분무기로 요구르트를 몸에 뿌려 밀가루를 벗겨내는 방법으로 알몸을 완전히 드러낸 채 음부 및 유방 등이 노출된 상태에서 무대를 돌며 관람객들을 향하여 요구르트를 던진 행위가 공연음란죄에 해당한다. [법원행시 16]

**008** (○) 대법원 2006.1.13, 2005
도1264

**009** 말다툼을 한 후 항의의 표시로 엉덩이를 노출시킨 행위는 공연음란죄에서의 음란한 행위에 해당한다고 보기 어렵다. [법원행시 16]

**010** 연극공연행위의 음란성의 유무는 그 공연행위 자체로서 객관적으로 판단해야 할 것이고, 그 행위자의 주관적인 의사에 따라 좌우되는 것은 아니다. [법원행시 16]

**011** 공연음란죄는 행위의 음란성에 대한 의미의 인식 이외에 주관적으로 성욕의 흥분 또는 만족 등의 성적인 목적이 있어야 성립한다. [국가9급 17]

> **해설+** 주관적으로 성욕의 흥분, 만족 등의 성적인 목적이 있어야 성립하는 것은 아니고 그 행위의 음란성에 대한 의미의 인식이 있으면 족하다(대법원 2004.3.12, 2003도6514).

## 2  도박과 복표에 관한 죄

📎 **대표유형**

동네 친구들과 함께 저녁식사 후 저녁값을 마련하기 위하여 일시 오락에 불과한 도박을 한 경우 도박죄가 성립한다. [국가9급 12]

**해설+** 경미한 불법에 불과하므로 도박죄의 위법성이 조각된다(제246조 제1항 단서)(대법원 2004.4.9, 2003도6351).

**012** 도박은 '재물을 걸고 우연에 의하여 재물의 득실을 결정하는 것'을 의미하는 바, 당사자의 능력이 승패의 결과에 영향을 미친다면 다소간 우연성의 영향을 받는다고 하여도 도박죄는 성립하지 않는다. [국가9급 14]

**013** 골프·당구·장기 등과 같은 경기는 당사자의 능력이 승패의 결과에 영향을 미친다고 하더라도 다소라도 우연성의 사정에 의하여 영향을 받게 된다는 점에서 도박죄에 해당될 수 있다. 따라서 일시오락의 정도에 불과하지 않은 '내기 골프'는 도박에 해당한다고 보아야 한다. [국가9급 14]

014 도박의 습벽이 있는 자가 습벽이 없는 타인의 도박을 방조하면 상습도박방
조죄에 해당한다. [변호사 16]

014 (○) 대법원 1984.4.24, 84도195

015 성인피시방 운영자가 손님들로 하여금 컴퓨터에 접속하여 인터넷 도박
게임을 하고 게임머니의 충전과 환전을 하도록 하면서 게임머니의 일정 금
액을 수수료 명목으로 받은 행위는 도박개장죄에 해당한다. [경찰간부 14]

015 (○) 대법원 2008.10.23, 2008도3970

016 유료낚시터를 운영하는 자가 입장료 명목으로 요금을 받은 후 낚인 물고기
에 부착된 시상번호에 따라 경품을 지급한 경우 도박개장죄가 성립한다.
[국가9급 14]

016 (○) 대법원 2009.2.26, 2008도10582

017 도박개장죄는 계속범이기 때문에 기수 이후에도 범죄행위가 계속되고 도
박장소를 폐쇄하였을 때에 종료한다. [법원9급 11]

017 (○) 대법원 2009.12.10, 2008도5282

018 도박장소등개설죄는 영리의 목적으로 도박을 하는 장소나 공간을 개설하
면 기수에 이르고, 실제로 도박이 행하여져야 기수가 되는 것은 아니다.
[경찰승진 22]

018 (○) 대법원 2002.4.12, 2001도5802

019 인터넷 게임사이트의 온라인 게임에서 통용되는 사이버머니를 구입하고자
하는 사람을 유인하여 돈을 받고 위 게임사이트에 접속하여 일부러 패하는
방법으로 사이버머니를 판매한 사람에 대하여, 정범인 위 게임사이트 개설
자의 도박 개장행위를 인정할 수 없는 이상 종범인 도박개장방조죄도 성립
하지 않는다. [경찰채용 13]

019 (○) 대법원 2009.12.10, 2008도5282

020 고스톱 등의 인터넷 도박게임 사이트를 개설하여 운영하는 경우, 현실적으로 게임이용자들로부터 돈을 받고 게임머니를 제공하고 게임이용자들이 위 도박게임 사이트에 접속하여 도박을 하여, 위 게임으로 획득한 게임머니를 현금으로 환전해 주는 방법 등으로 게임이용자들과 게임회사 사이에 있어서 재물이 오고갈 수 있는 상태에 있으면, 게임이용자가 위 도박게임 사이트에 접속하여 실제 게임을 하였는지 여부와 관계없이 도박개장죄는 '기수'에 이른다. [경찰간부 13]

020 (○) 대법원 2009.12.10, 2008도5282

021 형법 제247조의 도박개장죄는 영리의 목적으로 스스로 주재자가 되어 그 지배하에 도박장소를 개설함으로써 성립하는 것으로서, '영리의 목적'이란 도박개장의 대가로 불법한 재산상의 이익을 얻으려는 의사를 의미한다. 입장료의 액수, 경품의 종류 및 가액, 경품이 제공되는 방법 등의 여러 사정에 비추어 볼 때, 손님들이 내는 입장료는 낚시터에 입장하기 위한 대가로서의 성격과 경품을 타기 위해 미리 거는 금품으로서의 성격을 아울러 지니고 있다고 볼 수 있고, 피고인이 손님들에게 경품을 제공하기로 한 것은 '재물을 거는 행위'로 볼 수 있다. [국가9급 14]

021 (○) 대법원 2009.2.26, 2008도10582

022 도박죄와 도박개장죄는 상습범을 처벌한다.

022 (×) 도박죄만 상습범을 처벌한다(제246조 제2항).

## 3 신앙에 관한 죄

 대표유형

형법 제161조의 사체은닉이라 함은 사체의 발견을 불가능 또는 심히 곤란하게 하는 것을 구성요건으로 하고 있으나 살인, 강도살인 등의 목적으로 사람을 살해한 자가 그 살해의 목적을 수행함에 있어 사후 사체의 발견이 불가능 또는 심히 곤란하게 하려는 의사로 인적이 드문 장소로 피해자를 유인하거나 실신한 피해자를 끌고 가서 그곳에서 살해하고 사체를 그대로 둔 채 도주한 경우에는 비록 결과적으로 사체의 발견이 현저하게 곤란을 받게 되는 사정이 있다 하더라도 별도로 사체은닉죄가 성립되지 아니한다. [법원행시 15]

(○) 대법원 1986.6.24, 86도891

**023** 「형법」 제158조의 장례식방해죄는 장례식을 방해함으로써 성립하는 죄로 구체적 위험범에 해당한다. [경찰간부 23]

**023** (×)

> **해설+** 장례식방해죄는 장례식의 평온과 공중의 추모감정을 보호법익으로 하는 이른바 <u>추상적 위험범</u>으로서 범인의 행위로 인하여 장례식이 현실적으로 저지 내지 방해되었다고 하는 결과의 발생까지 요하지 않고 방해행위의 수단과 방법에도 아무런 제한이 없으며 일시적인 행위라 하더라도 무방하나, 적어도 <u>객관적으로 보아 장례식의 평온한 수행에 지장을 줄 만한 행위를 함으로써 장례식의 절차와 평온을 저해할 위험이 초래될 수 있는 정도는 되어야 비로소 방해행위가 있다고 보아</u> 장례식방해죄가 성립한다(대법원 2013.2.14, 2010도13450).

**024** 교회의 교인이었던 사람이 교인들의 총유인 교회 현판, 나무십자가 등을 떼어 내고 예배당 건물에 들어가 출입문 자물쇠를 교체하여 7개월 동안 교인들의 출입을 막은 경우 예배방해죄가 성립한다. [경찰승진 11]

**024** (×) '성립한다' → '성립하지 않는다'(대법원 2008.2.1, 2007도5296)

**025** 사람을 살해한 후에 그 시체를 다른 장소로 옮겨 유기하였다면 살인죄 외에도 시체유기죄가 성립한다. [경찰간부 13]

**025** (○) 대법원 1984.11.27, 84도2263

**026** 법률, 계약 또는 조리상 시체에 대한 장제 또는 감호의 의무가 없는 자도 장소적 이전을 함이 없이 소극적으로 단순히 시체를 방치함으로써 시체유기죄를 범할 수 있다. [경찰채용 18 2차]

**026** (×) '있다' → '없다'(대법원 1986.6.24, 86도891)

**027** 범행을 은폐할 목적으로 피해자의 시신을 화장하였더라도 일반 화장절차에 따라 장제의 의례를 갖추었다면 사체유기죄가 성립하지 아니한다. [경찰채용 18 2차]

**027** (○)

> **해설+** 사체유기죄는 사자에 대한 사회풍습으로서의 종교적 감정을 그 보호법익으로 하는 것인데 피고인들이 일반화장절차에 따라 피해자의 시신을 위와 같이 화장하여 일반 장제의 의례를 갖추었다면 비록 그것이 자신들의 범행을 은폐할 목적이었다고 하더라도 사자에 대한 종교적 감정을 침해한 것이라고 보기 어렵다(대법원 1998.3.10, 98도51).

**028** 법률, 계약 또는 조리상 사체에 대한 장제 또는 감호의 의무가 없는 자도 장소적 이전을 함이 없이 소극적으로 단순히 사체를 방치함으로써 사체유기죄를 범할 수 있다. [경찰채용 18 2차]

028 (×)

**해설+** 사체유기죄는 법률, 계약 또는 조리상 사체를 장제 또는 감호할 의무가 있는 자가 이를 방치하거나 그 의무없는 자가 그 장소적 이전을 하면서 종교적, 사회적 풍습에 따른 의례에 의하지 아니하고 이를 방기함을 요한다고 할 것이다(대법원 1986.6.24, 86도891).

**029** 범죄로 인하여 사망한 것이 명백한 자의 사체는 변사체가 아니므로 형법 제163조의 변사체검시방해죄의 객체가 될 수 없다. [경찰간부 13] [법원행시 15]

029 (○)

**해설+** 사인이 명백한 경우는 변사자라 할 수 없으므로, 범죄로 인하여 사망한 것이 명백한 자의 사체는 같은 법조 소정의 변사체검시방해죄의 객체가 될 수 없다(대법원 1970.2.24, 69도2272; 2003.6.27, 2003도1331).

**030** 질병으로 의사의 치료를 받아 오다가 약효가 없어 사망하여 그 사인이 명백한 자라도 그 사체에 대한 검시를 방해하는 것은 변사체검시방해죄를 구성한다. [경찰채용 18 2차]

030 (×)

**해설+** 형법 제163조의 변사자라 함은 부자연한 사망으로서 그 사인이 분명하지 않은 자를 의미하고 그 사인이 명백한 경우는 변사자라 할 수 없으므로, 범죄로 인하여 사망한 것이 명백한 자의 사체는 같은 법조 소정의 변사체검시방해죄의 객체가 될 수 없다(대법원 2003.6.27, 2003도1331).

**2024 - 2025**
백광훈
통합 핵지총 ○×
**형법각론**

# 국가적 법익에 대한 죄

# CHAPTER 01 | 국가의 존립과 권위에 대한 죄

## 1 내란의 죄

### 📎 대표유형

내란의 실행과정에서 폭동행위에 수반하여 개별적으로 발생한 살인행위는 내란행위의 한 구성요소를 이루는 것이므로 내란행위에 흡수되어 내란목적살인의 별죄를 구성하지 아니하나, 특정인 또는 일정한 범위내의 한정된 집단에 대한 살해가 내란의 와중에 폭동에 수반하여 일어난 것이 아니라 그것 자체가 의도적으로 실행된 경우에는 이러한 살인행위는 내란에 흡수될 수 없고 내란목적살인의 별죄를 구성한다. [법원행시 14 변형]

(○) 대법원 2015.1.22, 2014도 10978 전원합의체

**001** 내란죄는 국토를 참절하거나 국헌을 문란할 목적으로 폭동한 행위로서, 다수인이 결합하여 위와 같은 목적으로 한 지방의 평온을 해할 정도의 폭행·협박행위를 하면 기수가 되고, 그 목적의 달성 여부는 이와 무관한 것으로 해석되므로, 다수인이 한 지방의 평온을 해할 정도의 폭동을 하였을 때 이미 내란의 구성요건은 완전히 충족된다고 할 것이어서 상태범으로 봄이 상당하다. [경찰간부 13] [법원행시 14·16]

001 (○) 대법원 2015.1.22, 2014 도10978 전원합의체

**002** 내란죄의 구성요건인 폭동의 내용으로서의 폭행 또는 협박은 일체의 유형력의 행사나 외포심을 생기게 하는 해악의 고지를 의미하는 최광의의 폭행 협박을 말하는 것으로서, 이를 준비하거나 보조하는 행위를 전체적으로 파악한 개념이다. [경찰간부 13]

002 (○) 대법원 1997.4.17, 96 도3376 전원합의체

**003** 국헌문란의 목적을 가지고 있었는지 여부는 외부적으로 드러난 행위와 그 행위에 이르게 된 경위 및 그 행위의 결과 등을 종합하여 판단하여야 한다. [경찰간부 13]

003 (○) 대법원 1997.4.17, 96 도3376 전원합의체

**004** 내란죄는 국토를 참절하거나 국헌을 문란할 목적이 있어야 하고 이러한 목적에 대한 인식은 내란죄의 보호법익 등에 비추어 확정적 인식을 요한다.

[법원행시 14]

> **해설+** 목적은 확정적 인식임을 요하지 아니하며, 다만 미필적 인식이 있으면 족하다 할 것이다(대법원 1980.5.20, 80도306).

**005** 범죄는 '어느 행위로 인하여 처벌되지 아니하는 자'를 이용하여서도 이를 실행할 수 있으므로, 내란죄의 경우에도 '국헌문란의 목적'을 가진 자가 그러한 목적이 없는 자를 이용하여 이를 실행할 수 있다.

[경찰간부 13] [경찰채용 18 1차] [법원행시 16]

**006** 내란선동죄는 내란이 실행되는 것을 목표로 선동함으로써 성립하는 독립한 범죄이고, 선동으로 말미암아 피선동자들에게 반드시 범죄의 결의가 발생할 것을 요건으로 한다.

[법원행시 16 변형]

> **해설+** 또한 선동에 따라 피선동자가 내란의 실행행위로 나아갈 개연성이 있다고 인정되어야만 내란선동의 위험성이 있는 것으로 볼 수도 없다(대법원 2015.1.22, 2014도10978 전원합의체).

**007** 내란음모가 성립하였다고 하기 위해서, 공격의 대상과 목표가 설정되어 있고, 그 밖의 실행계획에 있어서 주요 사항의 윤곽을 공통적으로 인식할 정도의 합의가 있을 것까지를 요하는 것은 아니다.

[법원행시 16·20]

> **해설+** 내란음모가 성립하였다고 하기 위해서는 개별 범죄행위에 관한 세부적인 합의가 있을 필요는 없으나, 공격의 대상과 목표가 설정되어 있고, 그 밖의 실행계획에 있어서 주요 사항의 윤곽을 공통적으로 인식할 정도의 합의가 있어야 한다(대법원 2015.1.22, 2014도10978 전원합의체).

### 📎 대표유형

간첩행위는 적국에 알리기 위하여 기밀에 속한 사항 또는 도서, 물건을 탐지·수집하는 것이므로 간첩이 이미 탐지·수집하여 지득하고 있는 사항을 타인에게 보고·누설하는 행위도 간첩행위 자체라고 보아야 한다. [경찰간부 13] [법원9급 14] [법원행시 14]

**해설+** 간첩이 이미 탐지·수집하여 지득하고 있는 사항을 타인에게 보고·누설하는 행위는 간첩의 사후행위로서 간첩행위 자체라고 할 수 없다(대법원 2011.1.20, 2008재도11 전원합의체).

(×) '보아야 한다' → '할 수 없다'

---

008 형법 제98조 제1항의 간첩이라 함은 적국을 위하여 적국의 지령 사주 기타 의사의 연락 하에 군사상 기밀사항 또는 도서 물건을 탐지·수집하는 것을 의미하는 것이므로 북괴의 지령 사주 기타의 의사의 연락 없이 편면적으로 지득하였던 군사상의 기밀사항을 북괴에 납북된 상태 하에서 제보한 행위는 위 법조 소정의 간첩죄에 해당하지 아니한다. [경찰채용 13]

008 (○) 대법원 1975.9.23, 75도1773

---

009 간첩죄에 있어서의 국가(군사)기밀이란 순전한 의미에서의 국가(군사)기밀에만 국한할 것이 아니고 정치, 경제, 사회, 문화 등 각 방면에 걸쳐 북한괴뢰집단의 지, 부지에 불구하고 국방정책상 위 집단에 알리지 아니하거나 확인되지 아니함을 우리나라의 이익으로 하는 모든 기밀사항을 포함한다. [법원9급 14]

009 (○) 간첩죄에 있어서의 국가(군사)기밀은 실질적 기밀개념을 따른다(대법원 1986.7.8, 86도861).

---

010 지령에 의하여 해외교포 사회의 민심동향을 파악·수집하는 것은 간첩죄에 해당하지 않는다. [경찰간부 12]

010 (×) '해당하지 않는다' → '해당한다'(대법원 1988.11.8, 88도1630)

---

011 간첩이라 함은 적국을 위하여 국가기밀을 탐지, 수집하는 행위를 말하는 것이다. [경찰간부 13]

**해설+** '간첩'은 적국에 제보하기 위하여 은밀한 방법으로 우리나라의 군사상은 물론 정치, 경제, 사회, 문화, 사상 등 기밀에 속한 사항 또는 도서, 물건을 탐지·수집하는 행위를 말한다(대법원 2011.1.20, 2008재도11 전원합의체).

011 (○)

---

012 간첩으로서 군사기밀을 탐지 · 수집하면 그로써 간첩행위는 기수가 되고 그 수집한 자료가 지령자에게 도달됨으로써 범죄의 기수가 되는 것은 아니다.
[경찰채용 13]

012 (○) 대법원 2011.1.20, 2008 재도11 전원합의체

013 간첩행위에 의하여 탐지, 모집한 기밀을 적국에 제보하여 누설하였다고 하더라도 이는 따로 별개의 죄가 성립되는 것이 아니다.
[법원9급 14]

013 (○) 대법원 1982.11.23, 82 도2201

014 간첩이 무전기를 비닐에 싸서 땅에 매몰할 때 그 망을 보아주는 행위는 간첩방조행위가 된다.
[법원9급 14]

해설+ 간첩이란 적국을 위하여 국가기밀 사항을 탐지 · 수집하는 행위를 지칭하는 것이므로 무전기를 매몰하는 행위를 간첩행위로 볼 수 없다(대법원 1983.4.26, 83도416).

014 (×) '된다' → '되지 않는다'

015 간첩이라는 정을 알면서 숙식을 제공하거나 무전기를 매몰하는 행위를 도와주거나 심부름으로 안부편지를 전달하는 행위를 한 경우 간첩방조죄가 성립하지 않는다.
[경찰간부 13] [사시 16]

해설+ 제98조 제1항 후단의 간첩방조죄가 성립하려면 간첩의 활동을 방조할 의사로 그의 기밀 탐지 · 수집행위를 용이하게 하는 행위가 있어야 한다(대법원 1986.2.25, 85도2533).

015 (○)

016 간첩방조는 간첩죄에 대하여 형을 감경한다.
[경찰간부 13]

해설+ 간첩방조죄는 각칙상 독립된 범죄이므로 총칙상의 방조범 규정(제32조)은 적용될 수 없다. 제98조 제1항 참조.

016 (×) '감경한다' → '감경하여야 하는 것은 아니다'

017 간첩의 목적으로 외국 또는 북한에서 국내에 침투 또는 월남하는 경우에는 기밀탐지가 가능한 국내에 침투 상륙함으로써 간첩죄의 실행의 착수가 있다고 보아야 한다.
[법원행시 14]

017 (○) 대법원 1984.9.11, 84 도1381

**018** 직무에 관하여 군사상 기밀을 지득한 자가 이를 적국에 누설한 경우에는 형법 제98조 제2항(군사상의 기밀누설죄)에, 직무와 관계없이 지득한 군사상 기밀을 적국에 누설한 경우에는 형법 제99조(일반이적죄)에 각 해당한다.

[경찰채용 13]

**018** (○) 대법원 1982.11.23, 82도2201

---

## 3 국기 및 국교에 관한 죄

 **대표유형**

외국사절모욕죄는 친고죄이다. [경찰간부 13]

(×) '친고죄' → '반의사불벌죄'
친고죄가 아니라 반의사불벌죄이다(제110조 참조).

**019** 외국사절모욕죄는 공연성을 요하지 않는다. [경찰간부 13]

**해설+** 외국사절모욕죄는 제108조 제2항의 죄로, 공연성은 그 요건이 아니라는 점에서 일반모욕죄와는 차이가 있다.

**019** (○)

**020** 외국사절모욕죄는 일반모욕죄와 형벌이 같다. [경찰간부 13]

**해설+** 제108조 제2항은 "전항(외국사절폭행·협박죄)의 외국사절에 대하여 모욕을 가하거나 명예를 훼손한 자는 3년 이하의 징역이나 금고에 처한다"고 규정되어 있다. 이는 일반모욕죄에 비하여 높은 법정형이다.

**020** (×) '같다' → '같지 않다'

**021** 외국사절모욕죄는 외국사절명예훼손죄의 형벌(법정형)보다 가볍다.

[경찰간부 13]

**해설+** 외국사절명예훼손죄와 외국사절모욕죄는 제108조 제2항에서 한데 규정되어 있고 그 법정형도 동일하다. 폭행·협박을 한 경우에는 동조 제1항에 규정되어 있고 형량도 보다 높게 되어 있다.

**021** (×) '보다 가볍다' → '과 같다'

**022** 외국사절모욕죄의 모욕의 개념이 일반모욕죄와는 다르다. [경찰간부 13]

**해설+** 외국사절모욕죄의 '모욕'의 개념에 있어서는 일반모욕죄의 '모욕'과 다르지 않다(대법원 2008.12.11, 2008도8917).

**022** (×) '다르다' → '다르지 않다'

**023** 외교상기밀누설죄는 주체의 제한 없이 외교상의 기밀을 누설하는 경우에 성립하는 비신분범이다.

[국가9급 17]

**해설+** 외교상의 기밀을 누설한 자는 5년 이하의 징역 또는 1천만 원 이하의 벌금에 처한다(제113조 제1항).

**023** (○)

**024** 외교상기밀누설죄(제113조 제1항), 공무상비밀누설죄(제127조) 및 업무상비밀누설죄(제317조 제1항)는 신분범이다.

[국가9급 21]

**024** (×) 외교상기밀누설죄는 누구든지 범할 수 있는 일반범이므로, 신분범이 아니다.

**025** 외국언론에 이미 보도된 바 있는 우리나라의 외교정책이나 활동에 관련된 사항들에 관하여 정부가 이른바 보도지침의 형식으로 국내언론기관의 보도 여부 등을 통제하고 있다는 사실을 알리는 것은 외교상의 기밀을 누설한 경우에 해당한다.

[경찰간부 18]

**025** (×) 대법원 1995.12.5, 94 도2379

# CHAPTER 02 | 국가의 기능에 대한 죄

## 1 공무원의 직무에 관한 죄

📎 **대표유형**

경찰관이 압수물을 범죄 혐의의 입증에 사용하도록 하는 등의 조치를 취하지 않고 피압수자에게 돌려 준 경우 작위범인 증거인멸죄만이 성립하고 부작위범인 직무유기(거부)죄는 따로 성립하지 아니한다. [법원9급 18 변형]

(○) 대법원 2006.10.19, 2005도3909 전원합의체

📎 **대표유형**

직권남용 행위의 상대방이 공무원이거나 법령에 따라 일정한 공적 임무를 부여받고 있는 공공기관 등의 임직원인 경우에는 법령에 따라 임무를 수행하는 지위에 있으므로 그가 직권에 대응하여 어떠한 일을 한 것이 의무 없는 일인지 여부는 관계 법령 등의 내용에 따라 개별적으로 판단하여야 한다. [경찰채용 21 1차]

(○) 대법원 2020.1.30, 2018도2236 전원합의체

📎 **대표유형**

공무원이 뇌물로 투기적 사업에 참여할 기회를 제공받은 경우, 뇌물수수죄의 기수시기는 투기적 사업에 참여하는 행위가 종료된 때로 보아야 하며, 그 행위가 종료된 후 경제사정의 변동 등으로 인하여 당초의 예상과는 달리 그 사업 참여로 아무런 이득을 얻지 못한 경우라도 뇌물수수죄의 성립에는 영향이 없다. [경찰채용 17 2차] [국가7급 12] [사시 14]

(○) 대법원 2002.11.26, 2002도3539

📎 **대표유형**

공무원이 직접 뇌물을 받지 않고 증뢰자로 하여금 자신이 채무를 부담하고 있었던 제3자에게 뇌물을 공여하게 함으로써 자신의 지출을 면하였다면 「형법」 제130조의 제3자뇌물제공죄가 성립한다. [변호사 18]

(×) '제130조의 제3자뇌물제공죄' → '제129조 제1항의 뇌물수수죄'

**해설+** 사회통념상 그 다른 사람이 뇌물을 받은 것을 공무원이 직접 받은 것과 같이 평가할 수 있는 관계가 있는 경우에는 제129조 제1항의 뇌물수수죄가 성립한다(대법원 2004.3.26, 2003도8077).

**001** 직무유기죄에서 '직무를 유기한 때'란 공무원이 법령, 내규 등에 의한 추상적 충근의무를 태만히 하는 일체의 경우를 의미한다.

[경찰채용 19 1차] [국가9급 17]

> **해설+** 직무유기죄는 공무원이 법령·내규 등에 의한 추상적 충근의무를 태만히 하는 일체의 경우에 성립하는 것이 아니라, 불법과 책임비난의 정도가 높은 법익침해의 경우에 한하여 성립한다(대법원 2007.7.12, 2006도1390; 2012.8.30, 2010도13694).

**001** (×) '의미한다' → '의미하는 것은 아니다'

**002** '직무를 유기한 때'란 직장의 무단이탈, 직무의 의식적인 포기 등과 같이 국가의 기능을 저해하고 국민에게 피해를 야기시킬 가능성이 있는 경우를 가리킨다.

[국가9급 15]

**002** (○) 대법원 2014.4.10, 2013도229

**003** 병가 중인 공무원의 경우에는 구체적인 작위의무 내지 국가기능의 저해에 대한 구체적인 위험성이 있다고 할 수 없으므로 직무유기죄의 주체로 될 수 없다.

[법원9급 16]

**003** (○) 대법원 1997.4.22, 95도748

**004** 당직사관이 술을 마시고 내무반에서 화투놀이를 한 후 애인과 함께 자고나서 당직근무의 인수·인계 없이 퇴근한 경우 직무유기죄가 성립한다.

[경찰승진 16]

**004** (○) 대법원 1990.12.21, 90도2425

**005** 농지사무를 담당하고 있는 군직원이 그 관내에서 발생한 농지불법전용 사실을 알고도 이를 외면하고 아무런 조치를 취하지 아니한 것은 직무유기죄에 해당한다.

[법원행시 14]

**005** (○) 대법원 1993.12.24, 92도3334

**006** 경찰관이 방치된 오토바이가 있다는 신고를 받거나 순찰 중 이를 발견하고 오토바이 상회 운영자에게 연락하여 오토바이를 수거해 가도록 하고 그 대가를 받은 경우 직무유기죄에 해당하지 않는다. [국가7급 12·16]

**해설+** 상회 운영자에게 그 습득물에 대한 임의적인 처분까지 용인한 것으로서 습득물 처리지침에 따른 직무를 의식적으로 방임 내지 포기하고 정당한 사유 없이 직무를 수행하지 아니한 경우에 해당한다(대법원 2002.5.17, 2001도6170).

**007** 경찰관이 불법체류자의 신병을 출입국관리사무소에 인계하지 않고 훈방하면서 이들의 인적사항조차 기재해 두지 아니하였다면 직무유기죄가 성립한다. [국가9급 15] [법원9급 18] [법원행시 15]

007 (○) 대법원 2008.2.14, 2005도4202

**008** 피고인들을 비롯한 경찰관들이 현행범으로 체포한 도박혐의자들에게 현행범인체포서 대신에 임의동행동의서를 작성하게 하거나 압수한 일부 도박자금에 관하여 검사의 지휘도 받지 않고 반환하는 등 제대로 조사하지 않은 채 이들을 석방한 경우 수사의 방임 내지 포기여서 직무유기죄가 성립한다. [법원행시 15]

008 (○) 대법원 2010.6.24, 2008도11226

**009** 경찰관인 피고인이 벌금미납자에 대한 노역장유치 집행을 위하여 검사의 지휘를 받아 형집행장을 집행하는 경우에 벌금미납자로 지명수배되어 있던 甲을 세 차례에 걸쳐 만나고도 그를 검거하여 검찰청에 신병을 인계하는 등 필요한 조치를 취하지 않은 경우 직무유기죄가 성립한다. [경찰승진 14]

009 (○) 대법원 2011.9.8, 2009도13371

**010** 교도소 보안과 출정계장과 감독교사가 호송교도관들을 지휘하여 재소자의 호송계 호업무를 수행함에 있어서 성실하게 그 직무를 수행하지 아니한 잘못으로 집단도주사고가 발생한 경우에는 직무유기죄가 성립한다. [경찰간부 12]

**011** 통고처분이나 고발을 할 권한이 없는 세무공무원이 그 권한자에게 범칙사건 조사 결과에 따른 통고처분이나 고발조치를 건의하는 등의 조치를 취하지 않았다고 하더라도, 구체적 사정에 비추어 그것이 직무를 성실히 수행하지 못한 것이라고 할 수 있을지언정 그 직무를 의식적으로 방임 내지 포기하였다고 볼 수 없다.                                    [경찰채용 23 2차] [법원9급 12 변형]

> **해설+** 통고처분이나 고발을 할 권한이 없는 세무공무원이 그 권한자에게 범칙사건 조사 결과에 따른 통고처분이나 고발조치를 건의하는 등의 조치를 취하지 않았다고 하더라도, 구체적 사정에 비추어 그것이 직무를 성실히 수행하지 못한 것이라고 할 수 있을지언정 그 직무를 의식적으로 방임 내지 포기하였다고 볼 수 없다(대법원 1997.4.11, 96도2753).

011 (○)

**012** 기초지방자치단체장 甲이 파업에 참가한 소속 공무원들에 대하여 광역지방자치단체 인사위원회에 징계의결요구를 할 의무가 있음에도 불구하고, 법률 검토 등을 거쳐 그 징계의결요구를 하지 아니하고 자체적으로 가담 정도의 경중을 가려 자체 인사위원회에 징계의결요구를 하거나 훈계처분을 하도록 지시하였다면, 직무유기죄가 성립한다.                    [변호사 14 변형]

012 (×) 어떠한 형태로든 직무집행의 의사로 자신의 직무를 수행한 경우에는 그 직무집행의 내용이 위법한 것으로 평가된다는 점만으로 직무유기죄의 성립을 인정할 것은 아니다(대법원 2007.7.12, 2006도1390).

**013** 교육기관의 장이 징계의결을 집행하지 못할 법률상·사실상 장애가 없는데도 징계의결서를 통보받은 날로부터 법정시한이 지나도록 집행을 유보하는 것이 직무에 관한 의식적인 방임이나 포기에 해당한다고 볼 수 있는 경우 직무유기죄가 성립하지 않는다.                        [경찰승진 23] [국가9급 15 변형] [법원행시 15 변형]

> **해설+** 교육기관·교육행정기관·지방자치단체 또는 교육연구기관의 장이 징계의결을 집행하지 못할 법률상·사실상의 장애가 없는데도 징계의결서를 통보받은 날로부터 법정시한이 지나도록 집행을 유보하는 모든 경우에 직무유기죄가 성립하는 것은 아니고, 그러한 유보가 직무에 관한 의식적인 방임이나 포기에 해당한다고 볼 수 있는 경우에 한하여 직무유기죄가 성립한다고 보아야 한다(대법원 2014.4.10, 2013도229).

013 (×)

**014** 직무집행의 의사로 자신의 직무를 수행한 경우에는 직무집행의 내용이 위법한 것으로 평가된다는 점만으로 직무유기죄의 성립을 인정할 것은 아니고, 공무원이 태만·분망 또는 착각 등으로 인하여 직무를 성실히 수행하지 아니한 경우나 형식적으로 또는 소홀히 직무를 수행한 탓으로 적절한 직무수행에 이르지 못한 것에 불과한 경우에도 직무유기죄는 성립하지 아니한다.                                    [법원9급 18 변형]

014 (○) 대법원 2014.4.10, 2013도229

**015** 직무유기죄는 유기한다는 고의가 있어야 한다. 따라서 직무를 집행한 이상 태만·착각·황망 등 일신상 또는 객관적 사유로 직무집행을 소홀히 하여 부실한 결과에 불과한 경우에는 본죄는 성립하지 않는다.    [국가9급 15]

**015** (○) 대법원 1991.6.11, 91도 96

**016** 경찰공무원이 지명수배 중인 범인을 발견하고도 직무상 의무에 따른 적절한 조치를 취하지 아니하고 오히려 범인을 도피하게 하는 행위를 하였다면, 그 직무위배의 위법상태는 범인도피행위 속에 포함되어 있다고 보아야 할 것이므로, 이와 같은 경우에는 작위범인 범인도피죄만이 성립하고 부작위범인 직무유기죄는 따로 성립하지 아니한다.    [경찰승진 18]

**016** (○) 대법원 2017.3.15, 2015 도1456

**017** 공무상비밀누설죄의 보호법익은 비밀 그 자체가 아니라 비밀의 누설에 의하여 위협받는 국가의 기능이다.    [국가9급 17]

**017** (○) 대법원 2012.3.15, 2010 도14734

**018** 공무상비밀누설죄는 공무원 또는 공무원이었던 자가 법령에 의한 직무상 비밀을 누설하는 것을 구성요건으로 하고 있는바, 여기서 '법령에 의한 직무상 비밀'이란 법령에 의하여 비밀로 규정되었거나 비밀로 분류 명시된 사항에 한정된다.    [경찰채용 23 2차]

**018** (×)

> **해설+** 형법 제127조는 공무원 또는 공무원이었던 자가 법령에 의한 직무상 비밀을 누설하는 것을 구성요건으로 하고 있는바, 여기서 법령에 의한 직무상 비밀이란 반드시 법령에 의하여 비밀로 규정되었거나 비밀로 분류 명시된 사항에 한하지 아니하고, 정치, 군사, 외교, 경제, 사회적 필요에 따라 비밀로 된 사항은 물론 정부나 공무소 또는 국민이 객관적, 일반적인 입장에서 외부에 알려지지 않는 것에 상당한 이익이 있는 사항도 포함하나, 실질적으로 그것을 비밀로서 보호할 가치가 있다고 인정할 수 있는 것이어야 하고, 한편 공무상비밀누설죄는 기밀 그 자체를 보호하는 것이 아니라 공무원의 비밀엄수의무의 침해에 의하여 위험하게 되는 이익, 즉 비밀의 누설에 의하여 위협받는 국가의 기능을 보호하기 위한 것이다(대법원 2007.6.14, 2004도5561).

**019** 검찰고위간부 甲이 사건에 대한 수사가 진행 중인 상태에서 해당 사안에 관한 수사책임자 乙의 잠정적인 판단 등 수사팀의 내부상황을 확인하고 그 내용을 수사 대상자에게 전달한 행위는 공무상 비밀누설죄를 구성한다.    [경찰간부 13]

**019** (○) 대법원 2007.6.14, 2004 도5561

**020** 수사지휘서의 기재 내용과 이에 관계된 수사상황은 해당 사건에 대한 종국적인 결정을 하기 전까지는 외부에 누설되어서는 안 될 수사기관 내부의 비밀에 해당한다. [법원행시 20]

020 (○) 대법원 2018.2.13, 2014도11441

**021** 甲은 乙의 부탁을 받고 차적 조회 시스템을 이용하여 유사휘발유 제조 현장 부근에서 경찰의 잠복근무에 이용되고 있던 경찰청 소속 차량의 소유관계에 관한 정보를 알아내 乙에게 알려주었다. 甲의 행위는 공무상비밀누설죄에 해당한다. [경찰간부 13]

021 (×) '해당한다' → '해당하지 않는다'

> **해설+** 재산의 소유 주체에 관한 정보에 불과한 자동차 소유자에 관한 정보를 정부나 공무소 또는 국민이 객관적, 일반적인 입장에서 외부에 알려지지 않는 것에 상당한 이익이 있는 사항으로서 실질적으로 비밀로 보호할 가치가 있다거나, 그 누설에 의하여 국가의 기능이 위협받는다고 볼 수 없고, 경찰청 소속 차량으로 잠복수사에 이용되는 경우 소속이 외부에 드러나지 말아야 할 사실상의 필요성이 있다는 사정만으로 달리 볼 것이 아니어서, 피고인이 갑에게 제공한 차량 소유관계에 관한 정보가 형법 제127조에서 정한 '법령에 의한 직무상 비밀'에 해당한다고 볼 수 없다(대법원 2012.3.15, 2010도14734).

**022** 법원장이 소속 법원 기획법관으로 하여금 영장재판 관련 정보를 법원행정처 차장에게 보고하도록 한 행위는 특별한 사정이 없는 한 공무상 비밀누설죄에 해당하지 아니한다.

022 (○)

> **해설+** 공무상비밀누설죄는 공무상 비밀 그 자체를 보호하는 것이 아니라 공무원의 비밀엄수의무의 침해에 의하여 위험하게 되는 이익, 즉 비밀누설에 의하여 위협받는 국가의 기능을 보호하기 위한 것이다(위 대법원 2018.2.13, 2014도11441 판결 등). 따라서 공무원이 직무상 알게 된 비밀을 그 직무와의 관련성 혹은 필요성에 기하여 해당 직무의 집행과 관련 있는 다른 공무원에게 직무집행의 일환으로 전달한 경우에는, 관련 각 공무원의 지위 및 관계, 직무집행의 목적과 경위, 비밀의 내용과 전달 경위 등 여러 사정에 비추어 비밀을 전달받은 공무원이 이를 그 직무집행과 무관하게 제3자에게 누설할 것으로 예상되는 등 국가기능에 위험이 발생하리라고 볼 만한 특별한 사정이 인정되지 않는 한, 위와 같은 행위가 비밀의 누설에 해당한다고 볼 수 없다(대법원 2021.11.25, 2021도2486; 2021.12.30, 2021도11924).

> **보충** 법원 형사수석부장판사가 같은 법원 영장전담판사들로부터 보고받은 정보를 법원행정처 차장에게 보고한 사건도 마찬가지 결론이다(대법원 2021.11.25, 2021도2486).

**023** 피고인이 유출한 이 사건 문건은 미국과의 자유무역협정 체결 협상을 위한 협상전략과 분야별 쟁점에 대한 대응방향 등을 담고 있는 것으로서, 일반인에게 아직 알려지지 아니한 내용이면 공무상 비밀누설죄가 성립한다.

[군무원9급 22]

> **해설+** 피고인이 유출한 이 사건 문건은 미국과의 자유무역협정 체결 협상을 위한 협상전략과 분야별 쟁점에 대한 대응방향 등을 담고 있는 것으로서, 그와 같은 내용이 일반에 알려진 공지의 사실에 해당하는 것으로 볼 수 없고, 또한 그 내용이 공개될 경우 협상상대방인 미국으로서는 우리나라의 우선 관심사항과 구체적인 협상전략을 미리 파악하여 보다 유리한 조건에서 협상에 임할 수 있게 되는 반면, 우리나라로서는 당초 준비한 협상전략이 모두 노출됨으로 인하여 불리한 지위에서 협상에 임할 수밖에 없게 되어, 당초의 협상목표를 달성하지 못하게 되는 결과를 불러올 우려가 있었던 점 등을 종합해 보면, 적어도 이 사건 문건 중 그 판시와 같은 기재 부분은 정부나 공무소 또는 국민이 객관적, 일반적인 입장에서 외부에 알려지지 않는 것에 상당한 이익이 있는 사항으로서, 실질적으로 비밀로서 보호할 가치가 있는 직무상 비밀에 해당한다(대법원 2009.6.11, 2009도2669).

**024** 공무원이 직무상 알게 된 비밀을 그 직무와의 관련성 혹은 필요성에 기하여 해당 직무의 집행과 관련 있는 다른 공무원에게 직무집행의 일환으로 전달한 경우, 국가기능에 위험이 발생하리라고 볼 만한 특별한 사정이 인정되지 않는 한, 그 행위는 비밀의 누설에 해당하지 아니한다.

[경찰채용 22 2차]

**025** 공무상비밀누설죄는 미수범을 처벌한다. [경찰간부 17]

**026** 형법 제123조의 직권남용죄의 미수범은 처벌하지 아니한다. [법원9급 22]

> **보충** 각칙 제7장 공무원의 직무에 관한 죄에서 미수를 처벌하는 죄는 불법체포·감금죄(제124조)뿐이다.

**027** 직권남용권리행사방해죄의 직권남용이란 공무원이 그의 일반적 권한에 속하는 사항에 관하여 그것을 불법하게 행사하는 것으로 세무공무원이 세금 미납자를 감금하는 것은 직권남용권리행사방해죄에 해당한다. [사시 13]

> **해설+** 집행관이 채무자를 체포하는 행위처럼 외관상 직무권한과 아무런 관련이 없는 행위는 본죄를 구성하지 아니한다.

**028** 직권남용은 공무원이 그의 일반적 권한에 속하는 사항에 관하여 그것을 불법하게 행사하는 것, 즉 형식적·외형적으로는 직무집행으로 보이나 실질적으로는 정당한 권한 외의 행위를 하는 경우를 의미한다. [국가7급 23]

**028** (O)

**해설+** 직권남용죄의 "직권남용"이란 공무원이 그의 일반적 권한에 속하는 사항에 관하여 그것을 불법하게 행사하는 것, 즉 형식적, 외형적으로는 직무집행으로 보이나 그 실질은 정당한 권한 이외의 행위를 하는 경우를 의미하고, 따라서 직권남용은 공무원이 그의 일반적 권한에 속하지 않는 행위를 하는 경우인 지위를 이용한 불법행위와는 구별되며, 또 직권남용죄에서 말하는 "의무"란 법률상 의무를 가리키고, 단순한 심리적 의무감 또는 도덕적 의무는 이에 해당하지 아니한다(대법원 1991.12.27, 90도2800).

**029** 어떠한 직무가 공무원의 일반적 권한에 속하는 사항이라고 하기 위해서는 그에 관한 법령상의 근거가 필요하고, 법령상 명문의 근거가 없는 경우에는 직권남용권리행사방해죄가 성립하지 아니한다. [변호사 20]

**029** (×)

**해설+** 명문이 없는 경우라도 법·제도를 종합적, 실질적으로 관찰해서 그것이 해당 공무원의 직무권한에 속한다고 해석되고 그것이 남용된 경우 상대방으로 하여금 의무 없는 일을 행하게 하거나 상대방의 권리를 방해하기에 충분한 것이라고 인정되는 경우에는 직권남용죄에서 말하는 일반적 권한에 포함된다(대법원 2019.3.14, 2018도18646).

**030** '직권남용'이란 공무원이 일반적 직무권한에 속하는 사항에 관하여 그 권한을 위법·부당하게 행사하는 것을 뜻한다. 어떠한 직무가 공무원의 일반적 직무권한에 속하는 사항이라고 하기 위해서는 그에 관한 법령상 근거가 필요하고, 명문의 규정 없이 법령과 제도를 종합적, 실질적으로 살펴보아 그것이 해당 공무원의 직무권한에 속한다고 해석된다는 이유만으로 직권남용죄에서 말하는 일반적 직무권한에 포함된다고 보아서는 아니 된다. [법원행시 20]

**030** (×)

**해설+** '직권남용'이란 공무원이 일반적 직무권한에 속하는 사항에 관하여 그 권한을 위법·부당하게 행사하는 것을 뜻한다. 어떠한 직무가 공무원의 일반적 직무권한에 속하는 사항이라고 하기 위해서는 그에 관한 법령상 근거가 필요하다. 법령상 근거는 반드시 명문의 규정만을 요구하는 것이 아니라 명문의 규정이 없더라도 법령과 제도를 종합적, 실질적으로 살펴보아 그것이 해당 공무원의 직무권한에 속한다고 해석되고, 이것이 남용된 경우 상대방으로 하여금 사실상 의무 없는 일을 하게 하거나 권리를 방해하기에 충분한 것이라고 인정되는 경우에는 직권남용죄에서 말하는 일반적 직무권한에 포함된다(대법원 2020.2.13, 2019도5186).

**031** 검찰의 고위 간부가 내사 담당검사로 하여금 내사를 중도에서 그만두고 종결처리토록 한 경우 직권남용죄가 성립한다. [경찰간부 12]

031 (○) 대법원 2007.6.14, 2004 도5561

**032** 대통령비서실 정책실장이 공무원으로 하여금 특별교부세 교부대상이 아닌 특정 사찰의 증·개축사업을 지원하는 특별교부세 교부신청 및 교부결정을 하도록 하게 한 경우 직권남용죄가 성립한다. [경찰간부 12]

032 (○) 대법원 2009.1.30, 2008 도6950

**033** 시장(市長)인 피고인 甲이 자신의 인사업무를 보좌하는 행정과장 피고인 乙과 공동하여, 관련 법령에서 정한 절차에 따라 평정대상 공무원에 대한 평정단위별 서열명부 및 평정순위가 정해졌는데도 평정권자나 실무 담당자 등에게 특정 공무원들에 대한 평정순위 변경을 구체적으로 지시하여 평정단위별 서열명부를 새로 작성하도록 하였다. 甲, 乙의 죄책은 (공문서변조는 논외로 하고) 직권남용권리행사방해죄이다. [경찰간부 14]

033 (○) 대법원 2012.1.27, 2010 도11884

**034** 직권남용권리행사방해죄에서 공무원이 직무와는 상관없이 단순히 개인적인 친분에 근거하여 문화예술 활동에 대한 지원을 권유하거나 협조를 의뢰한 경우에는 직권남용에 해당하지 않는다. [경찰승진 10 변형] [해경승진 23]

034 (○)

> **해설+** '직권남용'이란 공무원이 그 일반적 직무권한에 속하는 사항에 관하여 직권의 행사에 가탁하여 실질적, 구체적으로 위법·부당한 행위를 하는 경우를 의미하고, 공무원이 직무와는 상관없이 단순히 개인적인 친분에 근거하여 문화예술 활동에 대한 지원을 권유하거나 협조를 의뢰한 것에 불과한 경우까지 직권남용에 해당한다고 할 수는 없다(대법원 2009.1.30, 2008도6950).

**035** 직권남용죄의 '권리행사를 방해한 때'의 '권리'는 법률에 명기된 권리에 한하지 않고 법령상 보호되어야 할 이익이면 족한 것으로서, 공법상의 권리인지 사법상의 권리인지를 묻지 않는다. [법원행시 12 변형]

035 (○) 대법원 2010.1.28, 2008 도7312

**036** 경찰관의 범죄수사권은 형법 제123조의 직권남용권리행사죄에서 말하는 '권리'에 해당한다고 할 수 없다. [법원9급 11]

> **해설+** 경찰관은 경찰관직무집행법의 관련 규정을 근거로 범죄를 수사할 권한을 가지고 있다(대법원 2010.1.28, 2008도7312).

036 (×) '해당한다고 할 수 없다' → '해당한다'

**037** 개인휴대통신 사업자 선정과 관련하여 서류심사는 완결된 상태에서 청문심사의 배점방식을 변경함으로써 직권을 남용한 경우, 이로 인하여 최종 사업권자로 선정되지 못한 경쟁업체가 가진 구체적인 권리의 현실적 행사가 방해되는 결과가 발생하지 않았더라도 직권남용권리행사방해죄가 성립한다. [사시 11]

037 (×) '성립한다' → '성립하지 않는다'(대법원 2006.2.9, 2003도4599)

**038** 공무원이 한 행위가 직권남용에 해당한다고 하여 그러한 이유만으로 상대방이 한 일이 '의무 없는 일'에 해당한다고 인정할 수는 없다. [법원9급 21]

038 (○) 대법원 2020.1.30, 2018도2236 전원합의체; 2020.2.13, 2019도5186

**039** 직권남용죄의 '의무 없는 일을 하게 한 때'의 '의무'란 법률상 의무를 가리키고, 단순한 심리적 의무감 또는 도덕적 의무는 이에 해당하지 아니한다. [경찰승진 12]

039 (○) 대법원 2009.1.30, 2008도6950

**040** 공무원이 자신의 직무권한에 속하는 사항에 관하여 실무 담당자로 하여금 그 직무집행을 보조하는 사실행위를 하도록 하더라도 원칙적으로 직권남용권리행사방해죄에서 말하는 '의무 없는 일을 하게 한 때'에 해당한다고 할 수 없으나, 직무집행의 기준과 절차가 법령에 구체적으로 명시되어 있고 실무 담당자에게도 직무집행의 기준을 적용하고 절차에 관여할 고유한 권한과 역할이 부여되어 있다면 실무 담당자로 하여금 그러한 기준과 절차에 위반하여 직무집행을 보조하게 한 경우에는 '의무 없는 일을 하게 한 때'에 해당한다. [법원행시 14]

040 (○) 대법원 2011.2.10, 2010도13766

**041** 공무원이 자신의 직무권한에 속하는 사항에 관하여 실무 담당자로 하여금 그 직무집행을 보조하는 사실행위를 하도록 하였다면, 이는 원칙적으로 직권남용권리행사방해죄에서 말하는 '의무 없는 일을 하게 한 때'에 해당한다.

[경찰채용 21 1차] [변호사 20]

041 (×)

**해설+** 공무원이 자신의 직무권한에 속하는 사항에 관하여 실무 담당자로 하여금 그 직무집행을 보조하는 사실행위를 하도록 하더라도 이는 공무원 자신의 직무집행으로 귀결될 뿐이므로 원칙적으로 직권남용권리행사방해죄에서 말하는 '의무 없는 일을 하게 한 때'에 해당한다고 할 수 없다(대법원 2011.2.10, 2010도13766; 2019.3.14, 2018도18646).

**042** 공무원이 자신의 직무권한에 속하는 사항에 관하여 실무 담당자로 하여금 그 직무집행을 보조하는 사실행위를 하도록 한 경우 그 직무집행이 위법한 것이라면, 특별한 사정이 없는 이상 의무 없는 일을 하게 한 때에 해당한다.

[법원9급 22]

042 (×)

**해설+** 직권남용죄에서 말하는 '사람으로 하여금 의무 없는 일을 하게 한 때'란 공무원이 직권을 남용하여 다른 사람으로 하여금 법령상 의무 없는 일을 하게 한 때를 의미한다. 따라서 공무원이 자신의 직무권한에 속하는 사항에 관하여 실무 담당자로 하여금 그 직무집행을 보조하는 사실행위를 하도록 하더라도 이는 공무원 자신의 직무집행으로 귀결될 뿐이므로 원칙적으로 의무 없는 일을 하게 한 때에 해당한다고 할 수 없다(대법원 2021.3.11, 2020도12583).

**043** 직권남용 행위의 상대방이 일반 사인인 경우 특별한 사정이 없는 한 '의무 없는 일'에 해당하는지는 직권을 남용하였는지와 별도로 그에게 그러한 일을 할 법령상 의무가 있는지를 살펴 개별적으로 판단하여야 한다.

[법원9급 21]

043 (×)

**해설+** 직권남용 행위의 ① 상대방이 일반 사인인 경우 특별한 사정이 없는 한 직권에 대응하여 따라야 할 의무가 없으므로 그에게 어떠한 행위를 하게 하였다면 '의무 없는 일을 하게 한 때'에 해당할 수 있다. 그러나 ② 상대방이 공무원이거나 법령에 따라 일정한 공적 임무를 부여받고 있는 공공기관 등의 임직원인 경우에는 법령에 따라 임무를 수행하는 지위에 있으므로 그가 직권에 대응하여 어떠한 일을 한 것이 의무 없는 일인지 여부는 관계 법령 등의 내용에 따라 개별적으로 판단하여야 한다(대법원 2020.1.30, 2018도2236 전원합의체).

**044** 직권남용권리행사방해죄는 공무원에게 직권이 존재하는 것을 전제로 하는 범죄이고, 직권은 국가의 권력 작용에 의해 부여되거나 박탈되는 것이므로, 공무원이 공직에서 퇴임하면 해당 직무에서 벗어나고 그 퇴임이 대외적으로도 공표된다. 공무원인 피고인이 퇴임한 이후에는 위와 같은 직권이 존재하지 않으므로, 퇴임 후의 범행에 관하여는 공범으로서 책임을 지지 않는다고 보아야 하고, 퇴임 후에도 실질적 영향력을 행사하는 등으로 퇴임 전 공모한 범행에 관한 기능적 행위지배가 계속되었다고 인정할 만한 사정이 있다고 달리 볼 것은 아니다. [법원행시 20]

044 (×)

**해설+** 직권남용권리행사방해죄는 공무원에게 직권이 존재하는 것을 전제로 하는 범죄이고, 직권은 국가의 권력 작용에 의해 부여되거나 박탈되는 것이므로, 공무원이 공직에서 퇴임하면 해당 직무에서 벗어나고 그 퇴임이 대외적으로도 공표된다. 공무원인 피고인이 퇴임한 이후에는 위와 같은 직권이 존재하지 않으므로, 퇴임 후에도 실질적 영향력을 행사하는 등으로 퇴임 전 공모한 범행에 관한 기능적 행위지배가 계속되었다고 인정할 만한 특별한 사정이 없는 한, 퇴임 후의 범행에 관하여는 공범으로서 책임을 지지 않는다고 보아야 한다(대법원 2020.2.13, 2019도5186).

**045** 지방공무원 승진임용과 관련하여 임용권자인 지방자치단체장 또는 인사담당 실무자가 단지 인사위원회에 특정 후보자를 승진대상자로 제시 · 추천하는 의사를 표시하여 특정한 내용의 의결을 유도한 경우 직권남용권리행사방해죄에 해당한다.

045 (×)

**해설+** 지방자치단체의 장이 승진후보자명부 방식에 의한 5급 공무원 승진임용 절차에서 인사위원회의 사전심의 · 의결 결과를 참고하여 승진후보자명부상 후보자들에 대하여 승진임용 여부를 심사하고서 최종적으로 승진대상자를 결정하는 것이 아니라, 미리 승진후보자명부상 후보자들 중에서 승진대상자를 실질적으로 결정한 다음 그 내용을 인사위원회 간사, 서기 등을 통해 인사위원회 위원들에게 '승진대상자 추천'이라는 명목으로 제시하여 인사위원회로 하여금 자신이 특정한 후보자들을 승진대상자로 의결하도록 유도하는 행위는 인사위원회 사전심의 제도의 취지에 부합하지 않는다는 점에서 바람직하지 않다고 볼 수 있지만, 그것만으로는 직권남용권리행사방해죄의 구성요건인 '직권의 남용' 및 '의무 없는 일을 하게 한 경우'로 볼 수 없다(대법원 2020.12.10, 2019도17879).

**보충** 지방공무원법령상 임용권자(기장군수)는 인사위원회의 사전심의 결과에 구속되지 않으며 최종적으로 승진임용대상자를 결정할 권한은 임용권자에게 있다는 점을 중시한 판결로서, 직권남용죄 성립범위에 관한 대법원 2020.1.30, 2018도2236 전원합의체 판결(소위 블랙리스트 사건)의 후속판결이다.

**046** 지방자치단체의 장이 미리 승진후보자명부상 후보자들 중에서 승진대상자를 실질적으로 결정한 다음, 그 내용을 인사위원회 간사, 서기 등을 통해 인사위원회 위원들에게 '승진대상자 추천'이라는 명목으로 제시하여 인사위원회로 하여금 자신이 특정한 후보자들을 승진대상자로 의결하도록 유도하는 행위는 직권남용권리행사방해죄의 구성요건인 '직권의 남용' 및 '의무 없는 일을 하게 한 경우'로 볼 수 있다.　　　　　　[경찰채용 22 2차]

046 (×) 대법원 2020.12.10, 2019도17879

**047** 직권남용죄가 성립하기 위해서는 현실적으로 다른 사람이 의무 없는 일을 하였거나 다른 사람의 구체적인 권리행사가 방해되는 결과가 발생하여야 하며, 또한 그 결과의 발생은 직권남용 행위로 인한 것이어야 한다.　　　　　　[국가7급 23]

047 (○)

> **해설+** 직권남용권리행사방해죄는 단순히 공무원이 직권을 남용하는 행위를 하였다는 것만으로 곧바로 성립하는 것이 아니다. 직권을 남용하여 현실적으로 다른 사람이 법령상 의무 없는 일을 하게 하였거나 다른 사람의 구체적인 권리행사를 방해하는 결과가 발생하여야 하고, 그 결과의 발생은 직권남용 행위로 인한 것이어야 한다(대법원 2022.4.14, 2017도19635).

**048** 공무원의 직권남용행위가 있었다 할지라도 현실적으로 권리행사의 방해라는 결과가 발생하지 아니하였다면 직권남용권리행사방해죄의 기수를 인정할 수 없다.　　　　　　[변호사 20]

048 (○) 대법원 2006.2.9, 2003도4599

**049** 공무원의 직권남용행위가 있었다면 현실적으로 권리행사의 방해라는 결과가 발생하지 않았더라도 직권남용권리행사방해죄가 성립한다. [경찰간부 16]

049 (×)

> **해설+** 직권남용죄에 해당하려면 현실적으로 다른 사람이 의무 없는 일을 하였거나 다른 사람의 구체적인 권리행사가 방해되는 결과가 발생하여야 하며, 또한 그 결과의 발생은 직권남용 행위로 인한 것이어야 한다(대법원 2005.4.15, 2002도3453).

**050** 피고인이 인신구속에 관한 직무를 집행하는 사법경찰관으로서 체포 당시 상황을 고려하여 경험칙에 비추어 현저하게 합리성을 잃지 않은 채 판단하면 체포 요건이 충족되지 아니함을 충분히 알 수 있었는데도, 자신의 재량 범위를 벗어난다는 사실을 인식하고 그와 같은 결과를 용인한 채 사람을 체포하여 권리행사를 방해한 경우 직권남용체포죄와 직권남용권리행사방해죄의 고의는 인정되지 않는다. 　　　　　　　　　　　[경찰채용 17 2차]

050 (×) '인정되지 않는다' → '인정된다'

**해설+** 범죄의 고의는 확정적 고의뿐만 아니라 결과 발생에 대한 인식이 있고 이를 용인하는 의사인 이른바 미필적 고의도 포함하므로 직권남용체포죄와 직권남용권리행사방해죄가 성립한다(대법원 2017.3.9, 2013도16162).

**051** 피해자가 경찰서 안에서 직장동료인 피의자들과 같이 식사도 하고 사무실 안팎을 내왕하였다 하여도 피해자를 경찰서 밖으로 나가지 못하도록 한 경우는 불법감금에 해당한다. 　　　　　　　　　　　[경찰간부 11]

051 (○) 대법원 1991.12.30, 91 모5

**052** 경찰관이 즉결심판 피의자의 정당한 귀가요청을 거절한 채 다음 날 즉결심판법정이 열릴 때까지 피의자를 경찰서 보호실에 강제유치시키려고 함으로써 피의자를 경찰서 내 즉결피의자 대기실에 10~20분 동안 있게 한 행위는 형법 제124조 제1항의 불법감금죄에 해당한다. 　　　　[경찰승진 11]

052 (○) 대법원 1997.6.13, 97 도877

**053** 인신구속에 관한 직무를 보조하는 자가 피해자를 구속하기 위하여 진술조서 등을 허위로 작성한 후 검사와 영장전담판사를 기망하여 구속영장을 발부받아 피해자를 구금한 경우 직권남용감금죄가 성립한다. 　　　　　　　　　　　　　　　　[경찰채용 18 1차] [국가9급 17]

053 (○) 대법원 2006.5.25, 2003 도3945

**054** 직권남용죄(제123조), 불법체포·감금죄(제124조) 및 폭행·가혹행위죄(제125조)의 행위주체는 같다. 　　　　　　　　　　　[국가9급 21]

054 (×)

**해설+** 직권남용죄의 주체는 공무원이고, 불법체포·감금죄와 폭행·가혹행위죄의 주체는 재판, 검찰, 경찰 기타 인신구속에 관한 직무를 행하는 자 또는 이를 보조하는 자이다.

**055** 형법 제128조의 선거방해죄의 주체는 검찰, 경찰 또는 군의 직에 있는 공무원이다.

[법원9급 21]

**055** (O) 제128조

**056** 공무원이 얻는 어떤 이익이 직무와 대가관계가 있는 부당한 이익으로서 뇌물에 해당하는지 여부는 당해 공무원의 직무내용, 직무와 이익제공자의 관계, 쌍방간에 특수한 사적인 친분관계가 존재하는지 여부, 이익의 다과, 이익을 수수한 경위와 시기 등의 제반사정을 참작하여 결정하여야 하고, 뇌물죄가 직무집행의 공정과 이에 대한 사회의 신뢰 및 직무행위의 불가매수성을 보호법익으로 하고 있는 점에 비추어 볼 때, 공무원이 이익을 수수하는 것으로 인하여 사회일반으로부터 직무집행의 공정성을 의심받게 되는지 여부도 뇌물죄의 성립 여부를 판단할 때에 기준이 된다.

[경찰채용 17 2차]

**056** (O) 대법원 2014.10.15, 2014도8113. 이러한 법리는 「도시 및 주거환경정비법」 제84조에 의하여 공무원으로 의제되는 재건축정비사업조합의 임원에게도 마찬가지로 적용된다.

**057** 수뢰죄의 직무에는 공무원의 법령상 직무행위뿐 아니라 그 직무와 관련하여 사실상 처리하고 있는 직무행위도 포함된다.

[국가9급 11]

**057** (O) 대법원 2010.12.23, 2010도10910

**058** 수뢰죄에서 '직무'라 함은 공무원이 법령상 관장하는 직무 그 자체뿐만 아니라 그 직무와 밀접한 관계가 있는 행위 또는 관례상이나 사실상 소관하는 직무행위 및 결정권자를 보좌하거나 영향을 줄 수 있는 직무행위를 포함한다.

[국가7급 12]

**058** (O) 대법원 1997.4.17, 96도3378

**059** 뇌물죄에서 말하는 '직무'에는 법령에 정하여진 직무뿐만 아니라 그와 관련 있는 직무, 과거에 담당하였거나 장래에 담당할 직무 외에 사무분장에 따라 현실적으로 담당하지 않는 직무라도 법령상 일반적인 직무권한에 속하는 직무 등 공무원이 그 직위에 따라 공무로 담당할 일체의 직무를 포함한다.

[국가9급 17] [법원행시 15 변형]

**059** (O) 대법원 2013.11.28, 2013도9003; 2013.11.28, 2013도10011

**060** 국회의원이 의정활동과 전체적·포괄적으로 대가관계 있는 금원을 교부받은 경우에도 직무에 관하여 뇌물을 수수한 경우에 해당한다.  [법원9급 11]

**060** (○) 대법원 1997.12.26, 97도2609

**061** 뇌물죄에 있어서 금품을 수수한 장소가 공개된 장소이고, 금품을 수수한 공무원이 이를 개인적 용도가 아닌 회식비나 직원들의 휴가비로 소비하였을 뿐 자신의 사리를 취한 바 없다 하더라도 뇌물죄가 성립한다.
[경찰채용 12]

**061** (○) 대법원 1996.6.14, 96도865

**062** 음주운전을 적발하여 단속에 관련된 제반 서류를 작성한 후 운전면허 취소 업무를 담당하는 직원에게 이를 인계하는 업무를 담당하는 경찰관이 피단속자로부터 운전면허가 취소되지 않도록 하여 달라는 청탁을 받고 금원을 교부받은 경우, 뇌물수수죄가 성립한다.  [경찰채용 18 1차]

**062** (○)

> **해설+** 뇌물죄에서 말하는 '직무'에는 법령에 정하여진 직무뿐만 아니라 그와 관련 있는 직무, 과거에 담당하였거나 장래에 담당할 직무 외에 사무분장에 따라 현실적으로 담당하지 않는 직무라도 법령상 일반적인 직무권한에 속하는 직무 등 공무원이 그 직위에 따라 공무로 담당할 일체의 직무를 포함한다(대법원 1999.11.9, 99도2530).

**063** 지방의회의 의장 선거에서 투표권을 가지고 있는 군의원들이 의장선거와 관련하여 금품 등을 수수한 경우 뇌물수수죄의 직무관련성이 인정된다.
[경찰승진 11]

**063** (○) 대법원 2002.5.10, 2000도2251

**064** 교통계에서 근무하는 경찰관 甲은 乙의 도박장 개설 및 도박범행을 묵인하고 편의를 봐주는데 대한 사례비 명목으로 1회에 30만 원씩 5회에 걸쳐 합계 150만 원을 교부받고, 나아가 도박장 개설 및 도박범행사실을 잘 알면서도 이를 단속하지 아니한 경우에는 甲이 교통계에서 근무하여 그의 직접적인 업무가 아니라고 하더라도 수뢰후부정처사죄가 성립한다.  [사시 14]

**064** (○)

> **해설+** 이는 경찰관으로서 직무에 위배되는 부정한 행위를 한 것이라 할 것이고, 비록 피고인이 이 사건 범행 당시 원주경찰서 교통계에 근무하고 있어 도박범행의 수사 등에 관한 구체적인 사무를 담당하고 있지 아니하였다 하여도 달리 볼 것은 아니라고 할 것이다(대법원 2003.6.13, 2003도1060).

065 경찰서 교통계에 근무하는 경찰관 甲이 乙의 관내 도박장 개설 및 도박범행을 묵인하고 편의를 봐주는 대가로 금 150만 원을 교부받고 나아가 그 도박장 개설 및 도박 범행사실을 잘 알면서도 이를 단속하지 아니한 것은 사전수뢰죄를 구성한다.

[변호사 14 변형]

**해설+** 비록 피고인이 이 사건 범행당시 원주 경찰서 교통계에 근무하고 있어 도박범행의 수사 등에 관한 구체적인 사무를 담당하고 있지 아니하였다 하여도 달리 볼 것은 아니라고 할 것이다(대법원 2003.6.13, 2003도1060).

065 (×) '사전수뢰죄' → '수뢰후부정처사죄'

066 경찰관이 재건축조합 직무대행자에 대한 진정사건을 수사하면서 진정인 측의 재건축 설계업체로 선정되기를 희망하던 건축사사무소 대표로부터 금원을 수수한 경우 뇌물수수죄의 직무관련성이 인정된다. [경찰간부 12]

066 (○) 대법원 2007.4.27, 2005도4204

067 문교부 편수국 공무원인 피고인들이 교과서의 내용검토 및 개편수정작업을 의뢰받고 그에 소요되는 비용을 받은 경우 뇌물수수죄의 직무관련성이 인정된다. [경찰간부 12]

067 (×) 대법원 1979.5.22, 78도296

068 국립대학교 부설연구소가 국가와는 별개의 지위에서 연구소라는 단체의 명의로 체결한 어업피해조사용역계약상의 과업 내용에 의하여 국립대학교 교수가 위 연구소 소속 연구원으로서 수행하는 조사용역업무는 교육공무원의 직무 또는 그와 밀접한 관계가 있거나 그와 관련된 행위에 해당한다고 볼 수 없다. [경찰채용 11]

068 (○) 대법원 2002.5.31, 2001도670

069 수의계약을 체결하는 공무원이 해당 공사업자와 적정한 금액 이상으로 계약금액을 부풀려서 계약하고 부풀린 금액을 자신이 되돌려 받기로 사전에 약정한 다음 그에 따라 수수한 돈은 성격상 뇌물이 아니고 횡령금에 해당한다. [경찰승진 17]

069 (○) 대법원 2007.10.12, 2005도7112

070 뇌물죄는 직무집행의 공정과 이에 대한 사회의 신뢰에 기하여 직무수행의 불가매수성을 그 직접의 보호법익으로 하고 있으므로, 공무원의 직무와 금원의 수수가 전체적으로 대가관계에 있으면 뇌물수수죄가 성립하고, 특별히 청탁의 유무, 개개의 직무행위의 대가적 관계를 고려할 필요가 없으며, 또한 그 직무행위가 특정된 것일 필요도 없다. [국가7급 12] [경찰간부 17]

070 (O) 대법원 1997.12.26, 97도2609

071 뇌물죄는 공무원의 직무집행의 공정과 이에 대한 사회의 신뢰 및 직무행위의 불가매수성을 그 보호법익으로 하고 있고 직무에 관한 청탁이나 부정한 행위를 필요로 하는 것은 아니기 때문에 수수된 금품의 뇌물성을 인정하는 데 특별한 청탁이 있어야만 하는 것은 아니며, 또한 금품이 직무에 관하여 수수된 것으로 족하고 개개의 직무행위와 대가적 관계가 있을 필요는 없다. [국가9급 17] [변호사 18]

071 (O) 대법원 2014.10.15, 2014도8113

072 뇌물죄는 직무에 관한 청탁이나 부정한 행위를 필요로 하는 것은 아니므로 특별한 청탁이 없어도 수수된 금품의 뇌물성을 인정할 수 있다. [경찰간부 17]

072 (O)

**해설+** 뇌물죄는 특별한 청탁이 있어야만 하는 것은 아니며, 또한 금품이 직무에 관하여 수수된 것으로 족하고 개개의 직무행위와 대가적 관계가 있을 필요는 없다(대법원 2001.10.12, 2001도3579).

073 수수된 금품의 뇌물성을 인정하기 위하여는 그 금품이 개개의 직무행위와 대가적 관계에 있음이 증명되어야 한다. [변호사 18]

073 (X) '한다' → '하는 것은 아니다'

**해설+** 뇌물은 개개의 직무행위와 대가적 관계에 있을 필요는 없으며, 그 직무행위가 특정된 것일 필요도 없다(대법원 1997.4.17, 96도3378).

**074** 뇌물은 직무에 관한 행위의 대가로서의 불법한 이익을 말하므로 직무와 관련 없이 단순히 사교적인 예의로서 하는 증여는 뇌물이라고 할 수 없으나, 직무행위와의 대가관계가 인정되는 경우에는 비록 사교적 예의의 명목을 빌더라도 뇌물성을 부정할 수 없다. [경찰채용 19 1차] [국가9급 11]

> **해설+** 공무원이 그 직무의 대상이 되는 사람으로부터 금품 기타 이익을 받은 때에는 그것이 그 사람이 종전에 공무원으로부터 접대 또는 수수받은 것을 갚는 것으로서 사회상규에 비추어 볼 때에 의례상의 대가에 불과한 것이라고 여겨지거나, 개인적인 친분관계가 있어서 교분상의 필요에 의한 것이라고 명백하게 인정할 수 있는 경우 등 특별한 사정이 없는 한 직무와의 관련성이 없는 것으로 볼 수 없고, 공무원의 직무와 관련하여 금품을 수수하였다면 비록 사교적 의례의 형식을 빌어 금품을 주고 받았다 하더라도 그 수수한 금품은 뇌물이 된다(대법원 1999.7.23, 99도390; 2002.7.26, 2001도6721).

**075** 뇌물죄에서 뇌물의 내용인 이익이라 함은 금전, 물품 기타의 재산적 이익뿐만 아니라 사람의 수요, 욕망을 충족시키기에 족한 일체의 유형, 무형의 이익을 포함한다고 해석되고, 투기적 사업에 참여할 기회를 얻는 것도 이에 해당한다. [국가9급 17]

**076** 뇌물의 내용인 이익은 금전, 물품 기타의 재산적 이익에 한하고 뇌물약속죄에 있어서 뇌물의 목적물인 이익은 약속 당시에 현존하여야 하므로 공무원이 오랫동안 처분을 하지 못하고 있던 부동산을 개발이 예상되는 다른 토지와 교환계약을 체결한 것만으로는 뇌물약속죄가 성립한다고 할 수 없다. [해경승진 23]

> **해설+** 뇌물의 내용인 이익이라 함은 금전, 물품 기타의 재산적 이익뿐만 아니라 사람의 수요·욕망을 충족시키기에 족한 일체의 유형·무형의 이익을 포함한다. 뇌물약속죄에 있어서 뇌물의 목적물인 이익은 약속 당시에 현존할 필요는 없고 약속 당시에 예기할 수 있는 것이라도 무방하며, 뇌물의 목적물이 이익인 경우에는 그 가액이 확정되어 있지 않아도 뇌물약속죄가 성립하는 데는 영향이 없다(대법원 2001.9.18, 2000도5438).

**077** 뇌물의 내용인 이익이라 함은 금전, 물품 기타의 재산적 이익뿐만 아니라 사람의 수요·욕망을 충족시키기에 족한 일체의 유형·무형의 이익을 포함하는데, 이는 개인적 법익에 대한 죄인 배임수재죄의 재산상 이익과 내용이 같다. [사시 13]

---

**074** (○)

**075** (○) 대법원 2002.11.26, 2002도3539

**076** (×)

**077** (×) '같다' → '다르다'
수뢰죄와는 달리 배임수재죄에서는 재물 또는 재산상의 이익을 요구한다.

**078** 뇌물죄에서 뇌물의 내용인 이익이라 함은 금전, 물품 기타의 재산적 이익 뿐만 아니라 사람의 수요·욕망을 충족시키기에 족한 일체의 유형·무형 의 이익을 포함하며, 제공된 것이 성적 욕구의 충족이라고 하여 달리 볼 것이 아니다. [경찰간부 17] [법원9급 17] [법원행시 15]

**078** (○) 대법원 2014.1.29, 2013 도13937

**079** 정치자금기부행위가 정치인의 구체적 직무범위와 관련하여 기부자에게 유리한 행위를 기대하거나 그에 대한 사례로서 이루어졌다면 그 기부금에 대해서는 뇌물성이 인정된다. [사시 10]

**079** (○) 대법원 2008.6.12, 2006 도8568

**080** 정치자금의 기부행위는 정치활동에 대한 재정적 지원행위이고, 뇌물은 공 무원의 직무행위에 대한 위법한 대가로서, 양자는 별개의 개념이나, 정치 자금의 명목으로 금품을 주고받았고 정치자금법에 정한 절차를 밟았다고 할지라도, 정치인의 정치활동 전반에 대한 지원의 성격을 갖는 것이 아니 라 공무원인 정치인의 특정한 구체적 직무행위와 관련하여 금품 제공자에 게 유리한 행위를 기대하거나 또는 그에 대한 사례로서 금품을 제공함으로 써 정치인인 공무원의 직무행위에 대한 대가로서의 실체를 가진다면 뇌물 성이 인정된다.

**080** (○) 대법원 2017.3.22, 2016 도21536

**081** 공무원이 그 직무의 대상이 되는 사람으로부터 금품 기타 이익을 받은 때 에는 그것이 그 사람이 종전에 공무원으로부터 접대 또는 수수 받은 것을 갚는 것으로서 사회 상규에 비추어 볼 때 의례상의 대가에 불과한 것이라 고 여겨지거나, 개인적인 친분관계가 있어서 교분상의 필요에 의한 것이라 고 명백하게 인정할 수 있는 경우 등 특별한 사정이 없는 한 직무와의 관 련성이 없는 것으로 볼 수 없고, 공무원의 직무와 관련하여 금품을 수수하 였다면 비록 사교적 의례의 형식을 빌어 금품을 주고받았다 하더라도 그 수수한 금품은 뇌물이 된다. [법원9급 14]

**081** (○) 대법원 2000.1.21, 99 도4940

082 공무원이 직무와 관련하여 금품을 수수하였더라도 특별한 청탁이 없이 사교적 의례의 형식을 갖추어 금품을 주고받았다면 「형법」 제129조 제1항의 뇌물수수죄가 성립하지 않는다. [경찰채용 18 2차]

**해설+** 공무원이 그 직무의 대상이 되는 사람으로부터 금품 기타 이익을 받은 때에는, 사회상규에 비추어 의례상의 대가에 불과하거나 개인적 친분관계가 있어 교분상의 필요에 의한 것이라고 인정되는 등의 특별한 사정이 없는 한 직무와 관련이 없다고 볼 수 없으며, 공무원이 직무와 관련하여 금품을 수수하였다면 비록 사교적 의례의 형식을 빌려 금품을 주고받았다 하더라도 그 수수한 금품은 뇌물이 된다(대법원 2008.11.27, 2006도8779).

083 공무원이 직무의 대상이 되는 사람으로부터 사교적 의례의 형식을 빌려 금품을 주고받은 것이 개인적인 친분관계가 있어서 교분상의 필요에 의한 것이라고 명백하게 인정할 수 있는 경우라도 직무관련성이 있어 뇌물공여죄 및 뇌물수수죄가 성립한다. [경찰채용 21 2차]

**해설+** 피고인의 아들들의 결혼식장에서 공소외인 들이 축의금으로 낸 것을 사후에 전달받은 것일 뿐만 아니라 피고인이 동 공소외인들과는 개인적으로도 친분관계를 맺어온 사이였다면 비록 동 공소외인들이 피고인의 직무와 관련이 있는 사업을 경영하는 사람들이었다 하더라도 그 사정만으로 위 금원이 축의금을 빙자하여 뇌물로 수수된 것이라고 단정할 수 없다(대법원 1982.9.14, 81도2774).

**보충** 공무원이 그 직무의 대상이 되는 사람으로부터 금품 기타 이익을 받은 때에는 그것이 그 사람이 종전에 공무원으로부터 접대 또는 수수받은 것을 갚는 것으로서 사회상규에 비추어 볼 때에 의례상의 대가에 불과한 것이라고 여겨지거나, 개인적인 친분관계가 있어서 교분상의 필요에 의한 것이라고 명백하게 인정할 수 있는 경우 등 특별한 사정이 없는 한 직무와의 관련성이 없는 것으로 볼 수 없고, 공무원의 직무와 관련하여 금품을 수수하였다면 비록 사교적 의례의 형식을 빌어 금품을 주고 받았다 하더라도 그 수수한 금품은 뇌물이 된다(대법원 2000.1.21, 99도4940).

084 구 해양수산부 해운정책과 소속 공무원인 피고인이 甲 해운회사의 대표이사 등에게서 중국의 선박운항허가 담당부서가 관장하는 중국 국적선사의 선박에 대한 운항허가를 받을 수 있도록 노력해 달라는 부탁을 받고 돈을 받은 경우, 뇌물수수죄가 성립한다. [경찰채용 18 1차]

**해설+** 관련 규정에 의하면 해운정책과 소속 공무원의 직무와 밀접한 관계에 있는 행위라거나 또는 그가 관여하는 행위에 해당한다고 볼 수 없으므로 직무관련성이 없어 뇌물수수죄가 성립하지 않는다(대법원 2011.5.26, 2009도2453).

**085** 공무원이 장래에 담당할 직무에 대한 대가로 이익을 수수한 경우에도 뇌물수수죄가 성립할 수 있지만, 이익을 수수할 당시 장래에 담당할 직무에 속하는 사항이 그 수수한 이익과 관련된 것임을 확인할 수 없을 정도로 막연하고 추상적이거나, 장차 그 수수한 이익과 관련지을 만한 직무권한을 행사할지 자체도 알 수 없다면, 그 이익이 장래에 담당할 직무에 관하여 수수되었다고는 단정하기 어렵다. [경찰채용 21 1차]

**085** (○) 대법원 2017.12.22, 2017도12346

**086** 도시 및 주거환경정비법상 정비사업조합의 임원은 뇌물죄의 적용에서 '공무원'으로 의제되는데, 조합임원이 지위를 상실하였으나 등기되어 있는 상태에서 실질적으로 임원으로서의 직무를 수행하던 중 직무 관련 금품을 수수한 경우 뇌물죄가 성립한다. [법원9급 16]

**086** (○)

> **해설+** 그 조합 임원이 그 후에도 조합의 법인등기부에 임원으로 등기되어 있는 상태에서 계속하여 실질적으로 조합 임원으로서의 직무를 수행하여 왔다면 임원의 지위 상실이나 직무수행권의 상실에도 불구하고 도시 정비법 제84조에 따라 형법 제129조 내지 제132조의 적용에서 공무원으로 보아야 한다(대법원 2016.1.14, 2015도15798).

**087** 법령에 기한 임명권자에 의하여 임용되어 공무에 종사하여 온 사람이 나중에 그가 임용결격자이었음이 밝혀져 당초의 임용행위가 무효라고 하더라도, 그가 임용행위라는 외관을 갖추어 실제로 공무를 수행한 이상 공무수행의 공정과 그에 대한 사회의 신뢰 및 직무행위의 불가매수성은 여전히 보호되어야 한다. 따라서 이러한 사람은 형법 제129조에서 규정한 공무원으로 봄이 상당하고, 그가 그 직무에 관하여 뇌물을 수수한 때에는 수뢰죄로 처벌할 수 있다. [경찰채용 18 1차] [국가7급 16] [국가9급 18] [법원행시 15·16] [변호사 18]

**087** (○) 대법원 2014.3.27, 2013도11357

**088** 집행관사무소의 사무원이 집행관을 보조하여 담당하는 사무의 성질은 국가의 사무에 준하는 측면이 있으므로 집행관사무소의 사무원도 뇌물죄의 공무원에 해당한다. [경찰간부 17]

**088** (×) '해당한다' → '해당하지 않는다'

> **해설+** 사무의 성질이 국가의 사무에 준하는 측면이 있다는 사정만으로는 형법 제129조 내지 제132조 및 구 변호사법 제111조에서 정한 '공무원'에 해당한다고 보기 어렵다(대법원 2011.3.10, 2010도14394).

**089** 뇌물수수죄는 공무원 또는 중재인이 그 직무에 관하여 뇌물을 수수한 때에 성립하는 것이어서 그 주체는 현재 공무원 또는 중재인의 직에 있는 자에 한정되므로, 공무원이 직무와 관련하여 뇌물수수를 약속하고 퇴직 후 이를 수수하는 경우에는, 뇌물약속과 뇌물수수가 시간적으로 근접하여 연속되어 있다고 하더라도, 뇌물약속죄 및 사후수뢰죄가 성립할 수 있음은 별론으로 하고, 뇌물수수죄는 성립하지 않는다. [경찰채용 21 1차 변형] [국가9급 11]

089 (○) 대법원 2008.2.1, 2007도5190

**090** 형법은 공무원이었던 자가 재직 중에 청탁을 받고 직무상 부정한 행위를 한 후 뇌물을 수수, 요구 또는 약속을 한 때에는 제131조 제3항에서 사후수뢰죄로 처벌하도록 규정하고 있으므로, 뇌물의 수수 등을 할 당시 이미 공무원의 지위를 떠난 경우에는 제129조 제1항의 수뢰죄로는 처벌할 수 없고 사후수뢰죄의 요건에 해당할 경우에 한하여 그 죄로 처벌할 수 있을 뿐이다. [법원행시 15 변형]

090 (○) 대법원 2013.11.28, 2013도10011

**091** 국가공무원이 지방자치단체의 업무에 관하여 전문가로서 위원위촉을 받아 한시적으로 그 직무를 수행하는 경우와 같이 공무원이 그 고유의 직무와 관련이 없는 일에 관하여 별도의 위촉절차 등을 거쳐 다른 직무를 수행하게 된 경우에는 그 위촉이 종료되면 그 위원 등으로서 새로 보유하였던 공무원 지위는 소멸한다고 보아야 하므로, 그 이후에 종전에 위촉받아 수행한 직무에 관하여 금품을 수수하더라도 일반 수뢰죄로 처벌할 수는 없다. [법원9급 12] [법원행시 16]

091 (○) 대법원 2013.11.28, 2013도10011

**092** 형사피고사건의 공판참여주사는 공판에 참여하여 양형에 관한 사항의 심리내용을 공판조서에 기재하므로 형사사건의 양형은 참여주사의 직무와 밀접한 관계가 있는 사무이며, 따라서 참여주사가 형량을 감경케 하여 달라는 청탁과 함께 금품을 수수하였다면 뇌물수수죄의 주체가 된다. [경찰채용 18 3차]

092 (×)

> **해설+** 법원의 참여주사가 공판에 참여하여 양형에 관한 사항의 심리내용을 공판조서에 기재한다고 하더라도 이를 가지고 형사사건의 양형이 참여주사의 직무와 밀접한 관계가 있는 사무라고는 할 수 없으므로 참여주사가 형량을 감경케 하여 달라는 청탁과 함께 금품을 수수하였다고 하더라도 뇌물수수죄의 주체가 될 수 없다(대법원 1980.10.14, 80도1373).

093 공무원이 어촌계장에게 선물을 받을 명단을 보내 자신의 이름으로 새우젓을 택배로 발송하게 하고, 그 대금을 지급하지 않는 방법으로 직무에 관하여 뇌물을 받은 경우에는 공여자와 수뢰자 사이에 직접 금품이 수수되지 않았더라도 뇌물공여죄 및 뇌물수수죄가 성립한다.　　　[경찰채용 21 2차]

093 (O) 대법원 2020.9.24, 2017도12389

094 뇌물약속죄는 직무와 관련하여 장래에 뇌물을 주고받겠다는 양 당사자의 의사표시가 확정적으로 합치하면 성립하고, 뇌물의 목적물이 이익인 경우에는 뇌물의 목적물인 이익은 약속 당시에 현존할 필요는 없고 약속 당시에 예기할 수 있는 것이라도 무방하며 그 가액이 확정되어 있지 않더라도 문제되지 아니한다.　　　[국가7급 17] [법원9급 17·18 변형·20]

094 (O) 대법원 2001.9.18, 2000도5438; 2016.6.23, 2016도3753

095 공무원이 비공무원과 모의하여 그 직무와 관련하여 금품이나 이익을 수수함으로써 그 전부에 관하여 뇌물수수죄의 공동정범이 성립하였다면 뇌물의 성질상 비공무원이 사용하거나 소비할 것이라고 하더라도 이러한 사정은 뇌물수수죄가 성립하는 데 영향이 없다.　　　[국가7급 22]

095 (O)

**해설+** 금품이나 이익 전부에 관하여 뇌물수수죄의 공동정범이 성립한 이후에 뇌물이 실제로 공동정범인 공무원 또는 비공무원 중 누구에게 귀속되었는지는 이미 성립한 뇌물수수죄에 영향을 미치지 않는다. 공무원과 비공무원이 사전에 뇌물을 비공무원에게 귀속시키기로 모의하였거나 뇌물의 성질상 비공무원이 사용하거나 소비할 것이라고 하더라도 이러한 사정은 뇌물수수죄의 공동정범이 성립한 이후 뇌물의 처리에 관한 것에 불과하므로 뇌물수수죄가 성립하는 데 영향이 없다(대법원 2019.8.29, 2018도2738 전원합의체).

096 금품이나 이익 전부에 관하여 뇌물수수죄의 공동정범이 성립한 이후에 뇌물이 실제로 공동정범인 공무원 또는 비공무원 중 누구에게 귀속되었는지는 이미 성립한 뇌물수수죄에 영향을 미치지 않는다. 공무원과 비공무원이 사전에 뇌물을 비공무원에게 귀속시키기로 모의하였거나 뇌물의 성질상 비공무원이 사용하거나 소비할 것이라고 하더라도 이러한 사정은 뇌물수수죄의 공동정범이 성립한 이후 뇌물의 처리에 관한 것에 불과하므로 뇌물수수죄가 성립하는 데 영향이 없다.

096 (O) 대법원 2019.8.29, 2018도2738 전원합의체

**097** 뇌물수수자가 뇌물공여자에 대한 내부관계에서 물건에 대한 실질적인 사용·처분권한을 취득하였으나 뇌물수수 사실을 은닉하거나 뇌물공여자가 계속 그 물건에 대한 비용 등을 부담하기 위하여 소유권 이전의 형식적 요건을 유보하는 경우에는 뇌물수수자와 뇌물공여자 사이에서는 소유권을 이전받은 경우와 다르지 않으므로 그 물건을 뇌물로 수수하고 공여하였다고 보아야 하므로, 뇌물수수자가 교부받은 물건을 뇌물공여자에게 반환할 것이 아니어서 뇌물수수자에게 영득의 의사도 인정되고, 뇌물공여자가 교부한 물건을 뇌물수수자로부터 반환받을 것도 아니어서 뇌물공여자에게 고의도 인정된다. [법원행시 20]

097 (○) 대법원 2019.8.29, 2018도2738 전원합의체

**098** 공무원이 뇌물로 투기적 사업에 참여할 기회를 제공받은 경우 뇌물수수죄의 기수 시기는 투기적 사업에 참여하는 행위가 종료된 때로 보아야 한다. [국가7급 16]

098 (○) 대법원 2002.5.10, 2000도2251

**099** 공무원이 뇌물로 투기적 사업에 참여할 기회를 제공받은 경우, 뇌물수수죄는 공무원이 투기적 사업에 참여하면 기수가 되고, 해당 사업 참여행위가 종료되었는지 여부는 범죄성립과는 관련이 없다. [법원9급 22]

099 (×)

**해설+** 공무원이 뇌물로 투기적 사업에 참여할 기회를 제공받은 경우, 뇌물수수죄의 기수시기는 투기적 사업에 참여하는 행위가 종료된 때로 보아야 하며, 그 행위가 종료된 후 경제사정의 변동 등으로 인하여 당초의 예상과는 달리 그 사업 참여로 인한 아무런 이득을 얻지 못한 경우라도 뇌물수수죄의 성립에는 아무런 영향이 없다(대법원 2002.5.10, 2000도2251).

**100** 자동차를 뇌물로 공여한 경우 자동차등록원부에 뇌물수수자가 그 소유자로 등록되지 않았다고 하더라도 자동차의 사실상 소유자로서 자동차에 대한 실질적인 사용 및 처분권한이 있다면 자동차 자체를 뇌물로 취득한 것으로 보아야 한다. [경찰승진 17]

100 (○) 대법원 2006.4.27, 2006도735

**101** 뇌물수수자가 법률상 소유권 취득의 요건을 갖추지 않았더라도 뇌물로 제공된 물건에 대한 점유를 취득하고 뇌물공여자 또는 법률상 소유자로부터 반환을 요구받지 않는 관계에 이른 경우에는 그 물건에 대한 실질적인 사용·처분권한을 갖게 되어 그 물건 자체를 뇌물로 받은 것으로 보아야 한다.

[국가7급 22]

**101** (O)

**해설+** 뇌물수수에서 말하는 '수수'란 받는 것, 즉 뇌물을 취득하는 것이고, 여기에서 취득이란 뇌물에 대한 사실상의 처분권을 획득하는 것을 의미하고, 뇌물인 물건의 법률상 소유권까지 취득하여야 하는 것은 아니다. 뇌물수수자가 법률상 소유권 취득의 요건을 갖추지는 않았더라도 뇌물로 제공된 물건에 대한 점유를 취득하고 뇌물공여자 또는 법률상 소유자로부터 반환을 요구받지 않는 관계에 이른 경우에는 그 물건에 대한 실질적인 사용·처분권한을 갖게 되어 그 물건 자체를 뇌물로 받은 것으로 보아야 한다(대법원 2019.8.29, 2018도2738).

**102** 뇌물로 공여된 당좌수표를 수수한 후 부도가 되었다 하더라도 뇌물수수죄가 성립한다.

[사시 14]

**102** (O) 대법원 1983.2.22, 82도2964

**103** 뇌물을 수수한다는 것은 영득의 의사로 금품을 수수하는 것을 말하므로, 뇌물인지 모르고 이를 수수하였다가 뇌물임을 알고 즉시 반환하거나, 증뢰자가 일방적으로 뇌물을 두고 가므로 후일 기회를 보아 반환할 의사로 어쩔 수 없이 일시 보관하다가 반환하는 등 그 영득의 의사가 없었다고 인정되는 경우라면 뇌물을 수수하였다고 할 수 없다.

[법원9급 16]

**103** (O) 대법원 2013.11.28, 2013도9003

**104** 피고인이 택시를 타고 떠나려는 순간 뒤쫓아 와서 돈뭉치를 창문으로 던져 넣고 가버려 의족을 한 불구의 몸인 피고인으로서는 도저히 뒤따라가 돌려줄 방법이 없어 부득이 그대로 귀가하였다가 다음 날 바로 사람을 시켜 이를 반환한 경우, 피고인에게는 뇌물을 수수할 의사가 있었다고는 볼 수 없다.

[군무원9급 23]

**104** (O)

**해설+** 피고인이 택시를 타고 떠나려는 순간 뒤쫓아 와서 돈뭉치를 창문으로 던져 넣고 가버려 의족을 한 불구의 몸인 피고인으로서는 도저히 뒤따라가 돌려줄 방법이 없어 부득이 그대로 귀가하였다가 다음 날 바로 다른 사람을 시켜 이를 반환한 경우 피고인에게는 뇌물을 수수할 의사가 있었다고는 볼 수 없다(대법원 1979.7.10, 79도1124).

**105** 공무원 甲이 부동산업자 乙로부터 건축허가를 내 줄 것을 부탁받고 그로부터 1~2일 후 만나 3,000만 원권 자기앞수표가 든 봉투를 받았는데, 그 후 乙과 수시로 통화하고 만나면서도 이를 즉시 乙에게 돌려주지 않고 위 자기앞수표를 10일 가량 가지고 있다가 돌려준 경우 甲이 영득의 의사로 뇌물을 수수하였다고 보기 어려워 수뢰죄는 성립하지 않는다.  [사시 14]

105 (×) '甲이 영득의 의사로 ~ 않는다' → '수뢰죄가 성립한다' 영득의 의사로 뇌물을 수수한 것이라면 후일 이를 반환하였다 하더라도 뇌물죄의 성립에는 영향이 없다 (대법원 1983.3.22, 83도113).

**106** 피고인이 먼저 뇌물을 요구하여 증뢰자가 제공하는 돈을 받았다면 그 액수가 피고인이 예상한 것보다 너무 많은 액수여서 후에 이를 반환하였다고 하더라도 뇌물죄의 성립에는 영향이 없다.  [법원행시 15]

106 (○) 대법원 2007.3.29, 2006 도9182

**107** A가 오로지 공무원 甲을 함정에 빠뜨릴 의사로 직무와 관련되었다는 형식을 빌려 甲에게 금품을 공여한 경우 甲이 그 금품을 직무와 관련하여 수수한다는 의사를 가지고 받아들이면 수뢰죄가 성립한다.  [국가9급 18] [사시 10]

해설+ 피고인의 뇌물수수가 공여자들의 함정교사에 의한 것이기는 하나, 뇌물공여자들에게 피고인을 함정에 빠뜨릴 의사만 있었고 뇌물공여의 의사가 전혀 없었다고 보기 어려울뿐 아니라, 뇌물공여자들의 함정교사라는 사정은 피고인의 책임을 면하게 하는 사유가 될 수 없다(대법원 2008.3.13, 2007도10804).

107 (○)

**108** 불우이웃돕기 성금이나 연극제 전달할 의사로 금원을 받은 것에 불과하고 자신이 영득할 의사로 수수하였다고 보기는 어려운 경우 뇌물수수죄는 성립하지 아니한다.  [경찰승진 12]

108 (○) 대법원 2010.4.15, 2009 도11146

**109** 단일하고도 계속된 범의 아래 동종의 범행을 일정기간 반복하여 행하고 그 피해법익도 동일한 경우에는 각 범행을 통틀어 포괄일죄로 볼 것이고, 수뢰죄에 있어서 단일하고도 계속된 범의 아래 동종의 범행을 일정기간 반복하여 행하고 그 피해법익도 동일한 것이라면 돈을 받은 일자가 상당한 기간에 걸쳐 있고, 돈을 받은 일자 사이에 상당한 기간이 끼어 있다 하더라도 각 범행을 통틀어 포괄일죄로 볼 것이다.  [국가7급 12·16]

109 (○) 대법원 2000.1.21, 99 도4940

**110** 건축공무원이 약 4개월 사이에 10회에 걸쳐 동일한 건설회사의 대표이사, 상무이사, 공사현장 소장으로부터 동일 명목으로 뇌물을 받았다면 단일 고의에 의하여 행해진 계속된 행위라고 볼 수 없으므로 수죄의 뇌물수수죄가 성립한다. [법원9급 16]

110 (×)

> **해설+** 수뢰죄에 있어서 단일하고도 계속된 범의 아래 동종의 범행을 일정기간 반복하여 행하고 그 피해법익도 동일한 것이라면 돈을 받은 일자가 상당한 기간에 걸쳐 있고, 돈을 받은 일자 사이에 상당한 기간이 끼어 있다 하더라도 각 범행을 통틀어 포괄일죄로 볼 것이다(대법원 2000.1.21, 99도4940).

**111** 등기소 조사계장이 동일 법무사로부터 그가 신청하는 등기신청사건을 신속히 처리하여 달라는 부탁조로 1건당 얼마씩 이른바 급행료를 받은 경우, 단일한 고의의 계속 아래 일정한 기간 동종행위를 같은 장소에서 반복한 것으로 볼 수 있어 일죄이다. [법원9급 16]

111 (○) 대법원 1982.10.26, 81도1409

**112** 공무원이 골재채취허가 과정에 협조해 달라는 청탁과 함께 동일인으로부터 20일 사이에 3차례에 걸쳐 다른 장소에서 금품을 교부받은 경우, 단일 고의에 의하여 행해진 계속된 행위라고 볼 수 있고 피해법익 또한 동일하므로 포괄하여 일죄를 구성한다. [법원9급 16]

112 (○) 대법원 1983.11.8, 83도711

**113** 공무원이 직무집행의 의사 없이 타인을 공갈하여 재물을 교부하게 한 경우에는 공갈죄만이 성립하고 뇌물수수죄는 성립하지 않는다. [경찰채용 18 3차] [변호사 12]

113 (○) 대법원 1994.2.12, 94도2528

**114** 공무원이 직무집행의 의사 없이 타인을 공갈하여 재물을 교부하게 한 경우에도 재물의 교부자는 뇌물공여죄로 처벌한다. [경찰승진 16]

114 (×) '처벌한다' → '처벌하지 않는다'(대법원 1994.12.12, 94도2528)

**115** 공무원이 직무집행을 빙자하여 타인의 재물을 갈취한 경우 뇌물공여죄가 성립하지 않는다. [경찰채용 23 2차]

**115** (○)

**해설+** 공무원이 직무집행에 빙자하여 타인을 공갈하여 재물을 교부케 한 경우에는 공갈죄만이 성립한다(대법원 1969.7.22, 65도1166).

**116** 타인을 기망하여 그로부터 뇌물을 수수한 경우라도 뇌물수수죄, 뇌물공여죄가 성립할 수 있고, 이 경우 뇌물을 수수한 공무원에 대하여는 뇌물죄와 사기죄의 상상적 경합범이 성립한다. [법원9급 18 변형]

**116** (○) 대법원 2015.10.29, 2015도12838

**117** 타인을 기망하여 뇌물을 수수한 경우, 뇌물을 수수한 공무원에게는 뇌물죄와 사기죄가 성립하고 양 죄는 실체적 경합 관계에 있다. [경찰채용 23 2차]

**117** (×)

**해설+** 뇌물을 수수함에 있어서 공여자를 기망한 점이 있다 하여도 뇌물수수죄, 뇌물공여죄의 성립에는 영향이 없고, 이 경우 뇌물을 수수한 공무원에 대하여는 한 개의 행위가 뇌물죄와 사기죄의 각 구성요건에 해당하므로 형법 제40조에 의하여 상상적 경합으로 처단하여야 할 것이다(대법원 2015.10.29, 2015도12838).

**118** 甲이 乙로부터 공무원에게 뇌물로 전달하여 달라고 금원을 교부받은 것은 불법원인으로 인하여 지급받은 것으로서 이를 뇌물로 전달하지 않고 임의로 소비하였다고 하더라도 甲은 횡령죄의 죄책을 지지 않는다. [경찰승진 13]

**118** (○) 대법원 1999.6.11, 99도275

**119** 뇌물로 제공하려고 한 금품이 특정되지 않았던 것은 몰수할 수 없고 그 가액을 추징할 수도 없다. [경찰간부 17]

**119** (○) 대법원 1996.5.8, 96도221

120 공무원 甲이 A에게 2,000만 원을 뇌물로 요구하였으나 A가 이를 즉각 거부한 경우에는 요구한 금품이 특정되었으므로, 甲으로부터 2,000만 원을 몰수하여야 한다. [경찰승진 22]

120 (×)

해설+ 형법 제134조는 뇌물에 공할 금품을 필요적으로 몰수하고 이를 몰수하기 불가능한 때에는 그 가액을 추징하도록 규정하고 있는바, 몰수는 특정된 물건에 대한 것이고 추징은 본래 몰수할 수 있었음을 전제로 하는 것임에 비추어 뇌물에 공할 금품이 특정되지 않았던 것은 몰수할 수 없고 그 가액을 추징할 수도 없다. 피고인이 공소외 1, 공소외 2에게 돈을 빌려달라고 요구하였으나 공소외 1, 공소외 2가 이를 즉각 거부하여 공소외 1, 공소외 2가 피고인에게 뇌물로 제공한 금품이 특정되지 않아 이를 몰수할 수 없으므로 그 가액을 추징할 수도 없다(대법원 2015.10.29, 2015도12838).

121 甲이 공무원 A에게 승용차 대금 명목으로 1,400만 원을 뇌물로 제공하기로 약속하였다면 甲으로부터 그 뇌물로 제공하기로 약속된 승용차 대금 명목의 금품을 추징해야 한다. [국가9급 17]

121 (×)

해설+ 몰수는 특정된 물건에 대한 것이고 추징은 본래 몰수할 수 있었음을 전제로 하는 것임에 비추어 뇌물에 공할 금품이 특정되지 않았던 것은 몰수할 수 없고, 그 가액을 추징할 수도 없다. 뇌물로 약속된 위 승용차 대금 명목의 금품은 특정되지 않아 이를 몰수할 수 없었으므로 그 가액을 추징할 수 없다(대법원 1996.5.8, 96도221).

122 공무원이 뇌물을 받음에 있어서 그 취득을 위하여 상대방에게 뇌물의 가액에 상당하는 금원의 일부를 비용의 명목으로 출연하거나 그 밖에 경제적 이익을 제공하였다 하더라도, 이는 뇌물을 받는 데 지출한 부수적 비용에 불과하다고 보아야 할 것이지, 이로 인하여 공무원이 받은 뇌물이 그 뇌물의 가액에서 위와 같은 지출액을 공제한 나머지 가액에 상당한 이익에 한정되는 것이라고 볼 수는 없으므로, 그 공무원으로부터 뇌물죄로 얻은 이익을 몰수·추징함에 있어서는 그 받은 뇌물 자체를 몰수하여야 하고, 그 뇌물의 가액에서 위와 같은 지출을 공제한 나머지 가액에 상당한 이익만을 몰수·추징할 것은 아니다. [국가7급 17] [법원9급 12]

122 (○) 대법원 1999.10.8, 99도1638

123 공무원이 뇌물을 받는 데에 필요한 경비를 지출한 경우 그 경비는 뇌물수수의 부수적 비용에 불과하여 뇌물의 가액과 추징액에서 공제할 항목에 해당하지 않는다. 뇌물을 받는 주체가 아닌 자가 수고비로 받은 부분이나 뇌물을 받기 위하여 형식적으로 체결된 용역계약에 따른 비용으로 사용된 부분은 뇌물수수의 부수적 비용에 지나지 않는다. [법원행시 17]

123 (○) 대법원 2017.3.22, 2016도21536

**124** 뇌물을 받는 주체가 아닌 자가 수고비로 받은 부분이나 뇌물을 받기 위하여 형식적으로 체결된 용역계약에 따른 비용으로 사용된 부분은 뇌물의 가액과 추징액에서 공제할 항목에 해당한다. [해경승진 23]

124 (×)

> **해설+** 공무원이 뇌물을 받음에 있어서 그 취득을 위하여 상대방에게 뇌물의 가액에 상당하는 금원의 일부를 비용의 명목으로 출연하거나 그 밖에 경제적 이익을 제공하였다 하더라도, 이는 뇌물을 받는 데 지출한 부수적 비용에 불과하다고 보아야 할 것이지, 이로 인하여 공무원이 받은 뇌물이 그 뇌물의 가액에서 위와 같은 지출액을 공제한 나머지 가액에 상당한 이익에 한정되는 것이라고 볼 수는 없으므로, 그 공무원으로부터 뇌물죄로 얻은 이익을 몰수·추징함에 있어서는 그 받은 뇌물 자체를 몰수하여야 하고, 그 뇌물의 가액에서 위와 같은 지출을 공제한 나머지 가액에 상당한 이익만을 몰수·추징할 것은 아니다(대법원 1999.10.8, 99도1638).

**125** 피고인(수뢰자)이 향응을 제공받는 자리에 피고인 스스로 제3자를 초대하여 함께 접대를 받은 경우, 그 제3자가 피고인과는 별도의 지위에서 접대를 받는 공무원이라는 등의 특별한 사정이 없는 한 그 제3자의 접대에 요한 비용도 피고인의 접대에 요한 비용에 포함시켜 피고인의 수뢰액으로 보아야 한다. [법원9급 12]

125 (○) 대법원 2001.10.12, 99도5294

**126** 수뢰자가 뇌물로 받은 돈을 은행에 예금한 후 같은 액수의 돈을 증뢰자에게 반환한 경우, 그 뇌물을 반환한 것이므로 증뢰자로부터 이를 몰수·추징하여야 한다. [국가7급 23] [법원9급 12 변형]

126 (×)

> **해설+** 뇌물로 받은 돈을 은행에 예금한 경우 그 예금행위는 뇌물의 처분행위에 해당한다 할 것이므로 그 후 수뢰자가 같은 액수의 돈을 증뢰자에게 반환하였다 하더라도 이를 뇌물 자체의 반환이라고 볼 수 없으므로 이러한 경우에는 수뢰자로부터 그 가액을 추징하여야 한다(대법원 1985.9.10, 85도1350).

**127** 수뢰자가 자기앞수표를 뇌물로 받아 이를 소비한 후 자기앞수표 상당액을 증뢰자에게 반환하였다 하더라도 뇌물 그 자체를 반환한 것은 아니므로 이를 몰수할 수 없고 수뢰자로부터 그 가액을 추징하여야 할 것이다. [법원9급 13]

127 (○) 대법원 1983.4.12, 82도2462

**128** 금품의 무상대여를 통하여 위법한 재산상 이익을 취득한 경우 범인이 받은 부정한 이익은 그로 인한 금융이익 상당액이므로 추징의 대상이 되는 것은 무상으로 대여받은 금품 그 자체가 아니고 위 금융이익 상당액이다.

[사시 10]

**128** (O) 대법원 2008.9.25, 2008도2590

**129** 범인이 금융기관으로부터 대출받는 등 통상적인 방법으로 자금을 차용하였을 경우 부담하게 될 대출이율을 기준으로 하거나 그 대출이율을 알 수 없는 경우에는 금품을 제공받은 피고인의 지위에 따라 민법 또는 상법에서 규정하고 있는 법정이율을 기준으로 하여, 변제기나 지연손해금에 관한 약정이 가장되어 무효라고 볼 만한 사정이 없는 한 금품수수일로부터 약정된 변제기까지 금품을 무이자로 차용하여 얻은 금융이익의 수액을 산정한 뒤 이를 추징하여야 한다. 나아가 그와 같이 약정된 변제기가 없는 경우에는, 판결 선고일 전에 실제로 차용금을 변제하였다거나 대여자의 변제 요구에 의하여 변제기가 도래하였다는 등의 특별한 사정이 없는 한, 금품수수일로부터 판결선고시까지 금품을 무이자로 차용하여 얻은 금융이익의 수액을 산정한 뒤 이를 추징하여야 할 것이다.

[법원행시 16]

**129** (O) 대법원 2014.5.16, 2014도1547

**130** 공무원이 직무에 관하여 금전을 무이자로 차용한 경우에는 차용 당시에 금융이익 상당의 뇌물을 수수한 것으로 보아야 하므로, 공소시효는 금전을 무이자로 차용한 때로부터 기산한다.

[법원9급 13]

**130** (O) 대법원 2012.2.23, 2011도7282

**131** 공무원의 직무에 속한 사항의 알선에 관하여 금품을 받고 그 금품 중의 일부를 받은 취지에 따라 청탁과 관련하여 관계 공무원에게 뇌물로 공여하거나 다른 알선행위자에게 청탁의 명목으로 교부한 경우에는 그 부분의 이익은 실질적으로 범인에게 귀속된 것이 아니어서 이를 제외한 나머지 금품만을 몰수하거나 그 가액을 추징하여야 한다.

[법원9급 12]

**131** (O) 대법원 2002.6.14, 2002도1283

**132** 수인이 공동하여 뇌물수수죄를 범한 경우에 뇌물죄의 가중처벌을 규정한 「특정범죄 가중처벌 등에 관한 법률」 제2조 제1항의 적용 여부를 가리는 수뢰액을 정할 때에는 공범자 전원의 수뢰액을 합한 금액을 기준으로 하여야 한다. [사시 14]

> **해설+** 특정범죄가중처벌등에관한법률 제2조 제1항의 적용 여부를 가리는 수뢰액을 정함에 있어서는 그 공범자 전원의 수뢰액을 합한 금액을 기준으로 하여야 할 것이고, 각 공범자들이 실제로 취득한 금액이나 분배받기로 한 금액을 기준으로 할 것이 아니다(대법원 1999.8.20, 99도1557).

**133** 뇌물수수의 공범자들 사이에 직무와 관련하여 금품이나 이익을 수수하기로 하는 명시적 또는 암묵적 공모관계가 성립하고 그 공모 내용에 따라 공범자 중 1인이 금품이나 이익을 수수하였다면, 사전에 특정 금액 이하로만 받기로 약정하였다든가 수수한 금액이 공모 과정에서 도저히 예상할 수 없는 고액이라는 등과 같은 특별한 사정이 없는 한, 그 수수한 금품이나 이익 전부에 관하여 특정범죄가중법 위반(뇌물)죄 또는 뇌물수수죄의 공모공동정범이 성립한다. [국가7급 17]

**134** 수뢰자가 증뢰자로부터 뇌물을 교부받아 그대로 보관하였다가 증뢰자에게 뇌물 그 자체를 반환한 경우에는 증뢰자로부터 몰수 또는 추징한다. [국가9급 17]

**135** 여러 사람이 공동으로 뇌물을 수수한 경우 그 가액을 추징하려면 실제로 분배받은 금품만을 개별적으로 추징하여야 하고 수수금품을 개별적으로 알 수 없을 때에는 평등하게 추징하여야 하며 공동정범뿐 아니라 교사범 또는 종범도 뇌물의 공동수수자에 해당할 수 있다. [법원행시 16]

**136** 뇌물을 수수한 자가 공동수수자가 아닌 교사범 또는 종범에게 뇌물 중 일부를 사례금 등의 명목으로 교부하였다면 이는 뇌물을 수수하는 데 따르는 부수적 비용의 지출 또는 뇌물의 소비행위에 지나지 아니하므로, 뇌물수수자에게서 수뢰액 전부를 추징하여야 한다. [법원행시 16] [변호사 18]

132 (○)

133 (○) 수수할 금품이나 이익의 규모나 정도 등에 대하여 사전에 서로 의사의 연락이 있거나 수수한 금품 등의 구체적 금액을 공범자가 알아야 공모공동정범이 성립하는 것은 아니라고 할 것이다(대법원 2010.10.14, 2010도387; 2014.12.24, 2014도10199).

134 (○) 대법원 2020.6.11, 2020도2883

135 (○) 대법원 2011.11.24, 2011도9585

136 (○) 대법원 2011.11.24, 2011도9585

**137** 사전수뢰죄(제129조 제2항)에 있어서 '공무원 또는 중재인이 된 사실'은 객관적 처벌조건에 해당한다. [국가9급총론 21]

**137** (O) 범죄의 성립과는 별도로 형벌권 발생의 조건이 되는 객관적 사유에 해당한다.

**138** 사전수뢰죄에서 '공무원 또는 중재인이 될 자'란 공무원 또는 중재인이 될 것이 예정되어 있는 자를 말하며 공직취임에 대하여 어느 정도 개연성을 갖추었더라도 그 가능성이 확실하지 않은 경우는 포함되지 않는다. [경찰승진 11] [사시 13]

**138** (X) '는 포함되지 않는다' → '도 포함된다'

**해설+** 공무원 또는 중재인이 될 것이 예정되어 있는 자뿐만 아니라 공직취임의 가능성이 확실하지는 않더라도 어느 정도의 개연성을 갖춘 자를 포함한다고 할 것이다(대법원 2010.5.13, 2009도7040).

**139** 제3자뇌물제공죄에 있어서 묵시적 의사표시에 의한 부정한 청탁이 있다고 하려면 청탁의 대상이 되는 직무집행의 내용과 제3자에게 제공되는 이익이 그 직무집행에 대한 대가라는 점에 대하여 공무원과 이익 제공자 사이에 공통의 인식이나 양해가 있어야 한다. [국가7급 17]

**139** (O) 대법원 2011.4.14, 2010도12313

**140** 제3자뇌물공여죄에서 부정한 청탁의 내용은 공무원의 직무와 제3자에게 제공되는 이익 사이에 대가관계를 인정할 수 있을 정도로 특정하면 충분하고, 이미 발생한 현안뿐만 아니라 장래 발생될 것으로 예상되는 현안도 위와 같은 정도로 특정되면 부정한 청탁의 내용이 될 수 있다. [군무원9급 23]

**140** (O) 대법원 2019.8.29, 2018도2738 전원합의체

**141** 제3자뇌물수수죄는 공무원 또는 중재인이 직무에 관하여 부정한 청탁을 받고 제3자에게 뇌물을 공여하게 하는 행위를 구성요건으로 하고 있고, 그 중 부정한 청탁은 명시적인 의사표시뿐만 아니라 묵시적인 의사표시로도 가능하며 청탁의 대상인 직무행위의 내용도 구체적일 필요가 없다.

**141** (O) 대법원 2017.3.15, 2016도19659

**142** 공무원이 직접 금품을 받지 않고 증뢰자로 하여금 다른 사람에게 금품을 공여하도록 한 경우라도 그가 직무에 관하여 부정한 청탁을 받은 사정이 없다면 이를 「형법」 제130조의 제3자뇌물제공죄로 처벌하지 못한다.

[경찰채용 18 2차]

> **해설+** 형법 제130조의 제3자뇌물공여죄에서 '부정한 청탁'을 요건으로 하는 취지는 처벌의 범위가 불명확해지지 않도록 하기 위한 것으로서, 이러한 '부정한 청탁'은 명시적인 의사표시에 의한 것은 물론 묵시적인 의사표시에 의한 것도 가능하다(대법원 2009.1.30, 2008도6950).

142 (O)

**143** 형법 제130조의 제3자뇌물제공죄에서 '부정한 청탁'은 명시적 의사표시에 의한 것은 물론, 묵시적 의사표시에 의해서도 가능하다고 할 것이지만, 묵시적인 의사표시에 의한 부정한 청탁이 있다고 하기 위하여는 당사자 사이에 청탁의 대상이 되는 직무집행의 내용과 제3자에게 제공되는 금품이 그 직무집행에 대한 대가라는 점에 대하여 공통의 인식이나 양해가 존재해야 할 것이고, 그러한 인식이나 양해 없이 막연히 선처하여 줄 것이라는 기대에 의하거나 직무집행과는 무관한 다른 동기에 의하여 제3자에게 금품을 공여한 경우에는 묵시적 의사표시에 의한 부정한 청탁이 있다고 보기 어렵다.

[법원9급 14]

143 (O) 대법원 2009.1.30, 2008도6950

**144** 구청장이 구청 관내의 공사 인·허가와 관련하여 건설회사로부터 부정한 청탁을 받고 경로당누각을 구(區)에 기부채납하게 한 경우, 뇌물수수죄가 성립할 수 있음은 별론으로 하더라도 구청장은 구(區)를 대표하는 지위에 있어 구(區)는 제3자뇌물수수죄의 제3자가 될 수 없으므로 제3자뇌물수수죄가 성립하지 않는다.

[사시 12]

> **해설+** 공무원인 지방자치단체장이 직무에 관하여 부정한 청탁을 받고 지방자치단체에 금품을 제공하게 하였다면 공무원 개인이 금품을 취득한 경우와 동일시할 수는 없고 그 공무원이 단체를 대표하는 지위에 있는 경우에도 마찬가지여서 형법 제130조의 제3자뇌물제공죄가 성립할 수 있다(대법원 2011.4.14, 2010도12313).

144 (×)

145 공무원이 직접 뇌물을 받지 않고 증뢰자로 하여금 다른 사람에게 뇌물을 공여하도록 한 경우에는 그 다른 사람이 공무원의 사자 또는 대리인으로서 뇌물을 받은 경우나 그 밖에 예컨대, 평소 공무원이 그 다른 사람의 생활비 등을 부담하고 있었다거나 혹은 그 다른 사람에 대하여 채무를 부담하고 있었다는 등의 사정이 있어서 그 다른 사람이 뇌물을 받음으로써 공무원은 그만큼 지출을 면하게 되는 경우 등과 같이 사회통념상 그 다른 사람이 뇌물을 받은 것을 공무원이 직접 받은 것과 같이 평가할 수 있는 관계가 있는 경우에는 형법 제129조 제1항의 뇌물수수죄가 성립한다.

[법원9급 13·18 변형]

145 (○) 대법원 2002.4.9, 2001도7056; 2016.6.23, 2016도3540

146 공무원이 직접 뇌물을 받지 아니하고 증뢰자로 하여금 공무원 자신의 채권자에게 뇌물을 공여하도록 하여 공무원이 그 만큼 지출을 면하게 된 경우에는 뇌물수수죄가 아니라 제3자뇌물제공죄가 성립한다.

[경찰승진 17] [변호사 18]

146 (×) '뇌물수수죄가 아니라 제3자뇌물제공죄가 성립한다' → '뇌물수수죄가 성립하고 제3자뇌물제공죄가 성립하지 않는다'(대법원 1998.9.22, 98도1234)

147 공무원으로 의제되는 정비사업 전문관리업자의 임·직원이 직무에 관하여 자신이 아닌 법인인 정비사업전문관리업자에 뇌물을 공여하게 하는 경우, 위 임·직원이 법인인 정비사업전문관리업자를 사실상 1인 회사로서 개인기업과 같이 운영한다면 형법 제130조의 제3자 뇌물제공죄가 아니라 형법 제129조 제1항의 뇌물수수죄가 성립한다.

[법원행시 11]

147 (○) 대법원 2008.9.25, 2008도2590

148 제3자뇌물수수죄에서 제3자란 행위자와 공동정범 이외의 사람을 말하고, 교사자나 방조자도 포함될 수 있다. 그러므로 공무원 또는 중재인이 부정한 청탁을 받고 제3자에게 뇌물을 제공하게 하고 제3자가 그러한 공무원 또는 중재인의 범죄행위를 알면서 방조한 경우에는 그에 대한 별도의 처벌규정이 없더라도 방조범에 관한 형법총칙의 규정이 적용되어 제3자뇌물수수방조죄가 인정될 수 있다.

[경찰채용 17 2차] [법원행시 17] [변호사 20]

148 (○) 대법원 2017.3.15, 2016도19659

**149** 제3자뇌물수수죄에서 제3자란 행위자와 공동정범 및 교사범 이외의 사람을 말하고, 종범은 제3자에 포함될 수 있다. [경찰승진 23]

149 (×)

> **해설+** 제3자뇌물수수죄에서 제3자란 행위자와 공동정범 이외의 사람을 말하고, 교사자나 방조자도 포함될 수 있다(대법원 2017.3.15, 2016도19659).

**150** 공무원과 공동정범 관계에 있는 비공무원은 제3자뇌물수수죄에서 말하는 제3자가 될 수 없고, 공무원과 공동정범 관계에 있는 비공무원이 뇌물을 받은 경우에는 공무원과 함께 뇌물수수죄의 공동정범이 성립하고, 제3자뇌물수수죄는 성립하지 아니한다. [경찰간부 22]

150 (○) 대법원 2019.8.29, 2018도2738

**151** 공무원이 뇌물공여자로 하여금 공무원과 뇌물수수죄의 공동정범 관계에 있는 비공무원에게 뇌물을 공여하게 한 경우에는 제3자뇌물수수죄의 공동정범이 성립하고, 뇌물수수죄는 성립하지 않는다. [경찰특공대 22]

151 (×)

> **해설+** 공무원이 뇌물공여자로 하여금 공무원과 뇌물수수죄의 공동정범 관계에 있는 비공무원에게 뇌물을 공여하게 한 경우에는 공동정범의 성질상 공무원 자신에게 뇌물을 공여하게 한 것으로 볼 수 있다. 공무원과 공동정범 관계에 있는 비공무원은 제3자뇌물수수죄에서 말하는 제3자가 될 수 없고, 공무원과 공동정범 관계에 있는 비공무원이 뇌물을 받은 경우에는 공무원과 함께 뇌물수수죄의 공동정범이 성립하고 제3자뇌물수수죄는 성립하지 않는다(대법원 2019.8.29, 2018도2738 전원합의체).

**152** 공무원이 아닌 사람이 공무원과 공동가공의 의사와 이를 기초로 한 기능적 행위지배를 통하여 공무원의 직무에 관하여 뇌물을 수수하는 범죄를 실행하였다면 공무원이 직접 뇌물을 받은 것과 동일하게 평가할 수 있으므로 공무원과 비공무원에게 형법 제129조 제1항에서 정한 뇌물수수죄의 공동정범이 성립한다. [변호사 22]

152 (○) 대법원 2019.8.29, 2018도2738 전원합의체

**153** 공무원과 공동정범 관계에 있는 비공무원이 뇌물을 받은 경우, 비공무원은 제3자뇌물수수죄에서 말하는 제3자가 될 수 없다. [경찰승진 22]

153 (○) 대법원 2019.8.29, 2018도13792 전원합의체

**154** 공무원 또는 중재인이 부정한 청탁을 받고 제3자에게 뇌물을 제공하게 하고 제3자가 그러한 공무원 또는 중재인의 범죄행위를 알면서 방조한 경우에는 그에 대한 별도의 처벌규정이 없는 한 제3자뇌물수수방조죄가 인정될 수 없다. [법원행시 20]

154 (×)

> **해설+** 제3자뇌물수수죄에서 제3자란 행위자와 공동정범 이외의 사람을 말하고, 교사자나 방조자도 포함될 수 있다. 그러므로 공무원 또는 중재인이 부정한 청탁을 받고 제3자에게 뇌물을 제공하게 하고 제3자가 그러한 공무원 또는 중재인의 범죄행위를 알면서 방조한 경우에는 그에 대한 별도의 처벌규정이 없더라도 방조범에 관한 형법총칙의 규정이 적용되어 제3자뇌물수수방조죄가 인정될 수 있다(대법원 2017.3.15, 2016도19659).

**155** 공무원 또는 중재인이 부정한 청탁을 받고 제3자에게 뇌물을 제공하게 하고 제3자가 그러한 공무원 또는 중재인의 범죄행위를 알면서 방조한 경우에는 그에 대한 별도의 처벌규정이 없더라도 방조범에 관한 형법총칙의 규정이 적용되어 제3자뇌물수수방조죄가 인정될 수 있다. [변호사 22]

155 (○) 대법원 2017.3.15, 2016도19659

**156** 형법은 제130조에서 제129조 제1항 뇌물수수죄와는 별도로 공무원이 그 직무에 관하여 뇌물공여자로 하여금 제3자에게 뇌물을 공여하게 한 경우에는 부정한 청탁을 받고 그와 같은 행위를 한 때에 뇌물수수죄와 법정형이 동일한 제3자뇌물수수죄로 처벌하고 있는바, 제3자뇌물수수죄가 성립하려면 뇌물을 받는 제3자가 뇌물임을 인식하여야 한다.

156 (×) 제3자의 뇌물성에 대한 인식은 요건이 아니다(대법원 2019. 8.29, 2018도2738 전원합의체).

**157** 제3자뇌물수수죄는 공무원이 그 직무에 관하여 부정한 청탁을 받고 뇌물공여자로 하여금 제3자에게 뇌물을 공여하게 한 경우에 성립하는데, 이 경우 뇌물을 받는 제3자는 뇌물임을 인식할 것을 요한다. [경찰경채 23]

157 (×)

> **해설+** 형법은 제130조에서 제129조 제1항 뇌물수수죄와는 별도로 공무원이 그 직무에 관하여 뇌물공여자로 하여금 제3자에게 뇌물을 공여하게 한 경우에는 부정한 청탁을 받고 그와 같은 행위를 한 때에 뇌물수수죄와 법정형이 동일한 제3자뇌물수수죄로 처벌하고 있다. 제3자뇌물수수죄에서 뇌물을 받는 제3자가 뇌물임을 인식할 것을 요건으로 하지 않는다(대법원 2019.8.29, 2018도2738 전원합의체).

**158** 공무원이 직무관련자에게 제3자와 계약을 체결하도록 요구하여 계약체결을 하게 한 행위가 제3자뇌물수수죄의 구성요건과 직권남용권리행사방해죄의 구성요건에 모두 해당하는 경우에는, 제3자뇌물수수죄와 직권남용권리행사방해죄가 각각 성립하되, 이는 사회관념상 하나의 행위가 수 개의 죄에 해당하는 경우이므로 두 죄는 형법 제40조의 상상적 경합관계에 있다.

[법원행시 17]

**158** (○) 대법원 2017.3.15, 2016도19659

**159** 교통계에서 근무하는 경찰관 甲은 乙의 도박장 개설 및 도박범행을 묵인하고 편의를 봐주는 데 대한 사례비 명목으로 1회에 30만 원씩 5회에 걸쳐 합계 150만 원을 교부받고, 나아가 도박장 개설 및 도박범행사실을 잘 알면서도 이를 단속하지 아니한 경우에는 甲이 교통계에서 근무하여 그의 직접적인 업무가 아니라고 하더라도 수뢰 후 부정처사죄가 성립한다. [사시 14]

**159** (○) 대법원 2003.6.13, 2003도1060

**160** 공무원 甲이 A주식회사로부터 뇌물을 받은 후 A회사에 유리하게 관계 법령을 해석하여 감액처분을 하였는데, 과세대상에 관한 규정이 명확하지 않고 그에 관한 확립된 선례도 없어 甲의 처분이 위법하지 않은 경우 甲에게 수뢰후부정처사죄가 성립하지 않는다.

[국가9급 18]

**160** (○) 그 공무원이 수뢰 후 '부정한 행위'를 한 것으로서 수뢰후부정처사죄를 범하였다고 볼 수는 없다(대법원 1995.12.12, 95도2320).

**161** 단일하고도 계속된 범의 아래 일정 기간 반복하여 일련의 뇌물수수 행위와 부정한 행위가 행하여졌고 그 뇌물수수 행위와 부정한 행위 사이에 인과관계가 인정되며 피해법익도 동일하다면, 수뢰후부정처사죄의 포괄일죄가 성립한다.

[법원9급 22]

**161** (○)

**해설+** 단일하고도 계속된 범의 아래 일정 기간 반복하여 일련의 뇌물수수 행위와 부정한 행위가 행하여졌고 그 뇌물수수 행위와 부정한 행위 사이에 인과관계가 인정되며 피해법익도 동일하다면, 최후의 부정한 행위 이후에 저질러진 뇌물수수 행위도 최후의 부정한 행위 이전의 뇌물수수 행위 및 부정한 행위와 함께 수뢰후부정처사죄의 포괄일죄로 처벌함이 타당하다(대법원 2021.2.4, 2020도12103).

162 수뢰후부정처사죄는 반드시 뇌물수수 등의 행위가 완료된 이후에 부정한 행위가 이루어져야 함을 의미하는 것은 아니고, 결합범 또는 결과적 가중범 등에서의 기본행위와 마찬가지로 뇌물수수 등의 행위를 하는 중에 부정한 행위를 한 경우도 포함한다. [변호사 22]

162 (○) 대법원 2021.2.4, 2020도12103

163 사전수뢰죄(제129조 제2항)와 사후수뢰죄(제131조 제3항)는 범죄의 성립에 '부정한 청탁'을 요구한다. [국가9급 21]

**보충** '부정한 청탁' 요건은 제3자 뇌물제공죄(제130조)와 배임수재죄(제357조 제1항)의 구성요건에서 요구된다.

163 (×) 사전수뢰죄와 사후수뢰죄는 부정한 청탁이 아니라 '청탁'을 받는 것을 구성요건으로 한다.

164 알선수뢰죄는 공무원이 그 지위를 이용하여 다른 공무원의 직무에 속한 사항의 알선에 관하여 뇌물을 수수, 요구 또는 약속하는 것을 그 성립요건으로 하고 있고, 여기서 '공무원이 그 지위를 이용하여'라 함은 친구, 친족관계 등 사적인 관계를 이용하는 경우에는 이에 해당한다고 할 수 없으나, 다른 공무원이 취급하는 사무의 처리에 법률상이거나 사실상으로 영향을 줄 수 있는 관계에 있는 공무원이 그 지위를 이용하는 경우에는 이에 해당하고, 그 사이에 상하관계, 협동관계, 감독권한 등의 특수한 관계가 있음을 요하지 않는다. [국가9급 18 변형]

164 (○) 대법원 2006.4.27, 2006도735

165 알선수뢰죄에서 '공무원이 그 지위를 이용하여'라 함은 친구, 친족관계 등 사적인 관계를 이용하는 경우뿐만 아니라 다른 공무원이 취급하는 사무처리에 법률상이거나 사실상으로 영향을 줄 수 있는 관계에 있는 공무원이 그 지위를 이용하는 경우도 포함한다. [경찰채용 23 2차]

165 (×)

**해설+** 알선수뢰죄는 공무원이 그 지위를 이용하여 다른 공무원의 직무에 속한 사항의 알선에 관하여 뇌물을 수수, 요구 또는 약속하는 것을 그 성립요건으로 하고 있고, 여기서 '공무원이 그 지위를 이용하여'라 함은 친구, 친족관계 등 사적인 관계를 이용하는 경우에는 이에 해당한다고 할 수 없으나, 다른 공무원이 취급하는 사무의 처리에 법률상이거나 사실상으로 영향을 줄 수 있는 관계에 있는 공무원이 그 지위를 이용하는 경우에는 이에 해당하고, 그 사이에 상하관계, 협동관계, 감독권한 등의 특수한 관계가 있음을 요하지 않는다(대법원 2001.10.12, 99도5294).

166 알선수뢰죄는 공무원이 그 지위를 이용하여 다른 공무원의 직무에 속한 사항의 알선에 관하여 뇌물을 수수, 요구 또는 약속하는 것을 그 성립요건으로 하고 있고, '다른 공무원의 직무에 속한 사항의 알선행위'는 그 공무원의 직무에 속하는 사항에 관한 것이면 되는 것이지 그것이 반드시 부정행위라거나 그 직무에 관하여 결재권한이나 최종 결정권한을 갖고 있어야 하는 것이 아니다.

166 (○) 대법원 2006.4.27, 2006 도735

167 공무원이 예전에 자신의 부하로 근무한 자의 직무에 관한 사항에 대해 알선하고 그 대가로 일정한 이익을 취득한 경우 그 부하가 취급하는 업무처리에 사실상 영향력을 행사할 수 있는 지위에 있다면 그 부하가 이미 부서를 옮겨 가서 상하관계나 협동관계에 있지 않더라도, 공무원에게 알선수뢰죄가 성립한다. [사시 13]

167 (○)

**해설+** 다른 공무원이 취급하는 사무의 처리에 법률상이거나 사실상으로 영향을 줄 수 있는 관계에 있는 공무원이 그 지위를 이용하는 경우에는 이에 해당하고, 그 사이에 상하관계, 협동관계, 감독권한 등의 특수한 관계가 있음을 요하지 않는다(대법원 2006.4.27, 2006도735).

168 「형법」제132조의 알선행위는 장래의 것이라도 무방하므로, 알선뇌물요구죄가 성립하기 위하여는 뇌물을 요구할 당시 반드시 상대방에게 알선에 의하여 해결을 도모하여야 할 현안이 존재하여야 한다. [국가7급 12] [법원9급 16 변형]

168 (×) '한다' → '할 필요는 없다'

**해설+** 알선뇌물요구죄가 성립하기 위하여는 뇌물을 요구할 당시 반드시 상대방에게 알선에 의하여 해결을 도모하여야 할 현안이 존재하여야 할 필요는 없다(대법원 2009.7.23, 2009도3924).

169 수뢰죄(제129조 제1항), 증뢰죄(제133조 제1항) 및 알선수뢰죄(제132조)는 뇌물을 약속한 때에도 성립한다. [국가9급 21]

169 (○)

**해설+** 수뢰죄와 알선수뢰죄의 행위태양은 수수, 요구, 약속이요, 증뢰죄의 행위태양은 약속, 공여, 공여의 의사표시이다.

**170** 공무원이 그 지위를 이용하여 다른 공무원의 직무에 관한 사항의 알선에 관하여 금품을 수수한 경우에는 그가 특별한 청탁을 받고 그 같은 행위를 한 사정이 없는 이상 이를 「형법」 제132조의 알선수뢰죄로 처벌하지 못한다.

[경찰채용 18 2차]

**170** (×) 제132조의 알선수뢰죄가 성립하기 위하여 청탁이나 부정한 청탁이 필요한 것은 아니다.

> **해설+** 제132조【알선수뢰】공무원이 그 지위를 이용하여 다른 공무원의 직무에 속한 사항의 알선에 관하여 뇌물을 수수, 요구 또는 약속한 때에는 3년 이하의 징역 또는 7년 이하의 자격정지에 처한다.

**171** 배임수재자가 배임증재자에게서 그가 무상으로 빌려준 물건을 인도받아 사용하고 있던 중에 공무원이 된 경우, 그 사실을 알게 된 배임증재자가 배임수재자에게 앞으로 물건은 공무원의 직무에 관하여 빌려주는 것이라고 하면서 뇌물공여의 뜻을 밝히고 물건을 계속하여 배임수재자가 사용할 수 있는 상태로 두더라도, 처음에 배임증재로 무상 대여할 당시에 정한 사용기간을 추가로 연장해 주는 등 새로운 이익을 제공한 것으로 평가할 만한 사정이 없다면 뇌물공여죄가 성립하지 않는다.

[법원9급 17] [법원행시 16] [사시 16]

**171** (○) 대법원 2015.10.15, 2015도6232

**172** 뇌물공여죄와 뇌물수수죄 사이와 같은 이른바 대향범 관계에 있는 자는 강학상으로는 필요적 공범이라고 불리고 있으나, 서로 대향된 행위의 존재를 필요로 할 뿐 각자 자신의 구성요건을 실현하고 별도의 형벌규정에 따라 처벌되는 것이어서, 2인 이상이 가공하여 공동의 구성요건을 실현하는 공범관계에 있는 자와는 본질적으로 다르며, 대향범 관계에 있는 자 사이에서는 각자 상대방의 범행에 대하여 형법 총칙의 공범규정이 적용되지 아니한다.

[법원9급 18 변형]

**172** (○) 대법원 2015.2.12, 2012도4842

**173** 2인 이상의 서로 대항된 행위의 존재를 필요로 하는 대향범에 대하여 공범에 관한 형법총칙 규정이 적용될 수 없는데, 이러한 법리는 해당 처벌규정의 구성요건 자체에서 2인 이상의 서로 대향적 행위의 존재를 필요로 하는 필요적 공범인 대향범에 적용됨은 물론, 구성요건상으로는 단독으로 실행할 수 있는 형식으로 되어 있더라도 그 구성요건이 대향범의 형태로 실행되는 경우에도 적용된다고 보아야 한다. [법원9급 23]

해설+ 2인 이상의 서로 대항된 행위의 존재를 필요로 하는 대향범에 대하여 공범에 관한 형법총칙 규정이 적용될 수 없다. 이러한 법리는 해당 처벌규정의 구성요건 자체에서 2인 이상의 서로 대향적 행위의 존재를 필요로 하는 필요적 공범인 대향범을 전제로 한다. 구성요건상으로는 단독으로 실행할 수 있는 형식으로 되어 있는데 단지 구성요건이 대향범의 형태로 실행되는 경우에도 대향범에 관한 법리가 적용된다고 볼 수는 없다(대법원 2022.6.30, 2020도7866).

**174** 뇌물증여죄가 성립되기 위해서는 뇌물을 공여하는 행위와 상대방 측에서 이를 받아들이는 행위가 필요할 뿐이지 반드시 상대방 측에 뇌물수수죄가 성립되어야만 하는 것은 아니다.

[경찰간부 17] [국가9급 11·17] [법원9급 13] [법원행시 15] [변호사 18]

**175** 형법 제133조 제2항의 제3자뇌물취득죄는 제133조 제1항의 증뢰자로부터 교부받은 금품을 수뢰할 사람에게 전달하였는지 여부에 관계없이 제3자가 그 정을 알면서 금품을 교부받음으로써 성립하며, 나아가 제3자가 그 금품을 수뢰할 사람에게 전달하였다 하더라도 별도로 뇌물공여죄가 성립하는 것은 아니다. [국가7급 11 변형] [법원9급 16] [사시16]

**176** 공무원에게 뇌물로 공여하기 위한 목적이라는 사정을 알면서 증뢰자로부터 금품을 교부받은 자는 그가 실제로 그 금품을 공무원에게 전달하지 않고 있는 이상 「형법」상 아무런 처벌을 받지 않는다. [경찰채용 18 2차]

해설+ **제133조【뇌물공여 등】**① 제129조부터 제132조까지에 기재한 뇌물을 약속, 공여 또는 공여의 의사를 표시한 자는 5년 이하의 징역 또는 2천만원 이하의 벌금에 처한다.
② 제1항의 행위에 제공할 목적으로 제3자에게 금품을 교부한 자 또는 그 사정을 알면서 금품을 교부받은 제3자도 제1항의 형에 처한다.

173 (×)

174 (○) 대법원 2006.2.24, 2005도4737

175 (○) 대법원 1985.1.22, 84도1033; 1997.9.5, 97도1572

176 (×) 제3자가 교부받은 금품을 수뢰할 사람에게 전달하지 아니하였다고 하여도 형법 제133조 제2항 후문에서 정한 죄의 성립에는 영향이 없다(증뢰물전달 내지 제3자뇌물취득, 대법원 1985.1.22, 84도1033).

**177** A국립고등학교 졸업생 甲은 이 학교 직원으로 있는 乙에게 현금 1,000만 원을 주면서, 교장 丙에게 뇌물로 전해 주고 허위의 성적증명서를 만들어 달라고 부탁하였다. 그러나 乙은 교장 도장을 도용하여 甲의 성적증명서를 위조한 후, 甲에게 전해 주고 그 돈은 자기가 소비하였다. 甲은 乙로 하여금 丙에게 뇌물을 전달하도록 하였으므로 「형법」 제133조 제2항의 뇌물교부죄가 성립한다. [국가7급 17]

**178** A국립고등학교 졸업생 甲은 이 학교 직원으로 있는 乙에게 현금 1,000만 원을 주면서, 교장 丙에게 뇌물로 전해 주고 허위의 성적증명서를 만들어 달라고 부탁하였다. 그러나 乙은 교장 도장을 도용하여 甲의 성적증명서를 위조한 후, 甲에게 전해 주고 그 돈은 자기가 소비하였다. 乙에게 알선수뢰죄는 성립하지 않으나, 乙은 丙에게 주는 뇌물이라는 정을 알고 甲으로부터 현금을 교부받았으므로 「형법」 제133조 제2항의 증뢰물전달죄가 성립한다. [국가7급 17]

**179** 금융기관의 임직원이 대출상대방과 공모하여 임무에 위배하여 대출상대방에게 담보로 제공되는 부동산의 담보가치보다 훨씬 초과하는 금원을 대출하여 주고 대출금 중 일부를 되돌려받기로 한 다음 그에 따라 약정된 금품을 수수하는 것은 부실대출로 인한 업무상배임죄의 공동정범들 사이의 내부적인 이익분배에 불과한 것이고, 별도로 그러한 금품 수수행위에 관하여 특경법 위반(수재 등)죄가 성립하는 것은 아니라고 할 것이다. [사시 16]

## 2 공무방해에 관한 죄

 대표유형

경찰관이 적법절차를 준수하지 않은 채 실력으로 현행범인을 연행하려 하였다면 공무집행방해죄에서 말하는 적법한 공무집행이라고 할 수 없다. [경찰간부 18]

법원은 당사자의 허위 주장 및 증거 제출에도 불구하고 진실을 밝혀야 하는 것이 그 직무이므로, 가처분신청 시 당사자가 허위의 주장을 하거나 허위의 증거를 제출하였다 하더라도 그것만으로 법원의 구체적이고 현실적인 어떤 직무집행이 방해되었다고 볼 수 없으므로 이로써 바로 위계에 의한 공무집행방해죄가 성립한다고 볼 수 없다.

[국가7급 17] [법원행시 15·16] [변호사 14]

(○) 대법원 2012.4.26, 2011도17125

**180** 국민기초생활보장법상 '자활근로자'로 선정되어 주민자치센터 사회복지 담당 공무원의 복지도우미로 근무하던 사람을 협박하여 그 직무집행을 방해한 경우 공무집행방해죄가 성립하지 아니한다. [경찰간부 13]

180 (○) 대법원 2011.1.27, 2010도14484

**181** 국민권익위원회 운영지원과 소속 기간제근로자로서 청사 안전관리 및 민원인 안내 등의 사무를 담당한 A의 공무집행을 甲이 방해한 경우, A는 법령의 근거에 기하여 국가 등의 사무에 종사하는 「형법」상 공무원으로 보기 어려워, 甲을 공무집행방해죄로 처벌할 수 없다. [경찰간부 23]

181 (○)

해설+ 피고인이, 국민권익위원회 운영지원과 소속 기간제근로자로서 청사 안전관리 및 민원인 안내 등의 사무를 담당한 甲의 공무집행을 방해하였다는 내용으로 기소된 경우, 甲은 국민권익위원회 위원장과 계약기간 1년의 근로계약을 체결한 점 … 등 제반 사정에 비추어 甲은 법령의 근거에 기하여 국가 등의 사무에 종사하는 형법상 공무원이라고 보기 어렵다(대법원 2015.5.29, 2015도3430).

**182** 공무집행방해죄에서 '직무를 집행하는'이란 공무원이 직무수행에 직접 필요한 행위를 현실적으로 행하고 있는 때에 한정된다. [군무원9급 22]

182 (×)

해설+ 형법 제136조 제1항에 규정된 공무집행방해죄에서 '직무를 집행하는'이라 함은 공무원이 직무수행에 직접 필요한 행위를 현실적으로 행하고 있는 때만을 가리키는 것이 아니라 공무원이 직무수행을 위하여 근무 중인 상태에 있는 때를 포괄하고, 직무의 성질에 따라서는 그 직무수행의 과정을 개별적으로 분리하여 부분적으로 각각의 개시와 종료를 논하는 것이 부적절하고 여러 종류의 행위를 포괄하여 일련의 직무수행으로 파악함이 상당한 경우가 있으며, 나아가 현실적으로 구체적인 업무를 처리하고 있지는 않다 하더라도 자기 자리에 앉아 있는 것만으로도 업무의 집행으로 볼 수 있을 때에는 역시 직무집행 중에 있는 것으로 보아야 하고, 직무 자체의 성질이 부단히 대기하고 있을 것을 필요로 하는 것일 때에는 대기 자체를 곧 직무행위로 보아야 할 경우도 있다(대법원 2002.4.12, 2000도3485).

**183** 공무집행방해죄는 공무원의 적법한 공무집행이 전제로 된다 할 것이고, 그 공무집행이 적법하기 위하여는 그 행위가 당해 공무원의 추상적 직무권한에 속할 뿐아니라 구체적으로도 그 권한 내에 있어야 한다. [법원9급 15]

183 (○)

> **해설+** 공무집행이 적법하려면 그 행위가 당해 공무원의 추상적 직무권한에 속할 뿐 아니라 구체적으로도 그 권한 내에 있어야 하며, 또한 직무행위의 중요한 방식을 갖추어야 한다(대법원 2008. 10.9, 2008도3640).

**184** 공무집행방해죄는 공무원의 직무집행이 적법한 경우에 한하여 성립하고, 여기서 적법한 공무집행이라고 함은 그 행위가 공무원의 추상적 권한에 속하면 충분하며, 구체적으로 그 권한 내에 있어야 할 필요는 없다. [경찰채용 18 3차]

184 (×)

> **해설+** 공무집행방해죄는 공무원의 적법한 공무집행이 전제로 된다 할 것이고, 그 공무집행이 적법하기 위하여는 그 행위가 당해 <u>공무원의 추상적 직무 권한에 속할 뿐 아니라 구체적으로도 그 권한 내에 있어야</u> 하며 또한 직무행위로서의 중요한 방식을 갖추어야 한다고 할 것이다(대법원 1991.5.10, 91도453).

**185** 공무집행방해죄는 공무원의 적법한 공무집행이 전제로 되는데, 공무집행이 적법한지 여부는 사후적으로 순수한 객관적 기준에서 판단할 것이지, 행위 당시의 구체적 상황에 기하여 판단할 것은 아니다. [법원행시 15]

185 (×) '사후적으로 순수한 객관적 기준에서 판단할 것이지' → 삭제, '할 것은 아니다' → '하여야 한다'

> **해설+** 행위 당시의 구체적 상황에 기하여 객관적·합리적으로 판단하여야 하고 사후적으로 순수한 객관적 기준에서 판단할 것은 아니다(대법원 1991.5.10, 91도453; 2013.8.23, 2011도4763).

**186** 공무집행방해죄에서 공무원의 공무집행이 적법한지 여부는 행위 당시의 구체적 상황에 기하여 객관적 합리적으로 판단하여야 하고 사후적으로 순수한 객관적 기준에서 판단할 것은 아니다. [경찰채용 19 1차]

186 (○) 대법원 1991.5.10, 91도453; 2013.8.23, 2011도4763

**187** 甲이 자신을 현행범 체포하려는 경찰관에 대항하여 경찰관을 폭행하였는데, 사후에 甲이 범인으로 인정되지 아니하였다면, 甲은 최소한 공무집행방해죄의 죄책을 지지는 않는다.  [법원9급 22]

> **해설+** 공무집행방해죄는 공무원의 적법한 공무집행이 전제로 되는데, 추상적인 권한에 속하는 공무원의 어떠한 공무집행이 적법한지 여부는 행위 당시의 구체적 상황에 기하여 객관적·합리적으로 판단하여야 하고 사후적으로 순수한 객관적 기준에서 판단할 것은 아니다. 마찬가지로 현행범 체포의 적법성은 체포 당시의 구체적 상황을 기초로 객관적으로 판단하여야 하고, <u>사후에 범인으로 인정되었는지에 의할 것은 아니다</u>(대법원 2013.8.23, 2011도4763).

**188** 검사 A가 참고인 조사를 받는 줄 알고 검찰청에 자진출석한 변호사사무실 사무장을 합리적 근거 없이 긴급체포하자 그의 변호사 甲이 이를 제지하는 과정에서 A에게 상해를 가하였다. 甲에게 공무집행방해죄의 죄책이 인정된다.  [국가7급 11]

> **해설+** 검사의 긴급체포는 그 당시 상황에 비추어 보아 요건을 갖추지 못한 것으로 보이므로 이를 실행한 검사의 판단이 현저히 합리성을 잃었다고 할 것이다(대법원 2006.9.8, 2006도148).

**189** 甲은 출입국관리법 위반으로 미란다고지를 받지 못한 채 경찰관 A와 B에게 현행범으로 체포되어 甲의 차로 이동하던 중 뒷좌석 유리창을 내리고 도주하려고 하였고, 이에 A가 수갑을 채우면서 제지하려고 하자 주먹으로 A의 얼굴을 때려 찰과상을 입혔다. 甲에게 공무집행방해죄의 죄책이 인정된다.  [국가7급 11]

> **해설+** 불법체포로 인한 신체에 대한 현재의 부당한 침해에서 벗어나기 위한 행위로서 정당방위에 해당하여 위법성이 조각된다(대법원 2006.11.23, 2006도2732).

**190** 출입국관리공무원이 관리자의 사전동의 없이 일반인의 자유로운 출입이 허용되지 아니한 사업장에 진입하여 불법체류자 단속을 개시하자 피고인이 이를 방해하였을 경우 공무집행행위의 적법성이 부인되어 공무집행방해죄가 성립하지 않는다.  [사시 14]

> **해설+** 출입국관리공무원이 관리자의 사전동의 없이 사업장에 진입하여 불법체류자 단속업무를 개시한 경우에는 공무집행행위의 적법성이 부인되어 공무집행방해죄가 성립하지 않는다(대법원 2009.3.12, 2008도7156).

191 농촌지도자인 甲은 서울에서 열리는 불법집회인 농민대회에 참석하기 위해 고속버스를 타려고 하자 경찰관이 이를 제지하므로 이에 항의하는 과정에서 경찰관을 밀치는 등의 행위를 하였다. 甲에게 공무집행방해죄의 죄책이 인정된다.  [국가7급 11]

191 (×) '인정된다' → '인정되지 않는다'

> **해설+** 경찰관의 제지의 범위를 명백히 넘어서는 것이어서 허용될 수 없으므로, 이러한 제지행위는 공무집행방해죄의 보호대상이 되는 공무원의 적법한 직무집행에 포함될 수 없다(대법원 2008. 11.13, 2007도9794).

192 기자회견을 명목으로 불법집회를 하기 위해 농성장소에 진입하려는 관계자들이 경찰관을 밀치는 등 공무집행을 방해하였을 때, 집회를 불허하면서 점거와 집회개최를 소극적으로 제지한 것은 적법한 공무집행에 해당한다.  [군무원9급 22]

192 (○)

> **해설+** 피고인을 포함한 '甲 주식회사 희생자 추모와 해고자 복직을 위한 범국민대책위원회' 측 사람들이 덕수궁 대한문 앞 화단 주변을 불법적으로 점거한 뒤 천막·분향소 등을 설치하고 농성을 계속하다가 관할 구청이 행정대집행으로 농성 장소에 있던 적치물들을 철거하였음에도 이에 대한 항의의 일환으로 같은 장소에서 기자회견 명목의 집회를 개최하려고 하자, <u>출동한 경찰 병력이 농성 장소를 둘러싼 채 진입을 제지하는 과정에서 피고인 등이 경찰관들을 밀치는 등으로 공무집행을 방해하였다</u>는 내용으로 기소된 경우, <u>경찰 병력이 농성 장소를 사전에 둘러싼 뒤 기자회견 명목의 집회 개최를 불허하면서 소극적으로 제지만 한 것은 구 경찰관 직무집행법 제6조 제1항의 범죄행위 예방을 위한 경찰행정상 즉시강제로서 적법한 공무집행에 해당한다</u>(대법원 2021.9.30, 2014도17900).

193 국회 외교통상 상임위원회(이하 '외통위') 위원장이 위원장의 자격으로 질서유지권을 행사하면서, 乙정당 소속 외통위 위원들이 위원장실에 이미 입실한 상태에서 회의장 출입구를 폐쇄하고 출입을 봉쇄하여 다른 정당 소속 외통위 위원들의 회의장 출입을 막기 위하여 회의장 근처에 배치된 국회 경위들로 하여금 甲 정당 소속 외통위 위원들의 회의장 출입을 막자, 甲 정당 당직자인 피고인들이 甲 정당 소속 외통위 위원들을 회의장으로 들여보내기 위하여 그들과 함께 국회 경위들을 밀어내는 과정에서 경위들의 옷을 잡아당기는 등의 행위를 한 경우 공무집행방해죄가 성립하지 않는다.  [법원승진 15]

193 (○) 피고인들의 행위는 적법성이 결여된 직무행위를 하는 공무원에게 대항하여 한 것에 지나지 아니하여 공무집행방해죄가 성립하지 않는다(대법원 2013.6.13, 2010도13609).

**194** 노동조합관계자들과 사용자측 사이의 다툼을 수습하려 하였으나 노동조합 측이 지시에 따르지 않자 경비실 밖으로 나와 회사의 노사분규 동향을 파악하거나 파악하기 위해 대기 또는 준비 중이던 근로감독관을 폭행한 행위는 공무집행방해죄를 구성한다. [법원9급 15]

194 (○) 대법원 2002.4.12, 2000 도3485

**195** 법외 단체인 전국공무원노동조합의 지부가 당초 공무원 직장협의회의 운영에 이용되던 군(郡)청사시설인 사무실을 임의로 사용하자, 지방자치단체 장이 자진폐쇄 요청 후 행정대집행법에 따라 행정대집행을 하였는데, 피고인들과 위 지부 소속 공무원들이 위 집행을 행하던 공무원들에게 대항하여 폭행 등 행위를 한 경우, 특수공무집행방해죄가 성립한다. [경찰승진 13]

195 (○) 대법원 2011.4.28, 2007 도7514

**196** 도심광장에 무단설치된 천막에 대해 「행정대집행법」이 정한 계고 및 대집행영장에 의한 통지절차를 거치지 아니하고 행하는 공무원 A의 철거대집행에 대항하여, 甲이 A에게 폭행·협박을 가한 행위는 특수공무집행방해죄에 해당하지 않는다. [경찰간부 23]

196 (○)

해설+ 도심광장으로서 '서울특별시 서울광장의 사용 및 관리에 관한 조례'에 의하여 관리되고 있는 '서울광장'에서, 서울시청 및 중구청 공무원들이 행정대집행법이 정한 계고 및 대집행영장에 의한 통지절차를 거치지 아니한 채 위 광장에 무단설치된 천막의 철거대집행에 착수하였고, 이에 피고인 들을 비롯한 '광우병위험 미국산 쇠고기 전면 수입을 반대하는 국민대책회의' 소속 단체 회원들이 몸싸움을 하거나 천막을 붙잡고 이를 방해한 경우, 위 서울광장은 비록 공부상 지목이 도로로 되어 있으나 도로법 제65조 제1항 소정의 행정대집행의 특례규정이 적용되는 도로법상 도로라고 할 수 없으므로 위 철거대집행은 구체적 직무집행에 관한 법률상 요건과 방식을 갖추지 못한 것으로서 적법성이 결여되었고 따라서 피고인들이 위 공무원들에 대항하여 폭행·협박을 가하였더라도 특수 공무집행방해죄는 성립되지 않는다(대법원 2010.11.11, 2009도11523).

**197** 공무원들이 행정대집행법이 정한 계고 및 대집행영장에 의한 통지절차를 거치지 아니한 채 서울광장에 무단설치된 천막의 철거대집행에 착수하였고, 이에 피고인들이 몸싸움을 하거나 천막을 붙잡고 이를 방해한 경우, 위 철거대집행은 구체적 직무집행에 관한 법률상 요건과 방식을 갖추지 못한 것으로서 적법성이 결여되었으므로 특수공무집행방해죄는 성립되지 않는다. [군무원9급 23]

197 (○)

해설+ 이 사건 서울광장은 도로법 제65조 제1항 소정의 행정대집행의 특례규정이 적용되는 도로 법상 도로라고 할 수 없으므로, 서울시청 및 중구청 공무원들이 위와 같이 계고 및 대집행영장에 의한 통지절차를 거치지 아니한 채 한 이 사건 철거대집행은 구체적 직무집행에 관한 법률상 요건과 방식을 갖추지 못한 것으로서 적법성이 결여되었다 할 것이고, 따라서 피고인들이 이 사건 철거대집 행직무를 행하는 공무원들에 대항하여 폭행이나 협박을 가하였다고 하더라도 특수공무집행방해죄 는 성립되지 아니한다(대법원 2010.11.11, 2009도11523).

198 피고인이 甲 시청 옆 도로의 보도에서 철야농성을 위해 천막을 설치하던 중 이를 제지하는 甲 시청 소속 공무원들에게 폭행을 가한 사안에서, 도로 관리권에 근거한 공무집행을 하는 공무원에 대하여 폭행을 가한 피고인의 행위는 공무집행방해죄를 구성한다. [법원행시 15]

198 (○) 대법원 2014.2.13, 2011 도10625

199 공사현장 출입구 앞 도로 한복판을 점거하고 공사차량의 출입을 방해하던 피고인의 팔과 다리를 잡고 도로 밖으로 옮기려고 한 경찰관의 행위는 적법한 공무집행이므로 경찰관의 팔을 물어뜯은 경우 공무집행방해 및 상해죄가 인정된다. [경찰간부 18]

199 (○) 대법원 2013.9.26, 2013 도643

200 검문 중이던 경찰관이 자전거를 이용한 날치기 사건 범인과 흡사한 인상착의의 甲이 자전거를 타고 다가오는 것을 발견하고 정지를 요구하였으나 멈추지 않아 앞을 가로막고 소속과 성명을 고지한 후 검문에 협조해 달라는 취지로 말하였음에도 불응하고 그대로 전진하자 따라가서 재차 앞을 막고 검문에 응하라고 요구하였는데 이에 甲이 경찰관들의 멱살을 잡아 밀치거나 욕설을 하였다면 甲의 행위는 정당방위에 해당한다. [경찰채용 13]

200 (×) '해당한다' → '해당하지 않는다'(대법원 2012.9.13, 2010도 6203)

201 피고인이 불심검문하는 경찰관에게 대항하여 폭행하였는데, 피고인은 불심검문 당시 검문하는 사람이 경찰관이고 검문하는 이유가 범죄행위에 관한 것임을 알고 있었으나, 경찰관이 경찰관직무집행법 제3조 제4항에 규정된 신분증을 제시하지 않은 경우 피고인이 경찰관을 폭행한 행위는 공무집행방해죄에 해당한다. [경찰채용 16] [법원승진 15]

201 (○)

해설+ 불심검문을 하게 된 경위, 불심검문 당시의 현장상황과 검문을 하는 경찰관들의 복장, 피고인이 공무원증 제시나 신분확인을 요구하였는지 여부 등을 종합적으로 고려하여, 그 불심검문이 위법한 공무집행이라고 할 수 없다(대법원 2014.12.11, 2014도7976).

**202** 경찰관이 불심검문 대상자 해당 여부를 판단할 때에는 불심검문 당시의 구체적 상황은 물론 사전에 얻은 정보나 전문적 지식 등에 기초하여 그 대상자인지를 객관적·합리적 기준에 따라 판단하여야 하므로, 불심검문의 적법요건으로 불심검문 대상자에게 「형사소송법」상 체포나 구속에 이를 정도의 혐의가 있을 것을 요한다.

[경찰채용 23 1차]

202 (×)

> **해설+** 경찰관직무집행법의 목적, 법 제1조 제1항, 제2항, 제3조 제1항, 제2항, 제3항, 제7항의 내용 및 체계 등을 종합하면, 경찰관이 법 제3조 제1항에 규정된 대상자 해당 여부를 판단할 때에는 불심검문 당시의 구체적 상황은 물론 사전에 얻은 정보나 전문적 지식 등에 기초하여 불심검문 대상자인지를 객관적·합리적인 기준에 따라 판단하여야 하나, 반드시 불심검문 대상자에게 형사소송법상 체포나 구속에 이를 정도의 혐의가 있을 것을 요한다고 할 수는 없다(대법원 2014.2.27, 2011도13999).

**203** 행정경찰 목적의 경찰활동으로 행하여지는 「경찰관 직무집행법」 제3조 제2항 소정의 질문을 위한 동행요구가 「형사소송법」의 규율을 받는 수사로 이어지는 경우에는 「형사소송법」 제199조 제1항 및 제200조 규정에 의하여야 한다.

[경찰채용 23 1차]

203 (○)

> **해설+** 형사소송법 제199조 제1항에 의하여 수사관이 수사과정에서 당사자의 동의를 받는 형식으로 피의자를 수사관서 등에 동행하는 경우 및 제200조의 규정에 의하여 수사기관의 피의자의 임의적 출석을 요구하면서 일정 장소로의 동행을 요구하는 경우, 수사관이 동행에 앞서 피의자에게 동행을 거부할 수 있음을 알려 주었거나 동행한 피의자가 언제든지 자유로이 동행과정에서 이탈 또는 동행장소로부터 퇴거할 수 있음이 인정되는 등 오로지 피의자의 자발적인 의사에 의하여 수사관서 등에의 동행이 이루어졌음이 객관적인 사정에 의하여 명백하게 입증된 경우에 한하여 그 적법성이 인정된다. 한편 행정경찰 목적의 경찰활동으로 행하여지는 경찰관직무집행법 제3조 제2항 소정의 질문을 위한 동행요구도 형사소송법의 규율을 받는 수사로 이어지는 경우에는 역시 위에서 본 법리가 적용되어야 한다(대법원 2006.7.6, 2005도6810).

> **보충** 형사소송법 제199조 【수사와 필요한 조사】 ① 수사에 관하여는 그 목적을 달성하기 위하여 필요한 조사를 할 수 있다. 다만, 강제처분은 이 법률에 특별한 규정이 있는 경우에 한하며, 필요한 최소한도의 범위 안에서만 하여야 한다. 〈개정 1995.12.29.〉
>
> 제200조 【피의자의 출석요구】 검사 또는 사법경찰관은 수사에 필요한 때에는 피의자의 출석을 요구하여 진술을 들을 수 있다.

**204** 「경찰관 직무집행법」 제3조 제4항은 경찰관이 불심검문을 하고자 할 때에는 자신의 신분을 표시하는 증표를 제시하여야 한다고 규정하고 있고, 동법 시행령은 위 법에서 규정한 신분을 표시하는 증표가 경찰관의 공무원증이라고 규정하고 있으므로, 경찰관이 불심검문 과정에서 공무원증을 제시하지 않았다면 어떠한 경우라도 그 불심검문은 위법한 공무집행에 해당한다.

[경찰채용 23 1차]

**204** (×)

**해설+** 경찰관직무집행법 제3조 제4항은 경찰관이 불심검문을 하고자 할 때에는 자신의 신분을 표시하는 증표를 제시하여야 한다고 규정하고, 경찰관직무집행법 시행령 제5조는 위 법에서 규정한 신분을 표시하는 증표는 경찰관의 공무원증이라고 규정하고 있는데, 불심검문을 하게 된 경위, 불심검문 당시의 현장상황과 검문을 하는 경찰관들의 복장, 피고인이 공무원증 제시나 신분확인을 요구하였는지 여부 등을 종합적으로 고려하여, 검문하는 사람이 경찰관이고 검문하는 이유가 범죄행위에 관한 것임을 피고인이 충분히 알고 있었다고 보이는 경우에는 신분증을 제시하지 않았다고 하여 그 불심검문이 위법한 공무집행이라고 할 수 없다(대법원 2014.12.11, 2014도7976).

**205** 「경찰관 직무집행법」 제3조 제6항은 불심검문에 관하여 임의동행한 사람을 6시간을 초과하여 경찰관서에 머물게 할 수 없다고 규정하고 있으므로, 대상자를 6시간 동안 경찰관서에 구금하는 것이 허용된다. [경찰채용 23 1차]

**205** (×)

**해설+** 임의동행은 상대방의 동의 또는 승낙을 그 요건으로 하는 것이므로 경찰관으로부터 임의동행 요구를 받은 경우 상대방은 이를 거절할 수 있을 뿐만 아니라 임의동행 후 언제든지 경찰관서에서 퇴거할 자유가 있다 할 것이고, 경찰관직무집행법 제3조 제6항이 임의동행한 경우 당해인을 6시간을 초과하여 경찰관서에 머물게 할 수 없다고 규정하고 있다고 하여 그 규정이 임의동행한 자를 6시간 동안 경찰관서에 구금하는 것을 허용하는 것은 아니다(대법원 1997.8.22, 97도1240).

**206** 경찰관이 벌금형에 따르는 노역장 유치의 집행을 위하여 형집행장을 소지하지 아니한 채 피고인을 체포·구인하려고 하자 피고인이 이를 거부하면서 경찰관을 폭행한 경우, 공무집행방해죄는 성립하지 아니한다.

[경찰승진 13]

**206** (○) 대법원 2010.11.11, 2009도11523

**207** 경찰관 A가 도로를 순찰하던 중 벌금 미납으로 지명수배된 甲과 조우하게 되어 형집행장 발부 사실은 고지하지 않은 채 노역장 유치의 집행을 위하여 甲을 구인하려 하자, 甲이 이에 저항하여 A의 가슴을 양손으로 수차례 밀친 경우에는 공무집행방해죄가 성립하지 않는다. [경찰승진 22]

**207** (○) 대법원 2017.9.26, 2017도9458

**208** 경찰관이 도로를 순찰하던 중 벌금 미납으로 수배된 피고인과 조우(遭遇)하여 형집행장을 소지하지 아니한 채 급속을 요하여 그에게 형집행 사유와 더불어 형집행장이 발부되어 있는 사실을 고지하고 벌금 미납으로 인한 노역장 유치의 집행을 위해 구인하려 하였는데, 피고인이 이에 저항하여 그 경찰관을 폭행한 경우 공무집행방해죄가 성립한다.

[경찰채용 18 2차] [해경승진 23]

**208** (○)

**해설+** 사법경찰관리가 벌금형을 받은 사람을 그에 따르는 노역장유치의 집행을 위하여 구인하려면 검사로부터 발부받은 형집행장을 그 상대방에게 제시하여야 하지만(형사소송법 제85조 제1항 참조), 형집행장을 소지하지 아니한 경우에 급속을 요하는 때에는 그 상대방에 대하여 형집행 사유와 형집행장이 발부되었음을 고하고 집행할 수 있다(형사소송법 제85조 제3항 참조). 그리고 형집행장의 제시 없이 구인할 수 있는 '급속을 요하는 때'라고 함은 애초 사법경찰관리가 적법하게 발부된 형집행장을 소지할 여유가 없이 형집행의 상대방을 조우한 경우 등을 가리키는 것이다(적법한 공무집행에 해당하므로 공무집행방해죄 성립, 대법원 2017.9.26, 2017도9458).

**209** 음주운전 신고를 받고 출동한 경찰관 A는 만취한 상태로 시동이 걸린 차량 운전석에 앉아있는 甲을 발견하고 음주측정을 위해 하차를 요구하였고, 甲이 차량을 운전하지 않았다고 다투자 지구대로 가서 차량 블랙박스를 확인하자고 하였다. 이에 甲이 명시적인 거부 의사표시 없이 도주하자, A가 甲을 10m 정도 추격하여 앞을 막고 제지하는 과정에서 甲이 A를 폭행하였다면 공무집행방해죄가 성립한다.

[경찰채용 21 2차]

**209** (○) 대법원 2020.8.20, 2020도7193

**210** 불법주차 차량에 불법주차 스티커를 붙였다가 이를 다시 떼어 낸 직후에 있는 주차단속 공무원을 폭행한 경우, 폭행 당시 주차단속 공무원은 일련의 직무수행을 위하여 근무 중인 상태에 있었다고 보아야 하므로 공무집행방해죄가 성립한다.

[법원9급 14]

**210** (○) 대법원 1999.9.21, 99도383

**211** 공무원의 직무수행에 대한 비판이나 시정 등을 요구하는 집회·시위 과정에서 일시적으로 상당한 소음이 발생하였다는 사정만으로는 이를 공무집행방해죄에서의 음향으로 인한 폭행이 있었다고 할 수는 없으나 의사전달 수단으로서 합리적 범위를 넘어서 상대방에게 고통을 줄 의도로 음향을 이용하였다면 이를 폭행으로 인정할 수 있다.

[국가7급 11·12] [사시 16]

**211** (○) 대법원 2009.10.29, 2007도3584

212 시장상인 甲은 부당한 단속에 항의하기 위해 시청건물 마당에서 확성기를 매우 크게 틀어놓고 1인 시위를 함으로써 공무원들이 직무를 행할 수 없을 정도의 고통을 가하였다. 甲에게 공무집행방해죄의 죄책이 인정된다.

[국가7급 11]

**해설+** 음향으로 인한 폭행에 해당하는지 여부는 음량의 크기나 음의 높이, 음향의 지속시간, 종류, 음향발생행위자의 의도, 음향발생원과 직무를 집행 중인 공무원과의 거리, 음향발생 당시의 주변 상황을 종합적으로 고려하여 판단하여야 할 것이다(대법원 2009.10.29, 2007도3584).

213 甲의 집이 소란스럽다는 주민들의 112신고를 받고 출동한 경찰관 A가 甲에게 인터폰으로 문을 열어 달라고 하였으나 욕설을 하고 문을 열어 주지 않아, A가 甲을 만나기 위해 전기차단기를 내리자 화가 난 甲이 식칼을 들고 나와 욕설을 하면서 A를 향해 찌를 듯이 협박한 경우, 특수공무집행방해죄에 해당한다.

[경찰채용 21 2차 변형] [경찰간부 23]

**해설+** 피고인이 자정에 가까운 한밤중에 음악을 크게 켜 놓거나 소리를 지른 것은 경범죄 처벌법 제3조 제1항 제21호에서 금지하는 인근소란행위에 해당하고, 그로 인하여 인근주민들이 잠을 이루지 못하게 될 수 있으며, 甲과 乙이 112신고를 받고 출동하여 <u>눈앞에서 벌어지고 있는 범죄행위를 막고 주민들의 피해를 예방하기 위해 피고인을 만나려 하였으나 피고인은 문조차 열어 주지 않고 소란행위를 멈추지 않았던 상황</u>이라면 피고인의 행위를 제지하고 수사하는 것은 경찰관의 직무상 권한이자 의무라고 볼 수 있으므로, 위와 같은 상황에서 甲과 乙이 피고인의 집으로 통하는 전기를 일시적으로 차단한 것은 피고인을 집 밖으로 나오도록 유도한 것으로서, 피고인의 범죄행위를 진압·예방하고 수사하기 위해 필요하고도 적절한 조치로 보이고, 경찰관 직무집행법 제1조의 목적에 맞게 제2조의 직무범위 내에서 <u>제6조에서 정한 즉시강제의 요건을 충족한 적법한 직무집행으로</u> 볼 여지가 있다(대법원 2018.12.13, 2016도19417).

214 공무집행방해죄에서의 협박은 공무를 집행하는 공무원으로 하여금 객관적으로 공포심을 느끼게 하는 것만으로 족하고, 현실로 공포심을 일으킬 것까지 요구되는 것이다.

[국가9급 14 변형]

**215** 공무집행방해죄의 폭행은 사람에 대한 유형력의 행사이고 이는 반드시 신체에 대한 것임을 요하며, 본죄에서 '직무를 집행하는'이란 공무원이 직무수행에 직접 필요한 행위를 현실적으로 행하고 있는 때만을 가리킨다.

[경찰간부 22]

**해설+** 형법 제136조에서 정한 공무집행방해죄는 직무를 집행하는 공무원에 대하여 폭행 또는 협박한 경우에 성립하는 범죄로서 여기서의 폭행은 사람에 대한 유형력의 행사로 족하고 반드시 그 신체에 대한 것임을 요하지 아니하며, 또한 추상적 위험범으로서 구체적으로 직무집행의 방해라는 결과발생을 요하지도 아니한다. 한편 공무집행방해죄에서 '직무를 집행하는'이란 공무원이 직무수행에 직접 필요한 행위를 현실적으로 행하고 있는 때만을 가리키는 것이 아니라 공무원이 직무수행을 위하여 근무 중인 상태에 있는 때를 포괄하고, 직무의 성질에 따라서는 직무수행의 과정을 개별적으로 분리하여 부분적으로 각각의 개시와 종료를 논하는 것이 부적절하고 여러 종류의 행위를 포괄하여 일련의 직무수행으로 파악함이 상당한 경우가 있다(대법원 2018.3.29, 2017도21537).

**215** (×) 공무집행방해죄의 폭행은 광의의 폭행으로서 사람에 대한 직접적·간접적인 유형력의 행사를 말한다.

**216** 피고인이 지구대 내에서 약 1시간 이상 경찰관에게 큰소리로 욕을 하고 의자에 드러눕거나 다른 사람들에게 시비를 걸고, 경찰관들이 피고인을 내보낸 뒤 문을 잠그자 다시 들어오기 위해 출입문을 계속해서 두드리는 등 소란을 피운 경우 공무원에 대한 간접적인 유형력의 행사로 볼 수 있어 공무집행방해죄가 성립할 수 있다.

[경찰채용 18 1차] [해경승진 23]

**해설+** 피고인이 지구대 내에서 약 1시간 40분 동안 큰 소리로 경찰관을 모욕하는 말을 하고, 그곳 의자에 드러눕거나 다른 사람들에게 시비를 걸고 그 과정에서 경찰관들이 피고인을 내보낸 뒤 문을 잠그자 다시 들어오기 위해 출입문을 계속해서 두드리거나 잡아당기는 등 소란을 피운 경우, 피고인이 밤늦은 시각에 술에 취해 위와 같이 한참 동안 소란을 피운 행위는 그 정도에 따라 공무원에 대한 간접적인 유형력의 행사로서 형법 제136조에서 규정한 '폭행'에 해당할 여지가 있다(대법원 2013.12.26, 2013도11050).

**216** (○)

**217** 경찰관의 임의동행 요구에 이를 거절하고 자신의 방으로 피하여 문을 잠그고 면도칼로 가슴을 그어 피를 내어 죽어버리겠다고 한 경우 공무집행방해죄에 해당하지 않는다.

[경찰승진 16]

**217** (○) 대법원 1976.3.9, 75도3779

**218** 경찰청 민원실에서 말똥을 책상 및 민원실 바닥에 뿌리고 소리를 지르는 등 난동을 부린 행위가 '위력'으로 경찰관의 민원접수 업무를 방해한 경우, 경찰청 민원실 근무경찰공무원에 대하여 업무방해죄가 성립한다. [법원9급 14]

**해설+** 업무방해죄의 업무에는 공무가 포함되지 않는다(대법원 2010.2.25, 2008도9049).

**218** (×) '성립한다' → '성립하지 않는다'

219 피고인이 甲 등과 공모하여 위력으로 시장 乙 및 丙회사 관계자 등의 기자회견 업무를 방해하였을 경우, 공무원 乙의 기자회견 업무에 대하여 업무방해죄가 성립하지 아니한다. [법원9급 14]

220 폭행 · 협박 · 위계가 아닌 방법으로 공무원이 직무상 수행하는 공무를 방해한 경우에는 공무집행방해죄는 물론 업무방해죄로도 처벌할 수 없다. [국가7급 17] [국가9급 14] [법원9급 18] [법원행시 15]

220 (○)

**해설+** 공무에 관해서는 공무원에 대한 폭행, 협박 또는 위계의 방법으로 그 집행을 방해하는 경우에 한하여 처벌하겠다는 취지라고 보아야 한다. 따라서 공무원이 직무상 수행하는 공무를 방해하는 행위에 대해서는 업무방해죄로 의율할 수는 없다(대법원 2009.11.19, 2009도4166 전원합의체).

221 위력으로써 공무원이 직무상 수행하는 공무를 방해하는 행위에 대해서는 「형법」 제314조의 업무방해죄로 처단할 수 있다. [경찰간부 22]

221 (×)

**해설+** 형법이 업무방해죄와는 별도로 공무집행방해죄를 규정하고 있는 것은 사적 업무와 공무를 구별하여 공무에 관해서는 공무원에 대한 폭행, 협박 또는 위계의 방법으로 그 집행을 방해하는 경우에 한하여 처벌하겠다는 취지라고 보아야 한다. 따라서 공무원이 직무상 수행하는 공무를 방해하는 행위에 대해서는 업무방해죄로 의율할 수는 없다고 해석함이 상당하다(대법원 2009.11.19, 2009도4166 전원합의체).

222 「형법」상 공무집행방해죄는 직무를 집행하는 공무원에 대하여 폭행 또는 협박한 경우에 성립하는 범죄로서 여기서의 폭행은 반드시 신체에 대한 것임을 요하지 아니하며, 또한 구체적 위험범으로서 구체적으로 직무집행의 방해라는 결과발생을 필요로 한다. [경찰채용 18 2차] [해경승진 23 변형]

222 (×)

**해설+** 형법 제136조에서 정한 공무집행방해죄는 직무를 집행하는 공무원에 대하여 폭행 또는 협박한 경우에 성립하는 범죄로서 여기서의 폭행은 사람에 대한 유형력의 행사로 족하고 반드시 그 신체에 대한 것임을 요하지 아니하며, 또한 추상적 위험범으로서 구체적으로 직무집행의 방해라는 결과발생을 요하지도 아니한다(대법원 2018.3.29, 2017도21537).

**223** 공무집행방해죄에서의 '폭행'은 사람에 대한 유형력의 행사로 족하고 반드시 그 신체에 대한 것임을 요하지 아니하며, 또한 추상적 위험범으로서 구체적으로 직무집행의 방해라는 결과발생을 요하지도 아니한다. [경찰채용 23 2차]

**223** (O)

> **해설+** 공무집행방해죄는 직무를 집행하는 공무원에 대하여 폭행 또는 협박한 경우에 성립하는 범죄로서 여기서의 폭행은 사람에 대한 유형력(有形力)의 행사로 족하고 반드시 그 신체에 대한 것임을 요하지 아니하며, 또한 추상적 위험범으로서 구체적으로 직무집행의 방해라는 결과발생을 요하지도 아니한다(대법원 2005.10.28, 2005도6725).

**224** 공무집행방해죄는 추상적 위험범으로서 구체적으로 직무집행의 방해라는 결과발생을 요하지 않는다. [경찰채용 19 1차]

**224** (O)

> **해설+** 형법 제136조에서 정한 공무집행방해죄는 직무를 집행하는 공무원에 대하여 폭행 또는 협박한 경우에 성립하는 범죄로서 여기서의 폭행은 사람에 대한 유형력의 행사로 족하고 반드시 그 신체에 대한 것임을 요하지 아니하며, 또한 추상적 위험범으로서 구체적으로 직무집행의 방해라는 결과발생을 요하지도 아니한다(대법원 2018.3.29, 2017도21537).

> **보충** 이는 위계에 의한 공무집행방해죄(제137조)와는 다른 점이다.

**225** 범죄신고를 받고 출동한 두 명의 경찰관에게 욕설을 하면서 폭행을 한 경우에는 공무를 집행하는 경찰관의 수에 따라 공무집행방해죄가 성립한다. [국가9급 12·14] [사시 14]

**225** (O)

> **해설+** 동일한 장소에서 동일한 기회에 이루어진 폭행행위로서 사회 관념상 1개의 행위로 평가하여 2개의 공무집행방해죄의 상상적 경합이라고 본다(대법원 2009.6.25, 2009도3505).

**226** 위계에 의한 공무집행방해죄에서 '공무원의 직무집행'이란 법령의 위임에 따른 공무원의 적법한 직무집행으로서 공권력을 내용으로 하는 권력적 작용에 한정하므로, 사경제주체로서의 활동을 비롯한 비권력적 작용은 포함하지 아니한다. [경찰간부 22]

**226** (×)

> **해설+** 위계에 의한 공무집행방해죄는 행위목적을 이루기 위하여 상대방에게 오인, 착각, 부지를 일으키게 하여 이를 이용함으로써 법령에 의하여 위임된 공무원의 적법한 직무에 관하여 그릇된 행위나 처분을 하게 하는 경우에 성립하고, 여기에서 공무원의 직무집행이란 법령의 위임에 따른 공무원의 적법한 직무집행인 이상 공권력의 행사를 내용으로 하는 권력적 작용뿐만 아니라 사경제주체로서의 활동을 비롯한 비권력적 작용도 포함되는 것으로 봄이 상당하다(대법원 2003.12.26, 2001도6349).

> **보충** 감척어선 입찰, 지방자치단체의 공사입찰 등이 이에 포함된다.

**227** 위계공무집행방해죄의 직무집행이란 법령의 위임에 따른 공무원의 권력적 작용을 의미하며, 사경제주체로서의 활동을 비롯한 비권력적 작용은 이에 포함되지 않는다. [경찰승진 22]

> **해설+** 위계에 의한 공무집행방해죄는 행위목적을 이루기 위하여 상대방에게 오인, 착각, 부지를 일으키게 하여 이를 이용함으로써 법령에 의하여 위임된 공무원의 적법한 직무에 관하여 그릇된 행위나 처분을 하게 하는 경우에 성립하고, 여기에서 공무원의 직무집행이란 법령의 위임에 따른 공무원의 적법한 직무집행인 이상 공권력의 행사를 내용으로 하는 <u>권력적 작용뿐만 아니라 사경제주체로서의 활동을 비롯한 비권력적 작용도 포함되는 것으로 봄이 상당하다</u>(대법원 2003.12.26, 2001도6349).

**228** 甲은 운전면허시험에 거듭 불합격하는 자신의 친구 A를 위하여 시험감독자를 속이고 자동차운전면허시험에 대리로 응시하였다. 甲에게는 위계에 의한 공무집행방해죄의 죄책이 인정된다. [경찰간부 17]

> **해설+** 피고인이 마치 그의 형인 양 시험감독자를 속이고 원동기장치 자전거운전면허시험에 대리로 응시하였다면 피고인의 소위는 위계에 의한 공무집행방해죄가 성립한다(대법원 1986.9.9, 86도1245).

**229** 신청인이 허위의 자료를 첨부하여 비자발급 신청을 하였고 이에 대하여 외국 주재 한국영사관 업무담당자가 충분히 심사하였으나 신청사유 및 소명자료가 허위인 것을 발견하지 못하여 이를 수리한 경우 신청인에게 위계에 의한 공무집행방해죄가 성립한다. [법원행시 15·16]

**230** 등기신청인이 제출한 허위의 소명자료 등에 대하여 등기관이 나름대로 충분히 심사를 하였음에도 이를 발견하지 못하여 등기가 마쳐진 경우, 등기관에게 등기신청이 실체법상의 권리관계와 일치하는지를 심사할 실질적인 권한이 없다면 위계에 의한 공무집행방해죄가 성립하지 아니한다. [국가7급 17] [법원행시 16·17 변형]

> **해설+** 등기신청은 단순한 '신고'가 아니라 신청에 따른 등기관의 심사 및 처분을 예정하고 있으므로, 등기신청인이 제출한 허위의 소명자료 등에 대하여 등기관이 나름대로 충분히 심사를 하였음에도 이를 발견하지 못하여 등기가 마쳐지게 되었다면 위계에 의한 공무집행방해죄가 성립할 수 있다. 등기관이 등기신청에 대하여 부동산등기법상 등기신청에 필요한 서면이 제출되었는지 및 제출된 서면이 형식적으로 진정한 것인지를 심사할 권한은 갖고 있으나 등기신청이 실체법상의 권리관계와 일치하는지를 심사할 실질적 심사권한은 없다고 하여 달리 보아야 하는 것은 아니다(대법원 2016.1.28, 2015도17297).

**231** 甲은 개인택시 운송사업면허를 받은지 5년이 경과되지 아니하여 원칙적으로 개인택시 운송사업을 양도할 수 없는 사람인 A로부터 개인택시 운송사업의 양도·양수를 받을 목적으로, 질병이 있는 노숙자 B로 하여금 A로 위장하게 하여 의사로부터 진료를 받게 한 후 발급받은 A명의의 허위진단서를 행정관청에 개인택시 운송사업의 양도·양수 인가신청을 하면서 이를 소명자료로 제출하여 진단서의 기재내용을 신뢰한 행정관청으로부터 인가처분을 받았다. 甲의 행위는 위계에 의한 공무집행방해죄가 성립한다.

[경찰간부 17] [변호사 14]

231 (○) 위계에 의한 공무집행방해죄가 성립한다(대법원 2002.9.10, 2002도2131; 2002.9.4, 2002도2064).

**232** 음주운전을 하다가 교통사고를 야기한 후 그 형사처벌을 면하기 위하여 타인의 혈액을 자신의 혈액인 것처럼 교통사고 조사 경찰관에게 제출하여 감정하도록 한 행위에 대하여 위계에 의한 공무집행방해죄가 성립한다.

[경찰채용 18 1차] [경찰간부 17] [법원9급 18] [법원행시 15]

**232 (○)**

**해설+** 허위사실을 진술하거나 자신에게 불리한 증거를 은닉하는 데 그친 것이 아니라 수사기관의 착오를 이용하여 적극적으로 피의사실에 관한 증거를 조작한 것으로서 위계에 의한 공무집행방해죄가 성립한다(대법원 2003.7.25, 2003도1609).

**233** 법령에서 일정한 행위를 금지하면서 이를 위반하는 행위에 대한 벌칙을 정하고 공무원 A로 하여금 그 금지규정의 위반 여부를 감시·단속하도록 한 경우, A의 감시·단속을 단순히 피하여 금지규정을 위반한 甲의 행위는 위계에 의한 공무집행방해죄에 해당한다.

[경찰간부 23]

**233 (×)**

**해설+** 법령에서 일정한 행위를 금지하면서 이를 위반하는 행위에 대한 벌칙을 정하고 공무원으로 하여금 금지규정의 위반 여부를 감시·단속하도록 한 경우 ㉠ 공무원에게는 금지규정 위반행위의 유무를 감시하여 확인하고 단속할 권한과 의무가 있으므로 구체적이고 현실적으로 감시·단속 업무를 수행하는 공무원에 대하여 위계를 사용하여 업무집행을 못하게 하였다면 위계에 의한 공무집행방해죄가 성립하지만, ㉡ 단순히 공무원의 감시·단속을 피하여 금지규정을 위반한 것에 지나지 않는다면 그에 대하여 벌칙을 적용하는 것은 별론으로 하고 그 행위가 위계에 의한 공무집행방해죄에 해당한다고 할 수 없다(대법원 2022.4.28, 2020도8030).

**234** 피의자나 참고인이 아닌 자가 자발적이고 계획적으로 피의자를 가장하여 수사기관에 대하여 허위사실을 진술한 경우 위계에 의한 공무집행방해죄가 성립한다. [경찰채용 23 2차]

**234** (×)

> **해설+** 형사 피의자와 수사기관이 대립적 위치에서 서로 공격방어를 할 수 있는 취지의 형사소송법의 규정과 법률에 의한 선서를 한 증인이 허위로 진술을 한 경우에 한하여 위증죄가 성립된다는 형법의 규정취지에 비추어 수사기관이 범죄사건을 수사함에 있어서는 피의자나 피의자로 자처하는 자 또는 참고인의 진술 여하에 불구하고 피의자를 확정하고 그 피의사실을 인정할 만한 객관적인 제반증거를 수집·조사하여야 할 권리와 의무가 있는 것이라고 할 것이므로 피의자나 참고인이 아닌 자가 자발적이고 계획적으로 피의자를 가장하여 수사기관에 대하여 허위사실을 진술하였다 하여 바로 이를 위계에 의한 공무집행방해죄가 성립된다고 할 수 없다(대법원 1977.2.8, 76도3685).

> **보충** 피의자 등이 수사기관에 대하여 ㉠ 허위사실을 진술하거나 피의사실 인정에 필요한 증거를 감추고 허위의 증거를 제출하였다고 하더라도, 수사기관이 충분한 수사를 하지 않은 채 이와 같은 허위의 진술과 증거만으로 증거의 수집·조사를 마쳤다면, 이는 수사기관의 불충분한 수사에 의한 것으로서 피의자 등의 위계에 의하여 수사가 방해되었다고 볼 수 없어 위계에 의한 공무집행방해죄가 성립된다고 할 수 없다. 그러나 ㉡ 피의자 등이 적극적으로 허위의 증거를 조작하여 제출하고 그 증거조작의 결과 수사기관이 그 진위에 관하여 나름대로 충실한 수사를 하더라도 제출된 증거가 허위임을 발견하지 못할 정도에 이르렀다면, 이는 위계에 의하여 수사기관의 수사행위를 적극적으로 방해한 것으로서 위계공무집행방해죄가 성립된다(대법원 2003.7.25, 2003도1609; 2007.10.11, 2007도6101; 2011.2.10, 2010도15986; 2019.3.14, 2018도18646).

**235** 피의자나 참고인이 아닌 자가 자발적이고 계획적으로 피의자를 가장하여 수사기관에서 허위진술을 한 경우, 원래 수사기관이 범죄사건을 수사함에 있어서 피의자나 피의자로 자처하는 자 또는 참고인의 진술 여하에 불구하고 피의자를 확정하고 그 피의사실을 인정할 만한 객관적인 제반증거를 수집·조사하여야 할 권리와 의무가 있는 것이라고 할 것이므로, 위계에 의한 공무집행방해죄가 성립된다고 할 수는 없다. [군무원9급 23]

**235** (○)

> **해설+** 수사기관이 범죄사건을 수사함에 있어서는 <u>피의자나 피의자로 자처하는 자 또는 참고인의 진술 여하에 불구하고 피의자를 확정하고 그 피의사실을 인정할 만한 객관적인 제반증거를 수집·조사하여야 할 권리와 의무가 있는 것이라고 할 것이므로 피의자나 참고인이 아닌 자가 자발적이고 계획적으로 피의자를 가장하여 수사기관에 대하여 허위사실을 진술하였다 하여 바로 이를 위계에 의한 공무집행방해죄가 성립된다고 할 수 없다</u>(대법원 1977.2.8, 76도3685).

**236** 변호사가 접견을 핑계로 수용자를 위하여 휴대전화와 증권거래용 단말기를 구치소 내로 몰래 반입하여 이용하게 한 행위는 위계에 의한 공무집행방해죄에 해당한다. [경찰채용 18 1차] [법원행시 13]

**236** (○)

> **해설+** 충실히 직무를 수행한다고 하더라도 통상적인 업무처리과정 하에서는 사실상 적발이 어려운 위계를 적극적으로 사용하여 그 업무집행을 하지 못하게 하였다면 이에 대하여 위계에 의한 공무집행방해죄가 성립한다(대법원 2005.8.25, 2005도1731).

**237** 방송국프로듀서와 촬영감독이 구치소에 수용 중인 사람을 취재하기 위해 구치소장의 허가 없이 접견내용을 촬영·녹음할 목적으로 명함지갑 모양으로 제작된 녹음·녹화장비를 몰래 소지하고 구치소에 들어갔다 하더라도 위계에 의한 공무집행방해죄에 해당하지 않는다. [군무원9급 22]

**237 (○)**

해설+ 시사프로그램의 프로듀서와 촬영감독이 구치소장의 허가 없이 구치소에 수용 중인 사람을 취재하기 위하여 접견허가를 받은 다음 명함지갑 형태의 녹음·녹화장비를 소지한 채 접견실에 들어가 수용자를 취재한 경우, 녹음·녹화 등을 할 수 있는 전자장비가 교정시설의 안전 또는 질서를 해칠 우려가 있는 금지물품에 해당하여 반입을 금지할 필요가 있다면 교도관은 교정시설 등의 출입자와 반출·반입물품을 검사·단속해야 할 일반적인 직무상 권한과 의무가 있다. 수용자가 아닌 사람이 위와 같은 금지물품을 교정시설 내로 반입하였다면 교도관의 검사·단속을 피하여 단순히 금지규정을 위반하는 행위를 한 것일 뿐 이로써 위계에 의한 공무집행방해죄가 성립한다고 할 수는 없다 (대법원 2022.3.31, 2018도15213).

**238** 민사소송을 제기하면서 피고의 주소를 허위로 기재하여 법원공무원으로 하여금 변론기일소환장 등을 허위주소로 송달하게 하더라도 위계에 의한 공무집행방해죄가 성립하지 않는다. [법원9급 18]

**238 (○)** 대법원 1996.10.11, 96도312

**239** 교도소에서 복역중인 丙은 금지물건인 담배를 교도관의 눈을 피하여 교도소 내로 반입하여 소지하였다. 丙의 행위는 위계에 의한 공무집행방해죄에 해당한다. [법원행시 10]

**239 (✕)**

해설+ 수용자 아닌 자의 행위를 위계에 의한 공무집행방해죄에 해당하는 것으로는 볼 수 없으며, 교도관이 수용자의 규율위반행위를 알면서도 이를 방치하거나 도와주었더라도, 이를 다른 교도관 등에 대한 관계에서 위계에 의한 공무집행방해죄가 성립하는 것으로 볼 수는 없다(대법원 2003. 11.13, 2001도7045).

**240** 미결수용자 甲이 변호사 6명을 고용하여 총 51회에 걸쳐 변호인 접견을 가장해 변호사들로 하여금 甲의 개인적 업무와 심부름을 하도록 하고, 소송서류 외의 문서를 수수한 경우, 변호인 접견업무 담당 교도관의 직무집행을 대상으로 한 위계에 의한 공무집행방해죄가 성립한다. [경찰승진 23]

**240 (✕)**

해설+ 피고인이 이 사건 접견변호사들에게 지시한 접견이 변호인에 의한 변호활동이라는 외관만을 갖추었을 뿐 실질적으로는 형사사건의 방어권 행사가 아닌 다른 주된 목적이나 의도를 위한 행위로서 접견교통권 행사의 한계를 일탈한 경우에 해당할 수는 있겠지만, 그 행위가 '위계'에 해당한다거나 그로 인해 교도관의 구체적이고 현실적인 직무집행이 방해되었다고 보기 어렵다(대법원 2022. 6.30, 2021도244).

**241** 과속단속카메라에 촬영되더라도 불빛을 반사시켜 차량 번호판이 식별되지 않도록 하는 기능이 있는 제품('파워매직세이퍼')을 차량 번호판에 뿌린 상태로 차량을 운행하여 교통단속 경찰공무원의 업무를 방해한 행위는 위계에 의한 공무집행방해죄를 구성한다. [국가7급 17] [법원9급 18]

241 (×) '구성한다' → '구성하지 않는다'

> **해설+** 충실히 직무를 수행하더라도 통상적인 업무처리과정 하에서 사실상 적발이 어려운 위계를 사용하여 그 업무집행을 하지 못하게 한 것으로 보기 어렵다(대법원 2010.4.15, 2007도8024).

**242** 행정청이 당사자의 신청에 따라 인·허가처분을 함에 있어 사실을 충분히 확인하지 아니한 채 신청인이 제출한 사실과 다른 신청사유나 소명자료를 믿고 인·허가를 한 경우에는 위계에 의한 공무집행방해죄는 성립하지 않는다. [국가9급 14] [법원9급 15] [법원행시 16]

242 (○) 이는 행정관청의 불충분한 심사에 기인한 것이어서 위계에 의한 공무집행방해죄를 구성하지 않는다(대법원 2009.3.12, 2008도1321; 2010.10.28, 2008도9590).

**243** 甲은 자신의 발명품에 대한 특허출원을 위해 행정관청에 허위의 출원사유 및 소명자료를 제출하여 특허등록결정을 받았다. 甲의 행위는 위계에 의한 공무집행방해죄가 성립한다. [경찰간부 17]

243 (×)

> **해설+** 이는 행정관청의 불충분한 심사에 기인한 것으로서 출원자의 위계에 의한 것이었다고 할 수 없어 위계에 의한 공무집행방해죄를 구성하지 않는다(대법원 1997.2.28, 96도2825).

**244** 화물자동차 운송주선사업자인 피고인이 관할 행정청에 주기적으로 허가기준에 관한 사항을 신고하는 과정에서 허위 서류를 제출하는 부정한 방법으로 허가를 받아왔다면 위계에 의한 공무집행방해죄가 성립한다. [법원행시 16]

244 (×) '성립한다' → '성립하지 않는다'

> **해설+** 구체적이고 현실적인 직무집행이 방해받았다고 볼 수 없을 뿐 아니라, 행정청이 신고내용의 진실성이나 첨부자료의 진위 여부를 조사하지 아니하여 위 허위신고에 대한 적정한 행정권의 행사에 나아가지 못하였다고 하더라도 그러한 결과가 위 허위신고로 인한 것이라고 보기도 어렵다(대법원 2011.9.8, 2010도7034).

**245** 甲이 허위의 매매계약서 및 영수증을 소명자료로 첨부하여 가처분 신청을 하여 법원으로부터 유체동산에 대한 가처분결정을 받은 경우에는 甲의 행위만으로 법원의 구체적이고 현실적인 어떤 직무집행이 방해되었다고 볼 수 없으므로 위계공무집행방해죄가 성립하지 아니한다. [경찰채용 21 2차]

> **해설+** 법원은 당사자의 허위 주장 및 증거 제출에도 불구하고 진실을 밝혀야 하는 것이 그 직무이므로, 가처분신청 시 당사자가 허위의 주장을 하거나 허위의 증거를 제출하였다 하더라도 그것만으로 법원의 구체적이고 현실적인 어떤 직무집행이 방해되었다고 볼 수 없으므로 이로써 바로 위계에 의한 공무집행방해죄가 성립한다고 볼 수 없다(대법원 2012.4.26, 2011도17125).

**245** (○)

**246** 지방의회의원들이 지방의회 의장선거에 있어 특정인을 선출하기로 하고, 그에 따라 투표용지에 각자 기명할 위치를 특정하여 투표하기로 한 합의를 한 것은 형법 제137조의 위계에 해당하지 아니한다.

> **해설+** 지방의회 의원으로서 지방의회의 의장을 선택할 권한을 부여받은 피고인들이 ○○○를 의장으로 선택하기로 정치적 합의를 하고, 그 합의의 이행을 관철하기 위하여 일정한 투표방법을 고안하여 각자 실행하기로 한 것을 가리켜, 그것이 과연 정치적으로 정당하거나 바람직한 것인지 여부에 관한 평가는 별론으로 하더라도, 임시의장의 위 직무집행에 대한 관계에서 금지된 행위를 실행한 것으로 단정할 수는 없다. 지방의회 의원들이 사전에 서로 합의한 방식대로 투표행위를 한 것만으로는, 무기명투표원칙에 반하는 전형적인 행위 즉 투표 과정이나 투표 이후의 단계에서 타인의 투표내용을 알려는 행위라거나 자신의 투표내용을 공개하는 것 또는 타인에게 투표의 공개를 요구하는 행위로 평가하기는 어렵기 때문이다(대법원 2021.4.29, 2018도18582).

**246** (○)

**247** 위계에 의한 공무집행방해죄에서 '위계'라 함은 행위자의 행위목적을 이루기 위하여 상대방에게 오인, 착각, 부지를 일으키게 하여 그 오인, 착각, 부지를 이용하는 것으로서, 상대방이 이에 따라 그릇된 행위나 처분을 하여야만 위 죄가 성립한다. 만약 그러한 행위가 구체적인 직무집행을 저지하거나 현실적으로 곤란하게 하는 데까지는 이르지 않은 경우에는 위계에 의한 공무집행방해죄로 처벌할 수 없다. [경찰간부 18]

**247** (○) 대법원 2015.2.26, 2013도13217

**248** 공무원이 실시한 봉인 등의 표시에 절차상 또는 실체상의 하자가 있는 경우, 객관적·일반적으로 공무원이 그 직무에 관하여 실시한 봉인 등으로 인정할 수 있는 상태에 있더라도 공무상표시무효죄의 객체에 해당하지 않는다. [경찰간부 17]

> **해설+** 객관적·일반적으로 그것이 공무원이 그 직무에 관하여 실시한 봉인 등으로 인정할 수 있는 상태에 있다면 적법한 절차에 의하여 취소되지 아니하는 한 공무상표시무효죄의 객체로 된다(대법원 2007.3.15, 2007도312).

**248** (×) '있더라도' → '있다면', '해당하지 않는다' → '해당한다'

**249** 집행관이 채무자 겸 소유자의 건물에 대한 점유를 해제하고 이를 채권자에게 인도한 후 채무자의 출입을 봉쇄하기 위하여 출입문을 판자로 막아둔 것을 채무자가 이를 뜯어내고 그 건물에 들어갔다 하더라도 이는 강제집행이 완결된 후의 행위로서 공무상표시무효죄가 성립하지 않는다.

[법원행시 12]

**249** (○) 대법원 1985.7.23, 85도1092

**250** 공장을 운영하는 甲은 자기 소유의 기계들에 관하여 乙과 매매계약을 체결하고 그 대금을 지급받았다. 乙에게 위 기계들을 인도하기 전에 甲의 채권자 A로부터 집행위임을 받은 집행관은 甲이 참여한 가운데 위 기계들에 대하여 적법한 가압류 집행을 실시하고 그 뜻을 기재한 표시를 하였다. 가압류 집행 이후 甲이 乙과의 매매계약을 이행할 목적으로 乙에게 위 기계들을 인도하였을 경우 공무상표시무효죄는 성립하지 않는다. [사시 14]

**해설+** 가압류집행을 실시한 이상 이를 당연무효라고 할 수 없으며, 그 밖에 기록을 살펴보아도 이 사건 범행 당시 甲이 이 사건 기계에 대한 가압류가 무효라고 믿었다거나 그와 같이 믿은 데에 정당한 이유가 있었다고 할 수 있는 자료가 전혀 없으므로, 甲이 주장하는 사정만으로는 공무상표시무효죄의 죄책을 면할 수 없다고 할 것이다(대법원 2000.4.21, 99도5563).

**250** (×) '성립하지 않는다' → '성립한다'

**251** 유체동산의 가압류집행에 있어 가압류공시서의 기재에 다소의 흠이 있다면, 그 기재 내용을 전체적으로 보아 가압류공시서에 그 가압류목적물이 특정되었다고 인정할 수 있더라도 그 가압류는 당연무효이고, 해당 가압류공시서는 공무상표시무효죄의 객체가 될 수 없다. [경찰채용 18 3차]

**해설+** 공무원이 그 직권을 남용하여 위법하게 실시한 봉인 또는 압류 기타 강제처분의 표시임이 명백하여 법률상 당연무효 또는 부존재라고 볼 수 있는 경우에는 그 봉인 등의 표시는 공무상표시무효죄의 객체가 되지 아니하여 이를 손상 또는 은닉하거나 기타 방법으로 그 효용을 해한다 하더라도 공무상표시무효죄가 성립하지 아니한다 할 것이지만 공무원이 실시한 봉인 등의 표시에 절차상 또는 실체상의 하자가 있다고 하더라도 객관적·일반적으로 그것이 공무원이 그 직무에 관하여 실시한 봉인 등으로 인정할 수 있는 상태에 있다면 적법한 절차에 의하여 취소되지 아니하는 한 공무상표시무효죄의 객체로 된다(유체동산의 가압류집행에 있어 그 가압류공시서의 기재에 다소의 흠이 있으나 그 기재 내용을 전체적으로 보면 그 가압류목적물이 특정되었다고 인정할 수 있어 그 가압류는 유효하므로 공무상표시무효죄가 성립할 수 있음)(대법원 2001.1.16, 2000도1757).

**251** (×)

**252** 집행관이 유체동산을 가압류하면서 이를 채무자에게 보관하도록 한 경우, 채무자가 가압류된 유체동산을 제삼자에게 양도하고 그 점유를 이전한 경우라도 채무자와 양수인이 가압류된 유체동산을 원래 있던 장소에 그대로 두었다면 특별한 사정이 없는 한 공무상표시무효죄가 성립하지 않는다.

[국가7급 22]

252 (×)

> **해설+** 집행관이 유체동산을 가압류하면서 이를 채무자에게 보관하도록 한 경우 그 가압류의 효력은 압류된 물건의 처분행위를 금지하는 효력이 있으므로, 채무자가 가압류된 유체동산을 제3자에게 양도하고 그 점유를 이전한 경우, 이는 가압류집행이 금지하는 처분행위로서 특별한 사정이 없는 한 가압류표시 자체의 효력을 사실상으로 감쇄 또는 멸각시키는 행위에 해당한다. 이는 채무자와 양수인이 가압류된 유체동산을 원래 있던 장소에 그대로 두었더라도 마찬가지이다(대법원 2018. 7.11, 2015도5403).

**253** 공무상표시무효죄는 공무원이 그 직무에 관하여 실시한 봉인 또는 압류 기타 강제처분의 표시를 적극적으로 손상·은닉하거나 기타 방법으로 그 효용을 해하는 것을 요건으로 하므로, 부작위에 의한 방법으로는 공무상표시무효죄를 범할 수 없다.

[경찰채용 23 1차]

253 (×) 판례는 부작위에 의한 공무상표시무효죄의 성립을 인정한다.

> **해설+** 압류시설의 보관자 지위에 있는 공소외 회사로서는 위 압류시설을 선량한 관리자로서 보관할 주의의무가 있다 할 것이고, 그 대표이사로서 위 압류시설이 위치한 골프장의 개장 및 운영 전반에 걸친 포괄적 권한과 의무를 지닌 피고인으로서는 위와 같은 회사의 대외적 의무사항이 준수될 수 있도록 적절한 조치를 취할 위임계약 혹은 조리상의 작위의무가 존재한다고 보아야 할 것인데, 이러한 작위의무의 내용 중에 불특정의 고객 등 제3자에 의한 위 봉인의 훼손행위를 방지할 일반적 안전조치를 취할 의무까지 있다고 할 수는 없겠지만, 적어도 위 압류, 봉인에 의하여 사용이 금지된 골프장 시설물에 대하여 위 시설물의 사용 및 그 당연한 귀결로서 봉인의 훼손을 초래하게 될 골프장의 개장 및 그에 따른 압류시설 작동을 제한하거나 그 사용 및 훼손을 방지할 수 있는 적절한 조치를 취할 의무는 존재한다고 보아야 할 것이고, 그럼에도 피고인이 그러한 조치 없이 위 개장 및 압류시설 작동을 의도적으로 묵인 내지 방치함으로써 예견된 결과를 유발한 경우에는 부작위에 의한 공무상표시무효죄의 성립을 인정할 수 있다고 보아야 할 것이다(대법원 2005.7.22, 2005도3034).

**254** 집행관이 유체동산을 가압류하면서 이를 채무자에게 보관하도록 한 경우 그 가압류의 효력은 압류된 물건의 처분행위를 금지하는 효력이 있으므로, 채무자가 가압류된 유체동산을 제3자에게 양도하고 그 점유를 이전한 경우, 이는 가압류집행이 금지하는 처분행위로서, 특별한 사정이 없는 한 가압류표시 자체의 효력을 사실상으로 감쇄 또는 멸각시키는 행위에 해당한다. 이는 채무자와 양수인이 가압류된 유체동산을 원래 있던 장소에 그대로 두었더라도 마찬가지이다.

[법원행시 20]

254 (○) 대법원 2018.7.11, 2015도5403

**255** 형법 제141조 제1항의 '공무소에서 사용하는 서류'란 공무소에서 사용 또는 보관 중인 서류이면 족하고, 그 범의란 피고인에게 공무소에서 사용하는 서류라는 사실과 이를 은닉하는 방법으로 그 효용을 해한다는 사실의 인식이 있음으로써 충분하며 반드시 그에 관한 계획적인 의도나 적극적인 희망이 있어야 하는 것은 아니다. [법원행시 16]

**255** (○) 대법원 2013.11.28, 2011도5329

**256** 공용서류등무효죄의 '공무소에서 사용하는 서류 기타 전자기록'에는 공문서로서의 효력이 생기기 이전의 서류, 정식의 접수 및 결재절차를 거치지 않은 문서, 결재상신 과정에서 반려된 문서도 포함된다. [경찰채용 23 1차]

**256** (○)

> **해설+** 형법 제141조 제1항은 공무소에서 사용하는 서류 기타 물건 또는 전자기록 등 특수매체기록을 손상 또는 은닉하거나 기타 방법으로 그 효용을 해한 자를 처벌하도록 규정하고 있다. '공무소에서 사용하는 서류 기타 전자기록'에는 공문서로서의 효력이 생기기 이전의 서류라거나, 정식의 접수 및 결재절차를 거치지 않은 문서, 결재상신 과정에서 반려된 문서 등을 포함하는 것으로, 미완성의 문서라고 하더라도 본죄의 성립에는 영향이 없다(대법원 2020.12.10, 2015도19296).

**257** 진술자의 서명·무인과 간인까지 받아 작성한 진술조서를 아직 상사에게 정식보고 하지 않고 수사기록에 편철되지 아니한 채 보관하다가 휴지통에 자의로 폐기한 경우, 공용서류무효죄가 성립하지 않는다. [경찰간부 17]

**257** (×) '성립하지 않는다' → '성립한다'

> **해설+** 이 사건 진술조서가 상사에게 정식으로 보고되어 수사기록에 편철된 문서가 아니라거나 완성된 서류가 아니라 하여 형법 제141조 제1항 소정의 공무소에서 사용하는 서류에 해당하지 않는 것이라고 할 수 없으니, 휴지통에 버려 폐기한 소위는 공용서류무효죄에 해당한다(대법원 1982.10.12, 82도368).

**258** 고소사건을 조사하던 경찰관이 수사기록에 철하지 아니한 채 보관하던 참고인 乙의 진술서를 돌려달라는 甲의 부탁을 받고 이 진술서가 없더라도 수사에 지장이 없겠다는 스스로의 판단에 따라 내어 주면서 乙에게 확인시키고 찢어버리라고 하였고, 甲이 이를 받아와서 乙에게 보여 주고 찢어버린 경우, 공용서류무효죄가 성립한다. [국가7급 22]

**258** (×)

> **해설+** 형법 제141조 제1항에 규정한 공용서류무효죄는 공문서나 사문서를 묻지 아니하고 공무소에서 사용 중이거나 사용할 목적으로 보관하는 서류 기타 물건을 그 객체로 하므로, 형사사건을 조사하던 경찰관이 스스로의 판단에 따라 자신이 보관하던 진술서를 임의로 피고인에게 넘겨준 것이라면, 위 진술서의 보관책임자인 경찰관은 장차 이를 공무소에서 사용하지 아니하고 폐기할 의도하에 처분한 것이라고 보아야 할 것이므로, 위 진술서는 더 이상 공무소에서 사용하거나 보관하는 문서가 아닌 것이 되어 공용서류로서의 성질을 상실하였다고 보아야 한다(대법원 1999.2.24, 98도4350).

**259** 직무를 집행하는 공무원에 대하여 위험한 물건을 휴대하여 고의로 상해를 가한 경우에는 특수공무집행방해치상죄만 성립할 뿐, 이와는 별도로 폭력행위 등 처벌에 관한 법률 위반(집단·흉기 등 상해)죄를 구성하지 않는다.

[법원9급 15]

259 (○) 대법원 2008.11.27, 2008도7311

**260** 피고인이 자동차를 운전하고 가다 경찰관을 차 앞범퍼로 들이받고, 차를 그대로 몰고 진행하던 중 가로수를 들이받아 차 범퍼와 가로수 사이에 피해자가 끼어 사망에 이른 경우 특수공무집행방해치사죄의 요건인 위험한 물건을 휴대한 것이다.

[국가7급 12]

260 (○)

> **해설+** 사람의 생명 또는 신체에 위해를 가하거나 다른 사람의 재물을 손괴하는 데 사용되었다면 폭력행위 등 처벌에 관한 법률 제3조 제1항의 '위험한 물건'에 해당한다고 할 것이며, 한편 이러한 물건을 '휴대하여'라는 말은 소지뿐만 아니라 널리 이용한다는 뜻도 포함하고 있다(대법원 2008.2.28, 2008도3).

**261** 甲이 노조원들과 함께 경찰관 P 등이 파업투쟁 중인 공장에 진입할 경우에 대비하여 미리 윤활유나 철판조각을 바닥에 뿌려 놓았고, P 등이 이에 미끄러져 넘어지거나 철판조각에 찔려 다친 경우, 설령 甲등이 그 윤활유나 철판조각을 P 등의 면전에서 그들의 공무 집행을 방해할 의도로 뿌린 것이 아니라 하더라도 甲의 행위는 특수공무집행방해치상죄에 해당한다.

[경찰채용 22 2차]

261 (×)

> **해설+** 피고인이 노조원들과 함께 경찰관인 피해자들이 파업투쟁 중인 공장에 진입할 경우에 대비하여 그들의 부재 중에 미리 윤활유나 철판조각을 바닥에 뿌려 놓은 것에 불과하고, 위 피해자들이 이에 미끄러져 넘어지거나 철판조각에 찔려 다쳤다는 것에 지나지 않은 경우, 피고인 등이 위 윤활유나 철판조각을 위 피해자들의 면전에서 그들의 공무집행을 방해할 의도로 뿌린 것이라는 등의 특별한 사정이 있는 경우는 별론으로 하고 이를 가리켜 위 피해자들에 대한 유형력의 행사, 즉 폭행에 해당하는 것으로 볼 수 없다(대법원 2010.12.23, 2010도7412).

**262** 공무집행방해죄는 미수범을 처벌한다.

[경찰간부 17]

262 (×) '처벌한다' → '처벌하지 않는다'

**263** 공무상비밀표시무효죄는 미수범을 처벌한다.

[경찰간부 17]

263 (○) 제143조

## 3 도주와 범인은닉의 죄

(○) 대법원 1991.10.11, 91도1656

**📎 대표유형**

도주죄의 범인이 도주행위를 하여 기수에 이른 이후에 범인의 도피를 도와주는 행위는 범인 도피죄에 해당할 수 있을 뿐 도주원조죄에는 해당하지 아니한다. [경찰간부 17] [법원행시 15]

**📎 대표유형**

(×) '성립한다' → '성립하지 않는다'

강제집행 대상인 콜라텍을 허위양수하는 방법으로 채무자와 공모하여 강제집행면탈죄를 범한 양수인이 실제 양수한 것처럼 진술해달라는 채무자의 요청에 따라 수사기관에서 참고인 또는 피의자 지위로 콜라텍을 실제 양수하였다고 진술하고 그에 관한 허위자료를 제출한 경우, 양수인과 채무자는 범인도피죄와 범인도피교사죄가 성립한다.

**해설+** 자기 범행을 구성하는 사실관계에 대한 허위진술과 허위자료 제출은 방어권 행사 범위를 벗어난 것으로 볼 수 없어 범인도피죄가 성립할 수 없고 그에 대한 교사죄도 성립하지 않는다(대법원 2018.8.1, 2015도20396).

264 불법체포(강제연행)로부터 6시간 경과한 후에 긴급체포된 자는 도주죄의 주체가 될 수 없다. [경찰간부 17]

**264** (○) 적법하게 체포·구금된 자에 해당하지 않는다(대법원 2006. 7.6, 2005도6810).

265 범인이 기소중지자임을 알고도 범인의 부탁을 받고 범인이 임차하여 거주하고자 하는 집의 임대차계약을 다른 사람의 명의로 대신 임대차계약을 체결해 준 경우, 비록 임대차계약서가 공시되는 것은 아니라 하더라도 수사기관이 탐문수사나 신고를 받아 범인을 발견하고 체포하는 것을 곤란하게 하여 범인도피죄에 해당한다. [법원행시 15]

**265** (○) 대법원 2004.3.26, 2003도8226

266 도주죄는 즉시범으로서 범인이 간수자의 실력적 지배를 이탈한 상태에 이르렀을 때에 기수가 되어 도주행위가 종료하는 것이고, 도주원조죄는 도주죄에 있어서의 범인의 도주행위를 야기시키거나 이를 용이하게 하는 등 그와 공범관계에 있는 행위를 독립한 구성요건으로 하는 범죄이다.

**266** (○) 대법원 1991.10.11, 91도1656

**267** 도주죄의 범인이 도주행위를 하여 기수에 이른 이후에 범인의 도피를 도와주는 경우, 도주원조죄가 성립할 수 있을 뿐 범인도피죄는 성립하지 않는다.

[해경승진 23]

267 (×)

> **해설+** 도주죄는 즉시범으로서 범인이 간수자의 실력적 지배를 이탈한 상태에 이르렀을 때에 기수가 되어 도주행위가 종료하는 것이고, 도주원조죄는 도주죄에 있어서의 범인의 도주행위를 야기시키거나 이를 용이하게 하는 등 그와 공범관계에 있는 행위를 독립한 구성요건으로 하는 범죄이므로, 도주죄의 범인이 도주행위를 하여 기수에 이른 이후에 범인의 도피를 도와주는 행위는 범인도피죄에 해당할 수 있을 뿐 도주원조죄에는 해당하지 아니한다(대법원 1991.10.11, 91도1656).

**268** 범인도피죄는 범인에 대한 수사·재판 및 형의 집행 등 형사사법의 작용을 곤란 또는 불가능하게 하는 것으로서, 현실적으로 형사사법의 작용을 방해하는 결과가 초래될 것을 요하지는 않는다.

[국가7급 13]

268 (○)

> **해설+** 방법에는 어떠한 제한이 없고, 또 이는 위험범으로서 현실적으로 형사사법의 작용을 방해하는 결과가 초래될 것이 요구되는 아니한다(대법원 2000.11.24, 2000도4078).

**269** 형법 제151조가 정한 범인도피죄의 '도피하게 하는 행위'는 은닉 이외의 방법으로 범인에 대한 수사, 재판 및 형의 집행 등 형사사법의 작용을 곤란 또는 불가능하게 하는 일체의 행위로서 그 수단과 방법에는 아무런 제한이 없고, 또 범인도피죄는 위험범으로서 현실적으로 형사사법의 작용을 방해하는 결과를 초래할 필요는 없으나, 적어도 함께 규정되어 있는 은닉행위에 비견될 정도로 수사기관으로 하여금 범인의 발견·체포를 곤란하게 하는 행위, 즉 직접 범인을 도피시키는 행위 또는 도피를 직접적으로 용이하게 하는 행위에 한정된다.

[변호사 20]

269 (○) 대법원 2013.1.10, 2012도13999

**270** 범인도피죄의 '도피하게 하는 행위'란 은닉을 포함하여 범인에 대한 수사, 재판, 형의 집행 등 형사사법의 작용을 곤란하게 하거나 불가능하게 하는 일체의 행위를 말한다.

[국가7급 23]

270 (×)

> **해설+** 형법 제151조의 범인도피죄에서 '도피하게 하는 행위'는 은닉 이외의 방법으로 범인에 대한 수사, 재판 및 형의 집행 등 형사사법의 작용을 곤란 또는 불가능하게 하는 일체의 행위를 말하는 것으로서 그 수단과 방법에는 어떠한 제한이 없다(대법원 2008.12.24, 2007도11137).

271 범인도피행위는 범인을 도주하게 하는 행위 또는 도주하는 것을 직접적으로 용이하게 하는 행위뿐만 아니라 간접적으로 범인이 안심하여 도피할 수 있도록 하는 것과 같은 경우도 포함한다. [경찰간부 11]

271 (×) 범인도피행위는 범인을 도주하게 하는 행위 또는 도주하는 것을 직접적으로 용이하게 하는 행위에 한정된다.

272 범인도피죄의 객체인 '죄를 범한 자'에는 범죄의 혐의를 받아 수사의 대상이 되어 있는 자도 포함된다. [국가7급 13]

272 (○) 대법원 1982.1.26, 81도1931

273 범인도피죄에 있어서 벌금 이상의 형에 해당하는 자에 대한 인식은 실제로 벌금 이상의 형에 해당하는 범죄를 범한 자라는 것을 인식함으로써 족하고 그 법정형이 벌금형 이상이라는 것까지 알 필요는 없는 것이다. [경찰승진 14]

273 (○) 대법원 1995.12.26, 93도904

274 신원보증인이 수사기관에 대하여 피의자의 신분, 직업, 주거 등을 보증하고 향후 수사기관이나 법원의 출석요구에 사실상 협조하겠다는 의사를 표시한 신원보증서에 피의자의 인적사항을 허위로 기재하여 제출한 행위는 범인도피죄를 구성한다. [법원9급 18]

274 (×) '구성한다' → '구성하지 않는다'

**해설+** 적극적으로 수사기관을 기망한 결과 피의자를 석방하게 하였다는 등 특별한 사정이 없는 한, 그 행위만으로 범인도피죄가 성립되지 않는다(대법원 2003.2.14, 2002도5374).

275 범인 스스로 도피하는 행위는 처벌되지 않으므로 범인이 도피를 위하여 타인에게 도움을 요청하였고 실제 그 타인이 범인도피에 도움을 주었다 하더라도 타인에게 도움을 요청한 행위가 통상적 도피행위의 범주에 속하는 한 범인도피교사죄는 성립하지 않는다. [국가9급 18] [법원9급 18]

275 (○)

**해설+** 다만 범인이 타인으로 하여금 허위의 자백을 하게 하는 등으로 범인도피죄를 범하게 하는 경우와 같이 그것이 방어권의 남용으로 볼 수 있을 때에는 범인도피교사죄에 해당할 수 있다(대법원 2014.4.10, 2013도12079).

276 공동정범 중의 1인이 다른 공동정범을 은닉한 경우, 범인은닉죄는 성립하지 않는다. [경찰채용 12]

276 (×) 대법원 1958.1.14, 4290형상393

277 참고인이 수사기관에서 범인에 관하여 조사를 받으면서 그가 알고 있는 사실을 묵비하거나 허위로 진술한 경우, 그것이 적극적으로 수사기관을 기만하여 착오에 빠지게 함으로써 범인의 발견 또는 체포를 곤란 내지 불가능하게 할 정도의 것이라 하더라도 그 참고인에게는 범인도피죄가 성립하지 않는다. [국가7급 23] [법원9급 16 변형]

277 (×)

해설+ 원래 수사기관은 범죄사건을 수사함에 있어서 피의자나 참고인의 진술 여하에 불구하고 피의자를 확정하고 그 피의사실을 인정할 만한 객관적인 제반증거를 수집·조사하여야 할 권리와 의무가 있는 것이므로, 참고인이 수사기관에서 범인에 관하여 조사를 받으면서 그가 알고 있는 사실을 묵비하거나 허위로 진술하였다고 하더라도, 그것이 적극적으로 수사기관을 기만하여 착오에 빠지게 함으로써 범인의 발견 또는 체포를 곤란 내지 불가능하게 할 정도의 것이 아니라면 범인도피죄를 구성하지 않는다(대법원 2003.2.14, 2002도5374).

278 참고인 甲이 수사기관에서 진술을 함에 있어 단순히 범인으로 체포된 사람과 자신이 목격한 범인이 동일함에도 불구하고 동일한 사람이 아니라고 허위진술을 한 정도의 것만으로는 甲의 그 허위진술로 말미암아 증거가 불충분하게 되어 범인을 석방하게 되는 결과가 되었다 하더라도 범인도피죄가 성립하지 않는다. [국가7급 21]

278 (○) 대법원 1987.10.5, 85도897

279 甲이 피해자를 폭행한 자의 인적 사항을 묻는 경찰관의 질문에 답하면서, 범인의 이름 대신 단순히 허무인의 이름을 진술하고 구체적인 인적 사항에 대하여는 모른다고 진술하는 데 그쳤을 뿐이라면 범인도피죄가 성립하지 않는다. [국가7급 21]

279 (○) 대법원2008.6.26, 2008도1059

280 피의자가 사실은 게임장·오락실·피씨방 등의 실제 업주가 아니라 그 종업원임에도 불구하고 자신이 실제 업주라고 허위로 진술하였다고 하더라도 그 자체만으로 범인도피죄를 구성하는 것은 아니다. [법원9급 18] [사시 14]

280 (○) 대법원 2010.1.28, 2009도10709

281 피의자가 실제 업주로부터 금전적 이익 등을 제공받기로 하고 단속이 되면 실제 업주를 숨기고 자신이 대신하여 처벌받기로 하는 역할(이른바 '바지사장')을 맡기로 하는 등 수사기관을 착오에 빠뜨리기로 하고, 단순히 실제 업주라고 진술하는 것에서 나아가 게임장 등의 운영 경위, 자금 출처, 게임기 등의 구입 경위, 점포의 임대차계약 체결 경위 등에 관해서까지 적극적으로 허위로 진술하거나 허위 자료를 제시하여 그 결과 수사기관이 실제 업주를 발견 또는 체포하는 것이 곤란 내지 불가능하게 될 정도에까지 이른 것으로 평가되는 경우 등에는 범인도피죄를 구성할 수 있다.

281 (○) 대법원 2010.1.28, 2009도10709

282 甲이 실제 업주를 숨기고 자신이 대신하여 처벌받기로 하는 이른바 '바지사장'의 역할을 맡기로 하는 등 수사기관을 착오에 빠뜨리기로 하고, 범행 경위에 대해 적극적으로 허위로 진술하거나 허위 자료를 제시하는 행위를 하는 경우 범인도피죄가 성립한다. [국가7급 21]

282 (○)

해설+ 게임산업진흥에 관한 법률 위반, 도박개장 등의 혐의로 수사기관에서 조사받는 피의자가 사실은 게임장·오락실·피씨방 등의 실제 업주가 아니라 그 종업원임에도 불구하고 자신이 실제 업주라고 허위로 진술하였다고 하더라도, 그 자체만으로 범인도피죄를 구성하는 것은 아니다. 다만, 그 피의자가 실제 업주로부터 금전적 이익 등을 제공받기로 하고 단속이 되면 실제 업주를 숨기고 자신이 대신하여 처벌받기로 하는 역할(이른바 '바지사장')을 맡기로 하는 등 수사기관을 착오에 빠뜨리기로 하고, 단순히 실제 업주라고 진술하는 것에서 나아가 게임장 등의 운영 경위, 자금 출처, 게임기 등의 구입 경위, 점포의 임대차계약 체결 경위 등에 관해서까지 적극적으로 허위로 진술하거나 허위 자료를 제시하여 그 결과 수사기관이 실제 업주를 발견 또는 체포하는 것이 곤란 내지 불가능하게 될 정도에까지 이른 것으로 평가되는 경우 등에는 범인도피죄를 구성할 수 있다(대법원 2010.1.28, 2009도10709).

283 벌금 이상의 형에 해당하는 죄를 범하고 도피 중이던 甲이 친구에게 그런 사실을 설명하고 수사기관의 추적을 피하기 위해 위 친구에게 요청하여 속칭 '대포폰'을 개설하여 받고, 위 친구를 전화로 불러 그가 운전하는 차를 타고 시내를 이동하여 다닌 경우, 甲에 대해서는 범인도피교사죄가 성립하지 않는다. [법원행시 15 변형]

283 (○) 대법원 2014.4.10, 2013도12079

**284** 범인도피죄는 타인을 도피하게 하는 경우에 성립할 수 있는데, 여기에서 타인에는 공범도 포함되나 범인 스스로 도피하는 행위는 처벌되지 않는다. 또한 공범 중 1인이 그 범행에 관한 수사절차에서 참고인 또는 피의자로 조사받으면서 자기의 범행을 구성하는 사실관계에 관하여 허위로 진술하고 허위자료를 제출하는 것은 자신의 범행에 대한 방어권 행사의 범위를 벗어난 것으로 볼 수 없다.

> **해설+** 이러한 행위가 다른 공범을 도피하게 한 결과가 된다고 하더라도 범인도피죄로 처벌할 수 없다. 이때 공범이 이러한 행위를 교사하였더라도 범죄가 될 수 없는 행위를 교사한 것에 불과하여 범인도피교사죄도 성립하지 않는다(대법원 2018.8.1, 2015도20396).

**284** (○)

**285** 범인도피죄는 타인을 도피하게 하는 경우에 성립할 수 있고 여기에서 타인에는 공범도 포함되므로, 공범 중 1인이 그 범행에 관한 수사절차에서 참고인 또는 피의자로 조사받으면서 자기의 범행을 구성하는 사실관계에 관하여 허위로 진술하고 허위 자료를 제출하는 행위가 다른 공범을 도피하게 하는 결과가 되는 경우 범인도피죄가 성립할 수 있다.　　　　[경찰채용 22 1차]

> **해설+** 범인도피죄는 타인을 도피하게 하는 경우에 성립할 수 있는데, 여기에서 타인에는 공범도 포함되나 범인 스스로 도피하는 행위는 처벌되지 않는다. 또한 공범 중 1인이 그 범행에 관한 수사절차에서 참고인 또는 피의자로 조사받으면서 자기의 범행을 구성하는 사실관계에 관하여 허위로 진술하고 허위 자료를 제출하는 것은 자신의 범행에 대한 방어권 행사의 범위를 벗어난 것으로 볼 수 없다. 이러한 행위가 다른 공범을 도피하게 하는 결과가 된다고 하더라도 범인도피죄로 처벌할 수 없다(대법원 2018.8.1, 2015도20396).

**285** (×)

**286** 공범 중 1인이 그 범행에 관한 수사절차에서 참고인 또는 피의자로 조사받으면서 자기의 범행을 구성하는 사실관계에 관하여 허위로 진술하고 허위 자료를 제출하는 것은 자신의 범행에 대한 방어권 행사의 범위를 벗어난 것으로 볼 수 없다. 그러나 이러한 행위가 다른 공범을 도피하게 하는 결과가 된다면 범인도피죄로 처벌할 수 있다.　　　　[법원행시 20]

> **해설+** 범인도피죄는 타인을 도피하게 하는 경우에 성립할 수 있는데, 여기에서 타인에는 공범도 포함되나 범인 스스로 도피하는 행위는 처벌되지 않는다. 또한 공범 중 1인이 그 범행에 관한 수사절차에서 참고인 또는 피의자로 조사받으면서 자기의 범행을 구성하는 사실관계에 관하여 허위로 진술하고 허위 자료를 제출하는 것은 자신의 범행에 대한 방어권 행사의 범위를 벗어난 것으로 볼 수 없다. 이러한 행위가 다른 공범을 도피하게 하는 결과가 된다고 하더라도 범인도피죄로 처벌할 수 없다(대법원 2018.8.1, 2015도20396).

**286** (×)

287 乙과 공동정범 관계에 있는 甲이 수사절차에서 조사받으면서 자기의 범행을 구성하는 사실관계에 관하여 허위로 진술하고 허위 자료를 제출한 경우, 그것이 乙을 도피하게 하는 결과가 되더라도 甲을 범인도피죄로 처벌할 수 없고 乙이 그러한 행위를 교사하였더라도 범인도피교사죄가 성립하지 않는다. [경찰승진 22]

287 (○) 대법원 2018.8.1, 2015도20396

288 공범 중 1인이 그 범행에 관한 수사절차에서 참고인 또는 피의자로 조사받으면서 자기의 범행을 구성하는 사실관계에 관하여 허위로 진술하고 허위 자료를 제출하는 것이 다른 공범을 도피하게 하는 결과가 된다고 하더라도 범인도피죄로 처벌되지 않으나, 공범이 이러한 행위를 교사하였다면 범인도피교사의 죄책을 면할 수 없다. [변호사 20]

288 (×) '죄책을 면할 수 없다' → '죄가 성립하지 않는다' 범인도피교사죄도 성립하지 않는다 (대법원 2018.8.1, 2015도20396).

289 범인은닉죄라 함은 죄를 범한 자임을 인식하면서 장소를 제공하여 체포를 면하게 하는 것만으로 성립하므로, 장소를 제공한 후 동인에게 일정 기간 동안 경찰에 출두하지 말라고 권유하는 언동을 하여야만 범인은닉죄가 성립하는 것은 아니다. [법원행시 15]

289 (○) 대법원 2002.10.11, 2002도3332

290 부정수표단속법 제2조 제2항 위반의 범죄는 예금부족으로 인하여 제시일에 지급되지 아니할 것이라는 결과발생을 예견하고 수표를 발행한 때에 바로 성립하는 것이고 수표소지인의 제시일에 수표금의 지급이 거절된 때에 비로소 성립하는 것은 아니므로, 피고인이 수표발행인을 은닉한 것이 그 수표가 부도나기 전날이라고 하더라도 그 수표가 부도날 것이라는 사정과 수표발행인이 부정수표단속법 위반으로 수사관서의 수배를 받게 되리라는 사정을 알았다면 범인은닉에 관한 고의가 없다고 할 수는 없다. [경찰승진 11]

290 (○) 대법원 1990.3.27, 89도1480

**291** 범인 아닌 자가 수사기관에서 범인임을 자처하고 허위사실을 진술하여 진 범의 체포와 발견에 지장을 초래하게 한 행위는 범인은닉·도피죄에 해당한다.

[경찰채용 19 1차]

**291** (○)

> **해설+** 범인 아닌 자가 수사기관에서 <u>범인임을 자처</u>하고 허위사실을 진술하여 진범의 체포와 발견에 지장을 초래하게 한 행위는 범인은닉죄에 해당한다고 할 것이다(대법원 1996.6.14, 96도1016).

**292** 범인도피죄는 즉시범이다.

[국가9급 21]

**292** (×)

> **해설+** 판례는 범인도피죄를 즉시범이 아니라 계속범으로 본다. "범인도피죄는 범인을 도피하게 함으로써 기수에 이르지만, 범인도피행위가 <u>계속되는 동안에는 범죄행위도 계속되고 행위가 끝날 때 비로소 범죄행위가 종료</u>된다(대법원 1995.9.5, 95도577; 2012.8.30, 2012도6027; 2017.3. 15, 2015도1456)."

**293** 범인도피죄는 범인을 도피하게 함으로써 기수에 이르지만, 범인도피행위가 계속되는 동안에는 범죄행위도 계속되고 행위가 끝날 때 비로소 범죄행위가 종료된다.

[경찰채용 16]

**293** (○) 대법원 2012.8.30, 2012도6027; 2017.3.15, 2015도1456

**294** 공범자의 범인도피행위의 도중에 그 범행을 인식하면서 그와 공동의 범의를 가지고 기왕의 범인도피상태를 이용하여 <u>스스로 범인도피행위를 계속</u>한 경우에는 범인도피죄의 공동정범이 성립한다.

[법원9급 18]

**294** (○)

> **해설+** 범인도피죄의 공동정범이 성립하고, 이는 공범자의 범행을 방조한 종범의 경우도 마찬가지이다(대법원 2012.8.30, 2012도6027).

**295** 친족 또는 동거의 가족이 본인을 위하여 범인은닉·도피죄(형법 제151조 제1항)를 범한 때에는 처벌하지 아니한다.

[경찰채용 16]

**295** (○) 제151조 제2항

**296** 범인도피죄에 관한 친족 간의 특례에 있어서 '친족 또는 동거의 가족'의 범위에 사실혼관계에 있는 자는 포함되지 않는다. [국가7급 13]

> **해설+** 사실혼관계에 있는 자는 민법 소정의 친족이라 할 수 없어 위 조항에서 말하는 친족에 사실혼관계의 배우자는 제외된다(대법원 2003.12.12, 2003도4533).

**297** 甲이 자신을 위하여 배우자로 하여금 허위의 자백을 하게 하여 범인도피죄를 범하게 하는 경우, 배우자는 형법 제151조제2항에 의하여 처벌을 받지 아니하는 친족에 해당하므로, 甲은 친족 간의 특례규정에 의하여 처벌되지 않는 행위를 방조한 것이므로 범인도피방조죄가 성립하지 않는다. [국가7급 21]

**298** 甲이 무면허 운전으로 교통사고를 내자 자신의 아들 乙을 경찰서에 대신 출석시켜 피의자로 조사받도록 한 경우, 乙을 범인도피죄로 처벌할 수는 없고 甲의 행위 역시 범인도피교사죄에 해당하지 않는다. [경찰승진 22]

> **해설+** 乙은 책임이 조각되어 무죄이나(형법 제151조 제2항) 甲은 범인으로서 타인으로 하여금 허위로 자백케 하는 등의 행위를 하여 자기방어권을 남용하였으므로 범인도피죄의 교사범이 성립한다는 것이 판례의 입장이다. "무면허 운전으로 사고를 낸 사람이 동생(친족)을 경찰서에 대신 출두시켜 피의자로 조사받도록 한 행위는 범인도피교사죄를 구성한다(대법원 2006.12.7, 2005도3707)."

## **4** 위증과 증거인멸의 죄

🖉 **대표유형**

위증죄에서 허위의 진술이란 그 객관적 사실이 허위라는 것이 아니라 스스로 체험한 사실을 기억에 반하여 진술하는 것을 뜻한다. [변호사 13]

🖉 **대표유형**

하나의 사건에 관하여 한 번 선서한 증인이 수개의 사실에 관하여 허위의 진술을 한 경우 한 개의 위증죄가 성립한다. [경찰승진 17] [법원행시 17] [변호사 13]

> **해설+** 하나의 범죄의사에 의하여 계속하여 허위의 진술을 한 것으로서 '포괄하여 1개의 위증죄'를 구성하는 것이고 각 진술마다 수개의 위증죄를 구성하는 것이 아니다(대법원 2007.3.15, 2006도9463).

**📎 대표유형**

사실의 증명을 위해 작성된 문서가 그 사실에 관한 내용이나 작성명의 등에 아무런 허위가 없다면 증거위조죄에서의 '증거 위조'에 해당한다고 볼 수 없는 것이고, 설령 사실증명에 관한 문서가 형사사건 또는 징계사건에서 허위의 주장에 관한 증거로 제출되어 그 주장을 뒷받침하게 되더라도 마찬가지이다.                                                    [경찰채용 22 1차]

**해설+** 피고인이 제출한 이 사건 입금확인증이 해당 금원을 공소외 2 회사 측에 모두 반환하였다는 허위의 주장 사실을 증명하기 위해 만들어진 것이라 하더라도 그 자체에 허위가 없는 이상 이를 허위의 주장과 관련지어 '허위의 증거'에 해당한다고 볼 수는 없다. … 물론 증거 자체에는 아무런 허위가 없으나 그 증거가 허위 주장과 결합하여 허위 사실을 증명하게 되는 경우가 있고, 이러한 행위는 국가의 형벌권 행사에 중대한 지장을 초래할 수 있는 행위로서 비난받아 마땅하다는 점은 부인하기 어렵다. 그러나 위와 같은 행위를 처벌하는 구성요건을 신설하는 것은 별론으로 하고, 형법 제155조 제1항이 규정한 '증거위조'의 의미를 확장해석하는 방법으로 그 목적을 달성하는 것은 죄형법정주의 원칙상 허용되지 아니한다(대법원 2021.1.28, 2020도2642).

**보충** 원심이 인정한 사실관계를 앞서 본 법리에 비추어 살펴보면, 비록 피고인이 공소외 4 명의 ㅁㅁ은행 계좌에서 공소외 2 회사 명의 △△은행 계좌에 금원을 송금하고 다시 되돌려 받는 행위를 반복한 후 그 중 송금자료만을 발급받아 이를 3억 5,000만 원을 변제하였다는 허위 주장과 함께 법원에 제출한 행위는 형법상 증거위조죄의 보호법익인 사법기능을 저해할 위험성이 있다. 그러나 앞서 본 법리에 비추어 보면, 피고인이 제출한 입금확인증 등은 금융기관이 금융거래에 관한 사실을 증명하기 위해 작성한 문서로서 그 내용이나 작성명의 등에 아무런 허위가 없는 이상 이를 증거의 '위조'에 해당한다고 볼 수 없고, 나아가 '위조한 증거를 사용'한 행위에 해당한다고 볼 수도 없다.

**📎 대표유형**

피고인이 자기의 이익을 위하여 제3자와 공동하여 증거가 될 자료를 은닉하는 행위를 하였다면 증거은닉죄에 해당하지 않는다.                                        [법원행시 20]

**해설+** 증거은닉죄는 타인의 형사사건이나 징계사건에 관한 증거를 은닉할 때 성립하고, 범인 자신이 한 증거은닉 행위는 형사소송에 있어서 피고인의 방어권을 인정하는 취지와 상충하여 처벌의 대상이 되지 아니하므로 범인이 증거은닉을 위하여 타인에게 도움을 요청하는 행위 역시 원칙적으로 처벌되지 아니한다. 따라서 피고인 자신이 직접 형사처분을 받게 될 것을 두려워한 나머지 자기의 이익을 위하여 그 증거가 될 자료를 은닉하였다면 증거은닉죄에 해당하지 않고, 제3자와 공동하여 그러한 행위를 하였다고 하더라도 마찬가지이다(대법원 2018.10.25, 2015도1000).

299  제3자가 심문절차로 진행되는 가처분 신청사건에서 증인으로 출석하여 선서를 하고 허위의 진술을 한 경우 위증죄가 성립한다.                    [경찰승진 17]

299 (X) '성립한다' → '성립하지 않는다'(대법원 1995.4.11, 95도186)

PART 03 국가적 법익에 대한 죄

**300** 민사소송의 당사자인 A법인의 대표자 甲은 증인으로 선서한 후 허위의 증언을 하였다. 甲은 위증죄가 성립한다.  [경찰간부 17] [국가7급 17]

> **해설+** 민사소송의 당사자는 증인능력이 없으므로 위증죄의 주체가 될 수 없고, 이러한 법리는 민사소송에서의 당사자인 법인의 대표자의 경우에도 마찬가지로 적용된다(대법원 1998.3.10, 97도1168).

300 (×) '긍정' → '부정'

**301** 공범인 공동피고인이라도 소송절차가 분리되어 피고인의 지위에서 벗어나게 되면 다른 공동피고인에 대한 공소사실에 관하여 위증죄의 주체가 될 수 있다.  [국가7급 16]

301 (○) 대법원 2012.12.13, 2010도10028

**302** 소송절차가 분리된 공범인 공동피고인 甲은 증언거부권을 고지받은 상태에서 자기의 범죄사실에 대하여 허위로 진술하였다. 甲은 위증죄가 성립하지 않는다.  [경찰간부 17]

> **해설+** 소송절차가 분리되어 피고인의 지위에서 벗어나게 되면 다른 공동피고인에 대한 공소사실에 관하여 증인이 될 수 있다(대법원 2012.12.13, 2010도10028).

302 (×)

**303** 乙이 증언거부권을 고지받지 못함으로 인하여 그 증언거부권을 행사하는데 사실상 장애가 초래되었다고 볼 수 있는 경우에는 위증죄의 성립이 부정된다.  [변호사 16]

303 (○) 대법원 2010.1.21, 2008도942 전원합의체

**304** 전 남편에 대한 도로교통법 위반(음주운전) 사건의 증인으로 법정에 출석한 전처가 증언거부권을 고지받지 않은 채 공소사실을 부인하는 전 남편의 변명에 부합하는 내용을 적극적으로 허위진술한 경우에는 위증죄가 성립하지 않는다.  [경찰특공대 22]

> **해설+** 증인으로 출석하여 증언한 경위와 그 증언내용, 증언거부권을 고지받았더라도 그와 같이 증언을 하였을 것이라는 취지의 진술내용 등을 전체적·종합적으로 고려할 때 선서 전에 재판장으로부터 증언거부권을 고지받지 아니하였다 하더라도 이로 인하여 증언거부권이 사실상 침해당한 것으로 평가할 수는 없다(위증죄 성립, 대법원 2010.2.25, 2007도6273).

304 (×)

**305** 위증죄와 형사소송법의 취지, 정신과 기능을 고려하여 볼 때, 형법 제152조 제1항에서 정한 '법률에 의하여 선서한 증인'이라 함은 '법률에 근거하여 법률이 정한 절차에 따라 유효한 선서를 한 증인'이라는 의미이고, 그 증인신문은 법률이 정한 절차 조항을 준수하여 적법하게 이루어진 경우여야 한다고 볼 것이다. 그러나 증인신문절차에서 법률에 규정된 증인 보호를 위한 규정이 지켜진 것으로 인정되지 않는 경우라 하더라도, 당해 사건에서 증인 보호에 사실상 장애가 초래되었다고 볼 수 없는 경우에까지 예외 없이 위증죄의 성립을 부정할 것은 아니라고 할 것이다. [법원행시 17]

305 (O) 대법원 2010.1.21, 2008도942 전원합의체

**306** 증인신문절차에서 법률에 규정된 증인보호를 위한 규정이 지켜진 것으로 인정되지 않은 경우라도, 당해 사건에서 증인보호에 사실상 장애가 초래되었다고 볼 수 없는 경우에까지 예외 없이 위증죄의 성립이 부정되는 것은 아니다. [경찰간부 23]

**306 (O)**

해설+ 증인신문절차에서 법률에 규정된 증인보호를 위한 규정이 지켜진 것으로 인정되지 않은 경우에는 증인이 허위의 진술을 하였다고 하더라도 위증죄의 구성요건인 "법률에 의하여 선서한 증인"에 해당하지 아니한다고 보아 이를 위증죄로 처벌할 수 없는 것이 원칙이다. 다만, 법률에 규정된 증인보호절차라 하더라도 개별 보호절차 규정들의 내용과 취지가 같지 아니하고, 당해 신문과정에서 지키지 못한 절차 규정과 그 경위 및 위반의 정도 등 제반 사정이 개별 사건마다 각기 상이하므로, 이러한 사정을 전체적·종합적으로 고려하여 볼 때, 당해 사건에서 증인보호에 사실상 장애가 초래되었다고 볼 수 없는 경우에까지 예외 없이 위증죄의 성립을 부정할 것은 아니라고 할 것이다(대법원 2010.1.21, 2008도942 전원합의체).

**307** 甲은 민사법정에서 증인으로 출석하여 자기의 기억에 반하는 사실을 증언하였는데, 그 내용이 객관적 사실과 부합하였다. 甲은 위증죄가 성립한다. [경찰간부 17]

307 (O) 대법원 1989.1.17, 88도580

**308** 증인이 기억에 반하는 진술을 한 경우에는 그 진술내용이 진실과 일치하는 때에도 위증죄가 성립한다. [경찰채용 19 2차]

**308 (O)**

해설+ 위증죄에 있어서의 허위의 공술이란 증인이 자기의 기억에 반하는 사실을 진술하는 것을 말하는 것으로서 그 내용이 객관적 사실과 부합한다고 하여도 위증죄의 성립에 장애가 되지 않는다(대법원 1989.1.17, 88도580).

**309** 형사법정에서 증인 甲은 자신의 기억에 반하는 허위의 진술을 하였는데, 그 내용이 당해 사건의 요증사실에 해당하지 않았으며 판결에 전혀 영향을 미치지 않았다. 甲에게는 위증죄의 죄책이 인정되지 아니한다. [경찰간부 17]

309 (×)

> **해설+** 위증죄는 법률에 의하여 선서한 증인이 허위의 공술을 한 때에 성립하는 것으로서, 그 공술의 내용이 당해 사건의 요증사실에 관한 것인지의 여부나 판결에 영향을 미친 것인지의 여부는 위증죄의 성립과 아무런 관계가 없다(대법원 1990.2.23, 89도1212).

**310** 위증죄는 법률에 의하여 선서한 증인이 사실에 관하여 기억에 반하는 진술을 한 때에 성립하고, 증인의 진술이 경험한 사실에 대한 법률적 평가이거나 단순한 의견에 지나지 아니하는 경우에는 위증죄에서 말하는 허위의 공술이라고 할 수 없으나, 경험한 객관적 사실에 대한 증인 나름의 법률적·주관적 평가나 의견을 부연한 부분에 다소의 오류나 모순이 있는 경우 위증죄가 성립한다. [경찰채용 23 2차]

310 (×)

> **해설+** 위증죄는 법률에 의하여 선서한 증인이 사실에 관하여 기억에 반하는 진술을 한 때에 성립하고, 증인의 진술이 경험한 사실에 대한 법률적 평가이거나 단순한 의견에 지나지 아니하는 경우에는 위증죄에서 말하는 허위의 공술이라고 할 수 없으며, 경험한 객관적 사실에 대한 증인 나름의 법률적·주관적 평가나 의견을 부연한 부분에 다소의 오류나 모순이 있더라도 위증죄가 성립하는 것은 아니라고 할 것이다(대법원 2009.3.12, 2008도11007).

**311** 경험한 사실에 대한 법률적 평가나 단순한 의견에 지나지 아니한 경우, 다소의 오류가 있더라도 허위의 진술에 해당하지 아니한다. [변호사 13]

311 (○) 허위의 '진술'이라고 할 수 없다(대법원 2009.3.12, 2008도11007).

**312** 증인의 진술내용이 당해 사건의 요증사실에 관한 것인지, 판결에 영향을 미친 것인지 여부는 위증죄의 성립과 아무런 관계가 없다. [변호사 13]

312 (○) 대법원 2010.5.13, 2007도1397

**313** 위증죄는 그 진술이 판결에 영향을 미쳤는지 여부나 지엽적인 사항인지 여부와 무관하게 성립하나, 경험한 사실에 대한 법률적 평가인 경우에는 위증죄가 성립하지 않는다. [법원9급 20]

313 (○) 대법원 1996.2.9, 95도1797

314 민사소송절차에서 증인이 선서 후 증인진술서에 기재된 구체적인 내용에 관하여 진술함이 없이 단지 그 증인진술서에 기재된 내용이 사실대로라는 취지의 진술만을 한 경우, 그것이 증인진술서에 기재된 내용 중 특정사항을 구체적으로 진술한 것과 같이 볼 수 있는 등의 특별한 사정이 없는 한 기재된 내용에 일부 허위가 있다고 하더라도 위증죄가 성립하지 아니한다.
[국가7급 17]

314 (O) 대법원 2010.5.13, 2007도1397

315 증인이 착오에 빠져 기억에 반한다는 인식 없이 증언하였음이 밝혀진 경우에는 위증의 범의를 인정할 수 없다. [국가7급 20]

315 (O) 대법원 1991.5.10, 89도1748

316 위증죄는 미수범을 처벌한다. [경찰간부 17]

316 (X) '처벌한다' → '처벌하지 않는다'

317 선서한 증인 甲이 일단 기억에 반하는 허위의 진술을 하였더라도 그 신문이 끝나기 전에 그 진술을 철회·시정한 경우 위증죄는 성립하지 않는다.
[국가7급 16]

317 (O) 대법원 2008.4.24, 2008도1053

318 증인이 증인신문절차에서 허위의 진술을 하고 그대로 증인신문절차가 종료된 후, 별도의 증인 신청 및 채택 절차를 거쳐 그 증인이 다시 신문을 받는 과정에서 종전 증인신문절차에서의 진술을 철회·시정하더라도 종전 증인신문절차에서 행한 위증죄의 성립에는 영향이 없다. [국가7급 17]

318 (O) 대법원 2010.9.30, 2010도7525

319 증인이 소송사건의 같은 심급에서 변론기일을 달리하여 수차 증인으로 나가 수 개의 허위진술을 하였더라도 최초에 한 선서의 효력을 유지시킨 후 증언하였다면 1개의 위증죄가 성립한다. [국가7급 17]

319 (O)

해설+ 같은 심급에서 변론기일을 달리하여 수차 증인으로 나가 수 개의 허위진술을 하더라도 최초한 선서의 효력을 유지시킨 후 증언한 이상 1개의 위증죄를 구성함에 그친다(대법원 2007.3.15, 2006도9463).

**320** 모해위증죄는 진정신분범이다. [국가9급 21 변형]

> **해설+** 판례는 모해위증죄를 모해할 목적에 의하여 형이 가중되는 부진정신분범으로 본다. "형법 제152조 제1항과 제2항은 위증을 한 범인이 형사사건의 피고인 등을 '모해할 목적'을 가지고 있었는가 아니면 그러한 목적이 없었는가 하는 범인의 특수한 상태의 차이에 따라 범인에게 과할 형의 경중을 구별하고 있으므로, 이는 바로 형법 제33조 단서 소정의 "신분관계로 인하여 형의 경중이 있는 경우"에 해당한다고 봄이 상당하다(대법원 1994.12.23, 93도1002)."

320 (×)

**321** 형법 제152조 제2항의 모해위증죄에 있어서 '모해할 목적'은 허위의 진술을 함으로써 피고인에게 불리하게 될 것이라는 인식과 아울러 그 결과의 발생을 희망하여야 한다. [경찰채용 17 1차] [법원행시 12·16 변형]

> **해설+** 모해할 목적은 허위의 진술을 함으로써 피고인에게 불리하게 될 것이라는 인식이 있으면 충분하고 그 결과의 발생을 희망할 필요까지는 없다(대법원 2007.12.27, 2006도3575).

321 (×) '과 아울러 그 결과의 발생을 희망하여야 한다' → '이 있으면 충분하다'

**322** 피고인이 甲을 모해할 목적으로 乙에게 위증을 교사한 이상, 가사 정범인 乙에게 모해의 목적이 없었다고 하더라도, 형법 제33조 단서의 규정에 의하여 피고인을 모해위증교사죄로 처단할 수 있다. [국가7급 16 변형] [법원행시 15]

322 (○) 대법원 1994.12.23, 93도1002

**323** 모해위증의 죄를 범한 자가 그 공술한 사건의 재판 또는 징계처분이 확정되기 전에 자백 또는 자수한 때에는 그 형을 감경 또는 면제한다. [경찰채용 18 1차] [법원행시 20]

323 (○) 제153조

**324** 친족 또는 동거의 가족이 본인을 위하여 모해위증의 죄를 범한 때에는 처벌하지 아니한다. [법원행시 20]

> **해설+** 모해위증죄의 경우, 친족 간의 특례(범인은닉, 증거인멸)가 적용되지 아니하므로, 친족 또는 동거의 가족이 본인을 위하여 모해위증의 죄를 범한 경우라 하더라도 처벌한다.

324 (×)

**325** 증거인멸죄는 타인의 형사사건 또는 징계사건에 관한 증거를 인멸하는 경우에 성립하는 것으로서, 피고인 자신이 직접 형사처분이나 징계처분을 받게 될 것을 두려워 한 나머지 자기의 이익을 위하여 그 증거가 될 자료를 인멸하였다면, 그 행위가 동시에 다른 공범자의 형사사건이나 징계사건에 관한 증거를 인멸한 결과가 된다고 하더라도 이를 증거인멸죄로 다스릴 수 없다.  [경찰승진 18] [법원행시 16 변형] [변호사 15]

(○) 대법원 2013.11.28, 2011 도5329

**326** 자신이 직접 형사처분을 받게 될 것을 두려워한 나머지 자기의 이익을 위하여 그 증거가 될 자료를 은닉하였다면 증거은닉죄에 해당하지 않고, 제3자와 공동하여 그러한 행위를 하였더라도 마찬가지이다.  [경찰채용 23 1차]

326 (○)

> **해설+** 증거은닉죄는 타인의 형사사건이나 징계사건에 관한 증거를 은닉할 때 성립하고, 범인 자신이 한 증거은닉행위는 형사소송에 있어서 피고인의 방어권을 인정하는 취지와 상충하여 처벌의 대상이 되지 아니하므로 범인이 증거은닉을 위하여 타인에게 도움을 요청하는 행위 역시 원칙적으로 처벌되지 아니한다. 따라서 피고인 자신이 직접 형사처분을 받게 될 것을 두려워한 나머지 자기의 이익을 위하여 그 증거가 될 자료를 은닉하였다면 증거은닉죄에 해당하지 않고, 제3자와 공동하여 그러한 행위를 하였다고 하더라도 마찬가지이다(대법원 2018.10.25, 2015도1000).

**327** 증거은닉죄는 타인의 형사사건이나 징계사건에 관한 증거를 은닉할 때 성립하고 자신의 형사사건에 관한 증거은닉 행위는 형사소송에 있어서 피고인의 방어권을 인정하는 취지와 상충하여 처벌의 대상이 되지 아니하므로 자신의 형사사건에 관한 증거은닉을 위하여 타인에게 도움을 요청하는 행위 역시 원칙적으로 처벌되지 아니하나, 다만 그것이 방어권의 남용이라고 볼 수 있을 때는 증거은닉교사죄로 처벌할 수 있다.

327 (○)

> **해설+** 방어권 남용이라고 볼 수 있는지 여부는, 증거를 은닉하게 하는 것이라고 지목된 행위의 태양과 내용, 범인과 행위자의 관계, 행위 당시의 구체적인 상황, 형사사법작용에 영향을 미칠 수 있는 위험성의 정도 등을 종합하여 판단하여야 한다(대법원 2016.7.29, 2016도5596).

**328** 증거인멸죄에 있어서 '타인의 형사사건 또는 징계사건'이란 인멸행위 시에 아직 수사 또는 징계절차가 개시되기 전이라도 장차 형사 또는 징계사건이 될 수 있는 것까지를 포함한다.  [법원행시 16]

328 (○) 대법원 2013.11.28, 2011 도5329

**329** 증거위조죄에서 '타인의 형사사건'이란 증거위조 행위 시에 아직 수사절차가 개시되기 전이라도 장차 형사사건이 될 수 있는 것까지 포함하고 그 형사사건이 기소되지 아니하거나 무죄가 선고되더라도 증거위조죄의 성립에는 영향이 없다.   [법원행시 16] [변호사 15]

329 (○) 대법원 2011.2.10, 2010도15986

**330** 증거위조죄에서 위조란, 문서에 관한 죄에 있어서의 위조개념과는 달리 새로운 증거의 창조를 의미하는 것이므로 존재하지 아니한 증거를 이전부터 존재하고 있는 것처럼 작출하는 행위도 증거위조에 해당하며 증거가 문서의 형식을 갖는 경우에는 증거위조죄에 있어서의 증거에 해당하는지 여부가 그 작성권한의 유무나 내용의 진실성에 좌우된다.   [군무원9급 23]

330 (×)

**해설+** 타인의 형사사건 또는 징계사건에 관한 증거를 위조한 경우에 '위조'란 문서에 관한 죄에 있어서의 위조 개념과는 달리 새로운 증거의 창조를 의미하는 것이므로 존재하지 아니한 증거를 이전부터 존재하고 있는 것처럼 작출하는 행위도 증거위조에 해당하며, 증거가 문서의 형식을 갖는 경우 증거위조죄에 있어서의 증거에 해당하는지 여부가 그 작성권한의 유무나 내용의 진실성에 좌우되는 것은 아니다(대법원 2011.7.28, 2010도2244).

**331** 증거인멸죄에 관한 형법 제155조 제1항의 이른바, 타인의 형사사건이란 적어도 수사절차가 개시된 이후의 사건을 말한다.   [법원행시 15]

331 (×)

**해설+** '적어도 수사절차가 개시된 이후의 사건을 말한다' → '인멸행위 시에 아직 수사절차가 개시되기 전이라도 장차 형사사건이 될 수 있는 것까지 포함한다'(대법원 2003.12.12, 2003도4533).

**332** 증거인멸죄에서 '증거'라 함은 타인의 형사사건 또는 징계사건에 관하여 수사기관이나 법원 또는 징계기관이 국가의 형벌권 또는 징계권의 유무를 확인하는 데 관계있다고 인정되는 일체의 자료를 의미하고, 타인에게 유리한 것이건 불리한 것이건 가리지 아니하며 또 증거가치의 유무 및 정도를 불문한다.   [국가9급 15] [법원행시 16 변형]

332 (○) 대법원 2013.11.28, 2011도5329

**333** 타인의 형사사건과 관련하여 수사기관이나 법원에 제출하거나 현출되게 할 의도로 법률행위 당시에는 존재하지 아니하였던 처분문서를 사후에 그 작성일을 소급하여 작성하였다고 하더라도 그 내용까지 진실하다면 증거위조죄는 성립하지 아니한다.　　　　　　　　　　　　　　　　[법원행시 16]

333 (×) '하더라도' → '한다면', '성립하지 아니한다' → '성립한다'

> **해설+** 가사 그 작성자에게 해당 문서의 작성권한이 있고, 또 그와 같은 법률행위가 당시에 존재하였다거나 그 법률행위의 내용이 위 문서에 기재된 것과 큰 차이가 없다 하여도 증거위조죄의 구성요건을 충족한다(대법원 2007.6.28, 2002도3600).

**334** 타인의 형사사건과 관련하여 수사기관이나 법원에 제출하거나 현출되게 할 의도로 법률행위 당시에는 존재하지 아니하였던 처분문서를 사후에 그 작성일을 소급하여 작성하는 것은 증거위조죄의 구성요건을 충족시키는 것이라고 보아야 하고, 비록 그 내용이 진실하다 하여도 국가의 형사사법기능에 대한 위험이 있다는 점은 부인할 수 없다.　　　　　　　　　　[해경승진 23]

334 (○)

> **해설+** 타인의 형사사건과 관련하여 수사기관이나 법원에 제출하거나 현출되게 할 의도로 법률행위 당시에는 존재하지 아니하였던 처분문서, 즉 그 외형 및 내용상 법률행위가 그 문서 자체에 의하여 이루어진 것과 같은 외관을 가지는 문서를 사후에 그 작성일을 소급하여 작성하는 것은, 가사 <u>그 작성자에게 해당 문서의 작성권한이 있고, 또 그와 같은 법률행위가 당시에 존재하였다거나 그 법률행위의 내용이 위 문서에 기재된 것과 큰 차이가 없다 하여도 증거위조죄의 구성요건을 충족시키는 것이라고 보아야 하고, 비록 그 내용이 진실하다 하여도 국가의 형사사법기능에 대한 위험이 있다는 점은 부인할 수 없다</u>(대법원 2007.6.28, 2002도3600).

**335** 범죄 현장을 목격하지 못한 사람에게 형사법정에서 범죄현장을 목격한 양 허위의 증언을 하도록 교사한 경우 증거위조죄의 교사범이 성립한다.

335 (×) '성립한다' → '성립하지 않는다'

> **해설+** 형법 제155조 제1항에서 타인의 형사사건에 관하여 증거를 위조한다 함은 증거 자체를 위조함을 말하는 것으로서, 선서무능력자로서 범죄현장을 목격하지도 못한 사람으로 하여금 형사법정에서 범죄현장을 목격한 양 허위의 증언을 하도록 하는 것은 위 조항이 규정하는 증거위조죄를 구성하지 아니한다(대법원 1998.2.10, 97도2961).

**336** 참고인이 타인의 형사사건 등에서 직접 진술 또는 증언하는 것을 대신하거나 그 진술 등에 앞서서 허위의 사실확인서나 진술서를 작성하여 수사기관 등에 제출하거나 또는 제3자에게 교부하여 제3자가 이를 제출한 것은 존재하지 않는 문서를 이전부터 존재하고 있는 것처럼 작출하는 등의 방법으로 새로운 증거를 창조한 것이 아닐뿐더러, 참고인이 수사기관에서 허위의 진술을 하는 것과 차이가 없으므로, 증거위조죄를 구성하지 않는다고 할 것이다.　　　　　　　　　　　　　　　　[경찰간부 18] [변호사 14]

336 (○) 대법원 2011.7.28, 2010도2244

337 참고인이 타인의 형사사건과 관련하여 수사기관에서 조사를 받으면서 허위로 진술하여 그 정을 모르는 담당 공무원으로 하여금 허위의 내용이 담긴 참고인진술조서를 작성토록 한 경우 증거위조죄의 간접정범이 성립한다.

[법원행시 20]

337 (×)

해설+ 타인의 형사사건 등에 관한 증거를 위조한다 함은 증거 자체를 위조함을 말하는 것이고, 참고인이 수사기관에서 허위의 진술을 하는 것은 여기에 포함되지 않는다. 한편 참고인이 타인의 형사사건 등에서 직접 진술 또는 증언하는 것을 대신하거나 그 진술 등에 앞서서 허위의 사실확인서나 진술서를 작성하여 수사기관 등에 제출하거나 또는 제3자에게 교부하여 제3자가 이를 제출한 것은 존재하지 않는 문서를 이전부터 존재하고 있는 것처럼 작출하는 등의 방법으로 새로운 증거를 창조한 것이 아닐뿐더러, 참고인이 수사기관에서 허위의 진술을 하는 것과 차이가 없으므로, 증거위조죄를 구성하지 않는다고 할 것이다(대법원 2017.10.26, 2017도9827).

338 참고인이 타인의 형사사건 등에 관하여 제3자와 대화를 하면서 허위로 진술하고 위와 같은 허위 진술이 담긴 대화 내용을 녹음한 녹음파일 또는 이를 녹취한 녹취록은 참고인의 허위진술 자체 또는 참고인 작성의 허위 사실확인서 등과는 달리 그 진술 내용만이 증거자료로 되는 것이 아니고 녹음 당시의 현장음향 및 제3자의 진술 등이 포함되어 있어 그 일체가 증거자료가 된다고 할 것이므로, 이는 증거위조죄에서 말하는 '증거'에 해당한다.

338 (○) 대법원 2013.12.26, 2013도8085

339 범죄 또는 징계사유의 성립 여부에 관한 것뿐만 아니라 형 또는 징계의 경중에 영향을 미치는 정상을 인정하는 데 도움이 될 자료까지도 증거위조죄에서 규정한 '증거'에 포함된다.

[경찰채용 23 1차]

339 (○)

해설+ 형법 제155조 제1항의 증거위조죄에서 말하는 '증거'란 타인의 형사사건 또는 징계사건에 관하여 수사기관이나 법원 또는 징계기관이 국가의 형벌권 또는 징계권의 유무를 확인하는 데 관계 있다고 인정되는 일체의 자료를 뜻한다. 따라서 범죄 또는 징계사유의 성립 여부에 관한 것뿐만 아니라 형 또는 징계의 경중에 관계있는 정상을 인정하는 데 도움이 될 자료까지도 본조가 규정한 증거에 포함된다(대법원 2021.1.28, 2020도2642).

340 사실의 증명을 위해 작성된 문서를 증거로 제출한 경우(돈을 송금하였다가 되돌려 받는 방법으로 송금자료를 만들어 피해 변제의 증거로 제출한 경우)가 그 사실에 관한 내용이나 작성명의 등에 허위가 없는 경우라 하더라도 이는 증거위조에 해당한다.

340 (×)

**해설+** 형법 제155조 제1항이 정한 증거위조죄에서의 '증거'에는 타인의 형사사건 또는 징계사건에 관하여 수사기관이나 법원 또는 징계기관이 국가의 형벌권 또는 징계권의 유무를 확인하는 데 관계있다고 인정되는 일체의 자료가 포함된다(대법원 2007.6.28, 2002도3600 등). 따라서 범죄 또는 징계사유의 성립 여부에 관한 것뿐만 아니라 형 또는 징계의 경중에 관계있는 정상을 인정함에 도움이 될 자료까지도 본조가 규정한 증거에 포함된다. (다만) 형법 제155조 제1항은 타인의 형사사건 또는 징계사건에 관한 증거를 인멸, 은닉, 위조 또는 변조하거나 위조 또는 변조한 증거를 사용한 자를 처벌하고 있고, 여기서의 위조란 문서에 관한 죄의 위조 개념과는 달리 새로운 증거의 창조를 의미한다(대법원 2007.6.28, 2002도3600 판결 참조). 그러나 사실의 증명을 위해 작성된 문서가 그 사실에 관한 내용이나 작성명의 등에 아무런 허위가 없다면 '증거위조'에 해당한다고 볼 수 없다. 가사 사실증명에 관한 문서가 형사사건 또는 징계사건에서 허위의 주장에 관한 증거로 제출되어 그 주장을 뒷받침하게 되더라도 마찬가지이다(대법원 2021.1.28, 2020도2642).

341 아무런 허위가 없는 증거라도 허위의 주장과 결합되어 허위의 사실을 일부 뒷받침하게 되는 경우에는 증거의 위조에 해당한다. [군무원9급 22]

341 (×) 아무런 허위가 없는 증거(입금확인증)가 허위의 사실(금원을 상대방에게 모두 반환하였다는 허위의 사실)을 뒷받침하는 데 사용되었다고 하여도 증거위조에 해당하지 아니한다.

**해설+** 돈을 송금하였다가 되돌려받는 방법으로 송금자료를 만들어 피해변제의 증거로 제출한 행위는 증거위조죄를 구성하지 아니하다는 사례
증거위조죄에서의 '위조'의 개념이 문서위조죄에서의 그것과 다르게 해석될 수 있다고 하더라도 그 내용이나 작성명의, 작성일자에 아무런 허위가 없는 증거를 위조되었다고 할 수 없다. 한편 그 자체에는 아무런 허위가 없는 증거라도 허위의 주장과 결합되어 허위의 사실을 일부 뒷받침하게 되는 경우가 있다. 그리고 그와 같은 목적으로 원래는 다른 사실을 증명하는 증거가 작성되도록 하는 경우도 있다. 그런데 허위사실을 뒷받침하는 데 사용되었다는 이유만으로 내용과 작성명의에 아무런 허위가 없는 증거를 증거위조에 해당한다고 보는 것은 법률문언이 가진 통상적인 의미를 넘어 부당하게 처벌범위를 확대하는 것이어서 허용되지 않는다. 본조가 규정한 '증거의 위조'란 '증거방법의 위조'를 의미하므로, 위조에 해당하는지 여부는 증거방법 자체를 기준으로 하여야 하고 그것을 통해 증명하려는 사실이 허위인지 진실인지 여부에 따라 위조 여부가 결정되어서는 안 된다. 제출된 증거방법의 증거가치를 평가하고 이를 기초로 사실관계를 확정할 권한과 의무는 법원에 있기 때문이다. 따라서 피고인이 제출한 이 사건 입금확인증이 해당 금원을 공소외 2 회사 측에 모두 반환하였다는 허위의 주장 사실을 증명하기 위해 만들어진 것이라 하더라도 그 자체에 허위가 없는 이상 이를 허위의 주장과 관련지어 '허위의 증거'에 해당한다고 볼 수는 없다. … 형법 제155조 제1항이 규정한 '증거위조'의 의미를 확장해석하는 방법으로 그 목적을 달성하는 것은 죄형법정주의 원칙상 허용되지 아니한다(대법원 2021.1.28, 2020도2642).

**342** 사실의 증명을 위해 작성된 문서가 그 사실에 관한 내용이나 작성명의 등에 아무런 허위가 없다면 증거위조에 해당하지 않지만, 이 문서가 형사사건 또는 징계사건에서 허위의 주장에 관한 증거로 제출되어 그 주장을 뒷받침하게 되었다면 증거위조에 해당한다. [국가7급 22]

342 (×)

> **해설+** 사실의 증명을 위해 작성된 문서가 그 사실에 관한 내용이나 작성명의 등에 아무런 허위가 없다면 '증거위조'에 해당한다고 볼 수 없다. 설령 사실증명에 관한 문서가 형사사건 또는 징계사건에서 허위의 주장에 관한 증거로 제출되어 그 주장을 뒷받침하게 되더라도 마찬가지이다(대법원 2021.1.28, 2020도2642).

**343** 피고인 자신을 위해 증인을 도피하게 한 행위가 동시에 다른 공범자의 형사사건이나 징계사건에 관한 증인을 도피하게 한 결과로 되는 경우에는 증인도피죄에 해당하지 않는다. [국가7급 12]

343 (○) 대법원 2003.3.14, 2002도6134

**344** 경찰서 방범과장이 부하직원으로부터 게임산업진흥에관한법률위반 혐의로 오락실을 단속하여 증거물로 오락기의 변조된 기판을 압수하여 사무실에 보관 중임을 보고 받아 알고 있었음에도 그 직무상의 의무에 따라 적절한 조치를 취하지 않고, 오히려 부하직원에게 위와 같이 압수한 변조된 기판을 돌려주라고 지시하여 오락실 업주에게 돌려준 경우 증거인멸죄가 성립한다. [법원9급 18 변형] [법원행시 15] [변호사 15]

344 (○) 작위범인 증거인멸죄만이 성립하고 부작위범인 직무유기(거부)죄는 따로 성립하지 아니한다(대법원 2006.10.19, 2005도3909 전원합의체).

## 5 무고의 죄

 **대표유형**

객관적으로 고소사실에 대한 공소시효가 완성되었더라도 고소를 제기하면서 마치 공소시효가 완성되지 아니한 것처럼 고소하였다면 무고죄가 성립한다.
[법원행시 15] [변호사 20 변형] [사시 16]

(○) 대법원 1995.12.5, 95도1908

**📎 대표유형**

허위로 신고한 사실이 무고행위 당시 형사처분의 대상이 될 수 있었던 경우에는 국가의 형사사법권의 적정한 행사를 그르치게 할 위험과 부당하게 처벌받지 않을 개인의 법적 안정성이 침해될 위험이 이미 발생하였으므로 무고죄는 기수에 이르고, 이후 그러한 사실이 형사범죄가 되지 않는 것으로 판례가 변경되더라도 특별한 사정이 없는 한 이미 성립한 무고죄에는 영향을 미치지 않는다.    [경찰채용 17 1차·2차] [경찰간부 18] [법원행시 17] [변호사 20]

(O) 대법원 2017.5.30, 2015도15398

**📎 대표유형**

甲은 乙로부터 피해를 당한 사람들과 乙 사이의 합의를 주선하기 위하여 자신도 피해자인 것처럼 행세하기 위한 방편으로 乙의 승낙을 얻어 乙로부터 차용금 피해를 당한 것처럼 허위사실을 기재하여 乙을 고소하였다. 그러나 甲은 바로 乙에게 합의서를 작성하여 교부해 주는 한편 수사기관의 고소인 출석요구에 응하지 않았다. − (무고죄) 성립    [변호사 14]

(O) 설사 무고에 있어서 피무고자의 승낙이 있었다고 하더라도 무고죄의 성립에는 영향을 미치지 못한다(대법원 2005.9.30, 2005도2712).

**345** 무고죄는 국가의 형사사법권 또는 징계권의 적정한 행사를 주된 보호법익으로 하는 것이지 개인의 부당하게 처벌 또는 징계받지 아니할 이익을 보호하는 죄는 아니므로, 설사 무고에 있어서 피무고자의 승낙이 있었다고 하더라도 무고죄의 성립에는 영향을 미치지 못한다 할 것이다.    [법원9급 22]

345 (×)

**해설+** 무고죄는 국가의 형사사법권 또는 징계권의 적정한 행사를 주된 보호법익으로 하고, 다만 개인의 부당하게 처벌 또는 징계받지 아니할 이익을 부수적으로 보호하는 죄이므로, 설사 무고에 있어서 피무고자의 승낙이 있었다고 하더라도 무고죄의 성립에는 영향을 미치지 못한다(대법원 2005.9.30, 2005도2712).

**346** 타인 명의의 고소장을 대리하여 작성하고 제출하는 형식으로 고소가 이루어진 경우, 명의자를 대리한 자가 실제 고소의 의사를 가지고 고소행위를 주도했더라도 그 명의자를 무고죄의 주체로 보아야 한다.    [경찰간부 13]

346 (×)

**해설+** 명의를 대여한 고소에 있어서는 그 명의자를 대리한 자가 신고자가 되어 무고죄의 주체로 인정된다(대법원 2007.3.30, 2006도6017).

**347** 군인에 대한 무고죄의 경우, 공무소 또는 공무원에 대한 신고는 반드시 해당 군인에 대하여 징계처분 또는 형사처분을 심사·결행할 직권 있는 소속 상관에게 직접하여야 하는 것은 아니지만, 지휘명령 계통이나 수사관할 이첩을 통하여 그런 권한 있는 상관에게 도달되어야 무고죄가 성립한다.

[군무원9급 23]

> **해설+** 무고죄에 있어서 공무소 또는 공무원에 대한 신고는 반드시 징계처분 또는 형사처분을 심사 결행할 직권 있는 본속상관에게 직접 할 것을 필요로 하는 것이 아니고 지휘명령 계통이나 수사관할 이첩을 통하여 그런 권한 있는 상관에게 도달함으로써 성립한다(대법원 1973.1.16, 72도1136).

**348** 수표발행인인 A는 은행에 지급제시된 수표가 위조되었다는 내용의 허위의 신고를 하였고 그 사정을 모르는 은행 직원이 수사기관에 고발을 함에 따라 수사가 개시되었다. A는 경찰에 출석하여 수표위조자로 특정인을 지목하는 진술을 하였다. 이 경우, 수사기관에 허위의 신고를 한 것이 아니므로 A를 무고죄로 처벌할 수 없다.

[법원행시 13]

348 (×) '처벌할 수 없다' → '처벌한다'(대법원 2005.12.22, 2005도3203)

**349** 무고죄는 타인으로 하여금 형사처분이나 징계처분을 받게 할 목적으로 신고한 사실이 객관적 진실에 반하는 허위사실인 경우에 성립되는 범죄이므로 신고한 사실이 객관적 진실에 반하는 허위사실이라는 점에 관하여는 적극적인 증명이 있어야 하며, 신고사실의 진실성을 인정할 수 없다는 점만으로 곧 그 신고사실이 객관적 진실에 반하는 허위사실이라고 단정하여 무고죄의 성립을 인정할 수는 없다.

[법원행시 16 변형] [사시 16]

349 (○) 대법원 2014.2.13, 2011도15767

**350** 신고한 사실이 객관적 진실에 반하는 허위사실이라는 요건은 적극적 증명이 있는 경우뿐만 아니라 신고사실의 진실성을 인정할 수 없다는 소극적 증명이 있어도 충족된다.

[변호사 21]

350 (×)

> **해설+** 무고죄는 타인으로 하여금 형사처분이나 징계처분을 받게 할 목적으로 신고한 사실이 객관적 진실에 반하는 허위사실인 경우에 성립되는 범죄이므로 신고한 사실이 객관적 진실에 반하는 허위사실이라는 요건은 적극적 증명이 있어야 하며 신고사실의 진실성을 인정할 수 없다는 소극적 증명만으로 곧 그 신고사실이 객관적 진실에 반하는 허위의 사실이라 단정하여 무고죄의 성립을 인정할 수는 없다(대법원 1984.1.24, 83도1401).

**351** 위법성조각사유가 있음을 알면서도 구「공직선거 및 선거부정방지법」의 허위사실공표죄로 처벌되어야 한다고 주장한 경우 무고죄가 성립하지 않는다. [국가7급 14 변형]

351 (×)

**해설+** 적극적으로 위법성조각사유가 적용되지 않는 공직선거법상 허위사실공표죄로 처벌되어야 한다고 주장한 것과 같은 것이므로 무고죄가 성립한다(대법원 1998.3.24, 97도2956).

**352** 성폭행 등의 피해를 입었다는 신고사실에 관하여 불기소처분 내지 무죄판결이 내려졌다고 하여, 그 자체를 무고를 하였다는 적극적인 근거로 삼아 신고내용을 허위라고 단정하여서는 아니 된다. [경찰간부 23] [법원9급 21]

352 (○)

**해설+** 성폭행 등의 피해를 입었다는 신고사실에 관하여 불기소처분 내지 무죄판결이 내려졌다고 하여, 그 자체를 무고를 하였다는 적극적인 근거로 삼아 신고내용을 허위라고 단정하여서는 아니 됨은 물론, 개별적, 구체적인 사건에서 피해자임을 주장하는 자가 처하였던 특별한 사정을 충분히 고려하지 아니한 채 진정한 피해자라면 마땅히 이렇게 하였을 것이라는 기준을 내세워 성폭행 등의 피해를 입었다는 점 및 신고에 이르게 된 경위 등에 관한 변소를 쉽게 배척하여서는 아니 된다(대법원 2019.7.11, 2018도2614).

**353** 피고인 자신이 상대방의 범행에 공범으로 가담하였음에도 자신의 가담사실을 숨기고 상대방만을 고소한 경우, 피고인의 고소내용이 상대방의 범행 부분에 관한 한 진실에 부합하므로 이를 허위의 사실로 볼 수 없고, 상대방의 범행에 피고인이 공범으로 가담한 사실을 숨겼다고 하여도 그것이 상대방에 대한 관계에서 독립하여 형사처분 등의 대상이 되지 아니할뿐더러 전체적으로 보아 상대방의 범죄사실의 성립 여부에 직접 영향을 줄 정도에 이르지 아니하는 내용에 관계되는 것이므로 무고죄가 성립하지 않는다. [변호사 15]

353 (○) 대법원 2008.8.21, 2008도3754

**354** 타인에게 형사처벌을 받게 할 목적으로 허위의 사실을 신고하였다 하더라도 그 사실 자체가 범죄가 되지 않는다면 무고죄는 성립하지 않는다. [변호사 15]

354 (○)

**해설+** 타인에게 형사처분을 받게 할 목적으로 허위의 사실을 신고한 행위가 무고죄를 구성하기 위하여는 신고된 사실 자체가 형사처분의 원인이 될 수 있어야 한다(대법원 2013.9.26, 2013도6862).

355 "피고소인이 송이의 채취권을 이중으로 양도하여 손해를 입었으니 엄벌하여 달라"는 내용의 고소사실이 횡령죄나 배임죄 기타 형사범죄를 구성하지 않는 내용의 신고인 경우 그 신고 내용이 허위라고 하더라도 무고죄는 성립하지 않는다. [국가7급 16]

355 (O) 대법원 2007.4.13, 2006 도558

356 공무소에 신고한 허위사실이 친고죄로서 그에 대한 고소기간이 경과한 것이 신고내용 자체에 의하여 분명한 경우 무고죄는 성립하지 않는다. [법원행시 15]

356 (O) 대법원 1998.4.14, 98 도150

357 타인 명의의 고소장을 대리하여 작성하고 제출하는 형식으로 고소가 이루어진 경우, 그 명의자는 고소의 의사가 없이 이름만 빌려준 것에 불과하고 명의자를 대리한 자가 실제 고소의 의사를 가지고 고소행위를 주도한 경우라 하더라도 그 명의자를 무고죄의 주체로 보아야 한다. [국가7급 21]

357 (X) 명의자를 대리한 자가 신고자가 되어 무고죄의 주체로 인정된다(대법원 2006.7.13, 2005 도7588).

358 무고죄에서 허위사실의 신고방식은 구두에 의하건 서면에 의하건 관계가 없고, 서면에 의하는 경우에도 그 신고내용이 타인으로 하여금 형사처분 또는 징계처분을 받게 할 목적의 허위사실이면 충분하며 그 명칭을 반드시 고소장이라고 하여야만 무고죄가 성립하는 것은 아니다. [법원9급 17]

358 (O) 대법원 1985.12.10, 84 도2380

359 당초 고소장에 기재하지 않은 허위의 사실을 수사기관에서 고소보충조서를 받을 때 자진하여 진술하였다면 이 진술 부분까지 무고죄의 신고로 보아야 한다. [사시 16]

359 (O) 대법원 1996.2.9, 95 도2652

**360** 무고죄에 있어서의 신고는 자발적인 것이어야 하고 수사기관 등의 추문에 대하여 허위의 진술을 하는 것은 무고죄를 구성하지 않는 것이므로, 당초 고소장에 기재하지 않은 사실을 수사기관에서 고소보충조서를 받을 때 자진하여 진술하였다 하더라도 이 진술 부분까지 신고한 것으로 볼 수는 없다.

[경찰채용 22 1차]

360 (×)

**해설+** 무고죄에 있어서의 신고는 자발적인 것이어야 하고 수사기관 등의 추문에 대하여 허위의 진술을 하는 것은 무고죄를 구성하지 않는 것이지만, 당초 고소장에 기재하지 않은 사실을 수사기관에서 고소보충조서를 받을 때 자진하여 진술하였다면 이 진술 부분까지 신고한 것으로 보아야 한다(대법원 1996.2.9, 95도2652).

**361** 무고죄에 있어서 허위사실 적시의 정도는 수사관서 또는 감독관서에 대하여 수사권 또는 징계권의 발동을 촉구하는 정도로는 충분하지 않고, 범죄구성요건 사실이나 징계요건 사실을 구체적으로 명시하여야 한다.

[경찰승진 23] [법원9급 16 변형]

361 (×)

**해설+** 무고죄에 있어서 허위사실 적시의 정도는 수사관서 또는 감독관서에 대하여 수사권 또는 징계권의 발동을 촉구하는 정도의 것이면 충분하고 반드시 범죄구성요건 사실이나 징계요건 사실을 구체적으로 명시하여야 하는 것은 아니다(대법원 1985.2.26, 84도2774).

**362** 선서한 증인 甲이 일단 기억에 반하는 허위의 진술을 하였더라도 그 신문이 끝나기 전에 그 진술을 철회·시정한 경우 위증죄는 성립하지 않지만, 乙이 최초에 작성한 허위내용의 고소장을 경찰관에게 제출한 후에 그 고소장을 되돌려받았다 하더라도 무고죄는 성립한다.

[국가7급 16]

362 (○) 대법원 2008.4.24, 2008도1053

**363** 甲이 허위내용의 고소장을 경찰관에게 제출하였다가 그 경찰관으로부터 고소장의 내용만으로는 범죄 혐의가 없는 것이라 하므로 그 고소장을 되돌려받은 때에는 「형법」 제156조에 따른 무고죄의 장애미수에 해당한다.

[경찰채용 23 2차]

363 (×)

**해설+** 우선 무고죄는 (범인은닉·위증·증거인멸과 마찬가지로) 미수를 벌하지 아니한다. 또한 피고인이 최초에 작성한 허위내용의 고소장을 경찰관에게 제출하였을 때 이미 허위사실의 신고가 수사기관에 도달되어 무고죄의 기수에 이른 것이라 할 것이므로 그 후에 그 고소장을 되돌려받았다 하더라도 이는 무고죄의 성립에 아무런 영향이 없다(대법원 1985.2.8, 84도2215).

**364** 범행일시를 특정하지 않은 고소장을 제출한 후 고소보충진술 시에 범죄사실의 공소시효가 아직 완성되지 않은 것으로 허위 진술한 다음, 그 이후 검찰이나 제1심 법정에서 다시 범죄의 공소시효가 완성된 것으로 정정 진술하였더라도 고소보충진술 시에 무고죄가 성립하였다고 보아야 한다.

[국가7급 21] [사시 16 변형]

**364 (O)**

**해설+** 그 신고된 범죄사실이 이미 공소시효가 완성된 것이어서 무고죄가 성립하지 아니하는 경우에 해당하는지 여부는 그 신고시를 기준으로 하여 판단하여야 한다. 이미 고소보충진술시에 무고죄가 성립한다(대법원 2008.3.27, 2007도11153).

**365** 타인에게 형사처분을 받게 할 목적으로 '허위의 사실'을 신고한 행위가 무고죄를 구성하기 위해서는 신고된 사실 자체가 형사처분의 대상이 될 수 있어야 하므로, 허위로 신고한 사실이 신고 당시에는 형사처분의 대상이 될 수 있었으나 이후 그러한 사실이 형사처분의 대상이 되지 않는 것으로 대법원 판례가 변경된 경우 무고죄는 성립하지 않는다. [경찰채용 22 1차]

**365 (×)**

**해설+** 허위로 신고한 사실이 무고행위 당시 형사처분의 대상이 될 수 있었던 경우에는 국가의 형사사법권의 적정한 행사를 그르치게 할 위험과 부당하게 처벌받지 않을 개인의 법적 안정성이 침해될 위험이 이미 발생하였으므로 무고죄는 기수에 이르고, 이후 그러한 사실이 형사범죄가 되지 않는 것으로 판례가 변경되었더라도 특별한 사정이 없는 한 이미 성립한 무고죄에는 영향을 미치지 않는다(대법원 2017.5.30, 2015도15398).

**366** 甲은 '채권담보를 위해 채무자인 A와 A 소유 부동산에 대해 대물변제예약을 체결하였는데 A가 이를 다른 사람에게 매도하였다'는 내용으로 허위고소하였다. 甲의 고소 이후 대법원이 위와 같은 경우 배임죄가 성립하지 않는다고 판례를 변경하였어도, 甲의 행위는 무고죄의 기수에 해당한다.

[변호사 21]

**366 (O)**

**해설+** 타인에게 형사처분을 받게 할 목적으로 '허위의 사실'을 신고한 행위가 무고죄를 구성하기 위해서는 신고된 사실 자체가 형사처분의 대상이 될 수 있어야 하므로, 가령 허위의 사실을 신고하였더라도 ㉠ 신고 당시 그 사실 자체가 형사범죄를 구성하지 않으면 무고죄는 성립하지 않는다. 그러나 ㉡ 허위로 신고한 사실이 무고행위 당시 형사처분의 대상이 될 수 있었던 경우에는 국가의 형사사법권의 적정한 행사를 그르치게 할 위험과 부당하게 처벌받지 않을 개인의 법적 안정성이 침해될 위험이 이미 발생하였으므로 무고죄는 기수에 이르고, 이후 그러한 사실이 형사범죄가 되지 않는 것으로 판례가 변경되었더라도 특별한 사정이 없는 한 이미 성립한 무고죄에는 영향을 미치지 않는다(대법원 2017.5.30, 2015도15398).

**367** 형법 제156조는 타인으로 하여금 형사처분 또는 징계처분을 받게 할 목적으로 공무소 또는 공무원에 대하여 허위의 사실을 신고한 자를 처벌하도록 정하고 있고, 여기서 '징계처분'이란 공법상의 감독관계에서 질서유지를 위하여 과하는 신분적 제재를 말한다.                                    [법원행시 16]

367 (O) 대법원 2014.7.24, 2014도6377

**368** 변호사에 대한 징계처분은 형법 제156조에서 정하는 '징계처분'에 포함되고, 그 징계 개시의 신청권이 있는 지방변호사회의 장은 형법 제156조에서 정한 '공무소 또는 공무원'에 포함된다.                                    [경찰승진 17]

368 (O) 대법원 2010.11.25, 2010도10202

**369** 피고인이 사립대학교 교수인 피해자들로 하여금 징계처분을 받게 할 목적으로 국민권익위원회에서 운영하는 범정부 국민포털인 국민신문고에 민원을 제기한 경우, 피해자들은 사립학교 교원이므로 피고인의 행위가 무고죄에 해당하지 않는다.                    [경찰채용 18 1차] [국가9급 15] [법원행시 15]

369 (O) 사립학교 교원에 대한 학교법인 등의 징계처분은 형법 제156조의 '징계처분'에 포함되지 않는다(대법원 2014.7.24, 2014도6377).

**370** 무고죄에 있어서 신고사실이 객관적 사실과 일치하지 않는 것이라도 신고자가 진실이라고 확신하고 신고하였을 때에는 무고죄가 성립하지 않는다고 할 것이나, 진실이라고 확신한다 함은 신고자가 알고 있는 객관적인 사실관계에 의하더라도 신고사실이 허위라거나 또는 허위일 가능성이 있다는 인식을 하지 못하는 경우를 말하는 것이지, 신고자가 알고 있는 객관적 사실관계에 의하여 신고사실이 허위라거나 허위일 가능성이 있다는 인식을 하면서도 이를 무시한 채 무조건 자신의 주장이 옳다고 생각하는 경우까지 포함되는 것은 아니다.                                    [사시 16 변형]

370 (O) 대법원 2008.5.29, 2006도6347

371 무고죄에 있어서 형사처분 또는 징계처분을 받게 할 목적은 허위신고를 함에 있어서 다른 사람이 그로 인하여 형사 또는 징계처분을 받게 될 것이라는 인식이 있으면 족한 것이고 그 결과발생을 희망하는 것을 요하는 것은 아닌바, 피고인이 고소장을 수사기관에 제출한 이상 그러한 인식은 있었다 할 것이니 피고인이 고소를 한 목적이 피고소인들을 처벌받도록 하는 데에 있지 아니하고 단지 회사 장부상의 비리를 밝혀 정당한 정산을 구하는 데에 있다 하여 무고의 범의가 없다 할 수 없다.  [법원행시 15·16]

371 (○) 대법원 1991.5.10, 90도2601

372 무고죄의 범의는 반드시 확정적 고의일 필요가 없고 미필적 고의로도 충분하다. 이에 신고자가 허위라고 확신한 사실을 신고한 경우와 달리 진실하다는 확신 없는 사실을 신고한 경우에는 무고죄의 범의를 인정할 수 없다.  [경찰간부 23]

372 (×)

**해설+** 무고죄의 범의는 반드시 확정적 고의일 필요가 없고 미필적 고의로도 충분하므로, 신고자가 허위라고 확신한 사실을 신고한 경우뿐만 아니라 진실하다는 확신 없는 사실을 신고하는 경우에도 그 범의를 인정할 수 있다(대법원 2022.6.30, 2022도3413).

373 고소를 당한 甲이 자신의 결백을 주장하기 위하여 고소인에 대하여 '고소당한 죄의 혐의가 없는 것으로 인정된다면 고소인이 자신을 무고한 것에 해당하므로 고소인을 처벌해 달라'는 내용의 고소장을 제출하였는데 甲이 고소당한 범죄가 유죄로 인정되는 경우, 甲에게 무고죄가 성립한다.  [국가7급 21]

373 (○)

**해설+** 무고죄의 허위신고에 있어서 다른 사람이 그로 인하여 형사처분 또는 징계처분을 받게 될 것이라는 인식이 있으면 족하므로, 고소당한 범죄가 유죄로 인정되는 경우에, 고소를 당한 사람이 고소인에 대하여 '고소당한 죄의 혐의가 없는 것으로 인정된다면 고소인이 자신을 무고한 것에 해당하므로 고소인을 처벌해 달라'는 내용의 고소장을 제출하였다면 설사 그것이 자신의 결백을 주장하기 위한 것이라고 하더라도 방어권의 행사를 벗어난 것으로서 고소인을 무고한다는 범의를 인정할 수 있다(대법원 2007.3.15, 2006도9453).

374 자기 자신을 형사처분받게 할 목적으로 허위의 사실을 신고하는 소위 자기무고는 무고죄의 구성요건에 해당하지 않아 무고죄가 성립하지 않는다.  [국가7급 20 변형] [변호사 15]

374 (○)

**해설+** 자기 자신으로 하여금 형사처분 또는 징계처분을 받게 할 목적으로 허위의 사실을 신고하는 행위, 즉 자기 자신을 무고하는 행위는 무고죄의 구성요건에 해당하지 않아 무고죄가 성립하지 않는다(대법원 2008.10.23, 2008도4852; 2017.4.26, 2013도12592).

**375** 자기 자신을 무고하기로 제3자와 공모하고 이에 따라 무고행위에 가담하였더라도 이는 자기 자신에게는 무고죄의 구성요건에 해당하지 않아 범죄가 성립할 수 없는 행위를 실현하고자 한 것에 지나지 않아 무고죄의 공동정범으로 처벌할 수 없다. [경찰채용 17 2차] [경찰채용 18 3차]

375 (○)

**해설+** 자기 자신으로 하여금 형사처분 또는 징계처분을 받게 할 목적으로 허위의 사실을 신고하는 행위, 즉 자기 자신을 무고하는 행위는 무고죄의 구성요건에 해당하지 않아 무고죄가 성립하지 않는다(대법원 2017.4.26, 2013도12592).

**376** 자기무고는 무고죄의 구성요건에 해당하지 아니하나, 피무고자의 교사하에 제3자가 피무고자에 대한 허위의 사실을 공무소에 신고한 경우에는 피무고자도 무고죄의 교사범의 죄책을 진다. [사시 12]

376 (○)

**해설+** 제3자의 행위는 무고죄의 구성요건에 해당하여 무고죄를 구성하므로, 제3자를 교사·방조한 피무고자도 교사·방조범으로서의 죄책을 부담한다(대법원 2008.10.23, 2008도4852).

**377** 스스로 본인을 무고하는 자기무고는 무고죄의 구성요건에 해당하지 아니하여 무고죄를 구성하지 않으므로 피무고자의 방조 하에 제3자가 피무고자에 대한 허위의 사실을 신고한 경우에 제3자의 행위는 무고죄에 해당하지만 제3자를 방조한 피무고자에 대하여는 방조범이 성립하지 않는다. [사시 11]

377 (×) '않으므로' → '않고', '성립하지 않는다' → '성립한다'(대법원 2008.10.23, 2008도4852)

**378** 무고죄는 국가의 형사사법권 또는 징계권의 적정한 행사를 주된 보호법익으로 하고 다만, 개인의 부당하게 처벌 또는 징계받지 아니할 이익을 부수적으로 보호하는 죄이므로, 설사 무고에 있어서 피무고자의 승낙이 있었다고 하더라도 무고죄의 성립에는 영향을 미치지 못한다. [법원9급 09] [법원행시 16]

378 (○) 대법원 2005.9.30, 2005도2712

**379** 1통의 고발장에 의하여 수개의 혐의사실을 들어 고발한 경우, 그중 일부 사실이 진실이라 하더라도 다른 사실이 허위이면 그 허위사실 부분은 독립하여 무고죄를 구성한다. [법원행시 16]

379 (○) 대법원 2007.3.29, 2006도8638

380 무고죄에 있어서 형의 필요적 감면사유에 해당하는 자백에는 자신의 범죄 사실, 즉 타인으로 하여금 형사처분 또는 징계처분을 받게 할 목적으로 공무소 또는 공무원에 대하여 허위의 사실을 신고하였음을 자인하는 것뿐만 아니라 단순히 그 신고한 내용이 객관적 사실에 반한다고 인정하는 것도 포함된다. [법원행시 14]

380 (×) 무고죄에 있어서 형의 필요적 감면사유에 해당하는 자백은 단순히 그 신고한 내용이 객관적 사실에 반한다고 인정함에 지나지 아니하는 것은 이에 해당하지 아니한다(대법원 1995.9.5, 94도755).

381 甲의 고소내용이 허위임이 확인되어 피고소인에 대해 불기소결정이 내려져 재판절차가 개시되지 않고 이후 甲이 무고로 기소된 사안에서, 甲이 위 허위고소로 인한 무고재판 중 자신의 무고범행을 자백하였다면, 甲의 위 무고죄에 대하여는 형을 감경 또는 면제하여야 한다. [변호사 23]

381 (○)

해설+ 형법 제157조, 제153조는 무고죄를 범한 자가 그 신고한 사건의 재판 또는 징계처분이 확정되기 전에 자백 또는 자수한 때에는 형을 감경 또는 면제한다고 하여 이러한 재판확정 전의 자백을 필요적 감경 또는 면제사유로 정하고 있다. 위와 같은 자백의 절차에 관해서는 아무런 법령상의 제한이 없으므로 그가 신고한 사건을 다루는 기관에 대한 고백이나 그 사건을 다루는 재판부에 증인으로 다시 출석하여 전에 그가 한 신고가 허위의 사실이었음을 고백하는 것은 물론 무고사건의 피고인 또는 피의자로서 법원이나 수사기관에서의 신문에 의한 고백 또한 자백의 개념에 포함된다(대법원 2021.1.14, 2020도13077).

보충 제153조는 그 공술 내지 신고한 사건의 재판 또는 징계처분이 확정되기 '전'이라는 시간적 제한만 두고 있으므로, 자백 또는 자수는 위 시간적 제한만 준수하면 되고, 그 자백 또는 자수가 어느 절차에서 이루어지는가는 따지지 아니한다.

382 甲이 A를 사기죄로 고소하였는데, 수사 결과 甲의 무고 혐의가 밝혀져 甲은 무고죄로 공소제기되고 A는 불기소결정되었다. 甲은 제1심에서 혐의를 부인하였으나 유죄가 선고되자 제1심의 유죄판결에 대하여 양형부당을 이유로 항소하면서 항소심 제1회 공판기일에서 양형부당의 항소 취지와 무고 사실을 모두 인정한다는 취지가 기재된 항소이유서를 진술하였다면, 甲은 「형법」 제157조(자백·자수)에 따른 형의 필요적 감면 조치를 받아야 한다. [변호사 21]

382 (○)

해설+ 형법 제157조, 제153조는 무고죄를 범한 자가 그 신고한 사건의 재판 또는 징계처분이 확정되기 전에 자백 또는 자수한 때에는 그 형을 감경 또는 면제한다고 하여 이러한 재판확정 전의 자백을 필요적 감경 또는 면제사유로 정하고 있다. 위와 같은 자백의 절차에 관해서는 아무런 법령상의 제한이 없으므로 그가 신고한 사건을 다루는 기관에 대한 고백이나 그 사건을 다루는 재판부에 증인으로 다시 출석하여 전에 그가 한 신고가 허위의 사실이었음을 고백하는 것은 물론 무고 사건의 피고인 또는 피의자로서 법원이나 수사기관에서의 신문에 의한 고백 또한 자백의 개념에 포함된다. 형법 제153조에서 정한 '재판이 확정되기 전'에는 피고인의 고소사건 수사 결과 피고인의 무고 혐의가 밝혀져 피고인에 대한 공소가 제기되고 피고소인에 대해서는 불기소결정이 내려져 재판절차가 개시되지 않은 경우도 포함된다(대법원 2018.8.1, 2018도7293).

**2024 - 2025**
백광훈
통합 핵지총 ○×
**형법각론**

# 판례색인

# 판례색인

| | | |
|---|---|---|
| 대법원 1990.10.16, 90도1485 | | 469 |
| 대법원 1990.10.16, 90도1702 | | 308 |
| 대법원 1990.10.30, 90도1912 | | 420 |
| 대법원 1990.10.30, 90도2022 | | 34 |
| 대법원 1990.12.21, 90도2425 | | 485 |
| 대법원 1991.1.11, 90도2180 | | 234 |
| 대법원 1991.1.29, 90도2153 | | 31 |
| 대법원 1991.2.12, 90도2501 | | 146 |
| 대법원 1991.2.26, 90도577 | | 416 |
| 대법원 1991.4.9, 91도288 | | 70 |
| 대법원 1991.4.23, 91도476 | | 201 |
| 대법원 1991.4.26, 90도1958 | | 375 |
| 대법원 1991.5.10, 89도1748 | | 564 |
| 대법원 1991.5.10, 90도2102 | | 45, 50 |
| 대법원 1991.5.10, 90도2601 | | 579 |
| 대법원 1991.5.10, 91도453 | | 529 |
| 대법원 1991.5.14, 91도580 | | 34 |
| 대법원 1991.6.11, 91도96 | | 486, 488 |
| 대법원 1991.6.25, 91도347 | | 103 |
| 대법원 1991.6.25, 91도643 | | 212 |
| 대법원 1991.8.27, 91도1604 | | 57 |
| 대법원 1991.9.10, 91도1550 | | 468 |
| 대법원 1991.9.10, 91도1722 | | 437 |
| 대법원 1991.9.10, 91도856 | | 370 |
| 대법원 1991.10.11, 91도1656 | | 551, 552 |
| 대법원 1991.10.22, 91도1832 | | 83 |
| 대법원 1991.11.12, 91도2211 | | 141 |
| 대법원 1991.11.22, 91도2296 | | 205 |
| 대법원 1991.12.24, 91도2698 | | 233 |
| 대법원 1991.12.27, 90도2800 | | 491 |
| 대법원 1991.12.30, 91모5 | | 56, 497 |
| 대법원 1992.1.17, 91도2837 | | 451 |
| 대법원 1992.1.21, 91도117 | | 372 |
| 대법원 1992.3.31, 92도58 | | 142 |
| 대법원 1992.5.12, 92도280 | | 181 |
| 대법원 1992.5.26, 91도2963 | | 308 |
| 대법원 1992.5.26, 92도699 | | 441 |
| 대법원 1992.6.9, 91도2221 | | 141 |
| 대법원 1992.6.9, 92도77 | | 261 |
| 대법원 1992.6.23, 92도976 | | 413 |
| 대법원 1992.7.28, 92도1345 | | 366 |
| 대법원 1992.7.28, 92도917 | | 209, 210 |
| 대법원 1992.8.14, 91도2202 | | 223 |
| 대법원 1992.8.18, 91도2771 | | 405 |
| 대법원 1992.9.14, 92도1506 | | 266 |
| 대법원 1992.10.27, 92도1578 | | 464 |
| 대법원 1992.11.27, 92도2079 | | 291 |
| 대법원 1992.12.8, 92도1987 | | 380 |
| 대법원 1993.3.9, 92도2999 | | 273 |
| 대법원 1993.3.16, 92도3170 | | 177 |
| 대법원 1993.3.23, 92도455 | | 103, 105 |
| 대법원 1993.4.13, 92도3035 | | 127 |
| 대법원 1993.4.13, 93도347 | | 70 |
| 대법원 1993.4.27, 92도2688 | | 444 |
| 대법원 1993.6.22, 92도3160 | | 118 |
| 대법원 1993.7.13, 93도14 | | 224 |
| 대법원 1993.7.27, 92도2345 | | 24 |
| 대법원 1993.7.27, 93도135 | | 400 |
| 대법원 1993.7.27, 93도1435 | | 425 |
| 대법원 1993.7.27, 93도901 | | 52 |
| 대법원 1993.9.28, 93도2143 | | 178 |
| 대법원 1993.9.28, 93도2206 | | 343 |
| 대법원 1993.12.24, 92도3334 | | 451, 485 |
| 대법원 1994.2.12, 94도2528 | | 511 |
| 대법원 1994.2.22, 93도428 | | 204 |
| 대법원 1994.3.8, 93도2221 | | 309 |
| 대법원 1994.3.8, 93도2272 | | 271, 272 |
| 대법원 1994.3.22, 94도35 | | 39 |
| 대법원 1994.4.12, 93도3535 | | 113, 126, 127 |
| 대법원 1994.4.12, 94도128 | | 34 |
| 대법원 1994.4.15, 93도2899 | | 151 |
| 대법원 1994.5.27, 94도617 | | 267 |
| 대법원 1994.6.28, 93도696 | | 107 |
| 대법원 1994.7.29, 93도1091 | | 454 |
| 대법원 1994.8.12, 94도1487 | | 245 |
| 대법원 1994.9.9, 94도1522 | | 198 |
| 대법원 1994.9.27, 94도1439 | | 371, 375 |
| 대법원 1994.10.11, 94도1481 | | 176 |
| 대법원 1994.10.14, 94도1911 | | 224 |
| 대법원 1994.10.14, 94도2056 | | 381 |
| 대법원 1994.11.4, 94도1311 | | 85 |
| 대법원 1994.11.4, 94도2112 | | 404 |
| 대법원 1994.11.11, 94도343 | | 375 |
| 대법원 1994.12.12, 94도2528 | | 511 |
| 大法院 1994.12.20, 94모32 전원합의체 | | 400 |
| 대법원 1994.12.22, 94도2511 | | 19 |
| 대법원 1994.12.23, 93도1002 | | 565 |
| 대법원 1995.1.20, 94도2760 | | 276 |
| 대법원 1995.3.24, 95도203 | | 217, 246 |
| 대법원 1995.4.11, 95도186 | | 560 |
| 대법원 1995.5.12, 95도283 | | 277 |
| 대법원 1995.6.30, 94도3136 | | 151 |

| | | |
|---|---|---|
| 대법원 1998.6.23, 98도700 | 174, 230 | |
| 대법원 1998.9.22, 98도1234 | 519 | |
| 대법원 1998.10.9, 97도158 | 119 | |
| 대법원 1998.11.24, 98도2967 | 175, 418 | |
| 대법원 1998.12.8, 98도3263 | 215, 224 | |
| 대법원 1998.12.8, 98도3416 | 396 | |
| 대법원 1999.1.26, 98도3732 | 25 | |
| 대법원 1999.1.29, 98도3240 | 149 | |
| 대법원 1999.1.29, 98도4182 | 352 | |
| 대법원 1999.2.9, 96도3141 | 383 | |
| 대법원 1999.2.12, 98도2474 | 382 | |
| 대법원 1999.2.24, 98도3140 | 469 | |
| 대법원 1999.2.24, 98도4350 | 549 | |
| 대법원 1999.2.26, 98도3321 | 208 | |
| 대법원 1999.3.12, 98도3443 | 250 | |
| 대법원 1999.3.26, 98도3030 | 360 | |
| 대법원 1999.4.9, 99도480 | 370 | |
| 대법원 1999.5.14, 99도202 | 435 | |
| 대법원 1999.5.14, 99도206 | 463 | |
| 대법원 1999.6.11, 99도275 | 278, 512 | |
| 대법원 1999.7.9, 98도4088 | 279 | |
| 대법원 1999.7.9, 99도1040 | 218 | |
| 대법원 1999.7.9, 99도85 | 180 | |
| 대법원 1999.7.9, 99도857 | 179, 413 | |
| 대법원 1999.7.23, 99도390 | 502 | |
| 대법원 1999.8.20, 99도1557 | 516 | |
| 대법원 1999.9.17, 97도3219 | 308 | |
| 대법원 1999.9.17, 98도2036 | 279 | |
| 대법원 1999.9.17, 99도2889 | 297 | |
| 대법원 1999.9.21, 99도383 | 536 | |
| 대법원 1999.10.8, 99도1638 | 513, 514 | |
| 대법원 1999.11.9, 99도2530 | 499 | |
| 대법원 1999.11.26, 99도3963 | 307 | |
| 대법원 1999.12.10, 99도3487 | 144 | |
| 대법원 1999.12.24, 99도2240 | 452 | |
| 대법원 2000.1.21, 99도4940 | 503, 504, 510, 511 | |
| 대법원 2000.1.28, 99도2884 | 225 | |
| 대법원 2000.2.11, 99도3048 | 124 | |
| 대법원 2000.2.11, 99도4579 | 106 | |
| 대법원 2000.2.11, 99도4794 | 25 | |
| 대법원 2000.2.11, 99도4979 | 286 | |
| 대법원 2000.2.25, 98도4355 | 80 | |
| 대법원 2000.2.25, 99도4305 | 34 | |
| 대법원 2000.2.25, 99도5775 | 175 | |
| 대법원 2000.3.23, 99도3099 | 25 | |
| 대법원 2000.3.24, 2000도102 | 157 | |
| 대법원 2000.3.24, 2000도28 | 327 | |
| 대법원 2000.3.24, 98도4347 | 291 | |
| 대법원 2000.3.24, 99도5275 | 355 | |
| 대법원 2000.3.28, 2000도493 | 180, 182 | |
| 대법원 2000.4.11, 2000도565 | 273, 275 | |
| 대법원 2000.4.21, 99도5563 | 547 | |
| 대법원 2000.4.25, 2000도223 | 42, 468 | |
| 대법원 2000.5.16, 99도5622 | 106 | |
| 대법원 2000.5.30, 2000도883 | 417 | |
| 대법원 2000.6.9, 2000도1253 | 70, 96 | |
| 대법원 2000.6.13, 2000도778 | 433 | |
| 대법원 2000.6.23, 99도4688 | 407 | |
| 대법원 2000.6.27, 2000도1155 | 328, 330 | |
| 대법원 2000.6.27, 2000도1858 | 449 | |
| 대법원 2000.7.4, 99도4341 | 26 | |
| 대법원 2000.7.6, 99도4079 | 154 | |
| 대법원 2000.7.28, 2000도2466 | 35 | |
| 대법원 2000.8.18, 2000도1856 | 288 | |
| 대법원 2000.8.22, 2000도2393 | 425 | |
| 대법원 2000.9.5, 2000도2855 | 440 | |
| 대법원 2000.9.8, 2000도1447 | 380, 385 | |
| 대법원 2000.9.8, 2000도258 | 286 | |
| 대법원 2000.10.10, 99도5407 | 101 | |
| 대법원 2000.10.13, 2000도3655 | 182 | |
| 대법원 2000.11.10, 2000도3013 | 284 | |
| 대법원 2000.11.24, 2000도4078 | 552 | |
| 대법원 2000.11.28, 2000도142 | 308 | |
| 대법원 2000.12.8, 99도214 | 281 | |
| 대법원 2000.12.22, 2000도4372 | 469 | |
| 대법원 2001.1.16, 2000도1757 | 547 | |
| 대법원 2001.2.9, 2000도4700 | 155 | |
| 대법원 2001.3.9, 2000도938 | 441 | |
| 대법원 2001.3.23, 2001도359 | 205 | |
| 대법원 2001.4.19, 2000도1985 | 462 | |
| 대법원 2001.4.24, 2001도1092 | 160 | |
| 대법원 2001.6.1, 99도5086 | 400 | |
| 대법원 2001.6.26, 2001도404 | 401, 402 | |
| 대법원 2001.6.29, 2001도2514 | 184 | |
| 대법원 2001.7.13, 2001도1289 | 246 | |
| 대법원 2001.8.21, 2001도3447 | 210 | |
| 대법원 2001.8.24, 2001도2832 | 412, 413 | |
| 대법원 2001.9.18, 2000도5438 | 502, 507 | |
| 대법원 2001.9.25, 2001도3349 | 233 | |
| 대법원 2001.9.25, 2001도3625 | 262 | |
| 대법원 2001.10.9, 2001도3594 | 120, 121 | |
| 대법원 2001.10.12, 2001도3579 | 501 | |

| 헌법재판소 |